DICTIONNAIRE

ADMINISTRATIF ET HISTORIQUE

DES

RUES ET MONUMENTS

DE PARIS

DICTIONNAIRE

ADMINISTRATIF ET HISTORIQUE

DES

RUES & MONUMENTS

DE PARIS

PAR FÉLIX LAZARE

ANCIEN CHEF DE SECTION A LA PRÉFECTURE DE LA SEINE

ET LOUIS LAZARE

RÉDACTEUR EN CHEF DU COURRIER MUNICIPAL

TROISIÈME ÉDITION

PARIS

AU BUREAU DU *COURRIER MUNICIPAL*, BOULEVARD DU TEMPLE, 10

1879

CONSEIL MUNICIPAL DE PARIS

Séance du 13 Décembre 1844.

Présents : MM. Arago, Beau, Besson, Boulay (de la Meurthe), Boutron, Considérant, Ferron, Galis, Ganneron, Gilet, Hérard, Husson, Jouet, Journet, Labaulotte, Lahure, Lanquetin, Legros, Marcellot, Méder, Michau, Moreau, Panis, Perret, Robinet, Sanson-Davillier, Say, Séguier, Mortimer-Ternaux, Thayer et Thierry.

LE CONSEIL,

Vu le Mémoire de M. le Préfet de la Seine, en date du 21 octobre dernier, lequel a pour objet de proposer l'acquisition de cent quarante exemplaires du *Dictionnaire Historique des Rues et Monuments de Paris*, récemment publié par MM. Lazare, et de demander un crédit de trois mille trois cent soixante francs pour cette acquisition;

Considérant que le *Dictionnaire Historique des Rues de Paris est un ouvrage utile et instructif*, dont la possession peut être nécessaire à ceux qui prennent part à l'Administration Municipale;

DÉLIBÈRE :

Il est ouvert à M. le Préfet de la Seine, par imputation sur le fonds de dépenses imprévues de 1844, un crédit de trois mille quatre cent cinquante-six francs pour acquérir cent quarante-quatre exemplaires reliés du *Dictionnaire Historique* de MM. Lazare.

Signé au registre : BESSON, *Président*; David MICHAU, *Secrétaire*.

Séance du 26 Octobre 1855.

Présents : MM. F. Barrot, Bayvet, Billaud, Boulatignier, de Breteuil, Delangle, Denière, Devinck, Firmin Didot, Dubarle, Dumas, Foucher Le Pelletier, V. Foucher, Frémyn, Herman, E. Lamy, Le Dagre, Legendre, E. Moreau, marquis de Pastoret, Pécourt, Pelouze, Périer, de Royer, Ségalas, G. Thibaut, Thierry, Tronchon, Varin.

LE CONSEIL,

Vu le Mémoire en date du 8 octobre, présent mois, par lequel M. le Préfet propose d'acquérir, pour le compte de la Ville, cent quarante-quatre exemplaires de la deuxième édition du *Dictionnaire Historique des Rues de Paris*, publié par MM. Lazare frères;

Considérant que les nombreuses et importantes modifications survenues depuis quelques années, et notamment à partir du règne de l'Empereur Napoléon III, dans les voies publiques de la Capitale, par suite du percement de rues nouvelles et de la suppression ou de la rectification de rues anciennes, ont mis les auteurs de l'ouvrage dont il s'agit dans la nécessité de faire des additions et des changements notables; qu'au moyen de ce travail, fait avec soin, la nouvelle édition présente, avec toute l'exactitude possible, l'état actuel des rues de Paris, et qu'elle peut être utile pour les divers services de l'Administration;

DÉLIBÈRE :

Article premier. M. le Préfet est autorisé à acquérir, pour le compte de la Ville, cent quarante-quatre exemplaires de la deuxième édition du *Dictionnaire Historique des Rues de Paris*, publié par MM. Lazare frères.

Article 2. A cet effet, il est alloué sur le fonds des dépenses imprévues de l'exercice courant, un crédit de deux mille cinq cent quatre-vingt-douze francs, destiné à solder cette acquisition.

Signé au registre : DELANGLE, *Président*; G. THIBAUT, *Secrétaire*.

PRÉFACE

L'extension des limites de Paris rendait indispensable une 3e édition de notre Dictionnaire, ouvrage dont le Conseil Municipal avait consacré deux fois l'utilité dans les délibérations que nous venons de reproduire.

Mais avant l'extension des limites de Paris, les documents administratifs étaient disséminés dans les Communes suburbaines, et leurs Mairies, pour la plupart, ne possédaient pas de véritables archives. On comprend les difficultés que nous avions à vaincre pour assimiler, sous le rapport de la précision des documents, la banlieue à l'ancien Paris.

Ce n'était là pourtant qu'une partie de la tâche que nous devions nous imposer.

Notre 2e édition s'arrêtait à l'année 1855. Depuis cette époque, que de faits administratifs à reproduire; que de créations à constater dans Paris, surtout si l'on se rappelle que dans une période de quinze années seulement, près de deux milliards avaient été consacrés à sa transformation.

Toutes les anciennes circonscriptions de nos Arrondissements étaient changées en 1860; Paris avait plus que doublé son étendue, et pas un des articles de nos précédentes éditions n'était à conserver en son entier. — Nous avions donc, en réalité, un nouveau Dictionnaire à composer.

Notre travail était considérable sans doute; mais son avancement rapide et régulier eût récompensé nos efforts, si nous n'avions pas été troublés à chaque instant par les bouleversements qu'on faisait subir à la nomenclature des rues de Paris.

Depuis 1855, plus de *huit cents dénominations* ont été changées, parfois au détriment, souvent à la confusion de l'histoire.

Cela signifiait pour nous qu'il fallait écourter les biographies consacrées à d'anciennes illustrations pour donner place à de nouvelles renommées, travail ingrat, irritant pour l'écrivain, parce qu'il affirme notre versalité nationale.

Nous étions forcés, en outre, d'appliquer les nouveaux noms aux rues commençant ou aboutissant aux voies publiques dont les appellations avaient changé. — C'était toujours à recommencer sans certitude de finir.

Telles sont les causes qui expliquent, en les justifiant, les retards imposés à la publication de notre 3e édition. Maintenant, rappelons la pensée qui nous a guidés dans la composition de notre ouvrage.

Nous voulions, pour nous servir des expressions d'un ancien magistrat, que notre Dictionnaire fût considéré comme l'*état civil* des rues et des monuments de Paris. Aussi avons-nous reproduit, avec le plus grand soin, le texte de tous les actes anciens, c'est-à-dire les édits, les lettres patentes, les arrêts du Conseil, en les rattachant aux actes officiels plus récents, tels que décisions ministérielles, ordonnances royales, décrets, etc...

Faute de ces documents, combien de propriétaires ont éprouvé d'amères déceptions ou subi des pertes considérables.

En effet, qu'une voie publique ait été ouverte en vertu de lettres patentes, d'une ordonnance royale ou d'un décret, l'autorisation n'en a été donnée qu'à la charge de se conformer à certaines obligations plus ou moins restrictives. Ces obligations imposées aux détenteurs primitifs engagent également ceux qui leur ont succédé, comme elles lieront les personnes qui viendront acquérir des immeubles dans le parcours de cette même voie publique.

Ces clauses sont nombreuses et de différentes natures. Tantôt elles s'appliquent à la hauteur déterminée pour les maisons à élever, parfois à la conservation symétrique des façades; souvent ce sont des servitudes d'égout, de pavage, de conduites d'eau, etc...

Quant aux voies anciennes, nous indiquons aussi les décisions ministérielles, les ordonnances et décrets qui ont successivement approuvé leurs alignements, et nous désignons les propriétés qui se trouvent affranchies de la servitude de retranchement.

Rappelons un fait ignoré d'un grand nombre de propriétaires.

Le 2 novembre 1789, l'Assemblée Constituante supprimait les ordres monastiques, et déclarait les biens du Clergé propriétés nationales. A cette époque, on comptait dans Paris un grand nombre de Communautés religieuses qui furent successivement aliénées. Les contrats de vente mentionnèrent des clauses bientôt connues sous le nom de *réserves domaniales*; ces clauses obligeaient les acquéreurs à livrer, sans indemnité, le terrain nécessaire, soit à l'ouverture de nouvelles voies, soit à l'élargissement d'anciennes rues.

Sur 4,400 immeubles nationaux successivement aliénés, 1,850 environ se trouvent grevés de servitudes de voirie. Ce chiffre ne donne qu'une idée très incomplète de l'importance considérable de ces réserves au profit de la Ville de Paris.

En effet, certaines de ces Communautés religieuses contenaient en superficie 10,000, 20,000 et même 40,000 mètres. Par suite du morcellement à l'infini de ces propriétés domaniales, un grand nombre d'immeubles sont compris aujourd'hui dans ces périmètres. Sans doute, beaucoup de ces clauses sont éteintes par suite de leur exécution; mais il en est qui grèvent encore un grand nombre d'immeubles d'origine domaniale.

Toutes ces anciennes Communautés religieuses sont indiquées, avec la date de leur aliénation, dans notre Dictionnaire, comme autant d'avertissements donnés à la propriété parisienne. En outre, l'ancienne Administration des hospices et des hôpitaux de Paris a vendu un grand nombre de maisons, en imposant aux acquéreurs des servitudes à peu près semblables aux clauses insérées dans les contrats domaniaux.

Nous avons placé, à la suite de notre ouvrage :

1° *Une Nomenclature des Églises, Collèges et Établissements religieux supprimés*. Cette nomenclature renvoie le lecteur aux articles qui figurent dans le corps du Dictionnaire;

2° Une Table indiquant *les changements de noms d'édifices et de voies publiques, depuis* 1790 *jusqu'à nos jours*. Cette table contient plus de quatorze cents articles.

3° Enfin, *un État des voies supprimées depuis* 1790. Leur nombre est considérable. Nous en indiquons l'historique et nous faisons connaître ce que devint leur emplacement. Cette dernière partie n'est pas la moins importante; elle forme, pour ainsi dire, un second Dictionnaire rempli de documents utiles et intéressants que l'on ne saurait trouver ailleurs.

On voit par là que notre Dictionnaire, indispensable aux Propriétaires, doit être également dans les mains des Notaires, des Avoués, des Architectes et des Entrepreneurs, parce qu'ils sont appelés à venir en aide à la propriété par leurs conseils, et que souvent une certaine responsabilité pèse sur eux.

En effet, si l'on consulte les feuilles judiciaires, on reconnait que les tribunaux ont rendu des arrêts conformes aux documents consignés dans notre ouvrage.

Les renseignements que nous donnons à ce sujet sont d'autant plus précieux que tous les procès-verbaux de ces ventes domaniales ont disparu dans l'incendie qui a détruit l'Hôtel de Ville en 1871.

Comme on le voit, nous n'avons pas voulu faire un livre avec des livres; la mission que nous voulions remplir avait pour but de composer l'histoire malheureusement peu connue de la propriété dans Paris.

Notre Dictionnaire, proprement dit, reproduisant tous les actes intéressant les Rues et les Monuments de la Capitale, ne comporte pas de controverses, même administratives. — Il ne discute pas, il renseigne.

Mais un ouvrage uniquement administratif, tout en donnant satisfaction aux intérêts les plus sérieux, n'eût pas été complètement exempt d'une certaine monotonie. Son utilité, profitant à quelques-uns, il fallait essayer d'en rendre la lecture instructive, puis attachante, afin de conquérir le plus grand nombre.

Pour obtenir ce résultat, nous avons groupé les faits historiques les plus curieux dans les articles des Rues ou des Monuments qui leur ont servi de théâtres.

Nous nous sommes imposé l'obligation de rechercher avec soin les maisons dans lesquelles sont nées, ont brillé, où se sont éteintes nos plus pures illustrations, afin qu'elles devinssent dans notre ouvrage des enseignements d'honneur, de gloire et de patriotisme.

Aux célébrités dont les noms décorent nos voies publiques, nous avons consacré des biographies dans lesquelles sont rappelés leurs titres à la reconnaissance nationale.

Lorsque la politique, dans ses préférences ou dans ses caprices, a substitué à d'anciennes dénominations des noms nouveaux, nous avons maintenu, dans l'intérêt de l'histoire de Paris, les dénominations proscrites, en donnant place aux dénominations récemment adoptées, laissant ainsi au lecteur le soin de décider celles qu'il estime les plus grandes, les plus pures et les mieux méritantes.

Nous avons traité avec plus de respect, avec plus d'affection encore, les noms qui consacrent de touchantes vertus, de nobles dévouements, de pieuses abnégations, que les noms rappelant des gloires retentissantes, trop souvent prodigues de sang et de larmes.

Une large hospitalité a été donnée dans notre ouvrage aux bienfaiteurs de l'ancienne banlieue, et nous les avons naturalisés parisiens, comme ils méritaient de l'être.

Notre Dictionnaire terminé, nous avons senti que toutes les richesses administratives qu'il renferme pouvaient avoir une grande et fructueuse utilisation. Nous nous sommes dit : le Dictionnaire enregistre sans discussion tous les documents officiels; pourquoi, dans un ouvrage faisant partie du même volume, ne ferions-nous pas l'appréciation de ces documents? Ce serait sincèrement l'histoire de Paris, composée avec les actes émanant de nos anciens Magistrats. Nous leur devions bien cet hommage : d'une pauvre et chétive bourgade, ils ont fait une Ville d'abord, une Capitale ensuite.

Les lettres-patentes, les édits, les décrets, rappellent dans notre Dictionnaire toutes les créations utiles, toutes les richesses artistiques que nos Souverains ont apportées en dot à la Ville de Paris. Pourquoi ne ferions-nous pas l'histoire administrative de l'ancienne Royauté, comme celle de tous les Gouvernements qui lui ont succédé, en interprétant leurs bienfaits au double point de vue de l'amélioration et de la splendeur de la Capitale?

Telles sont les idées qui nous ont guidés dans la composition de notre Précis historique; c'est le témoignage de la reconnaissance de deux écrivains parisiens envers les grands décorateurs de Paris.

OBSERVATIONS ET RENSEIGNEMENTS

Ce que désirent les personnes qui consultent un Dictionnaire, c'est de trouver tout de suite l'article dont elles ont besoin. Lorsque le titre de cet article est composé de plusieurs mots, par un mouvement naturel, instantané, elles vont droit à celui dont la consonnance frappe davantage et se retient plus facilement.

Aussi, avons-nous fait cette remarque, lors de nos précédentes éditions : Quand il avait à consulter les articles des rues Saint-Denis et du Faubourg Saint-Denis, le lecteur ne s'adressait ni à *Saint*, ni à *Faubourg*, mais bien à *Denis*.

Ce sentiment instinctif du public nous a servi de guide dans la classification des articles.

Mais parfois il arrive que le lecteur embarrassé se trouve exposé à ne pas trouver le document qu'il cherche, parce que le nom de la rue n'est pas reproduit dans notre Dictionnaire tel qu'il est inscrit sur les plaques scellées aux angles de la voie.

Exemples. — Une des rues débouchant sur le côté gauche du boulevard des Italiens porte pour inscription : rue de la Michodière ; dans notre ouvrage, c'est *Delamichodière*, d'un seul mot, d'après les actes officiels au bas desquels est apposée la signature du Prévôt des Marchands ainsi appelé. Pour tirer le lecteur d'embarras, s'il suppose l'article à la lettre M, il trouve cette mention : Michodière (rue de la), voir : Delamichodière (rue).

Une autre voie publique, celle-là voisine des Halles centrales, porte sur les plaques : rue Française, inscription fautive ; notre livre renvoie le lecteur à Françoise, attendu que cette rue a été ouverte sous le règne de François Ier.

Quant aux dénominations s'appliquant à des célébrités dont les appellations se trouvent précédées de prénoms, célébrités telles que Claude Decaen, Philibert Delorme, Jean Goujon, Jean-Jacques Rousseau, etc., on les trouvera, savoir : à *Decaen*, *Delorme*, *Goujon* et *Rousseau*.

Enfin, lorsque nous avons supposé une incertitude quelconque dans l'esprit de la personne ayant à consulter notre Dictionnaire, nous nous sommes empressés de la faire cesser par la reproduction du titre de la rue, à tous les endroits où le lecteur peut aller le chercher ; c'était le moyen certain de le conduire à la véritable désignation.

ABRÉVIATIONS

Dans notre Dictionnaire, certaines désignations se reproduisent à l'infini, notamment à tous les articles de rues. Si l'on imprimait ces mots en entier, ils absorberaient une place considérable sans profit pour le lecteur. Nous avons pensé à des abréviations faciles à retenir et nous les appliquons aux mots suivants :

Act. signifie actuellement. — *Anc.* ancien ou anciennement. — *Arrond.* arrondissement. — *Art.* article. — *Auj.* aujourd'hui. — *C.* commence. — *C.* (après une longueur ou une superficie en mètres) : centimètres ou centièmes. — *M.* (après longueur et largeur) : mètre. — *V.* voir ou voyez.

PRÉCIS HISTORIQUE

I

Domination romaine. — Lutèce; ses premiers habitants sont de pauvres bateliers et de simples pêcheurs. — Devient un des grands centres de la navigation dans les Gaules. — Une inscription romaine. — Les Nautes parisiens. — La Hanse parisienne. — Ce que dit Julien l'Apostat des premiers Parisiens.

L'histoire de Paris, greffée sur l'histoire de France, a été faite par un grand nombre d'écrivains.

Mais l'histoire de l'Édilité parisienne, proprement dite, restait à faire. Nous avons essayé de combler cette lacune, en composant notre ouvrage non avec des livres mais avec les actes émanant de nos anciens Magistrats.

Parisiens, nous leur devions bien cet hommage de reconnaissance; ils ont fait d'une pauvre et chétive bourgade, sous l'impulsion de nos souverains, une Ville d'abord — une Capitale ensuite.

Il y a de cela deux mille ans, l'Athènes de la civilisation moderne n'était qu'un misérable et triste amas de huttes de paille enfermées dans une petite île, laquelle, dit l'historien Sauval, *avait la forme d'un navire enfoncé dans la vase et échoué au fil de l'eau.*

Cette pauvre bourgade, protégée par la Seine, était unie à ses deux rives par quelques troncs d'arbres formant deux ponts grossiers.

Les Gaulois nommaient cette île *Louteuhezi* (Lutèce), c'est-à-dire habitation au milieu des eaux. C'était le chef-lieu du petit canton des Parisiens, qui, en grandissant, a donné à la ville le vaisseau de ses armoiries.

Ces bateliers, ces pêcheurs, surent défendre héroïquement leur patrie contre l'invasion romaine. Ils ne cédèrent la victoire qu'en perdant la vie.

Mais les Romains savaient consoler les peuples de leurs défaites. Dès le commencement de leur domination, Lutèce croît en importance et en étendue, et devient l'un des grands centres de la navigation des Gaules.

Outre ses voies fluviales, des chemins conduisaient à Lutèce. Ainsi, les deux grandes voies romaines qui partaient de Lyon et de Bordeaux venaient se réunir à Autun; on en voyait une autre depuis cette dernière ville jusqu'à Lutèce. Là, cette voie se partageait en deux sections, l'une conduisant à Orléans, l'autre à Beauvais.

Les Parisiens, par la grande voie de Lutèce à Orléans, communiquaient avec de nombreux chemins publics aboutissant à cette dernière ville, où se trouvait le port des Carnutes; ainsi, par son heureuse position, Lutèce aspirait à devenir le centre d'un commerce important.

On va voir avec quelle intelligence les Romains favorisèrent, par des institutions, les premiers développements de la cité parisienne.

Le 16 mars 1711, en creusant sous le chœur de Notre-Dame, pour construire un caveau destiné aux archevêques de Paris, les ouvriers découvrirent neuf pierres cubiques offrant sur leurs surfaces des bas-reliefs et des inscriptions, et servant d'assises à un mur d'une grande épaisseur.

Sur l'une de ces pierres on lisait l'inscription suivante :

TIB. CÆSARE
AUG. IOVI OPTIMO
MAXIMO ...M
NAUTÆ PARISIACI
PUBLICE POSUERUNT.

En restituant le mot *ara*, on traduit ainsi cette inscription :

Sous Tibère César Auguste, les nautes parisiens ont publiquement élevé cet autel à Jupiter très bon, très grand.

Quels étaient ces nautes parisiens que rappelait l'inscription?

Les Romains avaient bien jugé les Gaulois. Ils élevèrent ce peuple vaincu jusqu'à la gloire du victorieux.

Les nautes parisiens avaient remplacé ces pauvres bateliers, ces pêcheurs qui avaient si vaillamment défendu leur patrie. Grâce aux Romains, ces bateliers avaient grandi; les premiers d'entre eux étaient devenus de véritables magistrats, faisant partie d'une puissante corporation de négociants par eau. Cette association a donné naissance à la Hanse parisienne, si célèbre dès le moyen âge, puis à la Prévôté des marchands, qui a su faire de Paris la première et la plus glorieuse municipalité de l'Europe.

Ainsi, le génie romain avait effacé, par des bienfaits, la honte si douloureuse de la domination de l'étranger.

Les nautes étaient de riches négociants parmi lesquels on comptait des décurions, des duumvirs, des chevaliers romains, des questeurs, et même jusqu'à des sénateurs. Les nautes obéissaient à des patrons qui étaient en même temps les curateurs et les directeurs de la compagnie.

Un chevalier romain, *Sentius Regulianus*, patron des nautes de la Seine, était naute lui-même et marchand de vins et d'huiles.

Le patron des nautes de la Durance, *Fronto*, était naviculaire. *Becius*, chevalier, était courtier des Gaules.

Les Romains avaient accordé aux négociants qui exerçaient cette magistrature un grand nombre de privilèges favorisant leur commerce. Ils étaient exempts des charges publiques les plus onéreuses, et percevaient des droits sur les marchandises qu'ils transportaient. Les denrées n'entraient dans Lutèce qu'après avoir payé un impôt au profit de la corporation.

En matière civile, ils ne pouvaient être traduits que devant leurs propres juges. Ils possédaient en commun des biens-fonds inaliénables dont les revenus servaient aux dépenses communes, donnaient de l'activité au commerce et de la force à la discipline.

Maintenant quels étaient ces habitants de Lutèce, ces premiers Parisiens ?

Julien l'Apostat, qui habita pendant deux années le palais des Thermes, s'exprime ainsi à leur sujet :

« Ils n'adorent Vénus, dit-il, que comme présidant au mariage ; ils n'usent des dons de Bacchus que pour avoir de nombreux enfants ; ils fuient les danses lascives, l'obscénité et l'impudence des théâtres. »

Quoique Parisiens, nous sommes obligés de convenir que nous avons dégénéré des vertus de nos pères.

II

DE CLOVIS A PHILIPPE-AUGUSTE

494 — 1180

LES FRANCS. — CLOVIS. — PARIS SE SENT A L'ÉTROIT DANS L'ÎLE DE LA CITÉ ; IL S'ÉTEND SUR LA RIVE DROITE DE LA SEINE. — LES NORMANDS DÉVASTENT ET BRULENT LES NOUVEAUX QUARTIERS. — PARIS NE SE DÉVELOPPE QUE SOUS LES ROIS DE LA TROISIÈME RACE. — À QUELLE CAUSE DOIT-IL CE COMMENCEMENT DE PROSPÉRITÉ ? — CE QU'ÉTAIT LA HANSE PARISIENNE ; ELLE DEVIENT MAITRESSE DE LA GRANDE NAVIGATION DE LA SEINE. — AVANTAGES QUI EN RÉSULTENT POUR PARIS.

Lorsque la grandeur romaine s'évanouit, tout ne périt pas avec elle. Rome avait greffé le génie de son administration sur des branches plus jeunes. Rome avait cessé d'être la ville des Césars ; depuis longtemps on l'avait étouffée ; elle était anéantie, morte, que ses institutions gouvernaient encore le monde.

Lutèce fut conquise par Clovis, qui voulut y fixer sa résidence. Il n'y eut rien de changé dans les institutions ; ce fut le vainqueur qui subit, cette fois, la civilisation du vaincu.

Dès le troisième siècle, saint Denis apportait le christianisme à Paris. Un enfant de cette ville, saint Marcel, continua son œuvre. Plus tard, la reine future de la civilisation se plaçait humblement sous la protection d'une pauvre fille des champs. Sainte Geneviève avait sauvé les Parisiens des armes d'Attila, elle devint la douce et miraculeuse patronne de Paris.

Mais déjà cette Ville se trouvait à l'étroit dans l'île de la Cité ; le vase trop plein commençait à déborder.

L'industrie et le commerce traversèrent le fleuve pour aller occuper, sur la rive droite de la Seine, le plateau qui offrait de grandes facilités pour le transport des marchandises. Les établissements religieux, fuyant le tumulte de la Cité, gravissaient la montagne qui dominait la ville au midi ; ils y trouvèrent le calme et la solitude indispensables à l'étude comme à la prière.

Paris resta stationnaire sous Charlemagne et ses successeurs. Ces souverains vinrent rarement dans cette ville. — Paris resta dans l'ombre !

Les faibles descendants du grand empereur laissèrent insulter le pays par les Normands. Tous les établissements qui s'étaient créés au delà de l'île de la Cité furent dévastés et brûlés, et Paris rentra dans ses anciennes limites. Le roi Charles le Gros, au lieu de combattre pour délivrer Paris, acheta la retraite des pirates. Cette faiblesse lui coûta la couronne ; et le comte Eudes, le plus héroïque défenseur de Paris, fut le fondateur d'une dynastie nouvelle.

L'extension de Paris ne commença réellement que sous les rois de la troisième race.

Le principe qui hâta son accroissement et sa prospérité est tout entier dans l'organisation de sa magistrature municipale. La faire bien comprendre, c'est la meilleure manière de l'honorer.

Les grandes villes, assises sur les rivières navigables, s'emparent presque toujours de la navigation du fleuve qui les traverse, et, par une conséquence naturelle, de tout le commerce qui se fait à l'aide de son cours.

A Paris, ce ne fut pas une usurpation inintelligente et brutale. Si les Parisiens s'arrogèrent des privilèges, ils donnèrent des compensations. S'ils recueillirent des avantages, ils s'imposèrent des devoirs. Les droits qu'ils percevaient sur les marchandises et les denrées entrant dans Paris ne s'élevèrent pas au gré de leurs caprices ou de leurs intérêts ; ces droits furent réglementés par les premiers, les plus dignes d'entre eux, qui formèrent une corporation connue sous le nom de *Hanse parisienne*. Les membres de cette corporation étaient appelés *marchands de l'eau de Paris*, parce qu'ils faisaient le commerce en utilisant le fleuve qui traversait leur ville.

Faisons connaître exactement les privilèges de cette intéressante association, privilèges que nos anciens Rois, dans l'intérêt de leur puissance, ont toujours confirmés et souvent augmentés.

Tout bateau chargé de denrées ou de marchandises qui remontait la Seine devait s'arrêter au pont de Mantes ; il ne pouvait être déchargé dans la Ville, à moins que l'expéditeur ne fût *bourgeois hansé* de Paris. S'il était étranger à cette Ville, il fallait qu'à son arrivée aux limites du ressort de la marchandise de l'eau il déclarât son intention de vendre ; alors le chef, le Prévôt des marchands, lui désignait un compagnon, un commerçant de Paris. C'est à ce compagnon, à cet associé imposé par le Prévôt, que l'expéditeur était obligé de déclarer le prix réel de la cargaison ; d'après cette déclaration, le compagnon avait le droit de prendre pour lui, aux prix annoncés, la moitié de la cargaison, ou, s'il préférait la laisser vendre sur place, il partageait avec le propriétaire le bénéfice que ce dernier en retirait.

Ces bénéfices, ces impôts, retournaient à l'association, moyennant une indemnité abandonnée au délégué de la corporation des marchands de l'eau.

Ainsi, les bourgeois hansés de Paris jouissaient du droit exclusif de naviguer sur la basse Seine depuis Mantes jusqu'au Grand-Pont de Paris (aujourd'hui le Pont-au-Change), et sur la haute Seine, depuis ce Grand-Pont jusqu'à la ville d'Auxerre.

Malheur à celui qui cherchait à enfreindre les privilèges de la Hanse ; sa cargaison était saisie, confisquée au profit du Roi et de l'association parisienne.

Voici en quels termes une de ces sentences était rendue :

« L'an de grâce mil deux cent quatre-vingt-quinze, le
» mardi devant la Chandeleur, perdit, par jugement du Par-
» loir aux bourgeois, Pierre, bourgeois de Rouen, quatorze
» tonneaux de vins d'Auxerre, qu'il avait faict mener de Paris
» à Rouen, sans compagnie de bourgeois hansé, et sans qu'il
» se fût hansé à Paris (1). »

(1) Voyez Appendice II, livre des *Sentences du Parloir aux bourgeois*, année 1295.

Rappelons un autre jugement :

« L'an de grâce mil deux cent quatre-vingt-seize, le lundi » devant la fête de Sainct-Georges, perdit Elye Ballenc, bourgeois de Harfleur, dix-huit tonneaux de vins sur soixante-treize qu'il avait achetés en compagnie d'Ansiare d'Argenteuil, bourgeois de Paris, parce qu'il avait mis son vin de terre dans deux bateaux différents, et l'assigna Jehan Popin, Prévost des marchands, par sentence, d'après le conseil des bonnes gens.

» A ceste sentence furent présents ledit Prévost des marchands, Étienne Barbet, Alain Paon, Guillaume Pizdoë, échevins, etc... »

Parfois, il arrivait que les sentences rendues par la Prévôté donnaient lieu à des appels devant un tribunal supérieur, au Parlement d'abord, enfin devant le Roi de France lui-même. Au mois de mars 1268, Jean Marcel, bourgeois de Compiègne, ayant amené deux bateaux chargés de bois au Grand-Pont de Paris, sans avoir pris la précaution de se procurer un compagnon hansé, se vit condamné à perdre les deux bateaux, qui furent confisqués, l'un pour le Roi, l'autre au profit de la Prévôté.

Jean Marcel appela de cette sentence devant le Parlement, qui déclara qu'un seul bateau devait être confisqué. La Prévôté porta cette cause au tribunal du Roi, qui cassa l'arrêt du Parlement et confirma le dire des premiers juges.

Voici le texte de ce jugement :

« En l'an de l'incarnacion nostre Seigneur, mil cc lxviij, la » vigile de Pâques flories, orent li marcheanz hansé de Paiue » de Paris, sentence contre Jehan Marcel de Compiègne, d'une » navée de bûches qui vint d'Oyse en Seyne, contre le pont » de Paris et de Maante, sanz compaignon hansé bourgeois de » Paris, devant lou roy de France, par droit jugement de l'u- » sage et la charte au dix marcheanz (1). »

Ainsi, maîtresse de la grande navigation de la Seine, forçant la Normandie et la Bourgogne à devenir ses tributaires, la Hanse Parisienne dominait toutes les autres villes baignées par la Seine, et nivelait toutes les prétentions des grands seigneurs ayant donjon sur le fleuve.

Défense aux Normands d'envoyer directement le sel et la marée dans la haute Seine ; défense aux Bourguignons d'expédier sans intermédiaire leurs vins et leurs bois dans la basse Seine. Ces privilèges expliquent l'extension progressive de Paris. Ils ont donné naissance aux taxes municipales dont le produit, bien employé, a permis à ses magistrats de créer de beaux édifices, de grands établissements d'utilité publique, des Rues nouvelles et, comme on va le voir, de faire d'une ville ordinaire une grande Capitale.

III

DE PHILIPPE-AUGUSTE A CHARLES V

1180 — 1364

COMMENT PARIS DEVINT CAPITALE ; JALOUSIE DES AUTRES VILLES DE FRANCE ; CE QUE PARIS LEUR RÉPOND. — DESCRIPTION DE L'ENCEINTE DE PARIS SOUS PHILIPPE-AUGUSTE. — CRÉATIONS QUI DATENT DE SON RÈGNE. — LOUIS IX (SAINT LOUIS). — LA SAINTE-CHAPELLE. — LES QUINZE-VINGTS. — ORDONNANCES INTÉRESSANT LA VILLE DE PARIS. — LE PRÉVOT DE PARIS, ÉTIENNE BOILEAU. — LES COMMUNAUTÉS D'ARTS ET MÉTIERS. — L'ORDONNANCE CONCERNANT LES MONNAIES. — PHILIPPE III. — LA CONFRÉRIE DES CHIRURGIENS. — JEAN PITARD, CHIRURGIEN DU ROI. — PHILIPPE LE BEL. — ÉDIT CONCERNANT LA BOURGEOISIE ; SES DROITS ET SES OBLIGATIONS. — ÉTABLISSEMENTS FONDÉS PENDANT CE RÈGNE. — DU NOMBRE DES ÉGLISES DANS PARIS. — DU NOMBRE DES RUES. — POPULATION. — TAXES ET IMPOTS. — LE ROI JEAN. — L'ÉDIT DE JANVIER 1351. — LE PRÉVOT DES MARCHANDS, ÉTIENNE MARCEL ; SON AMBITION, SA MORT.

La Royauté était encore, à la fin du XIIe siècle, errante de ville en ville, et son pouvoir toujours contesté par les grands vassaux dont les plus puissants se révoltaient impunément.

Un jour les magistrats Parisiens allèrent trouver le Roi Philippe-Auguste et lui dirent : « Si vous faites de Paris votre demeure habituelle, si vous choisissez cette Ville pour Capitale, votre couronne est ferme et solide sur votre tête. Vous faut-il de l'or? en voici; du fer? en voilà; notre vie? nous sommes prêts. » — L'accord entre le Souverain et les Édiles de Paris fut conclu.

De chaque côté on se tint noblement parole. Philippe-Auguste, le premier Roi véritablement Parisien, augmenta les privilèges de sa Capitale. Dans toutes les chartes de nos Souverains fut faite la mention suivante, qui est une reconnaissance des droits de nos ancêtres : *Consuetudines autem eorum tales sunt ab antiquo.*

A Bouvines, un corps de deux mille Parisiens contribua puissamment à la victoire; mais dix-sept cent cinquante d'entre eux restèrent sur le champ de bataille.

Voici en quels termes Philippe-Auguste prononça l'oraison funèbre de ces braves enfants de Paris : « Ils n'étoient pas plus hauts qu'une épée de chevalier, mais devant l'ennemi je les ai pris pour des géants ! »

Les habitants de Paris se cotisèrent pour l'établissement d'un nouveau rempart destiné à protéger leur Cité.

Lorsque le maître ès œuvres de la Ville vint annoncer au Roi, le 11 octobre 1213, que les nouvelles fortifications enveloppaient complètement Paris, Philippe-Auguste se leva, embrassa le maître ès œuvres de maçonnerie, et, mettant la main sur le pommeau de son épée, le Souverain s'écria : « Maintenant je suis Roi et je vais faire une France. »

Philippe-Auguste disait vrai. L'enceinte de Paris renfermait une superficie de 2,528,633 mètres, contenant une population de 185,000 âmes.

Paris était devenu pour la Royauté une assise de granit, la plus solide base d'opérations en cas de guerre.

Cette formidable position fut cause en partie que le Souverain réunit à la couronne, par la confiscation féodale et l'épée à la main, la Normandie, le Maine, l'Anjou, la Touraine et le Poitou ; que Philippe-Auguste put acheter les Comtés d'Auvergne et d'Artois et se faire restituer la Picardie.

Les habitants des autres villes jalousèrent Paris, qui s'était fait Capitale sans leur en demander la permission ; mais le Roi, le glaive à la main et la pointe partout où se dressait la rébellion, leur répondit : « *Taisez-vous, ingrats, Paris a fait une France.* »

Il est utile de décrire la ligne que suivait le rempart. Sur la *Rive droite*, il partait de l'emplacement où se trouve aujourd'hui l'extrémité septentrionale du Pont des Arts. Là se dressait la première porte de la Ville. Cette porte était flanquée d'une tour ronde, très élevée, et qu'on appelait *Tour du Louvre* ou *Tour qui fait le Coin*. Le mur d'enceinte pénétrait ensuite dans l'emplacement actuel de la cour du Louvre, pour couper la rue Saint-Honoré entre l'ancienne rue du Coq (aujourd'hui de Marengo) et la rue de l'Oratoire, laissant la

(1) Depping, *Règlements sur les Arts et Métiers de Paris*, page 24.

première de ces rues dans la campagne ainsi que le château du Louvre.

Dans cette partie, le rempart était interrompu par une entrée munie de deux tours qui avait le nom de *Porte Saint-Honoré*, et, passant entre les rues d'Orléans et de Grenelle, atteignait la *Porte au Coquiller*, au carrefour formé depuis par les rues de Grenelle (1), Sartine, Jean-Jacques-Rousseau et Coquillère.

La muraille se prolongeait ensuite entre les rues du Jour et Jean-Jacques-Rousseau pour aboutir à la *Porte Montmartre* qu'on voyait dans la rue de ce nom, à la hauteur des nos 15 et 32 actuels.

En cet endroit le rempart changeait brusquement de direction et s'inclinait vers l'Est, longeant le côté septentrional de la rue Mauconseil pour aller déboucher dans la rue Saint-Denis, en face de l'impasse des Peintres. Là se trouvait une porte fortifiée qu'on appelait *Porte Saint-Denis* ou *Porte aux Peintres*.

L'enceinte, poursuivant sa direction orientale, longeait la rue aux Ours, qui restait dans l'intérieur de Paris; à peu près au milieu de la rue aux Ours, la muraille était percée d'une fausse porte qu'on appelait *Porte Bourg-l'Abbé*. Le rempart coupait ensuite la rue Saint-Martin, précisément à l'angle aujourd'hui formé par cette voie publique et la rue Grenier-Saint-Lazare, qui se trouvait alors dans la campagne.

Après avoir rencontré la poterne *Nicolas Huideron* dans la rue Beaubourg, la ligne du rempart se poursuivait entre les rues Michel-le-Comte et Geoffroy-l'Angevin, pour venir aboutir à la *Porte du Temple*, pratiquée dans la rue du Temple, à l'angle méridional formé par cette voie et celle de Braque.

En cet endroit, la ligne décrivait une courbe au midi pour gagner l'emplacement occupé aujourd'hui par la rue de Paradis (devenue rue des Francs-Bourgeois); — après avoir suivi cette ligne, l'enceinte coupait la rue Vieille-du-Temple, à la rue des Francs-Bourgeois, où se trouvait la *Porte Barbette*.

Ensuite, le rempart s'inclinait encore davantage, et coupait à son extrémité méridionale la rue Culture-Sainte-Catherine (aujourd'hui dénommée rue de Sévigné) pour s'arrêter à la *Porte Saint-Antoine*, où l'on voyait encore, il y a quelques années, la fontaine de Birague.

De la porte Saint-Antoine le mur d'enceinte prenait brusquement une direction perpendiculaire à la Seine, pour aboutir vers le milieu du quai Saint-Paul (réuni depuis au quai des Célestins) où se trouvait la dernière porte de l'enceinte septentrionale; cette porte nommée *Barbelle-sur-l'Iaue*, était flanquée d'une grosse tour appelée *Tour de Billy*.

Tel est le tracé que suivait, sur la rive droite, le mur d'enceinte de Paris, construit sous Philippe-Auguste.

Des découvertes récentes de fragments de cette muraille, solidement construite, ne laissent aucun doute sur l'exactitude de ces renseignements.

Mais il s'agissait de défendre aux ennemis l'entrée du fleuve dans Paris; — voici ce qui fut ordonné par le Roi.

L'enceinte septentrionale, comme nous venons de le dire, se terminait au quai Saint-Paul, et près du fleuve fut construite la *tour* dite *de Billy*, qui correspondait à une tour intermédiaire, qu'on éleva dans l'île de Notre-Dame. Cette dernière se rattachait à une seconde tour bâtie en face de la rue des Fossés-Saint-Bernard et qu'on nommait *la Tournelle*.

Pour continuer, en quelque sorte, la clôture que le cours du fleuve interrompait, on avait tendu de grosses chaînes, qui joignaient la tour de Billy à celle de la Tournelle, en se rattachant aux fortifications intermédiaires élevées dans l'île Saint-Louis. Ces chaînes étaient accrochées à des bateaux liés à de gros pieux. De cette manière, se trouvait complétée à l'Est la ligne des fortifications de Paris.

(1) La rue de Grenelle a été réunie à la rue Jean-Jacques-Rousseau.

L'*enceinte méridionale* est facile à décrire. La muraille recommençait, sur la rive gauche, entre le pont de la Tournelle et la rue des Fossés-Saint-Bernard; elle se poursuivait dans la rue des Fossés-Saint-Victor, où se trouvait une porte de ville entre cette rue et celle d'Arras. En cet endroit, l'enceinte gravissait encore la montagne jusqu'à l'extrémité méridionale de la rue Descartes actuelle, où se trouvait une porte qui s'ouvrait dans la campagne, en face du bourg Saint-Marcel, dont cette porte retenait le nom.

Le mur d'enceinte s'inclinait ensuite à l'ouest jusqu'à la place de la Vieille-Estrapade, où l'on voyait la *Porte Sainte-Geneviève*, puis la muraille se prolongeait pour atteindre la *Porte Saint-Jacques* au coin de la rue Saint-Hyacinthe (aujourd'hui rue Paillet). Le rempart descendait alors jusqu'à la *Porte Gibart*, située au coin de la rue de la Harpe et de la place Saint-Michel, (toutes les deux confondues récemment dans le boulevard Saint-Michel). Là le rempart décrivait une courbe pour aller se rattacher à la *Porte Saint-Germain*, qui se trouvait dans la rue Saint-André-des-Arts, au coin de la rue Contrescarpe (aujourd'hui rue Mazet). Après s'être soudée à cette porte, l'enceinte allait se terminer à l'extrémité orientale du quai Malaquais. L'entrée du fleuve était défendue à l'ouest, sur la rive gauche, par la *Tour Philippe-Hamelin*, connue plus tard sous le nom de *Tour de Nesle*, et, sur la rive droite, par la *Tour de Bois*, construite à côté de la porte du Louvre.

Tel était l'ensemble des fortifications élevées sous le règne de Philippe-Auguste.

Tout l'emplacement circonscrit par ces fortifications était loin d'être couvert d'habitations. Le nombre des rues était bien inférieur à celui qui se trouve compris aujourd'hui dans le périmètre de l'enceinte de Philippe-Auguste. — Il était alors de cent quatre-vingts.

Les créations qui remontent à cette royauté ont un caractère de grandeur ou d'utilité publique. Philippe-Auguste ne se borna pas à donner de la sécurité au Royaume, en mettant sa Capitale à l'abri de toute insulte, il voulut encore faire de Paris une des villes les plus importantes de l'Europe.

La fondation du Louvre lui appartient. On lui doit la construction des halles et de nombreuses boucheries. Les églises Saint-Étienne-du-Mont, Saint-André-des-Arts, Saint-Honoré, Saint-Jean-en-Grève, Saint-Thomas, Saint-Nicolas-du-Louvre, furent commencées ou complètement achevées sous son règne. Il aida, de ses deniers, à la fondation de plusieurs établissements religieux et hospitaliers, tels que le couvent des Mathurins, l'abbaye Saint-Antoine, le couvent des Jacobins, l'hôpital de la Trinité, celui de Sainte-Catherine, etc.

L'existence des collèges des Bons-Enfants, de Saint-Côme et de Saint-Damien, des Dix-Huit, de Constantinople, remonte également au règne de Philippe-Auguste, qui fut un des bienfaiteurs de Paris.

Sous le rapport de la salubrité, la Capitale dut beaucoup à Philippe-Auguste, qui, dans le cours de l'année 1184, fit paver les principales rues de cette ville. Rigord s'exprime ainsi à ce sujet : « Le Roi, se trouvant à Paris pour les affaires de l'État,
» habitoit le palais dans la Cité. S'étant mis à une fenêtre d'où
» il voyoit les eaux du fleuve, par laquelle il aimoit à regarder,
» pour se distraire, les chariots qui traversoient la Cité soulevèrent une odeur si fétide de la boue amassée dans les rues,
» que le Roi ne put la supporter; il jugea qu'il étoit néces-
» saire d'exécuter un projet auquel avoient pensé quelques-
» uns de ses prédécesseurs, mais qu'ils n'avoient point exé-
» cuté à cause de la trop grande dépense. Ayant donc convo-
» qué les principaux bourgeois de la Ville et le Prévôt, il

donna l'ordre de garnir de fortes pierres les rues principales (1). »

Les voies qui profitèrent de cette utile amélioration formaient ce qu'on appelle *la croisée de Paris*. C'était l'intersection des deux grandes voies qui joignaient du nord au sud la porte Saint-Denis à la porte Saint-Jacques, et de l'est à l'ouest la porte Bandet (Baudoyer) au château du Louvre. Cette partie du pavé de Paris resta toujours à la charge du Roi. Si l'administration municipale en eut l'entretien jusqu'en 1328, elle reçut une indemnité qui la couvrit de la dépense.

Vers le IXe ou le Xe siècle, un rendez-vous de chasse existait en bordure d'un bois près des bords de la Seine; on le nommait *Castellum de Lupara*.—C'est là sans doute le premier Louvre, ainsi que l'origine de son nom. Sous Philippe-Auguste ce château prit une réelle importance. Paris avec sa nouvelle enceinte venait toucher au Louvre, qui devint alors une forteresse. Sa grosse tour se dressa formidable et menaçante. — Le Roi lui confia les prisonniers d'État et ses trésors.

Philippe-Auguste professait une haute estime pour les magistrats de Paris; aussi, au moment de partir pour la Terre-Sainte, il confiait son testament à plusieurs d'entre eux. — Philippe-Auguste mourut le 14 juillet 1223.

Lorsqu'un homme de génie disparaît, sa mort laisse un vide; lorsqu'un grand Roi vient à mourir, la nuit se fait. Il semble que la nature ait besoin de repos. Louis VIII passe inaperçu entre Philippe-Auguste, son père, et Saint Louis, son fils. Louis VIII ne régna que trois années, pendant lesquelles il ne se produisit rien de bien remarquable à Paris.

Mais nous avons hâte d'arriver à Louis IX. « Saint Louis, » dit un grand écrivain, est l'homme modèle du moyen-âge; » c'est un législateur, un héros, et un saint. Le temps où il a » vécu rehausse encore sa gloire par le contraste de la naïveté » et de la simplicité de ce temps.

» Soit que Louis combatte sur le pont de Taillebourg ou à la » Massoure; soit que dans une bibliothèque il rende compte » de la matière d'un livre à ceux qui le viennent demander; » soit qu'il donne des audiences publiques ou juge des dif» férends aux plaids de la porte, ou sous le chêne de Vin» cennes, *sans huissiers ou gardes*; soit qu'il résiste aux » entreprises des papes; soit que des princes étrangers le » choisissent pour arbitre; soit qu'il meure sur les ruines de » Carthage, on ne sait lequel plus admirer, du chevalier, du » clerc, du patriarche, du roi ou de l'homme.

» Marc-Aurèle a montré la puissance unie à la philosophie, » Louis IX la puissance unie à la sainteté.—L'avantage reste » au chrétien (2). »

Dans ce précis historique nous ne pouvons qu'esquisser la noble physionomie de saint Louis, en rappelant les créations dont il a doté la Ville de Paris.

D'abord, parlons de cette Sainte-Chapelle, chef-d'œuvre admirable où se sont rencontrés fondus, d'un seul jet, le génie d'un grand artiste et la piété d'un grand Roi. Ce monument est le type le plus pur de cette gracieuse architecture dont Philippe-Auguste et saint Louis surprirent le secret chez les Sarrasins. L'art architectonique avait au moyen âge une grande puissance. Le génie se développait sans entrave. Aussi, pas un seul monument ne ressemblait à l'autre, et dans chaque monument aucun détail n'était exactement symétrique.

Plus les âges qui ont élevé nos églises ont eu de piété, plus ces édifices ont été frappants par la grandeur et la noblesse de leur caractère. Le peuple qui croit, qui souffre et qui prie, préférera toujours aux temples grecs ces vieilles et sombres basiliques, toutes remplies des générations des décédés et des âmes de ses pères!

Au Roi saint Louis on doit également la fondation des Quinze-Vingts, *en mémoire et récordation de trois cents chevaliers qui, en son temps et règne, eurent les yeulx crevés pour soutenir la foi catholique* (1).

Sous son règne furent fondées ou construites les églises Saint-Leu et Saint-Gilles, Saint-Josse, Saint-Eustache, Saint-Sauveur.

Les couvents des Grands-Augustins, des frères et sœurs Sachets, de l'Ave-Maria, des Blancs-Manteaux, Sainte-Croix-de-la-Bretonnerie, des Chartreux, des Carmes; les colléges de Sorbonne, des Bernardins, des Prémontrés, de Calvi, de Cluny, du Trésorier, etc., appartiennent également à cette époque.

Dans la solitude du cloître l'homme se régénérait par la prière, comme il se complétait par l'étude et la contemplation. Les premiers flambeaux qui ont éclairé le monde ont été allumés au feu sacré de l'autel. Dans les sciences comme dans les arts, les moines, devançant leur siècle, nous ont frayé la route du progrès.

Quant aux couvents de femmes, leur fondation avait d'ordinaire pour but le soulagement des malheureux. La bienfaisance municipale et réglementée a succédé à ces pieuses fondations, mais sans les faire oublier. L'or qu'on distribue aujourd'hui aide le malheureux à vivre; mais la charité d'autrefois aimait à le consoler, elle souffrait et pleurait avec lui!

Les écoles du Parvis Notre-Dame ont donné naissance à l'Université de Paris, qui devint la grande école de l'Europe.

Un ancien poëte a dit d'elle :

> Si n'estoit la bonne garde
> De l'Université qui garde
> Le Chef de la chrestienneté,
> Tout eust été bien tourmenté (2).

L'Université acquit bientôt une grande importance politique.

Nos Rois avaient compris toute son utilité. Son caractère religieux la mettait à l'abri des violences. L'illustration qui rayonnait sur elle, la réputation, la science de ses docteurs en faisaient un des premiers corps de l'État, et donnaient un poids immense à son autorité. — C'était en un mot *la fille aînée des rois de France et la source de toute sapience.*

Il n'est pas jusqu'aux croisades, que des historiens modernes ont tant reprochées à Philippe-Auguste et à saint Louis, qui n'aient profité à notre pays.

Nos guerres d'Orient ont complété notre caractère chevaleresque. Elles ont excité profondément l'imagination de nos poëtes et de nos artistes. En un mot, la civilisation qui, en Europe, sommeillait engourdie, faute d'air et de soleil, s'est réchauffée au contact de l'Orient.

Dès son arrivée en France, après sa première expédition, saint Louis rendit un grand nombre d'ordonnances dont les plus importantes intéressaient la ville de Paris. Parmi ces ordonnances, il faut citer celle qui concerne la police de la Capitale.

Paris était troublé chaque nuit; c'étaient des incendies, des vols, des violences sans nombre.

(1) Rigord, *De gestis Philippi Augusti, Recueil des Historiens de France*, tome XVII, page 161.

(2) Châteaubriand, *Études historiques*, tome VI, page 178. Édition de Pourrat frères.

(1) Cette fondation est ainsi rappelée dans les lettres-patentes de François Ier, au mois de mai 1546. — Voir l'article : *Quinze-Vingts* (Hospice national des). Longtemps avant saint Louis, Paris possédait une maison de refuge pour les pauvres aveugles; mais elle n'était pas de *fondation royale*.

(2) Jehan de Meung, *Roman de la Rose*.

Depuis longtemps existait une milice entretenue aux dépens du Roi pour veiller à la sûreté de la ville.

Mais cette milice ne se composait que de vingt sergents à cheval et de quarante sergents à pied, commandés par un officier qu'on appellait le *Chevalier du guet*.

Aussi les bourgeois de Paris, victimes des désordres, résolurent de veiller eux-mêmes à la sûreté de leur ville. Ils obtinrent du Roi la permission de faire toutes les nuits des rondes par la ville, sous l'autorité et la direction du chevalier du guet.

Cette milice bourgeoise, pour laquelle chacun devait faire le service de trois en trois semaines, fut appelée le *Guet des Mestiers* ou *Guet des Bourgeois*.

Plusieurs corps de métiers cherchèrent à se dispenser de cette obligation ; mais ils furent contraints à l'obéissance par plusieurs arrêts du Parlement.

Cette utile mesure amena la réorganisation de la Prévôté de Paris, qu'il ne faut pas confondre avec la Prévôté des marchands, qui était une fonction conférée par l'élection.

Depuis Philippe-Auguste, la Prévôté de Paris était devenue une charge vénale ; de là des abus scandaleux. Le Roi ordonna que la Prévôté ne serait plus affermée au plus offrant, et la juridiction du magistrat fut restreinte à la police et à la justice en première instance.

En 1258, le choix du gouvernement du Roi, pour exercer cette magistrature, tomba sur Étienne Boileau, dont le talent et l'intégrité méritent d'être glorifiés.

Voici comment *Joinville* s'exprime au sujet de cette nomination :

« La Prévôté de Paris étoit alors vendue aux bourgeois de » Paris ou à aucuns ; et quand il advenoit que aucuns l'avoient » achetée, ils soutenoient leurs enfants et leur neveux dans » leurs excès, car les jouvenceaux se fioient en leurs parents ou » leurs amis qui tenoient la Prévôté. Pour cela, le menu peuple » étoit foulé et ne pouvoit avoir droit contre les riches hommes, » à cause des grands présents et dons que ceux-ci faisoient au » Prévôt. Dans ce temps, celui qui disoit la vérité devant le » Prévôt, ou qui vouloit garder son serment pour n'être pas » parjure touchant aucune dette ou autres choses dont il fut » tenu de répondre, le Prévôt levoit amende sur lui, et le pu» nissoit à cause des grandes injustices et des grandes rapines » qui étoient faites en la Prévôté ; le menu peuple n'osoit » demeurer en la terre du Roi, et alloit demeurer en autres » prévôtés et en autres seigneuries ; et la terre du Roi étoit si » déserte, que, quand le Prévôt tenoit ses plaids, il n'y venoit » pas plus de dix personnes ou de douze. Avec cela, il y avoit » tant de malfaiteurs et de larrons à Paris et dehors, que tout » le pays en étoit plein. Le Roi, qui mettoit grande diligence à » savoir comment le menu peuple étoit gardé, sut toute la vérité, » aussi il ne voulut pas que la Prévôté de Paris fût vendue, » mais donna bons et grands gages à ceux qui dorénavant » la garderoient, et il abattit toutes les mauvaises coutumes » dont le peuple pouvoit être grevé. Il fit enquérir par tout » le royaume et par tout le pays où il pourroit trouver homme » qui fît bonne et roide justice, et qui n'épargnât plus le riche » homme que le pauvre ; on lui indiqua Étienne Boileau, lequel » maintint et garda si bien la Prévôté, que nul malfaiteur, ni » larron, ni meurtrier, n'osa demeurer à Paris, craignant d'être » aussitôt pendu ou détruit ; car il n'y avoit ni parent, ni » lignage, ni or, ni argent qui le pût garantir. Aussi la terre du » Roi commença à amender, et le peuple y vint à cause du bon » droit qu'on y faisoit. Il s'y multiplia tant et tout amenda si » bien, que les ventes, les saisies, les achats et les autres levées » valoient le double de ce que le Roi y prenoit par avant.

» En toutes ces choses que nous avons ordonnées, (disoit le » Roi,) pour le profit de nos sujets et de notre royaume, nous » nous réservons le pouvoir d'éclaircir, d'amender, d'ajouter, » de diminuer, selon que nous aurons conseil. Par cette ordon» nance, l'état du royaume de France devint meilleur, comme » le témoignent plusieurs sages et anciens. »

Louis IX venait quelquefois s'asseoir à ses côtés, quand le Prévôt de Paris rendait la justice au Châtelet. Étienne Boileau maintint dans Paris une justice si sévère qu'il fit pendre même son filleul, coupable de vol.

A l'égard des communautés d'arts et métiers, voici les services que rendit ce grand magistrat :

Il établit, au Châtelet, des registres à l'effet d'y inscrire les règles suivies d'ordinaire pour les maîtrises des artisans ; puis les tarifs des droits prélevés, au nom du Roi, sur l'entrée des denrées et marchandises dans la ville.

Les corporations d'artisans comparurent successivement devant lui pour déclarer les us et coutumes pratiqués depuis un temps immémorial dans leur communauté, afin de faire enregistrer leurs déclarations dans le livre destiné à devenir le régulateur, le cartulaire de l'industrie ouvrière.

Nous reviendrons plus tard sur les corporations et les métiers. N'oublions pas cependant de faire honneur de leur sage réglementation au Prévôt de Paris Étienne Boileau, ainsi qu'au Roi Louis IX, qui, dans toutes les circonstances, fortifia de son pouvoir les bonnes intentions du magistrat.

Nous devons mentionner ici l'ordonnance royale de saint Louis, concernant les monnaies.

Le droit de battre monnaie avait été usurpé autrefois par les seigneurs qui possédaient, sur leurs domaines, les anciens ateliers monétaires de Charlemagne.

Plus de quatre-vingts barons ou prélats en jouissaient encore au temps de saint Louis, et tiraient un profit scandaleux de la fabrication de monnaie de mauvais aloi. Comme chaque seigneur battait monnaie et lui donnait un cours forcé dans ses domaines, à l'exclusion absolue de toute autre, il en résultait qu'on était obligé de changer de numéraire chaque fois qu'on pénétrait dans un nouveau canton. — De là une perte considérable par le seul fait du change.

De tels abus ruinaient la population, entravaient le commerce et l'industrie ; aussi Louis IX résolut de les faire cesser. Dès 1247, le Roi, avait prohibé hardiment les *sterlings* et autres monnaies anglaises impudemment altérées par le Roi Henri III.

En 1262, il ordonna que dans les domaines des seigneurs ne battant pas monnaie celle du Roi aurait seule cours, et qu'elle serait acceptée concurremment avec celle des seigneurs dans tous les endroits où se frappaient des monnaies seigneuriales.

Saint Louis défendit expressément que la monnaie frappée sous son règne fût altérée comme elle l'avait été malheureusement sous ses prédécesseurs.

L'ordonnance de 1262 était contresignée par trois bourgeois de Paris, trois de Provins, deux d'Orléans, deux de Sens et deux de Laon, députés par leurs villes comme *jurés*, pour délibérer avec le Roi sur le fait des monnaies (1).

La bonté du cœur de saint Louis était à l'unisson de sa royale intelligence. « Maintes fois il advint (dit Joinville) qu'en » été il alloit s'asseoir au bois de Vincennes, après la messe, » et s'appuyoit à un chêne, et nous faisoit asseoir autour de » lui ; et ceux qui avoient affaire venoient lui parler, sans » empêchement d'huissier ni d'autres..... Je le vis une fois, en » été, venir pour expédier ses gens, au jardin de Paris, vêtu » d'une cotte de camelot, d'un sourtout de tiretaine sans » manches, d'un manteau de taffetas noir autour du cou, moult » bien peigné et sans coiffe, et un chapel de plume de paon » blanc sur la tête.

(1) *Histoire de France*, par H. Martin, tome V, page 282.

» Il faisoit étendre un tapis pour nous faire asseoir autour de lui, et tous ceux qui avoient à faire à lui se tenoient debout devant lui, et alors il les faisoit expédier de la manière que je vous ai dit qu'il faisoit au bois de Vincennes. »

Louis IX aimait les Parisiens sans taire cependant leurs fauts.

« *Ils sont*, disait-il, *souvent enclins à la baguenauderie et la paillardise; mais le cœur corrige leurs billevesées.* »

Le Roi saint Louis mourut le 25 août 1270, à la même heure que Jésus-Christ expira sur la croix!

Le règne de Philippe III ne fut pas aussi heureusement rempli que celui de son prédécesseur; cependant Philippe le Hardi favorisa le développement de Paris, en faisant exécuter les sages règlements établis par son père.

En 1278, fut autorisée la célèbre confrérie des Chirurgiens. L'idée de cette utile fondation appartient à Jean Pitard, chirurgien de saint Louis. Cet établissement, sous l'invocation de saint Côme et de saint Damien, avait pour but de prévenir les nombreux abus qui s'étaient glissés dans la corporation des chirurgiens. Les confrères devaient visiter, le premier lundi de chaque mois, tous les pauvres malades qui se présentaient à l'église Saint-Côme, où se réunissait leur confrérie, puis ils devaient de s'assujétir aux règles établis par les statuts. Ce dernier article détermina un grand nombre de chirurgiens étrangers à quitter Paris.

Jean Pitard, dont le buste décore l'École de Médecine de Paris, fit construire à ses frais, dans sa maison, rue de la Corne, un puits qu'il destina à l'usage du public, pour le préserver des dangers de l'usage de l'eau de Seine qui, dans certaines saisons de l'année, était bourbeuse et nuisible. Cette maison, rétablie en 1611, portait encore, à cette époque, l'inscription suivante qui était l'expression de la reconnaissance publique:

> Jean Pitard, en ce repaire,
> Chirurgien du Roi fit faire
> Ce puits en mil trois cents dix,
> Dont Dieu lui doint son paradis.

La Confrérie des Chirurgiens est la seule fondation vraiment utile du règne de Philippe III, qui se termina le 5 octobre 1285.

Le règne de son successeur fut un des plus profitables à la ville de Paris.

Philippe le Bel n'était pas un de ces Rois fainéants aimant la société des *jongleurs* et des *folles femmes*, laissant souiller sa royale armure. Philippe le Bel était fastueux et superbe, mais d'un faste sans clinquant et d'une beauté sans afféterie. Il s'entourait de légistes, pâlissait sur les pandectes et s'imprégnait des maximes du droit monarchique.

La première ordonnance du roi Philippe le Bel enjoignit au Prévôt de Paris de réduire la *multitude effrénée* de ses sergents à soixante-dix fantassins et trente-cinq cavaliers; la seconde défendait qu'aucun Parisien portât ni couteau à pointe, ni bouclier, ni épée, ni aucune arme, sous peine de la voir prendre et briser. La même ordonnance interdisait, en outre, aux bourgeois, toute fête de nuit dans la Ville, même pour noces ou toute autre cause, sans la permission expresse du Roi ou du Prévôt de Paris, sous peine d'amende pécuniaire ou de punition corporelle. Cette ordonnance avait été obtenue à l'instigation de *Guillaume Bourdon*, Prévôt des Marchands et des notables bourgeois de la Ville.

A peu près à la même époque fut publié un édit Royal fort intéressant: cet édit règle la manière dont on acquérait le droit de bourgeoisie et les obligations résultant de ce droit. Si quelqu'un, dit le document royal, veut entrer en une bourgeoisie ou Commune, il doit aller trouver le Prévôt en se faisant assister de deux ou trois bourgeois, et s'engager à bâtir ou à acheter, dans l'espace d'un an, une maison de la valeur de soixante sous parisis au moins. Une fois admis, le bourgeois profitait des privilèges et contribuait aux charges de la communauté. Entre autres obligations, il était forcé d'habiter la Commune depuis la Toussaint jusqu'à la Saint-Jean d'été, ou du moins d'y laisser sa femme, ou son valet s'il n'était pas marié.

Pendant la belle saison, il avait la liberté de s'absenter avec sa femme pour aller faire ses moissons, fenaisons, vendanges et autres travaux de la campagne; toutefois, mari et femme étaient tenus de se trouver à Paris aux grandes fêtes, à moins qu'ils ne fissent dûment constater la nécessité de leur éloignement. Ces obligations avaient pour but d'empêcher les bourgeois de se soustraire aux charges de la Commune et d'échapper aux impôts du Roi. Cet édit de Philippe le Bel fut une des causes de l'extension prodigieuse de la ville de Paris. L'impôt que payait la bourgeoisie, impôt très considérable, comme nous le dirons tout à l'heure, était en partie consacré à la fondation d'établissements publics et de monuments somptueux qui ajoutèrent à l'attraction que Paris exerçait déjà sur nos provinces et sur les étrangers.

Il est une autre ordonnance de 1302 dont l'exécution profita surtout à Paris; cette ordonnance décida qu'il serait tenu deux parlements par année dans cette Ville, c'est-à-dire deux sessions; l'une après l'octave de Pâques, l'autre après celle de la Toussaint; chacune de ces sessions devait durer deux mois. Enfin une seconde ordonnance, rappelant la première, porte que le Parlement sera composé de deux prélats: l'évêque de Narbonne et l'évêque de Rennes; de deux laïques: le comte de Dreux et le comte de Bourgogne; de treize clercs et de treize laïques. Le Parlement, rendu sédentaire, s'établit au palais, et acquit en peu de temps une puissance redoutable qui assura le triomphe de la suprématie Royale sur la féodalité.

Parmi les fondations qui remontent au règne de Philippe le Bel, il faut citer le couvent des Carmes-Billettes, la chapelle et l'hôpital des Haudriettes, les colléges de Navarre, des Cholets, de Bayeux, du Cardinal-Lemoine, de Laon et de Presles.

D'après les rôles de taxe de 1292 et de 1313, on comptait dans Paris trente-six églises paroissiales.

Les portes de la Ville étaient au nombre de vingt-cinq.

Quant aux rues de Paris à cette époque, leur dénombrement a été pour nous l'objet d'études sérieuses.

Disons d'abord que la ville de Paris était alors divisée en trois grandes circonscriptions, savoir: *la Cité, le quartier d'Outre Grand-Pont* et celui *d'Outre Petit-Pont.*

Il résulte du dénombrement des voies qui composaient Paris sous Philippe le Bel, que la Ville comptait alors dans ses trois quartiers: *Cité, Outre Grand-Pont* et *Outre Petit-Pont*, trois cent deux rues et neuf places comprises dans l'intérieur du mur d'enceinte, tandis qu'à l'extérieur il y avait cinquante et une rues groupées sur divers points du territoire suburbain.

A cette époque, Paris, dans l'intérieur de son enceinte, comprenait trente-trois divisions administratives dont la circonscription était la même que celle des paroisses alors existantes; ces divisions étaient ainsi réparties:

Cité, douze. — Quartiers d'Outre Grand-Pont, douze. — Celui d'Outre Petit-Pont, neuf.

Ce nombre s'élevait à 35, en comptant les circonscriptions correspondant aux paroisses de Saint-Laurent et de Saint-Sauveur, qui se trouvaient au delà de l'enceinte de Paris. Celles de Saint-Nicolas-des-Champs et Saint-Paul, bien que situées en dehors de la Ville, n'en étendaient pas moins leur circonscription dans l'intérieur des murs.

Le quartier d'Outre Grand-Pont était le plus peuplé des trois ; il contenait d'après les rôles de taxe de 1292, 11,727 contribuables. Celui d'Outre Petit-Pont, malgré l'étendue de sa superficie, ne renfermait pas une population nombreuse ; nous y trouvons, en l'année susdite, 2,232 imposés. Quant à la Cité, bien que sa surface fût à peine le quart de celle du quartier d'Outre Petit-Pont, elle comptait un grand nombre d'habitants, parmi lesquels la taille dont nous venons de parler avait atteint 1,241 industriels.

Le chiffre total de la population parisienne s'élevait à 215,861 habitants, sur lesquels, d'après les rôles précités, on comptait 5,693 industriels qui avaient embrassé 358 états, métiers ou professions différentes.

En 1313, lorsque Philippe le Bel célébra la promotion de son fils aîné à la dignité de chevalier, il passa, en présence du roi d'Angleterre, une revue des Parisiens en état de porter les armes. Godefroy de Paris raconte ainsi, dans sa *Chronique métrique*, l'étonnement des Anglais à la vue de 50,000 hommes armés, riches et nobles, sortant d'une seule ville :

. . . . Esbahi si grandement
Furent Anglois plus qu'onques més ;
Car il ne cuidassent jamés
Que tant de gent riche et nobile
Povist saillir de une ville.
Aussi en furent merveillez
Tous cels qui les virent aux ex.
Et deux à deux ensemble aloient,
Et tretous les mestiers mangeoient
Si comme estoit chascun par soi.

. . . .

Et toute nuit feste estoit fête,
De cels de Paris, sans retraite,
A cheval bien furent vingt mille,
Et à pié furent trente mille ;
Tant ou plus ainsi les trouvèrent
Cels qui de là les estimèrent.

L'impôt était établi sur des bases à peu près semblables à celles qui existent encore de nos jours ; le revenu public s'alimentait aux mêmes sources. Il se composait des droits de mutation sur les biens meubles ou immeubles, des impôts sur le sel, les boissons, les substances alimentaires, des péages et autres. Il comprenait en outre des impositions particulières désignées sous les noms de *taille*, *aide* ou *subside*.

La *taille* était un tribut extraordinaire que le Roi, les Seigneurs ou la Commune avaient droit de lever de leur propre autorité dans les cas de nécessités urgentes. On distinguait deux sortes de tailles : *tailles réelles* et *tailles personnelles*. Les premières se prélevaient en prenant pour base les biens des contribuables, les secondes étaient une sorte de cote personnelle qui atteignait toute personne imposable, qu'elle possédât ou non des propriétés territoriales. La taille n'affectait que les vassaux dépendant de l'autorité au profit de laquelle elle était recueillie. A défaut de cadastre, les taillables déclaraient par serment la valeur de leurs biens, et, dans le cas de déclaration incomplète, les biens non déclarés étaient confisqués.

Quant à l'*aide* ou *subside*, cette contribution qui atteignait tous les ordres de l'État, ne pouvait être prélevée que dans certains cas réglementés par la loi ou la coutume.

La taille de 1292, qui nous a fourni les détails statistiques qui précèdent, était à la fois une imposition foncière et personnelle ; le montant de cette taxe, qui frappait 15,200 individus, s'élevait à 12,218 livres 14 sous, monnaie du temps, dont la valeur absolue en monnaie actuelle est de 303,160 fr. 20 c., mais qui, en établissant un rapport entre la valeur des subsistances à cette époque et à la nôtre, représente une valeur relative de 1,515,801 francs. Pour avoir une idée des impositions qui pesaient alors sur chaque contribuable, si nous répartissons sur les 15,200 imposés la valeur absolue de cette taille, nous trouverons que chacun d'eux dut payer une somme de 19 fr. 94 c., dont la valeur relative représentait 99 fr. 72 c., et que la taille de 1313, qui s'éleva à 13,021 livres 19 sous 8 deniers, et atteignit 5,952 contribuables, mit à la charge de chacun d'eux un impôt de 54 fr. 30 c. valeur absolue. On remarquera que cette répartition ne saurait être rigoureusement exacte, car au nombre des imposés se trouve une grande quantité de *vallets, chambérières et autres menues gens* qui ne payaient pour la plupart que 12 deniers parisis. La cote la plus élevée que renferme la taille de 1292 présente un chiffre de 114 livres 10 sous (2,842 fr. 01 c., valeur absolue) que dut payer un banquier lombard ; les banquiers étaient taxés arbitrairement, parce que le commerce d'argent, alors tout entier aux mains d'étrangers qui ne possédaient point de propriétés territoriales, ne permettait pas d'établir leur prestation d'une manière certaine.

Il est bon de faire observer, en outre, que la taille n'était qu'un impôt accidentel tout à fait en dehors des autres redevances et contributions (1).

Dans le recueil des sentences, la puissance et les prérogatives du Prévôt des Marchands sont constatées de la manière la plus évidente. En effet, lorsqu'en 1299 le Roi veut établir un nouveau subside pour marcher contre le comte de Flandres, c'est au Prévôt qu'il s'adresse. En 1314 le blé vient-il à manquer dans la Capitale, c'est encore à lui qu'il a recours ; et le Prévôt des Marchands est, d'accord avec plusieurs conseillers, chargé de veiller à ce que le pain soit cuit convenablement.

Au reste, ces magistrats s'étaient montrés en mainte occasion, dignes de l'estime et de l'attachement des souverains, et l'un d'eux, Jean Gentien, se fit tuer en 1304 avec son frère à la bataille de Mons-en-Puelle pour la défense du Roi.

Tels sont les faits qui se rattachent au règne de Philippe le Bel, qui fut un des plus importants, au point de vue de l'administration et de l'embellissement de la Capitale.

Philippe le Bel mourut à Fontainebleau, le 29 novembre 1314.

Les règnes de Louis X, dit le Hutin, de Philippe V et de Charles IV, qui réunis n'embrassent qu'une période de quatorze années, n'offrent pas un grand intérêt au point de vue de l'administration de la ville de Paris. Au règne de Louis X se rattache seulement la fondation du collège de Montaigu ; à celui de Philippe V la création des collèges de Cornouailles et de Narbonne ; enfin, à Charles IV la fondation de Saint-Jacques de l'Hôpital, des collèges de Tréguier et d'Arras.

Mais sous Philippe VI les monuments se multiplient. Sous ce règne furent fondés : l'église et confrérie du Saint-Sépulcre, l'église de Saint-Julien des Ménétriers, la chapelle Saint-Yves, les collèges des Écossais, de Marmoutiers, des Lombards, de Bourgogne, de Lisieux, de Chanac, de Huban, Mignon, d'Autun, de Tours, d'Aubusson et de Cambrai.

Mais nous sommes arrivés au règne désastreux de Jean le Bon. Avant de raconter les malheurs qui affligèrent le pays, rappelons les quelques créations utiles que l'on doit à cette époque.

L'un des premiers actes de l'administration du Roi Jean fut une ordonnance rendue en janvier 1351, dans le but d'assurer la tranquillité des habitants et d'améliorer la police intérieure de Paris.

Depuis longtemps la Capitale servait de refuge aux bandits de la province. Chaque ville avait pour ainsi dire son égout, qui amenait ses impuretés à Paris. L'ordonnance du Roi com-

(1) H. Géraud. — Paris sous Philippe le Bel, 1837. — Résumé historique et statistique.

mença par proscrire les mendiants valides, les truands, gens de vagabondage et d'oisiveté, il leur fut enjoint de vider la Ville sous trois jours après la promulgation de l'ordonnance, sous peine d'être mis en prison, au pain et à l'eau pendant quatre jours, à la première arrestation, exposés au pilori à la seconde infraction à la loi, et marqués d'un fer chaud à la troisième.

Défense aux fidèles de faire la charité à ces mendiants indignes. Défense aux directeurs des hôpitaux de donner retraite dans leurs maisons à ces bohémiens. Défense aux taverniers de garder chez eux des joueurs de dés ou autres personnes diffamées, sous peine de 60 sous d'amende.

Cette ordonnance, qui renfermait d'autres dispositions également pleines de sagesse, aurait épargné à la France et à Paris surtout de déplorables malheurs, si elle eût été sévèrement exécutée. Mais les désastres de Crécy et de Poitiers firent refluer dans la Capitale une foule de ces vagabonds qui profitent d'ordinaire de toutes les calamités publiques pour exciter au désordre et à l'anarchie. Toutefois, dès l'annonce de ce dernier désastre, et aussitôt qu'il connut la perte de la bataille, le Prévôt des Marchands, Étienne Marcel, dont l'ambition n'avait pas encore troublé le génie, déploya une fermeté digne d'un grand magistrat.

Étienne Marcel se mit en mesure de repousser l'invasion étrangère, en faisant réparer avec la plus grande activité les fortifications de Paris. Ordre fut donné par le Prévôt de démolir les établissements éloignés du mur d'enceinte, qui pouvaient servir de refuges aux ennemis.

Le Prévôt des Marchands fit fermer en même temps les portes Saint-Germain, d'Enfer et Saint-Victor. Il ordonna, en outre, la construction de sept cent cinquante guérites qui furent solidement attachées aux créneaux des murailles. L'on dit même qu'outre les balistes et autres machines de guerre en usage à cette époque, on vit pour la première fois sur les remparts de Paris quelques pièces de canon. Pour défendre les approches de la Capitale, il fit creuser de larges fossés qui furent bordés par une nouvelle enceinte connue plus tard dans l'histoire de Paris sous le nom d'*enceinte de Charles V et Charles VI*.

Sous la Prévôté d'Étienne Marcel fut faite l'acquisition de la *maison aux Piliers*, qui devint le palais de nos magistrats — l'*Hôtel de Ville de Paris*.

Cette maison fut vendue à la Ville par Jean d'Auxerre et Marie sa femme, par contrat du 7 juillet 1357, moyennant la somme de 2,880 livres parisis forte monnaie, payée en 2,400 florins d'or au mouton, par Étienne Marcel, Prévôt des Marchands.

Voici, d'après Sauval, la description du nouvel hôtel :

« Il y avait deux cours, un poulailler, des cuisines hautes, » basses, grandes et petites, des étuves accompagnées de » chaudières et de baignoires, une chambre de parade, une » d'audience appelée *plaidoyer*, une salle couverte d'ardoi- » ses, longue de cinq toises et large de trois, et plusieurs » autres commodités. »

Quant aux rues de Paris, on a vu que Philippe-Auguste avait fait paver les voies les plus importantes, mais la plupart étaient étroites et malpropres. Cependant l'autorité se préoccupait de leur amélioration. Sous Philippe de Valois, en 1348, une ordonnance du Prévôt avait défendu de jeter les immondices dans les rues. Un édit du roi Jean, de l'année 1358, avait renouvelé cette utile défense. La Bièvre, le ruisseau du Pré-aux-Clercs, recevaient primitivement les eaux des rues de Paris. Quant au pavage, les améliorations étaient paralysées par la difficulté de déterminer la nature des obligations qui devaient incomber soit au Roi, soit à la Ville de Paris. Ainsi, dès le commencement du règne de Philippe IV, le Prévôt de Paris voulut obliger le corps de ville à faire le pavé au delà de la porte Saint-Martin. Les bourgeois dirent pour leur défense « qu'ils n'avoient jamais fait paver en cet endroit, et » n'estoient point obligez à paver au delà des portes de Paris, » excepté sur les quatre chemins principaux, qui sont ceux » de la porte Saint-Denis, de la porte Baudez, de la porte » Saint-Honoré et de la porte Notre-Dame-des-Champs. A » quoi ils ajoutèrent que les autres chemins dressez hors des » portes avoient esté pavez par ceux qui y avoient des terres, » et par les habitants qui y avoient leurs maisons ou leurs » héritages ; et qu'à l'égard du chemin de la porte Saint- » Martin, ceux de Saint-Martin, de la Villette, de Saint- » Lazare et de Saint-Magloire y avoient fait paver et que le » Roi mesme avoit fait paver le ponceau qui s'y voyoit ; sans » compter que la coustume destinée aux frais du pavage ne se » montant qu'à 60 livres, n'estoit pas encore suffisante, à » payer le pavage des quatre chemins réservez à la Ville.

» On fit une enqueste sur ce sujet, et l'on ne trouva point » que la Ville fut obligée à ce que le Prévost de Paris vouloit exiger d'elle (1). » Les lettres données à cette occasion sont du mois de février 1285.

Puisqu'il est question de la voie publique, n'oublions pas de mentionner ici le nom du magistrat qui était chargé des services qui la concernaient. Ce magistrat, en raison de ses fonctions, était désigné sous le nom de *Voyer de Paris*. Nos règlements de voirie, qui ont été si utiles à l'assainissement et à l'embellissement de Paris, étaient en germe, comme nous allons l'indiquer dans les prescriptions émanant du magistrat chargé de ces attributions municipales.

« C'estoit à lui de faire oster les empeschements des rues, » et de ceux qui ne lui obéissoient pas, il en pouvoit tirer » amende. On ne pouvoit faire aucun changement sans que le » voyer eust donné l'alignement... On ne pouvoit, sans la » permission du voyer, ouvrir une rue fermée ou en clore une » ouverte, et cette permission, il ne la devait donner que » pour le bien de la Ville, et par le conseil de personnes pru- » dentes.

» Il pouvoit deffendre de faire de petits jardins aux fenêtres » à cause des accidents qui peuvent survenir... Aucune mai- » son ne pouvoit être élevée, si le voyer ne le permettoit... »

Nous reviendrons au voyer de Paris, lorsque nous parlerons du règne d'Henri IV.

Il est un des services publics dont il nous reste à nous occuper, c'est celui des ponts de Paris.

Dans les premiers temps de la monarchie, les deux ponts de Paris avaient été construits en bois ; aussi, à chaque débordement du fleuve, ils étaient emportés par la rapidité des eaux. Plus tard, ils furent bâtis en pierre ; mais les vices de leur construction ne purent les préserver d'une ruine certaine. Le 20 décembre 1296, les eaux se précipitèrent dans la Ville avec tant de violence, qu'elles entraînèrent le grand et le petit pont, ainsi que le Petit-Châtelet. Les eaux ne se retirèrent que dans les premiers jours de janvier 1297. L'auteur de la *Chronique de Saint-Magloire*, imprimée dans les *Fabliaux de Barbazan*, raconte ainsi ce terrible événement :

Furent les iaues grans, en décembre,
Si vilainement parcrues,
Qu'el alèrent parmi les rues;
As mesons grant mal eles firent,
Car pons et molins abatirent
De Paris, de Miaux, d'autres villes.
. . . .
Abati l'iaue mesons et caves.

(1) Félibien, tome I, page 145.

Ne onques mais, si com je cuit,
Tel déluge home ne vit,
Ne ne vit-on ital hiver
Ne si felon, ne si d'yver.

Les fréquents débordements du fleuve dont nous aurons encore à citer des exemples, firent penser à leur opposer des digues ; aussi l'on résolut de construire le quai de Nesle, depuis quai de Conti ; commencé en 1312, il ne fut complétement achevé que sous la Prévôté d'Étienne Marcel.

Terminons ce chapitre en rappelant les circonstances qui se rattachent à la mort d'Étienne Marcel. Après la funeste bataille de Poitiers, l'énergie du magistrat et ses sages dispositions sauvèrent la Capitale. Les Parisiens prirent alors en telle affection le Prévôt des Marchands, dont l'éloquence égalait le talent, qu'ils le surnommèrent le Roi de Paris.

Pour se maintenir dans la faveur populaire, aussi changeante que le flot de la mer, Marcel fit convoquer pour la quatrième fois, les États de la *Langue d'Oïl* qui se réunirent à Paris, en février 1357. Ces États consentirent au Dauphin 30,000 hommes et l'argent nécessaire pour les solder, mais aux conditions suivantes :

Renvoi immédiat de 22 ministres et officiers de la couronne. — Faculté pour les États de s'assembler deux fois par an, sans convocation. — Création d'un Conseil de 36 membres élus par les États, pour administrer le royaume. — Envoi de commissaires extraordinaires. — Modèles des monnaies, donnés par le Prévôt des Marchands. — Force armée sous le commandement du Magistrat. — C'était toute une révolution ; le Dauphin dût la subir. Immédiatement le Conseil des 36 commença ses opérations ; il renvoya presque tous les conseillers royaux, s'empara des coins des monnaies et destitua une foule d'officiers de justice et de finance.

Ces actes dépassaient le but que la population parisienne voulait atteindre. Elle désirait des réformes, mais sans une révolution. La majorité du Corps municipal se déplaça et pencha tout à coup du côté du Dauphin. Par son influence, d'autres États furent convoqués en janvier 1358 ; une opposition se dressa tout à coup contre Étienne Marcel dont la perte fut arrêtée, *s'il persistait dans le maintien des 36*. Le Prévôt sentant qu'il ne pouvait abattre ce qu'il venait d'élever, sans que le Pouvoir lui échappât, voulut faire intervenir le Roi de Navarre ; mais Charles le Mauvais, était l'allié des Anglais. — C'était leur livrer Paris, si le Roi de Navarre entrait dans la Capitale. — Étienne Marcel fut surveillé.

Dans la matinée du 1er août, le Prévôt des Marchands changea la garde des deux principales portes de la Ville, et s'empara des clefs qu'il remit à ses affidés. Cette conduite éclaira les bourgeois qui prévinrent à l'instant Jean Maillart, un des quartiniers et Simon son frère.

Vers minuit, Jean Maillart rencontre le Prévôt dans la rue Saint-Antoine, près de la porte de ce nom ; le Magistrat tenait à la main les clefs de cette porte. « Estienne, que faites-vous ici à cette heure ? » dit le quartinier. — « Jean, à vous *qu'en monte* (qu'importe) de le savoir ? Je suis ici pour prendre garde à la Ville dont j'ai le gouvernement. » — « Pardieu, réplique Jean Maillart, il n'en va pas ainsi ; n'estes ici à cette heure pour nul bien. » Et s'adressant à ceux qui l'entouraient : « Voyez, il a dans sa main les clefs pour trahir la Ville. » — « Jean, vous mentez ! » s'écria le Prévôt. — « C'est vous, Estienne, qui mentez, » et levant sa hache d'armes, il courut sur Marcel, en criant : « À la mort ! à la mort. » Marcel voulut fuir ; mais Jean Maillart, bien qu'il fut son compère, ajoute le chroniqueur, lui donna un coup de hache sur la tête, et le tua ainsi que plusieurs de ceux qui l'accompagnaient (1).

(1) Froissart, chronique. Tome III, page 319 de l'édition du *Panthéon littéraire*.

On a cherché, de nos jours, non seulement à innocenter le Magistrat de sa trahison, mais encore à le glorifier en faisant valoir ses grands talents d'administrateur, qui sont incontestables.

L'histoire n'admet pas de tels compromis. L'habileté d'Étienne Marcel comme Magistrat, loin d'affaiblir sa culpabilité, l'aggrave encore. Étienne Marcel a succombé comme finissent d'ordinaire les ambitieux et les traîtres.

IV

DE CHARLES V A FRANÇOIS Ier

1364 — 1515

Établissement de nouvelles taxes pour payer les frais de la guerre contre les Anglais. — L'Enceinte de Paris, commencée par Étienne Marcel, est continuée par Charles V. — La Bastille Saint-Antoine. — L'Hostel solennel des grands esbattements. — Édit défendant les jeux de hasard dans Paris. — La Tour de la Librairie. — Règne désastreux de Charles VI. — Rivalités des Princes du sang. — Révolte des Maillotins. — Abolition de la Prévôté des Marchands et de l'Échevinage ; déplorable administration qui en résulte. — Rétablissement de l'ancienne Magistrature Municipale. — Perrinet Le Clerc ouvre la Porte de Bucy aux Bourguignons. — Entrée des Anglais dans Paris. — La domination étrangère se prolonge pendant seize années. — Le Dauphin, depuis Charles VII. — Le Maître Changeur, Michel Lallier, chasse les Anglais de Paris. — Fondations sous Charles VII. — Ordonnance concernant l'Éclairage de Paris ; les lanterniers. — Règne de Louis XI. — Création des Messagers du Roi ; origine du service des Postes. — La première opération de la pierre est faite sur un franc-archer dans le cimetière de l'église Saint-Séverin. — Les six principales Corporations marchandes de la Ville de Paris. — Charles VIII et Louis XII. — Augmentation des fontaines publiques. — Destruction des Voiries entourant et dominant Paris. — Les clocheteurs des trépassés.

Le nouveau règne s'annonça sous d'heureux auspices. La bataille de Cocherel, gagnée par Du Guesclin sur le Captal de Buch, réduisit pour quelque temps le Roi de Navarre à l'impuissance. Alors Charles V voulut réparer les maux infligés à Paris pendant de si nombreuses années de désolation.

Il avait été impossible de subvenir aux frais de la guerre contre les Anglais, sans recourir à de nouveaux subsides. En conséquence, le Roi assembla les États, le 7 décembre 1369, et obtint leur consentement. En ce qui concernait la Ville de Paris, on augmenta les droits d'entrée sur le vin. « On devoit payer pour chaque queue de vin françois que l'on mettreit en la Ville, 12 sols parisis ; de vin de Bourgogne, 24 sols parisis ; pour chaque queue de vin de Beaune ou de Saint-Pourçain, 32 sols parisis. »

Cette taxe produisit des sommes considérables qui furent sagement utilisées ; une partie servit à l'entretien des troupes ; l'autre, à fortifier Paris et à l'embellir.

Dans le chapitre précédent, nous avons rappelé les travaux

le défense, exécutés par Étienne Marcel, qui conçut le plan d'une nouvelle enceinte commencée par ce Magistrat. Son œuvre fut poursuivie et presqu'entièrement terminée par Charles V.

La partie méridionale de la Ville avait été fortifiée avec habileté par l'ancien Prévôt des Marchands, mais non agrandie. Paris était à l'aise de ce côté. Toutefois, Charles fit creuser profondément les anciens fossés de l'enceinte de Philippe-Auguste. Pour la compléter, le Roi ordonna à Michaud, abbé de Saint-Germain-des-Prés, d'entourer son abbaye d'épaisses murailles fortifiées.

En ce qui concerne l'enceinte au Nord, elle fut considérablement augmentée :

Voici le tracé que suivait le rempart :

De l'ancienne *Porte Barbelle*, située au milieu oriental du quai Saint-Paul (aujourd'hui quai des Célestins), partait une muraille flanquée de tours, qui remontait jusqu'à l'endroit où le canal Saint-Martin verse actuellement ses eaux dans le fleuve. Là était une seconde tour appelée *Tour de Billy*. La muraille prenait ensuite la direction du fossé jusqu'à la rue Saint-Antoine, à l'endroit où se dressait la porte fortifiée qui devint la *Bastille* et dont la première pierre avait été posée le 13 avril 1370, par Hugues Aubriot, Prévôt de Paris. Puis, laissant le boulevard en dehors, l'enceinte nouvelle suivait la direction de la rue Jean-Beausire, en droite ligne, jusqu'à la rue du Temple, où se dressait une porte fortifiée connue sous le nom de *Bastille du Temple*. De là se continuant parallèlement à la rue de Meslay, le mur d'enceinte atteignait la rue Saint-Martin où s'élevait une porte ainsi dénommée; puis, suivant la ligne de la rue Sainte-Apolline, il aboutissait à la rue Saint-Denis, où fut bâtie une porte fortifiée appelée la *Bastille Saint-Denis*. De cette bastille, le mur d'enceinte prenait la direction des rues de Bourbon-Villeneuve et Neuve-Saint-Eustache, jusqu'à leur rencontre avec la rue Montmartre, où l'on voyait une porte fortifiée nommée *Porte Montmartre*.

A partir de cette porte, le tracé, s'inclinant brusquement au sud, suivait la ligne de la rue des Fossés-Montmartre, de sorte que le mur d'enceinte entamait l'emplacement depuis occupé par les maisons bordant le côté droit de cette voie publique (1).

Le mur d'enceinte se prolongeait ensuite sur des terrains où l'on construisit, sous Louis XIV, la Place des Victoires, puis coupant l'emplacement de l'Hôtel de Toulouse depuis la Banque de France, il se poursuivait par les rues des Bons-Enfants et de Valois pour traverser une espèce de marais qui devint le jardin du Palais-Royal. Après l'avoir coupé dans la moitié de sa longueur, l'enceinte se continuait, en diagonale, jusqu'à la rue du Rempart, et suivait la direction de cette voie jusqu'à sa rencontre avec la rue Saint-Honoré. Là, se dressait une porte fortifiée qu'on appelait *Porte Saint-Honoré*, puis l'enceinte se prolongeait sur l'emplacement de la rue Saint-Nicaise, et allait aboutir à la *Tour de Bois*, au bord de la Seine.

L'Ile Saint-Louis, nommée alors *Ile Notre-Dame*, fut entourée d'un fossé revêtu de gazon et fortifiée par une tour qu'on appelait *Tour Loriaux*; le cours de la Seine, en amont comme en aval, était fermé par des bateaux réunis ensemble par des chaînes rivées aux fortifications qui défendaient Paris (2).

Comme on le voit, la Capitale, qui s'était considérablement développée au nord de la Ville, était restée immobile au sud. Ce fait mérite une explication.

Lorsque l'agglomération parisienne se sentit trop entassée dans l'Ile de la Cité, le vase trop plein déborda.

L'industrie et le commerce traversèrent alors le *Grand-Pont* (le Pont-au-Change) et vinrent se fixer sur la rive *droite* de la Seine.

Cet emplacement était favorable au transport des marchandises par eau, et le sol ne présentait aucun obstacle aux constructions, dont le nombre s'augmenta rapidement.

L'émigration sur la rive gauche de la Seine fut toute différente.

Les communautés religieuses, trop exposées au bruit dans la Cité, traversèrent le *Petit-Pont* et gravirent la montagne dont la situation les mettait à l'abri du tumulte. Elles y trouvèrent le calme et la solitude favorables à la méditation comme à la prière. Près de ces Communautés religieuses furent crées de nombreux Colléges et l'Université de Paris devint la grande École de l'Europe.

Ainsi s'explique, par l'industrie et le commerce, l'extension prodigieuse de Paris sur la rive droite de la Seine comme s'affirme son immobilité sur la rive gauche du fleuve par les établissements religieux ou scientifiques.

Maintenant, il est utile de rappeler de quelle façon la Prévôté des Marchands se conduisit à l'égard de la nouvelle population parisienne qui se trouvait, sur la rive droite, dans la zone entre l'enceinte de Philippe-Auguste et l'enceinte de Charles V.

On lui accorda successivement les priviléges dont jouissaient les habitants de l'ancienne Ville; les taxes parisiennes ne lui furent appliquées qu'au fur et à mesure des avantages procurés à cette zone annexée. Voici ce qui en résulta : le commerce et l'industrie, trop à l'étroit dans le centre de Paris, se portèrent aux extrémités de la Ville; ils y trouvèrent de grands espaces. Ce déplacement devenu complet, les taxes municipales et réellement parisiennes alors, pesèrent sans exception sur toute la population de Paris.

Le séjour royal avait été profané et ensanglanté par l'invasion de la multitude. Charles V ne voulut plus habiter le Palais, qui d'ailleurs se trouvait emprisonné par les constructions particulières qui s'étaient groupées autour de lui. Pour mettre la Royauté à l'abri de toute insulte, il se fit construire à l'est de la Ville, une demeure appelée l'*Hôtel Saint-Paul* qui devint l'*Hôtel solennel des grands esbattements*. C'était un vaste assemblage de maisons, de cours, de jardins, occupant tout l'espace compris entre les rues Saint-Antoine, Saint-Paul, le quai des Célestins, et plus tard les fossés de la Bastille. La construction de cette forteresse assurait la sécurité complète de la demeure Royale.

Au règne de Charles V se rattache la fondation des couvents des Célestins et du Petit Saint-Antoine, des colléges de Dormans-Beauvais et de Maître-Gervais. On lui doit également une ordonnance de 1370 sur le droit d'amortissement, et un édit célèbre qui défendait tous les jeux de hasard, et ne permettait que les divertissements *capables de former le corps et d'exercer aux armes*.

Charles V affectionnait particulièrement les sciences et les lettres. La bibliothèque de son prédécesseur ne se composait que de huit ou dix volumes. Vers la fin du règne de Charles V

(1) Les rues des Fossés-Montmartre, Neuve-Saint-Eustache et de Bourbon-Villeneuve ont été confondues sous la seule dénomination de rue *d'Aboukir*. Cette réunion peut présenter certains avantages au point de vue administratif; mais sous le rapport de l'histoire de Paris, la mesure est déplorable.

(2) On comprend que nous avons été forcés d'employer les dénominations actuelles des rues qui, pour la plupart, n'existaient pas lors de l'établissement de cette enceinte. Sans ces désignations, le lecteur ne pourrait s'y reconnaître. Il est facile de tracer sur un plan de Paris actuel, la ligne que décrivait le rempart, en suivant la description que nous venons d'en faire.

on comptait neuf cents manuscrits; cette augmentation atteste tout l'intérêt que ce prince portait aux lettres. Ces richesses littéraires confiées à Gilles Mallet, valet de chambre du Roi, furent déposées au Louvre, dans une tour qui prit à cette occasion le nom de *Tour de la Librairie*. Les manuscrits occupaient trois salles; des barreaux de fer protégeaient les fenêtres; les lambris des murs étaient de bois d'Irlande; la voûte, recouverte de bois de cyprès, se trouvait enrichie de sculptures en bas-reliefs. Ce sanctuaire, réservé à la science, était éclairé par trente petits chandeliers, au milieu desquels brûlait une lampe d'argent. Cette bibliothèque, dont Gilles Mallet avait dressé l'inventaire, était estimée à 2,323 livres 4 sols. Cette collection disparut pendant le séjour des Anglais à Paris; le duc de Bedford l'acheta 1200 livres; ce n'était pas la payer, c'était la prendre.

Tels sont les faits principaux de cette époque qui intéressent la Ville de Paris. Charles V mourut le 16 septembre 1380, à quarante-quatre ans, à l'âge où commence d'ordinaire la vie politique. Ses contemporains lui avaient décerné le titre de *Sage*, que la postérité a consacré. Sa Royauté fut un règne de réparation et de recomposition de la monarchie. Chez Charles V, le cœur était aussi élevé que l'intelligence; en parlant des enfants des rois, il disait : *On doit les nourrir en vertus, afin qu'ils surmontent en mœurs ceux qu'ils doivent surmonter en honneurs*. Souvent on l'entendait répéter : *Les Rois ne sont heureux que parce qu'ils ont le pouvoir de faire le bien.* — Ces mots consacrent son illustration.

Le règne de Charles VI fut l'un des plus malheureux de la monarchie. Ce prince n'avait que douze ans lorsqu'il succéda, le 16 septembre 1380, à son père Charles V. — Les royautés mineures ont toujours été fatales à la France.

Les ducs d'Anjou, de Bourgogne et de Berry, oncles paternels du jeune Roi, et le duc de Bourbon, son oncle maternel, se disputèrent le pouvoir; leurs divisions amenèrent des désordres qui détruisirent en peu de temps tous les bons effets de la sage administration du feu Roi. La guerre civile était imminente; un digne magistrat, un homme de bien, Jean Desmarest, avocat du Roi, parvint par ses sages représentations à en retarder l'explosion.

Il proposa aux princes rivaux de s'en rapporter à des arbitres, ce qui fut agréé. Ceux-ci arrêtèrent les dispositions suivantes : le Roi mineur serait émancipé lors de son sacre, dont on avancerait l'époque, alors il prendrait l'administration du Royaume; la régence, conférée provisoirement au duc d'Anjou, finirait le jour du couronnement.

Cette sentence arbitrale fut confirmée dans un lit de justice tenu au Louvre.

Le jeune Roi avait douze ans et neuf mois lors de son sacre.
« Le 4 novembre 1380, il entra dans Paris vestu d'une robe
» bien riche, toute semée de fleurs de lys. Ceux de la Ville
» allèrent au-devant de luy bien deux mille personnes, vestus
» tout un, c'est à savoir de robes mi-partie de vert et de blanc. Et
» estoient les rues tendues et parées bien et notablement, et
» y eut divers personnages et histoires. Et crioit-on *Noël!* (1). »

Le couronnement du Roi fit cesser la régence du duc d'Anjou sans mettre un terme aux funestes rivalités des princes du sang.

Ces rivalités causèrent des séditions qui finirent par introduire les Anglais dans Paris.

Le duc d'Anjou songeait à rétablir les impôts que le feu Roi avait supprimés.

Pour en opérer la perception, des commissaires se présentent aux halles. L'un d'eux veut contraindre une pauvre marchande de cresson, Perrotte la Morelle, à payer l'impôt; celle-ci refuse et ameute le peuple, le collecteur est massacré.

(1) Juvénal des Ursins, dans la *Collection des Mémoires*, par Michaud et Poujoulat, tome II, page 332, 1re série.

L'émotion gagne promptement tous les quartiers de la Ville. L'Évêque, le Prévôt et les notables habitants abandonnent Paris. Le Prévôt des Marchands et les Conseillers de ville restent seuls à leur poste et tentent vainement de calmer l'agitation. Les rebelles, enivrés d'un premier succès, courent à l'Hôtel de Ville, enfoncent les portes, s'emparent d'un grand nombre de masses ou maillets de plomb, et se répandent dans Paris; bientôt commence le massacre connu sous le nom de *Journée des Maillotins*. Tous les collecteurs sont impitoyablement mis à mort; l'un d'eux croit avoir trouvé un asile dans le sanctuaire de l'église Saint-Jacques de l'Hôpital; aperçu par le peuple, il est massacré sur les marches du portique.

Quelques mois après cette révolte, le Roi triomphait à Rosebeck des communes de Flandres, et ramenait son armée victorieuse pour punir les révoltés de Paris.

Une ordonnance enjoignit, sous peine de mort, à tous les habitants, de porter leurs armes, soit à l'hôtel Saint-Paul, soit au Louvre. Il s'en trouva une quantité si considérable, qu'elle pouvait suffire à l'armement de huit cent mille hommes (1). L'ancienne porte Saint-Antoine fut abattue, puis le Roi fit achever la Bastille que Charles V avait commencée; enfin le 27 janvier 1382, des lettres-patentes, en forme d'édit, déclarèrent la Prévôté des Marchands et l'échevinage abolis et confisqués au profit du Roi.

Voici un extrait de ces lettres-patentes :

« Charles, par la grâce de Dieu, Roy de France, sçavoir
» faisons à tous présents et à venir, que comme assès tost
» après le trépassement de nostre très cher seigneur et père
» que Dieu absoille, les aydes qui en son temps avoient cours
» en nostre dit royaume pour la deffense d'icelui et mesme-
» ment en nostre Ville de Paris eussent été abattues de fait et
» mises au néant par certaine commotion de peuple, faite à
» Paris par plusieurs gens de malvoulenté et désordonnée;
» et les boistes de nos fermiers abattues et despéciées; et de-
» puis ce en l'année dernièrement passée, les bourgeois,
» manants et habitants de notre dite Ville ou la plus grant et
» saine partie eussent accordé avoir cours en notre dite ville
» pour la deffense de notre royaume, certaines aydes com-
» munes, c'est à savoir, l'imposition, la gabelle et autres
» aydes, par la forme et la manière plus à plein déclarée en
» certaines instructions sur ce faites à commencer le premier
» jour de mars, dernièrement passé, auquel jour plusieurs des
» manants et habitants de notre dite ville, et autres gens de
» malvoulenté qui estoient le dit jour en icelle ville, en persé-
» vérant de mal en pis, et pour empescher le cours des dites
» aydes, rompu les boistes ordonnées pour mettre les deniers
» d'iceulx, et d'illecques alez en l'église Saint-Jacques de
» l'Hospital où ils trouvèrent ung des fermiers des dites aydes,
» lequel ils boutèrent et menèrent par force hors d'icelle
» église et le tuèrent et meurtrirent. Et après se feussent
» transportez en la maison de la ville, et d'icelle rompu les
» portes, huis et coffres et prins grande quantité de maillets
» qui y estoient, les quels Hugues Aubriot, jadis prévost de
» Paris, avait fait faire du commandement de nostre très cher
» seigneur et père que Dieu absoille, et aussi eussent tué et
» meurtri aucuns de nos officiers et autres qui avoient receu
» les impositions et autres aydes, etc. Pourquoy nous vou-
» lant pourveoir à ce et tenir nos subjects en bonne paix
» et tranquillité, et les garder de rencheoir en telles et sem-

(1) *Chronique de Charles VI*, tome V, page 10.

» blables rébellions, maléfices et désobéissance; par grand et » müre délibération, de nostre grand conseil, au quel estoient » nos très chiers et amez oncles les ducs de Béri, de Bourgongne et de Bourbon; et le sire d'Alebret, le conestable, » l'admiral et les maréchaux de France et plusieurs autres, » tant de nostre sang et lignage comme prélats et autres, avons » ordonné et ordonnons par ces présentes les choses qui s'ensuivent : 1° Nous avons prins et mis, prenons et mettons en » nostre main, la prévosté des marchands, eschevinage et clergie de nostre dite ville de Paris avecques toute la juridiction, » coertion et cognaissance et autres droits quelsconques qui » avoient et vouloient avoir les prévost des marchands, eschevins et clergie d'icelle ville en quelleque manière que ce » ce soit, et aussi toutes les rentes et revenus appartenant à » iceuls prévost, eschevins. Item : voulons et ordonnons que » nostre prévost de Paris ait toute la juridiction, cognaissance » et coertion que les dits prévost, eschevins et clercs avoient » et pouvoient avoir en quelleque manière que ce soit, excepté » le fait de la recette des rentes et revenus de nostre dite ville, » tant seulement laquelle nous voulons estre faite par nostre » receveur ordinaire de Paris.

» Donné à Paris, le 27e jour de janvier, l'an de grâce 1382, » par le roy en son conseil... »

Cette dernière mesure, conseillée par les oncles du Roi, est blâmée avec raison par un grand nombre d'historiens. S'il y avait un coupable, ce n'était pas le Prévôt des Marchands qui, en cette circonstance malheureuse, affronta la colère du peuple pour le faire rentrer dans le devoir. D'ailleurs, la Prévôté des Marchands, magistrature essentiellement municipale, n'avait aucun moyen réel de répression.

Cette faute entraîna bientôt de fâcheuses conséquences. Le Prévôt de Paris, Jean de la Folleville, vint dans le cours de la même année, prier le Roi de reprendre les fonctions de Prévôt des Marchands, déclarant ne pouvoir suffire à la multiplicité des affaires que la réunion des deux Magistratures lui occasionnait.

Heureusement le choix de Charles VI tomba sur Jean Juvénal des Ursins, dont la droiture et l'habileté méritèrent des éloges. Il fut nommé garde de la Prévôté des Marchands. L'exercice de cette magistrature octroyée par le Souverain se prolongea durant vingt-neuf années. Enfin, Charles VI, dans l'intérêt de la Royauté et de la bonne administration de Paris, fut obligé de rétablir la Prévôté et l'échevinage avec tous leurs privilèges. — Voici un extrait de l'acte concernant ce rétablissement :

27 JANVIER 1411. — *Lettres en forme d'édit par lesquelles Charles VI rend à la Ville de Paris la Prévôté des Marchands, l'échevinage, etc.*

« Charles, par la grâce de Dieu, etc... Que, comme nostre » bonne ville de Paris, et qui est la principale ville capitale » de nostre royaume, ait esté de toute ancienneté décorée de » plusieurs grands et notables droits, noblesse, prérogatives, » privilléges, libertez, franchises, possessions, rentes et revenus, et pour le bon gouvernement d'icelle y ait eu de tout » temps prévost des marchands et eschevins, clergie, maison » appelée la Maison de Ville, Parlouer aux Bourgeois et plusieurs autres officiers pertinents au fait de la ditte prévosté » et eschevinage, par lesquels nostre ditte bonne ville et les » manants et habitants d'icelle ont été anciennement bien » gardez et maintenuz en bonne paix et seuretez, et le fait de la » marchandise d'icelle estre grandement et noblement soustenu. Depuis aucun temps, en ça pour aucunes causes à ce » nous mouvants, nous eussions et ayions pris en nostre main » les dittes prévosté, eschevinage, Maison de la Ville et clergie d'icelle prévosté des marchands, ensemble la juridiction, » coertion, cognaissance, rentes, revenus et autres droits » quelconques appartenant à icelle prévosté, etc.

» Nous, les choses dessus considérées pour le bien, prouffit, » et seuretez de nostre ditte ville et pour autres causes et considérations à ce nous mouvants, eu sur ce, grand et meure » délibération de conseil avec plusieurs de nostre sang et » lignage et aultres de nostre grand conseil; l'empeschement » et main mise ainsi que dit est par nous ès dittes prévosté » des marchands, eschevinage, clergie, Maison de la Ville, » Parlouer aux Bourgeois, jurisdiction, coertion, privilèges, » rentes, revenus et droits appartenans d'ancienneté à icelle » prévosté des marchands, eschevinage et clergie de nostre » ditte bonne ville de Paris, avons levé et osté, levons et ostons à plein de notre certaine science et propre mouvement, » et voulons que nos dits bourgeois, manants et habitants en » icelle nostre ditte ville des prévosté des dits marchands et » eschevinage, clergie, Maison de la Ville, Parlouer aux Bourgeois, jurisdiction, coertion, cognaissance, rentes, revenus, » possessions quelconques, droits, honneurs, noblesses, » prérogatives, franchises, libertez et privilèges, joyssent » entièrement et paisiblement et perpétuellement à tousjours » pareillement qu'ils faisoient paravant... Donné à Paris le » 27e jour de janvier, l'an de grâce 1411, et de nostre règne » le 32e. Ainsi signé par le roy en son conseil, auquel le roi » de Sicile, le duc de Bourgogne et plusieurs autres estoient. »

Mais dès l'année 1392, le Roi, atteint d'une maladie aiguë, avait donné, à certains intervalles, des signes de démence. Aussi les prétentions rivales des princes du sang, que l'autorité du Roi ne dominait plus, excitèrent des divisions dont les Anglais profitèrent. L'histoire de Paris, qui est celle de la France, n'offre à cette triste époque que des récits de séditions, de meurtres et de pillage. Deux partis étaient en présence : d'un côté le duc d'Orléans et le connétable d'Armagnac, de l'autre le duc de Bourgogne. La faction des Armagnac triomphait depuis longtemps, lorsqu'une trahison donna le pouvoir au duc de Bourgogne.

Perrinet Le Clerc, fils de Pierre Le Clerc, marchand de fer sur le Petit-Pont, quartinier et gardien de la porte de Bucy, allant un jour asseoir le guet, fut maltraité par quelques gens de la Cour; il en porta plainte au Prévôt de Paris, sans pouvoir obtenir justice. Furieux, exaspéré, il lui échappa de dire qu'il saurait bien se venger. Ces paroles ne furent point perdues pour les partisans du duc de Bourgogne, qui le firent entrer dans un nouveau complot. Lorsque tout fut préparé, ils prévinrent Jean Villiers, seigneur de l'Isle-Adam, commandant de la ville de Pontoise pour Jean-sans-Peur, qui s'avança vers Paris suivi de huit cents cavaliers. Dans la nuit du 28 au 29 mai 1418, il arrive sans être aperçu jusqu'à la porte de Bucy. Perrinet Le Clerc qui a dérobé à son père la clef de cette porte, introduit les Bourguignons. Ces derniers, que l'obscurité favorise, s'avancent en silence jusqu'au Châtelet. Là, douze cents Parisiens les rejoignent; alors de concert ils s'écrient : Nostre-Dame-la-Paix!... vive le Roi!... vive le Dauphin!... Les séditieux, dont le nombre s'accroît à chaque instant, se portent en fureur à l'hôtel Saint-Paul, en brisent les portes et pénètrent jusqu'au Roi. Ce malheureux prince, dont les chagrins avaient augmenté la folie, les regarde d'un air insouciant et ne sait répondre aux questions qui lui sont adressées. Ne pouvant rien en tirer, les conjurés le jettent sur un cheval et vont le montrer au peuple pour lui faire supposer que le Roi autorise le meurtre et le pillage auxquels se livrent les partisans du duc de Bourgogne.

A la nouvelle de ce malheur, le connétable d'Armagnac se réfugie rue des Bons-Enfants, chez un maçon qui a la lâcheté de le livrer. — Tanneguy-Duchâtel, Prévot de Paris, parvient à sauver le Dauphin, le transporte à la Bastille Saint-Antoine, puis le conduit à Melun, où il fut en sûreté. Le 12 juin 1418, le connétable d'Armagnac, le chancelier de Marle, l'évêque de Coutances son fils, furent massacrés à la Conciergerie, et leurs corps dépouillés restèrent exposés plusieurs jours aux outrages d'une troupe furieuse. Le nombre des prisonniers qui, par suite de ces évènements, perdirent la vie par l'eau, par le fer et par le feu, se monta à 1518.

Isabeau de Bavière et le duc de Bourgogne ne firent leur entrée dans Paris qu'au mois de juillet suivant.

Ce dernier ne conserva pas longtemps le pouvoir qu'il avait usurpé. Il fut assassiné au pont de Montereau, et son fils livra bientôt à l'Anglais la Capitale de la France.

La domination anglaise dura seize ans, pendant lesquels le Dauphin, réunissant autour de lui les partisans d'Armagnac, essaya de rallier sous son autorité la plus grande partie du royaume. Ses conquêtes nombreuses forcèrent le Roi d'Angleterre à marcher contre lui; mais celui-ci n'eut pas plutôt quitté Paris qu'il tomba malade et mourut à Vincennes. Charles VI suivit de près son gendre, et rendit le dernier soupir le 21 octobre 1422, après une maladie qui avait duré environ 30 années (1392 à 1422). Maintenant rappelons en quelques mots les faits qui se rattachent à l'administration de la Ville.

Charles VI, dès le commencement de son règne, s'était occupé de la salubrité de Paris; il rendit, au sujet de la place de Grève, des ordonnances semblables à celles que son prédécesseur avait promulguées pour la place Maubert; il força la bourgeoisie à faire enlever les immondices, et réglementa le tarif des voitures employées à ce service; il défendit de rien jeter dans la Seine sous peine d'une amende de 60 sols parisis, et du paiement d'une somme quadruple de celle que coûterait l'enlèvement des immondices qui y auraient été jetées. Plusieurs égouts, notamment celui de la rue Saint-Louis, furent construits par ses ordres.

Plusieurs conduites d'eau destinées à l'alimentation des fontaines publiques, et notamment entre autres de la fontaine Maubuée, s'étant trouvées affaiblies par quelques embranchements qui y avaient été pratiqués pour amener l'eau dans certaines propriétés privilégiées, le Roi les fit rétablir dans leur état primitif, annulant toutes les autorisations précédemment accordées. Sous son règne on construisit la fontaine du chancelier de Marle, située entre les rues Saint-Denis et Saint-Martin, le quai du Louvre fut revêtu de pierres, enfin le collège de Fortet était fondé en 1391, celui de Reims en 1412, et celui de Cocquerel à peu près à la même date.

L'origine du théâtre se rattache encore à cette époque. Jusqu'alors on ne connaissait que des histrions, des jongleurs qui donnaient des représentations à domicile. Le séjour des papes à Avignon y avait attiré des mimes italiens. Sur la fin du règne de Charles V, quelques poëtes improvisaient sur des sujets sacrés des chants qu'ils accompagnaient de personnages; leur premier essai se fit au bourg de Saint-Maur-des-Fossés, mais le Prévôt de Paris interdit les représentations. La troupe s'adressa alors au Roi. Charles VI voulut assister à quelques-unes de ces représentations; il en fut si émerveillé, que, par lettres-patentes du 4 décembre 1402, il érigea leur association en confrérie *de la Passion et de la Résurrection de Notre-Seigneur*. Ces comédiens établirent leur théâtre à l'hôpital de la Trinité dont les religieuses leur louèrent une salle de 21 toises de long sur 8 de large. Ces sortes de spectacles, qui prirent le nom de *moralités*, charmèrent tellement le public, que, les jours de représentation, on avançait les vêpres dans plusieurs églises, pour donner le temps aux Parisiens d'assister à ces spectacles de dévotion.

Telles sont les seules créations qui remontent à Charles VI. — Ce règne fut sans contredit le plus malheureux pour la France, et le plus funeste à Paris.

Lorsqu'il apprit la mort de son père, le Dauphin se trouvait dans une ville de Berry, à Mehun-sur-Yèvres, il prend le deuil, s'agenouille devant Dieu dans la chapelle du château. Quelques serviteurs fidèles déploient la bannière aux fleurs de lis d'or, en criant : *Noël, le Roi de France est mort, vive le Roi Charles VII.*

Richemond, Dunois, Xaintrailles, Lahire, avaient rivalisé vainement de courage pour arracher la France aux étrangers. Ce que n'avaient pu faire d'illustres guerriers, une pauvre fille des champs le tenta et réussit.

Dans le caractère de Jeanne Darc se trouvent réunis, dans une harmonie parfaite, la naïveté de la paysanne, la faiblesse de la femme, l'inspiration de la sainte, et le courage de l'héroïne.

Après la glorieuse délivrance d'Orléans, Charles VII, conduit par Jeanne Darc, se fit sacrer à Reims, le 17 juillet 1429.

Quant à Paris, cette ville souffrait cruellement de la domination de l'étranger. Elle était écrasée d'impôts, et ses habitants ruinés. Les éléments semblaient conjurés contre la domination anglaise.

Le fleuve déborda en 1427, et l'île Notre-Dame fut inondée. L'eau monta jusqu'à l'église Saint-Paul et atteignit le premier étage des maisons. Bientôt une contagion affreuse, qui en peu d'instants épuisait les sources de la vie par d'affreuses convulsions, décima la population parisienne. En quelques mois, la Ville perdit le quart de ses habitants.

Après la contagion survint un hiver si rigoureux, que les vieillards n'en avaient jamais vu des semblables. La gelée dura quatre-vingt-treize jours, puis un ouragan renversa plus de trois cents maisons.

Les Parisiens imputaient tous ces malheurs aux Anglais, et les prêtres annonçaient en chaire que ces maux ne finiraient que le jour où l'étranger serait chassé de la Capitale.

En l'année 1436, il y avait dans Paris un maître changeur, un simple bourgeois dont l'âme généreuse et fière était torturée par la présence de l'ennemi. Ce maître changeur s'appelait *Michel Lallier*. Chaque fois qu'il apercevait la bannière Anglaise flottant sur un des monuments de Paris, il s'écriait, frémissant de rage : Quand donc arracherai-je ce drapeau qui tache notre ciel Parisien ? Il enflamma de son zèle les chefs de six corporations marchandes et des corps de métiers, et le 13 février, à la tête de 2,000 hommes résolus à vaincre ou à mourir, il attaque les Anglais. Lorsqu'il les a refoulés au nord de la Ville, il traverse Paris et court à la porte Saint-Jacques où le Connétable de Richemond et le Comte de Dunois l'attendaient, à la tête des troupes royales.

« *Votre parole*, Monseigneur, *que la Ville conservera ses franchises et priviléges* dit Michel Lallier. — *Ainsi fera le Roy, répondit le Connétable; alors vive Charles VII, Paris est à luy.* » Lallier ouvre la porte Saint-Jacques, et la bannière de France est arborée sur la muraille.

Le Connétable, suivi d'une partie de ses troupes, descend la rue Saint-Jacques et marche droit au pont Notre-Dame. Les Anglais se sont retranchés aux halles; mais les quarteniers, tous dévoués à Michel Lallier, s'emparent de cinq pièces de canon, placées à la porte Saint-Denis. — L'ennemi foudroyé abandonne Paris et se retire du côté de Saint-Antoine-des-Champs.

Le soir toutes les maisons de Paris sont illuminées et Michel Lallier, porté en triomphe jusqu'au Parlouer aux bourgeois, est acclamé Prévôt des Marchands de la ville de Paris.

Le lendemain, une réunion générale a lieu à l'Hôtel de Ville et Michel Lallier prononce l'allocution suivante en présence du Corps Municipal de Paris :

« Messieurs de la Ville, Dieu a pris en pitié notre malheureux pays. L'Anglais est chassé de nos murs. Mais nos misérables dissensions ont fait à notre pauvre et chère Cité des blessures sans nombre; il faut aviser à les guérir. L'ancienne prospérité de la Ville a disparu. Nos voisins sourient narquoisement du profit qu'ils font de nos péchés. Le commerce est ruiné, l'industrie morte. Les taxes qu'on payait aux ponts de Charenton et de Mantes ont diminué de moitié; celles qu'on acquittait aux portes de la Ville ont fléchi des trois quarts par le fait de la fraude... Notre industrie parisienne, autrefois si luxueuse, s'est envolée, par peur de nos divisions, dans les Flandres ou en pays italiens; eux la cajolent pour la retenir... Nos habits de guerre comme les vêtements de nos femmes sont de provenance étrangère. Regardez cet archer : son ceinturon de buffle est emprunté aux Bataves, son juste-au-corps aux Espagnols, et jusqu'au glaive qui pend à son côté, qui est de fabrique anglaise. Assez crié: vive d'Orléans! ou vive Bourgogne! un seul cri maintenant: vive la France!... Or donc, pour que le commerce et l'industrie qui sont frère et sœur reviennent dans Paris, il faut de bons réglements et de la quiétude.— Je vous les assurerai... Que les morteliers et les maçons, voire même les charpentiers, qui sont gens bien intentionnés, soyent occupez; des travaux dans tous les quartiers. Qu'ils soyent traités également, afin que les gros ne soyent pas toujours d'un côté et les menus de l'autre; il m'est de science certaine qu'il les vaut mieux mélangés.—Quant aux frelons qui troubleroient les abeilles, je mettrai le pied dessus et j'appuyerai. »

Voilà ce qui fut dit par le grand Magistrat en l'année de grâce et de résurrection, le 14 février 1436.— Paris était libre, dégagé, franc de toutes dettes anciennes et nouvelles en 1442.

Au règne de Charles VII se rattachent la fondation du collège de Séez, de l'hôpital des pauvres veuves, bâti dans la rue Saint-Sauveur, et la première ordonnance concernant l'éclairage de Paris. Cette ordonnance, qui remonte à l'année 1442, prescrit aux lanterniers de faire des lanternes qui puissent être posées *ès rues et ailleurs qu'il conviendroict.*

A cette époque, fut reconstruit en grande partie l'aqueduc de Belleville. Voici la copie d'une inscription gravée sur pierre, et que nous avons copiée en visitant, il y a quelques années, une propriété située rue de Belleville, à l'angle de la rue Thierry.

Entre les mois (bien me remembre)
De may et celui de Novembre
Cinquante sept mil quatre cents,
Questoit lors Prévost des Marchands
De Paris, honorable homme,
Maistre Mathieu qui en somme
Estoit surnommé de Nanterre,
Et que Nahé maître Pierre
Sire Philippe aussi Lallemens
De bien publique fort amans
Sire Michiel qui en surnom
Avoit d'une granche le nom
Et sire Jacques de Baqueville
Le bien désirant de la Ville
Etoient d'icelle Echevins
Firent trop plus de IIII ^{xx}
Et seize toises de cette œuvre
Refaits en brief temps et heure,
Car si briefment on ne l'eut fait
La fontaine tarie étoit.

Charles VII mourut le 22 juillet 1461, les Parisiens le pleurèrent. — *C'était un moult sage et vaillant Seigneur.*

Le Dauphin, retiré dans le Brabant depuis quelques années, s'empressa de se rendre à Reims dès qu'il apprit la mort de son père. Le 15 août 1461, le nouveau roi fut sacré sous le nom de Louis XI.

C'est une sombre et imposante figure que celle de Louis XI. Il faut bien se garder de la juger d'après les historiens de son époque, qui n'ont fait que mouler les vices de l'homme, sans comprendre le génie du Souverain. Jamais Roi n'a mieux servi la royauté. On a vu ce qu'elle était sous Charles VI et Charles VII : l'esclave des princes du sang, ou sous la tutelle d'une favorite ou des courtisans. Louis XI la fit grande dame et souveraine maîtresse; tout ce qui l'arrêtait dans sa marche était détruit, fauché, plus rien! Ces prétentions seigneuriales, toutes ces ambitions de princes furent nivelées comme on abat des chênes — avec la hache! A cette sanglante besogne, ne l'oublions pas, notre pays est devenu France, et la France a pris rang en Europe.

Dans l'accomplissement de cette tâche, si grande en résultats, Paris vint en aide à Louis XI et lui offrit toutes ses ressources et ses meilleurs soldats. En vain, les princes, lors de la ligue dite du *bien public*, proposèrent aux Parisiens de nouveaux privilèges, et une exemption d'impôts, les Parisiens restèrent fidèles à la royauté et la sauvèrent; aussi la reconnaissance de Louis XI était pleine d'affection. *« Ma bonne Ville de Paris,* disait-il, *si je te perdois, tout seroit fini pour moi.* »

Après la bataille de Montlhéry, il se montrait au milieu des Parisiens, *vestu en bon bourgeois,* parlant comme eux, dansant avec leurs femmes, embrassant et mariant leurs filles. Il prenait parmi eux ses agents, ses ministres, voire même ses bourreaux, tant il était reconnaissant.

Il avait une affection toute particulière pour le Prévôt des marchands, messire Henri de Livres, qui, dans les festins d'apparat, était placé par ordre du Roi à la droite de la Reine.

Louis XI, comme administrateur, avait un talent de la plus haute distinction; c'était une intelligence pleine d'initiative et d'une exécution rapide. Aussi, Paris dût à Louis XI certaines innovations dont le temps a confirmé l'utilité, et qui rendent encore hommage aujourd'hui à cette royauté tant calomniée. — Citons quelques-unes de ces innovations :

L'Université avait organisé, au moyen de ses *Messagers,* le premier service des dépêches qui fonctionna en France. Mais cette application, restreinte à l'usage des écoliers et de leurs parents, ne pouvait rendre de véritables services. L'esprit pénétrant de Louis XI comprit toute l'importance de cette institution et le profit que la royauté et le pays pouvaient en tirer. Le 19 juin 1464 parut un édit dans lequel Sa Majesté expose : « Qu'ayant mis en délibération avec les seigneurs du conseil, qu'il est moult nécessaire et important à ses affaires et à son état de sçavoir diligemment nouvelles de tous côtez, et y faire quand bon lui semblera, sçavoir des siennes, d'instituer et d'establir en toutes les villes, bourgs, bourgades et lieux que besoin sera jugé plus commodes, un nombre de chevaux courants de traite en traite, par le moyen desquels ses commandements puissent être promptement exécutez, et qu'il puisse avoir nouvelles de ses voisins quand il voudra, etc..... Ma volonté et plaisir est que, dès à présent et dores en avant, il soit mis et establi spécialement sur les grands chemins de mon dit royaume, personnes stables, et qui feront serment de bien et loyalement servir le Roy, pour tenir et entretenir quatre ou cinq chevaux de légère taille, bien enharnachez, et propres à courir le galop durant le chemin de leur traite, lequel nombre on pourra augmenter s'il en est besoin. »

Dans l'article 10 de cet édit, Louis XI ne perd pas de vue la royauté qui, disait-il, *doit toujours sentir sous sa main battre le cœur du pays*. Pour que rien n'échappe au Souverain, il prend les précautions suivantes :

« Après avoir vu et visité par le dit commis les paquets des
» dits courriers, et connu qu'il n'y ait rien de contraire au
» service du roy, les cachetera d'un cachet qu'il aura du dit
» grand-maître des coureurs et puis les rendra au dit courrier
» avec passeport, que Sa Majesté veut être en la forme qui
» suit : *Maîtres tenants les chevaux courants du Roy,*
» *depuis tel lieu jusqu'à tel autre..... montez et laissez*
» *passer ce présent courrier nommé tel, qui s'en va en*
» *tel lieu, avec sa guide et malle en laquelle sont.....*, le
» *nombre de tant de paquets de lettres cachetées du*
» *cachet de notre grand-maître des coureurs de*
» *France, lesquelles lettres ont été par moy vues et n'y*
» *ai rien trouvé qui préjudicie au Roy notre sire ; au*
» *moyen de quoy ne luy donnez aucun empeschement,*
» *ne portant autres choses que..... telle somme pour*
» *faire son voyage ;* il sera signé du dit commis et non
» d'autres personnes. »

Le prix de la *traite* durant quatre lieues, en y comprenant celui du guide, est fixé par le même édit à la somme de dix sols.

Toutes les améliorations et extensions données au service des postes découlent du principe posé par Louis XI.

La science médicale doit à Louis XI une école spéciale qui fut construite dans la rue de la Bûcherie. Le bâtiment coûta dix livres tournois, qui furent données par le Roi.

Au mois de janvier 1474, les médecins et chirurgiens de Paris représentèrent à Sa Majesté « que plusieurs personnes étoient travaillées de la pierre, colique, passion et mal de côté ; qu'il seroit très utile d'examiner l'endroit où s'engendroient ces maladies ; qu'on ne pouvoit mieux s'éclairer qu'en opérant sur un homme vivant. » — Louis XI leur fit donner un franc-archer, qui venait d'être condamné à mort pour vol, et souffrait de la pierre.

L'opération eut lieu dans le cimetière de l'église Saint-Séverin. Le choix de l'emplacement n'était pas gai pour le patient. On lui ouvrit le côté. « Après qu'on l'eut examiné et travaillé, on remit les entrailles dedans le corps dudit franc-archer, qui fut recousu et, par l'ordre du Roi, très bien pansé, tellement qu'en quinze jours il fut guéri et eut rémission de ses crimes sans dépens, et il lui fut même donné de l'argent. »

En 1470, l'imprimerie avait été inventée par Jean Gutemberg, de Mayence. Grâce à Louis XI, Paris fut la première ville du royaume qui eût l'avantage de posséder une imprimerie. — Des lettres-patentes du 21 avril 1475 portent ce qui suit :

« Ayant considération de la peine et labeur que les sieurs
» Schœffer et Conrad Hanequis ont pris pour le dit art de
» l'impression, et du proufit et utilité qui en vient et peut en
» venir à toute la chose publique, tant pour l'augmentation
» de la science que autrement..... »

Nous avons dit que le roi Louis XI ressentait une vive affection pour les Parisiens.

Par lettres-patentes du 7 février 1465, le Roi déclara exempts de tous subsides et impôts quelconques, présents et futurs, le Prévôt des Marchands, les échevins, les greffiers, le receveur et le procureur du Roi à l'Hôtel de Ville.

Par d'autres lettes-patentes du 9 novembre de la même année, qui confirmaient d'anciens privilèges, il ordonna que les Parisiens ne pourraient être tirés hors des murs de la Ville, ni tenus de plaider ailleurs, *s'il ne leur plaisoit*, et que les nobles et bourgeois ayant fiefs-nobles et arrière-fiefs ne pourraient être contraints d'aller au ban et arrière-ban, pourvu toutefois qu'ils fussent prêts à défendre Paris.

L'année suivante, le Roi établit un tribunal composé de vingt et un commissaires présidés par le comte de Dunois, pour réformer les abus qui s'étaient glissés dans l'administration de la justice.

A cette époque, Louis XI ordonna à tous les habitants de Paris, en état de porter les armes, *de se tenir prêts à être passés en revue par lui*. Le jeudi 14 septembre, ces soldats sortirent de la ville au nombre de soixante mille. Ils furent rangés en bataille dans la campagne, de Saint-Antoine-des-Champs jusqu'à Conflans. On compta dans cette armée soixante-sept bannières des seuls corps des métiers, sans y comprendre les étendards et guidons du Parlement, de la Chambre des Comptes, du Trésor, des Généraux des aides, des Monnaies, du Châtelet et de la Prévôté. Comme il était resté dans la Ville un grand nombre de vieillards, de femmes et d'enfants, sans compter les gens d'église et autres citadins exemptés de cette charge, on peut évaluer la population de Paris, à cette époque, à trois cent mille habitants.

Louis XI favorisa singulièrement le commerce parisien. Le costume du Roi était loin de briller par l'élégance ; mais il obligeait ses courtisans et ceux qui exerçaient des fonctions publiques à se vêtir d'habits magnifiques. C'est en raison des nombreux privilèges que Louis XI accorda au commerce de Paris que nous croyons devoir rappeler ici l'organisation des six Corps marchands de Paris, bien que leur fondation n'appartienne pas à cette époque.

Nous avons glorifié, au règne de saint Louis, l'administration du Prévôt de Paris, Étienne Boileau, qui régularisa l'établissement des corporations, en rassemblant, dans son *Livre des métiers*, les usages et règlements suivis par chacune des communautés d'artisans ou de commerçants.

A partir de cette époque, la constitution des marchands parisiens peut donc être considérée comme régulière et définitive. Six principales professions se partageaient sous Louis XI tout le haut commerce de Paris ; c'étaient : 1° *les drapiers ;* 2° *les épiciers et apothicaires ;* 3° *les merciers ;* 4° *les pelletiers ;* 5° *les bonnetiers ;* 6° *les orfèvres.*

Chaque corporation avait à sa tête six maîtres et gardes choisis parmi les plus intelligents et les plus dignes. Leur administration durait d'ordinaire deux ans. Ils étaient chargés de faire observer les statuts, d'entretenir la discipline et de veiller à la conservation des privilèges.

Les Drapiers composaient le premier corps marchand. En 1183, Philippe-Auguste leur avait donné, à la charge de 100 livres parisis de cens, vingt-quatre maisons confisquées sur les Juifs.

Le bureau de la Draperie était dans la rue des Déchargeurs, dans une maison appelé les *Carneaux*. La draperie avait pour armoiries, un navire d'argent à la bannière de France, au champ d'azur, un œil en chef avec cette légende : *ut cœteros dirigat*, ce qui faisait entendre que ce corps, le premier des six, donnait l'impulsion aux autres. — Pour être admis dans la corporation des drapiers, il fallait avoir fait un apprentissage de trois ans, et servi chez les maîtres pendant deux autres années comme garçon. Ce brevet coûtait 300 livres, la maîtrise 2,500. — Saint Nicolas était leur patron.

Les Épiciers et Apothicaires formaient le second corps des marchands. Dans les actes antérieurs au xve siècle les épiciers sont désignés seuls. Le plus ancien document qui mentionne les apothicaires comme corporation est de l'an 1484.

Le corps de l'épicerie jouissait d'une prérogative qui lui était particulière. Les gardes avaient droit de vérifier les poids et les balances dans les maisons, boutiques et magasins de tous les marchands et artisans de Paris vendant leurs marchandises et denrées au poids. Cette prérogative était fondée sur ce que, de temps immémorial, les marchands épiciers de Paris avaient eu la garde de l'étalon royal des poids.

Les armoiries données à l'épicerie de Paris étaient : coupé d'azur et d'or; sur l'azur : la main d'argent tenant des balances d'or; et sur l'or : deux nefs de gueules flottantes, aux bannières de France, accompagnées de deux étoiles de gueules avec ces mots : *Lances et pondera servant*, qui marquent le dépôt des poids et des balances confiés à cette corporation, dont le patron était saint Nicolas. — L'apprentissage était de trois années, le brevet coûtait 100 livres, et la maîtrise de 850 livres. — Le bureau de l'Épicerie était au cloître Sainte-Opportune.

Les Merciers. Bien que le corps de la mercerie n'occupât que le troisième rang, c'était cependant le plus considérable de tous. La signification primitive du nom de *mercier* est synonyme de *marchand*, en ce qu'il est tiré du mot latin *merx*, qui désigne toute marchandise, toute denrée dont on peut faire commerce. Charles VI avait été le fondateur de cette corporation, dont les statuts remontaient à 1407 et 1412. Les gardes merciers avaient droit de porter la robe consulaire dans toutes les cérémonies publiques.

Leurs armoiries étaient un champ d'argent chargé de trois vaisseaux, dont deux en chef et un en pointe. Ces vaisseaux étaient construits et mâtés d'or, avec cette devise : *Te toto orbe sequemur* (nous te suivrons par toute la terre). Plus anciennement, les merciers avaient pour armoiries *l'image de saint Louis* en champ d'azur, tenant une main de justice semée de fleurs de lis d'or.

Pour être reçu marchand mercier, il fallait être né Français, avoir fait apprentissage pendant trois ans, et servi les maîtres pendant trois autres années, en qualité de garçon. La maîtrise coûtait 1,000 livres. Le bureau était situé rue Quincampoix. Les merciers avaient choisi pour patron saint Louis, et leur confrérie était établie dans l'église du Saint-Sépulcre.

Les Pelletiers ou marchands de fourrures formaient le quatrième des six corps des marchands.

Leur origine était des plus anciennes. En 1183, Philippe-Auguste, après l'expulsion des Juifs, donna dix-huit de leurs maisons aux pelletiers de Paris. Ces maisons étaient situées dans une rue de la Cité qui prit à cette occasion le nom de la Pelleterie.

Les pelletiers avaient leur confrérie dans l'église des Carmes-Billettes. Leurs armoiries étaient un agneau pascal d'argent au champ d'azur, à la bannière de gueules, ornée d'une croix d'or, pour supports leurs hermines, et sur l'écu une couronne ducale. — Pour être admis dans la corporation des pelletiers, il fallait avoir fait un apprentissage de quatre années et autant de compagnonnage. Le brevet coûtait 60 livres, et la maîtrise 1,000. Leur bureau était situé rue Bertin-Poirée. Ils marchaient sous la bannière de la Vierge.

Les Bonnetiers. Cette communauté était la cinquième. Dans les ordonnances des métiers de Paris, dressées en 1390, les bonnetiers sont appelés *aulmussiers, bonnetiers, mitainiers et chapeliers de Paris*. Cette communauté prit une telle importance, qu'en 1514, à l'occasion du mariage de Louis XII avec Marie d'Angleterre, lorsque les *changeurs* appauvris refusèrent de porter le dais, on offrit cet honneur aux bonnetiers comme à la plus riche confrérie des métiers. Ils s'empressèrent d'accepter l'insigne privilége que leur abandonnaient les changeurs, et portèrent le dais sur la Reine avant les orfèvres. Par ce moyen, de simples *artisans* qu'ils avaient toujours été, ils devinrent *marchands*, et formèrent le cinquième des six corps de la ville (1). Les bonnetiers avaient choisi pour patron saint Fiacre, parce qu'il était, disaient-ils, fils d'un roi d'Écosse, et que c'est de ce pays que sont venus les premiers ouvrages de bonneterie faits au tricot (1). Pour être reçu dans le corps de la bonneterie, il fallait être âgé de vingt-cinq ans, et avoir servi chez les maîtres cinq ans comme apprenti, puis cinq autres années comme garçon. Le brevet coûtait 75 livres, la maîtrise 1700 livres.

Le bureau de la bonneterie était situé dans le cloître Saint-Jacques-de-la-Boucherie; leur confrérie avait été établie dans l'église de ce nom. La chapelle qu'ils avaient choisie était la mieux ornée. Sur la frise des lambris qui l'entouraient, ils avaient fait sculpter des bonnets de différentes formes, et sur les verrières on avait peint « *des ciseaux ouverts avec quatre chardons au-dessus*. » C'étaient là, en effet, les premières armoiries de la corporation. Mais les bonnetiers enrichis rejetèrent bientôt ces armoiries trop modestes, pour prendre en 1629 celles que leur désignait le Prévôt des Marchands. Elles étaient d'azur, à cinq navires d'argent, à la bannière de France, et en chef une étoile d'or. Plus tard, les bonnetiers changèrent encore ces armes, en ôtant l'étoile pour mettre en abîme une toison d'argent accompagnée de trois navires en chef et deux en pointe (2).

Les Orfèvres. Quoique les orfèvres fussent placés au dernier rang, ils étaient considérés, néanmoins, comme les plus distingués soit par leur ancienneté, soit par la nature élevée de leur riche profession. L'orfèvrerie est un art en quelque sorte indépendant de la spéculation.

Leur origine remonte à l'enfance de la monarchie. Saint Éloi, devenu leur patron vénéré, exerça le premier l'orfèvrerie dans la ville de Paris.

Cette industrie avait déjà ses attributions et priviléges sous la seconde race. L'édit donné sur le fait des monnaies et du titre des matières d'or et d'argent, sous Charles le Chauve, en 864, nous en fournit la preuve. Une ordonnance de Philippe de Valois, de 1330, confirme les anciens statuts qui avaient été donnés vraisemblablement aux orfèvres par Étienne Boileau.

Ils devaient également leurs armoiries à Philippe de Valois. « Elles étaient de gueules à croix d'or dentelée, accompagnées aux premier et quatrième quartiers d'une coupe d'or, et aux deuxième et troisième d'une couronne de même métal, au chef d'azur semé de fleurs de lis sans nombre, avec cette légende : *In sacra inque coronas*, pour faire entendre que l'orfèvrerie était principalement consacrée à la pompe du culte divin et à l'ornement de la majesté Royale. » Ces armoiries leur avaient été données par Philippe de Valois en récompense de leur probité à garder les joyaux de la couronne que ce prince leur avait confiés. En effet, la bannière de France qu'on voyait dans leurs armes indiquait une concession Royale. Ce qui démontrait aussi l'antiquité de leurs armoiries, c'est qu'on les voyait sculptées en style gothique sur le pignon de la maison qui leur appartenait, au coin des rues Jean-Lantier et des Orfèvres (3).

Le bureau des orfèvres était dans la rue du même nom. « Dans ces bureaux, dit Félibien, le poinçon de Paris est déposé sous plusieurs clefs et confié à la surveillance des gardes en charge. Tous les ouvrages d'or et d'argent fabriqués à Paris et dans l'étendue de la prévôté doivent y être apportés pour être marqués, après avoir été essayés à la *coupelle* et à l'eau

(1) Sauval, tome II, page 469.

(1) Félibien, tome, II, pages 924 et 929.

(2) Cette inconstance en matière d'armoiries qu'on reprochait aux bonnetiers était proverbiale. En 1838, un de leurs confrères de la rue de Richelieu les a rappelés au respect des traditions, en faisant peindre sur la porte de son magasin les ciseaux et les chardons primitifs, avec cette inscription : *C'est li blazon des Chauciers de Paris.*

(3) Cette maison touchait à l'hôpital des Orfèvres, qui, supprimé en 1790, devint propriété nationale; voir dans le *Dictionnaire*, l'article de la rue des Orfèvres.

forts, avec cette exactitude qui garantit la sûreté publique, et qui donne tant de réputation aux ouvrages d'orfèvrerie de cette ville. »

Le commerce des diamants et des perles fines avait été réuni à la fabrication et à la vente des ouvrages d'or et d'argent, de sorte que chaque commerçant qui faisait partie du corps de l'orfèvrerie portait officiellement le titre d'*orfèvre, joaillier, metteur en œuvre.*

Le nombre des maîtres orfèvres était fixé à 300. L'apprentissage était de huit ans, sans qu'aucun règlement déterminât la durée du compagnonnage. Le brevet était de 130 livres, la maîtrise de 1,200.

Tels sont les documents qui se rattachent aux principales corporations marchandes. Nous en avons parlé au règne de Louis XI, parce que c'est principalement à partir de cette royauté que le commerce parisien, fortifié par les privilèges qui lui furent accordés, prit un accroissement rapide pour devenir, grâce à ses articles de goût, sans rival dans le monde. — Nous rappellerons au règne de Henri IV l'organisation de ces corporations marchandes.

Louis XI mourut le 29 août 1483, en disant : *Dieu qui est benoict me pardonnera mes fautes en raison des grands résultats que j'ai obtenus. — J'avais trouvé un pays harcelé par les divisions, énervé par la guerre civile, je laisse une France grande et forte.*

Le Dauphin, qui n'avait que treize ans, prit le nom de Charles VIII. Comme l'avait ordonné le feu roi, Anne de Beaujeu fut chargée seule du gouvernement, et Louis, duc d'Orléans, nommé gouverneur de Paris et lieutenant général de l'Ile de France. Ce prince, dont l'ambition n'était pas satisfaite, se ligua bientôt avec le duc de Bourbon contre la dame de Beaujeu. Mais le duc d'Orléans avait affaire à la fille de Louis XI, princesse pleine d'énergie, qui le fit prisonnier. La jeunesse de Charles VIII se passa en Italie, dans des guerres où la France, loin de grandir en puissance, ne recueillit qu'une gloire stérile, et par cela même trop chèrement achetée.

L'histoire de Paris, sous ce règne, ne présente pas d'événements dignes d'être rappelés. — Les guerres d'Italie, que les Parisiens furent obligés d'alimenter, paralysèrent les améliorations de cette ville, malgré le bon vouloir et l'habileté de maître Nicolas Viole, Prévôt des Marchands en 1494. C'était le chef de cette belle famille parisienne dont les membres toujours présents au Parlement donnèrent lieu à ce proverbe : le *Parlement n'a jamais dansé sans viole.* A cette époque seulement furent fondés les convents des filles pénitentes ou religieuses de Saint-Magloire, et celui des Bons-Hommes ou des Minimes de Chaillot.

Charles VIII mourut au château d'Amboise, le 7 avril 1498, des suites d'un coup qu'il s'était donné à la tête en visitant ce château.

« Ce prince, dit Comines, ne fut jamais que petit homme » de corps et peu entendu ; mais il était si bon qu'il n'est pas » possible de voir meilleure créature. »

Quelques semaines après avoir été couronné à Reims, le 1er juillet, le nouveau roi de France, Louis d'Orléans, fit son entrée solennelle à Saint-Denis, et le lendemain il arriva dans la capitale. Ce prince signala son avènement par des actes de clémence et par ces paroles magnanimes : « Il ne convient pas qu'un roi de France venge les querelles d'un duc d'Orléans ! »

Louis XII fit revoir et rédiger en 1511 *les coutumes de la prévôté et vicomté de Paris* par une commission de gens des trois états, présidée par Thibaut Baillet, président au Parlement, et Royer Barme, avocat du roi à la même cour.

En 1514, on composa pour le blason de la Ville l'acrostiche suivant :

Paisible domaine,
Amoureux vergier,
Repos sans dangier,
Justice certaine,
Science hautaine.
C'est Paris entier.

Paris ne doit qu'un petit nombre de créations au règne de Louis XII. Toutefois, il est juste de rappeler que le nombre des fontaines publiques fut porté à seize par l'établissement des fontaines de Sainte-Avoie, Barre-du-Bec, de la porte Baudoyer et de Saint-Julien, qu'alimentaient les aqueducs de Belleville ; et de celles du Ponceau, de la Trinité et des Cinq-Diamants, qui recevaient les eaux des Prés-Saint-Gervais. Quelques arrêts furent aussi rendus au sujet du curage et de l'entretien des égouts de la Ville et du nettoiement de ses rues.

En 1512, le Roi ordonna la destruction de toutes les voiries qui environnaient et dominaient Paris. Jusqu'alors on avait eu la funeste habitude de réunir sur divers points de la Ville les immondices des rues, et c'est probablement à ces amas de boues et de gravois qu'il faut attribuer la formation de ces monticules ou *monceaux* que l'on remarque encore dans l'intérieur même de l'ancien Paris.

L'administration paternelle du Roi donna au commerce de cette ville une grande extension. L'industrie exerça une heureuse influence sur la prospérité générale. « Aussi, le 1er janvier 1515, lorsque les clocheteurs des trépassés allèrent par les rues, avec leurs clochettes, sonnant et criant : le bon Roy Loys, le père du peuple est mort, — ce fut une désolation dans Paris, telle qu'on n'en avait jamais vue au trépassement d'aucun Roy. »

V

DE FRANÇOIS Ier A HENRI IV

1515 — 1589

Fondations sous le règne de François Ier. — Le Collège de France. — L'Hospice des Quinze-Vingts. — Le carrosse de Diane de Poitiers. — La Reine Marguerite et les chaises à porteurs. — Travaux de fortifications. — Les Magistrats de Paris sont appelés au gouvernement et à l'administration des hôpitaux, hospices et autres établissements de bienfaisance. — Règne d'Henri II. — Ordonnance de janvier 1548 pour mettre un terme à l'accroissement prodigieux de la Ville de Paris. — La communauté de Sainte-Barbe. — L'Hôpital des Petites-Maisons. — L'Hôtel des Tournelles et le tournoi du 29 juin 1559. — Règnes de François II et de Charles IX. — Guerres de religion. — Création du tribunal de commerce ; première élection des Magistrats consulaires. — Règne d'Henri III. — Continuation des guerres de religion.

A l'avènement de François Ier, la découverte de l'Amérique, la prise de Constantinople par les Turcs, l'invention de l'imprimerie venue tout exprès pour reproduire les trésors littéraires que les Grecs, chassés de leur patrie, léguaient à l'Occident, avaient réagi sur le monde en étendant l'horizon de l'intelligence humaine.

En France, tout changea. Les guerres avec l'Italie, sous Charles VIII et Louis XII, avaient fait naître le culte du beau, le goût des élégances de la vie. Les anciennes et les nouvelles mœurs se mêlèrent. La langue française, jusqu'alors rude et sauvage, s'assouplit et fut écrite avec douceur, esprit et naïveté, par la Reine de Navarre, par François Ier, qui faisait des vers aussi élégamment que Marot, par Rabelais et les frères Amyot.

La peinture, éclatante comme le soleil de l'Italie qui l'avait inspirée, orna les palais de François Ier, qui assistait à la mort de Léonard de Vinci, et confiait Fontainebleau au Primatice.

La royauté française se greffait sur les beaux arts, à ce moment suprême où l'Italie, cette belle et luxuriante Italie, était en plein épanouissement de génie.

L'Europe subitement éclairée, répétait les noms de Bramante, de Michel-Ange et de Raphaël, comme elle redisait dans tous les idiomes les amours de Roméo et Juliette. Le Tasse et l'Arioste allaient chanter la chevalerie dont François Ier devait être le dernier comme le plus brillant modèle!

A cette époque, les faits grandissent comme les idées. — Bataille de Marignan que Trivulce appelle un combat de géants. Concordat entre Léon X et François Ier. — Charles-Quint est élu empereur, son concurrent était François Ier. Alors commence entre ces deux têtes couronnées une lutte acharnée, un duel à mort. — Prise de Rhodes par Soliman. Bataille de Pavie où tout est perdu, fors l'honneur. — Captivité de François Ier. — Traité de Cambrai. — Bataille de Cérisoles. — Commencement des guerres de religion.

La plus belle création, celle qui honore le plus le règne de François Ier, est sans contredit la fondation du Collège de France. Cette création suffirait pour mériter à François Ier le titre de *Père des Lettres*.

Son plan pour la formation de cet établissement est empreint d'un caractère grandiose et magnifique. Les sciences et les langues doivent être gratuitement enseignées. Il veut que la dotation de ce collège soit fixée à 50.000 écus de revenu annuel pour la nourriture de 600 écoliers. Les professeurs, au nombre de douze, jouissent d'un traitement annuel de 200 écus d'or, avec un logement dans le collège.

François Ier ne put donner à ce projet qu'un commencement d'exécution. La commission suivante fut expédiée le 19 décembre 1539 pour le payement des sommes nécessaires à la construction du collège royal :

« Voulant donner toutes les commodités nécessaires aux » lecteurs et aux professeurs pour vaquer à leurs lectures, » avons résolu de leur construire en notre logis et place de » Nesle à Paris, et autres places qui sont à l'entour, un beau » et grand collège de trois langues (hébraïque, grecque et » latine), accompagné d'une belle et somptueuse église avec » autres édifices dont les dessins ont été faits. Avons commis » Audebert Catin pour tenir le compte et faire les payements » de la dépense nécessaire pour les susdits bâtiments, voulant » que lesdits payements soient passés et alloués par nos amés » et féaux les gens tenant nos comptes. »

Les premiers professeurs furent Pierre Danès, Parisien; Jacques Tussan ou Toussain, né à Troyes, qui enseignait le grec; Paul Paradis, dit le Canosse, né à Venise; Agathio Guidacerio, Espagnol; François Vatable ou Vateblé, de Picardie, ce dernier enseignait la langue hébraïque; Martin Problation, Espagnol, et Oronce Finé, Dauphinois, qui professaient les mathématiques; Barthélemy Masson, Allemand, qui donnait des leçons d'éloquence ou de langue latine; il eut pour adjoint Léger Duchesne, de Rouen; la médecine fut d'abord enseignée par Vidius, Florentin, auquel succéda Jacques Dubois d'Amiens, ou Silvius.

François Ier accorda une distinction honorable aux professeurs qu'il avait institués. Il leur donna, par ses lettres-patentes du mois de mars 1545, la qualité de conseillers du Roi et le droit de *committimus*. Il les fit mettre en outre sur l'état comme commensaux de la maison. C'est à ce titre qu'ils prêtaient serment de fidélité entre les mains du grand aumônier.

Cette belle création efface bien des erreurs, et répare de grandes fautes. La France a beaucoup pardonné aux Rois qui ont protégé les sciences et les arts.

Déjà sous le règne de François Ier la Ville de Paris était devenue la préférée de l'Europe.

Pendant son court séjour à Paris, Charles-Quint visita nos monuments, parcourut nos voies publiques et honora plusieurs fois de sa présence notre vieil Hôtel de Ville.

Un jour que l'Empereur rentrait charmé de ses excursions :

— Que pensez-vous, mon frère, de ma bonne Ville de Paris? lui demanda François Ier.

— Lutetia non urbs, sed orbis, répondit Charles-Quint.

Et comme le Roi de France souriait, ainsi que de souverain à souverain on accueille des paroles courtoises, Charles-Quint attira François Ier vers la partie la mieux éclairée du cabinet de travail du Roi.

— Regardez, mon frère, cette carte de l'Europe; Dieu a si bien placé votre Ville de Paris qu'il en veut faire une Cité-Reine, et quand on a l'affection de l'Europe, on a le monde;

— Lutetia non urbs, sed orbis, répéta Charles-Quint.

Quelques mois après, ces deux Majestés, ces deux frères, étaient redevenus des frères ennemis.

Si la fortune favorisa l'Empereur, elle grandit le Roi; le vainqueur fut jaloux de la gloire du vaincu.

L'épée de François Ier coupa les premières mailles de l'immense filet dont Charles-Quint couvrait le monde.

Le génie, ce n'est pas seulement la grandeur par les actes qu'il affirme, c'est aussi le pressentiment, l'infaillibilité de l'avenir.

Charles-Quint a dit vrai : Lutetia non urbs, sed orbis!

L'humanité de François Ier égalait la noblesse si chevaleresque de son caractère.

Voici un extrait des lettres-patentes qu'il promulgua en faveur de l'hospice des Quinze-Vingts : « Mai 1546.

» François, par la grâce de Dieu, Roy de France, à tous » présents et advenir salut et dilection... Comme de tout » temps et ancienneté, pour la nourriture, hospitalité et en» tretennement des povres mallades impuissans de gaigner » leurs vies, affluans en nostre royaulme, païs, terres et » seigneuries, aient esté par nous et nos prédécesseurs Roys, » fondez plusieurs lieux pitolables, Maison-Dieu et hospitaulz, » ez quels lieux ils sont reçus, nourris et alimentez, selon les » facultez du revenu, ordonnance et statutz d'iceulz, entre » les quels lieux pitolables auroit esté, par feu nostre progé» niteur le Roy saint Loys, fondez en nostre bonne Ville et » Cité de Paris, *la maison et hospital des 15/20 de Paris,* » *en mémoire et recordation de trois cents chevaliers* » *qui en son temps et règne eurent les yeulx crevés* » *pour soustenir la foy catholique*, etc... »

Au règne de François Ier remonte également la fondation des collèges de Boissi, de la Merci et des Enfants-Rouges.

A cette époque, les magistrats de Paris furent appelés au gouvernement civil et à l'administration des hôpitaux, hospices et autres établissements de bienfaisance de la Capitale. A la date du 5 avril 1505, le premier registre de l'Hôtel de Ville de Paris renferme la délibération suivante qui concerne l'Hôtel-Dieu :

« Il est besoin, le plus tôt qu'il sera possible nommer six ou huit gens de bien qui aient le gouvernement du temporel et administration du dit Hostel-Dieu..... Il est besoin commectre à la recepte ung homme de bien, lequel baillera bonne et seure caucion, qui recevra les deniers tant ordinaires que extraordinaires ; et que aucuns desdits commis au gouvernement feront registres ou contrerolles des deniers extraordinaires venant à la dicte recepte. Paiera le dict receveur les deniers d'icelle recepte par les acquitz et mandements des dicts commis ou d'aucuns d'eulx ; et à l'audiction des comptes du dit recepveur, seront les dix commissaires commis au dit gouvernement ou leurs successeurs. Et sera signifié à la dicte cour de Parlement, messieurs du chapitre de Paris, messieurs des comptes et messieurs de l'*Ostel de la Ville*, le temps que le dit recepveur comptera pour par les dictes et chapitres déléguer aucunes notables personnes qui seront à l'examen des comptes du dict recepveur (1). »

Cette délibération est suivie d'une lettre adressée par François Ier aux Prévôt des Marchands et échevins. Dans cette lettre, Sa Majesté déclare « *vouloir* la dite réforme, bien que les cordeliers du grand couvent Saint-François, excités ne set-on à quelz fins, se soyent efforcez et efforcent encore de l'empescher.... »

Par une ordonnance du 7 novembre 1544, François Ier confiait au Prévôt des Marchands et à ses échevins, l'*administration générale des pauvres*, dont le Prévôt de Paris et les membres du Parlement avaient été chargés jusqu'alors. Au début de cette ordonnance, le Roi s'exprime ainsi : « Comme nous ayons été advertis que en toutes ou la plupart des bonnes villes de nostre royaume, ceux qui ont le gouvernement et administration des affaires d'icelles, ont aussi pareillement, ainsy qu'il est raisonnable, la super intendance et conduite des choses requises pour l'entretennement de la communauté des pauvres, que jusques icy a eu notre cour de Parlement ou ses deputez en la dite super intendance..... (2) »

Ensuite François Ier, rappelant les bons effets résultant de l'ordonnance de 1506, relative à l'Hôtel-Dieu, autorise les magistrats municipaux à faire travailler aux fortifications de Paris et autres ouvrages publics, les mendiants valides dont l'oisiveté est toujours dangereuse au repos des grandes villes. Mais toutes ces bonnes mesures, ainsi que la taxe des pauvres établie sur les rentiers et sur les propriétaires, n'avaient pu amener l'extinction de la mendicité ; on fut obligé d'en venir à une organisation mieux entendue pour la distribution des secours. On créa le *bureau des pauvres*, dans une maison près de l'Hôtel de Ville, à côté de l'hôpital du Saint-Esprit. Ce bureau, dont les travaux produisirent de bons résultats, fut ainsi composé : Six conseillers au Parlement, six avocats, un conseiller à la Cour des comptes, deux chanoines de l'église Notre-Dame ou de la Sainte-Chapelle, trois curés de Paris, quatre procureurs au Châtelet et seize notables bourgeois des diverses paroisses de Paris. Ces commissaires dont les fonctions étaient gratuites, se réunissaient le lundi et le jeudi de chaque semaine. Le Prévôt des Marchands et les échevins avaient l'administration supérieure de ce bureau, qui subsista jusqu'à la révolution.

Un arrêt du 2 janvier 1545 décida que l'aumône générale commencerait à être distribuée le second dimanche de ce même mois, aux pauvres mendiants invalides, selon les rôles dressés par les marguilliers des paroisses. Défense à tous pauvres, après le 10 de ce mois, de mendier par les rues, aux portes des maisons ou dans les églises, sous peine du fouet...

De grands travaux de fortifications furent exécutés à Paris sous François Ier. A la nouvelle de la captivité du Roi, le Parlement, d'accord avec le Prévôt des Marchands, ordonna la fermeture de toutes les portes de la Ville. On abattit les voiries qui, situées dans les faubourgs, dominaient Paris. Cinq cents hommes furent occupés à cette besogne, et chacun d'eux recevait vingt deniers par jour. En 1523, François Ier avait fait élever de petits bastions pour l'artillerie ; on continua ces travaux avec rapidité, et l'on creusa du côté du nord le double fossé placé en quelques endroits de l'enceinte. L'invasion de la France par l'armée impériale fit faire aussitôt, outre plusieurs tranchées, des fossés et des boulevards, depuis la porte Saint-Honoré jusqu'à la porte Saint-Antoine. Pour activer cette opération, ordre fut donné aux seize quartiniers de lever seize mille *manœuvriers*. Lorsque l'armée impériale, sous les ordres de Charles-Quint, s'avança jusqu'à Château-Thiery, en 1544, le duc de Guise ordonna la construction des remparts « tant du côté des faux-bourgs du Temple, de Montmartre et de Saint-Antoine, que de ceux de Saint-Michel et de Saint-Jacques. »

Un arrêt rendu par le Parlement, en 1524, enjoint et commande à tous les habitants et chacun d'eux qu'ils aient à mettre à neuf heures du soir à leurs fenêtres correspondant sur la rue, une lanterne garnie d'une chandelle allumée en la manière accoutumée.

Des arrêts de 1522 et 1523 avaient également ordonné le curage des égouts.

François Ier portait un vif intérêt à l'amélioration et à l'embellissement de Paris. Quelques édits et ordonnances prescrivent le pavage de plusieurs rues et places. Dans le courant de l'année 1530, le Roi, qui faisait travailler avec une grande activité à la construction du Palais du Louvre, avait confié aux magistrats municipaux le soin d'établir un nouveau quai le long de cette résidence. Le 16 mars de cette année, Sa Majesté leur écrivait la lettre suivante :

« Chers et bien amez, pour ce que désirons que le quay que avez par nostre ordonnance encommencé le long du mur du chastel du Louvre, soit parachevé, ensemble autres réparacions nécessaires à faire en nostre ville de Paris, non seullement pour nostre récréacion et aysance de nostre dict chastel, auquel espérons faire la plaspart nostre résidence, mais aussy pour le cours de la marchandise, proffit et utilité de la chose publique de nostre dicte ville, ce qui ne se peult faire sans grosse despense à vous insupportable au moyen des frais que avez faictz par cy-devant, et que encore faictes de jour en jour, ainsy que sommes bien informez ; à ces causes avons, de nostre propre mouvement, et auctorité royale, continué l'ayde de six deniers pour livre sur le poisson demy-sallé, admené en la ville et faulx-bourgs de Paris ; vingt solz tournoys sur chacun lectz de haren, tant blanc que sor, maquereaulx, sigrefins, mournes, et aultres poissons sallés à l'équipolent, passant par la ville et faulxbourgs de Paris, pour mener hors, non vendu au marché de Paris, et dix solz tournoys pour et sur chacune poisé de sel admené contremont la rivière de Seyne, au-dessus et oultres les limyttes du grenier à sel de Vernon, en ça. Et les quelz aides vous ont esté octroyez par nos prédécesseurs roys de France pour convertir ès fortifications des fossés, murailles, quays et fontaines d'icelle Ville, et depuys, par nostre très chère Dame et Mère continuez pour six années,

(1) Registre de l'Hôtel de Ville, arch. nat. H 1779, tome I, folio 138.

(2) Félibien, tome V, page 284.

» eschéans le douziesme jour de ce présent moys de mars...
» Donné à Paris le dixiesme jour de mars mil Vc trente. —
» Signé François (1). »

Le premier carrosse qui roula dans Paris fut établi par ordre de François Ier, pour sa belle maîtresse Diane de Poitiers. Il y a toujours une femme dans les combinaisons du luxe ou dans les rêves des poëtes ! Elle était si gracieusement belle, cette duchesse de Valentinois, qu'on se prend à l'aimer, rien qu'au portrait que nous en a laissé Brantôme. *Elle avoit*, dit le chroniqueur, *des cheveux extrêmement noirs et bouclés, la peau très blanche, les dents, les jambes et les mains admirables...* »

La voiture que François Ier donnait à sa belle maîtresse était, pour ainsi dire, une petite maison roulante. Elle avait huit pieds de haut sur sept de large.

A la reine Marguerite, sœur de François Ier, est due, sinon l'invention, du moins l'usage des *chaises à porteurs*. Mais cette invention était exclusive, et fut vivement combattue par les jeunes seigneurs qui ne pouvaient être admis, en compagnie des dames de la cour, dans ces boîtes étroites et incommodes. Lorsque nous serons arrivés au règne de Henri IV, nous reparlerons des voitures et chaises à porteurs, contre l'usage desquelles le Parlement de Paris s'éleva, mais vainement, en plusieurs circonstances.

Gentilhomme plein d'élégance et de belles manières, instruit et bien disant, François Ier aimait et honorait les poëtes et les artistes. Paris profita singulièrement sous cette royauté ; il fut doté de palais superbes, de riches établissements scientifiques. L'influence d'une cour spirituelle et lettrée imprima pour toujours à la grande Cité ce cachet d'intelligence et d'urbanité qui devait la porter plus tard à la tête de la civilisation. — François Ier mourut le 31 mars 1547.

Henri II avait vingt-huit ans lorsqu'il monta sur le trône. C'était un prince de *belle prestance et honneste accueil*. Mais Henri II était loin de posséder la vive intelligence et la brillante faconde de son père. Heureusement, François Ier avait eu soin de l'initier de bonne heure aux secrets de la politique de l'Europe. Le nouveau Roi n'eut qu'à continuer le système de son prédécesseur, système qui consistait à combattre sans relâche la puissance espagnole, à empêcher Charles-Quint de convertir en une immense souveraineté monarchique, la simple magistrature que lui attribuait le titre d'empereur.

Sous Henri II, l'importance de Paris devint tellement considérable, qu'elle inspira de véritables alarmes. De nombreux emplacements vides qui se trouvaient renfermés dans l'enceinte de Paris avaient été abandonnés par le Roi à la charge d'y établir des constructions. Mais bientôt les maisons dépassèrent les limites de Paris, et l'on fit sentir à sa Majesté tous les dangers d'un accroissement aussi prodigieux et qui devait rendre bien difficile la surveillance de la police.

Pour arrêter cette extension toujours croissante de la Ville, une déclaration du Roi de novembre 1548 fut publiée : elle interdisait les constructions nouvelles dans les faubourgs de Paris. « Nous avons vu, dit le Roi dans cet acte, le grand » nombre de maisons qui se sont bâties depuis vingt ans dans » les faux bourgs et se bâtissent chaque jour, ce qui attire » des autres villes et des villages de nostre royaume une » infinité de gens, à la grande diminution des dites villes et » villages, et à la surcharge des contribuables qui y restent. » Et comme ceux qui viennent dans les faux bourgs ont liberté » d'ouvrir boutique, sans faire preuve et apprentissage, et » sans être sujets aux visites, la plupart des maîtres des » métiers de la Ville ne peuvent retenir leurs gens et servi- » teurs, car dès que les apprentis ont appris quelque chose, » ils vont ouvrir boutiques aux faux bourgs, en sorte que d'a- » bord leurs denrées ne sont bonnes et loyales, puis celles » qui se font dans la Ville sont d'une grande cherté par suite » du manque d'ouvriers. Et qui pis est, plusieurs maisons des » dits faux bourgs ne sont que retraites de gens mal vivants, » taverniers, jeux et bourdeaux, et la ruine de grand nombre » de jeunes gens, qui consument là profusément leur jeunesse, » et procédant de mal en pis, prennent hardiesse de com- » mettre meurtres, voleries, larcins et autres délits. Et outre » cela, telle multitude de gens consomment si grande quantité » de vivres, bois de chauffage et autres choses, qu'il est » bien malaisé, qu'avec le temps, les choses ainsi confuses » et mal policées ne réduisent ladite Ville en une si grande » profusion, qu'il s'en ensuive une ruine grande et irré- » parable. Pour à quoi pourvoir, nous avons ordonné que » d'ores en avant il ne sera plus édifié ni bâti de neuf ès faux » bourgs de Paris. »

(1) Archives nationales, K 984.

Cette déclaration fut renouvelée par une ordonnance de 1554. Ces craintes si fondées, que le Roi exprimait, sont partagées par le Corps municipal de Paris.

— « Il faut à tout prix, dit le Prévôt des Marchands, Nicole de Livre, que les laboureurs, nos nourriciers, restent à cultiver leurs champs, que les ouvriers et artisans de nos provinces ne quittent pas leurs villages ou les villes secondaires où ils sont grandement utiles. S'ils fondoient sur Paris, ils deviendroient dangereux. Ne pouvant leur assurer à tous un travail permanent, ce qui seroit au-dessus de nos forces et moyens, Paris se trouveroit exposé à de fréquentes rébellions et finiroit par le pillage, le meurtre et l'incendie. »

Les mêmes craintes sont encore formulées à différentes époques par nos Souverains et nos Magistrats ; la population de Paris s'étendant toujours et quand même comme une marée montante.

Au règne d'Henri II se rattache la fondation de la Communauté de sainte Barbe, de l'hôpital des Petites-Maisons, depuis hospice des Ménages.

Ce règne, qui avait commencé par un duel, celui de Jarnac et de la Châtaigneraie, finit par un tournoi qui coûta la vie au Roi.

Le 29 juin 1559, dans la rue Saint-Antoine, en face de l'hôtel des Tournelles, Henri II donnait aux Parisiens le spectacle d'un tournoi. Le Roi, les ducs de Guise et de Nemours, Alphonse d'Est, prince de Ferrare en furent les *tenants*. Comme le pas d'armes finissait, Henri, qui avait fourni quelques courses en *adroit cavalier*, voulut rompre encore une lance avant de se retirer, ainsi que l'en priait la Reine, et ordonna au comte de Montgommery, l'un des capitaines de ses gardes, de courir contre lui. *Tous deux*, dit la chronique, *coururent fort valeureusement et rompirent leurs lances d'une grande dextérité.* Mais Montgommery, n'ayant pas, selon la coutume, jeté le tronçon demeuré dans sa main, en frappa par mégarde la tête du Roi, lui releva la visière du choc, et lui fit entrer le bois *dedans l'œil, si avant que le cerveau en fut fêlé.*

Le Roi tomba contre la barrière, sans perdre les arçons. Il fut transporté à l'hôtel des Tournelles où il expira le 10 juillet, après avoir langui onze jours dans les souffrances.

Les règnes de François II, de Charles IX, et de Henri III, ne forment qu'un drame lugubre dont les principaux personnages sont les ducs de Guise, Catherine de Médicis, Anne de Montmorency, l'amiral de Coligny, les princes de Condé et les Châtillon.

De toutes les commotions qui ébranlèrent l'Europe au XVIe siècle, l'avènement du protestantisme fut une de celles qui coûtèrent le plus de sang à la France.

Paris était, depuis Henri II, dans une trop grande agitation pour s'occuper de fondations utiles et des grands travaux d'embellissements de la Ville. Toutefois, au règne de François II remonte la création de l'hôpital de Lourcine ou de la Charité. Sous Charles IX fut commencée la construction du palais des Tuileries. La fondation des collèges de Clermont et des Grassins date aussi de cette époque.

Mais il est une institution qui a rendu les plus grands services au commerce de Paris et dont la création dans cette Ville date de cette royauté; nous voulons parler de la *juridiction des juges et consuls*.

Charles IX ayant vu renvoyer hors de cour deux marchands qui plaidaient depuis dix ans au Parlement, résolut d'affranchir à l'instant le commerce des entraves qu'il rencontrait dans les justices royales, et d'établir un tribunal où les marchands seraient jugés par leurs pairs; l'édit royal, de novembre 1563, réglementa la nouvelle institution. Le Parlement de Paris, mécontent de cette innovation, n'enregistra d'abord l'édit que par provision et pour obéir aux lettres de jussion; ce ne fut qu'au mois de janvier de l'année suivante qu'il accepta complétement la nouvelle institution.

Ce tribunal connaissait de toutes les causes concernant le commerce et *le fait de la marchandise; chacun plaidait pour soi, sans avocat ni procureur*. Les affaires au-dessous de cinq cents livres étaient jugées sans appel en Parlement. Le tribunal était composé de cinq marchands originaires du royaume, établis à Paris; le premier était appelé *Juge* et les autres *Consuls*.

Voici comment se fit la première élection de ces magistrats consulaires : « Elle eut lieu le 27 janvier 1564 à l'Hôtel de Ville, où le Prévôt des Marchands et les Échevins avoient fait assembler cent principaux des six corps des Marchands, aux quels on fit serment d'élire cinq d'entre eux, gens d'honneur et de probité, pour exercer, l'un la charge de Juge et les quatre autres celle de Consul. En suite, tous les cent procédèrent à l'élection par un scrutin, que les quatre scrutateurs, choisis par l'assemblée, portèrent aussitôt au bureau des officiers de la Ville. »

« Il se trouva, par l'examen des billets, que Jean Aubry, ci-devant échevin, fut élu pour Juge, et pour Consuls furent nommés à la pluralité des voix : Nicolas Bourgeois, Henri Ladvocat, Pierre Delacour et Claude Sterey. Le 1er février suivant, ils furent conduits au Parlement par deux échevins, Claude Marcel et Claude Le Prestre, et là, en présence de François de Montmorency, maréchal de France et gouverneur de Paris, ils prêtèrent serment entre les mains du premier président, Christophe de Thou, promettant d'exercer leur charge conformément à l'édit de leur création. »

Six jours après, ce tribunal s'établit dans l'hôtel abbatial de Saint-Magloire, rue Saint-Denis. Le 16 novembre 1570, les juges consulaires achetèrent, dans le Cloître Saint-Merri, l'hôtel du président Baillet, où ils s'installèrent peu de temps après. Ils y tenaient séance trois jours de la semaine, matin et soir, les lundi, mercredi et vendredi.

Cette fondation donna naissance à l'institution du tribunal de commerce, dont nous aurons plus tard à nous occuper.

Tels sont les établissements qui se rattachent au règne de Charles IX, qui mourut le 30 mai 1574, à l'âge de 25 ans. — Charles IX était né poëte!

Il avait dit à Ronsard, en ces vers dont ce dernier n'a jamais atteint le naturel et l'élégance:

> Tous deux également nous portons des couronnes;
> Mais, roi, je la reçois, poëte, tu les donnes.

On cite de Charles IX cet impromptu sur les princes lorrains:

> François Ier prédit ce point,
> Que ceux de la maison de Guise
> Mettroient ses enfants en pourpoint
> Et son pauvre peuple en chemise.

Ces vers étaient prophétiques.

Le règne de Henri III fut la continuation des guerres de religion. Ses irrésolutions continuelles donnèrent naissance à *la Ligue*, dont le plan avait été conçu par les Guise.

Ces princes lorrains, qui voulaient fonder une nouvelle dynastie en la personne du duc, fils du Balafré, virent échouer leur projet par la fermeté des magistrats de Paris, qui restèrent fidèles à la royauté.

Les circonstances qui firent éclater cette loyauté sont dignes d'être rappelées.

Henri III venait d'abandonner sa Capitale à l'ambition du duc de Guise. Le Roi *avait failli de cœur*, le duc *de crime*.

Le lendemain de la journée des barricades, le 12 mai 1588, il y avait foule sur la place de Grève, le prince lorrain devait se rendre à l'Hôtel de Ville.

Dès que le peuple aperçut son favori, une immense clameur s'éleva dans les airs et se prolongea portée par l'écho jusqu'aux extrémités de la ville.

Quand le bruit diminua, on comprit l'amour et la haine du peuple aux cris répétés de la foule : *Vive le duc de Guise! A bas le Valois!*

Arrivé au milieu de la place, le prince ralentit le pas de son cheval, salua gracieusement et à plusieurs reprises le peuple qui l'entourait, puis, mettant pied à terre, monta rapidement les degrés de l'Hôtel de Ville. A peine avait-il atteint la dernière marche de l'escalier, que la grande porte du Conseil s'ouvrit à deux battants.

Il y avait ce jour-là réunion générale. Sur une estrade élevée entre les deux fenêtres du milieu qui s'ouvrent sur la place, on voyait un vieillard; sa barbe blanche décorait sa poitrine. Il portait une robe de palais, mi-partie de velours noir et tanné par dessus une soutane de satin cramoisi avec boutons, ceinture et cordon d'or. — Ce vieillard, c'était messire Hector de Péreuse, Prévôt des Marchands de la Ville de Paris.

Le duc de Guise, suivi de plusieurs gentilshommes, pénétra jusqu'au magistrat, puis prenant la parole : « Dans les circonstances graves où nous nous trouvons, dit-il, dans un moment où la religion est menacée par son plus grand ennemi, nous croyons devoir suspendre pour quelque temps certaines franchises municipales derrière lesquelles l'hérésie pourrait se cacher.

» Jusqu'à nouvel ordre, monsieur le Prévôt, vous dirigerez, selon notre volonté et sans contrôle, les affaires de la Ville; les dépenses qu'elles nécessiteront seront à l'avenir vérifiées par nous. »

Un murmure de réprobation s'éleva dans la salle du Conseil; mais le Prévôt des Marchands réclama du geste la parole, et le silence se rétablit.

« Monseigneur, répliqua le magistrat, je proteste de toute l'énergie de ma conscience contre cet abus de la force qui étouffe nos franchises municipales. Quant à la dictature que vous me proposez, *je ne veux pas me déshonorer, je refuse. D'ailleurs, ma nomination a été approuvée par le Roi; absent ou présent, Henri III est toujours mon seigneur et maître, et je n'en connais point d'autre. — Vive le Roi!* »

Alors le prince se tourna vers un de ses officiers : « Conduisez, lui dit-il, le Prévôt des Marchands à la Bastille!... Messieurs, au nom du peuple, LE CORPS MUNICIPAL DE PARIS EST DISSOUS! »

D'après les ordres du duc de Guise, une réunion générale des notables bourgeois de tous les quartiers de Paris eut lieu à l'Hôtel de Ville, à l'effet de procéder à l'élection du nouveau Prévôt des Marchands et des Échevins.

Pour mettre les électeurs dans l'impossibilité de donner leurs voix à d'autres qu'à des partisans bien connus de la Ligue, il fut arrêté, contrairement aux principes suivis jusqu'alors, *qu'il ne seroit fait aucun usage de billets ni de scrutin*, mais que chacun voterait publiquement et à haute voix. Cette infraction aux anciens règlements fut colorée du prétexte d'urgence.

Un seigneur de Marchaumont, chambellan du duc de Guise, réunit le premier jour la majorité des suffrages; mais, interrogé par plusieurs membres sur le lieu de sa naissance, il avoua qu'*il n'étoit pas né à Paris*. — L'élection fut annulée et remise au lendemain.

En présence du duc de Guise, de son fils et de plusieurs autres seigneurs, fut proclamé Prévôt des Marchands, à la pluralité des voix :

Maître Michel Marteau, seigneur de la Chapelle, Conseiller du roi et Maître ordinaire en la chambre des Comptes.

Jean Compans, François Cotte-Blanche, furent élus Échevins de Paris.

Les nouveaux magistrats prêtèrent serment entre les mains du duc de Guise.

Toutefois, *ils déclarèrent qu'ils n'acceptoient leurs fonctions que par provision, attendu l'urgence des affaires de la Ville; qu'ils entendoient se démettre dans deux mois au plus tard, pour en appeler à des élections plus régulières.* — Cette élection fut en effet régularisée.

Au règne de Henri III se rattache la fondation du couvent des Capucins, de la maison professe, de l'église des Jésuites de la rue Saint-Antoine, et du couvent des Feuillants.

L'histoire, qui dit le bien comme le mal, doit reconnaître aujourd'hui que les Valois n'ont pas été jugés avec impartialité. C'est de leur époque que date le perfectionnement des lois administratives, civiles et criminelles. On en compte 46 sous le règne si court de François II, 188 sous le règne si agité de Charles IX, et 330 sous celui d'Henri III. Les plus remarquables furent l'ouvrage du Chancelier de l'Hospital.

Le véritable siècle des beaux-arts en France est celui de François Ier en descendant jusqu'à Louis XIII. Le *Petit Palais* des Tuileries, le vieux *Louvre*, une partie de Fontainebleau et d'Anet, la chapelle des Valois à Saint-Denis, sont des ouvrages que les splendeurs de Louis XIV n'ont point fait oublier.

La race des Valois, qui s'éteignit à la mort d'Henri III, fut une race lettrée, spirituelle, protectrice des arts. Si elle a commis des fautes, elle a su fournir à la France son contingent de gloire et de grandeur.

VI

HENRI IV

1589 — 1610

Renaissance Municipale. — Situation de la Capitale lors de l'entrée d'Henri IV à Paris. — Comment furent ranimés le commerce et l'industrie. — Organisation Municipale; les Parisiens seuls font partie du Bureau de la Ville; pourquoi les provinciaux et les étrangers en étaient-ils exclus? — La Prévôté veut faire de Paris une Ville de luxe, la vraie Capitale des sciences et des arts. — La Place Royale et les manufactures de draps de soie; discussion entre Henri IV, Sully et François Miron au sujet de l'affectation des batiments de cette Place. — Les Corporations marchandes et les Corps des métiers parisiens. — L'Édit du mois de décembre 1607 concernant la Voirie de Paris; sage répartition de travaux entre tous les quartiers de la Ville. — Rues ouvertes dans Paris sous Henri IV. — Distribution des Eaux dans la Ville; les Fontaines Publiques. — Création de l'Hôpital Saint-Louis. — Construction de l'Hôtel de Ville, commencée sous François Ier et presque terminée sous Henri IV. — Police Municipale. — Approvisionnement de Paris; Boulangerie; Boucherie. — Travaux Publics. — Finances Municipales. — Propriété Parisienne. — Assassinat du Roi dans la Rue de la Ferronnerie, par suite du manquement a l'Édit du 14 mai 1554.

Le règne d'Henri IV doit être considéré comme une véritable *Renaissance Municipale*, autant par la haute intelligence des Magistrats qui administrèrent la Ville de Paris, en prévision de ses glorieuses destinées, que par les utiles travaux sagement répartis entre tous les quartiers de la Ville.

La Capitale avait cruellement souffert lors des guerres de religion; sa population, décimée par deux sièges, se trouvait tristement amoindrie; le commerce était paralysé; l'industrie morte.

Plus de 1400 maisons dans les Faux Bourgs avaient été renversées par le canon ou détruites par l'incendie; l'intérieur de la Ville, *tant il étoit désolé, faisoit pleurer à voir*.

Le 22 mars 1594, Paris avait ouvert ses portes au Roi Henri IV. Le Prévôt des Marchands, Luillier, les Échevins Langlois et Néret avaient coopéré très activement à la reddition de la Capitale, *sans en demander profit*.

Le lendemain, le Corps municipal tout entier se rendait au Louvre pour offrir à Sa Majesté le présent ordinaire de confitures, dragées, hypocras et bougies. Henri IV accueillit avec bonté les Magistrats, en leur disant que *la veille, ils lui avoient offert leurs cœurs, le plus beau présent qu'on puisse faire à un Roi*.

Dans cette réunion, on s'occupa des moyens de faire renaître le commerce et de ranimer l'industrie.

« — Sire, dit l'Échevin Langlois, il est temps que le bruit des pioches et des marteaux succède aux coups de canons et d'arquebuses; on a démoli les Faux Bourgs de Paris, il faut les reconstruire; puis il ajouta ces paroles, qui sont devenues proverbe parisien : *Quand le bâtiment va, tout va*.

— Mais, objecta le Roi, l'argent manque dans nos caques (caisses).

— Avec la sécurité que vous nous donnerez, Sire, répondit l'Échevin, l'argent reparaîtra. » Il reparut.

Peu de jours après, une assemblée générale eut lieu à l'Hôtel de Ville, où furent convoqués les syndics des Maçons, des Charpentiers et des Tailleurs de pierres, ainsi que les principaux Banquiers Lombards.

Le Prévôt des Marchands leur exposa la triste situation de Paris, en faisant valoir ensuite l'urgente nécessité d'une prompte reprise des travaux. Enfin le Magistrat confessa le manque absolu de ressources pour les entreprendre, en déclarant toutefois qu'il avait l'autorisation du bureau de la Ville d'engager, comme garanties, certains édifices...

« — Pas un mot de plus, Messire, interrompit le syndic des Charpentiers. Gardez les joyaux de la Ville; nous n'avons pas besoin que vous engagiez les parures de notre Reine. Votre talent et votre prud'homie sont cautions bien suffisantes — demain Paris besoignera.

— Ainsi sera fait, exclamèrent les autres syndics.

— Vous aurez l'argent nécessaire, ajoutèrent les plus riches banquiers lombards. »

Le lendemain commençait la résurrection de Paris.

Quelques mois après, la sécurité renaissant par le travail, les étrangers et les riches revinrent confiants dans la Ville, et leur pécule avec eux.

Le commerce se ranima, l'industrie redevint jubilante. Alors on vit pleuvoir les taxes et grêler les impôts. Les Parisiens les payèrent en chantant; car ils étaient prélevés alors sur le gain du commerce, sur les bénéfices de l'industrie.

Le 16 août 1595, l'Échevin Langlois fut proclamé Prévôt des Marchands; le lendemain le premier Magistrat de la Ville de Paris, accompagné des Échevins nouvellement élus, alla rendre visite au Roi.

Henri IV avait été singulièrement émerveillé de l'étonnante vitalité de Paris. Le Roi comprit tout ce qu'il y avait de sève dans l'intelligence sympathique des Parisiens; aussi, Sa Majesté se prit-elle à les aimer pour leurs grandes qualités, peut-être également pour leurs nombreux défauts, que le Roi partageait consciencieusement.

Lorsque la présentation officielle fut terminée, Sa Majesté se laissa bientôt aller au courant de son caractère enjoué, en engageant avec le Magistrat une conversation toute familière dont voici la reproduction.

HENRI IV. Compère, si je n'étais Gascon, je voudrais être Parisien...

MAITRE LANGLOIS. Cher Syre, vous ne gagneriez guère au change.

HENRI IV. Comment cela?

LANGLOIS. Les Parisiens sont batailleurs.

HENRI IV. Hélas! comme moi.

LANGLOIS. Ils adorent les dés...

HENRI IV. J'ai grandement ce défaut, et je triche encore...

LANGLOIS. Et la cote, Syre, ils en sont fous!

HENRI IV. Toujours comme moi!

LANGLOIS. Alors, Syre, *talis rex, talis populus.*

Rappelons maintenant l'ancienne organisation municipale, à cette époque qui doit en être la meilleure glorification.

Le Prévôt des Marchands, les Échevins, les Conseillers de Ville, les Quartiniers, Cinquanteniers et Dizainiers étaient *tous élus* pour deux ans.

Ils pouvaient continuer leurs fonctions trois fois de suite, si les suffrages se portaient encore sur eux. *Ils devoient être natifs de Paris et bourgeois de cette ville.* Le père et le fils, les deux frères, l'oncle et le neveu, les deux cousins-germains ne pouvaient être élus ensemble, et siéger en même temps dans le *parlouer aux bourgeois.*

L'élection était fixée d'ordinaire au lendemain de la Notre-Dame d'août. Quelques jours avant, le Prévôt des Marchands et les Échevins enjoignaient aux Quartiniers de réunir les Cinquanteniers et Dizainiers sous leurs ordres, avec six bourgeois notables. Ces électeurs désignaient entre eux, au bulletin secret, quatre personnes; les noms des quatre Élus étaient remis par chaque Quartinier au Prévôt des Marchands.

Le premier Magistrat choisissait avec l'aide des Échevins et des vingt-quatre Conseillers, deux de ces Élus; puis, le Prévôt des Marchands, les Échevins et les Conseillers de Ville, les Quartiniers et les bourgeois élus, formant une assemblée composée de soixante-dix-sept membres ayant des droits égaux, procédaient à la nomination du *nouveau Magistrat.*

L'élection était faite au bulletin secret que recevaient quatre scrutateurs. — Tel était l'usage suivi pour la nomination du Prévôt des Marchands dont l'élection devait être confirmée pour la forme par le Souverain.

Il y avait bien au-dessus du Prévôt des Marchands un Gouverneur de Paris; mais cette dignité, conférée aux premières familles de France, était politique et militaire, non municipale. Le Gouverneur de Paris répondait de la personne du Roi pendant le séjour du Souverain dans la Capitale. Mais à l'Hôtel de Ville, le Prévôt occupait le fauteuil du milieu, au-dessous du trône.

Les *Échevins* étaient d'ordinaire au nombre de quatre. La condition d'être nés à Paris, celle aussi de n'avoir aucun parent dans le bureau de la Ville, leur étaient rigoureusement imposées.

Leur fonction consistait à venir en aide au Prévôt, à l'assister en toute occasion. Chacun d'eux était chargé de surveiller une branche importante de l'administration municipale. Le premier Échevin, par exemple, s'occupait des finances de la Ville; le second était chargé d'assurer son approvisionnement; le troisième avait la direction des travaux de voirie, de la distribution des eaux, de l'éclairage; il s'occupait également de la conservation des monuments publics, même de ceux qui appartenaient à l'État; le quatrième enfin était chargé du personnel et de la correspondance.

Pour contrôler les actes du Prévôt des Marchands et des quatre Échevins, vingt-quatre *Conseillers* étaient élus; aucune dépense ne pouvait être faite sans leur approbation préalable.

Après les Conseillers venaient les *Quartiniers*, dont le nombre a suivi naturellement la progression de la Ville; ainsi, sous Henri IV, Paris comptait seize quartiers et seize Quartiniers (1).

Leurs attributions consistaient principalement à veiller au repos de la Ville ainsi qu'à l'entretien et à la défense des remparts et des postes.

Quand les ennemis menaçaient ou assiégeaient Paris, les clefs des portes étaient remises aux Quartiniers, qui les confiaient, chaque matin, aux Cinquanteniers et Dizainiers sous leurs ordres.

Les Quartiniers assistaient aux assemblées municipales et leur place était marquée dans toutes les cérémonies publiques après les Conseillers de Ville.

Les *Cinquanteniers* commandaient à cinquante hommes de milice bourgeoise, et les *Dizainiers* à dix hommes.

Les Cinquanteniers étaient tenus d'exécuter en personne les ordres que leur transmettait directement le Prévôt et leur Quartinier respectif. Ils devaient tenir une liste de tous les habitants de leur circonscription. Ils avaient également la conservation des chaines de fer qui barraient les rues en cas d'attaque. Ils étaient chargés, en outre, du soin de tenir au complet le contingent de la milice bourgeoise, et lors des incendies ils mettaient en réquisition les habitants de la circonscription, et leur distribuaient les instruments de sauvetage et les pompes qui se trouvaient chez le Quartinier.

Les Cinquanteniers ainsi que les Dizainiers étaient élus par les bourgeois. Ne pouvaient prendre part aux élections que les Parisiens *ayant droit de bourgeoisie depuis trois années.*

Telle était la composition du Corps Municipal de Paris au commencement du XVIIe siècle.

Il y avait bien encore d'autres agents, mais leurs nominations, pour la plupart, émanant, soit de l'autorité supérieure, soit de la Prévôté, étaient par cela même distinctes de l'Édi-

(1) Plusieurs historiens écrivent quarteniers. Dans les ordonnances de Louis XIV, ces Magistrats sont appelés *quartiniers*, cette dénomination dérivant de quartiers.

lité proprement dite, parce qu'elles n'avaient pas pour principe: l'Élection.

Ainsi, l'on comptait parmi les agents attachés à l'administration municipale un *clerc*, qualifié plus tard de *greffier-receveur*, un *procureur du Roi*, dont les fonctions consistaient à fixer la part du Souverain dans les confiscations prononcées par le bureau de la ville; un *procureur de la ville*, ayant mission de maintenir les usages établis et de sauvegarder les priviléges de la Prévôté.

Il y avait encore plusieurs *avocats* de la ville et deux *lieutenants civils;* ces derniers étaient chargés de représenter le Prévôt des Marchands, qui ne pouvait, attendu l'importance et le nombre des affaires municipales, assister aux nombreux procès soumis à sa juridiction.

Les attributions municipales étaient à cette époque beaucoup plus étendues, sous certains rapports, qu'elles ne le sont de nos jours.

Ainsi, la Prévôté des Marchands, comme l'indique au reste son nom, exerçait son action sur le commerce et l'industrie. Elle arrêtait, de concert avec les chefs ou syndics des six grandes corporations marchandes et des corps des métiers, le nombre des patrons, le prix des maitrises et le taux des salaires des artisans et des ouvriers.

Nous reviendrons sur ce sujet dans le cours de ce chapitre.

Dans les cérémonies publiques, voici quel était l'ordre du cortége municipal.

En tête: le colonel des archers de la Ville, leurs guidons et lieutenants, et trois cents hommes de cette compagnie, vêtus d'une casaque bleu clair, avec galons d'argent et les armes de la Ville sur la poitrine.

Venaient ensuite, le Maître d'hôtel, l'Imprimeur, le Capitaine d'artillerie ou Ingénieur, les Maitres ou Syndics de la Maçonnerie et de la Charpenterie, tous cinq vêtus de noir;

Puis le Greffier (nommé d'abord Clerc du Parloüer aux Bourgeois), ayant une robe mi-partie rouge tannée en drap, doublée de velours noir, à manches pendantes;

Le Prévôt des Marchands en robe de palais mi-partie de velours rouge et tanné par-dessus, une soutane de satin rouge cramoisi avec boutons, ceinture et boutons d'or, collerette en point d'Angleterre, toque de velours avec diamant d'une valeur de cinq cent quarante mille livres tournois.

Les Échevins, en robe de velours mi-partie à longues manches pendantes, toques à cordons d'or;

Le Procureur du Roi, en robe de palais, de velours rouge;

Le Receveur de la Ville, en manteau à longues manches de velours tanné;

Les Conseillers de Ville, en robes et manteaux, à longues manches de satin;

Les Quartiniers, en manteaux à manches de velours ciselé;

Les Gardes de la Draperie, en robes de velours noir et toques ornées de cordons d'or;

Les Gardes de l'Épicerie, en robes de velours tanné;

Les Gardes de la Mercerie, en robes de velours violet;

Les Gardes de la Pelleterie, en robes de velours bleu, fourrées de loup-cervier;

Les Gardes de la Bonneterie, en robes de velours tanné;

Les Gardes de l'orfèvrerie, en robes de velours cramoisi;

Les Gardes de la Marchandise de Vin, en robes de velours bleu, avec toques de velours à cordons d'argent;

Les Cinquanteniers, Dizainiers et Notables Bourgeois, en costumes de velours noir;

Un peloton d'Archers fermait la marche du cortége.

Les Parisiens tenaient en très haute estime leurs Magistrats auxquels ils témoignaient la plus grande affection.

Maître Pierre Viole, élu Prévôt des Marchands, le 16 août 1532, sut si bien se faire aimer de ses administrés qu'ils disaient:

Nous ne pouvons danser sans Viole.

Lorsque le Prévôt des Marchands descendait les degrés du Palais municipal pour assister à une cérémonie publique, dès que le Magistrat paraissait sur la place de Grève, soudain toutes les têtes s'inclinaient, comme on voit les épis d'un champ de blé onduler sous la brise.

Quand nos dignes aïeux, les enfants de Paris, se réunissaient dans un banquet de famille ou pour fêter un saint patron, au commencement du festin les convives se levaient, et tous, chapeaux bas, disaient en forme d'invocation: Gloire à Dieu! Honneur au Roi! Respect au Prévôt des Marchands!

Ce respect ne s'adressait pas seulement à la richesse du costume, il complimentait surtout le savoir, la sagesse et l'honnêteté de l'administrateur.

Un seul exemple de cette honnêteté, ordinaire alors:

Oudart le Féron, nommé Prévôt des Marchands le 16 août 1637, fit venir, le lendemain, son intendant.

— « Mathéus, lui dit le Magistrat, tu vendras les trois maisons que je possède dans Paris, afin que pas un de mes administrés puisse oser me reprocher d'améliorer tel ou tel quartier de la Ville parce que j'y suis intéressé. »

On n'escaladait pas cette haute position, il fallait monter échelon par échelon avant de parvenir à la Prévôté.

On ne se servait pas du titre de Conseiller de ville, comme d'un marche-pied, pour décrocher des fonctions politiques et lucratives, ainsi que cela se voit trop souvent de nos jours.

Sans sortir du règne d'Henri IV, rappelons que le Prévôt des Marchands, Langlois, avait exercé les fonctions d'Échevin.

Plus de la moitié des Quartiniers, pendant plusieurs siècles, sont devenus Échevins par élection.

Il en est de même en ce qui concerne les Conseillers de ville; les électeurs les choisissent parmi les Quartiniers, Cinquanteniers et Dizainiers les mieux méritants.

Dans les classes riches ou aisées, lorsqu'un père de famille avait plusieurs fils, il destinait l'un d'eux à l'Échevinage. On comprend tout l'intérêt que les Parisiens attachaient aux études administratives. Leur savoir garantissait la fortune des riches, en assurant un travail rémunérateur aux ouvriers et aux artisans.

L'organisation municipale de Paris n'était pas réglementée d'une manière absolue; elle se maintenait ferme et solide par l'observance des traditions, par la jouissance continue de priviléges, indispensables d'abord à l'existence de Paris, ensuite à sa suprématie comme Capitale.

La multiplicité des lois est loin de témoigner de la sagesse d'un peuple et de la bonne administration d'une Capitale.

Les lois sont presque toujours des règles imposées par le Pouvoir, en vue de mettre un frein aux passions. Au contraire, les traditions ne s'imposent pas; elles ne prospèrent que par l'utilité qu'elles affirment.

Il est nécessaire de rappeler quels étaient les principes mis en pratique sous Henri IV par l'Édilité parisienne dont nous venons d'indiquer la composition.

L'ancienne administration municipale, comme nous l'avons dit, n'admettait dans son sein que des Parisiens.

Cette exclusion absolue des provinciaux était de toute ancienneté; elle fut maintenue jusqu'en 1789.

Sans doute, cette mesure peut être considérée comme injuste maintenant que nos provinces forment une majorité dans Paris. Mais l'exclusion avait sa raison d'être alors que la population parisienne était homogène et n'empruntait à nos provinces qu'un excédant à peu près insignifiant.

Au reste, voici les arguments que nos Magistrats formulaient pour appuyer leur refus d'admettre les provinciaux dans la composition du Corps Municipal de Paris :

Les hommes transplantés, disaient-ils, ne prennent aucun soin des monuments qui n'ont point ombragé leur berceau. Puis, l'intérêt parisien est souvent hostile à l'intérêt provincial.

En effet, l'intérêt provincial est de faire entrer en franchise, sans bourse délier, ses blés, ses vins, ses bestiaux dans Paris.

L'intérêt parisien est de s'opposer à ces entrées gratuites, en faisant valoir les considérations suivantes :

Paris n'est pas une ville de production mais de consommation, un immense débouché pour les denrées et les autres produits de la province. N'est-il pas juste qu'elle laisse à Paris une partie de cet or que Paris lui donne par poignées?

D'ailleurs, du produit des taxes imposées à la province la Capitale fait deux parts : l'une, à la Royauté pour la faire grande dame et souveraine maîtresse, l'autre sert à construire des monuments qui profitent à la splendeur de la ville de Paris, dont la beauté rayonne sur la France.

Enfin, nos anciens Magistrats formulaient un dernier argument, le plus concluant, selon nous.

Ils disaient : Ces taxes, outre l'avantage précieux d'assurer à l'administration municipale les ressources nécessaires pour améliorer, pour embellir la ville de Paris, élèvent en même temps un barrage aux flots avariés de nos provinces.

En effet, la cherté relative des denrées et des objets de première nécessité dans la Capitale fait que les cultivateurs et les artisans ne sont pas entraînés, les uns à quitter leurs champs, les autres les petites villes, pour fondre sur Paris, où ils seraient un fardeau pour l'administration, un danger pour l'autorité.

Ainsi s'exprimaient nos anciens Prévôts pour motiver l'exclusion des provinciaux de l'administration parisienne.

Si nos Magistrats voulaient, avant tout, faire de Paris une ville de luxe, la vraie Capitale des sciences et des arts, ils désiraient aussi qu'elle devînt une grande Cité *commerçante*, mais non *fabricante*.

Les idées de nos Rois n'étaient pas toujours d'accord avec les principes posés par l'administration municipale de Paris ainsi qu'en témoignent, entre autres, les lettres-patentes d'Henri IV, relativement à la formation de la *place Royale*.

Le Souverain s'exprime en ces termes au sujet de cette création :

« — *Juillet 1605*. — Henri, par la grâce de Dieu, Roy de » France et de Navarre, à tous présents et advenir salut. » Ayant délibéré pour la commodité et l'ornement de nostre » bonne Ville de Paris d'y faire une grande Place bastye des » quatre costez, laquelle puisse estre propre pour ayder et » establir *les manufactures des draps de soye et loger » les ouvriers que nous voulons attirer en ce royaume » le plus qu'il se pourra*, et par mesme moyen puisse servir » de proumenoir aux habitants de nostre Ville, lesquelz sont » fort pressez en leurs maisons à cause de la multitude du » peuple qui y afflud de tous costez, comme aussy aux jours » de resjouissances lorsqu'il se faict de grandes assemblées et » à plusieurs aultres occasions qui se rencontrent auxquelles » telles Places sont du tout nécessaires, nous avons résolu en » nostre Conseil, auquel estoient plusieurs princes, officiers de » nostre Couronne et aultres de nostre dit Conseil, de destiner » à cet effet le lieu à présent appelé le *Marché aux Chevaulx*, anciennement le parc des Tournelles, et que nous » voulons estre doresnavant nommé la *Place Royale*...» (1)

Deux personnages éminents s'opposèrent à la création de cette manufacture de draps de soie dans Paris : Sully, en qualité de Superintendant des finances, et François Miron, comme Prévôt des Marchands de la Ville de Paris.

Sully était d'avis de refuser de l'argent pour cet établissement, en disant « que la France était une nation essentiellement agricole et militaire, et qu'il serait fâcheux de l'efféminer, en l'occupant à fabriquer des oripeaux qui ruineraient la noblesse, exciteraient la convoitise de la bourgeoisie et la jalousie populaire. »

Le premier Magistrat de la Ville de Paris formulait autrement son opposition.

« Ces Manufactures, disait-il, peuvent profiter à la France ; on devrait les établir à Lyon, à Rheims et dans d'autres villes, mais à Paris, je les crois dangereuses.

» Sire, ajoutait le Prévôt, n'appelez pas à son de trompes les ouvriers de vos provinces et de l'étranger dans votre Capitale. Vous nous condamneriez à leur fournir un travail continu pour assurer chaque jour leur existence.

» Si nous n'en pouvions mais, si l'argent venait à manquer dans nos caques (caisses), gare la sédition. Les pauvres, n'ayant pas de pain, mangeraient les riches—la Royauté avec.»

Henri IV persista.

Qui donc avait raison, du Roi, du Ministre ou du Magistrat?

Ces manufactures ne réussirent pas à Paris ; mais prospérèrent ailleurs.

La place Royale devint un assemblage de splendides hôtels, dont les salons, attirant nos plus grandes illustrations, furent les mieux écoutés de l'Europe.

Nous avons dit que la Prévôté des Marchands exerçait une action salutaire sur le commerce et l'industrie dans Paris. Cette vérité nous ramène à continuer nos appréciations sur les anciennes Corporations marchandes et des Corps des métiers dont nous avons déjà parlé, notamment aux règnes de Louis IX et Louis XI.

On comprend le trouble et les abus que nos guerres civiles et de religion avaient introduits dans les relations commerciales et industrielles.

Aussi, l'un des premiers actes d'Henri IV fut d'y mettre un terme, en promulguant l'Édit du mois d'avril 1595, dont voici le préambule.

« Les Royaumes et les Empires n'étant maintenus sous la » légitime obéissance de leurs princes et souverains seigneurs » que par le moyen des lois et ordonnances qui sont établies » pour l'ordre, exercice et administration de toutes sortes de » fonctions, trafics, arts et métiers, il a été jugé très utile et » très nécessaire par les Rois nos prédécesseurs, après plusieurs autres belles institutions, que tous marchands vendant par poids et par mesures quelques sortes de marchandises que ce fussent, et ceux qui exercent quelques arts et » métiers que ce soient, fussent tenus ou astreints, auparavant de pouvoir entrer auxdits exercices, de prendre lettres » de maîtrises..... pour ce à quoi pourvoir et pour que notre » dit royaume soit réduit et policé par le fait desdites négociations, manufactures, trafics, arts et métiers, par un bon et » sage règlement au bien et soulagement de notre peuple, *éviter aux partialités, monopoles, longueurs et excessives dépenses qui se pratiquent journellement au très » grand dommage des pauvres ouvriers désirant obtenir le degré de maîtrise, etc.....* »

Sully, qui intervint dans cette réglementation, adoucit le droit royal exigé pour l'obtention des lettres de maîtrises, mais le grand ministre se montra sévère sur la nécessité de leur conservation : « *Il faut*, disait-il, *que le droit soit modéré; mais il importe qu'il existe*. »

Sous le règne d'Henri IV, le fonctionnement d'une sage

(1) Archives Nationales, Section judiciaire, *Ordonnances de Henri IV*, 3e volume, XX folio 284.

réglementation commerciale et industrielle se maintint dans une régularité parfaite, surtout au profit des ouvriers et des artisans parisiens.

Tous les efforts de nos magistrats tendaient à maintenir les salaires à des prix constamment rémunérateurs. Pour obtenir ce résultat, il fallait nécessairement que la somme de travail répondît au nombre des bras, en épargnant aux ouvriers parisiens une concurrence provinciale qui leur eût été désastreuse.

La Prévôté forçait les ouvriers provinciaux à demeurer dans les petites villes, les cultivateurs à leurs champs par la cherté relative des denrées dans Paris.

Cette cherté relative, par l'élévation des taxes municipales sur les objets de consommation ou de première nécessité, loin d'être nuisible aux ouvriers parisiens, les protégeait au contraire.

En effet, la Prévôté faisait augmenter les salaires, en raison de la progression des taxes; il en résultait une espèce d'équilibre entre la recette et la dépense, qui assurait aux ouvriers une existence facile.

Il y a lieu d'ajouter que les Corporations ouvrières rejetaient de leur sein presque tous les éléments étrangers à la ville de Paris. Par exemple : un contre-maître orfèvre de Genève ou de Lyon ne pouvait être admis comme contre-maître à Paris. Cette exclusion n'empêcha pas l'Orfèvrerie parisienne de s'élever au premier rang — et de s'y maintenir.

Toutefois, il importe de le dire : cette organisation exclusive ne pouvait fonctionner qu'avec une population ouvrière homogène, dont la progression était d'ordinaire assez lente et mesurée.

Mais aussi, dès l'annonce d'une calamité, à la moindre commotion politique, l'équilibre se trouvait rompu. Toutes les écluses se levaient pour laisser entrer impunément dans Paris le flot provincial ou étranger, et toujours ce flot était avarié ou bourbeux.

Il convient d'insister sur cette vérité : dans des temps calmes et prospères, cette réglementation sauvegardait l'ouvrier parisien, parce qu'il avait la certitude d'être constamment employé. Après une maladie, par exemple, lorsque l'ouvrier revenait à la santé, s'il trouvait sa place prise chez son ancien patron, il recevait du syndic de la Corporation un bulletin sur lequel était inscrit le nom du commerçant ou de l'industriel qui devait l'occuper.

Aussi, pour ceux qui ont creusé l'histoire administrative de la ville de Paris, ce n'étaient pas les ouvriers parisiens qui peuplaient d'ordinaire nos *Cours des Miracles*, mais réellement les ouvriers et les cultivateurs postiches de nos provinces ; ils entraient furtivement dans la Capitale, lors de nos discordes civiles avec les soldats que la paix laissait sans emploi et sans ressources, et dont la misère faisait des bandits et des truands.

En ce qui concerne l'organisation du commerce à Paris, on peut dire que chaque Corporation marchande était une véritable association dont tous les membres composaient une seule et même famille.

Prenons pour exemple celle des *Orfèvres*, la dernière des six grandes Corporations, mais la plus distinguée soit par son ancienneté soit par la richesse de ses produits.

En 1399, la Corporation des Orfèvres acheta de Roger de la Poterne et de Jehanne sa femme, une maison située dans la rue des Deux-Portes (aujourd'hui des Orfèvres). Sur cet emplacement, ces commerçants firent bâtir un hôpital destiné à recevoir, d'après l'acte de fondation, les pauvres orfèvres âgés ou infirmes, leurs veuves et *mesmement* les *compagnons*, les *ouvriers et apprentis malades* (1).

Nous venons de dire que chaque corporation était une véritable famille. Un seul fait suffit pour en témoigner.

Maistre Simon Lescalopier, orfèvre au Pont aux Changeurs, eut sa boutique pillée dans la nuit du 2 décembre 1587. Les voleurs, activement poursuivis, abandonnèrent une partie de leur butin, qui fut trouvée sur la voie publique, entre autres une coupe d'or et un plateau d'argent ciselé.

Instruite de ce malheur, la Corporation fit une enquête qui démontra l'honnêteté du marchand; ses pertes furent estimées, et le 8 décembre, c'est-à-dire six jours après, la Corporation indemnisait Simon Lescalopier.

Nous compléterons notre travail sur les Corporations marchandes et les Corps des métiers parisiens lorsque nous serons arrivés au règne de Louis XVI, au moment où la Révolution supprima cette organisation qu'il fallait améliorer, mais non détruire.

L'abus était, comme on le verra, dans la limitation trop rigoureuse du nombre des patrons, qui rendait les maîtrises trop difficiles à conquérir par les ouvriers intelligents, honnêtes et laborieux. — Sans doute, le cadre était trop étroit ; il fallait l'élargir — pourquoi le briser?

Occupons-nous maintenant de ce qu'on appelait *les Travaux de Voyerie.*

De nombreuses améliorations étaient à réaliser dans l'intérêt d'une sage réglementation.

Parmi les 334 rues que renfermait à cette époque la ville de Paris, beaucoup d'entre elles avaient remplacé d'anciens chemins ouverts sans autorisation, et tracés selon le caprice ou l'intérêt des propriétaires. — De là des voies étroites et tortueuses dont Paris accuse encore de nos jours la triste situation.

L'élargissement de ces ruelles ne s'opérait qu'avec une lenteur énervante et des difficultés sans nombre, par suite des réconfortations plus ou moins clandestines que se permettaient les détenteurs des maisons en bordure de ces voies.

Instruit des inconvénients résultant d'un pareil état de choses, si compromettant pour la salubrité publique, le Roi Henri IV rendit, au mois de décembre 1607, une Ordonnance dont voici les principales dispositions :

« ..... Défendons à Notre Grand-Voyer ou ses commis de
» permettre qu'il soit fait aucunes saillies, avances et pans de
» bois aux bastiments neufs, et mesme à ceux où il y en
» a à présent, de contraindre les réédifier, ny faire ouvrages
» qui les puissent conforter, conserver et soutenir, ny faire
» aucun encorbellement en avance pour porter aucuns murs,
» pans de bois ou autre chose en saillie et porter à faux sur
» les dites Rües : ains faire le tout continuer à plomb, depuis
» le rez-de-chaussée tout contremont, et pourvoir à ce que
» les *Rües s'embellissent et élargissent au mieux que*
» *faire se pourra, et en baillant par luy les alligne-*
» *ments, redressera les murs où il y aura ply ou*
» *coude*..... etc. *Signé* : HENRI. »

Les grands travaux de Voirie furent exécutés conformément au principe de justice et d'équité prescrit par le Roi lui-même, qui voulait que l'Édilité parisienne perçât de nouvelles rues dans un intérêt de circulation générale et dans le but de donner de l'air aux classes laborieuses; car *Dieu dans sa bénignité*, disait Henri IV, *a couvert le pauvre et le riche d'une étoffe semblable.*

(1) Cet hôpital, comme tant d'utiles et pieuses fondations, fut supprimé en 1790 et devint propriété nationale. Une partie des bâtiments et la chapelle construite sur les dessins de Philibert Delorme, furent vendus le 11 brumaire an VI; la chapelle est représentée maintenant par la maison portant sur la rue des Orfèvres le n° 8. Ce qui restait de l'ancien hôpital servit quelque temps de grenier à sel, et fut vendu comme propriété de l'État le 6 janvier 1818.

Ainsi, en ne comptant ces sortes de créations opérées sous ce règne qu'à partir de l'entrée du Roi dans Paris, c'est-à-dire de 1594 à 1610, on voit qu'il a été construit dans l'espace de 16 années 68 rues dans la Capitale et ses Faux Bourgs, savoir : 35 sur la rive droite et 33 sur la rive opposée. Cette répartition était conforme à cette sage prescription émanant d'Henri IV qui voulait *que les deux parties de la Ville que sépare le fleuve de Seine fussent traictées comme deux sœurs jumelles.*

Ces voies appartiennent aujourd'hui pour la plupart, sur la rive droite, aux quartiers du Marais, de l'Arsenal et de Bonne-Nouvelle; celles qui ont été créées sur la rive gauche sont comprises maintenant dans les quartiers de l'École de Médecine, de la Monnaie et du faubourg Saint-Germain.

La distribution des eaux dans Paris fut aussi l'objet de l'attention du Roi et des Magistrats qui administrèrent la ville de Paris sous le règne d'Henri IV.

Des lettres-patentes du Roi à la date du 15 octobre 1601 mentionnent ce qui suit :

« *Henri, par la grâce de Dieu.... à nos très chers et bien ames les Prévost des marchands et Eschevins de nostre bonne ville de Paris, salut :*

» *Ayant, par nos lettres du vingt-septième jour d'avril dernier, vallidé et approuvé la résolution de l'assemblée générale faite en l'hostel de la dite ville, les dix-septième du dit mois, par laquelle nous aurions esté suppliez de trouver bon qu'il fust levé quinze sols par chaque muid de vin entrant en icelle dite ville, à commencer du premier jour d'octobre l'an prochain, pour estre employez égallement tant à la construction du Pont Neuf qui s'y fait, qu'au rétablissement dù cours des fontaines d'icelle qui a cessé par le malheur des troubles derniers....*

» *A quoy voulant pourvoir, avons de notre grâce spéciale, pleine puissance et auctorité royale, permis et permettons de faire creuser, fouiller et retrancher par tous les héritages qu'il conviendra, tant pour faire les dites pierrées, regards, réservoirs à eaue, que poser les canaux et tuyaux dans et aux travers d'iceux....*

» *De ce faire vous avons donné et donnons pouvoir et auctorité, comme de chose qui de tout temps vous a esté commise et attribuée, deppendant de l'acquit de vos charges, voullant que tout ce qui sera par vous fait et ordonné, pour ce regard, soit promptement exécuté par vos officiers; et à ce faire, souffrir et obeyr toutes personnes contraintes par toutes voyes deues, raisonnables et accoustumées en tel cas; nonobstant oppositions ou appellations quelconques, faites ou à faire, et sans préjudice d'icelles; desquelles, attendu qu'il s'agit d'un bien général..... Donné à Fontainebleau, le 15e jour d'octobre mil six cent un et de nostre règne le treizième. — Par le Roi, signé :* Ruzé, *et scellé du grand sceau de cire jaune.* »

La Prévoté des Marchands, chargée de faire exécuter les ordres du Roi, éprouva de grands obstacles de la part de la bourgeoisie, qui méconnaissait parfois les bonnes intentions de l'autorité. Mais le caractère résolu et plein d'énergie de maitre Sanguin voulut avoir raison de cette opposition mesquine.

Le Magistrat réclama de la sagesse d'Henri IV de nouvelles lettres-patentes ainsi conçues :

« *Henri... Ayant été averti qu'en plusieurs maisons, tant en nostre dite ville qu'ès environs, y avoit des fontaines particulières prises et dérivées des tuyaux et canaux des fontaines destinées pour le public.....*

» *Désirant préférer le bien et utilité du public à la commodité des particuliers, avons, de l'avis de notre conseil et notre certaine science et auctorité royale, dit, déclaré, ordonné, disons, déclarons et ordonnons, sans aucun égard aux permissions et concessions des dites fontaines particulières qui ont été ci-devant faites... soient rompues et cassées réellement et de fait, et le cours d'icelles remis et conduit au canal public.*

» *Donné à Paris, le 19e jour de décembre, l'an de grâce mil six cent huit et de notre règne le 20e. Signé* Henri, *et plus bas : par le Roi*, de Lomenie.

» *De par les Prévost des marchands et Échevins de la ville de Paris, il est ordonné que les Lettres patentes du Roi, du dix-neuvième du présent mois et an, pour le retranchement des fontaines particulières de cette Ville, à nous adressantes, seront enregistrées au greffe de la dite Ville. Fait au bureau de la Ville le lundi 22e jour de décembre 1608. — Signé* Jacques Sanguin. »

Sous le règne d'Henri IV, le nombre des fontaines qui furent restaurées s'élève à quatorze. Celle du Trahoir occupait le milieu de la rue de l'Arbre-Sec, et gênait la circulation. François Miron ordonna le déplacement de cette fontaine, qui fut reconstruite à l'angle de la rue Saint-Honoré. Le même magistrat dota l'île de la Cité de sa première fontaine; aussi, dès l'année 1609, le renouvellement des conduites d'eau et la restauration des acqueducs étaient, pour ainsi dire, complets.

Vers la fin du règne d'Henri IV, on entrait dans Paris par seize portes fortifiées, toutes munies de ponts en pierre et de ponts-levis établis sur le fossé. Du côté du nord, il y en avait sept dont voici les noms : Portes *Saint-Antoine*, du *Temple*, *Saint-Martin*, *Saint-Denis*, *Montmartre*, *Saint-Honoré*, *Porte Neuve*. Dans la partie méridionale, on en comptait neuf, savoir : les portes de *Nesle*, *Dauphine*, de *Bucy*, de *Saint-Germain*, *Saint-Michel*, *Saint-Jacques*, *Bordelle*, *Saint-Victor* et de la *Tournelle*.

La tendre sollicitude du Souverain pour les classes pauvres et malheureuses se manifeste dans tous les actes d'Henri IV. Ainsi, vers le commencement de l'année 1607, la peste s'était déclarée dans Paris; l'épidémie fauchait nos artisans et nos ouvriers. L'Hôtel-Dieu ne pouvait contenir le contingent de malades que le fléau lui apportait chaque jour. Le Roi répartit les pestiférés dans divers établissements publics, et par son Édit du mois de mai de cette année il ordonna la création d'un Hôpital, hors de la ville entre les faux-bourgs du Temple et Saint-Martin. Cet établissement a porté depuis le nom de Saint-Louis, en mémoire de Louis IX, mort de la peste à Tunis.

Henri IV s'occupe également du sort des soldats âgés ou infirmes. Le Roi les place dans la maison de la Charité de la rue de Lourcine, « *voulant*, dit Sa Majesté, *qu'ils soyent bien nourris et entretenus.* »

Le Roi s'intéresse également à la sûreté de la Ville; sous ce rapport, la police confiée au Prévôt de Paris, qu'il ne faut pas confondre avec le Prévôt des Marchands, laissait singulièrement à désirer.

Henri IV se plaignait un jour des vols et des crimes qui se commettaient impunément dans Paris, surtout pendant la nuit. Le Roi, mal renseigné, attribuait ces désordres aux Parisiens, dont Sa Majesté gourmandait la turbulence et les mauvais penchants.

Le Prévôt des Marchands, Jacques Sanguin, combattit franchement l'opinion du Souverain et défendit en ces termes le vrai peuple de Paris :

« Syre, on vous a dict que le populaire de Paris estoit turbulent et dangereux; ôtez-vous cela de l'esprit, Syre.

» Voilà vingt années, ou à peu prez, que je m'occupe d'administration ; or il m'est de science certaine qu'on insulte méchamment vostre honneste ville de Paris. Elle renferme, il est vray, deux sortes de populaires, mais bien dissemblables et d'espriet et de cœur. Le vray populaire, c'est-à-dire né et élevé à Paris, est le plus laborieux du monde, voire même le plus intelligent; l'aultre, Syre, est le rebut de toute la France. Chaque ville de vos provinces a son égout qui amène ses impuretez à Paris.

» Par exemple, une fille se fait-elle engrosser à Rouen ; vite elle prend le coche et débarque à Paris pour ensevelir sa honte. Elle met au monde un petit estre, et c'est le Parisien qui nourrit cet enfant que le Normand a eu le plaisir de faire; et puys on dict : *Le Parisien aime la cotte!*

» Un homme a-t-il vollé à Lyon : pour échapper à la police, il vient se cacher à Paris; et comme le mestier de volleur est le plus lucratif par le temps qui court, il coupe les bourses de plus belle ! S'il est pris, voicy ce qui arrive : *c'est le Parisien qui est le vollé, qui nourrit le Lyonnais qui est le volleur!*

» Un Marseillais a-t-il assassiné : Paris est son refuge et son impunité ; s'il tue encore quelqu'un, c'est-à-dire un Parisien, la province dict : *Il n'y a que des brigands à Paris!*

» Syre, il est temps que tout cela finisse. La ville de Paris ne doit plus estre l'hôtellerie des ribaudes et des bandits de vos provinces. — Que des lois énergiques rejettent cette écume hors de la ville, afin que le flot parisien reprenne sa transparence cristalline. »

Ce langage franc et sincère, allant droit au but, devait plaire à la nature d'Henri IV, qui répondit au Magistrat.

« Lorsque je me trompe, j'aime qu'on me dise : Sire, vous » avez tort. Les Rois s'appuyent sur les chênes, non sur des » roseaux. »

Un Édit du mois de mai 1607 ordonna « *d'expulser* » *de Paris tous les mendiants valides.* » Défense fut faite « *de laisser dans la ville tous les manouvriers et* » *artisans provinciaux ne pouvant prouver leurs* » *moyens d'existence par une occupation suivie et lu-* » *crative.* »

La construction de l'*Hôtel de Ville*, commencée sous François Ier, le 15 juillet 1533, fut activement continuée et presque achevée sous Henri IV.

Le Prévôt des Marchands, François Miron, consacra une partie de sa fortune à l'édification du Palais municipal. Ce Magistrat fit couvrir également à ses frais l'égout du Ponceau, sur lequel il fit construire une rue ainsi dénommée. Cette rue a été en grande partie absorbée de nos jours par le boulevard de Sébastopol.

Sous aucun règne, on ne vit pareille succession de grands Magistrats ; leur administration est restée comme la plus pure et la plus noble expression du désintéressement, du savoir et de l'honnêteté.

Les opinions qu'ils ont émises sur toutes les branches de l'administration municipale sont devenues des principes d'une sage édilité, dont le temps et les révolutions n'ont pas diminué la valeur aux regards de ceux qui se sont livrés à de longues études sur la ville de Paris.

Ces principes ont formé ce que les successeurs de François Miron et de Jacques Sanguin appelaient *le bréviaire des administrateurs Parisiens.* On a pu le reproduire sous différentes formes, — mais le fond n'a pas varié; sa substance est restée la même.

Nous avons rappelé comment ces Magistrats entendaient continuer la Ville de Paris, dans l'intérêt de sa splendeur comme au point de vue de la stabilité du Pouvoir.

Pour compléter ce chapitre, il ne nous reste plus qu'à reproduire la pensée de ces Magistrats sur quelques-uns des services administratifs les plus importants.

Approvisionnement. — Boulangerie. — Chaque pain doit être marqué à son poids et porter le numéro du boulanger, sous peine d'amende à la première infraction, à la fermeture de l'établissement en cas de récidive. Le nombre des Boulangers est calculé sur le chiffre de la population.

Boucherie. — Les viandes livrées à la consommation doivent provenir d'animaux abattus dans *les Tueries parisiennes, et non d'ailleurs.*

Voici les raisons à l'appui de cette mesure :

Les Mires ou Chirurgiens commis à la vérification des bestiaux peuvent constater la maladie sur l'animal vivant, tandis que s'il est introduit déchiqueté en morceaux dans Paris après avoir été abattu dans la province, aucun signe certain ne révèle le poison ayant vicié l'animal dont la chair est malfaisante.

Travaux publics.—Les travaux doivent être permanents, mais modérés, dans Paris. Si leur suspension se prolonge, elle paralyse l'industrie du bâtiment, qui est la bonne mère-nourrice de tant d'autres industries. Si leur exagération se continue, elle provoque l'émigration des cultivateurs et des ouvriers de la province qui viennent fondre sur Paris. Comme cette exagération ne saurait se prolonger, les outils inoccupés deviennent mousquets ou espingoles prenant tous pour point de mire la couronne de France.

Finances Municipales. — Augmenter les taxes dans les temps de prospérité; les modérer aux époques calamiteuses. Engager le plus possible de capitaux particuliers dans les entreprises de la Ville, qui doit toujours avoir une réserve en cas de malheurs publics et pour les atténuer.

Propriété Parisienne. — C'est la poule aux œufs d'or ; faites la pondre quand le commerce et l'industrie sont jubilants, parce qu'elle tire d'eux sa substance et sa prospérité. — Ménagez-la lorsqu'elle souffre.

Nous pourrions continuer l'énumération de ces sages principes administratifs, mais ce serait dépasser les limites que nous avons dû nous imposer, même au détriment de ce règne si bien rempli et si noblement secondé par cette grande magistrature municipale. — Elle a fait une ville de Paris comme les abeilles font une ruche.

On sait qu'au moment d'exécuter de vastes desseins, Henri IV succomba dans la rue de la Ferronnerie sous le poignard d'un assassin.

Cette grande calamité publique, si désastreuse pour la France, eut pour cause *le manquement* à l'Édit d'Henri II qui prescrivait l'élargissement de cette rue.

Quelques historiens ont cité la date de l'Édit en question, mais sans reproduire ses dispositions. — En voici le texte :

« Henri, Roi de France, etc., désirant nostre ville de Paris » estre accommodée de toutes choses utiles tant pour sa dé- » coration que pour le bien et aisance de nos sujets habitans » d'icelle, Voulons, vous mandons et enjoignons, Voyer de » nostre dite ville, que vous informiez ou faites enquérir et » informer par tel juge ou commissaires qu'adviserez, des » usurpations, entreprises et contraventions, et ce que trou- » verez avoir esté fait et usurpé, entrepris et estre dommagea- » ble à la voye publique, incontinent et sans délai faites » réparer, abattre et démolir réaument et de fait, *spéciale-*

» *ment les loges, boutiques et échopes construites* » *dans et le long de la rue de la Feronnerie*, nonobstant » oppositions ou appellations quelconques et quelque per» mission ou congé qu'on pourroit avoir eu de Nous ou de » nos prédécesseurs pour faire lesdits édifices, le tout aux » frais de ceux qui se trouveront avoir fait yceux bastiments, » édifices et entreprises, avec telle condamnation d'amende » qu'au cas appartient, applicable à la fortification de nostre » dite ville; voulons que pour le bien public, il soit procédé » contre les voyers, maistres des œuvres et autres officiers, » de quelque qualité qu'ils soient, qui auroient baillez les » faux alignements et permissions. — Donné à Compiègne, » le 14 mays 1554, et de nostre règne le cinquième.

» *Signé* : Henri.

» Leü, publié et registré en Parlement, le 12 juin 1554. »

Rapprochement extraordinaire! Comme on vient de le voir, l'Édit du roi Henri II fut promulgué un 14 mai et l'assassinat d'Henri IV eut lieu mêmement le 14 mai.

Les loges et boutiques dont il est question dans l'Édit de 1554 étaient adossées au mur du cimetière des Innocents. Le carrosse du roi Henri IV, sortant de la rue Saint-Honoré pour entrer dans celle de la Ferronnerie, fut arrêté devant la maison du notaire Poutrain par un encombrement qui eut lieu par la rencontre de deux charrettes, l'une chargée de vin, l'autre de foin. Les valets de pied passèrent par le charnier pour rejoindre plus facilement le carrosse au bout de la rue; il n'en resta que deux à la suite du carrosse : l'un s'avança pour faire cesser l'encombrement, l'autre prit le moment pour rattacher sa jarretière.

Ravaillac, qui avait suivi la voiture du Roi depuis le Louvre, se glissa entre les boutiques et le carrosse, ainsi que faisaient tous ceux qui cherchaient à passer, et, s'appuyant d'un pied sur un des *rais* de la roue, de l'autre sur une borne, il frappa le Roi de deux coups de couteau...

D'après un plan de Paris, de l'année 1610, il est bien certain que ces loges, boutiques et échoppes rongeaient le tiers de de la rue de la Ferronnerie. Cela nous explique l'embarras causé par les deux charrettes arrivant en sens contraire, l'une de la rue Saint-Denis, l'autre de la rue Saint-Honoré, que le plan en question indique sous le nom de rue de la Chausseterie dans la partie de cette seconde voie située entre la rue Tirechape et celle des Déchargeurs, appelée à cette époque rue des Chargeurs.

Il est donc bien certain, si l'Édit de 1554 avait reçu son exécution, que l'encombrement n'eût pas eu lieu, les deux charrettes pouvant alors circuler librement. Les valets de pied, entourant la voiture du Roi, n'eussent certainement pas permis à Ravaillac d'en approcher. Henri IV devant partir le 17 mai pour l'armée, le projet de l'assassin était déjoué.

VII

LOUIS XIII

1610 — 1643

Régence de Marie de Médicis. — Les anciens Conseillers du feu Roi sont remplacés par des favoris incapables ; leurs dilapidations. — Extrait de la harangue de Robert Miron, Prévôt des Marchands et Président du Tiers État. — Population parisienne. — Le Cardinal de Richelieu fait cesser le désordre. — De l'intervention des Compagnies financières dans l'exécution des grands travaux. — Extension de la Ville de Paris au nord-ouest. — Du nombre des Rues de Paris en 1636. — La distribution des Eaux. — Les Fontaines publiques. — Créations de l'Hospice des Incurables de la rue de Sèvres et du Jardin des Plantes. — Construction du Palais Cardinal. — Fondation de l'Académie Française.

Le Parlement confirma la Régence et la tutelle de Louis XIII à Marie de Médicis.

Les anciens Conseillers d'Henri IV, Sully entre autres, furent contraints de quitter la Cour.

« Sully *avoit payé deux cents millions de dettes, et* » *laissoit quinze millions huit cent soixante-dix-huit* » *mille livres d'argent dans les chambres voûtées,* » *coffres et caques étant en la Bastille, outre dix mil-* » *lions qu'on en avoit tirés pour bailler au Trésorier* » *de l'épargne.* »

Quarante jours après la mort d'Henri IV les coffres de la Bastille étaient vides. Les glorieuses destinées de la France avaient été compromises par l'assassinat du Roi, et surtout par la mauvaise direction imprimée aux grandes affaires de l'État dans les premières années de la Régence de Marie de Médicis.

Voici quelques extraits de la harangue de Robert Miron, Prévôt des Marchands de la Ville de Paris et Président du Tiers-État, harangue prononcée devant le jeune Roi et la Reine-Mère le 26 février 1615, jour de la clôture des États Généraux, dits de 1614. Ce document fait connaître la situation de notre pays à cette malheureuse époque :

« Sire... Tous les ans, au mois de mai, se faisoit une assemblée de tous les ordres, en laquelle présidoit le Roi... et, par l'avis de ses sujets, pourvoyoit aux affaires importantes de l'État, témoignage singulier de la sincère et paternelle affection de nos Rois, lesquels ont désiré pourvoir aux désordres communs par le conseil de leurs sujets, c'est-à-dire chercher la guérison et faire choix des remèdes par l'avis des malades mêmes...

» Et plût à Dieu, Sire, que cette forme grandement salutaire, depuis empruntée par les Rois voisins, n'eût pas été altérée par la cause du temps, et fût demeurée en vigueur entre nous; la discipline publique, florissante sous nos pères, ne fût en rien déchue; l'État eût été conservé en son lustre non terni, non affoibli, et Votre Majesté ne seroit aujourd'hui empêchée à retrancher les abus que la licence a insensiblement introduits...

» Pour le regard de la Justice, les longueurs, fuites et subterfuges pour rendre les procès immortels sont infinis, et ne reçoivent point de bornes entre nous, par la malice des parties qui ternissent innocemment l'honneur des juges... il me suffira de dire qu'il y a peu à présent d'affaires, procès civils ou criminels, si quelque grand ou grandement riche y est intéressé, qui ne passent par toutes les juridictions du royaume, ensuite des évocations trop fréquentes pour le jugement d'une compétence avant que d'entrer au fond, de façon que les incidents, étouffant le principal, se trouvent à la fin le demandeur et le défendeur entièrement ruinés ; c'est ce qui cause tant de duels, tant de meurtres, tant d'assassinats, tant de querelles et tant de mépris des juges qui n'en sont pas toujours cause...

» Sans le labeur du pauvre peuple, que valent à l'Église les dîmes, les grandes possessions ? à la Noblesse, leurs belles terres, leurs grands fiefs? au Tiers État, leurs maisons, leurs rentes et leurs héritages? Il faut passer plus outre. Qui donne à Votre Majesté les moyens d'entretenir la dignité royale, fournir aux dépenses nécessaires de l'État, tant dedans que dehors du royaume? Qui donne le moyen de lever les gens de guerre? Le laboureur, les tailles et le taillon (que le peuple paye). Les gens de guerre ne sont pas sitôt en pied qu'ils n'écorchent ce pauvre peuple; ils le traitent de telle façon qu'ils ne laissent point de mots pour exprimer leurs cruautés. Combien ont été plus doux les passages des Sarrasins, quand on les a vus en France, que ne sont aujourd'hui les rafraîchissements des gens de guerre.

» Les tigres, les lions et autres bêtes plus farouches, que la nature semble avoir produits quand elle a été en colère contre les hommes, font du bien, ou du moins ne font pas de mal. Les lionnes donnent leurs mamelles à ceux qu'elles engendrent, dit le prophète; et cette race de vipères, il est impossible d'en parler sans passion, étouffent leurs pères nourriciers, innocents de tous maux, sinon d'avoir nourri cette engeance serpentine...

» Si Votre Majesté n'y pourvoit, il est à craindre que le désespoir ne fasse connoître au pauvre peuple que le soldat n'est autre chose qu'un paysan portant les armes; que quand le vigneron aura pris l'arquebuse, d'enclume qu'il est, ne devienne marteau; ainsi, tout le monde sera soldat, il n'y aura plus de laboureur; les villes, la noblesse, l'église, les princes et les plus grands mourront de faim...

» Qui pourvoira donc à ces désordres, Sire? Il faut que ce soit vous; vous avez assez moyen de le faire. Votre pauvre peuple, qui n'a que la peau sur les os, qui se présente devant vous tout abattu, sans force, ayant plutôt l'image de mort que d'homme, vous en supplie au nom du Dieu éternel qui vous a fait régner, qui vous a fait homme pour avoir pitié des hommes, qui vous a fait père de votre peuple pour avoir compassion de vos enfans... (1) »

La Ville de Paris eut moins à souffrir que la nation à cette époque; la grande Administration parisienne, sous Henri IV, réagissait heureusement et protégeait la Capitale, dont la population avait considérablement augmenté de 1594 à 1614.

Sous François Ier, en 1546, le nombre des habitants de Paris s'élevait à 263,000 âmes environ. Il n'était plus que de 200,000 en 1594.

Mais, grâce à vingt années de tranquillité et de travail, Paris avait plus que comblé cet énorme déficit. Le rôle de taxe de 1609 permet d'estimer la population parisienne à 305,000 habitants.

Cet accroissement s'était affirmé, pour près des deux tiers, dans le sens des classes riches ou aisées.

En effet, l'excédant se composait de propriétaires que la sécurité publique avait ramenés à Paris pour reconstruire, avec l'aide de l'Administration municipale, leurs maisons démolies par le canon ou détruites par l'incendie lors des deux siéges que la Capitale avait subis.

Beaucoup de commerçants et d'industriels étaient également rentrés, confiants, pour rouvrir leurs magasins ou leurs ateliers abandonnés pendant la guerre.

Bon nombre de grandes existences qui successivement avaient déserté Paris pour aller mettre au loin leur fortune en sûreté, étaient revenues joyeuses dans cette Ville heureusement pacifiée.

Des banquiers ou Lombards, pressentant des bénéfices dans la reconstruction de Paris, avaient cautionné les entrepreneurs de travaux, et chaque pièce d'or que la peur avait retenue si longtemps captive se *faisoit abeille pour produire*.

(1) Extrait du Tome XVIII des États-Généraux et autres Assemblées nationales. Pages de 80 à 92.

Ici, arrêtons-nous un instant pour rappeler l'heureuse intervention des Compagnies financières dans les grands travaux entrepris à cette époque.

Toutefois, comme on va le voir, cette *intervention* était souvent paralysée, faute d'une législation en matière d'expropriation pour cause d'utilité publique.

Protégée par Henri IV, admise par le Bureau de la Ville, une Compagnie financière, dont Nicolas Carrel était le chef, se chargea d'ouvrir une nouvelle Rue sur la rive gauche de la Seine, en prolongement du Pont-Neuf. En conséquence, elle achetait, en 1606, l'Hôtel ou Collège de l'abbé de Saint-Denis, une ruelle qui touchait à l'hôtel de Nevers et la maison de Chappes, le tout moyennant 76,500 livres. Il fallut prendre ensuite du jardin des Augustins une quantité peu considérable de terrain avec quelques constructions légères pour le paiement desquels les experts allouèrent 30,000 livres. L'estimation fut faite aux autres conditions suivantes, dit l'*Estoile*:

« Que les matériaux provenant des démolitions resteroient » aux Augustins; que les murs de clôture des deux côtés de » la dite rue seroient élevés de 3 toises aux dépens de Sa » Majesté, et qu'il seroit faict deux voûtes sous la dite rue, » pour communiquer aisément avec les maisons des dits religieux, qui sont auprès de l'hôtel de Nevers, toujours aux frais » de Sa Majesté. »

C'était donner aux Augustins quatre fois la valeur de ce qu'on leur prenait; toutefois ces religieux résistèrent, en faisant valoir des considérations que nous reproduirons tout à l'heure. Henri IV, qui tenait essentiellement à l'ouverture de cette Rue, fit mander au Louvre le Supérieur des Augustins:

« Que m'apprend-on, mon Père, lui dit Sa Majesté, que vous vous refusez à l'ouverture d'une voie, en l'honneur du *Dauphin*, notre cher fils... Cependant on vous en paye grassement le prix, et les maisons que vous bâtirez en bordure de la Rue Dauphine vaudront mieux que le produit de vos choux...

— Notre bien, Sire, est en réalité le bien des pauvres, répond le Supérieur; il est donc de notre devoir de chercher à l'augmenter. Que Votre Majesté daigne ajouter 500 livres, et c'est une affaire conclue.

— Je n'ajouterai rien, réplique Henri IV impatienté. Écoutez-moi, mon Révérend: vous êtes Normand, je suis Gascon; ne jouons pas au plus fin. Je vous donne quarante-huit heures, après lesquelles, si votre mur n'est pas démoli, j'irai moi-même ouvrir la rue Dauphine avec du canon, s'il le faut.

— Puisque Votre Majesté s'appuie sur le droit canon, répond le Supérieur en s'inclinant, je suis trop bon catholique pour ne pas obéir. »

Voilà comment la rue Dauphine fut ouverte.

Tout en reconnaissant combien l'argument du Roi était irrésistible, nous n'en devons pas moins convenir qu'il vaut mieux, de nos jours, ouvrir une voie quelconque avec le secours de la loi du 3 mai 1841, qu'avec du canon, fût-il pointé par un descendant d'Henri IV.

D'autres opérations étaient en voie de réalisation, lorsque la mort du Roi les fit ajourner. — Dès l'année 1614, elles furent reprises.

Toutefois, il est juste de rappeler que l'intervention des Compagnies dans l'exécution des grands travaux de voirie fut vivement controversée par les membres composant le *Bureau de la Ville*.

Les adversaires des Compagnies disaient:

— A quoi bon livrer à des Sociétés financières l'exécution de travaux que la Ville peut entreprendre avec ses propres ressources? Pourquoi leur abandonner des bénéfices qui seraient pris sur les économies que nous pourrions réaliser? N'est-il pas à craindre ensuite que ces facilités de coopération qui nous sont offertes ne deviennent un jour des excitations dangereuses, et nous fassent entreprendre des opérations exagérées qui auraient le tort d'appeler à son de trompes un trop grand nombre d'ouvriers dans Paris?...

Puis, ne craignez-vous pas que ces hommes d'argent ne pèsent trop un jour sur le Bureau de la Ville? Si vous leur concédez aujourd'hui l'exécution d'une partie de nos voies publiques, demain vous leur livrerez peut-être l'approvisionnement de la Ville. Où vous arrêterez-vous sur cette pente si glissante? Les gens de finance forment une espèce dangereuse quand ils dominent dans une Capitale. Avez-vous besoin d'eux? Non. Alors, pourquoi leur intervention?

Les partisans des Compagnies répondaient :

— Que serait devenue la Capitale après la guerre contre les Anglais si nous avions refusé, sous Charles VII, aux gens de finances leur pécule, qu'ils nous offraient pour nous faciliter la résurrection de Paris, si favorable à la France tout entière.

En 1594, notre bien-aimé et regretté souverain Henri quatrième entrait dans la Ville ruinée, agonisante. Aurait-elle aujourd'hui ce visage épanoui et cette parure de Reine sans le secours des Compagnies financières? Si vous les proscrivez maintenant que la Capitale est heureuse, les retrouverez-vous en temps de calamités publiques?

Vous semblez d'avance regretter les bénéfices que feraient les Compagnies; il faudrait au contraire vous en réjouir. Ces bénéfices exciteraient la concurrence dont la Ville tirerait profit, en accordant la préférence aux Sociétés financières venant lui offrir les meilleures conditions et la solvabilité la plus complète.

Il est ensuite une haute considération à faire valoir; plus vous engagerez de capitaux particuliers dans d'utiles et honnêtes opérations profitables à la Ville de Paris, mieux vous servirez l'autorité; car ces capitaux s'associeront par un intérêt de conservation à la stabilité du Pouvoir.

Ces discussions épuisées, la majorité des Membres du Bureau de la Ville vota en faveur de la coopération des Compagnies financières pour l'exécution surtout des grands travaux de voirie. Paris eut-il à s'en repentir? Paris, au contraire, en profita grandement, comme on va le voir.

Conformément aux lettres-patentes du 6 mai 1614, *Marie* et ses associés firent construire le Pont qui porte encore aujourd'hui le nom de cet entrepreneur, et, conformément au contrat passé le 19 avril précédent, cette Compagnie financière avait commencé la formation d'un quartier connu depuis sous le nom de quartier Saint-Louis.

En 1631, *Barbier*, Intendant des finances, proposa de continuer jusqu'à la porte de la Conférence la clôture qui s'étendait depuis l'Arsenal jusqu'à la porte Saint-Denis. A ce sujet, on passa un contrat qui fut modifié l'année suivante.

Barbier dut se borner à un plan moins étendu, qu'il exécuta sous le nom de *Charles Froger*, secrétaire de la Chambre du Roi. — Voici les principales conditions de ce nouveau contrat :

Les Entrepreneurs devaient se charger de la construction d'une *enceinte* commençant à la porte Saint-Denis (1), longeant les *fossés jaunes* (2), et se poursuivant jusqu'à la porte Saint-Honoré, qu'ils devaient achever (3). Ils s'engageaient à combler les anciens fossés dans lesquels l'eau croupissait, à détruire les anciens murs *pour bâtir de nouveaux quartiers*. Le Roi déchargea Froger des hypothèques dont pouvaient être grevés les maisons et terrains à acquérir, et de plus Sa Majesté lui fit don de 79,000 livres tirées de son épargne. Les terrains des anciens remparts, les portes, fossés et édifices publics, dont le nouveau projet entraînait la démolition, furent abandonnés, avec les matériaux, en toute propriété à l'entrepreneur.

Dans le but de veiller à l'exécution de ce contrat, cinq Commissaires furent nommés. Ils avaient mission de terminer à l'amiable toutes les contestations qui pouvaient résulter des interprétations contradictoires du traité. Sur ces cinq Commissaires, trois avaient été proposés par le Prévôt des Marchands et agréés par le Roi.

Pour bien comprendre les avantages que la Ville de Paris dut recueillir en associant cette Compagnie financière aux grands travaux de voirie, il nous faut rappeler que l'agrandissement de l'enceinte de la Capitale, au nord-ouest a fait bâtir sur le territoire annexé, une fraction du quartier actuel du Palais-Royal, une grande partie du quartier de la place Vendôme et la presque totalité des quartiers Gaillon, Vivienne, du Mail et de Bonne-Nouvelle.

Pour donner une idée encore plus exacte de cette extension de Paris au nord-ouest il importe de rappeler quelles avaient été les limites de cette Ville après la construction de l'enceinte dite de Charles V et Charles VI.

De ce côté, la muraille partait de la *Bastille Saint-Denis*, suivait le tracé des rues de Bourbon-Villeneuve, Neuve-Saint-Eustache et des Fossés-Montmartre, aujourd'hui confondues sous le seul nom de rue d'Aboukir. Traversant ensuite le terrain devenu, sous le règne suivant, la place des Victoires, le mur d'enceinte coupait par le milieu le jardin du Palais-Royal pour se rattacher à la *Porte Saint-Honoré*, à la naissance de la rue Traversière, aujourd'hui rue Molière. Enfin, de cette porte, l'enceinte se prolongeait par la rue Saint-Nicaise jusqu'à la *Tour de Bois* qui défendait le passage de la Seine. — Telle était, au nord-ouest, l'enceinte de Paris, construite sous Charles V et Charles VI.

Celle de Louis XIII part de la *Porte Saint-Denis*, située dans la rue du même nom, vis-à-vis la rue Sainte-Apolline actuelle, suit les Fossés Jaunes, puis, décrivant une courbe, va se souder à la *Porte de Richelieu*, située dans la rue ainsi appelée, en face de la rue Feydeau. De la Porte de Richelieu, le mur d'enceinte s'infléchissant au sud, gagne la *Porte Saint-Honoré* qui se dresse dans la rue ainsi appelée à la hauteur du couvent de la Conception. De cet endroit, le mur d'enceinte se continue jusqu'à la *Porte de la Conférence*, pour aller se rattacher enfin au bastion que la Reine Catherine de Médicis avait fait construire à l'extrémité du jardin des Tuileries pour protéger son Palais.

Entre la Bastille et l'ancienne porte Saint-Denis, en face de la rue Sainte-Apolline, l'enceinte fut améliorée, mais non changée.

Quant à l'enceinte sur la rive gauche, le plan de Paris, sous Louis XIII (1639), nous indique encore les portes de Nesle, de Bucy, Saint-Germain, Saint-Michel, Saint-Jacques, Saint-Marceau et de la Tournelle.

Ces portes formaient donc les limites de ce qu'on pouvait appeler le Paris légal, au sud. Mais la population avait franchi, depuis longtemps, ces limites; elle envahissait alors le Pré-aux-Clercs et se mêlait à la population des bourgs Saint-Germain, Saint-Marceau et Saint-Victor.

Cet envahissement était fâcheux. Il eût été de bonne administration de lui opposer un barrage, en construisant un nouveau mur d'enceinte dans cette partie méridionale,

(1) Qui se dressait alors dans la rue Saint-Denis, en face de la rue Sainte-Apolline actuelle.

(2) Le côté gauche du boulevard de Bonne-Nouvelle occupe maintenant une partie de l'emplacement des Fossés Jaunes, qui prirent leur nom de la couleur des terres qu'on en tira, sous le règne de Charles IX, pour protéger Paris au nord de la Ville.

(3) La porte Saint-Honoré que Froger devait achever était située dans la rue Saint-Honoré, en face du couvent de la Conception, sur l'emplacement duquel furent construites, en 1807, les rues Duphot et Richepance.

pour ne laisser bâtir, après son achèvement, qu'à certaine distance de la Capitale, afin de lui conserver, dans toute sa pureté, l'air qu'elle recevait autrefois des campagnes environnantes. On y songea; mais on s'arrêta bientôt, effrayé par la dépense. Elle eût été considérable, sans doute, par l'étendue de la zone qu'il fallait annexer. Toutefois, cette dépense n'eût été en réalité qu'une avance, qui serait rentrée dans les coffres de la Ville par l'application des taxes parisiennes à ce nouveau territoire.

On s'arrêta malheureusement à l'idée de poser des *bornes* de distance en distance autour de Paris, avec défense d'élever des bâtiments au delà de ces limites. Mais l'étude à laquelle on dût se livrer pour déterminer l'emplacement de ces bornes révéla le nombre considérable de maisons qui cerclaient au midi la Capitale. Le Roi en fut effrayé, comme le Bureau de la Ville, et nous allons voir se traduire sous Louis XIII, mais avec plus d'insistance encore, les appréhensions formulées déjà sous Henri II.

Arrêt du Conseil qui désigne le plantement des Bornes dans l'étendue et pourtour de la Ville et Faux Bourgs de Paris, du quatrième aoust 1638.

« Le Roy estant en son Conseil, après s'estre fait représenter le procez-verbal et plan général de la Ville et Faux Bourgs de Paris, qu'il avoit par son arrest et commission sur iceluy du quinzième janvier dernier, ordonné aux Présidens et Trésoriers de France de Paris, estre fait, le Prévost des Marchands et Échevins du d. Paris presens et appelez, pour empescher à l'avenir la licence que les habitans d'ycelle et autres prennent de faire construire des maisons, tant à la Ville, Faux Bourg, qu'aux lieux où jusques à présent n'avoient esté construict ni baty aucuns édifices, et particulièrement ès terres qui dans l'extrémité des Faux Bourgs ont de tout temps servy à l'agriculture pour les herbages, légumes et menus fruicts entièrement nécessaires pour la nourriture des habitants de la dite Ville, et jugé qu'une plus grande tolérance à supporter les entreprises de ceux qui, au préjudice des défenses déjà publiées, bastissent journellement ès lieux prohibez par icelles, causeroit enfin la ruine des meilleures Villes de ce Royaume, Mais encore que l'accroissement de la dite Ville de Paris pourroit apporter beaucoup de confusion et une cherté insupportable aux vivres, s'il n'y estoit promptement remédié,

» A ordonné et ordonne, conformément au procez-verbal des dits Tresoriers-Généraux de France, qu'en l'étendue et pourtour d'icelle Ville et Faux Bourgs de Paris, à commencer depuis la rivière en aval, vis à vis le gros pavillon des Tuileries et de la dite rivière en amont, à regagner le bastion de l'Arsenal, circuisant la ligne qui doit enclore les Faux Bourgs Saint-Michel, Saint-Jacques, Saint-Marcel et Saint-Victor; qu'il sera, à la diligence des dits Trésoriers de France, à Paris, planté *trente et une bornes*, la première des quelles sera une table de marbre de deux pieds et demy de long sur seize pouces de large, dans la quelle sera gravée l'inscription en lettres d'or, appliquées à la jambe boutisse de la maison du sieur Chauvaine du côté d'aval l'eau où pend pour enseigne l'*Escu*, vis à vis la volière des Tuileries... » (Suit la description des trente autres bornes, espacées autour de Paris, savoir : vingt et une sur la rive gauche et dix sur la rive droite.) Comme cette description textuelle ne serait pas comprise aujourd'hui, par suite des nombreux changements de noms affectés aux territoires sur lesquels ces bornes étaient posées, nous allons indiquer exactement le tracé qu'on avait adopté pour déterminer les limites de Paris, au delà desquelles il était défendu de bâtir.

On a vu que la première borne, sur la rive gauche de la Seine, avait été placée vis-à-vis la volière des Tuileries; or, cette volière occupait à peu près le milieu de l'emplacement du jardin actuel du Palais; puis le tracé suivait la ligne du quai des Théatins, aujourd'hui de Voltaire, jusqu'à la rue du Bac, se continuait pour ne s'arrêter qu'à l'endroit où l'on voit maintenant l'église Saint-Thomas-d'Aquin. De là, tournant à gauche, il atteignait la place depuis dénommée Place de la Croix-Rouge, pour se diriger ensuite jusqu'au monastère de Port-Royal, à l'encoignure de la rue de la Bourbe, dont l'emplacement est absorbé par le boulevard de Port-Royal. De cet endroit, le tracé coupait le faubourg Saint-Jacques, traversait le Champ des Capucins, ce dernier confondu aussi de nos jours dans le boulevard de Port-Royal, pour descendre jusqu'à la rue de Lourcine, puis au Champ de l'Alouette, et atteindre ensuite la Croix de Clamart pour se diriger jusqu'au Pailmail, après l'ancienne Ile Louviers, en face du pavillon situé sur la pointe de l'Arsenal où commence maintenant le boulevard Morland.

Tel était le tracé sur lequel on avait espacé les 21 bornes fixant les limites de Paris sur la rive gauche.

En ce qui concerne les 10 bornes placées sur la rive droite, la description que nous venons de faire de l'enceinte régularisée, puis agrandie au nord-ouest sous Louis XIII, permet d'indiquer leur position. Elles avaient été plantées à peu de distance, au delà des Portes dont nous venons de faire l'énumération. Il est donc facile, avec un plan de Paris actuel, de refaire, comme étendue, le Paris de Louis XIII, en 1638.

Là, ne se bornèrent pas les améliorations de la Ville. La partie du Marais qui avait été le sujet des études de François Miron se couvrit de maisons, qui furent élevées malheureusement dans des rues dont la largeur eut à subir de fâcheuses réductions.

Aux extrémités de ce nouveau quartier, à l'est de la Ville, on se rappelle que le roi Henri IV avait ordonné la construction de la place Royale, dont un des hôtels devait servir à l'établissement de manufactures de draps de soie. On sait quelle fut l'opposition du Prévôt des Marchands à cette dernière mesure. Les prédictions de l'illustre Magistrat s'accomplirent. Cette manufacture ne réussit pas, et les ouvriers qu'elle avait attirés dans cette partie de la Ville abandonnèrent les environs de la place Royale, où l'on vit s'élever de nombreuses et splendides constructions. Ce quartier devint le préféré de la noblesse et de la magistrature.

Sur cette place, ou dans le voisinage, on construisait l'hôtel Sully, l'hôtel Videix, l'hôtel de Rohan, l'hôtel d'Aligre, l'hôtel de Rotrou, l'hôtel de Guéménée. Tout près de ces demeures princières, dans la rue des Tournelles, demeurait Ninon de l'Enclos; Marion de Lorme habitait la rue Saint-Antoine, et madame de Sévigné la rue Culture-Sainte-Catherine.

Le faubourg Saint-Germain obtint une large part dans les travaux de construction exécutés à cette époque. Le Pré-aux-Clercs fut entamé. On commença les rues Jacob, de Bourbon (aujourd'hui de Lille), de la Planche, de Verneuil, Guénégaud, Saint-Maur-Saint-Germain, Saint-Placide.

Il fut fait en 1636 un relevé officiel des voies publiques de la Capitale; de ce document il résulte que Paris comptait à cette époque cinq cent quatre-vingt-cinq rues.

Sous le règne de Louis XIII furent construits en grande partie les quais Malaquais, de Gesvres, d'Anjou, de Bourbon, de Béthune et d'Orléans.

La distribution des eaux dans Paris fut également l'objet de la sollicitude de l'autorité supérieure et de l'attention toute particulière de nos Magistrats. Dans la propriété située rue de Belleville, à l'angle de la rue Thierry, on voit encore les restes bien conservés d'un grand regard; l'inscription suivante est gravée sur une table de marbre :

« *L'an 1613, M. Gaston de Grieu, s^{eur} de Saint-» Aubin, Con^{er} du Roy en sa Cour du Parlement, Ni-» colas Poussepin, sieur de Belair, Con^{er} du Roy au » Chastelet, Jean Fontaine, Maître des œuvres des » bâtimens du Roy, Robert Des Prés, Sr de Clamar, » advocat en Parlement et Claude Merault Sr Dela-» fossée, Con^{er} du Roy, auditeur en la Chambre des » Comptes, Echevins, ce grand regard a été para-» chevé, lequel fut commencé du temps de Me Etienne » Neuilly, lors Prevost, Jehan Poussepin, Denis Ma-» myneau, Anthoine Huost et Jehan Delomez, Echevins » en 1583.* »

« Un arrêt du Conseil d'État du Roy faict très expresses » inhibitions et deffenses à tous carriers et autres personnes » de fouiller ou de faire fouiller ny tirer pierre ou moillon » d'aucune carrière à quinze thoises près des grandz che-» mins, conduictz de fontaines et autres ouvrages publicz, à » peine de punition corporelle et amende arbitraire. »

Des règlements très sages sur les sources du nord de Paris témoignent de l'intérêt que la Prévoté portait à cette branche si importante du service municipal. Citons, pour faire apprécier le zèle de nos Magistrats, l'ordonnance du Bureau de la Ville, à la date du 28 novembre :

« Sur ce que le Procureur du Roy et de la Ville nous a re-» monstré que les eaues de Belleville et Pré-Sainct-Gervais sont » diminuées et diminuent grandement de jour en jour, à cause » du divertissement d'icelles par plusieurs particuliers ayans » maisons esdits lieux, lesquels font trancher les terres mas-» sives et fouiller près et ès environs des sources et pierrées » des fontaines publiques desdits lieux; à quoy il est néces-» saire de pourvoir promptement pour la conservation des-» dites fontaines;

» Nous ouy et ce requérant ledit Procureur du Roy et de » la Ville, aux conclusions dudit Procureur du Roy et de la » Ville, et ce pendant leur avons faict deffences de fouiller » ni francher aucunes terres esdits lieux de Belleville et Pré-» Sainct-Gervais, et à tous manœuvres de travailler à peine » de prison.

» Faict au Bureau de la Ville, le XXVIIIe novembre mil six-» cent trente-trois. »

Voici un autre document officiel qui témoigne de la juste sévérité que le Bureau de la Ville prescrivait à ses agents pour la conservation des Eaux.

Mandement pour l'exécution d'un jugement au village de Belleville.

« De par les Prevost des Marchandz et Eschevins de la » Ville de Paris, cappitaine Loison, lieutenant colonnel des » archers de la Ville, faictes trouver demain, six heures du » matin, en l'Hostel de la dicte Ville, quatre des dits archers » à cheval aians leurs casaques et pistollets, pour aller avec » des sergents de la dicte Ville jusques au village de Belle-» ville soubz sablon, pour l'exécution d'un jugement rendu » ce jourd'huy au Bureau de la dicte Ville — si n'y faicte » faute. — Donné au Bureau de la Ville ce vingt-uniesme » jour de novembre mil six cens quarante-cinq. Signé : *Lan-» glois, du Fresnois, Guigny* et *De la Haye*. »

N'oublions pas de mentionner ici les grands travaux qui furent exécutés pour amener à Paris les eaux de Rungis. Dès l'année 1609, Sully, d'après l'avis de Jacques Sanguin, Prévôt des Marchands, avait ordonné des fouilles et des tranchées du côté de Rungis, afin de rétablir, s'il était possible, l'ancien aqueduc romain. Lors de la construction du palais du Luxembourg, la Régente Marie de Médicis poursuivit ce projet, et l'entreprise fut adjugée le 8 octobre 1612 à Jean Coing, maître maçon de Paris, pour la somme de 460,000 livres. Le 17 juillet 1613, Louis XIII et la Régente posèrent la première pierre de l'aqueduc, qui fut bâti sur les dessins de Jacques de Brosse. En 1623, les eaux de cet aqueduc arrivèrent à la porte Saint-Jacques, où un regard était établi. Les frais de cet ouvrage furent payés par un droit d'entrée imposé sur les vins. Un arrêt du Conseil d'État du Roi, à la date du 5 juillet 1619, avait distribué les eaux d'Arcueil et de Rungis aux endroits suivants :

A Notre-Dame-des-Champs; — à la porte Saint-Michel; — près l'église Saint-Côme; — près le puits Saint-Benoît; — au carrefour Sainte-Geneviève; — à la Croix-des-Carmes; — dans la rue Saint-Victor; — au carrefour Saint-Severin; — au bout du pont Saint-Michel; — dans la rue de Bucy; — au parvis Notre-Dame; — dans la cour du Palais; — à la place de Grève; — à la place Royale. Enfin, d'un relevé officiel, dressé le 22 juin 1636, par ordre de Michel Moreau, Prévôt des Marchands, il résulte que la Ville de Paris comptait à cette époque vingt-huit fontaines publiques.

Le nombre des établissements religieux, dont la fondation remonte au règne de Louis XIII, s'élève à cinquante-deux. Presque toutes ces créations avaient pour but le soulagement des malheureux. Parmi les établissements les plus utiles, citons en première ligne l'*hospice des Incurables*, de la rue de Sèvres, dont la fondation fut confirmée par lettres-patentes de 1637.

A la même époque, appartient la création du *Jardin des Plantes* de Paris. En 1626, Hérouard, premier médecin de Louis XIII, obtint des lettres-patentes autorisant la fondation de cet établissement. Les dispositions contenues dans cet acte ne sont pas clairement définies; on y lit seulement que « ce » jardin sera construit en l'un des Fau Bourgs de la Ville de » Paris ou autres lieux proches d'icelle, de telle grandeur » qu'il sera jugé propre, convenable et nécessaire. »

Hérouard fut enlevé à la science et le projet ajourné. Bouvard, premier médecin, et Guy de la Brosse, médecin ordinaire du Roi, le reprirent quelque temps après. En 1633, Sa Majesté accorda, aux pressantes sollicitations de Guy de la Brosse, de nouvelles lettres pour l'organisation définitive de l'établissement. Le savant docteur fit en conséquence l'acquisition de la butte des *Copeaux* ou *Coupeaux*, qui contenait environ quatorze arpents.

Cette butte, qui avait servi de voirie aux bouchers, appartenait dans l'origine à l'abbaye Sainte-Geneviève. Dominé aujourd'hui par un joli labyrinthe, ce monticule avait été insensiblement formé par l'amas de gravois et d'immondices qu'on y avait transportés depuis longtemps. L'acquisition de ce terrain fut entièrement terminée en 1636, et bientôt s'éleva le plus bel établissement scientifique de l'Europe.

Au règne de Louis XIII remonte également la construction du Palais-Royal que le cardinal de Richelieu fit bâtir en 1629, et dont la dépense s'éleva, pour les constructions seulement, à 816,618 livres.

La fondation de l'Imprimerie Royale date aussi de cette époque. C'est à tort que plusieurs écrivains ont fait honneur de cette création à François Ier. Ce fut sous le Ministère du duc de Luynes qu'on vit, pour la première fois, une imprimerie consacrée spécialement aux besoins du Gouvernement.

L'Académie Française fut également fondée par le cardinal de Richelieu, qui durant toute sa vie exerça une heureuse influence sur ce grand établissement littéraire. — Telles sont les créations réalisées sous Louis XIII dans l'intérêt de la Ville de Paris.

VIII

LOUIS XIV

1643 — 1715

Régence d'Anne d'Autriche. — La guerre civile de la Fronde; le mal qu'elle cause à la Ville de Paris. — Réponse de Louis XIV à l'Archevêque de Paris, le lendemain de la mort du Cardinal Mazarin. — Pomponne de Bellièvre et l'Hopital général des Pauvres. — Création de l'Hotel Royal des Invalides. Les Lieutenants généraux de Police de la Reynie et d'Argenson; situation de la Ville de Paris avant la nomination de ces Magistrats. — Édit du 26 avril 1672 contre l'extension démesurée de la Capitale. — Démolition de l'ancien rempart et création d'un nouveau Cours, de la Bastille au Faubourg Saint-Honoré. — Fondation de l'Académie Royale de musique (Extrait des lettres-patentes). — Déclaration du Roi du 12 décembre 1702, ordonnant la division de Paris en 20 quartiers, le nombre des rues ouvertes dans Paris sous Louis XIV. — Population; nombre des maisons soumises aux taxes parisiennes, etc...

Louis XIV n'avait que cinq ans à la mort du Roi son père. — Les minorités ne sont que trop souvent des temps de guerre civile.

Nous n'avons pas à rappeler ici les saturnales de la Fronde, — elles sont connues. Mais ce qu'on sait moins, c'est tout ce que la Ville de Paris eut à souffrir de l'intervention malheureuse de ses Magistrats dans cette guerre civile, durant laquelle les Frondeurs eurent l'étranger pour auxiliaire.

Le jeune Roi avait été bloqué par l'insurrection dans le Palais-Cardinal qu'il habitait avec la Reine sa mère et toute la Cour. — Louis XIV s'en souvint.

Lorsque Paris, en plein apaisement des esprits, finissait d'acquitter les frais d'une folie qui lui avait coûté si cher, ses Magistrats se montrèrent désireux de se faire pardonner leur participation à la révolte par des témoignages sincères de repentir et de respect.

Cherchant à réconcilier le Souverain avec sa Capitale, ils arrêtèrent le dégagement complet des abords du Louvre et des Tuileries, afin que ces deux monuments réunis devinssent *le palais d'hiver du Roi.*

A cette combinaison le Bureau de la Ville avait soudé le projet d'une magnifique transformation du Château et du Bois de Vincennes, projet émanant du Cardinal Mazarin et que nos Magistrats se promettaient de réaliser pour faire de ce domaine la *Résidence d'été du Souverain* (1).

Dès les premières ouvertures, le Roi manifesta nettement sa répugnance, mais sans formuler toutefois un refus absolu.

Comme le Prévôt et les Échevins revenaient à la charge, Louis XIV répondit que tout en tenant pour agréables, par les bonnes intentions des Magistrats de sa bonne Ville de Paris, les propositions qui lui étaient faites, il n'entrait pas dans ses vues de les adopter;

Que le Louvre et Vincennes continueraient, comme par le passé, d'être des châteaux réputés royaux, mais qu'il n'entendait faire de l'un pas plus que de l'autre son séjour habituel et définitif;

Sa Majesté ajouta: que la Reine, sa mère, lui avait souvent rappelé la journée du 27 août 1648, pendant laquelle la Cour avait été bloquée dans le Palais-Cardinal;

Qu'il se souvenait d'avoir assisté, le 2 juillet 1652, dans le pavillon des Jésuites, à la *bataille Saint-Antoine* dont l'issue immanquable eût été la victoire de Turenne sur le prince de Condé, sans l'intervention de *Mademoiselle* qui fit pointer les canons de la Bastille sur les troupes royales;

Que dans le Louvre, le trône de France pourrait être ballotté par les flots d'une mer houleuse;

Qu'une émeute, maîtresse du faubourg Saint-Antoine, trouverait à son aise le château de Vincennes;

Qu'un Roi ne devait jamais périr étouffé entre deux barricades, mais succomber en plein air et l'épée à la main;

Qu'un Souverain avait bien le droit d'être maître chez lui, sans redouter d'être un jour au pouvoir de la rue;

Enfin, qu'il avait arrêté la construction d'un palais dans lequel il n'aurait rien à redouter, afin de s'épargner le malheur de sévir contre ceux qui attenteraient à l'autorité royale.

Tels furent les résultats des saturnales de la Fronde. Les Magistrats avaient grandement raison de chercher à les faire oublier; mais Louis XIV n'avait pas tort de s'en souvenir.

En fin de compte, Paris, qui s'était laissé prendre, en étourdi, à la glu des belles promesses des princes et d'un prélat turbulent et ambitieux, en fut tristement victime. Si tous les millions dépensés pour improviser Versailles avaient été consacrés à continuer Paris, sa splendeur en eût magnifiquement profité.

Ce ne fut pas la seule punition infligée à la Ville de Paris; elle en eut à subir une autre bien plus douloureuse: l'amoindrissement de ses franchises municipales.

Avant la guerre civile de la Fronde, l'élection des Magistrats était parfaitement libre. Dès 1668, les résultats du scrutin pour la nomination du Prévôt des Marchands et des Échevins durent être soumis désormais à la *confirmation* du Roi. Bientôt même les choix furent dictés par le Souverain dans une lettre conçue ordinairement à peu près en ces termes:

« Nous tiendrons pour agréable de vous voir porter vos voix... (Suit la désignation du Prévôt et des Échevins à nommer). »

Sans doute les Magistrats émanant de la volonté du Souverain étaient tous des hommes recommandables par leur honnêteté et leurs talents; mais l'institution municipale n'en fut pas moins altérée dans son essence. Si Paris eut le malheur de perdre, par sa faute, des prérogatives qui existaient de toute ancienneté, la Royauté, comme on le verra plus tard, perdit plus encore en les lui ravissant pour ne plus les restituer.

L'extension considérable de Paris au nord-ouest, sous le règne de Louis XIII, les troubles survenus pendant la minorité de Louis XIV, avaient multiplié dans la Capitale le nombre des mendiants, des bandits et des vagabonds; les historiens de l'époque prétendent qu'il s'élevait à plus de 50,000 en 1655.

Un Magistrat, supérieur encore à sa haute dignité par ses lumières autant que par ses vertus, Pomponne de Bellièvre, premier président du Parlement de Paris, proposait au Roi d'apporter un prompt remède à un pareil état de choses. Bientôt fut promulgué l'édit du 27 avril 1656, concernant l'*Hôpital général des Pauvres*, depuis la Salpêtrière, maintenant hospice de la Vieillesse (femmes). Cet édit est un des plus beaux titres de Louis XIV à la reconnaissance de la nation.

Voici le préambule de cet acte:

« Les Rois, nos prédécesseurs, ont fait, depuis le dernier » siècle, plusieurs ordonnances de police sur le fait des pau-

(1) Voir l'article consacré au Bois de Vincennes.

» vres en notre bonne Ville de Paris, et travaillé par leur zèle, » autant que par leur autorité, pour empescher la mendicité » et l'oisiveté, comme les sources de tous leurs désordres ; et » bien que nos compagnies souveraines ayent appuyé par leurs » soins l'exécution de ces ordonnances, elles se sont trouvées » néanmoins, par la suite des temps, infructueuses et sans effet; » de plus, il est notoire que depuis cinq à six années, le » nombre des pauvres est augmenté au delà de la créance » commune et ordinaire, et que le mal s'est rendu plus grand » que le remède, de sorte que le libertinage des mendiants » est venu jusqu'à l'excès par un malheureux abandon à toutes » sortes de crimes qui attirent la malédiction de Dieu sur les » États quand ils sont impunis. L'expérience a fait connaître » aux personnes qui se sont occupées dans ces charitables » emplois, que plusieurs d'entre eux, de l'un et de l'autre » sexe, habitent ensemble sans mariage, et que beaucoup de » leurs enfants sont sans baptême, et qu'ils vivent presque tous » dans l'ignorance de la religion, le mépris des sacrements » et dans l'habitude continuelle de toutes sortes de crimes. » C'est pourquoi, comme nous sommes redevable à la misé- » ricorde divine de tant de grâces et d'une visible protection » qu'elle a fait paraître sur notre conduite à l'avènement et » dans l'heureux cours de notre règne, nous croyons être » plus obligé de luy en témoigner nos reconnoissances par » une royale et chrétienne application aux choses qui regar- » dent son honneur et son service.

» *Considérant ces pauvres mendiants comme mem-* » *bres vivants de Jésus-Christ, et non comme mem-* » *bres inutiles de l'État, et agissant en la conduite d'un* » *si grand œuvre, non par ordre de police, mais par* » *le seul motif de la charité. A ces causes,* » etc. (1).

Il est une autre fondation qui seule suffirait à immortaliser le règne de Louis XIV. La sollicitude de nos Rois cherchait depuis longtemps l'occasion d'améliorer le sort de nos vieux soldats, qui, après avoir consumé leurs plus belles années au service de l'État, étaient souvent réduits dans leurs vieux jours à mendier leur pain. En avril 1674, fut promulgué un Édit dont les dispositions révèlent un touchant intérêt pour le sort si malheureux et l'avenir si incertain alors de nos soldats.

Ce qui distingue surtout cet édit des ordonnances antérieures, c'est que pour la première fois la royauté comprend que cette création d'un asile pour les militaires estropiés ou affaiblis par l'âge n'est que l'acquit d'une dette sacrée, en échange de tant d'héroïsme et d'abnégation.

Louis XIV, si fier de sa puissance, spécifie clairement dans son édit que l'institution des Invalides *n'est qu'une œuvre de justice, un acte de réparation.*

Après avoir remercié Dieu de lui avoir accordé le bonheur de terminer la guerre de Trente Ans par la paix des Pyrénées, le Roi s'empresse de dire « qu'il a occupé tous les loisirs que » cette paix lui a donnés à réparer les maux causés par la » guerre, à corriger les abus.

» Nous avons estimé, ajoute-t-il, qu'il n'était pas moins » digne de notre piété que de notre justice de tirer hors de » la mendicité les pauvres officiers et soldats de nos troupes » qui, ayant vieilli dans le service ou dans les guerres passées » ayant été estropiés, étaient non seulement hors d'état de » continuer à nous en rendre, mais aussi de rien faire pour » pouvoir vivre et subsister, et qu'il était bien raisonnable » que ceux qui ont librement exposé leur vie et prodigué leur » sang pour la défense et le soutien de cette monarchie, et » qui ont si utilement contribué aux gains des batailles que » nous avons remportées sur nos ennemis, aux prises de » leurs places et à la défense des nôtres, et qui, par leur vi- » goureuse résistance et leurs généreux efforts les ont réduits » souvent à nous demander la paix, jouissent du repos qu'ils » ont assuré à nos autres sujets et passent le reste de leurs » jours dans la tranquillité. »

Dans un autre paragraphe de cet édit, Louis XIV expose les moyens qu'il a pris pour assurer l'existence du nouvel établissement : les premiers fonds seront fournis par les percepteurs chargés de recueillir les deniers provenant des places des religieux lais qui se trouvent déjà spécifiés et clairement indiqués dans les ordonnances de 1670, 1671 et 1672.

« Mais, continue-t-il ensuite, comme le nombre des officiers » et soldats estropiés, vieux et caducs, est fort grand et qu'il » ne peut manquer d'augmenter (la guerre étant ouverte » comme elle l'est), nous avons affecté et affectons pour tou- » jours à l'entretien de l'Hôtel le fonds qui proviendra des » deux deniers pour livre de tous les payements qui seront » faits par les trésoriers généraux de l'ordinaire et de l'extraor- » dinaire de nos guerres et cavalerie légère, à cause de leurs » dites charges, et par celui de l'artillerie...

» Le Roi entend qu'il ne soit reçu ni accepté par ledit Hôtel » *aucunes fondations et dons, aucunes gratifications* » *qui pourraient lui être faites par quelques personnes* » *et pour quelque cause que ce soit.* »

Cette prescription constitutive de l'Édit de 1674 résume la pensée du Roi, qui entend que cette institution soit digne de la grandeur de la France et n'ait aucune analogie avec d'autres fondations religieuses et particulières. — C'est pour ainsi dire une dette que la royauté acquitte envers la nation.

Pour ne laisser aucun doute à cet égard, Louis XIV déclare qu'il fait don à cet Hôtel de tous les terrains et bâtiments nécessaires soit à son édification, soit à son agrandissement (1).

Aucune ville en Europe ne saurait revendiquer l'honneur d'une aussi belle création. L'or du commerce anglais a élevé les fastueuses colonnades de l'hôpital de Greenwich ; mais il y a quelque chose de plus fier et de plus noble dans le monument des Invalides. Placé admirablement dans le magnifique panorama de Paris, il impressionne vivement l'imagination. C'est un de ces traits imposants qui donnent une physionomie toute particulière à une grande cité ; c'est l'accident le plus heureux, le plus pittoresque, le plus caractéristique de l'ensemble de Paris.

Les fondations qui se rattachent aux sciences et aux arts sont nombreuses sous la royauté de Louis XIV. On les trouvera reproduites avec un soin minutieux dans le cours de cet ouvrage. Ce que nous avons à faire ici, c'est de résumer celles dont le caractère est peu connu et rentre spécialement dans l'histoire de l'administration municipale de Paris.

Parmi ces créations essentiellement administratives, il en est une qui a rendu les plus grands services à la ville de Paris. Détruite au moment de la Révolution, cette institution était encore vigoureuse et pleine de sève ; nous voulons parler de l'institution des lieutenants généraux de police.

Un Édit du mois de décembre 1666 porte création des lieutenants de police, dont les fonctions jusqu'alors avaient été remplies par le *Prévôt de Paris*, ensuite et même concurremment par le *Lieutenant civil* et le *Lieutenant criminel du Châtelet*. Cet édit fixe les droits, les prérogatives et les attributions des nouveaux magistrats. — Ils devaient maintenir l'ordre, la propreté et la sécurité dans la ville.

(1) Voir l'article *Hospice de la Vieillesse (femmes)*.

(1) Voir l'article : *Hôtel des Invalides* dans le Dictionnaire.

Un Édit du mois de mars 1667 stipule longuement la série des attributions à remplir par le *lieutenant de police :*

« Il connait de la sûreté de la ville, prévôté et vicomté de » Paris, du port d'armes prohibées par les ordonnances, du » nettoiement des rues et places publiques, circonstances et » dépendances; c'est lui qui donne les ordres nécessaires en » cas d'*incendie* et d'*inondation;* il connait pareillement » de toutes les provisions nécessaires pour la subsistance de » la ville, amas et magasins qui en peuvent être faits, de » leurs taux et prix, de l'envoi des commissaires et autres » personnes nécessaires sur les rivières pour le fait des amas » de foin, batelage, conduite et arrivée à Paris. Il règle les » étaux des boucheries et leur adjudication; il a la visite des » halles, foires et marchés, des hôtelleries, auberges, mai- » sons garnies, *brelans*, tabacs, et lieux mal famés. Il con- » nait aussi des assemblées illicites, tumultes, séditions et » désordres qui arrivent à cette occasion; des manufactures » et de leurs dépendances; des élections des *maîtres* et des » *gardes* des six *corps* de marchands; des brevets d'ap- » prentissages, réception des maîtres; de la réception des » rapports, des visites faites par les gardes des marchands et » artisans; de l'exécution des statuts et règlements; des ren- » vois des jugements ou avis du procureur du Roi au Châtelet » sur le fait des arts et métiers; il a le droit d'étalonner tous » les poids et balances de toutes les communautés de la ville » et faux bourgs de Paris, à l'exclusion de tous autres juges; » il connait des contraventions commises aux ordonnances, » statuts et règlements qui concernent l'imprimerie, soit par » les imprimeurs, en l'impression des livres et libelles dé- » fendus, soit par les colporteurs qui les distribuent... Enfin, » c'est à lui qu'appartient l'exécution de toutes les ordon- » nances, arrêts et règlements concernant la police (1). »

Ainsi que le disait Jacques Sanguin, Prévôt des Marchands sous Henri IV, en 1608 : « *Sire, chaque ville de vos provinces a son égout qui conduit ses impuretés dans Paris.* » Dès le XIIe siècle, s'étaient formées, près du mur d'enceinte de la ville, de redoutables agglomérations de vagabonds et de bandits. Ils se réunissaient dans des repaires connus sous le nom de *Cours des Miracles*. Ils en sortaient la nuit pour mettre à contribution les bourgeois attardés; le jour, ils encombraient les portes des églises, en excitant la pitié des fidèles par des difformités et des plaies simulées.

Dans le mémoire que le premier Lieutenant général de Police, Nicolas de la Reynie, soumit au Roi Louis XIV en vue de la destruction de ces bouges, sont mentionnés les faits suivants :

On voyait anciennement dans Paris ou dans ses faubourgs des espaces vagues qui avaient servi de voiries ou de dépôts d'immondices; en ces endroits, ces bandits improvisèrent des réseaux de ruelles étroites, presque inaccessibles, bâtirent à la hâte des cahutes, où s'entassèrent pêle-mêle, hommes, femmes, vieillards, enfants. Malheur à qui se risquait après le couvrefeu dans un de ces repaires.

Plusieurs soldats du guet, quelques archers de la ville, ayant osé pénétrer dans ces Cours des Miracles, pour exécuter les ordres du Prévôt de Paris ou du Prévôt des Marchands, n'avaient pas reparu; seulement la Seine rejetait de temps en temps sur ses rives des cadavres mutilés.

Cette association de bandits constitua pour ainsi dire un État dans l'État; il y avait un royaume de l'Argot comme un royaume de France. Chaque sujet argotier obéissait à une espèce de code ou de formulaire, dont voici les principales dispositions.

(1) Voir l'article : Police (Préfecture de).

Pour être admis dans l'association, il fallait :

Être présenté par trois membres faisant partie d'une des Cours des Miracles existant dans la ville de Paris ou ses faubourgs;

Prouver cinq vols difficiles, dangereux et lucratifs;

Faire serment qu'on n'appartenait à aucune religion et qu'elles étaient également indifférentes;

Déclarer si l'on était marié ou célibataire. Dans le premier cas, s'engager à quitter sa femme au plus tôt, afin d'en prendre une autre parmi les *associées;* en changer de mois en mois, pour éviter tout enchaînement, le véritable argotier se devant uniquement à l'association;

Les enfants nés ou à naître dans une des Cours des Miracles ne pouvaient être revendiqués par ceux qui se croyaient leurs pères; ces enfants appartenant en toute propriété à l'association, qui les élevait à sa fantaisie, les instruisait à sa guise, pour en disposer ensuite à son gré;

Le butin provenant des *opérations* devait être versé dans la caisse commune, et le samedi de chaque semaine l'argent était partagé entre les argotiers, sauf une retenue pour subvenir aux besoins de l'association, dont tous les membres obéissaient à un chef qu'on appelait le Roi de Thunes ou *grand Coësre*. Ce souverain était électif; il avait des gardes qui veillaient à la porte de son réduit comme on en voyait à la porte du Louvre. Le signe principal de sa dignité était un gros martinet nommé *boullage* avec lequel il caressait les épaules de ses sujets lorsque la fantaisie lui en prenait.

Il avait droit au cinquième des produits de tous les vols et pilleries, et chaque associé était tenu de le déposer dans un bassin toujours aux pieds du roi de Thunes; de là cette expression vulgaire : *cracher au bassinet*. La bannière du Roi était un chien mort accroché aux dents d'une fourche.

Telle était encore à peu près cette organisation de bandits sous les règnes de Louis XII et de François Ier. Ce nom de Cour des Miracles était commun à tous les bouges qui servaient de retraites aux mendiants, aux vagabonds, qui encombraient les rues de Paris avant l'établissement des hôpitaux. Ces gueux, pour la plupart, contrefaisaient les malades et les estropiés pour s'attirer la commisération publique. Rentrés dans leurs repaires, ils opéraient le *miracle* d'une guérison instantanée.

L'administration de la Police avait réalisé de véritables progrès dans Paris depuis François Ier, et ces Cours des Miracles ne présentaient plus les mêmes dangers, lors de la nomination de Gabriel Nicolas, seigneur de la Reynie, le 29 mars 1667.

Dans l'hôpital général des Pauvres, depuis la Salpêtrière, aujourd'hui hospice de la Vieillesse (femmes), établissement créé par Louis XIV en vertu d'un Édit du 27 avril 1656, bon nombre de ces mendiants et vagabonds avaient été enfermés. Toutefois, le premier Lieutenant général de Police comptait encore *sept mille bandits* environ peuplant ces Cours des Miracles au commencement du mois de mai 1667.

Quelle était l'espèce d'écume qui fermentait alors dans ces bouges? Elle se composait d'ambitieux de bas étage manquant d'horizon dans nos provinces, de déserteurs que la discipline contrariait, de paysans estimant que la terre est trop lourde à remuer, d'ouvriers postiches persuadés que le vol est moins fatigant et moins fastidieux que le travail.

La plus redoutable de ces Cours des Miracles était située près des Petits-Carreaux, à l'extrémité de la rue Thévenot et le long du mur du couvent des Filles-Dieu. Le Lieutenant général de Police se la réserva. Deux régiments l'entourèrent, en bloquant toutes les issues. Lorsque le chef des bandits se présenta, réclamant l'inviolabilité, La Reynie, sans égard pour cette souveraineté, fit pendre sans façon le Roi de Thunes et trois de ses sujets. Depuis on n'a plus fait de miracles dans cette Cour.

Laborieux, instruit, infatigable, La Reynie était par excellence l'homme des détails administratifs; mais il lui manquait cette faculté d'organisation qui est le génie des grands administrateurs. Cette faculté si précieuse et si rare, son successeur Le Voyer d'Argenson la possédait au plus haut degré. Aussi, allons-nous esquisser le portrait de ce magistrat, afin de faire bien comprendre toute l'importance des fonctions de lieutenant général de police. Rappeler les services rendus par ce grand administrateur, c'est la meilleure manière d'honorer l'ancienne institution municipale.

Marc-René le Voyer de Paulmy, marquis d'Argenson, naquit à Venise le 4 novembre 1652; son père était ambassadeur de France près cette République.

Son Excellence représentait si dignement la grande nation, elle était si estimée, que, par une bienveillance sans précédent, la sérénissime République voulut être la marraine du fils de l'ambassadeur. Le doge le fit chevalier de Malte, et le procurateur *Contarini* tint le nouveau-né sur les fonts de baptême. Il reçut le nom de l'évangéliste *saint Marc*, patron de la République.

D'Argenson est nommé avocat au Parlement le 12 novembre 1669. Le 8 janvier 1677 il est reçu chevalier de l'ordre de Saint-Lazare et lieutenant général du bailliage d'Angoulême le 9 août 1679.

Nous retrouvons, quelques années après, d'Argenson Maître des requêtes. Dans cette fonction, il donna des preuves d'une si haute capacité, que M. de Pontchartrain, interprète des vœux unanimes, réclama de Sa Majesté la nomination du jeune d'Argenson aux fonctions de lieutenant général de police.

Le nouveau magistrat, selon l'usage, alla rendre visite au président du Parlement de Paris. De Harlay, absorbé par un travail difficile, entr'ouvrit la porte de son cabinet et cria au Magistrat de la Ville de Paris ces trois mots : CLARTÉ! PROPRETÉ! SURETÉ! — *Oui*, Monseigneur, répliqua d'Argenson. Ainsi finit l'entretien! — Une heure après, le Lieutenant de Police était à l'œuvre.

Voyons la tâche que d'Argenson avait à remplir.

La population de Paris était, à cette époque, de 480 mille habitants environ, sur lesquels on comptait 50,000 ouvriers postiches, voleurs, mendiants, gens sans aveu ou sans ressources.

A chaque instant on était exposé à rencontrer un spadassin qui, sous le prétexte le plus frivole, vous dépouillait publiquement. Les laquais et les pages, souteneurs de filles, étaient d'ordinaire complices des filous. Les grands seigneurs rossaient le guet méprisé, bafoué, ou volaient des manteaux par distraction ou coupaient des bourses par amusement.

Moins d'un demi-siècle avant la nomination de d'Argenson, Boileau, dans sa sixième satire, avait tracé le tableau de Paris. Ce tableau est mieux qu'un morceau de poésie, — c'est une page d'histoire.

Le chantre immortel du *Lutrin* s'exprime ainsi dans ses vers :

. . . . . Sitôt que du soir les ombres pacifiques
D'un double cadenas font fermer les boutiques;
Que, retiré chez lui, le paisible marchand
Va revoir ses billets et compter son argent;
Que dans le Marché-Neuf tout est calme et tranquille,
Les voleurs à l'instant s'emparent de la ville.
Le bois le plus funeste et le moins fréquenté
Est auprès de Paris un lieu de sûreté.
Malheur donc à celui qu'une affaire imprévue
Engage un peu trop tard au détour d'une rue!
Bientôt quatre bandits, lui serrant les côtés :
La bourse!...

La situation de Paris ne s'était pas sensiblement améliorée, lorsque d'Argenson fut nommé Lieutenant général de Police. — Six mois après, les rues étaient propres et bien éclairées; la tranquillité régnait partout dans la ville.

Les habitants d'une grande cité qui s'endorment le soir dans une sécurité complète ne se rendent pas compte des veilles qu'un magistrat s'impose pour leur procurer cette douce tranquillité.

Être l'âme toujours agissante et cachée de ce grand corps; faire mouvoir ou arrêter à son gré une multitude immense; être présent ici, là, partout, dans le salon du riche comme dans la chambre du pauvre; savoir ce qui se passe en haut et ce qui se trame en bas; vouloir, à chaque instant, sentir sous sa main battre le cœur de Paris : voilà, en le résumant, le labeur incessant d'un administrateur chargé de la police d'une capitale comme Paris.

Passons maintenant à une question des plus graves et qui fut longuement discutée dans le Conseil d'État du Roi.

A des siècles différents, ainsi que nous l'avons rappelé, nos Souverains, principalement Henri II, Henri IV et Louis XIII, avaient compris la nécessité d'empêcher la Ville de Paris de prendre une extension démesurée. Dans leur pensée, s'il était nécessaire de donner à la France une capitale grande et forte, il pouvait être dangereux de voir sa population devenir trop nombreuse, surtout si l'augmentation s'affirmait dans le sens des classes ouvrières et nécessiteuses.

Sur un Mémoire présenté par Colbert, Louis XIV promulguait un Édit dont le préambule est digne des méditations des hommes d'État et des véritables administrateurs.

« Louis, par la grâce de Dieu...

» Les Rois, nos prédécesseurs, ayant toujours considéré » nostre bonne Ville de Paris comme la Capitale de leur » royaume et lieu ordinaire de leur séjour, ils ont cherché » tous les moyens de la rendre non seulement la plus belle, » la plus riche et la plus peuplée de la France, mais ils l'ont » élevée par leurs grâces et leurs libéralitez jusques à ce point » qu'elle a surpassé en toutes choses les plus fameuses Villes » du monde. Ils auroient sagement préveu qu'en cet état de » grandeur où ils l'auroient portée elle devoit craindre le » sort des plus puissantes Villes qui ont trouvé en elles-» mêmes le principe de leur ruine, étant difficile que l'ordre » et la police se distribuent dans toutes les parties d'un si » grand corps; cette raison les auroit portez de la réduire et » les faux bourgs d'ycelle dans des limites justes et raisonna-» bles, faisant défenses très-expresses de les étendre au delà » de celles qu'ils auroient prescrites.

» Le Roy Henri II s'estant particulièrement appliqué à ce » soin, a fait des dispositions si formelles par son Édit » du mois de novembre 1548, sous des peines très-rigou-» reuses, qu'il a depuis renouvellées par son ordonnance de » 1554, qu'elles devoient avoir retenu ceux qui ont eu la » hardiesse d'y contrevenir.

» Mais les désordres des guerres presque continuelles, de-» puis son règne, ayant fait négliger une police si importante, » le feu Roy, nostre très-honoré seigneur et père d'heureuse » mémoire, ayant voulu arrester le cours d'un mal qui s'aug-» mentoit tous les jours et qui pouvoit estre préjudiciable au » repos de ses sujets, et au bien de son État, a, par des dé-» clarations réitérées, la première du 30 août 1627 et la se-» conde du 20 mars 1633, *redoublé les défenses de ses » prédécesseurs*... Mais ayant appris que, malgré toutes ces » inhibitions et au préjudice d'icelles, il s'étoit fait plusieurs » et considérables bastimens, enclos et maisons, non seule-» ment au delà des anciennes limites, mais mesme au delà » de celles qui furent mises en l'année 1638, Nous avons cru

» qu'il seroit inutile d'avoir pris tant de soin pour l'ornement, » la commodité et la sûreté de nostre dite Ville de Paris, si » nous abandonnions celui qui paroît avoir le plus de consé- » quence...

» Donné à Saint-Germain-en-Laye, le 26e jour d'avril, l'an » de grâce 1672 et de nostre règne le 29e.

» *Signé* : Louis.

» Et plus bas : Par le Roy.

» Colbert. »

En dépit de ces défenses si sagement motivées, le flot de la population parisienne montait toujours et débordait constamment.

Rappelons également une opération dont la grandeur et l'utilité ne se sont pas amoindries, même en présence de nos plus belles créations modernes.

Dans les premiers jours du mois de mai 1670, le Roi Louis XIV, après avoir quitté le Louvre, suivait dans son carrosse la voie que Richelieu avait fait construire pour se rendre de son Palais Cardinal à son *retrait* de la Grange Batelière. La voiture de Sa Majesté, après avoir traversé la porte décorée du nom du grand Ministre, tourna vers la droite et gagna le rempart. — Sa situation était affligeante ; à chaque instant, les regards du Roi rencontraient des pans de murs démolis ou renversés, des mares d'eau stagnante et fétide, des places vagues, couvertes d'immondices rejetées par la grande Ville hors de son enceinte. Arrivée à la porte Saint-Antoine, la voiture de Sa Majesté contourna le bastion de la Bastille et s'avança vers le faubourg pour suivre le chemin qui conduisait à Vincennes (la magnifique avenue qui porte le nom de cet ancien château royal n'existait pas encore, comme on la voit aujourd'hui). — Un mois et demi après cette promenade du Roi, l'arrêt qui suit était rendu public :

16 Juin 1670. Arrêt du Conseil qui ordonne de faire travailler à la construction des remparts depuis la porte Saint-Anthoine jusqu'à celle Saint-Martin.

» Le Roy estant en son Conseil, s'estant faict représenter le » placet des Prevost des Marchands et Eschevins de sa bonne » Ville de Paris et le plan qu'ils auroient fait faire des remparts, depuis la porte Saint-Anthoine jusques à celle Saint- » Martin, de longueur d'environ 1,200 thoises, sur 16 thoises » de largeur, planté d'arbres qui doibt estre construit à la » place des anciens remparts et fossez de la dicte Ville, au » pied du quel rempart sera laissé le fossé de 12 thoises au » moins de large, dans lequel passera l'egoust de la Ville qui » sera eslargi et pavé au fond pour l'escoulement et descharge » des eaux de la d. Ville, et *en dedans* du quel rempart sera » laissée une rue pavée de 3 à 4 thoises de large ; à l'effect de » quoy les dits Prevost des Marchands et Eschevins auroient » supplié Sa Majesté les vouloir authoriser et leur permettre » d'entreprendre le dict ouvrage, et de faire desfricher les » dits anciens remparts et marais qui sont dans les fossez de » la d. Ville et d'employer les terres qui resteront et seront » mises en valeur, à la construction du dit rempart.

» Le Roy estant en son Conseil a ordonné et ordonne aux » dits Prevost des Marchands et Eschevins de sa bonne Ville » de Paris de faire incessamment travailler à la construction » des d. remparts, ensemble des fossez et esgouts de la Ville » et de la *Rue en dedans du dit rempart*, conformément » au dit plan et d'employer les places et héritages des anciens » remparts et fossez qui resteront, à la despense qu'il con- » viendra faire, à l'effect de quoy seront tous arrest et lettres » patentes expédiés aux d. Prevost des Marchands et Esche- » vins, et sera le présent arrest exécuté, nonobstant opposi- » tions ou appellations quelconques, dès quelles si aucunes » interviennent, Sa Majesté s'est réservé la cognoissence et » icelle interdite à toutes autres Cours et Juridictions.

» *Signé* : Séguier, Colbert, Daligre et Deseve. »

(*Archives nationales*, section administrative, série E, n° 1756.)

Nous voyons dans un second arrêt, à la date du 17 mars 1671, que le nouveau rempart, désigné dans des actes postérieurs sous le nom de *Cours*, était exécuté depuis le grand bastion de la porte Saint-Antoine jusqu'au Pont-aux-Choux (1).

Voici un extrait de ce second arrêt :

« Le Roy estant en son Conseil, s'étant fait représenter les » plans que les Prevost des Marchands et Eschevins de sa » bonne Ville de Paris ont faict faire pour la construction » d'*un nouveau rempart planté d'arbres, depuis la* » *porte Saint-Anthoine jusques à celle de Saint-Denis*, » sur lesquels plans sont marqués les ouvrages que les Pre- » vost des Marchands et Eschevins ont faict faire en exécution » de l'arrêt du Conseil du 7 juin 1670, *depuis le grand bas-* » *tion de la porte Saint-Anthoine jusques au Pont-* » *aux-Choux*. Veut Sa dite Majesté que les d. plans soyent » exécutés et qu'il soye incessamment travaillé aux ouvrages » qu'il convient faire pour la continuation du dit rempart, » l'élargissement de la porte Saint-Anthoine et pour le basti- » ment d'une nouvelle porte Saint-Denis suivant les d. » plans...

» *Signé* : Séguier et Colbert. »

(*Archives nationales*, section adm., série E, n° 1761.)

Les améliorations intéressant la voie publique étaient exécutées, autrefois, en suivant un mode d'éparpillement qui consistait à chercher à contenter chaque quartier de la ville, mais en réalité au détriment de Paris tout entier. Le Roi voulut mettre un terme à ce mode vicieux par un Édit dont voici les principales dispositions :

« Louis, Roi de France, etc... Après avoir donné la paix à nos peuples par la force de nos armes, nous avons considéré les ouvrages publics et tout ce qui pourroit procurer à nostre royaume les commodités, comme un objet digne de nostre application, et nous l'avons employé particulièrement pour nostre bonne Ville de Paris, afin que la Capitale de nos États en pût mieux faire connaître la grandeur aux étrangers par le nombre et la beauté de ces ouvrages..... Mais ayant estimé à propos de pourvoir à ce que les ouvrages qui pourroient être faits à l'avenir *soyent réglés par un plan certain*, nous aurions ordonné aux dits Prevost des Marchands et Eschevins de faire lever *exactement* le plan de ladite Ville, et d'y marquer non seulement l'état où elle se trouve à présent par les ouvrages qui ont été faits, suivant nos ordres, *mais encore ceux que nous entendons y être continués et achevés pour sa plus grande décoration*, à quoi les d. Prevost des Marchands et Échevins ont satisfait... A ces causes, de l'avis de nostre Conseil qui a vu ledit plan... avons confirmé et approuvé par ces présentes, confirmons et approuvons ledit plan, voulons et nous plait qu'il soye exécuté selon sa forme et teneur, et que les ouvrages qui y sont marqués soyent faits lorsque les occasions s'en présenteront et dans les temps qu'il nous plaira l'or-

(1) Ce pont ou ponceau était situé en face de la voie qui s'appelle encore aujourd'hui rue du Pont-aux-Choux. Elle se trouve entre le boulevard de Beaumarchais, n° 113 et celui des Filles-du-Calvaire n° 1. Ce pont conduisait à des marais où l'on cultivait des choux qu'on transportait dans la ville. Ces marais, dans l'origine, appartenaient aux Templiers. Après leur destruction, sous Philippe-le-Bel, leurs biens furent confisqués et donnés en partie à l'ordre de Malte.

donner, en dédommageant s'il échoit, par les d. Prevost des Marchands et Échevins, ceux dont les héritages se trouveroient dans le dessin, et à cet effet ordonnons que ledit plan sera déposé dans l'Hostel de nostre dite ville de Paris pour servir et avoir recours quand besoin sera.

» Donné à Versailles, au mois de juillet l'an de grâce 1676, et de nostre règne le 34e.

» *Signé* : Louis. »

En 1684, le nouveau Cours était planté d'arbres entre la porte Saint-Antoine et la nouvelle porte Saint-Martin. La nouvelle promenade ne fut pas poursuivie de l'est à l'ouest; le contraire eut lieu, ainsi qu'en témoigne le document qui suit :

« 6 avril 1685. — *Arrêt du Conseil.*

» Sur ce qui a esté représenté au Roi en son Conseil par » les Prévost des Marchands et Eschevins, qu'ils auroient » par ses ordres porté l'enceinte de la d. Ville formant le nou- » veau Cours planté d'arbres le long du rempart jusques à la » Porte Poissonnière, ce qui leur auroit causé une très grande » despence, à laquelle ils n'auroient pu subvenir sans la per- » mission à eux accordée de disposer des terres vaines et » vagues des fossés, portes anciennes et masures estant de- » puis la Porte Saint-Antoine jusqu'à celle de Saint-Martin, » et autres héritages, ils espéroient par ce même moyen, » sous le bon plaisir de Sa Majesté, continuer la d. enceinte » du nouveau Cours, depuis la Porte Poissonnière jusqu'à » celle Saint-Honoré, suivant le plan qu'ils en auroient fait » lever. Mais comme il y a une place vaine et vague au der- » rière des murs du monastère des religieuses Filles-Dieu, » au lieu dit la Ville-Neuve, où étoient ci-devant les fossés » de la Ville, qui servira à former le nouveau Cours et que » d'ailleurs il reste encore quelques places vaines et vagues » et autres, ez environs des Portes Saint-Martin, Poisson- » nière, Montmartre, de Richelieu, Gaillon et Saint-Honoré, » les d. Prevost des Marchands et Eschevins ont recours à » Sa Majesté à ce qu'il lui plaise leur permettre de rendre la » dite place, au rez de chaussée des rues voisines, nette et » d'en disposer à perpétuité ensemble de toutes les places » vaines et vagues, fossés, remparts, contrescarpes, portes » anciennes et masures qui sont ez environs des d. Portes » Saint-Martin, Poissonnière, Montmartre, Richelieu, Gaillon » et Saint-Honoré et autres héritages, en remboursant les » détempteurs d'icelles pour être les deniers provenant des » d. ventes et aliénations, employés aux acquisitions et des- » pences qu'il conviendroit faire pour dresser le d. Cours sui- » vant le d. plan.

» Sa Majesté estant en son Conseil a ordonné et ordonne » que les d. Prevost des Marchands et Eschevins feront » rendre nette la place vaine et vague qui est au derrière des » murs du couvent des religieuses Filles-Dieu, comme aussi » qu'ils feront incessamment travailler aux ouvrages qu'il » convient faire *pour former le d. Cours, depuis la Porte* » *Saint-Honoré jusqu'à celle de Saint-Martin, suivant* » *le plan qui en a été levé, en commençant par la* » *Porte Saint-Honoré*; à cet effet, Sa Majesté leur permet » d'acquérir les places, marais et héritages dont ils auront » besoin et de disposer par vente ou autrement des places » vaines et vagues, fossés, remparts, contrescarpes, portes » anciennes et masures et même des héritages qui sont depuis » la d. Porte Saint-Honoré jusqu'à celle de Saint-Martin, en » remboursant les détempteurs des d. places vaines et vagues » et héritages pour être les deniers qui proviendront de la » vente d'iceux, employez aux acquisitions des marais, mai- » sons et places qui se trouveront sur le terrain où doit passer » le d. Cours, et aux despences qu'il conviendra faire pour le » dresser et former suivant le d. plan, et sera le d. arrest » exécuté selon sa forme et teneur.

» Fait au Conseil d'État du Roy, Sa Majesté y étant, tenu à » Versailles, le 6 avril 1685.

» *Signé* : Louis. »

D'après l'Arrêt du Conseil, à la date du 16 juin 1670, le nouveau Cours devait avoir 16 toises de largeur, c'est-à-dire 10 toises pour la chaussée, 3 toises pour chacune des contre-allées et 1 toise en plus de chaque côté, après les deux rangées d'arbres. L'ancien fossé était conservé dans une largeur de 12 toises au moins; enfin une rue parallèle au Cours devait être ouverte sur une largeur de 3 à 4 toises, pour faciliter l'écoulement, instantané de la foule, lors des réjouissances publiques. Ainsi le Cours sur la rive droite, d'après cet arrêt, comportait une largeur totale de 32 ou 31 toises, maintenant 60 mètres 42 centimètres au moins.

Le sol de cette promenade devait être surélevé, la rue et le fossé en contre-bas. — Aucune construction du côté de la campagne.

Pour bien saisir la pensée du Souverain, il est nécessaire de rappeler que les collines qui dominaient Paris, au nord, étaient alors couvertes de bois, de prairies, de parcs magnifiques, au milieu desquels se dressaient des habitations princières au nombre de 190 dans la zone enfermée d'abord par le mur d'octroi construit par les Fermiers généraux, ensuite par les fortifications actuelles.

On comprend aisément combien ces collines verdoyantes eussent profité à la Ville de Paris sous le rapport de la salubrité.

« Si Paris était cerclé de constructions, disait Colbert dans » son mémoire au Roi Louis XIV, Paris ne respirerait que la » pierre, le plâtre et le moëllon. »

Puis le Prévôt des Marchands, Claude Le Peletier, ajoutait dans un rapport au Ministre : « Si vous laissez construire » dans la zone au delà du *nouveau cours*, ce sera certaine- » ment un jour le cordon qui étranglera la Cité-Reine des » Beaux-Arts. »

Aucune des prescriptions primitives, en ce qui concerne la largeur uniforme assignée à cette grande voie, ne fut rigoureusement observée.

Ainsi le boulevard de Beaumarchais a sa largeur fixée à 35 mètres. — Le boulevard des Filles-du-Calvaire, 36 mètres 20 centimètres, 36 mètres 60 centimètres. — Le boulevard du Temple, 30 mètres 50 centimètres. — Le boulevard Saint-Martin, 33 mètres. — Le boulevard Saint-Denis, 37 mètres. — Les boulevards de Bonne-Nouvelle, Poissonnière, Montmartre et des Italiens, 35 mètres. — Le boulevard des Capucines, de 34 à 35 mètres, et de la Madeleine 43 mètres (en y comprenant le sol de la rue Basse-du-Rempart). — La longueur totale de ces boulevards est de 4,502 mètres.

En ce qui concerne le fossé de 12 toises, on a vu que le Souverain avait relevé la Prévôté des Marchands de cette obligation de le conserver, en lui accordant même dans la partie du nouveau Cours, entre la porte Saint-Antoine et la porte Saint-Martin, la faculté d'en aliéner le sol.

Enfin, pour ce qui a rapport à la rue de 3 ou 4 toises qui devait servir de déversoir à la circulation sur le nouveau Cours, cette obligation ne fut pas remplie; il ne reste aujourd'hui que des tronçons irréguliers d'une voie toujours brusquement interrompue.

Au commencement du XVIIIe siècle, le grand Boulevard, complétement planté, était terminé. Toutefois, cette promenade devenait impraticable, surtout pendant les pluies et les neiges de l'hiver.

Le 10 avril 1772, intervint un arrêt du Conseil d'État du Roi, dont voici un extrait :

« Le Roi étant en son Conseil a approuvé et approuve les » devis, détails et dessins faits de son ordre par le Maître-» Général des bâtiments de la Ville et la soumission donnée » par le d. sieur de Sainte-Croix, dont l'original demeure » annexé à la minute du présent arrêt, et en conséquence, Sa » Majesté a ordonné et ordonne que l'*allée du milieu du* » *Rempart au nord de la Ville de Paris, depuis la* » *Porte Saint-Antoine jusqu'à son extrémité, du côté* » *du Faux-Bourg Saint-Honoré, sera ferrée entre* » *chacune des traverses pavées qui s'y trouvent, au* » *moyen d'une chaussée de 4 toises de large en pierre* » *meulière et caillou avec une patte d'oie à la jonction* » *de chacune des d. traverses*...

» Fait au Conseil d'État, Sa Majesté y étant, tenu à Ver-» sailles, le 10 avril 1772.

» *Signé* : Louis. »

La moitié de la dépense fut payée par la Ville, chargée désormais de l'entretien de ladite chaussée, et l'autre moitié par les propriétaires riverains.

Malgré les dérogations au premier plan, le nouveau Cours devint la plus splendide promenade de l'Europe.

Les arts furent également favorisés sous le règne de Louis XIV. Pour n'en citer qu'un exemple, rappelons le préambule des lettres patentes de mars 1672, concernant la fondation de l'*Académie Royale de Musique*.

« Louis... Les sciences et les arts étant les ornemens les plus considérables des États, nous n'avons point eu de plus agréables divertissemens, depuis que nous avons donné la paix à nos peuples, que de les faire revivre, en appelant près de nous tous ceux qui se sont acquis la réputation d'y exceller, non seulement dans l'étendue de notre royaume, mais aussi dans les pays étrangers, et pour les obliger davantage à s'y perfectionner, nous les avons honorés de notre bienveillance et de notre estime, et comme entre les arts libéraux la musique y tient un des premiers rangs... A ces causes, bien informé de l'intelligence et grande connoissance que s'est acquises notre très cher et bien amé Jean-Baptiste Lully, au fait de la musique dont il nous a donné et donne journellement de très agréables preuves, depuis plusieurs années qu'il s'est attaché à notre service, qui nous ont convié de l'honorer de la charge de surintendant et compositeur de la musique de notre chambre, nous avons audit sieur Lully permis et accordé, permettons et accordons par ces présentes d'établir une *Académie royale de musique* dans notre bonne Ville de Paris.

» Donné à Versailles, au mois de mars de l'an de grâce 1672, et de notre règne le 29e.

» *Signé* : Louis. »

Une déclaration du Roi, en date du 12 décembre 1702, ordonna que Paris serait désormais divisé en vingt quartiers ; savoir :

1° la Cité. — 2° Saint-Jacques-la-Boucherie. — 3° Sainte-Opportune. — 4° le Louvre. — 5° le Palais-Royal. — 6° Montmartre. — 7° Saint-Eustache. — 8° les Halles. — 9° Saint-Denis. — 10° Saint-Martin. — 11° la Grève. — 12° Saint-Paul. — 13° Sainte-Avoie. — 14° le Temple. — 15° Saint-Antoine. — 16° la place Maubert, — 17° Saint-Benoît. — 18° Saint-André. — 19° le Luxembourg. — 20° Saint-Germain-des-Prés.

Le nombre des rues qui furent ouvertes sous le règne de Louis XIV s'élève à 123, — ce qui donnait un total de 653. On comptait à cette époque 23,000 maisons environ, occupées par 530,000 habitants (1). Tels sont les faits administratifs qui se rattachent à cette royauté, méritant si bien la reconnaissance de la Ville de Paris.

IX

LOUIS XV

1715 — 1774

Régence du Duc d'Orléans. — L'Écossais Law ; création d'une Banque générale ; les rues Quincampoix, aux Ours et Aubry-le-Boucher ; l'année d'Or ; à quelles causes attribuer l'effondrement du système ? — Louis XV ; création de l'École militaire ; reconstruction de l'Église Sainte-Geneviève ; l'hotel des Monnaies ; la place Louis XV ; la Halle aux grains et farines. — Distribution des Eaux ; création de Fontaines publiques ; la plus remarquable est celle de la rue de Grenelle-Saint-Germain, construite par Bouchardon ; comment l'artiste est récompensé par Étienne Turgot, prévôt des Marchands. — Éclairage de la Ville de Paris en 1760, le nombre des rues ; composition du guet de Paris a cette époque ; les voitures publiques. — Situation de l'Académie royale de musique et de la Comédie-Française ; le prix des places. — Ce que coutait le personnel de l'Opéra en 1713. — Un arrêt du Conseil en accorde le privilège au bureau de la Ville ; ce qui en résulte. — Tendances de la population riche vers le nord-ouest de Paris. — Les religieux Mathurins ; les grands marais qu'ils possèdent au delà des boulevards ; ils louent ces marais par baux emphytéotiques et pour 99 années. — Quel quartier s'est formé sur ce vaste emplacement. — Résumé.

Le seul représentant de la famille Royale, échappé au destin fatal qui avait moissonné successivement les héritiers de Louis le Grand, était un enfant de cinq ans et demi.

Contrairement aux dispositions testamentaires du feu Roi, le duc d'Orléans obtint le titre de Régent. Le Prince signala les commencements de son administration par des actes d'une sollicitude éclairée ; il s'empressa de porter une louable activité dans tous les services, pourvut au paiement des troupes, assura celui des rentes de l'Hôtel de Ville, et fixa définitivement le taux des espèces d'or et d'argent.

Mais la lutte héroïque que Louis XIV avait soutenue contre

(1) *Recherches statistiques sur la Ville de Paris et le département de la Seine*, ouvrage publié sous l'Administration du Comte Chabrol (année 1823). Les historiens de Paris ne sont pas d'accord sur le chiffre de sa population antérieurement à l'année 1792 ; en voici la raison : Les uns l'ont calculée d'après les rôles de taxes qui comprenaient une partie plus ou moins considérable de la banlieue suburbaine. Ainsi, figuraient, en 1721, dans le dénombrement de la population de Paris, notamment les paroisses de La Chapelle, de La Villette et de Belleville.

Les autres historiens ont limité cette population à l'enceinte *légale* de la ville ; mais cette enceinte légale a subi des variations si fréquentes, surtout sur la rive gauche, que leurs calculs peuvent être considérés comme des approximations, jamais comme des vérités rigoureuses.

l'Europe coalisée avait obéré le Gouvernement. Les dépenses, pendant les quatorze dernières années de ce règne, avaient absorbé 2 milliards 870 millions, tandis que les recettes n'avaient produit que 880 millions.

Différents moyens furent employés pour faire face à cet énorme déficit; ils ne produisirent que d'insuffisants palliatifs, jusqu'au jour où l'Écossais *Law proposa* et fit admettre la création d'une *Banque générale*, qui fut approuvée par lettres patentes du 2 mai 1716, enregistrées en Parlement le 23 du même mois.

Nous n'avons pas à suivre ici les développements du système; nous n'insisterons pas sur les exagérations qui le firent sombrer; constatons seulement l'heureuse influence qu'il exerça sur la prospérité de la Ville de Paris.

Depuis longtemps les rues Saint-Denis et Saint-Martin étaient considérées comme la *région privilégiée* du grand commerce parisien.

Dans les rues secondaires et voisines des deux grandes artères s'étaient groupés les changeurs et les banquiers. L'une de ces rues longeait anciennement le mur de l'enceinte de Paris, sous Philippe-Auguste. On l'appela d'abord *rue aux Oues*, c'est-à-dire aux Oies, en raison des rôtisseurs qui s'y étaient établis pour être à proximité des gens qui dépensaient avec désinvolture l'argent qu'ils gagnaient prestement. Plus tard, la rue aux Oies devint la rue aux Ours, l'administration n'ayant pu refuser la substitution des Ours aux Oies, pour donner satisfaction aux propriétaires enrichis, se plaignant que le populaire les qualifiait d'*oies engraissées de Saint-Martin*. — La rue aux Ours commençait alors à la rue Saint-Martin et finissait à la rue Saint-Denis.

Une autre voie, dans le sens opposé, c'est-à-dire perpendiculaire à la Seine, partait de la rue Aubry-le-Boucher pour aboutir à la rue aux Ours. Elle s'appelait, depuis le commencement du XIVᵉ siècle: *rue Quincampoix*. Plusieurs Échevins et Conseillers de Ville étaient qualifiés de Seigneurs de Quincampoix.

Une longue habitude en avait fait un centre pour le commerce du papier; si l'on en juge par des gravures du temps, la rue Quincampoix, bordée de maisons élégantes, était bien préparée pour servir de théâtre pendant la frénésie du système.

Lorsque l'affluence y devint considérable, on prit le parti de la regarder comme une espèce de Bourse, en la fermant à ses deux extrémités par des grilles qu'on ouvrait au public dès le matin jusqu'à la nuit. Les personnes de qualité entraient dans la rue Quincampoix par la rue Aubry-le-Boucher; le vulgaire par la rue aux Ours.

Mais toute distinction s'effaçait aussitôt dans le sanctuaire de l'agiotage. Nobles et laquais, marchands et ouvriers, hommes d'épée et gens de boutique, magistrats et filous, marquises et servantes, femmes honnêtes et filles publiques, Français et étrangers, haletant, criant, rusant, comptant des pièces d'or et d'argent pour conquérir du papier, formaient un spectacle étrange où le drame frénétique se mêlait à la bouffonnerie la plus étourdissante.

Les habitants bien avisés des rues Quincampoix, aux Ours et Aubry-le-Boucher, pressentant le renchérissement de leurs locations, cédèrent leurs appartements ou les transformèrent en bureaux, sans en excepter les greniers et les caves. Telle salle basse fut louée 50 livres par jour dans la rue Quincampoix. Il y avait des maisons qui contenaient jusqu'à trente bureaux : jugez du produit. Une propriété expropriée par la Ville dans la rue aux Ours, lors de la formation du boulevard de Sébastopol, en 1857, et payée par elle 110,000 francs, rapportait en 1719, *quarante-trois mille livres*.

On ne savait à qui entendre chez les marchands de comestibles et l'or y coulait à flots. Les cabaretiers, les traiteurs et les rôtisseurs regorgeaient de monde; on vendait un lapin 40 livres, une oie 60, un pâté de Chartres 80; une perdrix, mise un jour à une sorte d'enchère dans la rue aux Ours, monta jusqu'à 200 livres. Tous les commerces de bouche firent fortune en moins d'une année. Des cafés avaient été improvisés pour les seigneurs et les belles dames; négligemment étendus sur des canapés, ils humaient le moka ou jouaient au *quadrille*, en attendant les courtiers chargés de les tenir au courant des oscillations de la Bourse.

L'Europe entière avait pris pour point de mire la rue Quincampoix; le monde en rêvait. Plusieurs souverains entretenaient à Paris des mandataires ayant mission de suivre le commerce des actions.

On lit dans le journal de Buvat : « On m'écrit de Lyon, » d'Aix, de Bordeaux, de Strasbourg, de Bruxelles que les » carrosses et voitures publiques y sont retenues *deux mois* » *d'avance*; on y agiote les places retenues pour venir à » Paris. »

A la fin de 1719, on estimait à 500,000 le nombre de provinciaux et d'étrangers accourus à Paris soit pour spéculer, soit par curiosité. Ce qui est certain, c'est que le produit des taxes municipales augmenta d'un tiers dans cette année, à laquelle nos Magistrats conservèrent longtemps la qualification d'*année d'or!*

Le capital des actions représentait près de 12 milliards; toutes les anciennes monnaies, toutes les espèces d'or et d'argent que l'avarice conservait ou cachait improductives, s'échappaient joyeuses *pour se faire papier ou devenir abeilles*.

La bourgeoisie et les classes laborieuses profitèrent singulièrement de l'application du système. Des arrêtés des 15 et 19 septembre de cette même année 1719 ordonnèrent, entre autres, la suppression des charges et offices créés sur les ports, quais, halles et marchés de Paris; ces charges, qui s'étaient multipliées à l'infini, entravaient le commerce et rendaient la vie difficile aux pauvres gens. Ces sages prescriptions firent baisser instantanément de 30 à 40 pour cent les prix des bois, charbons, foins, grains, farines, viande, gibier, volaille, poissons, œufs, beurres, sel et fromages. Tous les droits sur les vins furent convertis en une seule taxe aux entrées, à raison de 23 livres par muid de vin arrivant par eau et 20 livres par roulage.

Les salaires des artisans et des ouvriers devinrent plus rémunérateurs; ils augmentèrent d'un quart environ et le revenu des propriétés, d'un tiers.

Des avances considérables furent faites par le gouvernement, à raison de 2 pour cent, aux manufacturiers et aux commerçants qui jouissaient d'une bonne réputation. On consacra deux millions à la libération des prisonniers pour dettes *avouables*. Le nombre des faillites avait diminué des trois quarts à la fin de l'année 1719, et plus de 1600 saisies réelles étaient levées dans la généralité de Paris.

Par arrêt du Conseil, en date du 15 mars 1720, l'instruction gratuite fut établie dans l'Université de Paris, et l'on consacra la vingt-huitième partie du bail des Postes au paiement des professeurs. La population parisienne fut si profondément touchée de cette libéralité, qu'elle voulut lui rendre hommage par une grande procession, dans laquelle toutes les classes de la population furent représentées, les artisans et les ouvriers en plus grand nombre que les autres.

Ce fut surtout l'industrie du bâtiment qui devint *jubilante*. Beaucoup de joueurs enrichis cherchèrent à mettre leur fortune à couvert. On les vit se jeter principalement sur les immeubles. Tout ce qu'il y avait de propriétés à vendre dans

Paris fut enlevé en quelques mois, et dans les années 1717-18 et 1719 furent construites plus de 800 maisons.

Maintenant, quelles furent les causes principales de la ruine du système de Law?

D'abord, l'augmentation fabuleuse des émissions, puis les prodigalités inouïes du Régent, enfin le mauvais vouloir ou l'opposition de certains personnages puissants. Ainsi le Prince de Conti, en vue de porter préjudice au système, envoyait à la Banque trois fourgons qui revinrent remplis d'écus, et le duc de Bourbon en retirait d'un seul coup 25 millions.

Cet effondrement entraîna sans doute de nombreuses calamités; un grand nombre de familles furent ruinées; à l'abondance et au bas prix des denrées, succéda bientôt leur rareté qui produisit un renchérissement douloureux pour les classes pauvres.

Toutefois, il est certain que ce flux et reflux de capitaux immenses féconda le sol national; l'industrie, vivement surexcitée, fit surgir de nombreuses manufactures en donnant une impulsion irrésistible au commerce parisien.

Malgré l'exportation excessive des métaux précieux, la France se retrouva bientôt plus riche en or et en argent qu'aucune autre nation de l'Europe. Le Régent, qui avait gaspillé tant de richesses, laissait cependant à sa mort 94 millions en écus dans les caisses publiques, et lors de la refonte générale des monnaies, en 1726, la seule généralité de Paris apportait plus d'or que n'en possédait toute la Grande-Bretagne.

Voici en quels termes M. Gautier, sous-gouverneur de la Banque, s'exprime dans son remarquable travail sur les banques, au sujet du système :

« La conception de Law, malgré les vices originaires qui » en rendaient le succès impossible, malgré la témérité aveugle et les fautes graves qui rendirent sa chute si soudaine » et si terrible, n'en atteste pas moins, chez son auteur, outre » un génie puissant et inventif, la perception distincte des » trois sources les plus fécondes et jusque-là les plus ignorées de la grandeur des nations : le commerce maritime, le » crédit et l'esprit d'association. »

Louis XV fut sacré à Reims le 21 octobre 1722.

Parmi les établissements qui datent de cette époque, il faut citer en première ligne la formation de l'*École militaire*. Dans le préambule de l'Édit de janvier 1751, le Roi s'exprime en ces termes :

« Après l'expérience que nos prédécesseurs et nous avons » faite de ce que peuvent sur la noblesse française les seuls » principes de l'honneur, que ne devrions-nous pas en attendre, si tous ceux qui la composent y joignaient les lumières » acquises par une heureuse éducation! Mais nous n'avons » pu envisager sans attendrissement que plusieurs d'entre » eux, après avoir consommé leurs biens à la défense de » l'État, se trouvassent réduits à laisser sans éducation des » enfants qui auraient pu servir d'appui à leurs familles, et » qu'ils éprouvassent le sort de vieillir et de périr dans nos » armées, avec la douleur de prévoir l'avilissement de leur » nom dans une postérité hors d'état d'en soutenir le lustre, etc. Nous avons résolu de fonder une *École militaire*, » et d'y faire élever sous nos yeux cinq cents gentilshommes, » nés sans bien, dans le choix desquels nous préférerons » ceux qui, en perdant leurs pères à la guerre, sont devenus » les enfants de l'État. Nous espérons même que le plan qui » sera suivi dans l'éducation des cinq cents gentilshommes » que nous adoptons, servira de modèle aux pères qui sont » en état de la procurer à leurs enfants; en sorte que l'ancien » préjugé qui a fait croire que la valeur seule fait l'homme » de guerre, cède insensiblement au goût des études militaires que nous aurons introduit. Enfin nous avons considéré que si le feu Roi a fait construire l'hôtel des Invalides, » pour être le terme honorable où viendront finir paisiblement leurs jours ceux qui auraient vieilli dans la profession » des armes, nous ne pouvons mieux seconder ses vues qu'en » fondant une école où la jeune noblesse qui doit entrer » dans cette carrière, puisse apprendre les principes de la » guerre, etc... C'est sur des motifs si puissants que nous » nous sommes déterminé à faire bâtir auprès de notre bonne » ville de Paris, et sous le titre d'*École militaire*, un hôtel » assez grand et assez spacieux pour recevoir non seulement » les cinq cents gentilshommes nés sans biens pour lesquels » nous le destinons, mais encore pour loger les officiers de » nos troupes, auxquels nous en conferons le commandement, les maîtres en tous genres qui seront préposés aux » instructions et exercices, et tous ceux qui auront une part » nécessaire à l'administration spirituelle et temporelle de » cette maison; à ces causes, etc.

» *Signé* : Louis. »

L'ancienne Église de l'*Abbaye Sainte-Geneviève* tombait en ruine; des lettres patentes de mars 1757 ordonnèrent la construction d'un nouvel édifice religieux consacré à la douce et miraculeuse patronne de Paris.

Les articles 6 et 10 de ces lettres patentes sont ainsi conçus :

« Art. 6. — Ne pourront les ouvrages des bâtiments de la » dite Église être adjugés et faits que sur les devis dressés » par le sieur *Soufflot*, architecte par nous commis pour la » conduite des dits travaux et ouvrages, et signés tant de lui » que des dits abbé, prieur et chanoines réguliers de Sainte-Geneviève... Art. — 10. Ne pourra la démolition de l'ancienne Église être faite qu'après l'entière reconstruction de » la dite nouvelle Église et la translation de la châsse de » Sainte Geneviève.....

» Données à Versailles, au mois de mars 1757, et de notre » règne le 42me.

» *Signé* : Louis. »

On sait que cette Église devint le *Panthéon* et fut rendue plus tard à sa première et pieuse destination.

Paris est redevable également à Louis XV de la construction de l'*Hôtel des Monnaies*, monument qui fait grand honneur à l'architecte Antoine.

Les lettres patentes relatives à cette belle création datent du 16 avril 1768.

Les articles 2 et 3 de ces lettres patentes sont ainsi conçues :

« Art. 2. — Ordonnons que l'acquisition des dits *anciens* » *grand et petit Hôtels de Conti* sera incessamment » faite pour nous et en notre nom par les commissaires que » nous nommerons à cet effet. Art. 3. — Ordonnons pareillement que les Prevost des Marchands et Échevins acquerront pour nous et en notre nom, les maisons particulières » situées même quai de Conti, attenantes le petit hôtel de » Conti, jusques et compris celles faisant l'encoignure de la » rue Guénégaud, dont le terrain est nécessaire à la construction du dit nouvel Hôtel des Monnaies; les propriétaires des » dites maisons ne pourront se dispenser de les vendre....

» *Signé* : Louis. »

L'établissement d'une des plus belles Places publiques de Paris remonte également au règne de Louis XV. Voici un extrait des lettres patentes concernant cette création, qui porta d'abord le nom de *Place Louis XV*, puis celui de la *Révolution*, enfin celui de *la Concorde* qu'elle a conservé.

« Louis...., ayant agréé la délibération prise par nos chers » et bien amés les Prevost des Marchands et Échevins de notre

» bonne Ville de Paris, le 27 juin 1748, tendante à ce qu'il » nous plût leur permettre de transmettre à la postérité leur » zèle pour notre gloire, la reconnoissance et l'amour de nos » sujets, par un monument décoré de notre statue équestre, » en telle forme et dans tel emplacement de cette Capitale » qu'il nous plairoit d'ordonner, nous aurions en consé- » quence déterminé comme le plus convenable à l'embellis- » sement de notre dite Ville, au bien public et à la commodité » de ses habitants, l'emplacement qui nous appartient, entre » le fossé qui termine le jardin de notre palais des Tuileries, » l'ancienne Porte et Faubourg Saint-Honoré, les allées de » l'ancien et nouveau cours et le quai qui borde la rivière....

» Données à Versailles, le 21e jour de juin, l'an de grâce 1757, » et de notre règne le 42me.

» *Signé* : Louis. »

Les embellissements de Paris ne firent pas négliger les établissements d'utilité publique. En vertu des lettres patentes du 25 novembre 1762, fut construite *une Halle pour les grains et farines*. Le préambule de ces lettres patentes mérite d'être reproduit.

« Louis...., occupé, à l'exemple des Rois, nos prédéces- » seurs, de tout ce qui peut augmenter la splendeur de la » Capitale de notre Royaume, et procurer à ses habitants de » nouveaux agréments et de plus grandes commodités, nous » avons porté successivement notre attention sur les diffé- » rents objets d'utilité et de décoration qui peuvent encore » rester à désirer parmi tant d'édifices et de monuments » consacrés à la piété, à l'utilité et à la magnificence publique, » entrepris ou achevés de notre règne. Nous n'avons jamais » perdu de vue ceux qui peuvent assurer et augmenter l'abon- » dance des choses nécessaires à la vie des citoyens, et qui » par l'affection réciproque que nous devons à nos peuples, » tiendront toujours le premier rang dans notre cœur.... à ces » causes.... Article 1er. — Les dits Prévôt des Marchands » et Échevins feront incessamment construire *une Halle* » *pour les Grains et Farines*, dans l'emplacement de l'hô- » tel de Soissons, dans un espace de 1800 toises de superficie, » conformément au plan par nous adopté.....

» Données à Versailles, le 25me jour de novembre, l'an de » grâce 1762, et de notre règne le 48me.

» *Signé* : Louis. »

La distribution des eaux dans Paris reçut aussi de notables augmentations.

Parmi les Fontaines publiques érigées à cette époque, citons :

La Fontaine de l'*Abbaye-Saint-Germain-des-Prés*, construite en 1716 aux frais de ces religieux, au coin de la rue Childebert (supprimée récemment) et de la petite rue Sainte-Marguerite (aujourd'hui rue d'Erfurth) ;

La Fontaine des Blancs-Manteaux, établie en 1719, sur des terrains appartenant aux religieux Guillemites, vulgairement appelés les *Blancs-Manteaux*,

La Fontaine du Palais-Royal, dite du *Château-d'Eau*, construite par le Cardinal de Richelieu sur l'emplacement de l'hôtel de Sillery, acheté par son Éminence. Cette fontaine, reconstruite en 1769, était ornée de deux belles statues de Coustou jeune ; elle a été détruite en 1848, lors du prolongement de la rue de Rivoli.

La Fontaine de la rue de Grenelle-Saint-Germain, la plus belle sans contredit de toutes celles qui décorent la Capitale. Elle fut construite de 1735 à 1739, aux frais de la Ville, sous la Prévôté d'Étienne Turgot. Le lendemain de l'inauguration de la Fontaine de la Rue de Grenelle, le Prévôt des Marchands manda l'artiste auquel la Ville de Paris était redevable de ce chef-d'œuvre de bon goût et d'élégance.

— Maître Bouchardon, dit le Magistrat, vous nous avez donné une perle, permettez-moi de vous offrir ce diamant, et messire Étienne Turgot attacha une magnifique épingle au jabot de dentelle qui s'épanouissait sur la poitrine du grand artiste.

Voici maintenant quelques documents intéressants sur la situation de la Ville de Paris, vers le milieu du XVIIIe siècle (1).

Éclairage de la Ville de Paris en 1760.

Ier	Quartier.	La Cité.................	413 lanternes.
IIe	—	St-Jacques-la-Boucherie.	183 —
IIIe	—	Sainte-Opportune........	153 —
IVe	—	Le Louvre...............	195 —
Ve	—	Palais-Royal............	284 —
VIe	—	Montmartre..............	300 —
VIIe	—	Saint-Eustache..........	247 —
VIIIe	—	Les Halles..............	142 —
IXe	—	Saint-Denis.............	306 —
Xe	—	Saint-Martin............	415 —
XIe	—	La Grève................	200 —
XIIe	—	Saint-Paul..............	175 —
XIIIe	—	Sainte-Avoye............	173 —
XIVe	—	Du Temple...............	460 —
XVe	—	Saint-Antoine...........	334 —
XVIe	—	La Place Maubert........	300 —
XVIIe	—	Saint-Benoît............	307 —
XVIIIe	—	Saint-André-des-Arts....	314 —
XIXe	—	Luxembourg..............	396 —
XXe	—	Saint-Germain-des-Prés..	400 —
		Total........	5,694 lanternes.

On comptait en cette même année 1760, dans Paris :

836 Rues. — 10 Carrefours. — 12 Places. — 6 Enclos. — 20 Cloîtres. — 14 Ponts. — 25 Quais. — 85 Impasses, nommées alors *Culs-de-sac*.

En ce qui concernait la sûreté publique, *le Guet* de Paris était, à cette même époque, composé de près de 1,000 hommes, tant cavalerie qu'infanterie, y compris les surnuméraires. La compagnie d'ordonnance de cavalerie se composait de 160 gardes et celle d'infanterie de 112 soldats sans compter les officiers. Il y avait, en outre, une compagnie de 240 hommes, nommés *Gardes de nuit*. — La population de Paris s'élevait alors à 540 mille âmes.

Voyons les voitures publiques en 1760.

Il y avait à Paris une *diligence* pour Lyon. Le bureau était port Saint-Paul. Il fallait cinq jours en été et six jours en hiver pour être rendu à Lyon. — La diligence coûtait 100 livres.

Nota. — « Cette voiture passe pour la plus utile et la plus » commode du royaume. — La diligence par terre ne fait route » que jusqu'à Châlons. On prend à cette ville la diligence par » eau, qui conduit à Lyon.

» Il y a une chapelle dans l'hôtel des diligences, où l'on dit » la messe pour les voyageurs, à trois heures et demie du matin, » les jours de dimanches et de fêtes. »

Pour aller à Bordeaux, on payait la place 102 livres, et 7 sols pour le port des hardes. Dans le prix de la place était comprise la nourriture.

Pour Nantes, 62 livres, nourriture comprise. — Orléans, 15 livres. — Tours, 25 livres. — La Rochelle (Messageries), 78 livres. — Angoulême, 78 livres. — Périgueux, 90 livres. — Ribérac, 102 livres. — Bergerac, 102 livres et 6 sols pour le port des

(1) Ces documents sont extraits d'un ouvrage ayant pour titre : *État ou tableau de la Ville de Paris en MDCCLX.* — Chez Prault père, quai de Gesvres, au Pigeon. — Nous copions sans rien changer au style de l'écrivain.

nardes.— Limoges, 150 livres.— Toulouse, 180 livres (nourriture comprise).— Metz, 30 livres.— Strasbourg, 53 livres.— Saint-Quentin, 15 livres.— Cambray, 40 livres.— Valenciennes, 48 livres.— Mons, 54 livres.— Bruxelles, 63 livres.

« *Nota.* — On est nourri jusqu'à Cambray, en donnant » 5 livres d'augmentation pour cette ville, et 7 livres pour » Valenciennes, Mons et Bruxelles. »

Quelques mots sur les deux principaux théâtres de Paris, en 1760.

Opéra ou Académie Royale de musique.

« L'Opéra est, sans contredit, le spectacle le plus brillant » qu'il y ait dans cette grande Ville ; on y réunit à la fois » toutes les espèces d'enchantements. Le théâtre est situé » dans une salle du Palais-Royal ; on y entre par le cul-de-» sac et par la rue Saint-Honoré. Plusieurs de ceux qui ont » des loges louées à l'année, entrent par la cour du Palais. » Les pièces qu'on y représente sont appelées des opéras. » Différents sujets, *tragiques* ou *comiques*, *sérieux* ou » *gais*, *tendres* ou *plaisants*, quelquefois même *bouffons*, » y sont rendus en vers que l'on nomme *lyriques*, parce qu'ils » sont faits pour être mis en chants... On trouve à la fois, » dans ce spectacle, tout ce que peuvent faire, pour concourir » au merveilleux, les charmes de la poésie, de la voix, de la » figure, des instruments, de la danse, des machines et des » décorations. Cette académie, plus connue, sous le nom » d'Opéra, est aujourd'hui sous la direction de MM. *Rebel* » et *Francœur*. »

Prix des Places

Places	Prix
Balcon, Amphithéâtre, Premières Loges,	7 livres 10 sols.
Secondes Loges,	4 —
Troisièmes Loges, Parterre,	2 —

Comédie Françoise.

Rue Saint-Germain-des-Prés, faubourg du même nom.

« Ce spectacle est celui que l'on peut véritablement appeler » le *Théâtre de la Nation*, par la nature et l'excellence des » pièces que l'on y joue, par les talents supérieurs des ac-» teurs et des actrices qui les représentent, et par le nombre, » le goût et la sagacité des spectateurs qui les jugent.

» La *Comédie Françoise* a pris une nouvelle dignité, de-» puis que l'établissement d'une *Garde royale* a rétabli » l'ordre et la décence dans un spectacle fait pour ne jamais » s'en éloigner, et, depuis que le *costume* remis dans les ha-» billements, et les spectateurs écartés du *théâtre* ont mis » en état de représenter avec plus de commodités, de vrai-» semblance et de majesté les chefs-œuvres des *Sophocles* et » des *Eurypides* de la France.

» Les comédiens *françois* jouent tous les jours de la » semaine, sans excepter même ceux qui vont à la Cour, en » qualité de *comédiens ordinaires du Roi*. Les acteurs » qui restent à Paris jouent à l'ordinaire, mais plus rarement » le *vendredi*, par rapport à la concurrence de l'Opéra. Les » jours brillants et remarquables sont le *lundi*, le *mercredi* » et le *samedi*, et singulièrement ce dernier qui est pour la » Comédie Françoise ce qu'est le *vendredi* pour l'Opéra. »

Gentilshommes de la Chambre qui gouvernent la Comédie Françoise :

M. le *Duc d'Aumont*, chargé spécialement du district des spectacles de la Ville de Paris. — M. le *Maréchal duc de Richelieu*. — M. le *Duc de Fleury*. — M. le *Duc de Duras*.

Prix des Places

	Places	Prix
Simples	Balcon, Amphithéâtre, Premières Loges, Orchestre,	4 livres.
	Secondes Loges,	2 —
	Troisièmes Loges,	1 — 10 sols.
	Parterre,	1 — —
Tiercées	Balcon, Amphithéâtre, Premières Loges, Orchestre,	6 livres.
	Secondes Loges,	3 —
	Troisièmes Loges,	2 —
	Parterre,	1 —

Voici les noms des acteurs et actrices, en cette année de 1760 :

Acteurs : MM. Armand, Grandval, Dangeville, Dubois, Bonneval, Paulin, Le Kain, Bellecourt, Préville, Brizard, Blainville, Desprès (ce dernier à l'essai).

Actrices : Mlles Dangeville, Gaussin, Grandval, Dumesnil, Drouin, Gautier, Clairon, Hus, Le Kain, Bernaut, Camouche, Dubois. (Mesdemoiselles Le Kain et Bernaut sont à la pension, et mesdemoiselles Camouche et Dubois à l'essai.)

Ne quittons pas les théâtres sans reproduire un document réglementaire qui se rattache à l'Opéra. — Ce document remonte au 11 janvier 1713 ; il est intitulé :

État du nombre de personnes, tant hommes que femmes, dont le Roi veut et entend *que l'Académie royale de musique soit* toujours *composée*, sans qu'il puisse être augmenté ni diminué.

Acteurs pour les rolles

Basses-tailles. — Premier acteur, 1,500 livres ; second acteur, 1,200 livres ; troisième acteur, 1,000 livres.

Hautes-contres. — Premier acteur, 1,500 livres ; second acteur, 1,200 livres ; troisième acteur, 1,000 livres.

Actrices pour les rolles

Première actrice, 1,500 livres ; deuxième actrice, 1,200 livres. (Suit une proportion décroissante jusqu'à la sixième actrice, dont les appointements sont fixés à 700 livres.)

Pour les chœurs. — Vingt-deux hommes à 400 livres et deux pages à 200 livres. Douze femmes à 400 livres.

Danseurs. — Deux premiers danseurs à 1,000 livres chacun ; dix autres à 800, 600 et 400 livres. Deux premières danseuses à 900 livres chacune ; huit autres à 500 et 400 livres.

Orquestre. — Batteur de mesure (*chef d'orchestre*) à 1,000 livres. (Suit la nomenclature de quarante-six instrumentistes dont les appointements varient de 600 à 400 livres.) *Deux* machinistes à 600 livres.

De cet état officiel, il résulte que le personnel de l'Opéra s'élevait, en 1713, à *cent vingt-six artistes ou employés*, le tout coûtant chaque année *soixante-sept mille cinquante livres*.

Un arrêt du Conseil, à la date du 26 août 1749, avait accordé le privilège et confié l'administration de l'Académie royale de musique à la Prévôté des Marchands, sous la seule condition que le Bureau de la Ville en rendrait compte au Ministre de la Maison du Roi.

En plusieurs circonstances, le Corps municipal afferma son privilège, et presque toujours il eut à se repentir d'avoir accepté la responsabilité de l'administration du grand Théâtre parisien.

Notamment, dans le compte des dépenses, années 1774-1776, on lit :

Académie royale de musique, 314,037 livres,

tandis qu'au compte des recettes se trouve cette mention :

Académie royale de musique...... mémoire

ce qui signifie que le bureau de la Ville eut à combler le déficit de 314,037 livres ; les sieurs Breton, Dauvergne et Jolivet étaient alors les directeurs du théâtre et concessionnaires du privilège octroyé par le Roi au Prévôt des Marchands, lequel était responsable.

Le Corps municipal de Paris n'avait pas eu seulement à souffrir d'une perte d'argent, le caractère et les allures de nos Magistrats perdirent quelque peu de cette dignité qui s'alliait si bien à leur mérite.

Lors des réunions générales, les notables bourgeois restèrent ébahis. Le Prévôt des Marchands couvert de sa robe de palais et Messieurs les Échevins en robe de velours mi-partie, au lieu d'aborder les grandes questions municipales, fredonnaient des airs d'opéras et dansaient la gavotte.

La stupéfaction des dignes Bourgeois fut à son comble, en voyant les Conseillers de Ville en robes et manteaux à longues manches pendantes, essayer des menuets, et remettre aux calendes grecques le contrôle des dépenses du Prévôt.

Ajoutons que les délinquants qui papillonnaient autour des chanteuses et des danseuses, ne remplissaient pas plus exactement leurs obligations maritales que leurs fonctions administratives.

Un arrêt du Conseil d'État du Roi, à la date du 17 mars 1780, fit cesser, à compter du 1er avril suivant, ce privilège qui, durant plus de trente années, avait été un fardeau pour le budget de la Ville de Paris.

L'industrie du bâtiment avait pris un prodigieux essor, dès l'application du système du célèbre financier Law. En dépit des ordonnances et déclarations royales, la population de Paris brisait tous les barrages qu'on opposait à ses envahissements, et vers le milieu du XVIIIe siècle, le flot de cette marée montante débordait au delà du nouveau Cours, bien que Louis XIV eût dit : *Paris n'ira pas plus loin*.

Les Communautés religieuses elles-mêmes n'avaient pu résister à ces envahissements.

De vastes terrains appartenaient à cette époque aux Mathurins. Ils étaient limités au *nord* par le chemin du grand Égout, devenu Rue de Provence ; au *midi* par le Boulevard et la Rue du Rempart, à l'*est* par les dépendances de l'ancien domaine de la Grange Batelière, enfin à l'*ouest* par un chemin appelé plus tard Rue de Caumartin.

Par contrats notariés des 16 février et 30 mai 1769 les religieux Mathurins délaissèrent à plusieurs particuliers, notamment à Sandrié, Letellier et Brongniart, à titre de baux emphytéotiques pour 99 années, à partir du 11 novembre 1770, la plus grande partie de cet emplacement. Entre autres conditions, les concessionnaires étaient tenus d'acquitter une redevance annuelle de *une livre par toise* de terrain et d'abandonner aux Mathurins, à l'expiration des baux, les bâtiments, maisons et murs construits sur ces terrains.

Les Rues Chauchat, Rossini, Le Peletier, l'ancien Opéra, les rues Laffitte, Taitbout (partie), de Provence (comprenant la rue Saint-Nicolas d'Antin), la Cité d'Antin, les Rues du Helder, de la Chaussée d'Antin (partie), de la Ferme des Mathurins, le nouvel Opéra, les rues Scribe, Auber, Boudreau, de Mogador, etc., ont été établis successivement sur des terrains provenant des Mathurins.

Ces terrains pour la plupart loués en 1769 à raison de une livre la toise, ont acquis de nos jours une valeur d'environ 1,000 francs le mètre.

Aucune ville de l'Europe n'offre un pareil exemple d'un accroissement aussi fabuleux de prospérité.

X

LOUIS XVI

1774 — 1792

L'institution des Sourds-Muets. — Le Mont-de-Piété. — Le Bureau des Nourrices. — Les Jeunes-Aveugles. — L'Hôpital Necker. — L'Hôpital Beaujon. — L'Hôpital du Midi. — L'Hospice Cochin. — L'Hospice de La Rochefoucauld. — L'École des Mines. — L'École des Ponts et Chaussées. — L'École de Médecine et de Chirurgie. — La Société d'Agriculture. — Le Marché Beauvrau. — Le Pont de la Concorde. — L'Opéra-Comique. — Établissements et Voies publiques formés sur les terrains des religieux Augustins. — Enceintes de Paris jusqu'en 1789. — Le mur d'Octroi des Fermiers généraux. — Population de Paris à différentes époques. — Suppression des Corporations marchandes et des corps des Métiers parisiens. — Destruction de la Prévôté des Marchands. — Meurtre de Jacques de Flesselles.

Louis XVI n'avait que 20 ans lorsqu'il eut le malheur d'être appelé au trône. Parmi les créations auxquelles son humanité sut imprimer un caractère religieux et de bienfaisance, citons entre autres :

L'institution des *Sourds-Muets*, que le Roi fit doter, en 1785, d'une gratification annuelle de 3,400 livres.

Le *Mont-de-Piété*, établi conformément aux lettres patentes du 9 décembre 1777, dont voici une partie du préambule :

« ... Ce moyen, dit Sa Majesté, nous a paru le plus capable
» de faire cesser les désordres que l'usure a introduits, et qui
» n'ont que trop fréquemment entraîné la perte de plusieurs
» familles. Nous étant fait rendre compte du grand nombre
» de mémoires et de projets présentés à cet effet, nous avons
» cru devoir rejeter tous ceux qui n'offraient que des spécu-
» lations de finance, pour nous arrêter à un plan formé uni-
» quement par des vues de bienfaisance, et digne de fixer la
» confiance publique, puisqu'il assure des secours d'argent
» peu onéreux aux emprunteurs dénués d'autres ressources,
» et que le bénéfice qui résultera de cet établissement sera
» entièrement appliqué au soulagement du pauvre et à l'amé-
» lioration des maisons de charité... »

Les *Jeunes Aveugles*, le *Bureau des Nourrices*, l'*Hôpital Necker*, l'*hôpital Beaujon*, l'*hôpital du Midi*, l'*hospice Cochin*, l'*hospice de la Rochefoucauld*, etc., ont été fondés également sous Louis XVI, de tous nos Rois celui qui s'est le plus vivement intéressé à l'amélioration du sort des classes ouvrières de Paris.

Les *établissements scientifiques* et *d'utilité publique* furent nombreux également sous cette Royauté si digne de respect.

L'*École des Mines* est fondée en vertu d'un arrêt du Conseil, en date du 17 mai 1783.

L'*École des Ponts et Chaussées*, précédemment créée, ne prend une véritable consistance et ne rend des services réels qu'à partir de cette époque et par les soins de l'ingénieur Perronet.

Les bâtiments de l'*École de Médecine et de Chirurgie* sont construits sur l'emplacement de la *Maison des Éco-*

liers de madame Jehanne de Bourgogne, Reine de France.

Dans l'Arrêt du Conseil, du 7 décembre 1768, ordonnant cette construction, on lit :

« ... Le Roi étant en son Conseil, considérant la nécessité » qu'il y a de transporter ailleurs les Écoles de chirurgie » placées aujourd'hui dans une rue fort resserrée, sur un » terrain dont l'étendue n'est pas suffisante pour contenir le » grand nombre d'étudiants que la célébrité de ces Écoles y » attire de toutes les provinces du Royaume et même des » pays étrangers ; et voulant donner à l'Académie Royale de » Chirurgie, établie par les lettres patentes du 8 juillet 1748, » de nouveaux témoignages de sa bienveillance pour les ser- » vices qu'elle rend journellement au public, a ordonné et » ordonne que sur les terrains de la maison du Collège de » Bourgogne... il sera élevé un amphithéâtre pour servir aux » leçons d'anatomie, et il sera fait tous les bâtiments néces- » saires pour la tenue des Assemblées de la dite Académie » Royale et pour les Écoles de Chirurgie, etc... »

Bien que cette création date du règne de Louis XV, c'est véritablement à son successeur que Paris en doit la réalisation, la première pierre du monument ayant été posée par le Roi Louis XVI, le 4 décembre 1774.

L'*École royale de Chant et de Déclamation* (aujourd'hui Conservatoire de Musique et de Déclamation) remonte à 1784 ; elle est fondée par arrêt du Conseil du 3 janvier, sur la proposition du baron de Breteuil.

La *Société royale d'Agriculture* avait été créée par arrêt du Conseil d'État du Roi du 1er mars 1761. Mais sa véritable organisation appartient au règne de Louis XVI. Un arrêt du Conseil, à la date du 30 mai 1788, fait de Paris le point central de correspondance des autres sociétés de ce genre établies en France, et lui donne un nouveau règlement en vingt-trois articles.

L'approvisionnement régulier et abondant de la Ville fut également l'objet de la tendre sollicitude du roi Louis XVI.

Le *marché Beauveau*, dans le faubourg Saint-Antoine, est créé par arrêt du Conseil du 17 février 1777.

Le *marché des Innocents* est établi sur l'emplacement de l'ancien cimetière de ce nom. Dans l'arrêt du Conseil du 9 novembre 1785, on remarque les passages suivants :

« Sa Majesté, toujours attentive à ce qui peut être utile aux » habitants de sa bonne Ville de Paris, a déterminé de trans- » férer le marché aux Herbes et Légumes dans le terrain » connu sous le nom de Cimetière des Saints-Innocents, » déclaré domanial par arrêt du 26 octobre 1785. Ce terrain » a paru d'autant plus convenable à cette destination, que, » se trouvant à proximité des Halles, dont il formera la con- » tinuation, il procurera aux habitants l'avantage de trouver » réunies dans un même arrondissement les denrées néces- » saires à leur consommation. »

Les *halles aux Draps et Toiles, aux Cuirs, à la Marée, aux Poissons*, ont été établies ou améliorées à cette époque.

Dans nos archives municipales, existe un mémoire qui traite de cette question si intéressante de l'approvisionnement de Paris. — Ce mémoire émane de Turgot.

Le ministre qui traduisait les généreuses et paternelles intentions du roi Louis XVI, tout en reconnaissant pour Paris la nécessité d'une Halle centrale d'approvisionnement, propose un système d'ensemble ayant pour but la création de douze marchés dans les quartiers éloignés du centre, à l'effet d'épargner aux classes laborieuses, qui commençaient à se porter aux extrémités de la Ville, le trajet à la grande Halle.

Le *Pont de la Concorde* date aussi de cette époque ; il fut construit en vertu d'un Édit du mois de septembre 1786, et désigné sous le nom de Pont Louis XVI.

La sollicitude du Souverain ne s'étendait pas seulement sur tous les établissements utiles et destinés à favoriser les classes nécessiteuses ; mais sa paternelle intervention favorisait encore les beaux arts, qui exercent sur une grande Capitale comme Paris une si heureuse et si légitime influence.

Les lettres patentes dont nous reproduisons le préambule sont un glorieux témoignage de ce touchant intérêt pour la musique, de tous les arts celui qui impressionne le plus vivement l'imagination si vive des Parisiens.

« *Versailles, le 31 mars 1780.* — Louis, Roi de France... » La nécessité des spectacles dans les grandes villes de notre » Royaume, et principalement dans notre bonne Ville de » Paris, est un objet qui a de tout temps attiré l'attention des » Rois nos prédécesseurs, parce qu'ils ont regardé le théâtre » comme l'occupation la plus tranquille pour les gens oisifs et » le délassement le plus honnête pour les personnes occupées... » La musique française, qui jadis était l'objet du mépris ou » de l'indifférence des étrangers, est répandue aujourd'hui » dans toute l'Europe, puisqu'on exécute les opéras bouffons » et français dans toutes les Cours du Nord, où les plus grands » musiciens de Rome et de Naples applaudissent au talent de » nos compositeurs français... »

Telle est l'origine de l'*Opéra-Comique*, qu'on pourrait qualifier plus justement d'Opéra parisien.

Les *constructions* dans Paris augmentèrent sensiblement sous le règne de Louis XVI, de 1774 à 1789. Des prescriptions très sages furent imposées dans l'intérêt de la salubrité et de la circulation. Une déclaration du Roi, en date du 10 avril 1783 porte qu'il ne peut être ouvert en la Ville et faux-bourgs de Paris, aucune nouvelle rue qu'en vertu de lettres patentes. Cette déclaration prononce une amende de 3,000 livres contre les propriétaires et de 1,000 livres contre les maçons, charpentiers et autres ouvriers, en cas d'infraction à la disposition qui précède ; elle prononce en outre la démolition des ouvrages, la confiscation des matériaux et la réunion du sol des rues au domaine royal.

L'Art. 5 est ainsi conçu :

« La hauteur des maisons et bâtiments, autres que les édifices publics, sera et demeurera fixée, savoir : dans les rues de 30 pieds de largeur et au dessus, à 60 pieds, lorsque les constructions seront faites en pierres et moellons, et à 48 pieds seulement, lorsqu'elles seront faites en pans de bois ; dans les rues depuis 24 et jusques et compris 29 pieds de largeur, à 48 pieds, et dans toutes les autres rues à 36 pieds seulement ; le tout y compris les mansardes, attiques, toits et autres constructions quelconques au-dessus de l'entablement : Ordonnons en conséquence que les maisons et bâtiments dont l'élévation excède celles ci-dessus fixées, y seront réduites lors de leur reconstruction. »

Les lettres patentes du 25 août 1784 portent :

« Art. 1er. — Ordonnons qu'à l'avenir, la hauteur des façades des maisons et bâtiments, en la Ville et faux-bourgs de Paris, autres que celles des édifices publics, sera et demeurera fixée à raison de la largeur des différentes rues, savoir : dans les rues de 36 pieds de largeur et au-dessus, à 54 pieds ; dans les rues depuis 24 jusques y compris 29 pieds de largeur, à 45 pieds ; et dans toutes celles au-dessous de 23 pieds de largeur, à 36 pieds ; le tout mesuré du pavé des rues jusques y compris les corniches ou entablements, même les corniches des attiques, ainsi que la hauteur des étages en mansarde, qui tiendraient lieu des dits attiques ; voulons que les façades ci-dessus fixées ne puissent jamais être surmontées que d'un comble, lequel aura 10 pieds d'élévation, du dessus des corniches ou entablement, jusqu'à son faîte, pour les corps de logis simples en profondeur, de 15 pieds pour les corps de logis doubles; défendons d'y contrevenir, sous quelque prétexte que ce soit, sous les peines portées par notre déclaration du 10 avril 1783.

» Art. 2. — Permettons à tous propriétaires de maisons et bâtiments situés à l'encoignure de deux rues d'inégale largeur, de la reconstruire, en suivant du côté de la rue la plus étroite, la hauteur fixée pour la rue la plus large, et ce, dans l'étendue seulement de la profondeur du corps de bâtiment ayant face sur la plus grande rue, soit que le dit corps de bâtiment soit simple ou double en profondeur, passé laquelle étendue, la partie restante de la maison ayant façade sur la rue la moins large sera assujettie aux hauteurs fixées par l'article précédent.

» Art. 3. — Ordonnons, au surplus, que notre déclaration du 10 avril 1783 sera exécutée selon sa forme et teneur, en ce qui n'y est pas dérogé. »

Ainsi qu'on le voit par la comparaison des deux textes, les lettres patentes de 1784 avaient réduit les hauteurs assignées aux maisons par la déclaration de 1783.

Ces prescriptions révélaient une grande sagesse ainsi qu'une entente parfaite des exigences de la salubrité. Aussi la réglementation actuelle leur a fait les plus utiles emprunts.

Nous avons rappelé les ordonnances rendues par nos Rois, dans le but de s'opposer à l'agrandissement démesuré de la Ville de Paris.

En dépit de ces ordonnances, le flot de la population, comme une marée montante, renversait successivement les barrages qu'on voulait lui opposer. Il s'étendait surtout du côté du nord-ouest au delà du grand Cours ou boulevard établi sous Louis XIV.

Toute la Chaussée-d'Antin, les Faux Bourgs Montmartre, Poissonnière, Saint-Denis, Saint-Martin et du Temple étaient envahis, et les anciens marais sillonnés de rues presque aussitôt bâties que tracées. On avait beau consigner sur des tables de marbre et de pierre l'injonction de ne pas aller plus loin, l'envahissement continuait toujours et quand même.

Il n'en était pas ainsi sur la rive gauche de la Seine; son infériorité, qui s'affirmait depuis plusieurs siècles, remontait aux premiers déplacements de la population parisienne. Nous allons les rappeler succinctement.

Lorsque les Parisiens se sentirent trop à l'étroit dans l'*Ile de la Cité*, le commerce et l'industrie traversèrent le *grant Pont* (le Pont au Change) pour aller s'établir sur la rive droite de la Seine, qui leur offrait de précieux avantages pour le transport des marchandises.

En effet, les émigrants y trouvèrent un magnifique plateau qui s'étendait au loin, et sur lequel ils improvisèrent un nouveau Paris qu'on appela plus tard la Ville : *Urbs*.

Les Communautés religieuses et les Collèges suivirent un mouvement en sens contraire. Il leur fallait échapper au tumulte de la *Cité* comme aux envahissements de la *Ville*. Ils gagnèrent la rive gauche par le *petit Pont*, gravirent la montagne Sainte-Geneviève, et formèrent, en se développant librement sur ses deux versants, une agglomération qu'on appela l'*Université*.

Les Communautés religieuses s'agrandirent successivement et toujours. Limitées par des murs de clôture énervants de longueur, elles formaient barrages à l'industrie et au commerce, qui, sur la rive droite, se développaient librement.

Voilà ce qui explique pourquoi les quartiers de la rive droite ont progressé, tandis que ceux de la rive opposée sont restés stationnaires si longtemps.

Aussi, lorsque l'enceinte dite des *Fermiers généraux*, commencée en 1784, opéra son rayonnement, elle enfermait au midi de la Ville d'immenses terrains, de vastes solitudes, alors qu'elle rencontrait au nord une agglomération déjà considérable de population qui s'était portée dans les Faux Bourgs pour échapper aux taxes municipales de Paris.

Voici un document qui rappelle l'extension successive de la Ville de Paris jusqu'en 1788, année de l'achèvement complet de l'enceinte des Fermiers généraux.

ENCEINTES DE PARIS JUSQU'EN 1788

	hect.	ares	cent.	ou mètres.
Sous Jules César, 56 ans avant notre ère	15	29	07	152.307
Sous Julien, en 358 et 375	38	78	48	387.848
Sous Philippe-Auguste, en 1190 et 1211	252	86	33	2.528.633
Sous Charles V et Charles VI, en 1367 et 1383	439	17	20	4.391.720
Sous François Ier et Henri II, en 1547 et 1581	483	60	13	4.836.013
Sous Henri IV, en 1609	567	81	78	5.678.178
Sous Louis XIV, en 1671 et 1686	1.103	89	75	11.038.975
Sous Louis XIV et Louis XV, en 1715 et 1717	1.337	07	25	13.370.725
Sous Louis XVI, en 1788	3.370	33	07	33.703.307

Une observation est à consigner ici : comme nous l'avons dit, l'enceinte de Paris fut régularisée puis étendue au nord-ouest sous le règne de Louis XIII. Mais, à partir de cette époque et jusqu'à l'établissement de l'enceinte construite par les Fermiers généraux, la Capitale n'eut pas de clôture proprement dite. Sa délimitation ne fut indiquée que par des *bornes* posées de distance en distance. Mais ces limites elles-mêmes n'étaient pas respectées, et le Pouvoir se trouvait forcé, même à des intervalles assez rapprochés, d'établir de nouvelles bornes. Il en résulte que de 1638 à 1788, les documents ci-dessus et les chiffres qui les mentionnent ne peuvent être considérés que comme des approximations.

Une vérité sur laquelle il importe d'insister parce qu'elle est incontestable ; c'est que Paris n'était pas plein en 1784, le vase ne débordait pas, surtout dans les quartiers de la rive gauche de la Seine, en ce qui concernait les dernières limites récemment fixées.

Les Fermiers généraux, en augmentant considérablement l'étendue de la Ville de Paris, n'ont jamais eu l'intention généreuse de préserver la Capitale d'un anévrisme au cœur; ils ont construit leur mur d'octroi uniquement et financièrement pour soumettre aux taxes de Paris le plus grand nombre de consommateurs possible, en prévision, surtout, de l'accroissement prochain de la population.

Sans doute il importait de donner à la Ville de Paris des limites régulièrement tracées par un mur entourant la Capitale; en ce sens, cette opération était manifestement utile. Mais il fallait la conduire sagement, y consacrer l'argent nécessaire, rien de plus.

Les Fermiers généraux y dépensèrent des sommes considérables qui furent gaspillées en partie dans la construction de plusieurs *Barrières monumentales*, dont le tort était aussi de laisser les autres entrées de la Ville dans un état d'infériorité qui contrastait péniblement avec le luxe déployé aux autres extrémités de Paris.

Ces dépenses exagérées entraînèrent de fâcheuses conséquences. Pour rentrer le plus tôt possible dans leurs avances, les Fermiers généraux déployèrent une excessive sévérité dans la perception des taxes municipales, ce qui leur aliéna bientôt la population.

Elle ne s'en vengea pas seulement par des épigrammes ou des jeux de mots dans le genre de ceux-ci :

Le mur murant Paris rend Paris murmurant.

Pour augmenter son numéraire
Et raccourcir notre horizon,
La Ferme a jugé nécessaire
De mettre Paris en prison.

La population s'en prit à l'autorité, enveloppant dans sa réprobation le ministre de Calonne qui avait autorisé les Fermiers généraux.

En ce qui concerne la population de Paris à différentes époques, il est impossible d'en déterminer rigoureusement le chiffre. A cet égard, on est laissé dans une incertitude pareille à celle dans la quelle on flotte alors qu'il s'agit de fixer les limites de la Capitale, de 1638 à 1788 surtout. La raison en est facile à comprendre :

Les seuls éléments sérieux dérivent des taxes municipales, mais ces taxes ont varié comme les *bornes* ont changé de place. Pour s'exempter de la maîtrise, des ouvriers en grand nombre s'établissaient au delà de ces limites, qui devenaient Paris après le reculement de ces bornes.

Les documents qui suivent approchent de la vérité sans l'affirmer tout entière :

Philippe-Auguste,	année	1200..	100,000	habitants.
Philippe le Bel,	—	1313..	216,000	—
Charles V,	—	1368..	230,000	—
Henri II,	—	1553..	265,000	—
Henri IV,	—	1609..	305,000	—
Louis XIV,	—	1685..	462,000	—
Louis XV,	—	1750..	540,000	—
Louis XVI,	—	1788..	680,000	—

L'accroissement de la population n'est pas toujours un signe certain de prospérité pour une Capitale comme Paris.

S'il s'affirme dans le sens des classes riches ou aisées, c'est un bonheur pour cette grande Cité, parce que leur superflu, dépensé dans ses murs, assure le nécessaire des classes laborieuses, en maintenant les salaires constamment rémunérateurs.

S'il s'accuse au contraire dans le sens des ouvriers et des artisans de nos provinces venant fondre sur Paris comme sur une proie, c'est un immense malheur, parce qu'il amène la cherté des vivres et l'avilissement des salaires par une concurrence fiévreuse et désordonnée au dépens des ouvriers parisiens.

Ce malheur arriva dès 1789.

Ce fut la population riche qui diminua, tandis que la population pauvre augmenta.

Ce revirement fâcheux provenait de plusieurs causes ; nous allons interpréter celle qui, selon nous, exerça l'influence la plus décisive.

Si la population parisienne cessa d'être homogène, ce fut surtout par la suppression des corporations marchandes et des corps des métiers parisiens.

Les plus grands Ministres, Sully, Richelieu, Colbert, Choiseul ; les plus grands Magistrats de la Ville Paris, François Miron, Jacques Sanguin, de Pomereu, de Caumartin, ont exprimé tour à tour des opinions les plus favorables aux principes qui avaient servi de bases à cette organisation commerciale et industrielle, dont la durée a été plus de six fois séculaire.

Lorsque de si hautes intelligences, de si grandes aptitudes administratives se sont prononcées dans le sens de cette institution dont le moule est brisé, n'est-il pas utile d'en examiner les débris, comme on détache d'un monument écroulé des fragments de sculpture dont les beautés peuvent encore inspirer le génie de nos artistes ?

Ce qu'il importe de rappeler maintenant, c'est l'idée dont le législateur poursuivait l'application. Quel but voulait-il atteindre ? quels résultats ambitionnaient les Ministres et les Magistrats qui s'en montraient les partisans les plus dévoués ? Ils pensaient que la France devait être, avant tout, une nation agricole, et qu'il importait conséquemment de maintenir les cultivateurs à leurs champs où ils sont grandement utiles, tandis que dans les villes, à Paris principalement, ils deviendraient un fardeau d'abord, un danger ensuite.

Partant de cette vérité, il fallait créer un barrage à l'invasion des paysans, puis à celle des artisans et des ouvriers de nos provinces.

Ce barrage le plus solide ne pouvait être qu'une organisation commerciale et industrielle dans Paris, qui leur défendît de fondre sur la Capitale comme sur une proie. — Voilà pourquoi cette organisation fut uniquement parisienne.

Il devait en résulter cet avantage précieux : d'éviter l'accroissement trop rapide des classes laborieuses auxquelles il eût fallu assurer dans la Capitale un travail permanent et toujours productif.

Ce système concordait parfaitement avec ce grand principe administratif dont l'application très sage consistait à faire de Paris une ville de luxe par excellence, une Reine des sciences et des arts. C'était aussi le plus sûr moyen d'assurer la stabilité du pouvoir, toujours en péril dans une formidable cité ouvrière.

Chaque corporation marchande devint solidaire de la droiture de tous ses membres ; de là ce proverbe : *Commerce parisien, commerce d'honnêtes gens.*

Chaque corps de métiers constitua bientôt une véritable famille, ayant son organisation, ses devoirs tracés, ses intérêts sauvegardés, chaque associé apportant sa part à la ruche commune.

On ne devenait patron qu'après avoir été successivement simple apprenti, ouvrier et compagnon ; il faut avoir appris à bien obéir, avant de savoir commander avec sagesse et autorité.

Dans l'orfèvrerie, dont nous avons déjà parlé, l'argent nécessaire pour se procurer la *maîtrise* ne suffisait pas à l'ouvrier pour faire de lui un patron, il fallait encore témoigner d'une grande habileté par un *chef-d'œuvre*, c'est-à-dire par une première œuvre qui fit juger le postulant digne d'être admis dans la corporation.

On s'est élevé avec une apparence de raison contre la maîtrise qu'il fallait acheter pour devenir patron. Elle coûtait 1,200 livres. Eh bien ! les bons ouvriers orfèvres, qu'on pouvait considérer comme de véritables artistes, gagnaient, de 1750 à 1780, 10 et 12 livres par jour. Quant aux dessinateurs de modèles pour vases, coupes, aiguières, etc., ils se faisaient payer 500 et même 600 livres par mois. Ces rémunérations font bien comprendre qu'il n'était pas fort difficile, avec de l'ordre, de l'économie et un travail persévérant, de se procurer la somme nécessaire pour acheter la maîtrise.

En 1848, sur des barricades, flottaient des drapeaux rouges ; sur plusieurs on lisait : *Droit au travail !* Cette prétention armée et coupable n'avait en vue qu'une conquête impossible, en raison de la formidable agglomération ouvrière qui s'accusait déjà dans Paris.

Eh bien ! chose extraordinaire et dont peu de personnes ont connaissance aujourd'hui : par le fait de l'organisation commerciale et industrielle d'autrefois, ce *droit au travail* existait anciennement à Paris.

Disons tout de suite que l'exercice de ce prétendu droit était alors facile, parce que le nombre des bras correspondait à la somme de travail, grâce à la haute intelligence de nos magistrats, qui maintenait cet équilibre.

Ainsi, pour ne pas sortir de la corporation des orfèvres, quand un ouvrier tombait malade, il avait, comme nous l'avons dit au règne d'Henri IV, un hôpital où il était soigné. Lorsque son patron avait été forcé de le remplacer, l'ouvrier, lors de son rétablissement, n'avait qu'à s'adresser au syndic de la corporation, qui lui faisait donner un bulletin sur lequel étaient indiqués le nom et la demeure du maître orfèvre qui devait l'employer.

Voilà le bien que nous a révélé l'étude approfondie de cette institution; il est juste maintenant d'en faire ressortir le mal.

Le reproche le plus grave qu'on pouvait adresser aux corporations marchandes avait trait à la limitation trop rigoureuse du nombre des maîtres ou patrons évidemment intéressés à ne pas augmenter la concurrence. — Les ouvriers parisiens s'en plaignaient amèrement.

Mais ces derniers étaient également jalousés par les ouvriers et les artisans de nos provinces que rejetaient les corps des métiers parisiens.

Évidemment le cadre était trop étroit, il fallait l'élargir, — on le brisa.

Ce qu'on devait conserver précieusement, c'était l'organisation intérieure des corporations marchandes, parce qu'elle offrait les plus sûres garanties de moralité commerciale.

Ce qu'on devait respecter, c'était l'obligation imposée à chaque marchand de se renfermer dans la spécialité de son commerce.

Il fallait empêcher le capital d'agir en tyran, au nom de la liberté commerciale qui lui permettait d'absorber tous les articles tenus par les petits établissements voués ainsi à une ruine certaine.

Quant au corps des métiers parisiens, la solution pratique et pacifique des questions qui divisent encore maintenant les patrons et les ouvriers, dort depuis près d'un siècle dans la poussière de nos archives. Les théories nouvelles, loin de guérir le mal, ne peuvent que l'envenimer; la bonne harmonie et la fusion des intérêts ne s'obtiendront qu'en greffant le présent sur le passé.

Vérité digne de remarque! L'ancienne organisation commerciale de Paris sauvegardait la femme, lui assurait un travail permanent et rémunérateur tandis que la liberté moderne, sans réglementation, l'a pour ainsi dire exclue de toutes les professions que sa nature, sa faiblesse et son intelligence lui avaient dévolues.

Le gain des femmes était relativement supérieur autrefois au gain actuel, en ce qu'elles se trouvaient affranchies des chômages dont elles sont trop souvent les victimes aujourd'hui.

« Tous les travaux d'aiguille appartiennent aux femmes, » disait un de nos anciens magistrats; tous les commerces » de détail qui réclament du goût et de l'intelligence, sans » exiger des bras musculeux, doivent être exercés par elles.

» Si la jeune ouvrière ne gagne pas son pain, il n'y a pas de » milieu, il faut qu'elle vende son corps. Quand elle aura fait » de sa jeunesse et de sa beauté une marchandise à livrer » quand même, la dégradation de la femme deviendra l'avi- » lissement de l'homme. »

Complétons ce chapitre par un exposé des *Finances municipales* sous l'ancienne Édilité.

Comme nous l'avons dit, elles tiraient leur principal élément productif des taxes qu'on percevait aux portes de la Ville; ces taxes, ainsi qu'on l'a vu, frappaient principalement les objets de consommation et les denrées de première nécessité.

Ce système, loin de nuire à la population parisienne, lui procurait deux avantages : l'un, de permettre l'exécution de grands travaux profitables à Paris; l'autre, de maintenir à distance, par la cherté relative des vivres, les cultivateurs et les ouvriers de nos provinces qui sans ces utiles barrages eussent exposé la Capitale à des envahissement dangereux.

Dans les temps de prospérité publique, nos anciens administrateurs ont toujours augmenté les taxes, pour se réserver le moyen de les diminuer aux époques difficiles ou calamiteuses.

L'histoire de Paris affirme cette autre vérité : Tant que son Édilité s'est renfermée dans l'accomplissement de sa mission administrative, le fonctionnement de nos franchises municipales n'a subi, de la part de l'autorité aucune atteinte. Ce qu'on appelait le *Bureau de la Ville* imposait à son gré les contribuables, mais toujours avec sagesse.

Pour son malheur, comme au détriment de Paris, lorsque son Édilité s'est laissée entraîner dans nos dissensions politiques, quand elle s'est détournée de son devoir, cette faculté de battre monnaie, devenue dangereuse, a cessé de lui être octroyée. Cette privation se justifie pleinement: le Souverain ne pouvait laisser bénévolement à l'Édilité parisienne le moyen, par exemple, de lever des troupes pour les opposer à l'autorité Royale.

Alors, elle est intervenue dans la réglementation des *comptes de la Ville* pour en ordonner les dépenses et les recettes.

Ainsi, après la journée des *Maillotins*, Charles VI, par lettres patentes du 27 janvier 1382, abolit la Prévôté et l'Échevinage; le Roi ne les rétablit que le 27 janvier 1411, mais avec certaines restrictions, entre autres celles de ne créer de nouvelles taxes et de n'en disposer des produits, qu'après en avoir obtenu le consentement du Roi.

Nos franchises municipales ne redevinrent complètes, ainsi qu'elles étaient anciennement, qu'après l'entrée de Charles VII dans Paris.

La guerre civile de la *Fronde*, sous le rapport de nos attributions municipales, fut encore plus préjudiciable à la Capitale que ne l'avait été la révolte des *Maillotins*.

Louis XIV, auquel la Reine-Mère n'avait cessé de répéter que la Cour avait été bloquée par l'émeute dans le Palais-Cardinal, Louis XIV, comme nous l'avons dit, modifia profondément l'ancienne organisation municipale.

Le Prévôt des Marchands n'entrait dès lors en fonctions qu'après un simulacre d'élection dans laquelle le Souverain intervenait par une missive adressée par le Roi aux membres composant le Bureau de la Ville. Cette missive souveraine était d'ordinaire ainsi conçue : « Il nous serait agréable de vous voir porter vos voix sur..... » (puis le nom du magistrat désigné). Cette espèce de formule était en réalité un ordre; la rédaction courtoise en adoucissait quelque peu l'amertume.

Il faut donc insister sur cette vérité, que l'histoire de Paris ne constate que trop souvent : l'amoindrissement ou l'abolition de nos franchises municipales a toujours eu pour cause la malheureuse intervention de nos Magistrats dans les actes du gouvernement, à différentes époques toujours calamiteuses.

Tant qu'ils se sont maintenus dans leurs attributions purement administratives, nos franchises municipales ont prospéré et le calme dans Paris a fait le bonheur de la France.

Les successeurs de Louis XIV ne restituèrent pas à l'administration municipale les priviléges dont elle bénéficiait autrefois. Les finances de la Ville furent réduites aux nécessités rigoureusement administratives, et la Prévôté n'eut à recevoir et à dépenser qu'avec l'assentiment du Souverain.

Les comptes de la Ville révèlent des recettes relativement moins abondantes sous Louis XIV, Louis XV et Louis XVI que sous Henri IV et Louis XIII, et cela, parce que certaines taxes jadis municipales étaient revendiquées par le Souverain.

Cette revendication n'avait pas pour but de grossir le trésor royal, mais de procurer au Souverain tout l'argent nécessaire pour intervenir grandement dans l'administration municipale et improviser des monuments intéressant la splendeur de Paris.

La bibliothèque Carnavalet possède, entre autres documents, un *Compte de la seconde prévôté de M. Delamichodière, du mois d'août 1774 à pareil mois 1776, et de l'échevinage de MM. Boucher, Étienne Vernet, Trudon, Roettiers de la Tour, Angelesme de Saint-Sabin* (1).

Ce document porte un sous-titre ainsi libellé :

» Bref état de compte présenté au Roi par les Prévôt des » Marchands et Échevins de la Ville de Paris, de leur admi- » nistration des biens du domaine de ladite Ville, et de toutes » ses recettes et dépenses ordinaires et extraordinaires quel- » conques pendant les deux années du mois d'août 1774 à » pareil mois 1776, de la seconde prévôté de M. Delamicho- » dière, Conseiller d'État, avec les observations nécessaires » pour faire connaitre à Sa Majesté la situation active et pas- » sive de la Ville, le tout en exécution de l'article deux du » règlement sur son administration, ordonné par arrêt du » Conseil, le 24 février 1767, et de l'article trois de l'arrêt » du Conseil du 12 septembre de la même année 1767, et con- » formément aux ordres du Roi sur la forme du présent » compte du 6 mars 1775. »

RECETTES		DÉPENSES	
1. Octroi sur les fermes	281,675 liv.	1 à 6. Rentes perpétuelles et intérêts annuels	3,685.907 liv.
2. Octroi jusqu'à Mantes	6.112	7 à 8. Rentes viagères	704,919
3. Octroi aux entrées de Paris (Pied fourché, boissons)	4.333.249	9. Pensions viagères pour récompenses de services et autres motifs	25.032
4. Droit de halle et gare	693,299	10. Pensions viagères en faveur des Commis jaugeurs supprimés	284.192
5. Nouvel Octroi sur les boissons	2.652,081	11. Redevances aux hôpitaux et à des taxes de main-morte	21.868
6. Cens	318	12. Gages et taxations fixes des officiers de l'Hôtel de Ville	42.325
7. Lods et ventes	24.659	13. Droits de logement	36,000
8. Rentes foncières	3.898	14. Présents et fournitures d'usage à M. le Gouverneur de Paris	80.000
9. Redevances simples	800	15. Droits et honoraires des officiers du Bureau et du Corps de Ville	360.000
10. Redevances emphytéotiques	2.226	16. Robes de velours et de deuil aux dits officiers	54.300
11. Redevances pour temps illimité	34	17. Honoraires des Sous-Commissaires à l'administration de la Ville	16.000
12. Loyers et fermages	254,919	18. Honoraires de quatre avocats Conseils de Ville	8.000
13. Loyers des maisons de la Comédie-Française	64.559	19. Jetons de la Prévôté	50.000
14. Rentes constituées	8.598	20. Épices à la Chambre des Comptes	8.300
15. Droits de hanse	*Mémoire*	21 à 23. Appointements, gages, gratifications, frais de régie	654.188
16. Objets assignés sur les domaines et bois du Roy	15.696	24. Bibliothèque de la Ville	10.194
17. Redevances sur les officiers gardes de nuit	26,000	25. Hôtel des Mousquetaires	52,262
18. Droit annuel et indemnité accordée par le Roy	34,137	26 à 29. Ouvrage d'entretien par Marché à l'année	175,466
19. Amendes	*Mémoire*	30 à 34. Réparations et réédifications	811,295
20. Bénéfices de la loterie de la Ville	652.474	35. Diverses dépenses annuelles et fortuites	106.357
21. Fonds ordonnés par le Roy	168,682	36. Acquisitions faites par la Ville	510.876
22. Intérêts par les adjudicataires de l'hôtel de Soissons	95.672	37. Diverses dépenses extraordinaires occasionnées par les événements	68.643
23. Intérêt d'une somme de 200 mille livres prêtés aux sieurs Oblin et Lecamus	20.000	38. Remboursement de rentes perpétuelles	237.950
24. Contributions à des dépenses particulières	811	39. Remboursement de rescriptions	25.000
25. Académie royale de musique	*Mémoire*	40. Remboursement de capitaux de liquidation d'ouvrages et de fournitures	221,666
26. Excédant de recette de 1772 à 1774	426.291	41. Académie Royale de musique	314.037
27. Reprise des comptes de 1772 à 1774	302.570	42. Payement sur les Impositions royales dues au Roy	426.737
		43. Frais d'emprunt tant en rentes perpétuelles que viagères	25,654
		44. Payement sur dettes arriérées de la Ville	292
		45. Reprise sur la recette du présent compte	302.570
TOTAL DE LA RECETTE	10.068.730 liv.	TOTAL DE LA DÉPENSE	9.320.330 liv.

Maintenant, pourquoi les comptes n'étaient-ils rendus que tous les deux ans au mois d'août?

Parce que la remise de ces comptes concordait avec l'expiration des pouvoirs des Prévôts des Marchands nommés pour deux ans; ces pouvoirs expiraient également le 15 août, jour de l'Assomption.

Toutefois, ces magistrats pouvaient être réélus et continuer encore leurs fonctions pendant deux nouvelles périodes, lesquelles, en certaines circonstances, ont été même dépassées.

(1) Une rue dans le Ier arrondissement a conservé le nom de l'Échevin Pierre-Richard *Boucher* — celui de Jacques-François *Trudon*, également Échevin, décorait une voie publique du IXe; elle a été supprimée pour la formation de la rue Auber. Une rue du XIe portait le nom de la Tour en l'honneur de l'Échevin Jacques-Nicolas Roettiers Delatour. L'Administration Municipale, supposant à tort qu'il s'agissait d'une tour, a supprimé le nom de l'ancien administrateur pour le remplacer par celui de Rampon. Quant à Charles-Pierre-Angelesme de *Saint-Sabin*, une voie publique, dans le même arrondissement, porte encore la dénomination de Saint-Sabin, avocat en parlement, échevin de la Ville de Paris.

Exemples : Etienne Turgot, élu Prévôt des Marchands le 14 juillet 1729, attendu la mort de Lambert de Thorigny, survenue le 10 juillet, fut continué jusqu'au 16 août 1740.

Messire Louis-Bazile de Bernage, nommé Prévôt des Marchands le 22 août 1742, par suite du décès de Félix Aubery, continua ses fonctions jusqu'au 16 août 1758.

D'après le compte que nous venons de reproduire, la recette générale monte à. . . . . 10,068,730 livres
La dépense et la reprise à. . . . . 9,320,330 »

Partant, la recette excède la dépense et la reprise de. . . . . 748,400 livres.

Le Bureau de la Ville encaissait donc un peu plus de cinq millions par année ; il en dépensait un peu moins.

Avec ces cinq millions, qui en représenteut plus de quinze aujourd'hui, est-il supposable que l'administration d'alors ait pu conduire et mener à bonne fin des entreprises considérables comme celles qu'on réalisait alors ?

Cela n'est pas admissible. Voici comment elle opérait : Elle offrait des parties ou coupons de rentes aux propriétaires des maisons, ou des terrains dont elle avait besoin, soit pour l'ouverture de nouvelles voies, soit pour l'élargissement d'anciennes rues, ou bien pour la création d'établissements publics.

La Prévôté pensait, avec raison, qu'en laissant aux générations futures un Paris amélioré, sous le rapport de la salubrité et de la circulation, il était de toute justice qu'elles prissent leur part du fardeau que le présent s'imposait. Ce système correspondait aux emprunts actuels, seulement avec cette différence que l'ancienne édilité servait les intérêts et n'éteignait pas la dette, tandis que de nos jours on la diminue chaque année, pour la faire disparaître entièrement à une époque déterminée.

Même en ajoutant à ces cinq millions de recettes, les ressources que procuraient au bureau de la Ville ses rentes perpétuelles, on ne saurait encore établir une comparaison entre les sommes dépensées et les améliorations réalisées. Les deux plateaux de la balance ne se sont pondérés qu'avec l'appoint des largesses royales. A nos Souverains appartient l'honneur d'avoir été les véritables, les grands décorateurs de Paris.

Le Louvre, sa belle colonnade, l'Hôtel des Invalides, l'École Militaire, etc., n'ont pas été construits par nos magistrats ; il est de toute justice d'incruster dans la pierre de ces monuments, les noms de nos Rois.

Quant à nos anciennes églises les plus remarquables, on les doit à la piété des fidèles ; ils ont fourni les bras qui les élevèrent et l'or qui les a payées.

Nous n'avons pas à reproduire dans cet ouvrage les premières scènes de la révolution ; elles ne sauraient entrer dans le cadre purement administratif que nous avons choisi.

Il importe seulement de rappeler de quelle façon fut détruite une institution municipale qui, d'une chétive et pauvre bourgade, avait fait une Ville d'abord, une grande Capitale ensuite.

Cette institution se personnifiait encore au commencement de l'année 1789, en messire Jacques de Flesselles, Prévôt des Marchands de la Ville de Paris.

Pour détruire la Royauté, l'insurrection rencontrait alors un obstacle : c'était l'organisation forte et solide de cette édilité parisienne à laquelle l'Europe avait fait, pendant des siècles, tant de nombreux emprunts de sagesse et de science administrative.

Le 14 juillet 1789, il y avait foule sur la place de Grève. La grande salle de l'Hôtel de Ville était envahie, bien avant l'arrivée du Prévôt des Marchands.

Lorsque le magistrat parut, des menaces l'assaillirent de tous côtés.

— Voilà le bourreau du peuple ! crièrent les émeutiers en montrant le poing au Magistrat qui, depuis un mois, passait les nuits à travailler.

— Pourquoi le pain est-il si cher à Paris ?

— Reprochez-le donc au soleil qui n'a pas mûri nos moissons, répond Jacques de Flesselles.

— A bas vos taxes municipales !

— Mais c'est avec l'argent qu'elles produisent que nous donnons du travail aux ouvriers, que nous construisons des monuments qui ont conquis à la France le rang distingué qu'elle occupe dans les arts.

— Pourquoi forcez-vous la province à vous payer des tributs dont Paris seul profite ?

— Une Capitale n'est point une ville de production, mais bien de consommation. C'est un immense débouché pour les marchandises et les denrées provenant de la province. Ces marchandises vous procurent des bénéfices que vous ne feriez pas sans Paris ; or, il est juste que nous comptions, et que la province nous laisse une partie de cet or que nous lui donnons à poignées.

— D'où vient que les nobles, les étrangers et les riches quittent Paris en foule ?

— Parce que vous leur faites peur avec vos émeutes.

— Vous êtes vendu au Roi !

— Dites que je suis dévoué à la Royauté.

— Donnez votre démission.

— Je tiens mes fonctions de la confiance des électeurs et de la bonté du Roi, je ne les résignerai jamais par peur des ambitieux et des agitateurs.

— Mort à Jacques de Flesselles ! A la Seine, le Prévôt des Marchands !

— C'est bien, j'irai en paradis par eau.

On vint annoncer au Prévôt que le Roi le demandait au plus tôt — c'était un moyen employé par les émeutiers pour faire sortir le Magistrat de l'Hôtel de Ville.

Messire de Flesselles ordonne d'apprêter sa voiture et quitte la grande salle.

A peine avait-il atteint la première marche du grand escalier, qu'on entendit la détonation d'un pistolet ; l'on vit le Magistrat porter la main à sa poitrine comme pour indiquer que la balle l'avait frappé là. Puis le Prévôt chancela ; — on courut pour le soutenir, il était mort.

Abrégeons les détails sanglants de ce meurtre ; rappelons seulement que la tête du Magistrat, séparée du corps, fut plantée au bout d'une pique, et portée triomphalement dans les rues de Paris.

Ainsi finit le dernier représentant d'une institution qui avait fait de la petite Lutèce la Capitale de la France.

L'insurrection entrant dans l'Hôtel de Ville par l'assassinat, nous allons voir comment Paris fut administré.

XI

LA PREMIÈRE RÉPUBLIQUE

1792 — 1800

CE QUE DEVINT L'HÔTEL DE VILLE APRÈS LE MEURTRE DE JACQUES DE FLESSELLES. — DÉCRET DU 14 DÉCEMBRE 1789 ; LOIS DES 21 MAI 1790, 30 AOUT ET 2 SEPTEMBRE 1792. BAILLY, PÉTHION, FLEURIOT-LESCOT ; LE BILAN DE LEUR POPULARITÉ. — LE

CORPS MUNICIPAL APRÈS LE 10 AOUT. — COMMUNE DE PARIS; LES MASSACRES DE SEPTEMBRE; LA NOMENCLATURE DES RUES; LA VIANDE ET LE PAIN DONT SE NOURRISSENT LES PARISIENS; MALPROPRETÉ DE LA VILLE; LES ÉGLISES SONT DÉPOUILLÉES DE LEURS ORNEMENTS, LES CIMETIÈRES DE LEURS CROIX. — TABLEAU DE PARIS EN 1793. — LES PARISIENS SONT EN MINORITÉ DANS LE CONSEIL GÉNÉRAL DE LA COMMUNE — LE PÈRE DUCHÊNE; LES PORTEURS DE JOURNAUX. — LES LOTS GAGNÉS A LA LOTERIE DE SAINTE GUILLOTINE, — LES RÉSERVES DOMANIALES; LES ACQUÉREURS DE BIENS NATIONAUX; LE PLAN DE PARIS; LA COMMISSION DES ARTISTES. — CRÉATIONS ÉMANANT DE L'ÉTAT; LES ARCHIVES GÉNÉRALES, L'INSTITUT, L'ÉCOLE POLYTECHNIQUE, L'ÉCOLE NORMALE. — CONCLUSION.

Après le meurtre de Jacques de Flesselles, quatre cents électeurs qui s'étaient réunis à l'Hôtel de Ville, administrèrent la Capitale au milieu de l'agitation qui croissait à chaque instant.

Une assemblée aussi nombreuse devait augmenter le désordre au lieu de calmer les esprits. Les discussions interminables, toujours orageuses et politiques, qui absorbèrent un temps précieux, firent sentir aux membres qui composaient cette réunion, la nécessité de résigner leurs fonctions.

Le 25 juillet, cette assemblée d'électeurs fut remplacée par une municipalité *provisoire* composée de cent vingt députés des districts, sous le titre de représentants de la Commune de Paris.

Cette liste d'administrateurs improvisés a été pour nous le sujet d'études intéressantes; elles nous ont appris entre autres, que sur ces cent vingt délégués, on ne comptait que seize Parisiens. Quelques noms, il est vrai, sont devenus célèbres; mais, en général, ces noms ont une signification toute politique, complètement étrangère et même inhabile à l'administration d'une grande Capitale.

Un décret du 14 décembre 1789 abolit toutes les municipalités du royaume et les recomposa sur une autre base. Ce décret donna naissance à la loi du 21 mai 1790, applicable à la Ville de Paris. Aux termes de cette loi, fut créée une administration composée d'un maire, de seize administrateurs, de trente conseillers, de quatre-vingt-seize notables, d'un procureur-général de la Commune et de deux substituts.

Cette municipalité se divisait en *Conseil* et en *Bureau*. Le maire et les seize administrateurs composaient ce qu'on appelait le bureau; les trente-deux conseillers, réunis au bureau, formaient le *Conseil Municipal*. Enfin, la réunion du Conseil municipal et des quatre-vingt-seize notables constituait le *Conseil général de la Commune*.

Le travail du *Bureau* était divisé en cinq départements ou comités, savoir : 1° *Comité des Subsistances*; — 2° *de la Police*; — 3° *des Finances*; — 4° *des Établissements publics*; — 5° *des Travaux publics*.

Chaque département avait à rendre compte de ses opérations au Conseil municipal. Enfin, la loi établissait une force militaire sous le nom de *Garde nationale parisienne*, et donnait le commandement de cette milice au Conseil municipal. La police passait également dans les attributions de la municipalité; le maire et la section du bureau dit *de Police* en étaient chargés sous l'impulsion du Conseil municipal.

Tels furent les principaux éléments dont se composait la loi du 21 mai 1790.

D'après cette organisation toute politique, l'action tutélaire de l'autorité supérieure se trouvait annulée; il ne lui était plus permis de sentir sous sa main battre le cœur de la France; la police et la force armée étant dérobées au Pouvoir, le Conseil municipal en disposait; il était tout, — l'autorité rien.

Fait curieux à méditer : Sait-on quel a été le détracteur le plus sincère et le mieux convaincu de cette loi du 21 mai 1790? Celui qui était chargé de son exécution, celui qui en fut la représentation vivante d'abord, la victime ensuite. Le Maire de Paris, Bailly, le 12 novembre 1791, dans son discours d'adieu au Conseil général de la Commune, signalait tous les vices de cette organisation, qui ne pouvait faire de la Capitale qu'un Paris fiévreux, affamé et déplorablement administré.

Bailly ayant donné sa démission, il fallut élire un nouveau maire. Sur 81,000 citoyens appelés à voter, 10,300 seulement prirent part au scrutin. Péthion ne fut nommé que par 6,600 voix, contre 3,000 données à La Fayette.

Paris n'était plus alors la Ville du luxe, la Cité Reine des sciences et des arts. Fuyant la sédition, les nobles, les riches et les étrangers avaient quitté Paris, emportant l'or qu'ils semaient autrefois dans cette Ville. Il ne resta plus dans la Capitale que la population contrainte d'y rester et qui se courbait tremblante et humiliée devant les agitateurs. Du 14 juillet 1789 au 12 novembre 1791, Paris vit s'éloigner de ses murs 15,000 familles nobles, riches ou aisées, composant un chiffre de 45,000 personnes au moins.

Par contre, dans la même période, plus de 60,000 bohêmes, ouvriers, artisans et cultivateurs postiches, entrèrent dans Paris, où toutes les mauvaises passions fermentaient.

Du 16 juillet 1789 au 28 juillet 1794, la Capitale compta cinq premiers magistrats sous le nom de Maires de Paris. Sur les cinq, il y en eut trois qui jouirent de la plus grande faveur. — Voici le bilan de leur popularité.

Le premier, dont nous avons déjà parlé, *Jean-Sylvain Bailly*, surnommé le *Père la Vertu*, trois mois de popularité, puis l'indifférence, la haine ensuite. — Guillotiné sur un tas d'ordures après cinq heures d'outrages et d'agonie.

Le deuxième, *Jérôme Péthion de Villeneuve*, que le peuple, qui se mirait dans son Maire, appelait le *Roi Péthion* — deux mois de popularité, passe de mode, est détesté, mis hors la loi, étranges expressions : hors la loi! Poursuivi, traqué comme une bête fauve, le ci-devant Roi du Peuple est forcé de se cacher dans un des hameaux de la Gironde. Un matin, des sarcleurs trouvèrent çà et là, dans un champ de blé, près d'un bois, des ossements humains mêlés à des lambeaux de vêtements. — Voilà tout ce qui restait du Roi Péthion!

Le troisième favori, *Fleuriot-Lescot*, guillotiné à trente-trois ans avec Robespierre. La veille de son arrestation, le peuple, voyant passer son Maire, criait : *Vive Fleuriot! Vive l'honnête homme!*

Le jour de son supplice, autour de la charrette qui conduisait le Magistrat, on entendait : *A bas la canaille!*

Quant aux deux autres Maires de Paris, si la populace leur épargna l'échafaud, c'est qu'elle ne les avait pas jugés dignes d'abord de son affection.

Il y a une distinction à faire entre la loi du 21 mai 1790 et celles des 30 août et 2 septembre 1792.

La loi toute politique de 1790, qui mettait à la dévotion du Conseil Municipal de Paris la police et la force armée, n'a pas précisément décapité le Roi Louis XVI; — elle a fourni le couperet.

Elle n'a pas rigoureusement organisé les massacres de septembre; — elle a préparé les moyens de les exécuter.

Comme on va le voir, ces lois de 1790 et 1792 sont deux anneaux d'une même chaîne.

Le 10 août, Paris était agité, fiévreux. La foule menaçait

à chaque instant d'envahir les Tuileries. Le Roi, dans le but d'épargner à sa famille les dangers qu'elle courait, résolut de chercher un refuge avec elle dans le sein de l'Assemblée nationale.

Durant ces événements, plusieurs sections décidèrent la déchéance de la Municipalité dont la majorité ne se prononçait pas assez énergiquement dans le sens de l'émeute; elles ne maintinrent à leur poste que les membres qui pactisaient avec l'insurrection. Au milieu de la nuit, des commissaires furent dépêchés par ces sections en permanence, pour s'emparer de la *Maison Commune*, en notifiant à la Municipalité l'étrange arrêté que voici :

» *A Paris, ce 10 août 1792.*

» L'assemblée des commissaires de la majorité des sections » réunies en plein pouvoir pour sauver la chose publique, a » arrêté que la mesure que la chose publique exigeait, était » de *s'emparer de tous les pouvoirs* que la Commune » avait délégués et d'ôter à l'état-major l'influence dange- » reuse qu'il a eue jusqu'à ce jour sur le sort de la liberté;

» Considérant que ce moyen ne pouvait être mis en usage » qu'autant que la Municipalité, qui ne peut jamais, et dans » aucun cas, agir que par les formes établies, serait sus- » pendue de ses fonctions, a arrêté que le Conseil général de » la Commune serait suspendu, et que M. le Maire et M. le » Procureur général de la Commune, qu'ils laissent adminis- » trateurs, continueraient leurs fonctions administratives.

» *Signé* : HUGUENIN, président;
» MARTIN, secrétaire. »

Immédiatement après la notification de cet arrêté, les magistrats qui déplaisaient aux émeutiers furent remplacés par des hommes dévoués à l'insurrection, et la nouvelle Municipalité fit aussitôt sa notification à l'Assemblée nationale dans les termes ci-après :

« Ce sont les nouveaux magistrats du peuple qui se pré- » sentent à votre barre. Les circonstances commandaient » notre élection, et notre patriotisme saura nous en rendre » dignes... Législateurs, il ne vous reste plus qu'à seconder » le peuple. Nous venons ici, en son nom, vous demander des » mesures de salut public. Pethion, Manuel, Danton sont tou- » jours nos collègues. Le peuple, qui nous envoie vers vous, » nous a chargés de vous déclarer qu'il n'a cessé de vous » croire dignes de sa confiance; mais il nous a chargés en » même temps de vous déclarer qu'il ne pouvait reconnaître » pour juge des mesures extraordinaires auxquelles la néces- » sité et la résistance à l'oppression l'ont porté, que le peuple » français, votre souverain et le nôtre, réuni dans ses assem- » blées primaires. »

L'audace d'un tel langage annonçait que la Commune de Paris, dans laquelle les Parisiens se trouvaient en infime minorité, allait absorber tous les pouvoirs. Le 17 août, voulant s'épargner les sages lenteurs de la justice, la Commune obtint de l'Assemblée la création d'un *tribunal extraordinaire* pour prononcer « sur les crimes commis dans la journée du » 10 août et crimes y relatifs, circonstances et dépendances. » — Ce tribunal révolutionnaire devait juger en dernier ressort, sans recours comme sans pitié.

Pour compléter l'omnipotence de cette monstrueuse Municipalité, l'Assemblée nationale lui avait abandonné la police dite de *sûreté générale*.

Ainsi la Commune de Paris n'était pas seulement maîtresse dans la Capitale; la France entière allait encore se courber devant elle.

Cet odieux régime de la Terreur est connu, on l'a justement flétri. — Seulement, rappelons comment Paris fut alors gouverné.

Ses administrateurs, improvisés par l'émeute ou l'insurrection, s'en prennent d'abord aux noms des rues et des monuments; ils procèdent à leur *raccourcissement* pour en préparer d'autres. Ainsi les rues Saint-Antoine, Saint-Martin, Saint-Denis, Saint-Jacques, etc., s'appellent rue *Antoine*, *Martin*, *Denis* et *Jacques*; — les saintes ne sont pas plus épargnées que les saints.

D'autres dénominations de voies publiques sont étrangement défigurées. Le carrefour de la Croix-Rouge devient carrefour du *Bonnet-Rouge*; l'impasse Coquenard, impasse *Brutus*; la rue des Cordeliers (aujourd'hui de l'École-de-Médecine), rue *Marat*; la rue Guisarde, rue des *Sans-Culottes*; la rue de Madame, rue des *Citoyennes*; la rue du Roi-de-Sicile, rue des *Droits-de-l'Homme*; la place Royale, place des *Vosges*, puis des *Fédérés*, enfin de l'*Indivisibilité*; la place de la Sorbonne, place *Chalier*; la place de l'Observance, place de l'*Ami du Peuple*; la place Vendôme, place des *Piques*; la ruelle Sainte-Geneviève, ruelle *Hébert*; — la Maison de l'Accouchement, transformée en prison, s'appelle *Port libre*, etc...

Passons à l'approvisionnement de Paris.

« Je soussigné, commissaire de police de la section de » Montreuil, appelle l'attention des citoyens de la Commis- » sion des subsistances sur un abus *invétéré*, au sujet de » toutes sortes de viandes malsaines qui se vendent *publi-* » *quement* dans les rues de Paris, sous les portes cochères » et allées. Plusieurs fois, j'ai fait analyser ces viandes, qui » ne sont autres que des morceaux de cheval ou des débris » de chien ou de chat, *pour la plupart putréfiés*.

» A Paris, ce 21 messidor, l'an II de la République, » une, indivisible et impérissable.

» *Signé* : GILLET. »

« Je soussigné, commissaire de police de la section de l'Indivisibilité, certifie que des faits analogues à ceux exposés par le citoyen Gillet, se passent tous les jours dans ma section, et que, malgré les nombreuses saisies opérées par moi, *le mal tend à s'aggraver au dépens de la santé publique*.

» *Signé* : ALMAIN. »

En ce qui concernait le pain, on peut dire qu'il était aussi suspect que la viande.

De nombreux procès-verbaux émanant des mêmes magistrats constatent « *qu'il était fabriqué avec de la paille hachée menue, mêlée avec du son et peu de farine de blé; lorsqu'on le jetait contre le mur, il y restait collé.* »

Quant à la salubrité publique, les réclamations étaient incessantes. Dans une pétition signée par 117 habitants de la section de la Fidélité (Hôtel de Ville), on lit ce qui suit : *Nos rues sont laissées dans un état de malpropreté inqualifiable... Beaucoup de boueurs aiment mieux recevoir 40 sous par jour pour assister aux séances de la Convention, que de gagner* 50 *sous à l'enlèvement des immondices.* — On s'explique parfaitement la préférence des citoyens boueurs.

Sous le rapport de l'éclairage : les quartiers éloignés du centre étant laissés sans reverbères, on peut se figurer la jubilation des bandits et des voleurs. Le même commissaire de police, Gillet, de la section de Montreuil, ajoute dans un procès-verbal : *Nous n'avons pas les moyens de les arrêter, les agents nous manquent.* — Où étaient-ils ?

Maintenant voici quelques extraits des registres du Conseil général de la Commune.

Séance du primidi, 21 brumaire An II.

« Les Comités révolutionnaires de la section de l'Arsenal, des Droits de l'Homme et de l'Indivisibilité viennent annoncer au Conseil général de la Commune qu'ils se proposent de conduire à la Convention tous les ornements et l'argenterie de l'église Saint-Paul, ainsi que l'arche.

» Nous portons aussi, dit l'orateur, les clefs de Saint-Pierre ; le paradis est ouvert ; nous pouvons tous y entrer.

» Le Conseil applaudit à cette opération philosophique et en arrête mention au procès-verbal. »

(*Registres de la Commune*, tome XXII, page 13,304.)

Voici un second arrêté qui n'est pas moins significatif :

Séance du sextidi, 26 brumaire de l'an II de la République Française, une et indivisible.

« L'administration des Quinze-Vingts apporte tous les objets du charlatanisme des prêtres, entre autres la fameuse chemise de Saint-Louis, qui se trouve n'être qu'une chemise de femme.

» Le Conseil général arrête que cette chemise sera brûlée dans le sein du Conseil, ce qui a été exécuté sur-le-champ ; et, quant aux autres objets d'or et d'argent, le Conseil arrête qu'ils seront envoyés à la Monnaie.

» Mention civique de la conduite de l'administration des Quinze-Vingts ; insertion aux affiches de la Commune. »

(Mêmes registres, tome II, page 13,348.)

Citons une troisième profanation :

COMMUNE DE PARIS.

Conseil général du 1er frimaire an II.

« Le Conseil entend lecture du procès-verbal du dépouillement de la châsse de Sainte-Geneviève, et arrête que ce procès-verbal sera envoyé à toutes les sections ainsi qu'au Pape ; arrête, en outre, que les *ossements et guenilles* qui se sont trouvés dans cette boîte seront brûlés sur-le-champ, sur la place de Grève, pour y expier le crime d'avoir servi à propager l'erreur et à entretenir le luxe de tant de fainéants !

» La dépouille de cette châsse a produit vingt-trois mille huit cents livres.

» Un membre observe que ce produit lui semble bien médiocre, attendu que l'on pouvait à peine supporter l'éclat du brillant de cette châsse.

» Le rapporteur répond que tous les objets qui l'ornèrent sont encore en nature, et que la majeure partie des diamants sont faux, et notamment le fameux bouquet, dont le prix serait inestimable s'il était en pierres fines.

» Le Conseil arrête que les sections seront invitées à nommer des commissaires, pour vérifier si lesdits objets sont dans le même état qu'avant le transport de cette châsse à la Monnaie. »

Continuons le dépouillement des registres de la Commune :

Séance du deuxième jour du second mois de l'an II de la République.

« Le Conseil général, informé qu'au mépris de la loi il existe dans plusieurs rues de Paris des monuments du fanatisme et de la Royauté ; Considérant qu'il est de son devoir de faire disparaître tous les monuments qui alimentaient les préjugés religieux et ceux qui rappellent la mémoire exécrable des Rois, arrête : que dans huit jours les gothiques simulacres des Rois de France qui sont placés au portail de la ci-devant église Notre-Dame seront renversés et détruits, et que l'Administration des travaux publics sera chargée, sous sa responsabilité, de lui rendre compte du présent arrêté ; arrête de plus que toutes les autres effigies religieuses qui existent dans les différents quartiers de Paris seront enlevées ; que tous les marbres, bronzes, etc., sur lesquels sont gravés les arrêts du Parlement contre les victimes du despotisme et de la férocité des prêtres, seront également anéantis. »

Registres de la Commune, tome XXI, page 13,145.)

Rappelons un arrêté concernant un des cimetières des suppliciés, celui qui fut établi près de la place du Trône *renversé*.

Séance du 26 prairial an II.

Sur le rapport des administrateurs des Travaux publics, relativement à la nécessité d'établir un cimetière pour recevoir les cadavres de ceux que le glaive de la loi a frappés, que cet établissement pourrait avoir lieu dans un terrain des *ci-devant chanoines de Picpus*, et qu'il était d'une si grande urgence qu'il ne pouvait y être apporté le moindre retard ;

Le Corps municipal, l'agent national entendu, arrête la formation dudit établissement dans le lieu ci-dessus énoncé ; autorise les administrateurs des Travaux publics à donner des ordres provisoires pour sa prompte exécution, sauf à faire un rapport au prochain Corps municipal.

(*Registre 43 du Corps municipal*, page 7,561.)

Voici un document officiel qui témoigne combien la partie haute du faubourg Antoine, ainsi qu'on le disait alors, avait à souffrir du voisinage de la Barrière du Trône renversé.

Nous le transcrivons, en respectant scrupuleusement l'orthographe et la rédaction de ce curieux procès-verbal :

SECTION DES QUINZE-VINGTS

COMITÉ CIVIL ET DE POLICE

OBSERVATIONS que font au département des Travaux publics les citoyens GILLET, commissaire de police de la Section de la rue de Montreuil, ALMAIN, commissaire de police de la Section de l'Indivisibilité, et RENET, de la Section des Quinze-Vingts, dans l'arrondissement de laquelle se font, au haut du faubourg Antoine, les exécutions et inhumations des condamnés par le Tribunal Révolutionnaire et à cette occasion.

« 1° Sur la place de l'exécution on a creusé un troux d'environ une toise cube où s'écoule le sang des suppliciés et l'eau avec laquelle on lave la place. Ce troux est presque plein et jette une odeur pestiféré dont tous les habitants environnant sous le vent se pleigne grandement ; il conviendroit de combler ce troux et en faire un autre auprès, plus profond où lon rencontra une terre où ce sang s'imbiba.

» 2° De la place de lexécution au cimetiere, il n'existe qu'un chemin le long du mur de cloture en dedans, lequel n'étant point pavé est impraticable, surtout aux nouveau tombereaux qui transportent les cadavres des suppliciés au cimetiere ; ses tombereaux ayant les roues tres basses, s'engrave dans le sable et les terre mouvante de ce chemin et les font demeuré malgré le nombre de chevaux que l'on y peut atteller ; il conviendroit faire paver une étroite chaussée le long de ce mur qui alla jusqu'au dit cimetierre ce qui peut être évalué à 200 toises superficielles de pavé.

» 3° Dans le cimetierre il est de toute impossibilité de pouvoir verbaliser le plus souvent de nuits à linjure de lair à la pluie ou qu'ant il venta à ne pouvoir tenir de lumiere.

» Comme il existe dans ce cimetierre une grotte toute couverte et close en partie il ne s'agit plus que de metre deux petits chassis et de clore pardevant et fermer d'une porte la dite grotte, alors on pourra dresser à couvert letat exact des effets des suppliciés, on pourra la sur une tablette, laisser le registre, y avoir plume encre, et y tenir de la lumiere, toute la dépence de cette cloture nira jamais A 50 livres et une seule redingotte oublié peut être souvent une perte de plus de 100 livres pour la nation, et quant il pleut averse ou vente on peut en échapper beaucoup. . . . .

» Ces observations etante des plus justes et lexecution des plus urgentes il convient que les citoyens administrateurs s'en occupe promptement et donne leurs ordres en conceequence. — A Paris ce 21 messidor l'an 2e de la Republique françaises, une, indivisible et imperissable.

» *Signé :* Gillet, Almain et Renet. »

Passons à un autre document qui s'applique à l'ancienne place Louis XV, alors dénommée place de la Révolution, aujourd'hui de la Concorde.

Séance du 23 août 1792.

» Le Procureur de la Commune entendu, le Conseil général arrête que la guillotine restera dressée jusqu'à ce qu'il en ait été autrement ordonné, à l'exception néanmoins du coutelas que l'exécuteur des hautes-œuvres sera autorisé d'enlever après chaque exécution. » (*Registres de la Commune*, tome IX, p. 350.)

Que de force, de courage, de beauté, de génie même cette place a dévorés ! L'impulsion était donnée ; le soir la Commune réglait ses comptes avec l'exécuteur. On le payait sur le vu des ordres semblables à celui que nous reproduisons :

Exécuteur des Jugemens Criminels

TRIBUNAL
RÉVOLUTIONNAIRE

L'exécuteur des Jugemens Criminels ne fera faute de se rendre *sur le champ*

à la maison de Justice de la Conciergerie, pour y mettre à exécution le Jugement qui condamne *Laurent Migot dit Cointy, et Cornet*

à la peine de mort. L'exécution aura lieu *aujourd'hui à trois heures de relevée*

sur la place de *la Révolution*

de cette ville.

L'ACCUSATEUR PUBLIC.

A. Q. Fouquier

Fait au Tribunal, le *cinq pluviose*

l'an second de la République Française.

Paris, à cette époque, présentait un spectacle singulier. La Ville joyeuse, spirituelle, artistique par excellence, la Cité-Reine d'autrefois avait disparu.

Plus d'équipages, plus de gentilshommes, plus de belles dames, plus d'étrangers qui font l'animation et la joie d'une grande Cité.

Paris avait la fièvre. Tous les hommes se ressemblaient par la tournure et le vêtement, comme s'ils eussent été fondus dans le même creuset. Pour la plupart, ils étaient coiffés de cet ignoble bonnet rouge qui donnait à Paris l'air d'une succursale du bagne de Brest ou de Toulon.

Les femmes portaient à cette époque des bonnets à barbes ; sur le côté gauche de la tête figurait une grande cocarde tricolore et parmi les joyaux qui pendaient à leur cou se balançait une petite guillotine, devenue singulièrement à la mode.

Les passants paraissaient affairés, pressés. Des porteurs de journaux, à la voix rauque et avinée, criaient :

Il est bougrement en colère
Aujourd'hui, le Père Duchêne!

D'autres hurlaient :

Les lots gagnés
A la loterie
De sainte Guillotine!

C'était la nomenclature funèbre des condamnés à mort par le Tribunal révolutionnaire.

Plus loin, les sons discordants d'un orgue accompagnaient ce couplet chanté par une prostituée de carrefour :

Si j' fais un amant, dit Manon,
Je veux qu' ce soit un bon luron,
Qui soit bon patriote;
L'âge et la mise n'y f'raient rien;
Mais pour son bien comm' pour le mien
J' l'aimerais mieux sans culotte.

Un saltimbanque beuglait, aux applaudissements de son auditoire :

Madame Veto avait promis
De faire égorger tout Paris;
Mais son coup a manqué,
Grâce à nos canonniers.
Dansons la carmagnole,
Au bruit du son du canon!

Les actes officiels de l'Administration démontrent que les massacres de Septembre ont été organisés par les membres de la Commune de Paris, comme ils prouvent que l'insurrection du 10 août avait été arrêtée par eux quelques jours avant ces sanglantes exécutions.

Le plan de ces massacres était l'œuvre de Marat, approuvée puis exécutée par Danton. Ce plan fut discuté par les membres du Conseil de surveillance de la Commune de Paris, dans les séances des 28, 29 et 30 août qui eurent lieu à l'Hôtel de Ville, vers sept heures du soir.

A ces conciliabules assistèrent plusieurs membres appartenant à d'autres comités. Dans cette sanglante tragédie, les principaux rôles furent distribués à Panis, Lepeintre, Sergent, Lenfant, Lefort, Jourdeuil, Desforgues, Guermeur, Leclerc, Dufort, Méhée, Manuel, Billaud-Varennes, Collot d'Herbois, Fabre d'Églantine, Tallien, Huguenin et Hébert.

Dans ces réunions, tout fut préparé : exécuteurs, salaires, victimes, tout, jusqu'aux emplacements dans lesquels on devait enfouir les cadavres.

Presque tous les ordres furent donnés de vive voix. Les pages blanches du registre de la Commune, à ces dates affreuses, démontrent sans réplique que le Comité de surveillance avait la conscience de son crime, et qu'il en redoutait la manifestation dans l'avenir. Danton seul prévoyait la publicité sans pouvoir l'obtenir de la majorité.

Les sommes allouées aux massacreurs, et payées en plusieurs fois, s'élèvent à plus de 250,000 livres; le tout fut acquitté après vérification par les mêmes magistrats qui avaient ordonné l'assassinat.

Le lendemain des exécutions, l'ordre suivant était adressé aux égorgeurs :

« Au nom du Peuple : Camarades, il est enjoint de faire enlever les morts, de laver et de nettoyer toutes les taches de sang, et particulièrement dans les cours, chambres et escaliers de l'Abbaye. A cet effet, vous êtes autorisés à prendre des fossoyeurs, charretiers et ouvriers à la Maison Commune.

» *Signé* : PANIS, administrateur,
» MÉHÉE, secrétaire greffier. »

Dans le Conseil général de la Commune figuraient, outre 3 chirurgiens et 5 avocats : 4 bouchers, 3 charpentiers, 5 acteurs des boulevards, 2 marchands d'abats, 1 marchand de chiffons, 3 savetiers, dont l'un, Simon, était geôlier du Temple. Le Procureur syndic de la Commune, Chaumette, avait été vendeur de contremarques.

Le 10 thermidor, 40 membres de la Commune sont mis hors la loi et guillotinés sur la place de la Révolution.

Le lendemain, 12 autres ont la tête coupée. Le 18, a lieu l'exécution de Coffinhal, vice-président du Tribunal révolutionnaire et l'un des membres les plus influents de la Commune de Paris. — Coffinhal était Auvergnat.

Le 27, encore 7 membres de la Commune qui montent sur l'échafaud — c'étaient ceux qui avaient tué qu'on tuait à leur tour.

Mais laissons ces saturnales, pour expliquer les causes qui les ont amenées.

L'ancienne organisation municipale, ainsi que nous l'avons plusieurs fois rappelé, était, dans son essence, purement administrative. — « Nous devons nous occuper des seules affaires de la Ville, disaient nos anciens Échevins ; mais le Gouvernement de la France ne nous concerne pas. Il nous est même défendu de picoter sur ses actes. »

Partant de ce principe, empreint d'une grande sagesse, l'ancienne Édilité parisienne avait mission de faire progresser tous les services administratifs ; mais elle n'a jamais revendiqué, comme devant entrer dans ses attributions municipales, la direction de la police proprement dite, encore moins la disposition de la force armée.

L'exercice de ces droits appartient au Pouvoir, comme la saine raison l'indique. Dans l'intérêt de la sécurité publique, il importe, il faut, qu'il sente, sous sa main, battre le cœur de la nation.

Aussi, dès que Paris devint Capitale, un Magistrat nommé *Prévot*, qu'il ne faut pas confondre avec le Prévôt des Marchands, était chargé de la sûreté de la Ville, comme le fut, sous Louis XIV et jusqu'en 1789, le Lieutenant général de police.

En ce qui concernait la force armée, sa direction supérieure en était confiée au gouverneur de Paris.

Renfermées dans ces sages limites, les attributions municipales se trouvaient encore très étendues ; elles offraient à nos anciens Échevins les moyens de réaliser tant de bien pour se concilier l'estime et l'affection de leurs administrés, que nos dignes aïeux avaient l'habitude de dire : « *Le plus beau rêve que puisse faire un enfant de Paris, c'est de songer qu'il a l'honneur d'être Magistrat de cette Ville.* »

Tant que l'ancienne Édilité parisienne s'est maintenue ferme et solide dans l'accomplissement de sa mission purement administrative, essentiellement municipale, le calme et la prospérité dans Paris ont assuré le repos et le bonheur de la France.

Exceptionnellement, lorsqu'elle a dépassé le cercle de ses attributions administratives pour intervenir dans nos débats politiques, Paris a dû payer chèrement la faute de ses Magistrats.

Ainsi, à l'époque de la guerre civile de la Fronde, pendant

la minorité de Louis XIV, le Corps municipal de Paris prit parti contre la Cour. Quelle en fut la punition ? Commerce paralysé, — industrie morte, — cherté des vivres, — épidémie fauchant les ouvriers et les artisans, ces dupes ordinaires des ambitieux qui les exploitent. — Franchises municipales pour la plupart abolies.

Toujours la politique dénature, vicie l'administration. C'est le poison de Locuste — il ne pardonne pas.

Une Capitale dont les administrateurs veulent exercer par la politique une influence, une autorité sur un gouvernement quelconque, c'est la création d'un état usurpateur dans l'État vrai, dans l'État légitime.

Insistons sur cette vérité :

La loi du 21 mai 1790 devait engendrer cet affreux régime de *la Terreur*.

En dérobant au Pouvoir la police et la force armée, pour faire de leur exercice des fonctions municipales, elle greffait des hommes politiques sur des administrateurs, aux dépens de ces derniers.

En effet, une émeute éclate. Le Maire de Paris, Bailly, déploie contre elle le drapeau rouge ; mais l'émeute, devenue plus tard insurrection triomphante, ne s'en prend pas à l'administrateur ; elle guillotine le Magistrat dont la loi de 1790 avait fait un homme politique.

Après le 10 août, cette insurrection, maîtresse absolue dans Paris, décime la majorité du Conseil général de la Commune, non parce qu'elle la trouvait incapable d'administrer la Capitale, mais parce que sa politique était, à ses yeux, d'une teinte rosée et qu'il la fallait couleur de sang.

Devant ce nouveau Conseil général qui maintint l'échafaud en permanence sur la Place de la Révolution, la France entière se courba, et la Convention dut lui livrer, pour les décapiter, ceux de ses membres qui déplaisaient à cette odieuse administration révolutionnaire, mais non municipale.

Comme on va le voir, elle n'a même pas eu l'intelligence de tirer parti, dans l'intérêt de la Ville de Paris, des ressources que la politique mettait à sa disposition.

Le 2 novembre 1789, l'Assemblée constituante supprimait les ordres monastiques, et déclarait les biens du clergé propriétés nationales et aliénables.

A cette époque on comptait dans Paris : 3 abbayes d'hommes, 6 de femmes, 43 couvents ou communautés d'hommes, 65 couvents ou communautés de femmes. Plusieurs de ces établissements surpassaient en étendue nos villes de quatrième ordre. Il était difficile alors de trouver des acquéreurs pour des domaines aussi vastes, car les grandes fortunes se cachaient ou fuyaient à l'étranger. Pour rendre possible l'aliénation fructueuse de ces anciennes maisons religieuses, il fallut songer à les morceler. Sur cette importante question, un rapport fut rédigé au nom de quatre administrateurs de la Municipalité au département des Travaux publics.

Ce Mémoire fut présenté au Corps municipal, le 21 mars 1791, et motiva la délibération suivante :

EXTRAIT DU DEUXIÈME REGISTRE DES DÉLIBÉRATIONS DU CORPS MUNICIPAL DE LA VILLE.

Séance du lundi 21 mars 1791.

N° 385. — « Sur le rapport fait par M. Champion, administrateur au département des Travaux publics, que la vente » des biens nationaux est une occasion capable de faciliter » l'embellissement de Paris ou la commodité des communications ; qu'il peut même en résulter de l'avantage pour l'aliénation d'une grande partie des biens à vendre, soit en » coupant et divisant les grandes masses de ces biens, soit » en donnant des faces sur des rues à des parties qui sont » sans débouchés ; que plusieurs projets ont été remis au » département des Travaux publics, capables de remplir ce » triple objet de *l'embellissement, de l'utilité*, et *d'augmentation* du prix des ventes ;

» Le Corps municipal, ouï le substitut-adjoint du Procureur » de la Commune ;

» Pénétré de l'utilité des vues contenues dans ce rapport, » a arrêté :

» Qu'il serait envoyé au Directoire, avec les plans présentés à la municipalité et au département des Travaux publics, en le priant de le prendre en considération, etc. »

Cet arrêté donna naissance à la Commission des Artistes. Il est utile de reproduire ici la loi qui institua cette Commission.

CONVENTION NATIONALE.

Séance du mardi 4 juin 1793.

La Convention nationale décrète ce qui suit :

« ART. 1er. — L'administrateur des Domaines nationaux » est autorisé à faire graver, au trait seulement, et d'après le » plan général de la Ville de Paris, dressé par le citoyen Verniquet, sur l'échelle d'une demi-ligne par toise, les plans » particuliers de tous les établissements nationaux existant » dans toute l'étendue de cette Ville et parties adjacentes, en » distinguant les propriétés particulières qui s'y trouveraient » enclavées, ou qui les borneraient, et avec indication des » rues aboutissantes.

» ART. 2. — L'administration des Domaines nationaux » délivrera des exemplaires de ces plans aux artistes qui se » soumettront à proposer, dans un délai déterminé, la division et les percées qui peuvent accroître la valeur de ces » établissements, en faciliter la vente ; le tout à la charge, par » lesdits artistes, de donner l'estimation de chacun des lots, » et de se conformer aux alignements qui seront ordonnés » par la Commission de la Municipalité, chargée des travaux » publics de la Ville de Paris, et autres conditions qui pourraient être déterminées par des motifs d'utilité publique.

» ART. 3. — Les artistes dont les plans auront été adoptés » ensuite de l'avis des corps administratifs recevront une » indemnité qui sera réglée de concert entre l'administrateur » des Domaines nationaux, le département et la Municipalité » de Paris.

» ART. 4. — La Trésorerie tiendra à la disposition de l'administration des Domaines nationaux une somme de 12,000 livres, pour pourvoir aux frais de gravure et tous autres » relatifs à ladite opération.

» ART. 5. — L'Administration des Domaines nationaux, » après s'être concertée à cet effet avec la Municipalité et le » département de Paris, mettra sous les yeux de la Convention, dans le plus bref délai, l'état des maisons à la vente » desquelles il sera convenable de surseoir, à raison de » leur situation et de la nécessité où l'on pourrait être de les » démolir pour faciliter la division des grandes propriétés. »

Ajoutons à la nomenclature des couvents supprimés les biens considérables qui provenaient d'émigrés ou de condamnés, des frères du Roi, du Domaine de la Ville, etc. ; avec de telles ressources et du talent administratif, on pouvait obtenir de grands résultats dans l'intérêt de la viabilité dans Paris.

Un magistrat, aux vues larges et élevées, aurait dressé un plan d'ensemble, en y traçant des voies dont l'exécution eût fait rayonner la circulation du centre aux extrémités de la Ville.

On pouvait traverser librement ces communautés religieuses, et profiter de ces vastes espaces que devaient livrer *sans indemnité* les acquéreurs de ces biens nationaux.

Quant aux rues étroites, il était facile de leur procurer un élargissement bien utile, les adjudicataires des immeubles en bordure de ces voies étant tenus d'abandonner le terrain nécessaire.

Ces réserves furent insérées, il est vrai, dans les contrats domaniaux; mais les tracés des nouvelles voies ayant été confiés à des artistes au lieu d'être étudiés par un administrateur, cette mine d'or ne devint plus qu'une mine de cuivre.

Ajoutez à cette déception les égarements de la politique faisant du Corps municipal de Paris une réunion de tribuns de bas étage, et l'on se rend compte alors de l'emploi défectueux d'une partie de ces précieuses réserves.

Ainsi telle rue devait être percée, telle place ouverte, non pour répandre l'air et la vie; mais dans le but de détruire un monument, pour abattre une croix, pour faire de l'argent.

Des artistes ont dressé ce plan; mais des hommes politiques leur ont dit: Coupez cet hôtel, abattez ce palais, renversez cette église; nous ne voulons plus de nobles, nous n'avons plus de roi, nous ne croyons plus en Dieu!...

Ainsi fut défigurée cette pensée première de faire profiter la Ville de l'aliénation des biens nationaux.

Ces réserves, qui devaient être si favorables à l'assainissement de Paris, ne furent exhumées des cartons de la Ville avec ensemble et précaution qu'en 1830. Pour une partie de ces clauses, trop longtemps frappées de stérilité, cette exhumation tardive devenait sans objet. L'administration, oublieuse de ses richesses, avait permis de construire sur l'emplacement de certaines rues projetées, et dont les terrains devaient être abandonnés *gratuitement* à la voie publique.

Il en était de même pour les élargissements de rues, un grand nombre de réserves n'avait plus d'emploi, la Ville ayant payé des terrains qu'on devait lui abandonner sans indemnité.

Passons maintenant aux *Finances Municipales*. On a vu comment elles s'alimentaient autrefois. Mais dès la suppression de la Ferme générale, la Commune de Paris se trouva privée des ressources que lui procuraient les taxes dont la perception était confiée aux Fermiers.

Pour lui en tenir lieu, elle fut autorisée à s'imposer des *sous additionnels* aux deux contributions foncières et mobilières, et bien que ces sous, en empruntant différentes dénominations, se fussent élevés jusqu'à 15 et 16, ils étaient loin de pouvoir couvrir les dépenses que ces temps calamiteux faisaient peser sur elle.

Aussi, dès le 29 nivôse an V, le Corps législatif, par une loi particulière à la Capitale, jugea nécessaire de venir à son secours et d'affecter 200,000 francs par *décade* aux dépenses du département de la Seine et de la Commune de Paris.

Mais les besoins du Trésor public qui augmentaient sans cesse, s'opposaient à la réalisation complète de cette disposition législative. Il se forma bientôt un arriéré considérable, dont la Commune réclama en vain le payement. Réduite alors à la seule ressource des centimes additionnels des ans V et VI, sa situation financière devint désastreuse.

Après avoir essayé de quelques expédients très insuffisants, la Commune insista vivement pour s'éviter une ruine complète. Le Corps Législatif lui concéda, par la loi du 27 vendémiaire an VII (18 octobre 1798), à titre d'*Octroi municipal et de bienfaisance*, une perception spécialement destinée à l'acquit de ses dépenses locales, et de préférence à celle de ses établissements hospitaliers et des secours à domicile. — Telle fut l'origine de l'octroi de Paris, dont les recettes ont singulièrement progressé.

L'octroi, dans ces derniers temps surtout, a été le sujet de nombreuses controverses. On l'a, selon nous, attaqué sans bonnes raisons et défendu sans arguments irréfutables.

C'est en s'inspirant des enseignements du passé, qu'on peut élucider la question et la résoudre conformément aux véritables intérêts de la Ville de Paris. — Nous interviendrons dans le chapitre que nous consacrerons à l'Administration actuelle.

Mais si la Commune de Paris laissa dans le désordre le plus fâcheux tous les services administratifs, l'État se préoccupa néanmoins de certaines créations qui lui font encore honneur aujourd'hui.

La fondation des *Archives générales*, bien que l'idée première en appartienne au règne de Louis XVI, date véritablement de la loi du 7 messidor an II (25 juin 1793). Son organisation est due aux lumières du savant Daunou.

L'*Institut* est une création qui remonte également à la première République. Lors des troubles révolutionnaires, les académies, abandonnées à elles-mêmes, n'en continuaient pas moins leurs travaux. En 1791, on fixa provisoirement leurs dépenses jusqu'au moment où Grégoire, en 1793, fit prononcer leur suppression et apposer les scellés sur le lieu de leurs séances.

Mais une députation de l'Académie des Sciences ayant été admise à la barre de la Convention, réclama et obtint pour elle et pour les autres sociétés d'être réintégrées dans tous leurs droits.

La Constitution de l'an III porte, au titre X, « qu'il y aura, pour toute la République, un Institut national chargé de recueillir les découvertes, de perfectionner les arts et les sciences. »

L'organisation large et complète de l'Institut date de la loi du 5 brumaire an IV (26 octobre 1795). Cet établissement, par son importance, par les illustrations de tous genres qui le composent, est sans rival dans le monde.

L'*École Polytechnique* est une des belles créations qui datent de cette époque. Un décret de la Convention, du 11 mars 1794, institua une commission des Travaux publics. Un des articles de ce décret est ainsi conçu: « Cette commission s'occupera de l'établissement d'une École centrale des travaux publics et du mode d'examen et de concours auxquels seront assujettis ceux qui voudront être employés à la direction de ces travaux. » La France réclamait alors le secours d'ingénieurs habiles pour la défense du territoire. Les hommes les plus distingués par leur profond savoir et leur patriotisme éclairé conçurent le projet de réunir l'élite de la jeunesse, et de la préparer à la belle mission de préserver la patrie du joug de l'étranger. Ce noble appel fut entendu, et bientôt l'École centrale, à laquelle un décret du 17 septembre 1795 avait assigné le nom d'École Polytechnique, prit le caractère le plus imposant.

Le plus sincère éloge qu'on puisse faire de cette belle création est de rappeler que tous les grands États de l'Europe lui rendent hommage, en cherchant à l'imiter.

L'*École Normale* est une institution qui remonte également à cette époque. Cette École, fondée en vertu d'un décret de la Convention du 30 novembre 1795, est destinée à former des jeunes gens pour l'enseignement supérieur.

Les services qu'elle a rendus témoignent de son utilité.

Quant à la Commune de Paris, le 9 thermidor devait amener son effondrement. Il n'est pas de monstruosités qui n'aient trouvé de nos jours des atténuations ou des excuses. Les passions politiques ont poussé l'aberration jusqu'à vouloir amnistier ce prétendu Corps municipal de Paris. Elles ont beau se complaire à laver le sang qu'il a versé — il reparaîtra toujours.

En réalité, ce n'est pas la Convention à laquelle il faut

reprocher la chute de la première République. — c'est la Commune de Paris qui l'a tuée.

Après le 9 thermidor, Paris fut administré par des Commissions nationales qui émanèrent de la Convention. Ces Commissions fonctionnèrent jusqu'à l'an IV, époque de l'installation du Directoire.

Paris fut alors divisé en douze municipalités dont la direction était imprimée par le département de la Seine. Ce département était composé de sept administrateurs, parmi lesquels trois furent spécialement chargés de l'administration de la Commune. Le premier avait sous sa direction les contributions; le deuxième, les grands travaux, les secours et l'enseignement public; le troisième, la police administrative, civile et militaire, ainsi que les subsistances.

La loi du 12 nivôse an IV (2 janvier 1796) créa un ministère de la police dont la suppression eut lieu le 15 septembre 1802.

Tel était le mécanisme de la nouvelle législation municipale. Les défauts de cette organisation s'accusèrent dès l'entrée des administrateurs en fonctions. En effet, ces trois Magistrats de Paris, chargés chacun d'un travail important, opérèrent isolément, sans direction comme sans but. Cette administration se traîna pendant quelques années; le plus grand service qu'on puisse lui rendre, c'est de la faire oublier.

XII

LE CONSULAT ET L'EMPIRE

CONSULAT : 1800-1804 — EMPIRE : 1804-1814

Napoléon Ier

LA LOI DU 28 PLUVIÔSE AN VIII; ORGANISATION MUNICIPALE ET DÉPARTEMENTALE; LES DEUX PRÉFETS DE LA SEINE, LES COMTES FROCHOT ET CHABROL. — LES MONUMENTS RELIGIEUX; LA CATHÉDRALE DE PARIS; OPINION DE L'EMPEREUR SUR L'APPROVISIONNEMENT DE CETTE VILLE; LES HALLES CENTRALES; LES MARCHÉS, LES ABATTOIRS; LA DISTRIBUTION DES EAUX DANS PARIS; L'ÉCLAIRAGE; LES NOMS DES NOUVELLES VOIES PUBLIQUES; ÉTABLISSEMENT DE NOUVEAUX PONTS; LE RÈGLEMENT APPLICABLE AU THÉÂTRE-FRANÇAIS; LE TEMPLE DE LA GLOIRE; L'ARC-DE-TRIOMPHE DE L'ÉTOILE; LA COLONNE DE LA PLACE VENDÔME; PROJET D'UNE PROMENADE D'HIVER; LA LOI DU 16 SEPTEMBRE 1807; SES ARTICLES CONCERNANT LES ALIGNEMENTS DES RUES DE PARIS; LES EXPROPRIATIONS POUR CAUSE D'UTILITÉ PUBLIQUE; LETTRE DE L'EMPEREUR À CAMBACÉRÈS; LA LOI DU 8 MARS 1810; OPINION DE L'EMPEREUR AU SUJET DE LA MENDICITÉ; LES GRENIERS DE RÉSERVE; NOTE ADRESSÉE PAR NAPOLÉON AU MINISTRE CRETET; PROMENADES AU PROFIT DES QUARTIERS DE L'EST DE PARIS, ETC.

La loi du 28 pluviôse an VIII renouvela tout le système administratif de la Ville de Paris. Elle substituait aux anciens magistrats deux Préfets, l'un du département, remplissant en partie les fonctions attribuées au Prévôt des marchands, l'autre de la police, représentant à peu près l'ancien Lieutenant général. Ces deux fonctions émanaient de l'autorité supérieure.

Cette loi renferme quelques articles sur l'organisation administrative de la Capitale. L'article 16 est relatif à la création d'un Maire et de deux adjoints pour chacun des douze arrondissements de Paris. Le Maire et les adjoints sont chargés de la partie administrative et des fonctions concernant l'état civil. Le Préfet de police répond de la sûreté de la Capitale; il a sous ses ordres des Commissaires distribués dans les douze arrondissements.

A Paris, le Conseil de département est appelé à remplir les fonctions de Conseil Municipal. (Art. 17.)

L'article 11 de la loi fixe à 24 pour Paris le nombre des membres du Conseil Municipal (ce nombre fut réduit à 16 par l'arrêté du 25 vendémiaire an IX).

Cette loi était une nécessité d'ordre public, ou mieux une digue qu'il fallait opposer aux flots révolutionnaires, dont le débordement n'avait rien laissé debout dans Paris, qui faisait peine à voir.

Ses différents services mêlés, confondus, ne fonctionnaient plus; ses édifices, laissés dans l'abandon, se trouvaient dans un état de délabrement qui menaçait ruine; son commerce était paralysé, son industrie morte. Il fallait tout reconstituer, tout jusqu'à la sécurité du Pouvoir. Il avait donc ses précautions à prendre, s'il voulait fermement épargner à Paris d'autres saturnales et faire en sorte que cette malheureuse Cité secouât ses haillons pour redevenir la Reine d'autrefois.

Deux magistrats aidèrent puissamment à cette régénération de la Ville de Paris : d'abord le comte Frochot, ensuite le comte Chabrol.

La biographie de ces deux magistrats nous paraît mieux placée en cet endroit, c'est-à-dire à l'époque durant laquelle ils ont administré la Capitale, qu'en la reléguant à l'article des rues décorées de leur nom.

En effet, l'énumération de leurs actes se rattachant à cette période, permet en même temps une appréciation plus juste de l'institution municipale et du caractère des deux administrateurs chargés tour à tour de son fonctionnement. Il y avait là, pour nous, dans cette fusion, la certitude encore d'être mieux compris. — Commençons par la biographie du premier Préfet de la Seine.

Nicolas-Thérèse-Benoît, comte *Frochot*, naquit à Dijon (Côte-d'Or), le 20 mars 1764. Il était Prévôt royal et notaire dans le bourg d'Aignay-le-Duc au moment où s'annonçait le grand mouvement de 1789. Il fut porté comme député aux États généraux. Mirabeau y dominait par son éloquence et son génie. — Frochot fut fasciné. Lorsque le grand tribun tomba malade, Frochot se surpassa par ses tendres soins.

— Si je revenais à la vie, disait Mirabeau, je ferais un bon mémoire sur l'art d'être garde-malade; c'est Frochot qui m'en a suggéré l'idée.

Un matin que la fièvre s'apaisait, Mirabeau fit approcher son lit de la fenêtre : le soleil se levait splendide.

— Mon ami, dit le Tribun, si ce n'est pas Dieu, c'est son cousin-germain; et comme Frochot soulevait la tête du mourant, Mirabeau ajouta : Je voudrais bien te la laisser en héritage.

Mirabeau mourant désigna Frochot, après le comte de la Marck, pour son exécuteur testamentaire. L'un était pour l'ornement, l'autre pour la réalité. Frochot refusa tout legs testamentaire. Le secret des négociations avec la Cour était resté entre Mirabeau et le comte de la Marck. Comme Frochot exprimait un jour sa foi persévérante en la vertu de Mirabeau, il fut contredit jusqu'à l'insulte, à laquelle il sut tenir tête, en disant : « Eh bien ! à moi seul, en France, peut-être, il serait permis de ne pas détester sa mémoire, puisqu'il sut m'estimer assez pour ne me rendre ni le confident ni le complice d'un si détestable projet. »

Au sortir de l'Assemblée Constituante, Frochot rentra dans ses foyers et fut nommé Juge de paix du bourg d'Aignay. Mais bientôt dénoncé et décrété d'accusation, il était arrêté, puis incarcéré à Dijon, où, disait-il plus tard, j'ai frisé la guillotine.

Le 9 thermidor le sauva. Nommé membre de l'Administration centrale de la Côte-d'Or, il était ensuite Inspecteur des forêts. Au lendemain de brumaire, ses amis s'entendirent pour l'associer au glorieux gouvernement qui s'inaugurait; Frochot était préparé et mûr pour le Consulat.

Dans une première combinaison, il fut nommé membre du Corps Législatif. Mais une autre destinée lui était réservée.

Le Ministre de l'intérieur, Lucien Bonaparte, voulait faire de Frochot le Préfet de la Côte-d'Or; mais, au dernier moment, le Premier Consul l'appelait à la Préfecture de la Seine, en motivant son choix en ces termes :

« Je sais qui vous êtes, M. Frochot, et je devine ce que vous serez. Entre tous les motifs qui m'ont déterminé à vous confier la Préfecture de la Seine, il en est un que je dois rappeler en ce moment : c'est qu'ayant été maltraité par la Révolution, vous n'en êtes pas moins resté constamment attaché à vos principes, et qu'étant devenu administrateur de votre département, après avoir été longtemps persécuté, vous n'avez persécuté personne. »

Le choix du Premier Consul était excellent sous plusieurs rapports, surtout si l'on considère qu'il voulait être l'inspirateur des grandes créations qu'il ambitionnait pour la Ville de Paris. L'habileté du Préfet de la Seine consistait surtout à faire mouvoir avec précision les rouages compliqués d'une vaste administration. C'était un organisateur sérieux, patient, infatigable; mais sans éclat, propre à reconstituer, insuffisant pour créer.

En effet, les services administratifs fonctionnèrent avec une régularité parfaite, mais sans révéler un talent novateur. Il administra sagement la Ville de Paris, mais sans représenter une grande Capitale. — *Il était trop bourgeois*, — ainsi que Napoléon le lui reprochait dans l'intimité.

« Paris, disait-il au comte Frochot, Paris, durant la révolution, n'a été administré que par des monstres, des utopistes, des niais et des intrigants. Si le Conseil général de la Commune eût duré quelques années de plus, c'en était fait de la Capitale; il eût brûlé ses monuments comme suspects d'aristocratie. Il faut, au plus tôt, revenir aux sages traditions du passé, et que des jeunes gens de bonnes familles parisiennes étudient l'administration municipale et se préparent à l'honneur de devenir un jour magistrats de cette Ville.

» Je veux fonder une chaire d'administration municipale de Paris. On y enseignera l'histoire de cette Ville, les lois et les règlements qui s'appliquent aux différents services administratifs.

» On se prépare à l'exercice de la médecine, à la profession d'architecte, au notariat, et lorsqu'il s'agit de l'administration d'une grande Capitale, l'on arrive d'emblée Conseiller municipal sans connaître Paris. — Cela ne devrait pas être. »

Revenons au comte Frochot. On connaît cette ironique histoire de la conspiration Malet. Dans la nuit du 22 au 23 octobre 1812, le général Malet mit en jeu son audacieuse conspiration; ses agents, qui envahirent le Ministère de la police, la Préfecture de police, l'État-major de la place Vendôme, y rencontrèrent du moins de l'incrédulité, y trouvèrent une espèce de résistance. Ils arrêtèrent le duc de Rovigo et le baron Pasquier : le général Hulin reçut un coup de feu dans la figure. Mais à l'Hôtel-de-Ville, les choses se passèrent plus naïvement. Le Préfet de la Seine, qui revenait de sa campagne de Nogent-sur-Marne, crut ce qu'on lui annonça et donna l'ordre de tout préparer dans le palais municipal pour l'installation d'un gouvernement provisoire. Le comte Frochot avait été frappé d'une paralysie morale : le 23 décembre il était destitué.

Quelque temps après, l'archi-chancelier Cambacérès, espérant trouver l'Empereur un peu adouci, rappelait les services du comte Frochot. Napoléon interrompit brusquement le défenseur de l'ancien préfet, en disant : « Le courage dans un magistrat doit être tenu en plus haute estime que la bravoure du soldat. Cette bravoure est une espèce de surexcitation fébrile; l'esprit de corps, l'odeur de la poudre, le canon, le drapeau — surtout le drapeau — tout cela donne de la chaleur au sang et produit le courage militaire. Mais toiser la mort en face, n'ayant ni épée au côté ni pistolet au poing, voilà le vrai, le grand, l'illustre courage : — ce doit être celui du magistrat. Frochot ne l'avait pas — qu'on ne m'en parle plus. »

Au fond, l'Empereur le regretta, parce que l'administration du comte Frochot avait été essentiellement honnête et pure. Le Corps municipal de Paris l'en récompensa dignement, en lui votant une pension *comme témoignage de l'estime publique*. — Le comte Frochot mourut le 29 juillet 1828.

Apprécions maintenant le second Préfet de la Seine, auquel Napoléon confia l'administration de la Capitale.

Quelques jours après la destitution du comte Frochot, un jeune Préfet d'un des nouveaux départements de la France, traversant Paris pour se rendre en Hollande, se présente à l'audience de l'Empereur.

La physionomie intelligente et pleine de distinction du jeune Préfet fut remarquée par Napoléon.

— Votre nom, Monsieur? demanda l'Empereur.

— Chabrol de Volvic, Préfet de Montenotte.

— C'est bien, je vous remets; et pourquoi n'êtes-vous pas à votre poste? Je n'aime pas les préfets voyageurs.

— Sire, j'ai obtenu un congé, et j'en profite pour aller en Hollande rendre visite à mon beau-père, le prince Lebrun.

— C'est différent. Vous avez fait un beau mariage; il faut travailler à vous en rendre digne.

Puis Napoléon interrogea M. Chabrol sur les goûts, les études et les projets du jeune Préfet.

L'entretien dura une demi-heure, puis l'Empereur fit signe au magistrat de se retirer, en lui disant ; « M. Chabrol, vous resterez à Paris quarante-huit heures encore; quand je vous aurai donné de mes nouvelles, vous partirez si bon vous semble. »

Le lendemain, le Ministre de l'intérieur présentait à Napoléon une longue liste de candidats aux fonctions de Préfet de la Seine. L'Empereur examina le papier en s'arrêtant à chaque nom pour le commenter. La lecture terminée, Sa Majesté remit la note au Ministre, en lui disant :

— Mettez en tête de cette liste le nom de mon candidat.

— Vous l'appelez, Sire?

— Gilbert-Joseph-Gaspard *Chabrol de Volvic*, aujourd'hui Préfet de Montenotte, demain Préfet de la Seine. — C'est une affaire conclue et une bonne.

Les antécédents du nouveau Préfet de la Seine complimentaient déjà par eux-mêmes le choix de l'Empereur. M. Chabrol, admis le premier à l'École Polytechnique, en était également sorti le premier. Ensuite, attaché à l'expédition d'Égypte, il avait su fixer l'attention du général en chef par un mémoire qui, plus tard, fut inséré dans le grand ouvrage sur cette contrée célèbre. Le 18 brumaire, an VIII, il était nommé Sous-Préfet à Pontivy, en 1806, Préfet de Montenotte. Pendant son administration et sous sa direction avait été commencée cette magnifique route de la Corniche qui fait l'admiration du monde.

Napoléon confia plus tard au comte Chabrol la garde de

Pie VII, mission bien délicate que le magistrat sut remplir de manière à mériter l'estime du Saint-Père et la haute approbation de l'Empereur.

Napoléon avait bien apprécié le comte Chabrol. Le nouveau Préfet de la Seine, qui n'avait alors que trente ans accomplis, administra la Ville de Paris comme doit être gouvernée la Capitale d'un grand empire ; c'est-à-dire avec talent, noblesse et courtoisie.

Aussi, l'estime générale fut-elle bientôt acquise au magistrat. Cette estime des administrés devint plus tard une affection si vive, que le roi Louis XVIII se crut obligé de conserver à la tête des affaires de la Ville le Préfet nommé par son prédécesseur.

Un jour, un Ministre, plus royaliste que le Roi, voulut inspirer à Louis XVIII des doutes sur la fidélité du magistrat, auquel Son Excellence faisait un crime d'avoir été nommé par Napoléon. Impatienté de ces misérables attaques, Sa Majesté les fit cesser par cette répartie dans laquelle le cœur du Roi se dévoila par l'esprit : *le comte Chabrol a épousé la Ville de Paris, et j'ai aboli le divorce.*

Comme on va le voir, le premier administrateur de la Ville de Paris sous l'Empire était sans contredit Napoléon.

En ce qui concerne nos *monuments religieux*, auxquels les Beaux-Arts doivent fournir les plus beaux ornements, l'Empereur exprime des idées pleines de sagesse et de grandeur.

Un jour qu'il avait visité la cathédrale de Paris et qu'il en examinait les abords avec le premier Magistrat de la ville de Paris : « Je veux, monsieur le Préfet, qu'on dégage la basilique de Notre-Dame, qu'on donne de l'air à cette aïeule de nos églises, la plus belle comme la plus vénérable. Je crois en Dieu, monsieur le Préfet, je ne le discute pas, je le sens. Le Parisien, le plus impressionnable de tous les peuples, est catholique par les yeux comme par le cœur. Il s'ennuierait dans les temples froids, monotones et dénudés de protestants. Il lui faut la majesté des grandes basiliques ornées de tableaux et peuplées de statues. Le protestantisme fait des penseurs, des philosophes et des savants ; le catholicisme enfante des héros, des poëtes et des artistes. Dès que j'entre dans une antique et imposante cathédrale, j'éprouve comme un frémissement de la divinité. »

L'Empereur aimait par-dessus tout en administration les études d'ensemble. En ce qui concernait *l'approvisionnement* de la ville de Paris, Napoléon avait été frappé des tristes inconvénients du mode d'éparpillement qui avait prévalu jusqu'alors.

Il avait demandé, plusieurs fois, au Préfet de la Seine, un plan d'agrandissement des *Halles centrales*, en faisant au Magistrat cette recommandation : « Une halle n'est pas un monument, mais un établissement d'utilité publique ; il lui faut le nécessaire, rien de plus. »

Parmi les projets qui furent soumis à l'Empereur, il en était un qui établissait le grand marché sur le quai de la Mégisserie, en bordure du fleuve. Napoléon le repoussa en disant : « Des choux et des carottes sur les quais, allons donc. Savez-vous ce que je veux faire des quais de Paris ? des voies romaines, avec des statues aux grands hommes de l'Europe, de distance en distance. » Puis l'Empereur ajouta : « Monsieur le Préfet, avez-vous étudié un bon système d'approvisionnement de la ville de Paris ? » Comme le Magistrat s'excusait en disant qu'il avait songé seulement à la halle du centre : « Votre halle, répliqua Napoléon, ne satisfera pas à tous les besoins qui s'accusent ; la femme de l'ouvrier, la bonne ménagère qui habite les quartiers excentriques, ne perdra pas deux heures pour aller à votre halle centrale. Multipliez vos marchés d'arrondissements, mettez-en un ici, là, partout où l'ouvrier le demande, où la bonne ménagère le réclame. »

Et comme l'Empereur entendait être obéi lorsqu'il donnait des ordres, *les marchés Saint-Germain, Saint-Martin, des Carmes et des Blancs-Manteaux* furent successivement construits.

L'établissement des *Abattoirs* date également de la première époque impériale. Pour apprécier les bienfaits que la Ville recueillit de cette création, il faut se rappeler que les *Tueries* établies dans l'intérieur de Paris étaient de véritables cloaques, des foyers de pestilence.

La question si intéressante de *la distribution des eaux* fut souvent, comme on va le voir, le sujet de la sollicitude de l'Empereur. Dans une lettre de Napoléon au Ministre de l'Intérieur, on lit ce qui suit :

« *La Malmaison, 10 avril 1806.*

« Monsieur Cretet... il est honteux, dans mon opinion, qu'on » vende de l'eau aux fontaines de Paris. Faites-moi con» naître ce que perdrait la commune de Paris par la suppres» sion de ce droit. Enfin le but auquel je veux arriver est ; » 1° que les cinquante-six fontaines de Paris *coulent jour* » *et nuit* depuis le premier mai prochain, et que chacun » puisse en prendre autant qu'il en veut ; 2° que les autres » fontaines qui existent à Paris soient le plus tôt possible » mises en état de fournir de l'eau. Il me semble que ce sera » un beau réveil pour Paris, si cela peut s'exécuter aussi faci» lement que je commence à le concevoir et avec aussi peu de » sacrifice...

« NAPOLÉON. »

(Corresp., volume XII, page 322).

De 1808 à 1818, dans une période de dix années, dix-sept fontaines étaient érigées dans Paris ; en voici les noms : fontaines Desaix, des Invalides, de l'École, de la Pointe-Saint-Eustache, du Lycée-Bonaparte, de l'ancien marché Saint-Martin, du Château-d'Eau, de la rue de Popincourt, de la rue du Ponceau, du Châtelet dite du Palmier, de l'École-de-Médecine, de la rue de Sèvres, du Marché-aux-Chevaux, de la place Maubert, de la rue de Vaugirard, des Beaux-Arts et du Gros-Caillou.

Au sujet de l'*éclairage* de la ville de Paris, l'Empereur exprime en plusieurs circonstances son mécontentement. Les entrepreneurs comptaient un peu trop sur la lune, et se dispensaient d'allumer les réverbères principalement dans les quartiers pauvres.

Comme cet astre n'était pas partie contractante dans le traité avec la Ville, parfois il se dérobait, sans doute pour éviter qu'on la supposât complice de cette parcimonie fâcheuse pour le public, mais très lucrative pour les entrepreneurs. Enfin le plus clair de la chose c'est qu'on n'y voyait goutte dans certains arrondissements. L'Empereur ne se trouvait pas à Paris quand les plaintes se formulèrent, pour la première fois ; les réclamants, voyant qu'ils n'étaient pas écoutés, allèrent trouver l'Empereur à la tête de son armée, et Napoléon adressa bientôt à son Ministre de la police les deux semonces qu'il est utile de reproduire, attendu que la lune se dérobe encore parfois maintenant.

Finkinstein, 21 mai 1807.

« A monsieur Fouché,

« Le non-éclairage de Paris devient une dilapidation ; il » faut porter enfin un terme à un abus dont le public com» mence à se plaindre.

» NAPOLÉON. »

(Corresp., volume 15, page 315.)

A monsieur Fouché.

« ... Les entrepreneurs des lumières de Paris sont des fripons qui s'imaginent bien éclairer les rues de Paris lorsqu'ils ont payé les bureaux du Préfet de police. Je vous prie de porter un grand soin pour que cette partie importante du service de la Capitale soit bien administrée.

» NAPOLÉON. »

(Même corresp., volume 15, page 323.)

Passons maintenant aux grands travaux de voirie.

Le nombre des rues ouvertes dans Paris sous le Consulat et l'Empire s'élève à 60.

Parmi ces rues, voici les plus importantes par dates de création : *rues de Castiglione, de Mondovi, des Pyramides, de Rivoli, du Mont-Thabor, de la Paix*, etc...

Les places formées à cette époque sont : *les places du Châtelet, de Rivoli, Mazas, Valhubert, de la Bourse*, etc., etc...

Pour la première fois, les noms des rues de Paris ont une touchante et noble signification ; la reconnaissance nationale que le Souverain fait sculpter dans la pierre à l'angle des voies publiques de la grande Cité, devient pour les familles un patrimoine d'honneur précieux à conserver.

Ainsi, sur les terrains provenant de l'enclos du Temple, des rues nouvellement ouvertes, reçoivent les noms de *Caffarelli, du Petit-Thouars, Dupuis et Perrée.*

Les actes concernant ces dénominations sont empreints de ce laconisme qui sied à la gloire, et de cette sobriété antique qui convient à l'héroïsme. Voici un de ces décrets; il est question d'une rue à percer dans le quartier de l'Arsenal ; l'Empereur s'exprime en ces termes :

« Napoléon... la rue bordant la partie latérale gauche de l'ancienne église des Dames de Sainte-Marie... prendra le nom de *rue Castex*, en mémoire du colonel du 13e régiment d'infanterie légère, tué à la bataille d'Austerlitz. »

Plusieurs *ponts* sont construits, et reçoivent ainsi que les quais nouvellement bâtis, un glorieux baptême. C'est le pont du Jardin des Plantes qui s'appelle désormais *pont d'Austerlitz*. C'est le *pont d'Iéna* dont le décret est daté du 13 janvier 1809, au palais de Varsovie. C'est le quai de la Bûcherie qui prend le nom de *Montebello*.

Au quartier impérial de Finkenstein, Napoléon décrète, le 30 mai 1807, l'érection *du Temple de la Gloire*, comme il date de Moscou, le 15 octobre 1812, le nouveau règlement qu'il veut appliquer au *Théâtre-Français*.

L'Empereur ordonne la création de l'*Entrepôt des vins* par son décret du 30 mars 1808.

La construction de la *Bourse* est décidée par un décret de la même année ainsi que l'érection de l'*Arc de triomphe de l'Étoile*.

Voulant récompenser dignement la grande armée, il érige sur la place Vendôme, avec le bronze de 1,200 canons enlevés à l'ennemi, une *magnifique colonne* qu'il dédie à la gloire de nos soldats.

Mais à côté des créations grandioses, viennent se placer les créations utiles.

Dans une note dictée, le 15 octobre 1808, en conseil d'administration de l'Intérieur, nous remarquons ce qui suit :

« Le projet d'une *promenade d'hiver* est une des choses qui a le plus frappé en Europe. On attend avec une sorte d'impatience le parti qui sera pris en France. Toutes les grandes villes sentent que cette commodité leur manque et que si l'on peut la leur procurer avec un million, il n'y a pas à balancer à faire pour elle une chose aussi agréable. Sa Majesté désire que le Ministre fixe ses idées sur le parti qu'il y a à prendre pour arriver enfin à l'exécution de ce projet. »

Dans les courts instants qu'il pouvait dérober aux grands intérêts de l'Etat, l'Empereur ne dédaignait pas de s'occuper de questions de propriétés, d'alignement des rues et d'expropriations pour cause d'utilité publique.

Au règne d'Henri IV, nous avons rappelé l'ordonnance de décembre 1607, conférant au grand voyer le droit de donner les alignements et de faire redresser les maisons *où il y avoit ply ou coude*.

Le jury proprement dit n'existait pas alors ; le règlement des indemnités résultant de la mise à l'alignement, s'opérait par l'intervention de deux experts ; l'un représentant soit le domaine de la Ville, soit le domaine du Roi ; l'autre était chargé de la défense des intérêts du propriétaire. Lorsque les deux experts ne tombaient pas d'accord, un troisième expert était désigné d'ordinaire par le Bureau de la Ville. Si la décision prise par ce troisième expert qualifié d'*arbitre* n'était pas agréée par le propriétaire, il avait recours en Parlement qui statuait définitivement.

Quand la propriété se trouvait dans un état de vétusté telle que la sécurité publique en était menacée, la maison devait *tomber d'urgence*, et le terrain nécessaire à l'élargissement de la rue était seulement payé. Mais lorsque la maison, se trouvant en bon état, devait être démolie *partiellement*, pour régulariser la largeur de la voie, le propriétaire avait droit d'en réclamer la valeur tout *entière*, sauf au Bureau de la Ville à vendre la partie *restante*.

Ces principes témoignaient d'une équité parfaite. Malheureusement, les formalités à subir étaient énervantes de longueur ; cela nous explique le grand nombre de transactions, les propriétaires préférant des arrangements, même onéreux, à une perte de temps plus coûteuse encore.

La loi du 16 septembre 1807 sur les *dessèchements de marais* renferme, dans ses articles 50, 51, 52 et 53, des dispositions d'après lesquelles les alignements des rues doivent être donnés ; ces dispositions n'ont pas cessé d'être en vigueur. Elles rappellent presque entièrement le mode en usage sous l'ancienne édilité parisienne; seulement l'article 52 est ainsi conçu :

« Dans les villes, les alignements pour l'ouverture des nouvelles rues, pour l'élargissement des anciennes qui ne font point partie d'une grande route, ou pour tout autre objet d'utilité publique, seront donnés par les Maires, conformément au plan dont les projets auront été adressés au Préfet, transmis avec leur avis au Ministre de l'Intérieur et arrêtés en Conseil d'État. En cas de réclamation de tiers intéressés, il sera de même statué en Conseil d'État sur le rapport du Ministre de l'Intérieur. »

L'article 57 attribuait la fixation des indemnités au Conseil de Préfecture, fixation déterminée maintenant par le jury.

Il n'y avait pas autrefois de règlements pour ce qu'on appelle de nos jours *l'expropriation pour cause d'utilité publique*. Lorsque, dans un intérêt général, le Bureau de la Ville décidait l'ouverture d'une nouvelle voie, il pouvait bien s'emparer des maisons à démolir et des terrains nécessaires ; mais les indemnités donnaient lieu à des débats qui souvent duraient plusieurs années.

Comme nous l'avons rappelé à la page 44 de ce précis historique, l'ouverture de la *rue Dauphine* ne put être réalisée, en vertu d'un traité entre la Ville et les Augustins, que par l'intervention d'Henri IV. Le Roi mit un terme aux lenteurs, en menaçant le supérieur des religieux Augustins d'aller ouvrir la rue Dauphine avec du canon, s'il le fallait.

Il est vrai que ce moyen énergique, mais peu légal, ne fu

pas employé; néanmoins il témoigne de la difficulté des transactions.

Le législateur avait donc à mettre un terme à ces difficultés; mais il devait en même temps se garder de livrer, pieds et poings liés, la propriété au caprice comme au bon plaisir de l'Administration ainsi qu'à la convoitise de la spéculation.

D'une lettre écrite par Napoléon au prince Cambacérès, au sujet des expropriations pour cause d'utilité publique, nous avons extrait les passages suivants :

Schœnbrunn, 29 septembre 1809.

« Le mémoire que vous m'avez envoyé ne traite pas la » question avec assez d'étendue... d'abord, on doit définir » quelles sont les formes qui constatent l'utilité publique. Il » faudrait que ce fût un sénatus-consulte, une loi ou un dé- » cret délibéré en Conseil d'État. S'il prend fantaisie à un » Préfet d'augmenter d'une aile ou d'un jardin la Préfecture, » la Prison ou l'Hôpital, ce ne doit pas être une raison pour » exproprier aucun citoyen; il faut qu'un acte de l'autorité » supérieure dise que cela est utile... Il restera une question » à décider : *ne doit-on mettre la main au travail que* » *la propriété ne soit payée?* Le Code Napoléon le veut » ainsi. Mais je pense que l'on pourrait, soit par la sentence, » lorsque l'expropriation est forcée, soit dans le contrat lors- » qu'elle a lieu de gré à gré, stipuler qu'il y aurait toujours » *un premier payement*, ne fut-il que de 500 francs, réglé » au quart, au cinquième, ou même au dixième du prix, que » l'on considérerait comme des arrhes, et moyennant lequel » possession pourrait être faite par l'Administration... »

(Corresp., volume 19, page 623.)

Cette lettre, qui révèle de très sages principes, donna vraisemblablement naissance à la loi du 8 mars 1810 sur les expropriations pour cause d'utilité publique. Cette loi fut abrogée par celle du 7 juillet 1833, laquelle a été remplacée à son tour par la loi du 3 mai 1841, complétée enfin par le décret du 25 mars 1852.

Quoique n'étant plus appliquée, la loi qui remonte à la première époque impériale a été le point de départ de toutes les améliorations qui s'appliquent aux expropriations.

Comme la plus importante de ces lois est, sans contredit, celle du 3 mai 1841, au règne de Louis-Philippe, nous traiterons dans son ensemble, avec tout le soin qu'elle comporte, la question si intéressante des expropriations pour cause d'utilité publique.

Au sujet de la *mendicité*, voici l'extrait d'une note adressée par Napoléon Ier au ministre Cretet, le 16 ventôse an XIII (7 mars 1805) :

« Nos maisons de correction sont pleines de mendiants et » d'hommes qu'on pourrait employer à des travaux utiles. En » même temps, un grand nombre de départements sont en- » core infestés de mendiants et de vagabonds. Cependant on » a besoin de bras sur tous les points où l'on fait des tra- » vaux considérables; on en a besoin à Cherbourg, au marais » de Rochefort, au Fort Boyard. Ne pourrait-on pas enré- » gimenter ces hommes...? Quoique notre armée soit très » forte, le territoire est tellement étendu qu'on ne peut pas » compter sur les troupes pour les employer aux travaux. »

(Corresp., volume X, page 245.)

La question des *Greniers de réserve* fut également soumise à l'appréciation éclairée de l'Empereur, et voici la note que Napoléon adressait, à ce sujet, au Ministre de l'Intérieur :

NOTE POUR M. CRETET, MINISTRE DE L'INTÉRIEUR

Saint-Cloud, 9 septembre 1807.

« Avant d'entreprendre des greniers publics, il faudrait discuter plusieurs questions et dire d'abord dans quel cas deux millions de quintaux de blé peuvent exister à Paris. Est-ce en cas d'approvisionnement fait par le Gouvernement? Cela ne paraît pas admissible; deux millions de quintaux de blé feraient un capital de 30 millions et coûteraient annuellement : 1° Pour l'intérêt du capital 1,500,000 francs; 2° Pour entretien et manutention 1,600,000 francs, ce qui ferait une dépense annuelle de plus de trois millions. Cette dépense offrirait-elle au gouvernement des avantages assez importants? C'est une autre question à examiner. Pour la résoudre, il faut prendre connaissance de ce qui s'est passé dans un espace de temps déterminé. Si les faits prouvent qu'il aurait été utile d'avoir des approvisionnements aussi considérables, on pourra aviser aux moyens de parvenir à ce but : si, au contraire, l'analyse des événements antérieurs prouve que l'avantage du Gouvernement ne serait pas en proportion du sacrifice qu'on serait obligé de faire, pendant le nombre d'années sur lequel on aurait établi les calculs, un approvisionnement considérable serait reconnu inutile. Dans la supposition de ce dernier résultat, quelle serait l'utilité d'un grand grenier public? Les particuliers apporteront-ils à Paris assez de blé pour le remplir? Pour résoudre ces nouvelles questions, il faudrait aussi chercher dans une période de vingt années quelles sont les époques où il y a eu en même temps à Paris deux millions de quintaux de grains. Il est bien évident que les greniers publics n'attireront pas le blé à Paris; car ils ne changeront rien aux combinaisons de la mouture et des besoins, et à l'intérêt qu'ont les particuliers à ne pas s'assujettir à des dépenses considérables et à la perte qui résulte de la stagnation des capitaux. On a eu l'idée de considérer ces magasins comme une ressource pour les fermiers des cantons qui fournissent à Paris, lesquels, dans des années d'abondance, sont forcés à vendre leur blé à vil prix, par l'impossibilité où ils se trouvent de placer dans leurs granges toute leur récolte; mais cette idée est hypothétique.

» Il semblerait d'ailleurs qu'on atteindrait mieux le but proposé en ayant plusieurs magasins placés à portée des lieux où le blé se recueille.

» On a aussi eu l'idée de faire une sorte de Mont-de-Piété des grains, c'est-à-dire de prêter aux fermiers sur les grains qu'ils déposeraient dans les greniers publics. Il faut d'abord savoir si une pareille institution existe dans un pays quelconque : il faut établir aussi quelle sorte d'abonnement peut être fait entre le dépositaire et l'agriculteur pour l'entretien des grains déposés; il faut savoir aussi par qui seront supportées les pertes qui résulteraient du dépérissement des grains.

» Toutes ces questions fussent-elles résolues à l'avantage du projet, il resterait toujours à examiner si, au lieu d'avoir à l'Arsenal un magasin capable de contenir deux millions de quintaux, il ne serait pas préférable de diviser les magasins et d'en avoir un au confluent de l'Oise et de la Seine, un second au centre du Soissonnais, un troisième au centre de la Beauce, un quatrième au centre de la Brie; alors on aurait cet avantage que le blé renfermé dans ces magasins, s'il appartenait au Gouvernement, pourrait être converti en farine sur le lieu, car les moyens de mouture pour l'approvisionnement de Paris sont à peu près tous dans les mêmes localités d'où l'on tire le blé. L'agriculture déposerait plus volontiers ses blés dans les magasins qui seraient presque sous ses yeux que dans un gouffre comme Paris. Le négociant aurait lui-même plus de confiance, puisque tous les magasins se trouveraient sous la garde d'une administration publique.

» Dans tous les cas, il paraît prudent de commencer à Paris par un seul magasin et de n'en entreprendre un second que quand le premier sera reconnu insuffisant. Mais, dans tous les cas, il faut que le plan soit combiné de manière qu'il réponde à la grande idée qu'on a eue de former un seul grenier public.

» Il est nécessaire que le Ministre discute tous ces objets. Ces questions conduiront le Ministre à examiner si nous ne payons pas trop aujourd'hui, en donnant aux munitionnaires 400,000 francs pour la conservation des grains.

» Signé : Napoléon. »

(Corresp., volume XVI, page 4.)

Un grenier de réserve qu'on appelait également grenier d'abondance fut établi en bordure du boulevard Morland ; la première pierre en avait été posée le 26 décembre 1807.

En 1836, son approvisionnement obligatoire, pour les 601 boulangers de Paris, était fixé à 77,190 sacs. Une nouvelle organisation de la boulangerie, réglementée par un décret impérial du 2 novembre 1854, porta cet approvisionnement à 181,016 sacs. Par suite d'un autre décret du 31 août 1863, la boulangerie étant devenue libre, le grenier de réserve fut restitué par la Ville à l'État. En 1869, on y installa un entrepôt particulier de liquides, et les bâtiments furent incendiés pendant la Commune, le 24 mai 1871.

Ainsi le commerce de la boulangerie, et nous pouvons ajouter celui de la boucherie, étaient soumis au régime de la limitation sous Napoléon Ier, tandis que ces deux commerces du pain et de la viande furent rendus libres sous Napoléon III.

Au point de vue de l'intérêt de la Capitale, qui donc avait raison, de l'oncle ou du neveu? Selon nous, c'était Napoléon Ier.

« L'approvisionnement de Paris, disait-il, doit être sous la direction absolue, dans la main du Pouvoir; c'est l'intérêt de l'État autant que celui de la Ville... L'intérêt de l'État, cela ne se discute pas, on le sent; l'intér. t de la Ville est dans la limitation... En effet, si 500 boulangers, par exemple, suffisent aux consommateurs, la liberté doit en faire éclore au moins 300 de plus. Cet excédant est inutile et même dangereux. Pour se soutenir, le boulanger est condamné à tricher sur le poids, à frauder sur la qualité de la marchandise toujours au détriment du public.

» On dit que la limitation donne de la valeur aux fonds de boulangerie et de boucherie — tant mieux, ces marchands se garderont bien de compromettre cette valeur par des contraventions.

» On ajoute : la liberté de ces deux commerces engendrerait une concurrence dont le public profiterait — utopie. Si 500 boulangers et bouchers s'entendent, 800 se concerteront aussi facilement.

» En ce qui concerne spécialement la boucherie, cette prétendue liberté ferait que nos provinces enverraient des débris d'animaux souvent morts de maladies. C'est pour éviter qu'on empoisonne les Parisiens que j'ai fait construire les abattoirs...»

Nos dernières calamités n'ont que trop cruellement démontré combien Napoléon Ier voyait de haut et de loin.

Avant la dernière guerre, si l'on avait établi un grenier de réserve au confluent de l'Oise et de la Seine, un second au centre du Soissonnais, un troisième en pleine Beauce, un quatrième au milieu de la Brie ;

Si les deux commerces de la boulangerie et de la boucherie avaient été organisés, ainsi qu'ils l'étaient autrefois dans Paris, avec des syndicats exerçant comme par le passé une grande influence ;

La défense de la Capitale, mieux approvisionnée, eût été plus longue, mieux disputée, et le nombre des victimes de la faim, de la misère et de l'épidémie moins considérable et moins douloureux.

Dans les questions commerciales, Napoléon Ier formulait certaines opinions qu'il est utile de reproduire.

« Le boulanger, disait-il, ne devrait faire que du pain et ne jamais se permettre la pâtisserie...

» Pourquoi chaque marchand ne se renferme-t-il pas dans la spécialité de son commerce ?...

» Je n'aime pas voir de grands jeunes gens s'installer dans un comptoir, pour auner des étoffes et vendre des fanfreluches qui nous coûtent si cher à nous, autres époux toujours débonnaires...

» ... Au nom de la liberté du commerce, on a dérobé aux femmes, depuis la Révolution, une foule de professions qui les faisaient vivre honnêtement, pour en gratifier les hommes...

» Tous les *travaux d'aiguille* devraient appartenir aux femmes, ainsi que la vente des étoffes, des bijoux, des bonbons, etc...

» Si vous empêchez la jeune ouvrière de gagner son pain, pourquoi vous étonner qu'elle vende son corps ? »

Terminons ce chapitre en rappelant l'opinion de Napoléon Ier sur la mission que la Ville de Paris doit remplir.

« Quelle sotte et plate pensée, disait-il, de chercher à faire de la Capitale une immense usine, un Paris forgeron, à la place de la Cité-Reine du luxe, des sciences et des arts.

» Ce sont les classes riches ou aisées qu'il faut attirer dans Paris en plus grand nombre possible, afin que leur superflu, dépensé dans ses murs, vienne assurer le nécessaire des pauvres, en maintenant rémunérateur le salaire des artisans et des ouvriers. »

L'Empereur avait pressenti que les étrangers et les grandes existences allaient se porter de préférence vers l'ouest de Paris.

Mais si Napoléon jugeait convenable de ne pas les contrarier, il exigeait néanmoins qu'on donnât aux arrondissements de l'Est de la Ville les améliorations nécessaires. L'Empereur n'admettait pas le luxe d'un côté, avec la misère de l'autre.

A la page 503 du volume XVI de la Correspondance à laquelle nous venons de faire des emprunts si manifestement utiles, on lit ce qui suit :

« Sa Majesté charge le Ministre de l'Intérieur de faire
» tracer, dès ce moment, l'alignement des quais entre le
» pont d'Austerlitz et la barrière de la Rapée jusqu'aux bou-
» levards neufs. Ce quai sera une sorte de boulevard avec
» six rangées d'arbres. Elle désire que le projet de décret et
» les plans sur l'Entrepôt soient présentés samedi prochain
» au Conseil d'Administration ; que, dans le même Conseil,
» le Ministre lui présente *les plans des promenades à*
» *faire au faubourg Saint-Antoine, à l'instar des*
» *Champs-Élysées (19 mars 1808).* »

Napoléon revenait souvent à l'idée de transformer les quartiers de l'Est de Paris. Il se préoccupait de la décoration des *Places publiques* de cette partie de la Ville. — Voici plusieurs lettres qui témoignent de cette vérité :

Paris, le 1er février 1806.

« A M. de Champagny,

» ..... Vous emploierez le million destiné aux travaux de
» Paris de la manière suivante : 500,000 francs pour les tra-

» vaux à faire cette année au Panthéon, et 500,000 francs » pour l'érection d'un *Arc de Triomphe* à l'entrée du boulevard, près du lieu où était la Bastille, de manière qu'en » entrant dans le faubourg Saint-Antoine on passe sous cet » Arc de Triomphe.

» NAPOLÉON »

(Même Corresp., volume XII, page 75.)

Des objections ayant été faites au sujet de cet Arc de Triomphe, l'Empereur écrivit au même Ministre :

Saint-Cloud, 9 novembre 1806.

« M. de Champagny..., après toutes les difficultés qu'il y a » de placer l'Arc de Triomphe sur la place de la Bastille, je » consens qu'il soit placé du côté de la grille de Chaillot à » l'Étoile, sauf à remplacer l'Arc de Triomphe, sur la place de » la Bastille, par *une belle Fontaine* pareille à celle qu'on » va établir sur la place de la Concorde.

» NAPOLÉON. »

(Volume XII, page 444.)

Deux ans après, l'Empereur, qui était alors en Espagne, se préoccupait encore des embellissements de la Ville de Paris, et Napoléon écrivait, au sujet de la place de la Bastille, la lettre qui suit :

Madrid, 21 décembre 1808.

« A M. Cretet, Ministre de l'Intérieur,

» J'ai vu dans les journaux, que vous avez posé la première » pierre de la Fontaine de la Bastille. Je suppose que l'Éléphant sera au milieu d'un vaste bassin rempli d'eau, qu'il » sera très beau et dans de telles dimensions qu'on puisse » entrer dans la tour qu'il portera. Qu'on voie comme les » anciens la plaçaient et de quelle manière ils se servaient » des éléphants. Envoyez-moi le plan de cette fontaine. » Faites faire le projet d'une fontaine qui représentera une » belle galère trirème; celle de Démétrius, par exemple, qui » aura les mêmes dimensions que les trirèmes des anciens.

» NAPOLÉON. »

(Volume XVIII, page 164.)

En étudiant Napoléon Ier au point de vue de l'administration municipale, on est étonné en reconnaissant qu'aucun détail n'échappait à l'affection du Souverain pour la ville de Paris. Le *numérotage* de ses maisons en est un des nombreux témoignages.

Anciennement, les propriétés en bordure de nos voies publiques ne portaient pas de numéros. Seulement, aux angles de nos rues, stationnaient des *messagers* appelés plus tard *commissionnaires*, qui donnaient des indications à l'aide desquelles on finissait par arriver à destination. Ils vous disaient : la maison que vous cherchez est la troisième ou la quatrième *à droite* après l'enseigne du *Marteau d'or*, ou de la *Truie qui file, du Puits d'amour*... parfois aussi la septième, à gauche, après l'hôtel du duc de... ou du prince de...

C'étaient donc les enseignes qui pendaient en haut des boutiques ou des inscriptions creusées dans des tables de marbre scellées au-dessus des portes cochères des grandes habitations qui servaient de points de repère aux Parisiens comme aux étrangers.

Plus tard, sous le règne de Louis XIV, fut commencé le numérotage des maisons de Paris; mais on l'appliqua seulement dans les rues commerçantes.

Ce mode ne fut généralisé que vers 1750. Il améliorait sans doute l'ancien état de choses, tout en présentant de nombreux inconvénients. On procédait par quartiers et par îlots de propriétés, sans distinction de numéros pairs et impairs, de sorte qu'une propriété, le n° 800 par exemple, pouvait avoir pour voisine une maison désignée par le n° 3.

Lorsqu'il était simple officier d'artillerie, Bonaparte demeurait au cinquième étage dans la maison du quai de Conti, portant aujourd'hui le n° 5. Il avait dû chercher longtemps, et à son grand déplaisir, les maisons dans lesquelles il avait à se rendre. Aussi lorsque le jeune officier, ayant obtenu de l'avancement, devint Empereur, Napoléon s'en souvint.

— Monsieur de Champagny, dit Sa Majesté au Ministre, l'étrange numérotage des maisons de Paris m'a souvent forcé, dans ma jeunesse, de prendre le chemin des écoliers. Il faut épargner le temps des gens laborieux, en inventant un numérotage rationnel.

Le 5 nivôse an VIII, un rapport fut adressé à l'Empereur par M. de Champagny, et le 4 février 1805, Napoléon signait un décret portant entre autres dispositions :

Que le numérotage serait établi par une même suite de numéros pour chaque rue, lors même qu'elle dépendrait de plusieurs arrondissements municipaux;

Que la série des numéros serait formée de nombres *pairs* pour le côté droit de la rue, et de nombres *impairs* pour le côté gauche;

Que le premier numéro de la série, soit pair, soit impaire, commencerait dans les rues perpendiculaires ou obliques à la Seine, à l'entrée de la rue prise au point le plus rapproché du fleuve, et dans les rues parallèles, à l'entrée prise en remontant le cours de la Seine, etc....

Esquissons un autre côté de la physionomie de l'Empereur. Très économe en tout ce qui le concernait, Napoléon se montrait *prodigue* à l'endroit des hauts fonctionnaires, qu'il rétribuait magnifiquement. Aussi l'Empereur exigeait-il qu'ils répandissent l'or à profusion dans Paris, dont il voulait à tout prix favoriser le commerce.

Un jour, ainsi qu'il en avait l'habitude, l'Empereur s'amusait à *battre la charge* sur les vitres, tout en suivant du regard les magnifiques équipages qui sillonnaient en tous sens la cour des Tuileries.

Tout à coup Napoléon s'arrêta; son attention s'était concentrée sur un fiacre poudreux, attelé de deux rossinantes se traînant au milieu des coursiers qui piaffaient sur la place.

Enfin le véhicule devint immobile, et le cocher, dont la gravité complétait l'allure pacifique de son attelage, posa méthodiquement son fouet, retroussa son carrick, dont l'ancienneté commandait le respect, puis descendit lentement de son siège pour aider la pratique à mettre pied à terre.

L'Empereur avait reconnu son visiteur, et tout de suite Sa Majesté ordonna de l'introduire.

« Monsieur le Sénateur, dit Napoléon de cette parole brève dont chaque mot laissait une empreinte, vous êtes venu aux Tuileries en fiacre; c'est probablement, me répondrez-vous, parce que vous n'avez pas les moyens d'avoir une voiture. »

Et le Sénateur de s'incliner avec respect et en signe d'affirmation.

« Cependant, continue Sa Majesté, vos différentes fonctions, toutes largement rétribuées, votre fortune particulière assez ronde et la dot pleine d'embonpoint de la femme que je vous ai fait épouser, tout cela vous constitue bien solidement un revenu annuel et très convenable de 250,000 liv. de rente. »

Et le Sénateur de s'incliner plus respectueusement encore!

« Eh bien! monsieur, dit l'Empereur en terminant, les faiseurs d'économies sont les adversaires de mon système; demain je vous enverrai mon carrossier et vous ferez choix de la plus belle voiture. »

Finissons ce chapitre, en rappelant de quelle manière Napoléon entendait que la Capitale fût administrée :

« Dès que j'aurai signé la paix, disait-il au comte Chabrol, nous nous occuperons de la transformation de Paris, que nous irons étudier du haut des tours Notre-Dame. »

XIII

LA RESTAURATION

1814 — 1824

Louis XVIII

Le Roi prend en grande estime le Préfet de la Seine. — Création d'un bureau de statistique. — Le plan de Paris est restitué à l'Administration Municipale. — Rapport du comte Chabrol au Conseil Général de la Seine sur les alignements des rues de Paris. — Ordonnance royale sanctionnant l'ouverture de nouvelles voies publiques. — L'Église Notre-Dame-de-Lorette; la Chapelle expiatoire; le Cimetière de la Madeleine; une lettre de Santerre. — L'Église Saint-Denis-du-Sacrement. — L'École des Beaux-Arts. — Le palais des Thermes. — L'Académie Royale de Musique. — Réunion à Paris du petit village d'Austerlitz. — Résumé.

Le Roi Louis XVIII avait fait preuve de sagesse en conservant à la tête de l'Administration Municipale le Préfet nommé par Napoléon. Le souverain prit bientôt en très grande estime le Magistrat, dont le talent avait mûri par l'étude et l'expérience. Ils eurent ensemble de nombreuses conférences, dans lesquelles le comte Chabrol édifia le Souverain par la droiture de son caractère et l'étendue de ses connaissances administratives.

Le Roi, dont la plus grande partie de l'existence s'était écoulée dans l'exil, ne cessait d'interroger son Préfet de la Seine sur les différentes classes dont se composait la population de la Capitale. Désireux de donner satisfaction complète au souverain, le comte Chabrol résolut de créer un bureau de *statistique* ayant mission de recueillir tous les renseignements nécessaires.

L'origine des recherches sur le mouvement annuel de la population de Paris, remonte à l'administration de Colbert. Ce grand Ministre, qui voulait greffer tous les actes de l'autorité sur la connaissance précise des faits, proposait au Roi Louis XIV d'ordonner qu'il serait rédigé, dans la Ville de Paris, à la fin de chaque mois, un extrait des registres civils, indiquant le nombre des naissances, celui des décès, le nombre des mariages et celui des personnes admises dans les hôpitaux. A ces états mensuels, réunis et publiés, on devait ajouter des remarques succinctes sur le caractère et l'influence de chaque saison, ainsi que sur les différentes maladies observées dans le cours d'une année. Ces feuilles avaient à mentionner, en outre, le prix et le poids des diverses sortes de pain et de quelques objets de consommation générale. Le motif de ce règlement, sanctionné par Louis XIV, se trouve affirmé en ces termes :

« Estant important au public, pour la santé et pour la subsistance des habitants, d'en connoistre l'estat en tout temps » et d'observer soigneusement les causes qui augmentent » ou diminuent le peuple, en chacun des quartiers de Paris, » il sera fait, tous les seconds jours du mois, une feuille qui » contiendra le nombre des baptesmes, des mariages et des » mortuaires du mois précédent et de chacune des paroisses » en particulier. »

Ce règlement fut observé pendant plusieurs années. Mais après la mort de Colbert on le négligea, puis il subit une interruption qui dura jusqu'en 1708. Rétablie alors, cette utile disposition fut perfectionnée. On inscrivit avec plus de soin le nombre des enfants naturels ou légitimes laissés par leurs parents à la charge de l'État. On commença, vers 1745, à distinguer les sexes dans toutes les feuilles imprimées; depuis, cette distinction a toujours été maintenue.

Ce travail, si manifestement utile, avait été poursuivi, mais avec plus ou moins d'exactitude, jusqu'au commencement de la Restauration.

Le comte Chabrol conçut alors le projet de réunir tous les documents épars sur la population de Paris, pour en faire établir les dénombrements successifs par la Préfecture de la Seine.

Le Magistrat disposa lui-même les tableaux indicatifs, puis un premier travail parut en 1817.

Le Préfet rendit compte au Gouvernement de la marche et des résultats de cette grande opération, dont l'agencement et les principales dispositions furent bientôt copiés par toutes les administrations des grandes villes de l'Europe.

Passons maintenant à un autre sujet également intéressant et qui concerne le *Plan de Paris*.

La juridiction et l'intendance de la voirie, dans la Capitale, avaient été réglées, comme nous l'avons dit, par des Édits royaux remontant aux premiers développements considérables de la Ville de Paris. Le duc de Sully réunit à l'office de Grand-Voyer de France la charge spéciale de Voyer de Paris.

Ses attributions passèrent en partie aux Trésoriers de France; toutefois, leur intervention se bornait à la haute surveillance de la solidité des constructions, à la prohibition des étalages extérieurs, ainsi qu'à l'exécution de quelques règlements intéressant la salubrité. Mais quant à l'ouverture de nouvelles voies, à l'élargissement d'anciennes rues, c'était le Prévôt des Marchands, de concert avec les Échevins, qui intervenait, et le *Bureau de la Ville* sanctionnait ou rejetait les propositions. Le Plan de Paris, ainsi que nous l'avons rappelé, était déposé dans l'Hôtel de Ville, et toutes les améliorations qui le concernaient devaient émaner de nos anciens Magistrats. Cette attribution si rationnelle leur fut enlevée en 1789, lors de la destruction de la Prévôté des Marchands. Ce fut une faute bien grave, qui coûta cher à la Ville de Paris, ainsi qu'à l'État, comme nous l'avons démontré dans le chapitre consacré à la première République.

Voici maintenant de quelle étrange manière et en quelle circonstance le Plan de Paris fut restitué à l'Administration Municipale, qui en avait été indûment dépouillée :

Paris, 11 mai 1822.

« Monsieur le Préfet,

» Le travail relatif à la confection du Plan de Paris *a été* » *dirigé jusqu'ici, sous les ordres de M. Gisors, par* » *un géomètre attaché au Conseil des bâtiments civils.*

» Les réductions déjà opérées sur le crédit destiné aux » dépenses de ce Conseil, et celles qu'il doit subir encore pour » fournir sa part aux économies que je ne puis me dispenser » de faire sur le budget du Ministère de l'Intérieur, *ne me* » *permettront plus de continuer*, en 1823, le traitement de » 2,400 fr. dont jouit ce géomètre, ni l'indemnité de 1,000 fr. » accordée à l'inspecteur général.

» La formation des plans d'alignements est une dépense » essentiellement municipale; et je ne trouve RIEN qui justifie » l'exception si longtemps maintenue à l'égard de la Ville de » Paris.

» En conséquence, j'ai décidé que cette partie rentrerait » dans vos attributions, à compter du 1er janvier prochain.

» Vous avez eu plusieurs fois à vous plaindre de la lenteur » des opérations; et j'ai vu moi-même avec regret qu'elles ne » fussent pas plus avancées. J'aime à croire que vos soins » leur donneront une impulsion nouvelle, et que s'il est » nécessaire, pour les accélérer, d'augmenter pendant quelques » années le nombre des employés, vous obtiendrez sans » difficulté l'assentiment du Conseil Municipal, qui doit avoir » à cœur de faire enfin terminer ce grand et important ouvrage.

» Les frais actuels s'élèvent à 7,400 fr. par an; et déjà la » Ville de Paris y contribue pour plus de moitié; mais, dût » cette somme être portée à 10,000 francs, l'accroissement de » la dépense serait insensible pour la Ville de Paris, et ne » saurait balancer les avantages qui résulteront pour les propriétaires » de l'adoption d'un plan définitif.

» Le Ministre Secrétaire d'État au département de l'Intérieur,

» *Signé* : CORBIÈRE. »

L'intelligence du comte Chabrol comprit toute l'importance de cette restitution; aussi, le Magistrat s'empressa de répondre au Ministre par une acceptation reconnaissante.

Dans un Mémoire présenté par le comte Chabrol au Conseil général du département de la Seine, concernant l'exécution du projet *d'alignement des rues de la Ville de Paris*, nous lisons ce qui suit :

« ... Les projets qui ont pour but d'agrandir la voie publique » comprennent ordinairement les maisons de l'un et » l'autre côté, en sorte que tous les propriétaires riverains » sont assujettis à l'obligation de reculer les façades de leurs » maisons, de part et d'autre de l'axe de la rue, autant que » l'alignement l'exige....

» Divers arrêts du Conseil, en prescrivant l'élargissement » de certaines rues, qui avait été jugé nécessaire, ont fait » supporter aux propriétaires des maisons situées d'un seul » côté l'obligation de fournir tous les terrains ajoutés à la » voie publique; et, en même temps, il a été ordonné que » l'indemnité due à ces propriétaires serait acquittée, suivant » un certain rapport, par la Ville de Paris et par les propriétaires » des maisons situées du côté opposé, en prenant pour » base de la répartition l'augmentation de la valeur que ces » dernières maisons recevraient.

» On l'a ainsi ordonné pour la *rue des Noyers*, par un » arrêt du Conseil du 7 septembre 1680.

» Pour les *rues de la Huchette* et du *Petit-Pont*, par » un arrêt du 20 décembre 1787. Pour la *rue des Arcis* (1), » par un arrêt du 30 décembre 1670; pour la *rue de la Verrerie*, » par un arrêt du 20 novembre 1671; pour la *rue* » *Galande*, par un arrêt du 6 juin 1672; pour la *rue de la* » *Vieille-Draperie* (2), par un arrêt du 2 octobre 1672...

» Enfin, la loi du 16 septembre 1807 exprime un principe » qui a quelque analogie avec celui des ordonnances précédentes; » car on lit dans l'article 54, que « lorsqu'il y aura » lieu en même temps à payer une indemnité à un propriétaire » pour terrains occupés, et à recevoir de lui une plus-value » pour des avantages acquis à ses propriétés restantes, » il y aura compensation jusqu'à concurrence. »

Dans ce même Mémoire émanant du comte Chabrol, il est dit que la Ville de Paris renfermait en 1824, savoir :

1,070 rues, 120 culs-de-sac ou impasses, 34 quais et 70 places.

Le Magistrat s'occupe également des *trottoirs*, et s'exprime ainsi : « J'ai désiré, Messieurs, appeler votre attention spéciale » sur la partie de la voie publique qui devrait être destinée » aux gens de pied. On a remarqué, depuis longtemps, » les inconvénients extrêmes qui proviennent du défaut *presque* » *absolu* de trottoirs commodes et convenablement » construits. La Capitale de la France, ornée de monuments » admirables, et qui possède tant d'établissements utiles, » n'offre à ceux qui la parcourent à pied qu'une voie excessivement » pénible ou même dangereuse, et qui semble avoir » été exclusivement destinée au mouvement des voitures..... (1). »

Sous le rapport des trottoirs, grâce au comte Chabrol, cette partie de la voie publique, appelée à protéger les piétons, fut singulièrement améliorée.

L'industrie du bâtiment, la plus féconde de toutes les industries, prit également, sous l'intelligente impulsion de ce Magistrat, un essor extraordinaire qui réagit heureusement sur le commerce et l'industrie, devenus très prospères sous Louis XVIII.

Voici la liste des ordonnances pour ouvertures de rues et par années :

1816. Rue Malar — voies sur les terrains du couvent de la Roquette — partie de la rue de la Roquette.

1817. Prolongement de la rue Mongolfier.

1818. Rue Godot-de-Mauroy.

1819. Élargissement de la place du Châtelet.

1820. Élargissement de la rue Joquelet.

1821. Prolongement de la rue Chauchat.

1822. Prolongement de la rue Racine — Formation de la rue Chabrol.

1823. Rue de la Visitation. — Passages de l'Opéra. — Rue Bayard. — Rue Jean-Goujon. — Place François Ier. — Prolongement de la rue Laffitte, alors dénommée rue d'Artois. — Partie de la rue de la Ferme des Mathurins.

1824. Rue Albouy. — Rue Saint-Georges (partie). — Rue Notre-Dame-de-Lorette. — Place Saint-Georges. — Rue La Bruyère. — Prolongement de la rue Royale-Saint-Honoré. — Rue Chauveau-Lagarde. — Rue de Sèze. — Prolongement de la rue Vivienne. — Rue et place de la Bourse. — Rue du Cardinal-Lemoine. — Rue des Chantiers. — Rue Allbert. — Rue Madame (partie).

Le Roi Louis XVIII avait trop d'élévation dans le caractère pour ne pas favoriser les beaux-arts, en les faisant servir à la religion. Le Souverain, sous ce rapport aussi, fut admirablement secondé par le premier Magistrat de la Ville de Paris.

Dès le règne de Louis XVI, le quartier de la Chaussée-d'Antin avait pris un grand développement. La population riche de la Ville, par une attraction irrésistible, se portait vers cette partie du nouveau Paris, qui ne possédait encore en 1821 qu'une petite chapelle complètement insuffisante.

Le Préfet de la Seine, interprétant les vœux des habitants du quartier de la Chaussée-d'Antin, obtint du Conseil Municipal la création d'une église dédiée à *Notre Dame de Lorette*. Une ordonnance Royale du 3 janvier 1822 sanctionna la fondation de cet édifice religieux.

En 1823, un concours fut ouvert entre dix architectes. Le projet qui obtint la préférence, fut celui dont l'épigraphe avait reproduit ces deux vers d'un grand poëte :

Que de l'or le plus pur son autel soit paré,
Et que du sein des monts son marbre soit tiré.

L'auteur du projet était Hippolyte Le Bas.

(1) Dont le sol est confondu maintenant dans la rue Saint-Martin.

(2) Le sol de cette ancienne voie est compris dans l'avenue de Constantine.

(1) Ce mémoire, auquel nous venons d'emprunter d'utiles renseignements sur la situation de la Capitale, pendant le règne de

Parlons d'un autre monument dont l'aspect religieux, triste sévère cause une profonde impression, mêlée de pitié, de spect et de vénération. — En voici l'histoire lamentable : Vers la fin du siècle dernier, à l'angle de la rue de la Ville-vêque et de celle de la Madeleine, on voyait encore une cienne église qu'on appelait *Sainte-Madeleine-de-la Ile-l'Évêque*. Supprimée en 1790, cette église devint pro-iété nationale, et fut vendue le 4 pluviôse an V (23 jan-r 1797).

Attenant à l'édifice religieux, se trouvait un cimetière établi 1659, époque de la reconstruction de l'église.

Dans ce cimetière, furent inhumées les victimes étouffées ns la nuit du 30 au 31 mai 1770, lors de l'encombrement i eut lieu après le feu d'artifice tiré sur la place Louis XV ujourd'hui de la Concorde), à l'occasion du mariage du uphin avec l'archiduchesse Marie-Antoinette.

Vingt-deux ans après, ce cimetière reçut les dépouilles mor-lles des Suisses égorgés pendant la journée du 10 août 1792.

Le 21 janvier 1793, les restes de Louis XVI, enfermés dans e *panière d'osier*, y furent transportés sur une charrette, placés entre deux couches de chaux vive.

Séance permanente du 21 janvier 1793.

« Le Conseil général de la Commune entend la lecture d'une lettre du Commandant général, renfermant une observation dont il avait oublié de rendre compte. »

État-major général, du 21 janvier 1793.

« Citoyens, j'ai oublié de vous raconter une circonstance qui mérite d'être connue. Le cadavre de *Louis Capet* a été transporté à la Madeleine avec soin et exactitude ; il se trouve enterré entre les hommes morts lors de son mariage et les Suisses tués le 10 août.

» *Le commandant général provisoire,*

» SANTERRE. »

Le 16 octobre de la même année, la reine Marie-Antoinette, capitée, comme l'avait été Louis XVI, y fut également inhu-ée, ainsi qu'un grand nombre de victimes du Tribunal révo-tionnaire.

Mais le couteau de la guillotine fonctionnait si rapidement e le cimetière de la Madeleine devint insuffisant ; il fut rmé pour cause d'encombrement, en vertu d'un arrêté du nseil général de la Commune, à la date du 26 pluviôse II.

« Louis, Roi de France... Nous avons ordonné et ordon-nons ce qui suit :

» Il sera élevé un *monument* au nom et aux frais de la nation, à la mémoire de *Louis XVI*, de la Reine *Marie-Antoinette* et de *Madame Élisabeth*...

» Donné au château des Tuileries, le 19e jour de janvier l'an de grâce 1816.

» *Signé* : LOUIS. »

La construction de la *chapelle expiatoire* a été exécutée après les plans et sous la direction de Percier et Fontaine, rchitectes. Ce monument est isolé sur les deux côtés et par ne avenue au-devant. — Le pourtour est planté de cyprès.

Quoique les renseignements suivants n'appartiennent plus u règne de Louis XVIII, nous croyons néanmoins devoir les ajouter pour compléter la notice consacrée à la Chapelle expiatoire.

En 1865, l'Administration municipale, sous l'inspiration de Napoléon III, résolut d'utiliser les terrains qui entouraient le monument, par l'établissement d'un square qui complète l'imposante et triste physionomie de la Chapelle expiatoire.

Mais la Commune de 1871 ne devait pas rester en arrière de celle de 1793, ainsi qu'en témoigne le document suivant :

« LE COMITÉ DE SALUT PUBLIC,

» Considérant que l'immeuble connu sous le nom de *Chapelle expiatoire de Louis XVI* est une insulte permanente à la première Révolution et une protestation perpétuelle de la réaction contre la justice du Peuple,

» Arrête :

» ART. 1er. — La Chapelle dite expiatoire de Louis XVI sera détruite ;

» ART. 2. — Les matériaux en seront vendus aux enchères publiques, au profit de l'administration des Domaines ;

» ART. 3. — Le directeur des Domaines fera procéder, dans huit jours, à l'exécution du présent arrêté.

» Paris, le 16 floréal an 79 (5 mai 1871).

» *Ont signé* : ANT. ARNAUD, LÉO MEILLET, CH. GÉRARDIN, FÉLIX PYAT, RANVIER. »

Dans le N° 84 du journal le *Père Duchêne* on lit, à la date du 29 floréal an 79 :

« ... Le Père Duchêne a été avec ses amis, en sortant de la place Vendôme, dîner dans un cabaret de Ménilmontant ; il ne vous dit que ça, et il a mangé près d'un demi-mètre d'une andouille que le citoyen cabaretier avait reçu de son pays, avec des chopines à n'en plus finir ! Aussi, hier soir, le Père Duchêne était dans un foutu état.

» Mais, nom d'un tonnerre ! c'est maintenant les jeanfoutres Henri IV, Louis XIV et la foutue chapelle dite expiatoire du ci-devant Capet, le seizième, qu'il faut foutre par terre (1). »

Mais laissons là ces turpitudes, et revenons au règne de Louis XVIII.

L'église *Saint-Louis-en-l'Ile*, supprimée pendant la Révolution, devint propriété nationale et fut vendue le 13 thermidor an VI. Le comte Chabrol la racheta, le 15 septembre 1817, moyennant 120,000 francs.

Le quartier du Marais revendiquait, à juste titre, la création d'une église pour sa population pieuse et tranquille. Sur la demande du comte Chabrol, une Ordonnance Royale du 29 mai 1822 autorisa l'acquisition par la Ville, de l'ancienne communauté des religieuses bénédictines du Saint-Sacrement. Cette communauté avait remplacé l'hôtel habité par Turenne. L'église *Saint-Denis-du-Saint-Sacrement* n'a été terminée qu'en 1835.

Parmi les créations qui honorent le règne de Louis XVIII, une des plus méritantes est sans contredit la fondation de l'*École des Beaux-Arts*, sur une partie de l'emplacement du couvent des Petits-Augustins. L'Ordonnance Royale qui sanctionne cette fondation porte la date du 24 avril 1816. Les bâtiments ont été élevés sur les dessins de M. Debret, architecte.

ouis XVIII, fait partie du 1er volume de l'ouvrage ayant pour titre : *echerches statistiques sur la Ville de Paris et le Département e la Seine.*

(1) Un homme de cœur, M. Libmann, résolut de sauver ce monument. La Commune avait fait dresser un devis estimatif de la valeur du mobilier et des matériaux. M. Libmann se mit en rapport avec le Directeur des Domaines, et lui proposa d'acheter la Chapelle expiatoire. Il suscita des délais, jusqu'au moment où les troupes entrèrent dans Paris, et préservèrent le monument d'une ruine certaine.

La Ville de Paris doit également à Louis XVIII la conservation des restes de l'ancien *Palais des Thermes*.

Paris, 19 mai 1819.

RAPPORT AU ROI

« Sire, le palais des Thermes, ce lieu qu'habitèrent des » Empereurs romains et des Rois de France de la 1re et de la » 2e race, est aujourd'hui occupé par un tonnelier et en- » combré de matériaux propres à en accélérer la dégradation. » Oublié pendant tant de siècles au milieu des troubles civils » et des guerres, négligé dans les intervalles de paix, ce mo- » nument n'offre plus qu'une salle unique obstruée par les » bâtiments voisins; mais dans cet état même, il est encore » digne de fixer l'attention d'un Prince protecteur des arts, » et qui aime à rattacher, à leur gloire moderne, les souve- » nirs de leur ancienne splendeur.

» La salle des Thermes pourrait être destinée à former une » succursale du musée pour les sculptures qui ne trouveraient » pas leur place au Louvre ou qui n'auraient pas d'emploi » ailleurs. On y pourrait transporter ce qui resterait de » remarquable aux Petits-Augustins, après les enlèvements » ordonnés pour Saint-Denis, les restitutions aux églises, etc., » etc....

» J'ai fait faire l'évaluation des premières dépenses, soit » pour la résiliation du bail emphythéotique de cette ancienne » propriété de l'abbaye de Cluny, devenue bien national, soit » pour sa restauration. Elles s'élèveraient à 68,000 francs, » auxquels il faudrait probablement ajouter 30,000 francs » pendant les deux ou trois années suivantes. Cette dé- » pense ne paraît pas hors de proportion avec l'avantage » de conserver un monument auquel se rattachent de si an- » ciens souvenirs, et que nous possédons sans en jouir. Le » chapitre XI du budget du Ministère de l'Intérieur offre des » fonds plus que suffisants.

» Si Votre Majesté daigne accueillir ce projet, une Commis- » sion sera chargée de fournir les plans de restauration, d'en » suivre les travaux, etc.

» Elle serait composée de :

» MM. Quatremère de Quincy, secrétaire perpétuel de l'Académie des Beaux-Arts ;
Gérard, membre de l'Académie, premier peintre du Roi ;
Denon, membre de l'Académie ;
Fontaine, membre de l'Académie, architecte ;
Lenoir, conservateur des monuments de Saint-Denis.

» Je prie Votre Majesté de me faire connaître si Elle daigne » approuver ces différentes dispositions. Je suis, avec res- » pect....

» Le Ministre, secrétaire d'État au département de l'Inté- » rieur,

» *Signé* : Comte Decazes. »

En marge : « Approuvé le même jour.

» *Signé* : Louis. »

La fondation de l'*Académie de Médecine* remonte également à cette époque. Cette académie a été instituée conformément à une Ordonnance Royale du 20 décembre 1820, pour répondre aux demandes du Gouvernement sur tout ce qui intéresse la santé publique, et principalement les épidémies, les maladies particulières à certains pays, les épizooties, les différents cas de médecine légale, la propagation de la vaccine, l'examen des remèdes nouveaux et des remèdes secrets, les eaux minérales naturelles et artificielles, en un mot de tous les objets d'études et de recherches qui peuvent intéresser les différentes branches de l'art de guérir.

L'*École royale des Chartes* date également de cette époque. Cette École, qui a pour but de former des jeunes gens à la lecture, à l'intelligence des anciens monuments, et à l'étude des divers dialectes français, fut fondée par Ordonnance Royale du 2 mars 1821, sur le rapport de M. de Gérando.

Cette institution a rendu d'éminents services à la science si difficile de l'histoire.

En 1819, l'enceinte de Paris s'est accrue de 322,300 mètres par la réunion du petit hameau d'Austerlitz et le reculement du mur d'enceinte entre les barrières de Fontarabie et des Rats.

D'autres faits intéressant la ville de Paris se rattachent au règne de Louis XVIII ; ils sont tous énumérés dans notre Dictionnaire. Nous n'avons rappelé, dans ce chapitre, que les créations principales qui sont à l'honneur du Souverain comme à la louange du Préfet de la Seine.

XIV

CHARLES X

1824 — 1830

Réception aux Tuileries du Corps Municipal de Paris. — Le Roi Charles X complimente le comte Chabrol. — Le quartier d'Europe ; la plaine des Errancis, le cimetière du même nom ; les victimes du 9 thermidor. — Le clos Saint-Lazare ; formation d'un nouveau quartier dans le faubourg Poissonnière. — Voies publiques ouvertes pendant le règne de Charles X. — L'église Saint-Vincent-de-Paul. — Le théâtre Ventadour. — Conclusion.

La mort de Louis XVIII ne fit subir à l'Administration municipale aucun changement. La Capitale eut le bonheur de conserver son premier Magistrat. Ayant dirigé pendant douze années les grandes opérations de la Ville, on pouvait dire qu'il savait *son Paris par cœur*.

Recevant aux Tuileries, pour la première fois, le Corps municipal, le Roi Charles X serra la main du comte Chabrol. « Vous êtes, M. le Préfet, lui dit Sa Majesté, un de ces administrateurs auxquels on succède, mais qu'on ne remplace pas. Je tiens à honneur de vous conserver, car vous êtes pour moi la plus pure expression du talent, de l'honnêteté et de la courtoisie. »

Jamais approbation royale ne fut mieux justifiée.

L'Administration du comte Chabrol était toute municipale ; aussi l'Administrateur n'avait pas d'ennemis, et les améliorations qu'il réalisait dans l'intérêt de la Ville de Paris lui conciliaient les sympathies de tous.

Le Magistrat n'avait qu'à se continuer ; aucun obstacle ne pouvait l'arrêter. Aussi, l'on va voir comment il a su faire progresser la Capitale.

Le plan de Roussel, publié en 1704, indique au nord-ouest de Paris, au delà de son enceinte, un assemblage de cahutes qu'on appelait *la Pologne*.

Lorsque le lieutenant-général de police, Nicolas de La Reynie, nettoya les bouges connus dans Paris sous le nom de *ours des Miracles*, les bandits qui peuplaient ces repaires, refugièrent dans les faux-bourgs, où ils formèrent de ouvelles agglomérations de malfaiteurs. La Pologne était ne de ces agglomérations redoutables.

Un chemin qui partait de la Ville, longeait, en se contiuant à droite, la Pologne, et se poursuivait au loin dans la laine. Ce chemin devint la rue du Rocher, et son prolongeent est désigné, sur le plan de Verniquet, sous le nom de ue d'Errancis. Le peuple appelait simplement le territoire u'elle traversait : *plaine des Errancis*. — D'où venait ette dénomination? En vieux langage parisien, des errancis taient de pauvres mendiants *ereintés* et estropiés qui imloraient la charité publique, principalement aux portes de os églises. Mais les errancis, voisins de la Pologne avec aquelle ils fraternisaient, étaient, comme leurs aïeux des anennes Cours des Miracles, de véritables bandits qui simuient toute espèce de maladies, en étalant des plaies hideuses ans le jour, mais qui disparaissaient la nuit comme par iracle, lorsque ces truands rentraient dans leurs masures.

A l'extrémité de la rue des Errancis, sur le côté gauche, on oyait un grand terrain devenu propriété nationale sous la remière République.

Lorsque le cimetière de la Madeleine fut supprimé, pour ause d'encombrement, le Conseil général de la Commune rrêta, dans sa séance du 25e jour de pluviôse an II, que ce hamp de repos serait transféré dans *un terrain appartenant à la nation, situé près la barrière de Mousseaux t bordant les boulevards extérieurs*.

L'enceinte construite par les Fermiers généraux avait, omme on le voit, compris dans la ville de Paris, la Pologne t cette plaine des Errancis, dont le nouveau cimetière prit le om. — Ce cimetière acquit bientôt une triste célébrité.

La fosse qui fut creusée pour recevoir les restes de Robesierre, Saint-Just, Fleuriot-Lescot, Payan, Vivier et autres ictimes du 9 thermidor se trouvait au nord du cimetière, le ong du mur d'enceinte, qui séparait cette fosse du boulevard xtérieur qui porte aujourd'hui, en cet endroit, le nom de oulevard de Courcelles. On comptait vingt-deux troncs dans deux tombereaux (les têtes avaient été mises séparément dans un grand coffre), avec le cadavre de Lebas, le seul au complet (1).

Telle est l'histoire de cette plaine des Errancis et de son cimetière.

Eh bien, ce territoire, où l'on ne voyait encore çà et là, vers le commencement de notre siècle, que de tristes masures et de misérables cabarets borgnes; sait-on ce qu'il est devenu de nos jours, grâce au comte Chabrol, auquel on doit sa première transformation?

La plaine des Errancis est maintenant le *quartier d'Europe*, l'un des plus beaux de la ville de Paris. Sa construction date de 1826.

L'année suivante, une Ordonnance Royale du 31 janvier 1827, autorisait MM. André et Cottier à ouvrir sur leurs terrains provenant de l'ancien clos Saint-Lazare, vendu par le domaine de l'État, treize rues et une place, lesquelles ont formé un nouveau quartier dans le faubourg Poissonnière.

Voici les autres opérations de voirie réalisées ou commencées sous le règne de Charles X et pendant l'administration préfectorale du comte Chabrol.

(1) Les frais de transport et d'inhumation s'élevèrent à 193 livres, plus 7 livres données comme pourboire aux fossoyeurs, y compris l'achat de chaux vive, dont une couche fut étendue sur les restes *des tyrans pour empêcher de les diviniser un jour*. Le cimetière des Errancis fut fermé quelque temps après, et vendu comme propriété nationale. Sur une partie de son emplacement fut établi un bal public, de bas étage, supprimé vers 1854 pour faciliter le percement du boulevard de Malesherbes.

1825. Rues du Delta, Castellane, Marqfoi, Claude-Vellefaux, Chastillon (cette dernière est appelée maintenant rue Vicq-d'Azir) — plusieurs voies sur les terrains dits de la Gare.

1826. Les rues du quartier d'Europe dont nous venons de parler, lesquelles, en grande partie, ont changé de nom. — Rues du Canal-Saint-Martin, Stanislas, du Duc-de-Bordeaux (depuis, du 29 Juillet), rue Godefroy, Mademoiselle (aujourd'hui, Vaneau), rues Bizet, de l'Église (maintenant rue Cler), prolongement de la rue Soufflot, rue de Cluny (aujourd'hui rue Victor-Cousin), rue Neuve-des-Poirées (maintenant rue Toullier), rues Frochot, Dalayrac, Marsollier, Méhul et Monsigny.

1827. Rues du nouveau quartier du faubourg Poissonnière dont les noms, pour la plupart, ont été changés — Rues Pascal, de la Planchette (aujourd'hui rue Biscornet), Boulevard de Latour-Maubourg.

1828. Rue des Patriarches, rue du Marché-des-Patriarches.

1829. Rue de l'Orme, partie (aujourd'hui rue Jacques-Cœur), rue de Lappe (maintenant des Taillandiers), rue Fortin, prolongement de l'impasse de la Fidélité, depuis rue Neuve-de-la-Fidélité, supprimée lors de l'exécution du boulevard de Strasbourg.

1830. Rue Breda, place Breda, rue Neuve-Breda (aujourd'hui rue Clausel).

Rappelons maintenant la formation du *Musée Charles X*, depuis Musée des antiquités égyptiennes, grecques et romaines. Il a été ouvert le 4 novembre 1827. Les plafonds ont été décorés par Horace Vernet, Gros, Abel de Pujol, Picot, Ingres, etc.

Quelques années avant, le 25 août 1824, avait été posée la première pierre de l'*église Saint-Vincent-de-Paul*, qui a été construite d'après les plans et sous la direction de Lepère et Hittorf, architectes. Cette église remplace une petite chapelle qui était située rue Montholon.

Sous le règne de Charles X, fut également construite la salle *Ventadour*, destinée à remplacer la salle Feydeau, théâtre de l'Opéra-Comique. Cette salle a été démolie dernièrement.

Des établissements d'utilité publique, les Marchés de Popincourt et des Patriarches, ainsi que les trois marchés aux fourrages ont été successivement établis à cette époque.

Le règne de Charles X et l'administration du comte Chabrol ont profité très heureusement à la Ville de Paris.

Le Souverain et le Magistrat n'en ont pas été récompensés.

Le Roi, après avoir si noblement pris fait et cause pour l'honneur et la dignité de la France, et lui avoir donné par la conquête de l'Algérie, le plus beau diamant de sa couronne, Charles X est mort dans l'exil.

Quant au comte Chabrol, dont la droiture et l'intelligence avaient si bien mérité l'estime de trois souverains, sa statue, qui ne figurait pas sur la façade de l'ancien Hôtel de Ville de Paris, sera-t-elle oubliée dans le nouveau Palais municipal?

Le poète est sûr de l'immortalité; le peintre et le statuaire revivent dans leurs œuvres — mais l'administrateur?

Consacrez donc la plus belle partie de votre existence à faire progresser une Capitale; prodiguez-lui votre intelligence, vos soins, votre dévouement, toute votre âme, pour que des successeurs ingrats se fassent impunément les fossoyeurs de votre gloire municipale!

XV

LOUIS-PHILIPPE

1830 — 1848

Situation de la Ville de Paris après 1830. — Trois Préfets se succèdent rapidement. — Nomination du Comte de Rambuteau, le 22 juin 1833; biographie du Magistrat. — Agrandissement de l'Hôtel de Ville; le Préfet de la Seine rêve un Palais des mille et une nuits; comment il l'obtient du Conseil municipal. — Loi sur l'organisation du Conseil Général et des Conseils d'arrondissement de la Seine; organisation municipale de Paris. — Travaux exécutés de 1830 à 1848. — La Cité; les Rues d'Arcole et de Constantine; les Quartiers Sainte-Avoie, des Lombards et des Marchés. — Récapitulation des Rues ouvertes dans Paris de 1830 à 1848; Suppression des contre-allées des Boulevards de Beaumarchais et des Filles-du-Calvaire, depuis la rue Daval jusqu'à celle de Ménilmontant (aujourd'hui Oberkampf). — La Loi du 3 Mai 1841. — Les Monuments religieux. — Le service des Prisons. — La distribution des Eaux; les Fontaines monumentales. — Les Fortifications de Paris. — Le Musée de Versailles. — Résumé.

Pour apprécier avec sagesse une administration municipale, il se faut garder de tout entraînement et se défier des exagérations politiques. L'écrivain qui veut remplir sa mission, dans toute la sincérité du devoir, a besoin de s'imposer l'obligation d'aller chercher la vérité dans les actes qui seuls reproduisent fidèlement la physionomie d'une époque. Alors le bien ou le mal que l'écrivain découvre sans passion, il doit le dire sans crainte.

Le gouvernement de Juillet, comme tout gouvernement issu d'une révolution, eut d'abord la main forcée dans la nomination des hommes appelés à la direction des affaires municipales. L'Administration de la Ville dut subir également cette épreuve, à laquelle était condamnée, par son origine même, la Monarchie Constitutionnelle du Roi Louis-Philippe.

Aussi, du 28 juillet 1830 au 22 juin 1833, Paris compta trois Préfets de la Seine. Cette succession si rapide de magistrats ne se produisit qu'au dépens de l'administration parisienne. C'est toujours pour un gouvernement une obligation funeste et pour une Capitale un malheur souvent irréparable, d'être forcés de payer une opposition politique, des antécédents de tribune, une réputation d'orateur avec une monnaie municipale.

La mission d'un magistrat, par une administration sympathique à tous, consiste à réunir, à calmer les opinions hostiles, afin qu'elles se confondent un jour dans un seul et même sentiment : l'amour de la patrie.

Mais pour remplir cette mission, il est nécessaire, il faut que le magistrat soit pur de tout antécédent politique.

S'il a figuré dans une opposition quelconque, s'il est entré dans la lice, s'il a combattu, il n'est plus digne de cette magistrature.

En effet, une révolution ne s'accomplit jamais avec l'adhésion de tous. Elle laisse après elle des individualités froissées, des affections brisées, une religion sacrifiée, un culte profané.

Alors l'élévation du magistrat, pour un fait politique, devient en quelque sorte une insulte à d'autres opinions, à des affections d'autant plus respectables qu'elles ont moins d'espoir et qu'elles sont désintéressées.

Le magistrat est paralysé dans son action; son passé, que les uns glorifient, est imputé à crime par les autres. L'opposition se glisse dans le Conseil municipal et trouve des prétextes à sa haine. Elle chicane le Préfet sur ses actes, elle l'enlace, le presse, l'étouffe, et finit par renverser l'administrateur pour se venger de l'homme politique.

Voilà pourquoi, dans un intérêt de conservation, tout gouvernement bien inspiré doit épargner à la Ville de Paris un magistrat ayant figuré dans nos discordes civiles.

Cette appréciation, saisissante de vérité, fut parfaitement comprise par le Roi Louis-Philippe, qui, après avoir subi trois Préfets, dicta lui-même, le 22 juin 1833, l'ordonnance qui élevait le comte de Rambuteau à la dignité de premier magistrat de la Ville de Paris.

Ce choix était excellent de raison et d'actualité; aussi allons-nous appeler l'attention de nos lecteurs sur les antécédents du nouveau Préfet de la Seine.

Claude-Philibert Barthelot, comte de Rambuteau, naquit en Bourgogne en 1782. Sa famille le destinait à l'École polytechnique; mais la mort de sa mère l'empêcha de donner suite au projet de ses parents. Il revint remplir près de son père la noble et douloureuse mission de consolateur.

Son esprit juste, son caractère modéré, ses manières pleines d'urbanité le firent promptement distinguer.

Ces qualités toutes sympathiques, que complétait l'ancienneté de son nom, lui procurèrent bientôt une belle alliance.

Il épousa Mlle de Narbonne, fille du comte Louis de Narbonne, ancien ministre de la guerre sous Louis XVI, puis ambassadeur du gouvernement impérial.

Napoléon, qui voulait avoir sous la main, pour les utiliser fructueusement, tous les hommes dont l'intelligence aspirait à s'élever par le courage et le talent, fit du comte de Rambuteau un de ses chambellans.

L'excellent ton du jeune dignitaire, son jugement sain et droit, étaient des qualités que Napoléon appréciait par-dessus tout. Aussi, l'Empereur qui affectionnait particulièrement son jeune chambellan, l'attachait à sa personne *pendant treize trimestres consécutifs*.

Nous retrouvons plus tard le comte de Rambuteau à la préfecture du Simplon, puis à celle de la Loire. Ici, c'est un magistrat plein d'énergie, là, un organisateur habile, partout un homme de cœur. En 1815, les électeurs de la Loire envoient leur magistrat bien-aimé à la chambre avec ce passeport : *L'élection du comte de Rambuteau est un hommage de la reconnaissance publique!*

Durant les Cent Jours, Napoléon, qui savait par cœur son ancien chambellan, le place à Moulins, à Carcassonne, puis à Montauban. Dans cette dernière ville, le comte de Rambuteau sauva la vie à douze soldats que la populace voulait égorger.

Rentré dans une obscurité volontaire, l'ancien magistrat se livre à des études de botanique et d'agriculture. En 1827, il est nommé député de Mâcon. Son existence parlementaire fut bien remplie.

Enfin, le 22 juin 1833, une ordonnance Royale fait du comte de Rambuteau le premier magistrat de la Ville de Paris.

Ce choix fut plein de bon sens; c'était bien l'homme qu'il fallait à la tête de la première administration municipale du pays. On sortait d'une révolution, il fallait pacifier. La nature conciliante du nouveau Préfet se prêtait admirablement à ce noble rôle. Puis, il n'avait ni passé à faire oublier, ni avenir à craindre; il était sûr d'être aimé, en se laissant aller doucement au courant de son caractère facile et sympathique.

Jamais figure de magistrat ne fut plus curieuse, plus charmante à étudier. Toujours elle amène le sourire sur les lèvres et le contentement au cœur.

Sa position était pleine de difficultés. Il s'agissait de vivre, sinon dans une entente parfaite avec le Conseil municipal (c'était chose impossible), il fallait au moins rester à tout prix dans les termes d'une bienveillance diplomatique.

Cette difficulté était grande. En effet, le premier magistrat de la Ville de Paris était l'homme du Pouvoir, et jamais le Pouvoir n'a été soutenu en France; c'est pour cela que nous avons si souvent gaspillé notre intelligence et notre gloire.

Le Conseil municipal, lui, était le produit de l'élection; mais cette élection se faisait dans la bourgeoisie, cette couche moyenne où l'on rencontre toujours le talent, l'honnêteté, l'économie, rarement la grandeur, presque jamais le génie des belles et suaves conceptions!

Il y avait donc en présence deux caractères différents, deux natures opposées, rivales. — Le Préfet : c'était l'intelligence qui sourit à tout ce qui brille, qui veut la grandeur et sait la payer, parce qu'elle a son prix. — Le Conseil : c'était le caractère calculateur, économe, sobre, comptant les millions sou à sou, faisant le strict nécessaire, rien de plus. — L'un employait toutes les ressources de son imagination à dorer son Paris; l'autre épuisait toutes les finesses de sa patience à faire des économies.

Cette opposition amena bientôt une de ces scènes que n'eût pas dédaignées le génie de Molière.

L'ancien gouvernement avait décidé l'agrandissement de l'Hôtel de Ville : c'était une excellente mesure.

Les antiques salons étaient trop étroits, insuffisants; il fallait à chaque cérémonie, pour chaque fête, improviser à grands frais des salles provisoires. — En trente années, ce provisoire avait coûté plus de neuf millions.

Donc, on était d'accord sur la nécessité d'agrandir l'Hôtel de Ville. Mais, au sujet des dépenses, l'harmonie s'enfuyait, affolée par des discussions métalliques. — Le Préfet rêvait un palais des *Mille et une Nuits*, le Conseil municipal voulait un agrandissement motivé, quelque chose de propre — voilà tout.

Pour conquérir son palais sur l'hôtellerie bourgeoise des Conseillers, voici de quelle manière le Préfet dressait ses batteries : lorsque le Magistrat n'avait plus d'argent, ce qui arrivait souvent, soudain il annonçait une fête à laquelle, bien entendu, assistaient les Conseillers. Là, complaisamment, il leur détaillait les travaux exécutés, faisait hommage aux dames de ces messieurs de ce luxe, de cette richesse, qui, disait-il, servaient de cadre à leur beauté. — Cet éclat et cette magnificence enchantaient les dames, amollissaient, faisaient fondre le puritanisme des dignes Conseillers. — Le lendemain, un tout petit rapport descendait au Conseil municipal : c'était le comte de Rambuteau qui demandait un crédit et faisait escompter l'attendrissement de la veille.

Voilà ce qui explique pourquoi l'agrandissement de l'Hôtel-de-Ville, qui devait employer huit ou neuf millions, en a coûté seize!

Eh bien, le temps, qui met chaque chose à sa place, a donné raison au Préfet. — On n'économise pas aux dépens de la splendeur d'une Ville comme Paris! — Grâce au comte de Rambuteau, le palais de nos Magistrats méritait le premier regard dans l'admiration publique. — On sait ce que le vandalisme a fait de l'Hôtel de Ville de Paris en 1871.

Le Roi Louis-Philippe et le Préfet de la Seine comprirent l'un et l'autre que le travail dans Paris était le meilleur moyen de contribuer à l'apaisement des esprits, et qu'il fallait à tout prix ranimer l'industrie du bâtiment.

Le Souverain et le Magistrat la favorisèrent d'abord dans un intérêt de salubrité.

Le quartier de la Cité, où se trouvaient entassés, depuis tant de siècles, nos ouvriers et nos artisans parqués dans des maisons étroites et privées de lumière, le quartier de la Cité sentit tout à coup dans son sein pénétrer l'air et la vie. Les rues d'Arcole et de Constantine commencèrent l'assainissement de la Cité, que compléta l'Empereur Napoléon III.

Les quartiers Sainte-Avoie, des Lombards et des Marchés constituaient trois agglomérations industrielles et commerçantes, sans aucune liaison entre elles, et formant barrage à la circulation. Une voie fut créée dans le but de rattacher le Marais aux Halles centrales. Cette voie est décorée du nom du Préfet qui en avait conçu le projet; malheureusement la *rue de Rambuteau*, en donnant satisfaction au présent, ne fut pas réalisée en prévision des nécessités de l'avenir. La rue de Rambuteau, devenue trop étroite, rendait indispensable la *rue de Turbigo*, réalisée sous Napoléon III.

Le nombre des rues ou parties de rues ouvertes, depuis 1830 jusqu'en 1848, s'élève à 112, savoir : sur la rive droite 89, et sur la rive gauche 23.

Voici leur récapitulation par arrondissements, alors composés de 12 : 1er arrondissement, 25; — 2e, 26; — 3e, 4; — 4e, 2; — 5e, 3; — 6e, 5; — 7e, 3; — 8e, 11; — 9e 11; — 10e 3; — 11e, 8; — 12e, 12.

Parmi ces voies ouvertes, en grande partie, sous l'administration du comte de Rambuteau, il faut citer les rues d'Alger, de la Bourse, de Mazagran, Vavin, Racine prolongée, de Trévise, de Rumford (confondue depuis dans le sol du boulevard de Malesherbes), Boursault (réunie à la rue La Bruyère sous cette dernière dénomination), de Montyon, Lavoisier, Geoffroy-Marie, du Havre, de Mulhouse, Rougemont, de Champagny, d'Aumale, de la Banque, Cochin (supprimée par le boulevard de Port-Royal), Duperré, d'Isly, de Joinville (aujourd'hui du Cirque), de Lyon, de Mogador, de Parme, de l'École-Polytechnique, place de Roubaix, rues Soufflot (prolongement), de la Victoire (prolongement), etc.

Parmi les élargissements les plus utiles, mentionnons ceux ci-après :

Rue du Dauphin (partie), place de la Madeleine, rues Montmartre (partie), Jaquelet (partie), Croix-des-Petits-Champs (partie), Neuve-Saint-Jean (aujourd'hui rue du Château-d'Eau), du Petit-Hurleur (supprimée depuis par le boulevard de Sébastopol et la rue de Turbigo), Barre-du-Bec, Sainte-Avoie (réunies à la rue du Temple dont elles portent le nom), Saint-André-des-Arts (partie), de la Harpe (partie), etc...

N'oublions pas de mentionner la suppression des *contre-allées des boulevards de Beaumarchais et des Filles-du-Calvaire*, depuis la rue Daval jusqu'à la rue Oberkampf. Cette suppression, qui permit de compléter la ligne de nos boulevards de la Bastille à la Madeleine, doit être considérée comme une utile opération municipale. Toutefois, il est à regretter que le *grand cours* n'ait pas été réalisé dans les vastes proportions imposées d'abord par l'arrêt du Conseil, en date du 16 juin 1670.

L'énumération faite des travaux de voirie sous le règne de Louis-Philippe qui en était l'inspirateur, il importe de rappeler la loi du 3 mai 1841, qui devait en rendre la réalisation plus prompte et plus facile.

Nous avons indiqué dans ce *Précis historique* le mode suivi sous l'ancienne Édilité parisienne pour l'ouverture de nouvelles voies, dans l'intérêt de la circulation et de la salubrité.

Le Bureau de la Ville et le propriétaire, comme nous l'avons dit, nommaient chacun un expert. En cas de désaccord, une troisième personne était désignée sous le nom d'*arbitre*, et si l'une des deux parties ne se soumettait pas à sa décision, elle exerçait son recours en Parlement, qui statuait définitivement. Ce mode, en usage pendant des siècles, était empreint d'équité ; mais il avait l'inconvénient de faire subir aux propriétaires des lenteurs énervantes avant d'obtenir le payement des indemnités qui leur étaient dues. Aussi, pour s'épargner ces lenteurs, ils se résignaient souvent à des transactions moins désavantageuses qu'une perte de temps, qui se prolongeait indéfiniment.

Les procédures d'expropriation pour cause d'utilité publique, sous l'ancienne Édilité parisienne, étaient donc plus réellement administratives que judiciaires.

Sous le régime nouveau, ce fut également à l'autorité administrative que l'on confia le soin, non seulement de poursuivre, mais encore de prononcer l'expropriation et d'en régler les conditions. L'article 4 de la loi du 28 pluviôse an VIII, énumérant les attributions des Conseils de Préfecture, dispose qu'ils auront à prononcer sur les demandes et contestations concernant les indemnités dues aux particuliers, à raison des terrains pris ou fouillés pour la confection des chemins, canaux et autres ouvrages publics.

Voilà donc le Conseil de Préfecture remplaçant l'ancien Parlement pour la fixation *définitive* des indemnités.

La loi du 16 septembre 1807, loi relative au *desséchement des marais*, prescrivit des règles générales pour l'exécution des travaux d'utilité publique ; mais elle eût le tort de laisser subsister la compétence de l'autorité administrative qui excluait la sanction gouvernementale.

Ce système conduisait fatalement à l'arbitraire ; aussi le sens droit de Napoléon Ier en fut-il offensé.

Dans une note dictée à Schœnbrunn, note que nous avons reproduite, l'Empereur jeta les bases d'un système nouveau qui s'est affirmé, *dans toute son équité*, par la loi du 8 mars 1810. Cette loi attribue à l'autorité administrative la déclaration d'utilité publique, mais aux tribunaux *seuls* le droit de prononcer l'expropriation et de régler les indemnités.

La loi de 1833, puis la loi de 1841 qui l'a remplacée en l'abrogeant, ont transporté des tribunaux à un JURY, choisi par l'autorité judiciaire et dirigé par un juge, le règlement des indemnités. Ainsi se sont complétées les garanties auxquelles la propriété avait des droits légitimes.

La loi du 3 mai 1841 doit être considérée, à juste titre, comme le code et le droit commun de l'expropriation pour cause d'utilité publique.

Il est donc de toute justice de faire remonter l'honneur de cette loi au règne de Louis-Philippe.

D'heureux compléments ont été donnés à l'expropriation. Quoiqu'ils n'appartiennent pas au règne dont nous nous occupons, il nous paraît indispensable de les rappeler ici, afin que nos lecteurs y trouvent réunis les divers documents qui se rattachent à cette question empreinte d'un véritable caractère d'intérêt général.

La loi de 1841, l'une des plus nécessaires à la Capitale, révéla néanmoins, dans son application, des lacunes que l'expérience ne tarda pas à juger regrettables.

D'un côté, si elle offrait à la propriété toutes les garanties les plus sérieuses, de l'autre, elle laissait parfois l'Administration impuissante et désarmée ; il ne lui était pas toujours permis de réaliser tout le bien qu'elle ambitionnait, et d'avoir raison de l'insalubrité permanente et homicide dont souffraient encore certaines parties de l'ancien Paris.

N'ayant le droit d'exproprier que les immeubles dont la démolition était rigoureusement indispensable au sol d'une nouvelle rue, il arrivait parfois que des propriétaires, faute de terrains d'une superficie suffisante, ne reconstruisaient que des *placards* contrastant avec la beauté de la voie.

L'Administration municipale était également condamnée à s'arrêter devant un îlot de cahutes étroites et malsaines, faute de pouvoir les exproprier pour les démolir.

Le décret du 26 mars 1852, relatif aux rues de Paris, arma l'Administration municipale de telle façon qu'elle fut en état de ne plus subir des voies incomplètes ou des foyers de pestilence.

Voici le texte de l'article 2 de cette loi :

« Dans tout projet d'expropriation pour l'élargissement, le redressement ou la formation des rues de Paris, l'Administration aura la faculté de comprendre la *totalité* des immeubles atteints, lorsqu'elle jugera que les parties *restantes* ne sont pas d'une étendue et d'une forme qui permettent d'y élever des constructions salubres. Elle pourra pareillement comprendre, dans l'expropriation, des immeubles en dehors des alignements, lorsque leur acquisition sera nécessaire pour la suppression d'anciennes voies publiques jugées inutiles. Les parcelles de terrain acquises en dehors des alignements, et non susceptibles de recevoir des constructions salubres, seront réunies aux propriétés contiguës, soit à l'amiable, soit par l'expropriation de ces propriétés, conformément à l'article 53 de la loi du 16 septembre 1807. La fixation du prix de ces terrains sera faite suivant les mêmes formes et devant la même juridiction que celles des expropriations ordinaires. L'article 58 de la loi du 3 mai 1841 est applicable à tous les actes et contrats relatifs aux terrains acquis pour la voie publique par simple mesure de voirie. »

Mais l'expérience ne tarda pas à démontrer que l'Administration pouvait user trop largement de l'application de l'article 2 du décret précité, et favoriser outre mesure les compagnies financières, en leur donnant la faculté d'augmenter le nombre des expropriations dans l'intérêt de leurs spéculations, mais au détriment de la propriété.

Il fallait donc un correctif à cet article 2 ; le décret du 27 décembre 1858, *portant règlement d'administration publique pour l'exécution du décret du 26 mars 1852*, modéra justement l'omnipotence de l'Administration municipale.

Voici la reproduction des articles 1 et 2 du décret de 1858 :

« ART. 1er. — Lorsque dans un projet d'expropriation pour l'élargissement, le redressement ou la formation d'une rue, l'Administration croit devoir comprendre, par application du paragraphe Ier de l'article 2 du décret du 26 mars 1852, des parties d'immeubles situées *en dehors* des alignements, et qu'elle juge impropres, *à raison de leur étendue ou de leur forme*, à recevoir des constructions salubres, l'indication de ces parties est faite sur le plan soumis à l'enquête prescrite par le titre 2 de la loi du 3 mai 1841, et il est fait mention du projet de l'Administration, dans l'avertissement donné conformément à l'article 6 de ladite loi.

» ART. 2. — Dans le délai de *huit jours* à partir de cet avertissement, les propriétaires doivent déclarer, sur le procès-verbal d'enquête, s'ils s'opposent à l'expropriation, et faire connaître leurs motifs. Dans ce cas, l'expropriation *ne peut être autorisée que par un décret rendu en Conseil d'État.* »

Ces articles 1 et 2 du décret du 27 décembre 1858 ont été d'utiles barrages opposés aux exagérations que l'Administration municipale aurait pu se permettre dans les expropriations, pour la formation de nouvelles voies et le redressement d'anciennes rues.

Ils laissent à la propriété le droit de conserver ce que l'Administration eût été en droit de lui prendre indûment par l'abus de l'article 2 du décret du 26 mars 1852.

Ainsi se trouve sagement complétée la loi du 3 mai 1841, loi pleine de sagesse et d'équité dont l'honneur est dû à l'initiative du Roi Louis-Philippe.

Revenons à l'institution municipale et rappelons les principales dispositions de la loi du 20 avril 1834.

Loi sur l'organisation du Conseil général et des Conseils d'arrondissement de la Seine, et l'organisation municipale de la Ville de Paris.

« Au palais des Tuileries, le 20 avril 1834.

» Louis-Philippe, etc... Les Chambres ont adopté, nous avons ordonné et ordonnons ce qui suit :

TITRE PREMIER

Du Conseil général du département de la Seine.

« Art. 1er. — Le Conseil général du département de la Seine se compose de quarante-quatre membres.

» Art. 2. — Les douze arrondissements de la Ville de Paris nomment chacun trois membres du Conseil général du département, et les deux arrondissements de Sceaux et de Saint-Denis chacun quatre. Les membres choisis par les arrondissements de Paris sont pris parmi les éligibles ayant leur domicile réel à Paris.

» Art. 3. — Les élections sont faites dans chaque arrondissement par des assemblées électorales convoquées par le Préfet de la Seine. Sont appelées à ces assemblées : 1° tous les citoyens portés sur les listes électorales formées en vertu des dispositions de la loi du 19 avril 1831 ; 2° les électeurs qui, ayant leur domicile réel à Paris, ne sont pas portés sur des listes, parce qu'ils ont leur domicile politique dans un autre département, où ils exercent et continueront d'exercer tous leurs droits d'électeurs, conformément aux lois existantes ; 3° les officiers des armées de terre et de mer en retraite, jouissant d'une pension de retraite de 1,200 francs au moins, et ayant, depuis cinq ans, leur domicile réel dans le département de la Seine ; 4° les membres des Cours, ceux des Tribunaux de première instance et de commerce siégeant à Paris ; 5° les membres de l'Institut et autres sociétés savantes instituées par une loi ; 6° les avocats aux conseils du Roi et à la Cour de cassation, les notaires et les avoués après trois ans d'exercice de leurs fonctions dans le département de la Seine ; 7° les docteurs et les licenciés en droit, inscrits depuis dix années non interrompues sur le tableau des avocats près les Cours et les Tribunaux dans le département de la Seine ; 8° les professeurs au Collège de France, au Muséum d'histoire naturelle, à l'École polytechnique, et les docteurs et licenciés d'une ou plusieurs facultés de droit, de médecine, des sciences et des lettres, titulaires des chaires d'enseignement supérieur ou secondaire dans les écoles de l'État, situées dans le département de la Seine ; 9° les docteurs en médecine, après un exercice de dix années consécutives dans la Ville de Paris, dûment constaté par le payement ou par l'exemption régulière du droit de patente...

TITRE III

De l'organisation municipale de la Ville de Paris.

» Art. 11. — Le Corps municipal de Paris se compose du Préfet du département de la Seine, du Préfet de police, des maires, des adjoints et des conseillers élus par la Ville de Paris.

» Art. 12. — Il y a un maire et deux adjoints pour chacun des douze arrondissements de Paris. Ils sont choisis par le Roi, pour chaque arrondissement, sur une liste de douze candidats nommés par les électeurs de l'arrondissement ; ils sont nommés pour trois ans et toujours révocables.

» Art. 13. — En exécution de l'article précédent, les électeurs qui ont concouru à Paris à la nomination des membres du Conseil général sont convoqués tous les trois ans pour procéder, par un scrutin de liste, à la désignation de douze citoyens réunissant les conditions d'éligibilité que la loi a déterminées pour les membres du Conseil général ; ces candidats sont indéfiniment rééligibles. Pour que le scrutin soit valable, la majorité absolue des votes exprimés est nécessaire au premier tour ; la majorité relative suffit au second tour de scrutin.

» Art. 14. — Le Conseil municipal de la Ville de Paris se compose de trente-six membres qui, en exécution des articles 2 et 3, sont élus par les douze arrondissements de Paris pour faire partie du Conseil général du département de la Seine.

» Art. 15. — Le Roi nomme, chaque année, parmi les membres du Conseil municipal, le Président et le Vice-Président de ce Conseil. Le Secrétaire est élu chaque année par les membres du Conseil et parmi eux.

» Art. 16. — Le Préfet de la Seine et le Préfet de police peuvent assister aux séances du Conseil municipal ; ils y ont voix consultative.

» Art. 17. — Le Conseil municipal ne s'assemble que sur la convocation du Préfet de la Seine. Il ne peut délibérer que sur les questions que lui soumet le Préfet, et lorsque la majorité de ses membres assiste à la séance.

» Art. 18. — Il y a chaque année une session ordinaire, qui est spécialement consacrée à la présentation et à la discussion du budget. Cette session ne peut durer plus de six semaines. L'époque de la convocation doit être notifiée à chaque membre du Conseil un mois au moins à l'avance.

» Art. 19. — Lorsqu'un membre du Conseil a manqué à une session ordinaire et à trois convocations extraordinaires consécutives, sans excuses légitimes ou empêchements admis par le Conseil, il est déclaré démissionnaire par un arrêté du Préfet, et il sera procédé à une élection nouvelle.

» Art. 20. — Les membres du Conseil municipal prêtent serment la première fois qu'ils prennent séance, s'ils ne l'ont déjà prêté en qualité de membres du Conseil général.

» Art. 21. — Les dispositions des articles 5, 6, 18, 19, 20, 21 de la loi du 12 mars 1831, relatifs aux incompatibilités, et l'article 2 de la loi du 22 juin 1833, relative aux cas de vacance, sont applicables aux maires et adjoints et aux membres du Conseil municipal de la Ville de Paris. Il en est de même des articles 27, 28, 29 et 30 de la loi du 21 mars 1831, relatifs à l'irrégularité des délibérations des Conseils municipaux et à leur dissolution.

» Art. 22. — La présente loi sera mise à exécution avant le 1er janvier 1835, etc...

» *Signé :* Louis-Philippe. »

La loi du 18 juillet 1836, *sur l'Administration municipale*, porte, titre VIII, article 74 :

« Il sera statué par une loi spéciale sur l'Administration municipale de la Ville de Paris. »

Nous n'interpréterons pas ici la loi du 20 avril 1834, nous réservant d'apprécier l'organisation municipale ancienne et moderne à la fin de notre *Précis Historique*.

Bornons-nous, dans ce chapitre, à rappeler les autres créations, réalisées ou commencées sous le règne de Louis-Philippe, et pendant l'administration du comte de Rambuteau,

Les monuments religieux. — Sur une partie de l'emplacement du couvent de Bellechasse, on vit s'élever une église dédiée à *sainte Clotilde*; la chapelle de la Vierge, à Saint-Gervais, fut magnifiquement restaurée. Les églises Notre-Dame-de-Lorette, Saint-Vincent-de-Paul et Saint-Denis-du-Saint-Sacrement ont été terminées à cette époque.

Le service des prisons, qui laissait tant à désirer, attira toute l'attention du comte de Rambuteau. L'insuffisance et la vétusté des bâtiments de la Force avaient frappé le Magistrat qui, d'ailleurs, désirait introduire un nouveau système dans le régime intérieur des prisons. Il fit donc étudier un projet et obtint du Roi Louis-Philippe une ordonnance qui prescrivit la construction d'une maison d'arrêt sur le boulevard Mazas.

La distribution des eaux dans Paris prit également un notable accroissement à cette époque. Un nombre considérable de bornes-fontaines répandirent, pour l'assainissement des rues; les eaux de l'Ourcq, de la Seine, d'Arcueil, et celles que le puits artésien de Grenelle alla chercher jusque dans les profondeurs de la terre. En même temps, d'immenses réservoirs furent établis et de magnifiques fontaines monumentales vinrent orner nos places publiques.

Ces fontaines sont au nombre de treize. Ont été construites, en 1835, les deux fontaines de la place de la Concorde; elles ont coûté 366,736 fr. — En 1836, les cinq fontaines des Champs-Élysées, 105,932 fr. — En 1839, la fontaine Louvois, 112,085 fr. — En 1840, la fontaine Cuvier, 46,725 fr. — En 1844, la fontaine de l'Archevêché, 48,786 fr. — La fontaine Molière, 452,000 fr. — En 1848, la fontaine de la rue de Turenne.

En ce qui concernait plusieurs services de son administration, voici en quels termes s'exprimait le comte de Rambuteau dans une lettre que le Magistrat écrivait, le 1er juin 1852, à l'un des auteurs de ce Dictionnaire :

« A la fin de 1847, on comptait 162,000 livrets de Caisse » d'épargne, formant une somme de 68 millions... 34 écoles » de dessin recevaient 2,000 jeunes gens. Il y avait 209 écoles, dont les trois quarts étaient de création récente; » 2,800 lits nouveaux avaient été établis dans les hôpitaux et » hospices. Lors de la cherté du pain, pendant l'année calamiteuse de 1847, 452,000 personnes ont été secourues pen» dant onze mois; 9 millions ont été consacrés à cet acte » d'humanité. La dette municipale atteignait 80 millions; » nous l'avons diminuée, éteinte, et nos remboursements suc» cessifs devaient laisser, au 1er janvier 1851, la Ville de Paris » libre de tout engagement et maîtresse absolue de ses finan» ces. J'ai toujours considéré les nobles fonctions du premier » Magistrat de Paris comme une espèce de sacerdoce qu'on » est heureux et fier d'exercer dignement. Mes administrés, » je les regardais tous comme mes enfants dont les pauvres » étaient les aînés »

De tels sentiments honorent la mémoire du comte de Rambuteau dont le caractère plaisait aux Parisiens.

N'oublions pas de rappeler que les *fortifications de Paris*, qui datent de cette époque, ont coûté 140 millions. Mais ce qui recommande plus particulièrement le règne de Louis-Philippe au souvenir reconnaissant de l'histoire, c'est la création du ***Musée de Versailles***.

XVI

LA DEUXIÈME RÉPUBLIQUE

1848 — 1852

Le Gouvernement Provisoire. — Le Général Cavaignac, Chef du Pouvoir exécutif. Le Prince Louis-Napoléon, Président de la République.

Comment la Ville de Paris est administrée après Février 1848. — Le personnel des Bureaux est décimé. — Le Louvre est dénommé : Palais du Peuple et les Tuileries : hotel des Invalides Civils. — Les Ateliers nationaux et l'insurrection de Juin. — Nomination de M. Berger comme Préfet de la Seine. — Commission Municipale et départementale; Rapport de M. Dufaure; décret du 8 septembre 1849. Cette Commission est recomposée après le 10 décembre 1851. — Le Prince-Président a l'Élysée. — Le Prolongement de la rue de Rivoli est commencé; le Boulevard de Strasbourg s'exécute. — La transformation de Paris est décidée.

L'histoire municipale de Paris affirme une vérité qui ne permet aucune contradiction.

Après nos discordes civiles, et pendant plusieurs années, la Capitale n'est pas administrée. — Cette vérité s'explique. Lorsqu'il ne reste plus de fonctions politiques à remplir, ceux qui n'ont pas été pourvus se rejettent sur les fonctions municipales, et Paris est gouverné par des hommes qui ne connaissent pas son administration. — C'est ce qui devait arriver encore après Février 1848, comme le même fait s'était affirmé après 1789 et 1830.

Du 28 février 1848 au 9 mai de la même année *Garnier-Pagès* exerça les fonctions de maire de Paris; il fut remplacé par *Armand Marrast*, auquel succéda *Trouvé-Chauvel*, le 19 juillet, pour faire place à *Recurt*, le 20 décembre; ainsi Paris subissait, en moins d'une année, l'inexpérience de quatre Magistrats d'éclosion spontanée.

Ces successeurs des François Miron, des Pomereu, des Frochot, des Chabrol et des Rambuteau témoignaient, sans doute, d'une certaine valeur; mais leurs capacités étaient complètement étrangères à l'administration municipale.

Garnier-Pagès, personnage politique, homme d'opposition, n'affirmait aucune des connaissances qui sont indispensables.

Armand Marrast, orateur distingué, polémiste éminent, ignorait complètement Paris. Trouvé-Chauvel, honorable commerçant, fondateur de la Banque de la Sarthe, eût été suffisant en province; mais à l'Hôtel de Ville, pour une Capitale, il manquait d'envergure. Quant à Recurt, médecin très estimé dans le quartier Saint-Antoine, il était absolument impossible comme premier Magistrat de la Ville de Paris.

Il peut se faire parfois qu'un Maire de Paris ou bien un Préfet de la Seine parvienne à se rendre supportable, sans témoigner d'antécédents administratifs; mais c'est à la condition expresse de posséder un personnel hors ligne. La précédente Administration pouvait affirmer cet avantage. Malheureusement, la nouvelle république, ayant à contenter des appétits nombreux et formidables, était condamnée à leur livrer l'administration municipale.

Aussi, sous prétexte d'économie, mais en réalité pour faire des vides à remplir par cette clientèle avariée qui se cramponne au Pouvoir issu d'une révolution, le personnel des Bureaux de l'Hôtel de Ville fut décimé. A des employés laborieux, instruits et méritants, succédèrent en trop grand nombre des orateurs de bas étage, pérorant dans les clubs, des familiers d'estaminet et jusqu'à des ouvriers postiches. — Tout compte fait, la susdite économie fut de 647 francs.

Quinze jours après la révolution de février, le Conseil municipal était dissous, et Paris fut administré par un Magistrat improvisé qui disposa seul et sans contrôle du budget de la Ville.

Ainsi, sous la Monarchie Constitutionnelle de Louis-Philippe, la Capitale possédait un Conseil municipal *élu*. Sans doute, cette élection ne s'opérait que dans les couches moyennes de la population; mais enfin Paris avait une représentation, sinon complète, du moins indispensable, tandis que sous le Gouvernement provisoire, issu, disait-on de la liberté, cette garantie avait disparu. De grands malheurs résultèrent de l'absence d'un véritable administrateur dans le Palais municipal. Supposons, un instant, à cette funeste époque, pour Maire de Paris, un administrateur d'une certaine habileté, comment se serait-il comporté?

Il eût évidemment senti qu'il fallait, à tout prix, enlever aux ateliers nationaux une partie de leur redoutable contingent, c'est-à-dire les maçons, les charpentiers, les tailleurs de pierre, les serruriers etc., pour les employer à des travaux utiles au lieu de les laisser remuer sans raison une terre improductive. Cette formidable agglomération de plus de cent vingt mille hommes, à laquelle on fournissait le pain de chaque jour, mais en lui dérobant l'honneur de le gagner, devait être un fardeau d'abord, un péril ensuite. Ces grandes Compagnies, n'ayant pas à leur tête un Du Guesclin pour en détourner le péril, organisèrent l'insurrection de juin et la deuxième république glissa dans le sang.

Revenons à l'Administration improprement qualifiée de municipale. Un arrêté du Pouvoir exécutif, à la date du 7 juillet 1848, avait créé une Commission municipale et départementale chargée d'exercer *provisoirement* les fonctions attribuées au Conseil général de la Seine et au Conseil municipal de Paris.

Cette Commission était composée de trente-cinq membres.

On sait que le nombre des Conseillers municipaux s'élevait, avant 1848, à trente-six. Les membres nommés par les arrondissements ruraux étaient fixés à huit. Réunis au Conseil municipal, lors des sessions, ils formaient ce qu'on appelle le Conseil général du département de la Seine.

Parmi les trente-cinq nominations consignées dans l'arrêté du Pouvoir Exécutif, on comptait treize membres de l'ancien Conseil municipal. — Voici leurs noms :

MM. Arago, — Boulay de la Meurthe. — Chevalier. — Considérant. — Delestre. — Dupérier. — Galis. — Lanquetin. — Say (Horace). — Ségalas. — Ternaux (Mortimer). Thayer (Edouard) et Thierry.

Des huit membres représentant autrefois les arrondissements ruraux de Sceaux et de Saint-Denis, M. *Riant* était le seul qu'on eût conservé.

Quatorze représentants du peuple figuraient parmi les membres de la nouvelle Commission municipale; c'étaient :

MM. Buchez. — Troussard. — de Vaulabelle. — Ferdinand de Lasteyrie. — Vavin. — Guinard. — Peupin. — Garnon. — Liouville. — Chevallon. — Moreau. — Boissel. — Péan et Boulatignier.

Enfin, les sept membres qui complétaient cette Commission étaient :

MM. Philippe le Bas. — Littré. — Outin. — Bourdon. — Ramond de la Croizette. — Duvergier et Pelouze.

Nous avons dit que le Conseil municipal de Paris se composait, sous le règne de Louis-Philippe, de trente-six membres, c'est-à-dire de trois conseillers par arrondissement, au nombre de douze.

Des nouvelles nominations, quelles furent les résultats? Le 1er arrondissement n'avait conservé aucun de ses anciens membres.

Le 2e était représenté par M. Thayer.

Le 3e par M. Ternaux.

Le 4e M. Dupérier.

Le 5e M. Horace Say.

Le 6e avait conservé MM. Arago et Ségalas.

Le 7e M. Chevalier.

Le 8e n'avait plus un seul de ses anciens représentants.

Le 9e au contraire possédait sa représentation complète par MM. Lanquetin, Galis et Thierry.

Le 10e avait conservé M. Considérant.

Le 11e M. Boulay de la Meurthe.

Le 12e M. Delestre.

Rappelons maintenant les actes du Gouvernement provisoire, par rapport à la Ville de Paris.

« Le Gouvernement provisoire, considérant qu'il convient à la République d'entreprendre et d'achever les grands travaux de la Paix; que le concours du peuple et son dévouement donnent au Gouvernement provisoire la force d'accomplir ce que la monarchie n'a pas pu faire; qu'il importe de concentrer dans un seul et vaste palais tous les produits de la pensée qui sont comme les splendeurs d'un grand peuple, décrète : 1° le palais du Louvre sera achevé; 2° il prendra le nom de *Palais du Peuple*; 3° ce palais sera destiné à l'exposition de peinture; à l'exposition des produits de l'industrie, à la Bibliothèque nationale; 4° le peuple des travailleurs est appelé tout entier à concourir aux travaux de l'achèvement du Louvre; 5° la rue de Rivoli sera continuée d'après le même plan; 6° une Commission sera nommée par le Ministre des Finances, par le Ministre des Travaux publics et par le Maire de Paris, pour régler tous les moyens d'exécution; 7° le Maire de Paris, le Ministre des Finances et le Ministre des Travaux publics sont chargés de l'exécution du présent.

» Fait en Conseil, le 24 mars 1848, etc... »

» *Signé* : Dupont de l'Eure, Arago, Lamartine, Ledru-Rollin, Louis Blanc, Armand Marrast, Flocon, Albert, Garnier-Pagès, Ad. Crémieux. »

Il fut ensuite décidé que le palais des Tuileries prendrait le nom d'*Hôtel des Invalides civils*.

Appeler le Louvre : Palais du Peuple, et les Tuileries : Hôtel des Invalides civils, c'étaient là des flagorneries burlesques.

Toutefois, la seconde dénomination fut prise au sérieux; non seulement des invalides civils s'y installèrent, mais encore des citoyens incivils, bien portants et bien buvants, se taillèrent des appartements dans l'ancienne demeure du Souverain, et pour les en expulser plus tard on fut obligé de les menacer d'employer la force.

L'Administration municipale de Paris ne commença de fonctionner avec régularité qu'après l'installation de M. Berger à la Préfecture de la Seine. Il fallut également, en ce qui concernait la Commission municipale, revenir aux principes posés par la loi du 20 avril 1834 :

« Monsieur le Président,

» Le département de la Seine et la Ville de Paris ont toujours été soumis, pour leur administration, à des règles spéciales; ces règles sont contenues aujourd'hui dans la loi du 20 avril 1834, sauf une modification que j'indiquerai plus tard.

» Aux termes de cette loi, le Conseil général du département de la Seine se compose de 44 membres; 36 sont nommés par les douze arrondissements de Paris, et doivent avoir leur domicile réel dans cette Ville; les arrondissements de Sceaux et de Saint-Denis ont chacun quatre représentants.

» Le Conseil municipal de Paris se compose de 36 membres qui, d'après la disposition précédente, ont été élus par les douze arrondissements pour faire partie du Conseil général.

» Après la révolution de Février, le Conseil municipal fut dissous par un décret du 27 février, le Conseil général par un décret du 12 mars suivant.

» Plus tard, la loi du 3 juillet 1848, en déterminant les formes dans lesquelles seraient renouvelés les Conseils municipaux, d'arrondissement et de département, contenait la disposition suivante :

« La Ville de Paris et le département de la Seine seront » l'objet d'un décret spécial. Toutefois une Commission pro- » visoire, municipale et départementale, instituée dans le » plus bref délai par le Pouvoir exécutif, remplacera jusqu'à » la promulgation prochaine de ce décret le Conseil dissous » par le Gouvernement provisoire. »

» On a d'abord quelque peine à s'expliquer les derniers termes de cet article. Quel est le Conseil dont il parle? Le Gouvernement provisoire n'a-t-il pas dissous deux Conseils distincts par les décrets des 27 février et 12 mars 1848? Mais, si l'on se rappelle que la loi du 20 avril 1834 institue premièrement le Conseil départemental de la Seine, d'où elle extrait ensuite les membres qui doivent composer le Conseil municipal de Paris, on comprendra les derniers mots de l'article que je viens de citer. Du reste, la loi du 3 juillet ne contient aucune règle sur le nombre des membres de la Commission municipale et départementale, sur les incompatibilités, sur l'époque des réunions; il est évident que le législateur ne voulut faire qu'un changement à la loi de 1834, changement rendu nécessaire par les circonstances au milieu desquelles on se trouvait; on substitua provisoirement à l'élection la nomination directe par le Pouvoir exécutif.

» La loi du 3 juillet fut immédiatement exécutée.

» Un premier arrêté du pouvoir exécutif nomma 35 membres, un second en nomma 9, et compléta ainsi le nombre de 44.

» Mais, il faut le dire, dans la précipitation obligée avec laquelle cette organisation fut faite, les dispositions de la loi de 1834 ne furent pas observées. On ne fit aucune distinction entre le Conseil départemental et le Conseil municipal; de sorte que le même corps fut appelé à délibérer sur les intérêts du département et de la Ville, quoiqu'ils puissent être opposés; de sorte aussi que des personnes absolument étrangères à la Ville de Paris eurent mission de délibérer sur ses intérêts. Les règles relatives aux incompatibilités ne furent pas observées; on choisit des membres déjà Conseillers municipaux dans d'autres communes, des membres recevant un salaire de la Ville; enfin quelques professions obtinrent une représentation si nombreuse qu'elle était hors de toute proportion avec la place que ces professions occupent dans la population parisienne.

» Le moment approche où le Conseil municipal de Paris va ouvrir sa session ordinaire, où le Conseil général de la Seine commencera ses délibérations. Il m'a paru, Monsieur le Président, qu'il était convenable de régulariser leur composition, et d'en revenir pleinement à l'exécution de la loi du 20 avril 1834, abrogée en un seul point par celle du 3 juillet 1848.

» Il est sans doute regrettable de prolonger encore une situation provisoire; mais ce provisoire ne cessera qu'à la promulgation de la loi spéciale qui sera votée conformément à l'article 79 de la Constitution, et cette loi spéciale ne peut venir qu'après la loi générale concernant les départements et les communes. Il m'a paru impossible d'attendre cette époque pour rentrer dans l'ordre légal.

» J'ai donc l'honneur de vous proposer, Monsieur le Président, d'instituer à nouveau, conformément aux dispositions combinées des lois du 3 juillet 1848 et du 20 avril 1834, la Commission provisoire départementale de la Seine, qui sera composée de 36 membres pris dans la Ville de Paris, 4 pris dans l'arrondissement de Sceaux et 4 dans celui de Saint-Denis;

» De décider que les 36 membres domiciliés à Paris formeront la Commission municipale provisoire;

» D'observer, dans le choix des membres de ces deux Commissions, toutes les règles écrites dans la loi de 1834.

» Je n'ai pu oublier, en vous proposant l'institution nouvelle de la Commission départementale et municipale, qu'elle existe déjà, et que ses membres ont rendu des services réels au département et à la Ville. Je me suis fait un devoir de conserver la composition actuelle, toutes les fois que les règles d'incompatibilité établies par la loi ou de hautes convenances politiques ne m'ont pas contraint de la modifier. J'ai la confiance que l'opinion publique sanctionnera les choix nouveaux que j'ai l'honneur de vous proposer.

» Agréez, Monsieur le Président, l'assurance de mon profond respect.

» *Le Ministre de l'Intérieur*, J. DUFAURE. »

« AU NOM DU PEUPLE FRANÇAIS. Le Président de la République, sur le rapport du Ministre de l'Intérieur, décrète :

» ART. 1er. — La Commission départementale provisoire de la Seine est composée, pour Paris, de MM. Arago, membre de l'Institut; d'Argout, gouverneur de la Banque; Bixio, représentant; Boissel, ancien représentant; Boulatignier, conseiller d'État; Bourdon, négociant; Benjean, avocat à la Cour de cassation; Buchez, ancien représentant; Chevalier, ancien juge au Tribunal de commerce; Delestre, peintre; Paul Delaroche, membre de l'Institut; Dupérier, négociant; Devinck, président du Tribunal de commerce; Eck, membre du Conseil des prud'hommes; Fleury, vice-président au Tribunal de première instance de la Seine; Flon, pharmacien; Galis, avocat; Lanquetin, négociant; Manceaux, négociant; Moreau (de la Seine), représentant; Moreau (Ernest), avoué; Pelouze, membre de l'Institut; Périer, juge de paix; Peupin, représentant; Ramond de la Croizette, colonel de la 4e légion de la garde nationale; Riant, ancien notaire; Riberolles, conseiller à la Cour des comptes; Horace Say, conseiller d'État; Ségalas, médecin; Mortimer Ternaux, représentant; Édouard Thayer, directeur général des Postes; Germain Thibaut, négociant; Thierry, médecin; Tronchon, avoué; Vavin, représentant.

» Pour l'arrondissement de Saint-Denis : MM. Ferdinand de Lasteyrie, représentant; Possoz, ancien maire de Passy; Prélard, maire de la Villette; A. Thayer, propriétaire.

» Pour l'arrondissement de Sceaux : MM. Garnon, maire de Sceaux, représentant; Lejemptel, maire de Vincennes; Labbé, maître de Postes à Alfort; Picard, maire d'Ivry.

» ART. 2. — Les trente-six membres de la Commission départementale nommée pour Paris formeront la Commission municipale provisoire, conformément à l'article 14 de la loi du 20 avril 1834.

» ART. 3. — Le Ministre de l'Intérieur est chargé de l'exécution du présent décret.

» Fait à Paris, à l'Élysée National, le 8 septembre 1849.

» *Signé :* L.-N. BONAPARTE.

» Le Ministre de l'Intérieur : J. DUFAURE. »

Cette Commission municipale et départementale fut modifiée après le 10 décembre :

« AU NOM DU PEUPLE FRANÇAIS. Le Président de la République, sur le rapport du Ministre de l'Intérieur, décrète :

» Vu l'article 3 du décret du 3 juillet 1848, portant qu'une Commission municipale et départementale instituée par le pouvoir exécutif remplira les fonctions du Conseil général de la Seine et du Conseil municipal de Paris.

» Décrète :

» ART. 1er. — La Commission départementale de la Seine, créée par le décret du 8 septembre 1849, est dissoute.

» ART. 2. — Cette Commission est reconstituée et sera composée :

» Pour Paris, de :

» MM. D'Argout, gouverneur de la Banque de France ; — André (Ernest), banquier ; — Boissel, ancien représentant ; — Bonjean, avocat-général à la Cour de cassation ; — Boulatignier, membre de la Commission consultative ; — Billaud, syndic des agents de change ; — Bayvet, négociant ; — Chaix-d'Est-Ange, membre de la Commission consultative ; — Chevalier, ancien membre du Tribunal de commerce ; — Delangle, membre de la Commission consultative ; — Devinck, ancien président du Tribunal de commerce ; — Didot (Firmin), imprimeur ; — Dupérier, négociant ; — d'Eichthal (Adolphe), banquier ; — Eck, fondeur, ancien prud'homme ; — Fleury, vice-président du Tribunal de première instance ; — Fremyn, ancien président de la Chambre des notaires ; — Herman, membre de la Commission consultative ; — Delacroix (Eugène), peintre d'histoire ; — Lanquetin, ancien président de la Commission municipale ; — Legendre, négociant ; — Moreau (de la Seine), ancien représentant ; — Moreau (Ernest), avoué au Tribunal de première instance ; — Noël (Casimir), notaire ; — Pécourt, conseiller à la Cour de cassation ; — Pelouze, membre de l'Institut ; — Périer, juge de paix du 8e arrondissement ; — Peupin, ancien représentant ; — Riant, ancien notaire ; — de Riberolles, conseiller-maître à la Cour des comptes ; — de Royer, procureur-général à la Cour d'appel de Paris ; — Ségalas, docteur en médecine ; — Thayer (Édouard), directeur de l'administration générale des Postes ; — Thibaut (Germain), ancien juge au Tribunal de commerce ; — Thierry, docteur en médecine ; — Tronchon, avoué au Tribunal de première instance.

» Pour l'arrondissement de Saint-Denis :

» MM. Antoine Prélard, maire de la Villette ; — Mongis, substitut du procureur-général ; — Possoz, ancien maire de Passy ; — Thayer (Amédée), colonel de la garde nationale.

» Pour l'arrondissement de Sceaux :

» MM. Lamouroux, maire de Vitry ; — Le Jemptel, juge de paix de Vincennes ; — Libert, maire de Bercy ; — Picard, maire d'Ivry ;

ART. 3. — Les trente-six membres de la Commission départementale nommée pour Paris, formeront la Commission municipale de cette Ville, conformément à l'article 14 de la loi du 20 avril 1834.

» ART. 4. — Le Ministre de l'intérieur est chargé de l'exécution du présent décret.

» Fait à Paris, à l'Élysée national, le 27 décembre 1851.

» *Signé :* LOUIS-NAPOLÉON

» *Le Ministre de l'intérieur :* A. DE MORNY. »

Cette composition du Conseil municipal offrait de sérieuses garanties. Plusieurs de ses membres, ayant appartenu pendant plusieurs années à la précédente administration, possédaient une expérience dont la Ville de Paris devait profiter.

Déjà, de notables améliorations avaient été réalisées depuis la nomination de M. Berger ; les différents services de la Préfecture de la Seine étaient réorganisés, et le personnel de cette vaste administration redevenait tel qu'il était autrefois : instruit, habile et dévoué.

Paris allait reprendre sa physionomie souriante qui lui sied si bien, et l'industrie du bâtiment semblait oublier qu'elle avait langui si longtemps.

Toutefois, les étrangers et les riches, toutes les grandes existences enfin, hésitaient encore ; elles semblaient réclamer de nouveaux gages de sécurité.

La nomination du prince Louis-Napoléon à la Présidence ne les fit pas attendre. Recevant à l'Élysée les représentants d'une Commission ayant à sa tête des membres de l'Institut et du Collège de France, venant solliciter l'exécution de la rue des Écoles, le Prince-Président s'exprimait en ces termes :

« Mon intention bien arrêtée est d'imprimer une vive impulsion aux grands travaux de voirie. Je sais qu'il est des quartiers manquant d'air et d'espace ; je les ferai traverser par de larges voies qui seront pour eux d'utiles ventilateurs. Quelques améliorations viennent d'être commencées ; je vais les continuer rapidement. J'ai souvent le plan de Paris sous les yeux ; je trouve à l'étudier un délassement et un plaisir. »

Le prolongement de la *rue de Rivoli* venait de commencer, et le *boulevard de Strasbourg* était en train d'exécution.

Mais ce n'était qu'une partie des grandes opérations que le Prince avait en vue ; il méditait *la transformation complète de l'ancien Paris.*

Mais pour l'entreprendre sûrement, il lui fallait un gouvernement avec un administrateur habile. Il allait faire l'un et trouver l'autre.

XVII

NAPOLÉON III

1852 — 1870

SITUATION DE LA VILLE DE PARIS EN 1852. — SA TRANSFORMATION EST LE SUJET DES ÉTUDES DE L'EMPEREUR. — LE 22 JUIN 1853 M. HAUSSMANN EST NOMMÉ PRÉFET DE LA SEINE. — LE PLAN D'ENSEMBLE DE PARIS ; SON EXÉCUTION SUCCESSIVE. — PROLONGEMENT DE LA RUE DE RIVOLI ; LES RUELLES INSALUBRES DONT IL AMÈNE LA SUPPRESSION. — AGRANDISSEMENT DES HALLES CENTRALES ; LES BOULEVARDS DE STRASBOURG, DE SÉBASTOPOL, DU PALAIS ET SAINT-MICHEL CONSTITUENT LA GRANDE VOIE PERPENDICULAIRE A LA SEINE. — LE GRAND BOULEVARD CIRCULAIRE ET INTÉRIEUR DE PARIS ; LE RÉSEAU DE SES VOIES PUBLIQUES EN 1867. — LES ÉDIFICES RELIGIEUX, LES ÉTABLISSEMENTS HOSPITALIERS ET MUNICIPAUX, LES HALLES, LES MARCHÉS, LES ABATTOIRS. — VOIES PUBLIQUES ET PROMENADES. — EAUX ET ÉGOUTS. — RAPPORT SOUMIS A

L'Empereur le 20 mai 1868. — Les quartiers de l'Ouest. — L'Arc de Triomphe ; son rayonnement. — Transformation des bois de Boulogne et de Vincennes ; les parcs de Monceau et des buttes Chaumont, les Squares. — Réunion complète du Louvre et des Tuileries ; l'Asile impérial de Vincennes, l'Asile du Vésinet. — L'Impératrice ; son cœur et sa main dans toutes les œuvres de charité ; le collier de diamants et la maison Eugène Napoléon. — Les enfants malades. — Conclusion.

Lorsque des écrivains ont longuement étudié la Ville de Paris, ils la prennent en si tendre et si pure affection, qu'ils ressentent pour ceux qui lui ont prodigué ses plus riches atours une reconnaissance qui oblige.

Ils savent que les grandes Capitales ne perdent pas pour toujours le souvenir du bien qu'on leur a fait; les monuments, les places publiques le leur rappellent au besoin. Ces Cités, oublieuses pendant et après nos discordes civiles, sentent la mémoire du cœur leur revenir, quand les passions politiques s'apaisent, lorsque les mirages se dissipent.

Nous avons rappelé toutes les créations que nos anciens Rois ont apportées en dot à la Ville de Paris. Notre devoir est de nous continuer justes et vrais, sans distinction de dynasties, et nous allons rendre hommage à la mémoire du Souverain tombé, comme s'il était encore debout dans une de ses résidences impériales.

Napoléon III, dominé par l'idée de transformer l'ancien Paris, comprit qu'il lui fallait, pour l'accomplissement de cette œuvre immense, une intelligence supérieure. — Le 22 juin 1853, M. Haussmann était nommé Préfet de la Seine.

Voyons sur quel administrateur le choix du Souverain s'était fixé.

Georges-Eugène *Haussmann*, né à Paris le 29 mars 1809, est, en 1830, docteur en droit; en 1831, secrétaire-général du département de la Vienne. Il passe successivement aux sous-préfectures d'Issengeaux (Haute-Loire), de Nérac (Lot-et-Garonne), de Saint-Girons (Ariége) et de Blaye (Gironde). On le retrouve ensuite simple conseiller de préfecture à Bordeaux. Après le vote du 10 décembre, consulté sur la Préfecture qu'il ambitionne : « La moins recherchée », répond-il. Envoyé dans l'Yonne, en mai 1850, il affirme de si grandes qualités administratives, qu'une préfecture de première classe lui est réservée. Le 16 novembre 1851, il est nommé Préfet de la Gironde et, le 22 juin 1853, Préfet de la Seine.

M. Haussmann comptait donc vingt-deux années d'administration lorsqu'il devint premier Magistrat de la Ville de Paris. Comme on le voit, il n'avait pas escaladé cette haute position, il était monté échelon par échelon.

Rappelons maintenant ce qu'était la Ville de Paris à cette époque.

Sur 48 quartiers dont elle se composait, 10 seulement étaient dignes d'une grande Capitale, 22 réclamaient des améliorations indispensables ; 11 se trouvaient dans une situation plus ou moins déplorable, et 5 surtout étaient hideux à voir. Ces derniers s'appelaient quartiers *des Arcis, du marché Saint-Jean, de l'Hôtel-de-Ville*, *de la Cité* et *de Saint-Marcel*.

Pour donner une idée de leur situation, citons un rapport émanant du Commissaire de police de la section des Arcis. Ce Magistrat, se trouvant au milieu de la population de ce quartier, devait en reproduire exactement la physionomie.

« Ce quartier, écrivait-il le 28 octobre 1848, forme un » carré long de peu d'étendue, c'est un des plus petits de » Paris ; mais sa population, qui n'est que de 15,000 habi» tants, peut être évaluée, pour les locataires en garnis, à » plus de 30,000.

» On doit ajouter à ce nombre une énorme quantité de » gens sans aveu des deux sexes, qui ne vivent que de » rapines et n'ont, pour ainsi dire, d'autres asiles que les » cabarets et les maisons de tolérance, qui pullulent dans ce » quartier.

» Il ne sort guère d'individus des prisons ou des bagnes » sans qu'ils ne reviennent dans ces bouges, où ils retrouvent » leurs amis, ou plutôt leurs complices.

» Ce quartier, compris entre le quai de la Grève et les rues » de la Verrerie et des Lombards, est entrecoupé d'une vingtaine de ruelles, sales et fétides qui s'enchevêtrent les unes » dans les autres. Les plus grandes n'ont que cinq mètres de » largeur, les autres, un à deux mètres.

» La tourbe des malfaiteurs, expulsée des quartiers de la » Cité et de l'Hôtel-de-Ville, s'est réfugiée dans ce cloaque » des Arcis. — Deux cents maisons logent en garni, à la » nuit, — infection permanente, dépravation de mœurs la » plus épouvantable, — voleurs, filles publiques, vivant dans » des maisons à deux ou trois issues pratiquées pour la fuite » des malfaiteurs.

» Liquoristes et estaminets fréquentés par les plus sales » prostituées.

» Vols permanents dans ces bouges ; heureux ceux qui » n'en sortent que malades et volés, lorsqu'il n'y a pas de » meurtre.

» Lalmand,

» *Commissaire de Police.* »

Si l'on quittait le quartier des Arcis pour se rendre aux extrémités de la Ville, dans les anciens faux bourgs Saint-Victor et Saint-Marcel, par exemple, il fallait subir l'aspect repoussant d'une vingtaine de bouges ayant noms : *rue du Clos-Bruneau, Traversine, Jean-de-Beauvais, d'Arras, impasse du Bon-Puits, enclos Saint-Jean-de-Latran*, etc...

La transformation de Paris était donc indispensable dans l'intérêt de la salubrité.

Mais il ne s'agissait pas uniquement d'annuler des foyers de pestilence. Purifier la vieille Cité, jeter par terre ces cahuttes étroites et serrées dans lesquelles naissait, souffrait, mourait une population infime, c'eût été faire acte déjà de bonne et humaine administration. Mais il importait encore de combiner ces démolitions avec l'ouverture de larges voies destinées à favoriser la circulation générale, afin qu'elle rayonnât un jour librement du centre aux extrémités de la Ville.

Ces combinaisons ne pouvaient réussir qu'après une étude complète du *Plan d'ensemble* de Paris, disposé de telle façon que pas un des quartiers de la Ville ne restât dans l'isolement ou dans l'ombre.

Nous avons dit que l'Empereur se livrait avec passion à cette étude ; nous allons voir avec quelle intelligence le Préfet de la Seine y coopérait et comment il exécutait les opérations sanctionnées par le Souverain.

Il est évident qu'il existait entre ces deux dévouements à la splendeur de la Capitale une communauté de principes, une telle sympathie dans les idées, qu'ils se sentaient solidaires de la transformation de Paris.

De toutes les questions administratives, le *Plan d'ensemble de cette Ville* est, sans contredit, une des plus intéressantes ; aussi allons-nous la traiter de manière à ce qu'elle devienne un enseignement.

Sous les règnes de Louis XVIII, de Charles X et de Louis-Philippe, Paris était divisé en quarante huitièmes, dont les plans d'alignements furent étudiés par plusieurs architectes. Comme ils opéraient isolément, ils attribuèrent souvent des largeurs différentes à des rues qui, se continuant directement, ne formaient qu'une seule et même voie publique.

Ce mode d'élargissement, par mesure ordinaire de voirie, ne se réalisant qu'au moment de la reconstruction successive des maisons en bordure, était sans grande utilité pour le présent, et ne sauvegardait pas l'avenir. En effet, une rue dont la largeur était considérée comme insuffisante à 10 mètres, se trouvait portée à 12 mètres par une ordonnance royale; mais sa rectification complète ne pouvait être réalisée qu'un siècle après, c'est-à-dire à une époque où les 12 mètres étaient devenus aussi réellement insignifiants que les 10 mètres précédents.

Sans priver la Ville de ces améliorations partielles, mais sans avantages immédiats, l'Empereur et le Préfet, au lieu de se borner à régulariser lentement d'anciennes rues ordonnancées à 10 ou 12 mètres de largeur, comprirent qu'il importait de créer de nouvelles artères, afin de donner une prompte satisfaction à des nécessités d'assainissement et de circulation qui s'accusaient impérieuses.

Ils sentirent également qu'il fallait se garder de chercher à transformer ces anciennes rues en grandes artères de 30 mètres, par exemple, attendu que cette transformation serait infiniment dispendieuse. Il était même à craindre encore, en maintes circonstances, que les tracés ne pussent se poursuivre en droite ligne.

Pour faire bien comprendre ces vérités, supposons, pour un instant, que le Préfet, au lieu d'exécuter comme il l'a fait, le *Boulevard de Sébastopol*, eût entrepris l'élargissement de la rue Saint-Martin ou bien de la rue Saint-Denis. — Qu'en serait-il résulté? D'abord une dépense beaucoup plus considérable, ensuite une voie moins belle, enfin un tracé moins direct.

Une dépense plus considérable : parce qu'au lieu d'entamer le fond des propriétés des rues Saint-Denis et Saint-Martin, comme l'a fait si habilement le Magistrat, il eût été forcé d'exproprier les façades de l'une ou de l'autre de ces deux voies. Se fait-on une idée des indemnités à payer aux propriétaires des nombreuses maisons étroites et serrées, toutes envahies jusqu'aux combles par des industries importantes, par des commerces considérables? Ces indemnités eussent certainement triplé la dépense, sans donner des résultats aussi réellement avantageux.

En effet, comment redresser la rue Saint-Denis, décrivant des courbes semblables aux anneaux entortillés d'un serpent? A force de millions, supposons-la complétement rectifiée. Ce choix malheureux, ou plutôt cette faute administrative eût dérobé d'abord la perspective de la belle gare de Strasbourg, en rendant ensuite impossible la fusion du boulevard de ce nom avec celui de Sébastopol. Elle eût fait enfin deux tronçons de cette voie splendide qui se poursuit sur la rive gauche du fleuve sous les noms de boulevards du Palais et Saint-Michel.

Opérant en véritable administrateur, voyant de haut et de loin, M. Haussmann, en dépensant moins, a fait plus grand.

Dans nos autres appréciations, ne séparons pas les intérêts de la salubrité des nécessités de la circulation.

Le prolongement de la *rue de Rivoli* avait été commencé par M. Berger; M. Haussmann le continue, l'achève, et cette grande voie se fusionne avec la rue Saint-Antoine.

La salubrité en a-t-elle profité? 56 ruelles étroites, obscures, ont été supprimées entièrement ou en partie pour livrer passage à la rue de Rivoli. Parmi ces ruelles, les plus malsaines s'appelaient : *rue d'Avignon, impasses de la Petite Bastille, Saint-Benoît, rue du Chantre, impasse du Cheval-Blanc, rues du Chevalier-du-Guet, des Écrivains, passage de l'Empereur, impasse Saint-Fargeau, rue de la Vieille-Harengerie, impasse de la Heaumerie, rue Pierre-Lescot, Perrin-Gasselin, de la Savonnerie, de la Tacherie (partie), Jean-Tison, de la Tixérandrie* et *Trognon.*

La salubrité en a donc singulièrement profité. Voyons si la circulation en a bénéficié.

L'ancienne rue de Rivoli commençait à la rue Rohan et se terminait à la rue de Saint-Florentin; sa longueur était de 950 mètres. On en a fait une grande artère de 2,980 mètres de développement. Établissant une communication précieuse d'utilité publique entre la place de la Bastille et les Champs-Élysées, elle a procuré à la circulation un courant naturel de l'est à l'ouest, au grand avantage de neuf quartiers alors dénommés *quartiers Saint-Honoré, — des Tuileries, — du Louvre, — des Marchés, — des Lombards, — des Arcis, — de l'Hôtel-de-Ville et du Marché Saint-Jean.*

Si le projet du prolongement de la rue de Rivoli est antérieur à la nomination de M. Haussmann, l'exécution lui appartient.

Maintenant, nous allons rappeler les principales créations dues à son initiative personnelle, et qui font partie du plan d'ensemble étudié, puis exécuté presque entièrement par le Préfet de la Seine.

On sait ce qu'étaient les *Halles centrales* : une réunion de marchés mal soudés ensemble et formant une immense borne, contre laquelle venait se briser la circulation. La transformation des Halles fut si heureuse, que ce grand établissement a servi de modèle à ceux qu'on a construits dans les principales villes de l'Europe.

Les Halles centrales étaient surtout impénétrables à la circulation venant du nord-est; on ne pouvait atteindre notre grand marché parisien qu'après avoir subi vingt-deux ruelles s'enchevêtrant dans les quartiers du Temple, Saint-Martin et Saint-Denis, perpétuellement encombrés; ainsi s'affirmait l'urgente nécessité d'une voie diagonale; la *rue de Turbigo* est décidée, entreprise, — elle est faite. Cette diagonale si précieuse ne favorisait pourtant que la circulation entre le boulevard du Temple, le faubourg du même nom et les Halles centrales. — Il fallait la poursuivre jusqu'aux extrémités de la Ville, à l'effet de compléter une grande artère, mettant par le cours de Vincennes tous les quartiers, toutes les Communes de l'est en relation avec les Halles centrales. Ce prolongement s'est appelé *boulevard du Prince-Eugène;* on le nomme maintenant *boulevard de Voltaire.*

Mais à son extrémité, la *rue du Temple*, appelée à servir de trait d'union entre la rue de Turbigo et le boulevard, se trouvait trop étroite — sa largeur est portée à 36 mètres.

Ce n'est pas tout. Lorsque l'extension de Paris devint un fait accompli, de nouvelles exigences de circulation se manifestèrent. Les anciennes Communes des Batignolles, de Montmartre pouvaient pénétrer vers le sud de la Ville; mais du côté du nord-est, avant d'atteindre les boulevards Saint-Martin et du Temple, la course était longue et l'accès difficile. Alors est décidé, ouvert et construit le *boulevard de Magenta,* qui se prolonge ensuite jusqu'à la porte de Clignancourt sous le nom de *boulevard Ornano.*

Comment rattacher le 20e arrondissement au centre de la Ville, et donner au Père-la-Chaise un accès digne de ce magnifique *campo santo*. Il fallait une voie qui, partant de la place du Château-d'Eau, aujourd'hui place de la République, se poursuivit jusqu'au boulevard de Ménilmontant. Une section de cette voie est exécutée entre la place dont nous venons de parler et le boulevard Richard-Lenoir, sous le nom d'*avenue des Amandiers.* — C'est maintenant l'*avenue de la République.*

On comprend que cette place du Château-d'Eau, d'où le rayonnement de huit voies publiques allait s'opérer, exigeait une superficie considérable ; aussi le décret du 11 février 1865 lui donnait 6,911 mètres. Malheureusement pour elle, la place du Château-d'Eau n'a pas été terminée au nord-ouest ; aussi sa physionomie ne saurait affirmer ce caractère de grandeur que devait lui imprimer la réalisation complète du décret du 11 février 1865.

Au lieu d'exécuter un projet de décoration qui devait l'embellir, on l'a laissée dans une nudité fâcheuse. Cette situation si compromettante pour cette grande place, mais dont le tort ne saurait être imputé à l'Administration précédente, n'altère en rien les heureuses conceptions que révèle le plan sanctionné en 1865. On ne peut que regretter de le voir compromis par la construction élevée à l'angle du boulevard de Magenta, construction usurpant le terrain sur lequel devait être établie une salle d'Orphéon des écoles communales.

Revenons vers le centre de la Ville. Parmi les voies parallèles à la Seine, le plan d'ensemble indique le tracé de la *rue aux Ours* prolongée à l'ouest jusqu'à la place des Victoires, à l'est jusqu'au boulevard de Beaumarchais.

Le prolongement de la *rue de Réaumur* est également saisissant d'utilité publique, en ce qu'il doit établir une large communication entre le Marais et le boulevard des Capucines, après avoir emprunté la rue du 4 Septembre, laquelle n'est, en réalité, qu'une section de la rue de Réaumur.

Telles sont quelques-unes des grandes idées que nous révèle l'étude du plan d'ensemble de Paris, en ce qui concerne les voies parallèles à la Seine ; il est à regretter que plusieurs d'entre elles ne soient pas encore complètement réalisées.

Maintenant, quelques mots sur les principales voies perpendiculaires au fleuve :

Nous avons déjà parlé des *boulevards de Strasbourg* et *de Sébastopol*, lesquels, avec les *boulevards du Palais* et *Saint-Michel*, affirment à nos yeux la plus belle des créations intéressant une grande Capitale.

Sa réalisation, qui favorise autant la rive gauche que la rive droite, profite à Paris tout entier — c'est la grande perpendiculaire par excellence.

Immédiatement, après vient la *rue du Louvre*, destinée à fusionner aussi les deux parties de la Ville que sépare le fleuve.

Mais, de toutes les combinaisons, la plus intéressante pour les véritables administrateurs, est, sans contredit, le grand *Boulevard circulaire et intérieur de Paris*.

Nous avons dit au règne de Louis XIV, que Sa Majesté avait résolu d'entourer sa Capitale d'un *Cours* destiné à devenir la grande promenade parisienne.

Ce magnifique projet ne fut réalisé qu'au profit de la rive droite. Il est représenté par les boulevards de Beaumarchais, des Filles-du-Calvaire, du Temple, Saint-Martin, Saint-Denis, de Bonne-Nouvelle, Poissonnière, Montmartre, des Italiens, des Capucines et de la Madeleine, dont le développement total est de 4,500 mètres.

Sous le règne de Louis XV, des avenues et des boulevards furent créés dans l'intérêt de la rive gauche ; mais en s'écartant du projet de Louis le Grand.

Repris par Napoléon III, ce magnifique projet vient d'être complété par le *boulevard Henri IV*, dont le tracé émanait de l'Empereur, comme lui appartient l'exécution de la plus grande partie du boulevard Saint-Germain. Aujourd'hui, le boulevard Henri IV, partant de la place de la Bastille, qui lui sert de trait d'union avec le boulevard de Beaumarchais, se continue en suivant les deux ponts de Sully, jetés sur le fleuve pour se souder au boulevard Saint-Germain ; puis, se prolongeant par le pont de la Concorde et la rue Royale, la voie circulaire atteint le boulevard de la Madeleine et le rayonnement se complète.

Limitons cette partie de notre travail à ces quelques citations ; d'ailleurs, toutes les voies exécutées, entièrement ou en partie, figurent à leur ordre alphabétique dans le corps de notre Dictionnaire. Nos lecteurs peuvent apprécier les savantes études que révèle le plan d'ensemble émanent de la précédente Administration ; tous les tracés se trouvent si heureusement agencés qu'il est impossible d'en modifier un seul, sans nuire à Paris tout entier.

Les documents officiels qui suivent sont extraits du rapport adressé à l'Empereur par le Préfet de la Seine, le 20 mai 1868 ; ils témoignent des grands résultats obtenus sous le double rapport de la salubrité et de la circulation.

« En 1852, les *voies publiques* de Paris mesuraient une longueur totale de 384 kilomètres — 95 kilomètres de voies nouvelles ont été ajoutés.

» Lors de l'extension des limites de Paris, la longueur des voies publiques classées de la zone suburbaine était de 355 kilomètres — cette longueur s'est augmentée de 40 kilomètres.

» Mais la comparaison des longueurs des voies anciennes et des voies nouvelles ne saurait affirmer d'une manière complète les avantages procurés à la circulation ainsi qu'à la salubrité. «

Pour s'en faire une idée rigoureusement exacte, il importe de rappeler que la surface des voies publiques de l'ancien Paris, dont le parcours était de 384 kilomètres en 1852, ne dépassait pas pas 4,530,000 mètres carrés (453 hectares) — leur largeur moyenne était donc de 12 mètres.

Quant aux voies supprimées, d'une longueur de 49 kilomètres, elles n'avaient pas plus de 325,000 mètres carrés (environ 32 hectares de superficie) — leur largeur moyenne n'atteignait donc pas 7 mètres.

Dans la zone annexée, les 384 kilomètres de voies classées ne couvraient pas 504 hectares, ce qui ne portait leur longueur moyenne qu'à 13 mètres environ.

Au contraire, les 95 kilomètres que donne la réunion des voies créées dans l'ancien Paris mesurent en surface 2 millions 332,000 mètres carrés (233 hectares) — leur largeur moyenne dépasse donc 24 mètres. Ainsi, tandis qu'elles n'augmentaient que d'*un quart* la longueur de l'ancien réseau, elles en ont accru la superficie *de moitié*.

Les 40 kilomètres de voies nouvelles que l'Administration a percées dans la zone suburbaine comprennent 769,000 mètres carrés (près de 77 hectares). — La largeur moyenne de ces voies dépasse encore 18 mètres. Elles ont donc augmenté de près d'*un sixième* la surface totale des anciennes voies.

En ce qui concerne les rues ouvertes par des particuliers dans l'ancien Paris et dans la zone suburbaine, elles couvrent une surface totale de 110,000 (11 hectares) pour une longueur de 9 kilomètres environ. — Elles ont donc 12 mètres de largeur moyenne.

Le réseau général des voies publiques de Paris *agrandi*, avait, en 1867, un développement de 850 kilomètres (212 lieues communes et 12,294,000 mètres carrés (1,229 hectares en surface). Les nouvelles voies créées sous le second Empire comptent dans ces chiffres pour 136 kilomètres (près de 34 lieues communes) et 310 hectares. Enfin la superficie de la Capitale est de 7,802 hectares, dans laquelle l'ancien Paris entre pour 3,402 et la zone suburbaine pour 4,400.

La dépense concernant les opérations de voirie s'est élevée à 884,406,224 francs.

Voyons maintenant les autres services administratifs, toujours en suivant le rapport adressé à l'Empereur.

ÉDIFICES RELIGIEUX. — Ils sont entrés dans cette période de quinze années, comme dépenses, pour une somme de 61,420,167 francs.

Ces dépenses comprennent :

1° L'achèvement des églises *Sainte-Clotilde* et *Saint-Vincent-de-Paul*, commencées dans l'ancien Paris sous le gouvernement de Louis-Philippe, et des églises *Saint-Jean-Baptiste*, de Belleville, *Saint-Bernard*, de La Chapelle; *Notre-dame-de-Clignancourt* et *Notre-Dame-de-la-Gare*, entreprises avant l'annexion par les communes de Belleville, de La Chapelle, de Montmartre et d'Ivry.

2° La construction des églises de *la Trinité* et de *Saint-Augustin*, livrées au culte ; de *Saint-Ambroise*, de *Saint-Joseph*, de *Notre-Dame-de-la-Croix*, à Ménilmontant; de *Notre-Dame-des-Champs*, de *Saint-Pierre* de Montrouge et de *Saint-François-Xavier*, dont l'achèvement était plus ou moins avancé.

3° L'édification du temple réformé du *Saint-Esprit*, rue de Roquépine, et du temple de *la Résurrection* (confession d'Augsbourg), à Grenelle, déjà livrés au culte; des temples *Israélites* de la rue de la Victoire et de la rue des Tournelles, en cours d'exécution.

4° L'achat des églises *Saint-Eugène*, *Saint-Martin*, *Saint-Éloi*, *Saint-Marcel* et *Saint-Michel* des Batignolles ;

5° L'achat des presbytères de *Saint-Sulpice*, *Saint-Thomas-d'Aquin*, *Saint-François-Xavier* et *Saint-Pierre* du Gros-Caillou. — La construction des presbytères de *la Trinité*, *Saint-Germain-l'Auxerrois*, *Saint-Leu*, *Saint-Vincent-de-Paul*, *Saint-Nicolas-du-Chardonnet*, *Saint-Bernard* et de la maison consistoriale de l'*Oratoire;*

6° La consolidation, l'agrandissement, la restauration, la décoration ou l'isolement d'un grand nombre d'édifices anciens, parmi lesquels *Saint-Étienne-du-Mont*, *Saint-Leu*, *Saint-Germain-l'Auxerrois* et *Saint-Laurent* ont motivé des ouvrages très considérables et très coûteux.

ÉTABLISSEMENTS HOSPITALIERS. — Ils ont occasionné une dépense de 53,741,164 fr. — Voici les résultats obtenus :

1° Achèvement et agrandissement de l'hôpital *Lariboisière*, commencé sous le règne de Louis-Philippe ;

2° Création d'un second hôpital pour les *enfants malades* (Sainte-Eugénie), de l'hôpital de *Berck-sur-Mer*, de la maison de retraite *Chardon-Lagache* et du Magasin général des établissements hospitaliers ;

3° Reconstruction et isolement de l'*Hôtel-Dieu*, en cours d'exécution;

4° Achat de terrains pour la fondation d'un nouvel *hôpital à Ménilmontant ;*

5° Translation et reconstruction, dans des proportions doublées, de la *Maison municipale de Santé*, au faubourg Saint-Denis; de *Sainte-Périne*, à Auteuil; des *Petits Ménages* et de l'*Hospice de Villas*, à Issy; des *Incurables* (hommes et femmes), à Ivry.

6° Agrandissement des hôpitaux *Saint-Antoine* et de *la Charité*, par la construction de nouveaux pavillons; des hôpitaux de la *Pitié* et *Cochin*, par la construction de bâtiments spéciaux pour les services d'accouchement; de l'hôpital *Saint-Louis*, par la construction de bains ; des hospices de *Bicêtre* et de *la Salpêtrière*, par la construction de nouveaux quartiers; *de la Boulangerie centrale*, par l'installation d'une meunerie et de magasins ;

7° Consolidation et restauration d'un grand nombre de bâtiments anciens ;

8° Augmentation et amélioration du mobilier, du linge et du vestiaire de l'ensemble des établissements hospitaliers ;

9° Enfin création de vingt-huit nouvelles maisons de secours, principalement dans la zone annexée.

Le nombre des lits d'hôpital, qui était de 6,743 en 1852, est maintenant de 7,820. On en a donc créé 1,077, sans parler de 500 lits supplémentaires qui peuvent être installés en cas de besoin. Mais une organisation nouvelle, commencée en 1854, rend les mêmes services que la création de près de 2,400 autres lits de malades ; c'est celle du traitement à domicile; 63,395 malades ont été soignés ainsi en 1867.

Le service des consultations gratuites a reçu aussi une grande extension. Il a été donné, dans la même année, 684,610 consultations de ce genre (329,521 dans les hôpitaux, et 355,089 dans les maisons de secours).

Le nombre de lits dans les hospices et maisons de retraite a aussi été augmenté : de 10,629, on l'a porté à 11,260. C'est 631 lits de plus. On a organisé d'ailleurs un service dit de secours d'hospice à domicile, dont profitent déjà 1,137 personnes (427 hommes et 710 femmes).

Enfin, les bureaux de bienfaisance ont également vu s'élargir le cercle de leur action. De 63,133, le nombre des indigents secourus a monté à 105,119. Il a crû dans la même proportion que la population de la Ville agrandie.

ÉTABLISSEMENTS MUNICIPAUX *de toute nature (Hôtels de Ville, Mairies, Casernes, bâtiments d'Octroi, Facultés, Lycées, Écoles, etc.)*. 129,366,393 francs ont été consacrés à ces établissements, savoir :

Reconstruction du *Campanile* de l'Hôtel de Ville, surélévation des *galeries* affectées au service d'architecture et à celui du Plan de Paris, restauration de la *cour de Louis XIV*, des grands appartements, etc.; construction d'un bâtiment annexe pour l'installation des *Archives*, de l'administration de l'Octroi, du service municipal des Travaux publics, des Caisses de la Boulangerie et des Travaux de Paris, construction des nouveaux Magasins de la Ville, acquisition et restauration de l'*hôtel Carnavalet*, restauration de la *Tour Saint-Jacques*, etc.

Construction des hôtels *de Mairie* des 1er, 3e, 4e, 7e et 11e arrondissements nouveaux, aujourd'hui achevés, et des 13e, 15e, 16e et 20e, en cours d'exécution.

Acquisition et installation d'*un hôtel* pour l'*État-Major* de la Garde Nationale et d'une nouvelle *Maison d'arrêt* pour le même service.

Constructions d'*hôtels pour les États-Majors* de la Garde de Paris et des Sapeurs-Pompiers, des casernes de la rue de la Banque, de la place de Lobau et de la Cité (Garde de Paris), de la rue Pigalle, de Passy, de la Villette, de Ménilmontant, de la rue de Charenton et de Grenelle (Sapeurs-Pompiers); enfin, de *vingt-quatre des bâtiments* consacrés au logement des employés de l'Octroi.

Constructions de nouvelles salles en remplacement de celles du Théâtre-Lyrique, du Cirque-Impérial, de la Gaîté, du Vaudeville et du Panorama expropriées pour cause d'utilité publique.

Construction de la *maison Eugène-Napoléon.*

Acquisition d'immeubles pour l'agrandissement de *la Sorbonne*. Agrandissement et restauration complète des *lycées Bonaparte* et *Saint-Louis*; consolidation des combles du *lycée Napoléon* et établissement de nouvelles classes au *lycée Charlemagne*. Reconstruction du *collège municipal Rollin*, du *collège Chaptal;* agrandissement de l'*école Turgot*, construction d'une troisième école professionnelle (rue de Château-Landon); installation nouvelle, sur de plus larges proportions, de l'école supérieure des filles. Reconstruction de l'institut des Frères de la Doctrine chrétienne, rue Oudinot, et des maisons de la rue du faubourg Saint-Martin et de la rue Saint-Bernard. Enfin, construction, reconstruction, agrandissement, restauration et ameublement d'une foule d'établissements scolaires de tout ordre dans tous les quartiers de la Ville.

En 1852, existaient dans Paris et sur les territoires qui ont été annexés depuis lors à cette Ville, 1,077 établissements scolaires, recevant 111,150 élèves, savoir : 298 établissements communaux, qui réunissaient 59,153 élèves, et 779 établissements libres, qui en avaient un peu moins, malgré leur grande supériorité de nombre, 55,217.

En 1868, Paris compte *1,642 établissements scolaires* renfermant 174,620 élèves, savoir : *454 établissements communaux* recevant 92,908 élèves et 1,188 établissements libres, qui restent toujours très supérieurs en nombre à ceux de la Ville, mais toujours moins fréquentés qu'eux, car ils n'ont ensemble que 81,712 élèves.

Quoi qu'il en soit, il est évident que les statistiques où l'on ne tient compte que des établissements communaux donnent une idée très fausse du développement de l'instruction populaire à Paris. La présence dans les écoles de près du dixième de la population d'une ville, dont beaucoup de familles font élever leurs enfants à domicile ou les confient aux nombreux lycées et pensions qu'elle renferme, prouve l'exagération du reproche d'insuffisance adressé à l'organisation de l'enseignement primaire communal.

L'Administration municipale ne s'est pas contentée de créer 156 établissements scolaires nouveaux. La plupart des anciens ont été reconstruits ou agrandis. L'enseignement populaire du dessin et du chant n'a pas été seulement assuré par des écoles spéciales : il a été introduit dans les écoles primaires de garçons et de filles. En un mot, rien n'a été épargné pour propager et rehausser l'instruction élémentaire. Et, loin de s'arrêter, les efforts continuent. L'enseignement professionnel, organisé dans les colléges Chaptal et Turgot, va être étendu non seulement par une meilleure installation de ces établissements, mais encore par la création de nouvelles écoles du même genre. Une d'elles pourra être ouverte cette année même.

Halles, Marchés, Abattoirs. 38,333,011 francs leur ont été consacrés.

L'emplacement des Halles renferme une superficie de 60,000 mètres carrés (6 hectares). Les six pavillons formant le premier groupe sont depuis longtemps en service. Les deux principaux pavillons du second groupe ont été récemment livrés au commerce. Deux autres le seront incessamment.

Le marché du Temple et les marchés Saint-Honoré et Saint-Quentin ont été reconstruits.

11 marchés couverts ont été construits, en remplacement de stationnements établis sur la voie publique.

Enfin, un marché à bestiaux et des abattoirs généraux, mis en communication par un chemin de fer spécial avec toutes les grandes lignes, par le chemin de ceinture, ont été ouverts depuis un an. L'ensemble de ces établissements, n'occupe pas moins de 50 hectares de terrain, à droite et à gauche du canal de l'Ourcq, entre les routes d'Allemagne et de Flandre, le mur des fortifications et le canal Saint-Denis.

On a pu supprimer les abattoirs du Roule, de Montmartre et de Popincourt, qui étaient des causes d'incommodités pour les quartiers, de plus en plus habités, au sein desquels ils occupaient des emplacements précieux.

Voie publique et Promenades *(reprises d'alignements et pavages neufs sur les voies anciennes, trottoirs, contre-allées plantées, parcs, squares et promenades publiques, appareils d'éclairage)*. Dépense : 195,513,820 francs.

La longueur développée des trottoirs dans l'ancien Paris était, en 1852, de 287,200 mètres courants (287 kilomètres), et leur surface de 730,000 mètres carrés (73 hectares). Ceux qui existent aujourd'hui ont un parcours total de 746,700 mètres (près de 747 kilomètres), et couvrent une superficie de 1,601,000 mètres carrés (160 hectares). Les trottoirs de la zone suburbaine avaient, au moment de l'annexion, 136,805 mètres courants (environ 137 kilomètres), et une surface de 341,600 mètres carrés (34 hectares). Maintenant, ils ont 341,394 mètres courants (341 kilomètres 1/2) et 1,365,550 mètres carrés (136 hectares 1/2). L'augmentation a été de 459 kilomètres et 87 hectares dans l'ancien Paris, et de 204 kilomètres 1/2 et 102 hectares dans la zone suburbaine ; en tout 663 kilomètres (165 lieues communes environ) et 189 hectares.

L'ensemble des trottoirs existant aujourd'hui dans Paris n'a pas moins de 1,088 kilomètres (272 lieues communes) en longueur, et de 296 hectares en surface.

Quant aux contre-allées plantées dans l'ancien Paris, où elles avaient un parcours de 38,520 mètres courants (38 kilomètres), et une surface de 110,000 mètres carrés (11 hectares), elles mesurent, en longueur, 83,498 mètres courants (83 kilomètres 1/2), et en superficie 806,000 mètres carrés (80 hectares 1/2). Dans la zone suburbaine, au lieu de 26,570 mètres courants (26 kilomètres 1/2) et 310,850 mètres carrés (31 hectares), on trouve 112,952 mètres courants (113 kilomètres) et 937,606 mètres carrés (93 hectares 1/2).

L'augmentation a donc été de 44,978 mètres courants (45 kilomètres) et 396,000 mètres carrés (39 hectares environ) d'un côté, et de 86,382 mètres courants (86 kilomètres 1/2) et 626,750 mètres carrés (62 hectares 1/2) de l'autre, en tout de 131 kilomètres et de 102 hectares.

Il existait, en 1852, 32,000 arbres d'alignement dans l'ancien Paris, et en 1860, 18,466 dans la zone suburbaine. La réunion des deux nombres donne 50,466. Maintenant, on compte 55,824 arbres d'alignement dans l'ancien Paris, et 39,753 dans la zone suburbaine, en tout, 95,577.

Le total a donc presque doublé. Il n'y a, d'ailleurs, aucune comparaison à faire entre les soins donnés jadis à ces plantations et ceux qu'elles reçoivent aujourd'hui.

Les bois de Boulogne et de Vincennes ont été non seulement transformés, mais encore agrandis. Le premier a 847 et le second 800 hectares de contenance.

Le parc des Buttes Chaumont, aujourd'hui terminé, en compte 25 ; celui de Montsouris, qui est en cours d'exécution, 18, et enfin, le parc de Monceau, qui est, depuis plusieurs années, un type d'entretien perfectionné, 8 1/2.

Les 21 squares qui ont été créés depuis 1852 en contiennent ensemble 9.

Les Champs-Élysées et l'avenue de l'Observatoire, transformés, mesurent, savoir : les Champs-Élysées, 18 hectares 1/2, et l'avenue de l'Observatoire, 3. Quant aux créations nouvelles, l'avenue de l'Impératrice a 12 hectares, le boulevard Richard-Lenoir près de 5, la place du Roi-de-Rome 23.

Les places plantées, qui sont presque toutes de création moderne, ont ensemble de 48 à 49 hectares.

L'ancien Paris avait, en 1852, 12,579 appareils d'éclairage (12,494 au gaz et 85 à l'huile). Aujourd'hui, on y compte 21,061 appareils (20,781 au gaz et 280 à l'huile). L'augmentation a été de 8,482 appareils.

La zone suburbaine ne possédait en 1860 que 2,918 appareils d'éclairage (2,484 au gaz et 434 à l'huile). Elle en a 12,798 (11,539 au gaz et 1,259 à l'huile). L'augmentation a été de 9,880 appareils.

L'éclairage de la Ville entière est fait aujourd'hui par 33,859 appareils (32,320 au gaz et 1,539 à l'huile).

Eaux et Égouts. On a dépensé pour ce service 157,422,137 francs.

En 1852, le service d'eau de Paris reposait sur l'aqueduc d'Arcueil, qui amène 1,000 mètres cubes d'eau provenant des sources de Rungis, le canal de l'Ourcq et l'aqueduc de ceinture, qui distribuaient 105,000 mètres cubes d'eau provenant de la rivière de l'Ourcq et de ses affluents, les anciennes machines de Chaillot, du Gros-Caillou et du pont Notre-Dame, qui élevaient environ 7,000 mètres cubes d'eau de Seine; enfin, le puits de Grenelle, qui fournit 600 mètres cubes environ. La Ville ne pouvait donc distribuer plus de 112,600 mètres cubes d'eau en tout, par vingt-quatre heures.

Aujourd'hui, indépendamment des 1,000 mètres cubes de l'aqueduc d'Arcueil, des 105,000 mètres cubes de l'Ourcq et des 600 mètres cubes du puits de Grenelle, la Ville dispose de 88,000 mètres cubes d'eau de Seine, élevée savoir : 60,000 mètres cubes par les nouvelles machines qu'elle a fait construire à Chaillot et au pont d'Austerlitz, et 28,000 par les usines à feu de Maisons-Alfort, de Port-à-l'Anglais, d'Auteuil, de Neuilly et de Saint-Ouen, qu'elle a acquises de la Compagnie des Eaux. Elle a creusé le puits de Passy, qui débite 8,000 mètres cubes environ. Elle a, en outre, acheté les eaux et usines de Saint-Maur, et elle a créé sur ce point, à grands frais, un vaste établissement hydraulique, qui élève 40,000 mètres cubes d'eau de Marne par vingt-quatre heures. Elle a d'ailleurs fondé, à Trilbardou et à Iles-les-Meldeuses, deux autres établissements hydrauliques versant ensemble 80,000 mètres cubes d'eau de Marne dans le canal de l'Ourcq. Enfin, elle a construit l'aqueduc de la Dhuis, qui débite de 24,000 à 30,000 mètres cubes d'eau de source. Elle dispose donc maintenant de 350,000 mètres cubes environ par vingt-quatre heures.

Cette quantité s'augmentera de 100,000 mètres cubes d'eau de source qu'amènera l'aqueduc de la Vanne, en cours de construction, et du produit de deux nouveaux puits artésiens que l'on creuse à la Butte-aux-Cailles et à la place Hébert.

Les cinq anciens réservoirs de Monceau, Racine, Saint-Victor, du Panthéon et de Vaugirard, ne contenaient que 32,569 mètres cubes. Ceux qu'on a établis à Passy, à Ménilmontant, au télégraphe de Belleville, aux Buttes-Chaumont, à Charonne, à Gentilly, et six autres petits réservoirs acquis de la Compagnie des eaux, peuvent recevoir 210,288 mètres cubes de plus.

Bien que les conduites de distribution qui existaient en 1852 eussent une longueur totale de 705,360 mètres courants, elles étaient, en général, d'un si faible diamètre, qu'elles ne pouvaient débiter les 112,600 mètres cubes d'eau dont la Ville pouvait alors disposer en vingt-quatre heures. Jamais, en effet, il n'en avait été distribué plus de 80,000 mètres cubes.

De 1852 à 1867, il a été posé 674,640 mètres courants de conduites nouvelles, dont beaucoup ont 40, 50, 60, 80 centimètres, et jusqu'à 1 mètre et 1 mètre 10 centimètres de diamètre.

Un grand nombre d'anciennes conduites ont d'ailleurs été remplacées par de plus fortes.

Des 674,640 mètres de conduites nouvelles, 377,000 ont été posées dans la zone suburbaine, qui n'avait, avant l'annexion, que de très petites conduites, presque toutes remplacées aujourd'hui.

Le réseau général comprend maintenant 1,380,000 mètres courants (345 lieues communes) de conduites de tout diamètre.

Quant aux égouts, il y en avait, en 1852, dans l'ancien Paris, 107,430 mètres courants; mais, à l'exception de l'égout de ceinture, les plus grands n'excédaient guère 1 mètre 80 centimètres de hauteur sous clef, et 75 ou 80 centimètres de largeur à la naissance des voûtes. Ceux de la zone suburbaine étaient de plus petites sections; ils avaient, en 1866, une longueur développée de 39,300 mètres courants.

Il a été construit, de 1852 à 1867, dans l'ancien Paris, 197,370 mètres courants d'égouts de sections diverses, dont la moindre donne 2 mètres 30 centimètres de hauteur sous clef, et 1 mètre 30 centimètres de largeur à la naissance des voûtes. Les hauteurs des autres varient de 2 mètres 40 centimètres à 3 mètres 90 centimètres, et leurs largeurs, de 1 mètre 50 centimètres à 4 mètres.

On a établi, dans la zone suburbaine, 165,560 mètres courants d'égouts neufs de sections réglementaires. De plus, on a fait 8,200 mètres courants de collecteurs hors Paris, pour conduire en Seine, à Asnières et à Saint-Denis, les eaux rejetées de la Ville.

Enfin, on a refait et agrandi la plus grande partie des petits égouts tant du nouveau que de l'ancien Paris.

Aujourd'hui, le réseau général des égouts, qui a un développement total de 517,860 mètres courants (de 129 à 130 lieues communes), ne comprend plus que 15,840 mètres des anciens types. 242,670 mètres sont de la nouvelle section minima (2 mètres 30 centimètres sur 1 mètre 30 centimètres). Il n'y a pas moins de 176,160 mètres courants d'égouts de grands types, c'est-à-dire munis de rails ou portant des bateaux-vannes.

Concours de la Ville (*dans la dépense de construction ou reconstruction de ponts et quais, à la charge de l'État*). Dépenses, 17,214,831 francs.

On a construit les ponts *Napoléon* (aujourd'hui *National*), *Solférino*, de l'*Alma* et du *Point-du-Jour*, et reconstruit les ponts de *Bercy*, d'*Austerlitz*, *Louis-Philippe*, d'*Arcole*, la passerelle de la *Cité* (aujourd'hui pont *Saint-Louis*) et *Notre-Dame*, le *Petit-Pont*, le *Pont-au-Change*, le pont *Saint-Michel* et celui des *Invalides*. On a restauré complétement le *Pont-Neuf*. Enfin, la Ville a racheté le péage du pont de *Grenelle*.

Dans le rapport soumis à l'Empereur par le Préfet de la Seine, le 20 mai 1868, la dépense résultant des opérations de voirie s'est élevée à . . . . 884,406,224 fr.
Les autres opérations de toute nature ont coûté. 981,369,862
Ensemble. 1,865,776,086

Jamais, à aucune époque, on n'avait consacré tant de richesses à la Ville de Paris.

Il importe de continuer à rappeler comment elles ont été grandement utilisées.

Dans l'administration d'une Capitale comme Paris, si les deux intérêts de salubrité et de circulation doivent être les premiers à sauvegarder, il en est un autre cependant auquel il importe de donner satisfaction. Ce troisième intérêt, c'est celui de sa splendeur.

Les étrangers et les riches affirmaient une de ces préférences qu'on ne doit jamais contrarier. Les fortunes princières aspiraient à se porter sur le vaste territoire qui, de la place de la Concorde se développe jusqu'au Bois de Boulogne.

— Pourquoi cette préférence?

— Parce que le commerce avait envahi la Chaussée-d'Antin; les grandes existences se sentaient à l'étroit, gênées dans ce quartier composé de rues ordinaires, tandis que, vers les Champs-Élysées, l'espace est immense, on respire librement. La fortune y trouve le repos; le luxe est à ses côtés et les plaisirs à sa porte.

Au milieu de ce territoire se dressait un monument qui résumait nos gloires les plus vives, nos gloires nationales : — l'*Arc de Triomphe de l'Étoile*. Mais son entourage, triste et vulgaire, lui manquait de respect. C'était un devoir pour le Souverain de le transformer. Douze avenues furent créées ou régularisées ; le rayonnement se compléta et fut digne de l'arc triomphal.

Bientôt ces avenues étaient bordées de splendides hôtels, et l'attraction que ce territoire exerçait enveloppait le *Bois de Boulogne ;* cette promenade, jusqu'alors insignifiante et poudreuse, se transformait en une délicieuse oasis.

En métamorphosant le Bois de Boulogne, ce préféré des heureux de ce monde, l'Empereur n'oublia pas le *Bois de Vincennes*, que fréquente la population ouvrière ; le Souverain lui donna la même parure, et le premier n'a qu'un avantage sur le second : celui d'être le favori de la fortune et le courtisan de la mode.

Il ne faut pas voir dans la transformation des Bois de Boulogne et de Vincennes qu'une question de luxe grandement et magnifiquement résolue ; l'un et l'autre profitent encore à la Capitale par l'action salutaire qu'ils exercent : — Les Bois de Boulogne et de Vincennes sont les poumons de Paris.

Après ces grandes promenades et les *Champs-Élysées* rajeunis, viennent, par droit d'élégance et de beauté, les *Parcs de Monceau* et des *Buttes-Chaumont*.

Mais l'attention et le dévouement de l'Empereur se portaient principalement sur la création de jardins dans le centre de la Ville, surtout en plein cœur de population agglomérée : *21 squares* furent successivement établis, parmi lesquels il faut citer les squares de la *Tour-Saint-Jacques*, du *Temple* et des *Arts-et-Métiers.*

A Londres, les squares sont des jardins fermés et inhospitaliers ; à Paris, le Souverain en a fait l'agrément de tous, et par excellence : les *paradis des petits enfants.*

Pour l'agencement et la décoration de ces bois, de ces parcs, de ces squares, l'Empereur Napoléon a trouvé, comme Louis XIV, un grand artiste ; si la France est redevable à Lenôtre de la magnifique terrasse de Saint-Germain, du parterre du Tibre à Fontainebleau, la Ville de Paris doit encore plus à M. Alphand. Son intelligence et son bon goût se révèlent ici, là, partout dans la grande Cité. Personne n'a su marier, comme lui, les arbres, les eaux et les fleurs, pour leur procurer tous les enchantements de la nature perfectionnée par le talent de l'artiste.

Lors de l'Exposition de 1867, des souverains, les grandes existences, toutes les célébrités dans les sciences, dans les arts et dans l'industrie, sont accourus à ce grand concours universel. On a pu donner à l'Exposition de 1878 des développements plus considérables ; mais si l'on a fait plus grand comme étendue, on a fait moins beau, moins élégant, moins parisien qu'en 1867. C'est que le crayon de l'habile décorateur de nos promenades n'avait pas dessiné, en 1878, un autre parc délicieux d'ombrage et de fraîcheur, pour dissimuler la sécheresse et la monotonie des constructions massives.

Lorsqu'on commet l'imprudence ou l'injustice de laisser à l'écart une telle valeur artistique, c'est toujours au détriment de la splendeur de Paris.

Le concours de l'État, sous Napoléon III, a toujours été généralement acquis à l'embellissement de la Capitale. S'il est indispensable d'augmenter l'attraction qu'elle exerce sur le monde, en la dotant de nouveaux monuments, il est encore plus glorieux de mettre la dernière main à des palais dont le délaissement accuse toujours l'inconstance d'une nation.

Le roi Henri IV avait conçu, le premier, le projet de souder le *Louvre* aux *Tuileries,* pour en faire une habitation souveraine sans rivale dans le monde.

Cette réunion des deux palais avait été commencée par Louis XIV et par Napoléon Ier ; mais il restait encore beaucoup à faire pour que la soudure fût complète. — Le prince Louis l'entreprit, l'Empereur la termina.

Si nous enregistrons les actes intéressant la splendeur de Paris, nous aimons surtout à rappeler les créations empreintes d'un véritable caractère de bienfaisance et de charité.

L'une des plus belles et des mieux méritantes est, sans contredit, l'*Asile Impérial de Vincennes*, dont la fondation avait pour but de recueillir, pendant leur convalescence, des ouvriers ayant reçu des blessures ou contracté des maladies dans le cours de leurs travaux. Cette institution devait recevoir un heureux complément ; on a reproduit, pour les ouvrières, au *Vésinet*, ce qu'on avait fait au profit des ouvriers à l'asile de Vincennes.

Dans les créations les plus saintement utiles, l'Empereur seul n'intervint pas toujours ; souvent on y découvre la main et le cœur de l'Impératrice.

Dans sa séance du 26 janvier 1853, la Commission municipale de Paris votait une somme de 600,000 francs pour l'acquisition d'un collier de diamants qui devait être offert à l'Impératrice, à l'occasion de son mariage. La Souveraine ne voulut pas qu'une telle dépense fût faite pour elle-même, et par une lettre, dont on a gardé le souvenir, elle exprima le désir que la somme destinée à cette parure fût consacrée à la création d'un établissement d'éducation gratuite pour un certain nombre de jeunes filles pauvres, sous le nom de *Maison Eugène Napoléon.* On a pu effacer l'inscription qui décorait cet établissement, et faire payer là où l'on donnait tout ; mais l'histoire, qui ne se fait jamais complice des égarements de la politique, maintient au profit de l'exilée l'honneur de cette fondation à celle qui fut Impératrice.

D'autres créations lui sont dues ; bornons-nous à rappeler la suivante :

Depuis longtemps, l'insuffisance des secours aux *enfants malades* était malheureusement constatée, surtout dans nos quartiers pauvres. Le faubourg Saint-Antoine, ce grand foyer d'une des principales industries parisiennes, souffrait plus qu'aucun autre de la privation de ce secours.

Souvent, on voyait l'ouvrier de ce faubourg, bravant les pluies et les neiges de l'hiver, porter dans ses bras, jusqu'à l'hôpital de la rue de Sèvres, son enfant atteint d'une de ces maladies si terribles et si communes dans les grandes villes.

Arrivé au terme de cette course, si longue et si pénible, parfois on lui disait que l'établissement hospitalier n'avait plus de place, et le pauvre ouvrier, reprenant son précieux fardeau sur ses bras, le ramenait dans son triste réduit, où le père était condamné à voir mourir son enfant faute de secours. Si la douleur était cruelle pour l'homme, comment peindre le désespoir de la femme, de la mère ? Le cœur de la Souveraine comprit tout ce qu'il avait de poignant. Cette sympathie pour le malheur lui fit créer l'*Hôpital Sainte-Eugénie* pour les enfants malades.

Maintenant, voyons si son courage égalait sa bienfaisance. La ville d'Amiens est envahie par le choléra ; sa population est décimée. Quand les riches, affolés par la peur, désertent la cité, l'Impératrice arrive, et l'exemple du courage, donné par une Souveraine, a raison de la peur, cette complice du fléau.

Jamais, à d'autres époques, Paris n'avait bénéficié de tant de créations ; les unes révélant la grandeur, les autres exprimant la charité.

Jamais administration municipale ne s'était associée avec plus de dévouement et d'intelligence à l'accomplissement de toutes ces œuvres dont la Capitale a conservé les magnifiques empreintes.

Cependant, jamais administration ne fut controversée avec plus d'acharnement. Hâtons-nous de le dire : la politique avait recruté le plus grand nombre d'opposants. — En attaquant le Préfet de la Seine, ils visaient l'Empereur.

Toutefois, il est juste de le rappeler : on distinguait, parmi les opposants, des natures droites et honnêtes, des intelligences élevées et clairvoyantes qui, tout en rendant hommage aux grands talents du Magistrat, craignaient de le voir exagérer la pensée du Souverain, en voulant le trop bien servir.

L'éminent administrateur, de son côté, mettait à la défense de ses actes une énergie égale, sinon supérieure, aux attaques incessantes dont il était l'objet.

De ces discussions, purement administratives, que nous allons rappeler, se dégagent de grands enseignements, comme les éclairs jaillissent des frottements électriques.

Il importe, tout d'abord de traduire exactement la pensée de l'Empereur au sujet de la Ville de Paris ; voici comment il entendait sa transformation :

« Elle doit être, disait le Souverain, le complément indispensable du réseau de chemins de fer dont je veux couvrir la France, dans un temps donné ; ils se souderont aux chemins étrangers. Que deviendraient ces flots de voyageurs jetés dans une Ville qui n'est pas en état de les recevoir? Où trouverait-on les voitures pour les conduire et les hôtels pour les loger? Peut-on songer à les attirer à Paris ? Qu'y verraient-ils ? Des quartiers mal percés, des ruelles étroites et sombres, sans air et sans soleil. Les étrangers ne vont que là où ils se plaisent ; — il faut qu'ils se plaisent à Paris.

» Je ferai de grandes promenades, de vastes parcs ; je transformerai les bois de Boulogne et de Vincennes, je leur donnerai les eaux et les fleurs qui leur manquent. Je sèmerai des squares, surtout dans les quartiers où la population ouvrière est agglomérée et ne respire pas. Je ferai un parterre des Champs-Élysées. Je sais que l'on critiquera, qu'on se plaindra que je jette l'argent par les fenêtres.

» Le paysan auquel on coupe quelques ceps de vigne pour faire passer une ligne de rails, pousse des cris de paon ; le propriétaire parisien, dont on détruit le nid à rats pour achever le Louvre et le souder aux Tuileries, gémit d'être obligé de déménager. Je m'attends à toutes ces petites oppositions, mais je me tiendrai ferme.

» Quand mon œuvre sera terminée, on me rendra justice, et si les partis m'attaquent dans le présent, les chemins de fer de la province et la transformation de Paris me défendront dans l'avenir. »

Au sujet des voies splendides qui rayonnent autour de l'Arc de Triomphe de l'Étoile :

— « Sans doute, ajoutait plus tard l'Empereur, il a fallu semer des millions sur ce territoire, pour donner au monument un entourage digne de lui ; mais ces millions seront productifs. Déjà, de grandes existences improvisent de superbes habitations en bordure de ces grandes avenues que nous venons de réaliser ; de riches étrangers s'y donnent rendez-vous. Quelle influence heureuse cette transformation est appelée à exercer ! — Faire aimer Paris, c'est faire aimer la France. »

Telles étaient, en les résumant, les idées du Souverain.

Maintenant, abordons les objections formulées par des dévouements dont l'Empereur appréciait toute la sincérité. Nous mêlons à ces objections dégagées de tout alliage politique, les enseignements tirés de l'histoire municipale de Paris, enseignements qui montèrent jusqu'au Souverain, mais sans le persuader.

— « Vous avez entrepris, Sire, lui disait-on, une grande et noble tâche. Toutes ces améliorations, tous ces embellissements contribuent à l'assainissement comme à la splendeur de Paris. S'ils profitent aux riches, ils sont utiles aux pauvres. La pensée en est excellente et la réalisation très habile.

» Mais l'immensité de ces travaux, leur exécution si rapide, et cette accumulation énorme de capitaux dans Paris, ne cachent-ils pas des périls pour l'avenir ? »

Sans remonter bien haut dans l'histoire de Paris, voyons si l'étude du passé ne doit pas profiter au présent.

« Dans les premières années du règne de Louis XVI, on a fait de grands travaux ; ils ont été relativement si considérables, que l'Administration municipale n'a pu les continuer. Qu'en est-il résulté ? Les ouvriers provinciaux que ces travaux avaient attirés dans Paris, ne l'ont pas tous quitté quand la besogne a manqué ; ceux qui sont restés n'étaient pas des meilleurs. On les a retrouvés pendant les émeutes et durant les saturnales de la Commune.

» Le Roi Louis-Philippe entreprend les fortifications de Paris, elles coûtent 140 millions. Les 25,000 ouvriers et terrassiers qu'elles ont attirés dans la Capitale, que deviennent-ils ? On les revoit en février 1848, et plus nombreux lors de l'insurrection de juin.

» La population de Paris, Sire, augmente sensiblement de nos jours, et dans quel sens ?

» Le soir, à la veillée, lorsque le maître d'école, le savant de la Commune, fait la lecture du *grand journal*, une commotion électrique secoue tout l'auditoire écoutant ce passage qui semble tiré des *Mille et une Nuits* : « On dépense en travaux dans Paris, chaque année, une centaine de millions. » Il semble à ces paysans qu'il pleut dans la Capitale des pièces d'or, des diamants et des perles. « Pourquoi n'en aurions-nous pas notre part ? » se disent-ils. — Les jeunes émigrent, les vieux restent dans le pays.

« Ne croyez pas, Sire, que tous ces émigrants qui, pour fondre sur Paris, abandonnent père, mère, femme, enfants, tout ce qui fait la joie si pure de ce monde par l'accomplissement du devoir, ne croyez pas, Sire, que ces émigrants forment l'essence la plus pure de nos provinces.

» C'est un produit mélangé de cultivateurs qui trouvent que la terre est trop lourde à remuer, d'ouvriers craignant la fatigue, espérant travailler moins et gagner davantage, d'ambitieux de bas étage manquant d'horizon dans nos villes secondaires. Ces derniers viennent à Paris avec l'espoir d'une révolution lucrative.

» Tel est le contingent le plus considérable dans l'augmentation foudroyante de la population de Paris, augmentation qui résulte en partie de l'exagération des grands travaux. »

L'Empereur répondait : « Ces agglomérations dans Paris sont inévitables ; mais tant que je vivrai je ne craindrai pas le désordre. »

La critique, s'en prenant directement au Préfet, était moins mesurée.

« Pourquoi, lui disait-elle, cette ambition effrénée de vouloir réaliser, en quelques années, une œuvre qui, sagement conduite, exigerait la durée d'un siècle ? »

Le Magistrat répondait : « Les améliorations que j'entreprends sont des plus urgentes. Dans certaines parties de la Ville, l'entassement de la population ouvrière est si meurtrier, qu'à chaque épidémie elle est fauchée. — Attendre, c'est me faire complice.

— Mais dans l'intérêt du présent, vous grevez l'avenir.

— Si je laisse à l'avenir des dettes à payer, je lui lègue une Capitale transformée, agrandie, respirant à pleins poumons.

— A quoi bon ces avenues, ces boulevards sans nombre, improvisés, à grand renfort de millions, vers l'ouest de Paris ?

— Le luxe n'est-il pas aussi le nécessaire d'une grande Capitale. Il faut qu'elle progresse sous peine de déchoir. Si les grandes existences se portent de préférence vers l'ouest

7

de Paris, dois-je les contrarier ou leur complaire? Paris a-t-il besoin enfin des étrangers et des riches? Leur superflu, dépensé dans nos murs, contribue à maintenir rémunérateur le salaire de nos ouvriers et de nos artisans.

— Mais les classes ouvrières, nécessiteuses ou malsaines de la province, fondent sur Paris, comme sur une proie.

— *L'augmentation de la population s'explique* par l'achèvement des chemins de fer, dont les grandes lignes rayonnent toutes sur la Capitale. En 1760, par exemple, la diligence de Lyon mettait *cinq jours* en été, *six* en hiver, pour conduire *douze* voyageurs à Paris : chaque place coûtait *cent livres*. Le carrosse de Bordeaux, qui ne contenait que *six* places, ne partait de cette ville pour Paris qu'une *fois* par *semaine* : le trajet réclamait *six* jours.

» Quarante-quatre villes seulement possédaient des diligences, messageries ou carrosses publics.

» La longueur et la difficulté des voyages explique pourquoi la population parisienne est restée longtemps à peu près stationnaire, tandis que la *locomotion rapide des chemins de fer* devait la faire progresser.

— Paris n'était pas plein, lorsque vous avez plus que doublé son étendue.

— Ses fortifications devaient former ses véritables limites, dans l'intérêt d'une bonne administration. »

Tels étaient les arguments pour et contre l'administration municipale sous le second Empire.

Situation financière de la Ville de Paris au 1er Janvier 1870.

1re SECTION — EMPRUNTS

Au 31 décembre 1869, il restait à amortir sur les emprunts ci-après :

1er Emprunt de 1852, 7,849 obligations remboursables à 1,000 fr. chacune			7.849.000 f.	»
2e Emprunt de 1855 (Loi du 2 mai 1855), 121,814 obligations à 500 fr. l'une			60.907.000	»
3e Emprunt de 1860 (Loi du 1er août 1860), 243,658 obligations à 500 fr. l'une			121.814.000	»
4e Emprunt de 1865 (Loi du 12 juillet 1865), 593,480 obligations, déduction faite de 4,998 obligations primées et non remboursables, à 500 fr. l'une			296.740.000	»
5e Emprunt de 1869 (Loi du 18 avril 1869), 753,623 obligations, réduites à 751,208, par suite du remboursement de 2,415 obligations primées, à 400 fr. l'une			300.483.200	»
Sur ce dernier emprunt, 250 millions étaient affectés à l'amortissement de même somme, sur l'emprunt de 465,775,195 fr. 92 fait au Crédit Foncier, en vertu des traités des 8 novembre 1867 et 10 juillet 1868, ratifiés par la Loi du 18 avril 1869.				
6e Emprunt fait au Crédit Foncier, en conformité des traités et loi ci-dessus visés, s'élevant à	465.775.195 f.	92		
A déduire, montant de l'affectation sur l'emprunt de 1869	250.000.000	»		
Reste	215.775.195 f.	92	215.775.195	92

2e SECTION — AUTRES DETTES

1o Bons émis par la Caisse des travaux de Paris, aux échéances de 1870 à 1876 inclusivement	99.740.000	»
2o Liquidation de la Caisse des travaux de Paris	13.082.054	36
A reporter	1.116.390.450 f.	28

Report	1.116.390.450 f.	28

3e SECTION — ANNUITÉS DIVERSES

A. Ponts d'Austerlitz, de la Cité et des Arts, rachat du péage	7.473.582	50
B. Pont Louis-Philippe, rachat du péage	700.000	»
C. Pont et port de Grenelle, rachat du péage	450.000	»
D. Rachat du canal Saint-Martin	9.780.000	»
E. Rachat des eaux et usines St-Maur	5.656.800	»
F. Rachat de l'abattoir des Batignolles	1.650.000	»
G. Rachat de l'entreprise de la Compagnie des Eaux	48.720.000	»
H. Annuités restant dues à la compagnie Ducoux, suivant traité du 9 avril 1866, approuvé par décret du 27 mai suivant	15.480.000	»
I. Annuités à payer à la société l'Approvisionnement, pour le Marché à bestiaux de La Villette	49.541.525	35
J. Capital restant dû, pour acquisition d'immeubles payables à termes fixes, et dont la dernière échéance aura lieu en 1915	42.805.856	25
En sorte que le total de la dette de la Ville de Paris, au 31 décembre 1869, était de	1.298.648.214 f.	38
Mais l'importance de cette dette doit être diminuée d'un actif de plus de 56 millions, représentant la valeur des terrains restant à vendre, ainsi qu'il résulte d'un mémoire de M. Henri Chevreau, Préfet de la Seine, au Conseil Municipal, en date du 17 février 1870	56.000.000	»
Ce qui ramène la dette à	1.242.648.214 f.	38

Il est bien certain, aujourd'hui, que la situation financière de la Ville de Paris, tout en affirmant au 1er janvier 1870, une dette de 1,242,648,214 fr. 38 c., n'était pas compromise. Les ressources ordinaires du budget municipal permettaient d'y faire face, non seulement au paiement des intérêts et de l'amortissement de cette dette, mais encore à l'exécution de travaux extraordinaires.

Sans les malheurs de la guerre et les douloureux événements qui l'ont suivie, si M. le baron Haussmann avait été conservé pour achever la transformation de Paris, il eût certainement vaincu toutes les difficultés et mené à bonne fin cette grande opération.

Dans le chapitre suivant, on verra cette situation financière devenir plus grave par le fait de nos malheurs, et cependant Paris, grâce à sa prodigieuse vitalité, s'est relevé. Cela prouve que l'Administration municipale, moins engagée en 1870 qu'elle ne l'a été en 1872, ne pouvait être en péril avec le Magistrat éminent dont nous venons de rappeler les actes.

Le temps met chaque chose à sa place, et finit par dire le dernier mot. L'histoire impartiale ne tardera pas à prononcer en faveur du Souverain et du Magistrat, en appréciant la transformation de Paris comme l'œuvre la plus grandiose et la plus manifestement utile de notre siècle. Les étrangers ont déjà sanctionné ce jugement, qui sera sans appel.

Si nous n'avons pas la mémoire du cœur, la conscience de nos intérêts nous reste.

Eh bien, qu'adviendrait-il si, par impossible, une fée, qu'on l'appelle la Fée aveugle ou la Fée politique, venait d'un coup de baguette, supprimer, anéantir tout ce qui s'est fait d'utile, de grand et de beau dans l'intérêt de la Capitale, sous le règne de Napoléon III, pour nous reconstituer, pour nous imposer le Paris de 1852?

Quels concerts de regrets et de plaintes ! quelle explosion

de reproches et de malédictions, si nous étions condamnés de nouveau à subir ce Paris étouffé, malsain, manquant de soleil, d'air et de lumière.

Le malheur ne voile que pour un temps la reconnaissance ; il n'efface pas pour toujours le souvenir de tant de bienfaits.

L'équité doit faire également la part du Magistrat. S'il lui avait été donné de continuer la transformation de Paris, répétons-le, il l'eût réalisée complète, et la grande Cité, devenue plus belle et plus attrayante encore, n'eût pas manqué de restituer à la Caisse municipale, tout l'or que le Préfet avait dépensé pour parer si merveilleusement la Capitale.

Quant à ceux qui le méconnaissent, le talent de l'ancien Préfet, leur impose l'obligation de terminer son œuvre, et leur défend de faire petit à côté de ce qu'il a fait grand.

XVIII

LA TROISIÈME RÉPUBLIQUE

Paris durant la guerre et pendant la Commune. — Réorganisation de l'Administration Municipale. — M. Léon Say. — M. Vautrain. — L'Emprunt de 350 millions. — Revision des Taxes d'octroi ; création de nouvelles taxes et de centimes additionnels sur les quatre Contributions. — Les autres Emprunts. — Opérations de Voirie ; achèvement de l'Avenue de l'Opéra, du Boulevard Saint-Germain, ouverture du Boulevard Henri IV, prolongement de la Rue des Pyramides, etc... — L'Exposition Universelle de 1878. — Édifices religieux, hospitaliers et municipaux : églises du Sacré-Cœur, Saint-Georges, Saint-François de Sales ; reconstruction de l'église Notre-Dame d'Auteuil. — Achèvement de l'Hôtel-Dieu, de l'Hôpital de Ménilmontant (aujourd'hui Tenon), reconstruction de l'Hôtel de Ville. — Agrandissement de l'École de Médecine. — Achèvement des Mairies des 12e, 13e, 19e et 20e arrondissements. — Instruction publique ; Écoles Supérieures municipales Arago, Colbert, Lavoisier et J.-B. Say ; l'École Municipale d'apprentis du Boulevard de la Villette. — Enseignement primaire, Salles d'asile. — Distribution des Eaux, Ponts, Marchés, etc. — Résumé.

Rappeler les développements successifs de la Ville de Paris, indiquer les créations appartenant à chaque époque, telle était la mission que nous nous étions imposée.

Nous l'avons remplie sans distinction de dynasties, sans préférence politique, nous bornant à constater les progrès réalisés dans l'intérêt de la Capitale.

On comprend dès lors que le récit et la discussion des douloureux événements dont Paris a été le théâtre et la France entière la victime, ne pouvaient entrer dans le cadre de notre ouvrage.

Toutefois, n'ayant pas quitté Paris un seul jour durant la guerre et pendant la Commune, nous avons pu recueillir de nombreux documents. Nous nous bornons à reproduire ceux qui concernent l'approvisionnement de cette grande et malheureuse Cité, parce qu'ils sont essentiellement administratifs.

Le 4 septembre, le second Empire disparaît ; la troisième République le remplace. Le 20 du même mois, l'investissement de la Capitale est complet. Le rationnement de la viande de boucherie ne commence que le 16 octobre ; celui du pain le 18 janvier seulement.

Ainsi, du 4 au 20 septembre, on avait seize jours pour compléter l'approvisionnement de Paris. Du 20 septembre au 16 octobre, on laisse la Capitale consommer, à sa guise, la viande de boucherie, et le pain demeure à sa discrétion jusqu'au 18 janvier, c'est à dire, la viande pendant vingt sept jours et le pain pendant plus de trois mois.

Aussi, la fortune et l'aisance achètent de la viande plus qu'il ne leur en faut. La peur fait provision de pain, et comme le fourrage coûte relativement plus cher, bon nombre de gens donnent du pain à leurs chevaux en guise d'avoine, de foin, de paille et de son.

Le rationnement tardif de la viande est fixé d'abord à 100 grammes par jour et par personne, et à 50 grammes pour les enfants ; puis ce rationnement s'abaisse à 60 grammes, enfin à 33 jusqu'au 15 novembre. Ce jour-là, le bœuf et le mouton étant épuisés, on réquisitionne les chevaux.

Eh bien ! pourquoi n'avoir pas rationné, dès le principe, c'est à dire le 20 septembre, la viande de boucherie à 60 grammes ? N'a-t-on pas été forcé d'en abaisser la quantité à 33 grammes ?

En ce qui concerne le pain, même incurie administrative, mais encore plus déplorable dans ses conséquences.

En temps ordinaire, la consommation journalière de Paris s'élève, en chiffres ronds, à 1 million de kilogr., soit 500 grammes par habitant, sans aucune distinction d'âge. Dès le 20 septembre, on devait le rationner à 300 grammes. Cette quantité était suffisante, en conservant au pain toutes ses qualités nutritives. Lorsque la population a été condamnée à subir ces 300 grammes, ce n'était pas du pain qu'on lui donnait.

Le désordre s'étendit partout dans Paris ; de l'Administration il passa dans la Rue. Ses conséquences fatales s'accusèrent par le stationnement énervant de nos femmes et de nos filles grelottant de froid et de faim, aux portes toujours obstruées des boucheries et des boulangeries, pendant les longues heures d'un hiver implacable.

Ce stationnement homicide, on pouvait l'épargner à la malheureuse population de la Capitale. En le prolongeant, il devint le complice de l'affreuse épidémie qui fauchait les habitants de Paris.

DÉCÈS CONSTATÉS A PARIS
Du 18 Septembre 1870 au 25 Février 1871.

Du 18 au 24 Septembre 1870	1,272
Du 25 Septembre au 1er Octobre	1,344
Du 2 au 8 Octobre	1,483
Du 9 au 15 Octobre	1,610
Du 16 au 22 Octobre	1,746
Du 23 au 29 Octobre	1,878
Du 30 Octobre au 5 Novembre	1,762
Du 6 au 12 Novembre	1,885
Du 13 au 19 Novembre	2,064
Du 20 au 26 Novembre	1,927
Du 27 Novembre au 3 Décembre	2,023
Du 4 au 10 Décembre	2,455
Du 11 au 17 Décembre	2,728
Du 18 au 24 Décembre	2,728
Du 25 au 31 Décembre	3,280
Du 1er Janvier 1871 au 6 du même mois	3,680
Du 7 au 13 Janvier	3,982
Du 14 au 20 Janvier	4,465
Du 21 au 27 Janvier	4,376
Du 28 Janvier au 2 Février	4,671
Du 3 au 10 Février	4,451
Du 11 au 17 Février	4,103
Du 18 au 25 Février	3,941
Total	63,854

Ces chiffres, sans compter ceux de la guerre, font saigner le cœur. Sans doute, l'épidémie revendique sa part dans cette effrayante mortalité; mais l'épouvantable stationnement aux portes des boucheries et des boulangeries, par un froid intense, doit être considéré, nous le répétons, comme le plus sûr auxiliaire du fléau dans son affreuse tuerie.

En économisant le pain, en le rationnant, comme nous l'avons dit, à 300 grammes, on pouvait non seulement prolonger la défense, mais encore épargner à Paris l'affreux aliment dont il a tant souffert. En effet, comme on a pu le voir, par la triste nomenclature ci-dessus, c'est surtout à partir du jour où le pain est devenu détestable, que la mortalité s'est accusée plus terrible, plus foudroyante encore. Les décès, au nombre de 3,882, du 7 au 13 janvier, s'élèvent, du 28 janvier au 2 février à 4,671. — Ce pain qui trompait la faim renfermait la mort.

Dans son ouvrage intitulé *Paris pendant le Siège*, M. Arnold Henryot s'exprime en ces termes (page 131).

« Le pain de Paris, à partir du 20 janvier, n'était plus » qu'un horrible mélange de toutes sortes de graines, où le » froment n'entrait que pour mémoire. La menue paille d'a- » voine s'y retrouvait tout entière, déchirant le gosier de » ses aiguilles pénétrantes. Comme le son dominait dans ce » pain, et comme la vraie farine s'y trouvait en proportion » insuffisante, il fallut suppléer, par des additions de phos- » phate de chaux, à l'absence des aliments nutritifs de la » pâte. On recueillit les vieux ossements provenant des ca- » tacombes, qui, réduits en farine, furent mêlés à celle qui » sortait des moulins. Ainsi Paris, sans le savoir, mangea les » os de ses ancêtres, comme cela eut lieu déjà, lors du siège » que lui fit subir Henri IV. »

En note, on lit au bas de la même page 131 : « M. Magnin, » ministre du Commerce, a affirmé le fait en notre présence, » à Bordeaux, devant MM. Dorian, Lanfray et Edmond » Texier. Sans le phosphate de chaux, tiré des ossements il » eût été impossible de nourrir Paris avec le pain de son des » huit ou dix derniers jours. »

Maintenant, pourquoi le rationnement de la viande et du pain a-t-il été si défectueux ?

Parce que le recensement exact de la population de Paris n'existait pas. On comprend aisément que du 4 au 20 septembre, un nouveau recensement eût présenté certaines difficultés, et fait naître de nombreuses erreurs, parce que les entrées dans la Ville ne coïncidaient pas avec les sorties, le flot se déplaçant chaque jour, à tous les instants. Mais lorsque Paris s'est trouvé rigoureusement enfermé dans un cercle de fer, le recensement, devenu facile, pouvait être exact.

Il n'en fut rien. L'Administration fractionnée en vingt Mairies d'arrondissements, devait engendrer les plus déplorables abus; le gaspillage fut permanent, et diminua la durée possible de la résistance de Paris, en augmentant le nombre des victimes de l'épidémie par la privation du nécessaire.

On ne sait pas assez ce que coûte à une Capitale l'absence d'un véritable administrateur, en temps de calamités publiques.

Nous ne suivrons pas la Commune dans ses actes homicides. Nos monuments de Paris devaient être considérés comme des patrimoines d'honneur, de gloire et de patriotisme, précieux à conserver. Nous ne pourrions raconter, sans amertume et sans dégoût, les crimes des Vandales qui les ont brûlés.

Si l'on comprend l'intérêt que beaucoup de ces incendiaires avaient à faire disparaître la Préfecture de police, le Ministère des finances, les Tuileries, etc... comment expliquer l'incendie de l'HOTEL DE VILLE, *la vraie Maison de tous, le berceau de nos franchises municipales*, ainsi que le disaient si justement nos anciens Magistrats ? — Cette destruction est le crime le plus bestial (1).

Détournons notre pensée de ces saturnales; nous avons hâte de voir reconstituer l'Administration de la Ville de Paris.

Le vendredi 4 août 1871, sur la convocation de M. Léon Say, Préfet de la Seine, les membres composant le Conseil Municipal avaient été réunis dans une des salles du Palais du Luxembourg.

Le Conseil Municipal installé procéda, séance tenante, à la nomination de son Président. Le nombre des votants était de 70. M. Vautrain obtint 69 voix. Ce choix était excellent. Avocat distingué, d'un esprit juste, M. Vautrain était bien le Président qu'il fallait alors pour diriger le nouveau Conseil Municipal.

Prenant place au Bureau, M. Vautrain prononçait une allocution à laquelle nous empruntons les passages suivants :

...... « Nous avons une tâche bien grande à remplir, nous avons des ruines à réparer, une liquidation difficile à faire, mais nous avons une mission plus élevée encore. Il dépend de nous de rétablir dans la France la confiance, l'ordre et la stabilité. On avait douté que Paris fût une Ville capable de s'administrer, de choisir ses mandataires; on avait pensé que c'était une Cité uniquement livrée aux plaisirs ou aux luttes civiles : nous avons à montrer, Messieurs, qu'on s'est grandement trompé. Nous avons à rétablir l'ordre dans nos finances; nous avons à constituer non plus une apparence de prospérité, mais la prospérité réelle, celle qui est fondée sur l'ordre, sur l'examen complet des questions soumises au Conseil, celle qui ne dépend pas du caprice du Souverain, qui ne dépend que de notre conscience et du sentiment de nos devoirs envers la grande Cité et envers ceux qui nous ont élus.

» On a pensé, Messieurs, qu'un Conseil Municipal dans Paris serait une anomalie, que ce ne serait pas un Conseil chargé seulement de la gestion des affaires, mais qu'on verrait la politique se glisser dans les discussions de l'Assemblée. Je crois être l'organe de l'Assemblée tout entière, en disant que nous entrons ici comme les gérants des affaires de la Ville de Paris; que nous avons l'intention ferme, absolue, de ne pas aborder les questions politiques et de les réserver à l'Assemblée Nationale, qui seule doit en connaître...

» Nous allons à l'instant commencer nos travaux, et je constate avec une grande satisfaction que notre examen des affaires, sera rendu plus facile par la présence auprès de nous de l'honorable M. Léon Say, comme Préfet de la Seine. Nous sommes assurés de trouver, de ce côté, une honnêteté complète, un administrateur intègre, un homme de bien cherchant la vérité, comme nous tous, chacun dans notre voie, mais la cherchant toujours dans l'intérêt de la Ville de Paris. »

Dans cette même séance du 4 août 1871, le Préfet de la Seine faisait distribuer aux membres du Conseil Municipal un mémoire contenant une proposition d'emprunt de *trois cent cinquante millions*.

La Commission nommée pour examiner le mémoire pré-

(1) Certainement, plus de cent millions avaient été consacrés à l'Hôtel de Ville, depuis l'acquisition, en 1357, de la *Maison aux Piliers*, par Étienne Marcel, Prévôt des Marchands. La destruction du monument et des œuvres d'art qu'il renfermait est, sans doute, une des plus grandes pertes que Paris ait subies. Mais cette perte est moins douloureuse et moins irréparable que la privation des documents administratifs et historiques que l'incendie a dévorés. On regrettera toujours la Bibliothèque de la Ville, sa collection de plans ministériels, ses registres des paroisses, ses contrats domaniaux et son plan de la Commission des artistes, anéantis par le feu.

senté par le Préfet de la Seine, commença par déclarer qu'elle considérait comme un principe fondamental devant dominer son travail, que la Ville de Paris, représentée par son Conseil Municipal, entendait remplir, de la façon la plus complète et la plus loyale, les engagements pris en son nom dans le passé, comme ceux qui seraient pris par ses mandataires dans l'avenir.

L'emprunt de 350 millions, voté à l'unanimité dans la séance du 11 août, fut couvert près de quatorze fois.

Avant d'interpréter les actes de la nouvelle administration, nous croyons utile de rappeler les *emprunts contractés* par la Ville, en y comprenant celui de 1871 ; nous indiquons également l'affectation de chacun d'eux.

§ 1er — Emprunt de 1871.

Cet Emprunt a été autorisé par la loi du 6 septembre 1871 dans la limite de 350,000,000 de francs, avec l'affectation suivante :

1° Remboursement à la Banque de France de son avance pour la contribution de guerre imposée à la Ville de Paris		200.000.000 f. »
2° Frais de change, commission et intérêts de cette contribution		10.000.000 »
3° Remboursement des bons de la Caisse des travaux de Paris, échéances de 1871 et 1872		34.888.000 »
4° Remboursement des bons de la Caisse municipale		63.000.000 »
5° Liquidation de la Caisse des travaux de Paris		9.000.000 »
6° Liquidation de la Caisse de la boulangerie		9.000.000 »
7° Travaux d'architecture :		
A Constructions neuves (1)	14.608.000 f.	
B Réparations des dégâts dans les établissements municipaux	3.082.730	19.318.730 »
C Dépenses de la guerre et de l'insurrection	1.628.000	
8° Créations et améliorations d'écoles		2.000.000 »
9° Frais d'émission de l'Emprunt, 2.793.270, modifié de la manière suivante :		
Création et amélioration d'écoles, 2e allocation		2.000.000 »
Frais de l'émission de l'Emprunt		793.270 »
Total		350.000.000 f. »

La même loi a autorisé l'émission de 60 millions de bons de la Caisse municipale, constituant une nouvelle dette flottante de même somme, l'ancienne dette flottante devant être remboursée au moyen de cet Emprunt.

§ 2e — Emprunt pour l'achèvement de la dérivation des Eaux de la Vanne.

La loi du 28 janvier 1872 a autorisé la Ville de Paris à contracter un Emprunt de 19,500,000 fr. pour l'achèvement des travaux de la Vanne et l'utilisation des eaux d'égout dans la plaine de Gennevilliers. Cet Emprunt a eu lieu au moyen de l'émission de bons de 1,000 fr. chaque. Il a été remboursé par prélèvement de même somme sur l'Emprunt de 1875, dont il est parlé ci-après.

§ 3e — Versement par la Compagnie du Gaz.

Par anticipation sur les bénéfices à venir ; traités des 27 avril et 15 juin 1872, approuvés par la loi du 21 décembre 1872 ; 7,500,000 fr. Cette somme doit être amortie au moyen de 33 annuités de 50,000 fr. chacune, du 31 décembre 1873 au 31 décembre 1905 ; et 18 annuités nouvelles de 600,000 fr. chacune, du 31 décembre 1888 au 31 décembre 1905.

§ 4e — Emprunt de 1875.

Autorisé par la loi du 24 décembre 1874, 220,000,000 de francs, affectés aux dépenses ci-après :

1° Remboursement de partie de la dette flottante de 60 millions autorisée par la loi du 6 septembre 1871	40.000.000 f. »
2° Remboursement des bons de la Caisse des travaux de Paris, échéances de 1874, 1875 et 1876, solde	34.397.700 »
3° Remboursement du capital et des intérêts de la dette immobilière, échéances de 1875, 1876 et 1877	11.372.110 »
4° Somme destinée à remplacer au budget de 1874 le produit de nouvelles taxes non approuvées (droits de voirie, pavage, éclairage)	7.000.000 »
5° Remboursement des dépenses de travaux de la rue Curial (établissement des Pompes funèbres)	4.000.000 »
6° Remboursement des sommes dues à l'Assistance publique, pour subvention de la Ville dans ses dépenses extraordinaires (Hôtel-Dieu et hôpital de Ménilmontant)	12.000.000 »
7° Achèvement des travaux d'architecture en cours (1)	13.000.000 »
8° Construction d'écoles	12.000.000 »
9° Construction de nouveaux cimetières (Méry)	12.000.000 »
10° Eaux et égouts	2.500.000 »
11° Travaux d'architecture à entreprendre	11.500.000 »
12° Pavages dans la zone annexée	2.000.000 »
13° Remboursement de l'Emprunt de la Vanne, contracté en 1872	19.500.000 »
14° Opérations de voirie	31.500.000 »
15° Frais d'émission de l'Emprunt	7.230.190 »
Total	220.000.000 f. »

§ 5e — Emprunt de 1876 (120 millions).

Autorisé par la loi du 27 juin 1876, avec l'affectation suivante :

1° Avenue de l'Opéra	45.000.000 f. »
2° Boulevard Saint-Germain, de la rue de Rennes au Ministère des Travaux publics	25.000.000 »
3° Reconstruction de l'Entrepôt de Bercy	40.000.000 »
4° Rectification du quai de Javel et travaux aux abords du Champ-de-Mars	2.000.000 »
5° Création et amélioration de bâtiments scolaires	5.000.000 »
6° Frais d'émission de l'Emprunt	3.000.000 »
Total	120.000.000 f. »

Indépendamment des Emprunts ci-dessus, il a été alloué par l'État à la Ville de Paris, en vertu de la loi du 7 avril 1873, une somme de 140,000,000 de francs, payable en 52 demi-annuités, représentées par des bons de liquidation pour même somme de 500 francs chaque, payable par semestre pour l'amortissement et les intérêts.

Cette somme de 140 millions a été affectée aux dépenses suivantes :

1° Indemnité à payer aux sinistrés des deux catégories,

(1) Dans ce chiffre figurent 3,000,000 de francs affectés à la reconstruction de l'Hôtel de Ville et des bâtiments annexes.

(1) Dont 12,463,012 fr. 57 c. affectés à la reconstruction de l'Hôtel de Ville.

conformément à la loi précitée, en obligations du Trésor 5 °/₀		70.000.000 f.	»
2° Frais d'impression et de timbre pour 140 millions d'obligations à créer, frais de négociation, escompte et commission pour les 70 millions revenant à la Ville après prélèvement des 70 millions ci-dessus		7.241.583	55
3° Première annuité acquise au budget de 1873, somme qu'il y a lieu de considérer comme à valoir sur le déficit de cet exercice		9.738.000	»
4° Déficit constaté des exercices 1871 et 1872	70.318.839 f. 61		
Moins l'imputation de la dette flottante	60.000.000 »		
Reste	10.318.839 f. 61	10.318.839	61
5° Amortissement des bons de la Caisse des travaux de Paris, échéances de 1873, de janvier et février 1874		15.163.235	83
6° Échéances de la dette immobilière de 1873 et des deux premiers mois de 1874		9.288.341	01
7° Construction de bâtiments scolaires		4.000.000	»
8° Subvention à l'Assistance publique pour la continuation des travaux de l'Hôtel-Dieu		2.500.000	»
9° Travaux d'architecture :			
Églises et synagogues	1.250.000 f.		
Collèges	700.000	6.250.000	»
Mairies	800.000		
Abattoirs et marchés	1.500.000		
Hôtel de Ville (reconstruction)	2.000.000		
10° Opérations de voirie :			
Rue de Constantine (14e ar.)	200.000		
Rue du Terrier-aux-Lapins (14e ar.)	50.000		
Rue des 5 Diamants (13e ar.)	200.000		
Rue Chaligny (12e ar.)	300.000		
Rue des Bois (20e ar.)	400.000		
Rue de la Plaine (20e ar.)	30.000		
Rue Curial (19e ar.)	100.000		
Rue Damrémont (18e ar.)	700.000	5.500.000	»
Rue Legendre (17e ar.)	200.000		
Rue Mozart (16e ar.)	200.000		
Rue Soufflot et abords (5e ar.)	500.000		
Rues du Four et du Vieux-Colombier (6e ar.)	800.000		
Avenue de l'Opéra et abords	1.250.000		
Avenue d'Antin (8e ar.)	500.000		
Réserve pour imprévus	70.000		
Total		140.000.000 f.	»

L'affectation de ces emprunts successifs met en lumière les actes financiers de la nouvelle Administration ; ces documents officiels vont faciliter les appréciations que nous allons faire valoir.

Tout d'abord, montrons-nous reconnaissants envers le Conseil municipal qui a pris fait et cause pour l'honneur de Paris, en se rendant solidaire des engagements du passé, rassurant ainsi le présent, en vue de sauvegarder l'avenir.

Il faut également lui savoir gré d'avoir rétabli, avec célérité, le fonctionnement régulier des différents services administratifs.

Maintenant, cette justice rendue, l'Administration municipale a-t-elle déployé, dans ces circonstances si difficiles, toute l'intelligence nécessaire à la prompte résurrection de Paris ? — C'est ce que nous allons examiner.

La mission qu'elle avait à remplir consistait, selon nous, dans la reprise, aussi prompte que possible, des grands travaux. « *Quand la Ville de Paris redevient abeille, la France reprend sa physionomie souriante,* » disaient nos anciens magistrats. »

La vraie résurrection de Paris ne devait pas être uniquement l'œuvre de l'Administration municipale ; elle intéressait la nation tout entière. C'est pour cela qu'il fallait en appeler à son patriotisme pour l'associer à la grandeur de cette résurrection.

L'emprunt de 350 millions dégageait simplement l'Administration des liens qui l'enlaçaient ; il ne lui donnait que la liberté de ses mouvements.

Non seulement, il était insuffisant pour ranimer l'industrie si féconde du bâtiment, il n'assurait même pas encore l'équilibre momentané du budget de la Ville.

Pour obtenir ce dernier résultat, l'Administration était condamnée à reviser les tarifs de l'octroi, à créer de nouvelles taxes, à faire subir en outre à la propriété le payement de centimes additionnels sur les quatre contributions.

L'histoire municipale de Paris nous offre des enseignements certainement ignorés par l'Administration nouvelle.

Pour relever Paris et la France, après le règne désastreux de Charles VI, comme à la fin de nos guerres de religion, quelle a été la conduite de nos magistrats ?

Ont-ils créé de nouvelles taxes, ont-ils augmenté les anciennes ? Ils s'en sont bien gardés. Qu'ont-ils fait alors ? Ils ont emprunté, non seulement pour faire vivre Paris, mais encore pour le faire travailler. Puis, lorsque l'industrie s'est ranimée, quand le commerce est redevenu prospère, ils ont fait pleuvoir des taxes et grêler des impôts ; nos dignes aïeux les ont payés gaîment, car ils étaient prélevés alors sur l'aisance et la prospérité.

Ainsi que nous l'avons rappelé dans le cours de ce *Précis historique*, ils ne se sont pas bornés à emprunter, ils ont associé les compagnies financières aux travaux de Paris pour hâter son épanouissement. Ils savaient très bien qu'en acceptant leurs services, il faudrait les payer : « *Mais ce qu'il nous importe à tout prix,* disaient-ils, *c'est que Paris se relève promptement.* » — Paris s'est relevé bientôt, grand, fort et riche.

L'Emprunt de 350 millions, contracté en 1871, fut donc un emprunt insuffisant. Parmi les membres du Conseil municipal, MM. Allain-Targé et Albert Dehaynin constatèrent cette insuffisance qui pesa lourdement sur la Ville de Paris.

Dans la séance du 23 décembre 1873, M. Allain-Targé confessait en ces termes cette vérité : « En août 1871, lorsque le » Conseil municipal est entré en fonctions, l'œuvre de la » liquidation du passé se montrait déjà colossale. Il aurait » fallu alors que le Gouvernement et le Préfet l'attaquassent » franchement. Cependant, à cette époque, l'Administration » n'a proposé qu'un emprunt de 350 millions, alors *que* » *500 millions étaient reconnus nécessaires* »...

Dans la même séance, M. Albert Dehaynin constatait ainsi la situation financière de la Ville, au commencement de l'année 1874 : «... Lors de la discussion de l'emprunt de 350 mil» lions, deux membres du Conseil ont exprimé l'avis *que* » *cette mesure était insuffisante,* M. Allain-Targé et moi. » Tous deux nous avons demandé que l'on fît alors le néces» saire... on ne l'a pas fait. De cette époque, datent les défi» cits annuels du budget, auxquels il a fallu parer chaque » année par des ressources nouvelles. »

LE PLAN D'ENSEMBLE DE PARIS ; L'INDUSTRIE DU BÂTIMENT ; LES OPÉRATIONS DE VOIRIE.

Dans le chapitre précédent, nous avons apprécié, comme elles méritaient de l'être, les savantes études que révélaient les tracés indiqués sur le plan d'ensemble de Paris.

La réalisation des voies publiques qui le composaient, devait faire rayonner librement la circulation du centre aux extrémités de la Ville et semer partout le travail, l'animation et la vie. Les combinaisons étaient si heureuses, tous les tracés si habilement agencés, qu'on ne pouvait en modifier un seul, sans troubler l harmonie de l'ensemble.

Cette œuvre sera complétée quand même; le temps, loin d'en affaiblir le mérite, la consacrera comme la conception administrative la plus considérable et la plus digne d'une grande Capitale. La critique ne saurait la déflorer, tant elle est remarquable dans son ampleur et la perfection de ses détails.

Une seule objection reste: elle ne s'adresse pas à l'œuvre, qui d'ailleurs ne saurait la subir, mais à la rapidité vertigineuse de l'exécution.

Sans doute, on ne saurait méconnaître cette vérité : Tant de travaux accumulés dans Paris, entraînant des dépenses si considérables, devaient exercer une attraction irrésistible sur nos provinces. Ces centaines de millions miroitant à leurs regards, devaient exciter la convoitise des cultivateurs, des ouvriers et des artisans de nos campagnes et de nos villes secondaires qui vinrent fondre sur Paris comme sur une proie. La population de la Capitale s'en augmenta démesurément dans le sens des classes pauvres et dangereuses, et les jugements rendus par les Conseils de guerre, ont attesté combien ce contingent provincial et avarié avait fourni d'incendiaires pour détruire les monuments de Paris.

Ainsi, les combinaisons humaines les plus grandioses n'atteignent jamais la perfection. Le talent est sous l'influence d'une ambition généreuse qui ne calcule jamais tous les périls. Il veut produire, va droit au but et ne se détourne jamais. Il serait insensé de reprocher à l'éminent Magistrat d'avoir fait Paris trop beau; mais il est peut-être à regretter qu'il l'ait embelli trop vite.

C'est en cela surtout que notre histoire municipale nous offre un précieux enseignement. Comme nos anciens magistrats étaient bien pensants, alors qu'ils mettaient en pratique cette sage maxime administrative :

Les grands travaux de Paris doivent être modérés, mais permanents!

Mais, si la nouvelle Administration accusait sa devancière de s'être laissé entraîner dans un courant trop rapide, on pourrait la blâmer à son tour d'être restée trop longtemps immobile et glacée, en présence de l'industrie du bâtiment, laissée pendant quatre années sans travail, sans animation, comme paralysée, morte.

Ce n'est qu'en 1875, qu'elle s'est décidée enfin à consacrer *trente et un millions et demi* à des opérations de voirie pour réveiller cette industrie si intéressante. On comprend tout ce que Paris a dû souffrir d'une pareille situation, qui rendait toute sa sève improductive.

Comme nous allons le reconnaître, la nouvelle administration revint à des idées plus justes, en faisant exécuter au moyen des emprunts de 1875 et 1876, des travaux dont voici l'énumération.

OPÉRATIONS DE VOIRIE.

Achèvement de l'avenue de l'Opéra, du boulevard Saint-Germain, de la rue d'Alésia.

Ouverture du boulevard Henri IV (amorcé seulement sur la place de la Bastille), de l'avenue de Montsouris, de la rue de Tolbiac, de plusieurs sections de l'avenue Parmentier, de la rue Alexandre-Dumas, de la rue Corot, de la rue Sorbier (entre la rue de Ménilmontant et la place des Pyrénées), de la rue de la Bidassoa, de la rue Notre-Dame-de-la-Croix (aujourd'hui rue Étienne-Dolet).

Prolongements des rues de Constantine (maintenant rue Vercingétorix), du Terrier-aux-Lapins (aujourd'hui rue Didot), Sainte-Eugénie, de la Croix-Nivert, Chauchat, de la Municipalité, Boyer, Barrault, des Pyramides, du Ranelagh, de l'impasse Roussel, des Couronnes, des Peupliers.

Élargissements partiels, de la rue de l'Homme-Armé, du boulevard Saint-Denis (angle de la rue Saint-Martin), du carrefour de la Croix-Rouge, du quai d'Austerlitz, des rues du Four, du Vieux-Colombier, Planchat, de Turenne, de Terre-Neuve, du quai de Javel, de la rue des Ardennes, de la rue de Château-Landon.

Transformation de la rue Benjamin-Delessert en boulevard.

Redressements de parties des rues Péclet et du chemin des Plantes.

Nivellements des rues Copernic et de Villejust.

Classements de rues au nombre des voies publiques de Paris.

1871. Rues Gérando, de Dunkerque (partie).

1873. Rues Andrieux, Bernouilli, Bossu, Marie-et-Louise, de la Paix, partie (aujourd'hui rue Beaunier), des Cinq-Diamants, Rodier (partie), du Jura, avenue Percier.

1874. Rues Bella, Tessier, La Quintinie (partie), Carnot, d'Autancourt (partie), de Palestine (partie), d'Offémont, Saint-Georges (maintenant des Apennins).

1875. Rue Baudelique, de la Tombe-Issoire (partie), Calmels, Jules-César, Richer (aujourd'hui de l'Atlas), Boulant.

1876. Rue Dutot (partie).

1877. Rues Darcy, Tholozé, Dejean (partie), Guyot, du Pré-aux-Clercs, des Clos ou du Cimetière, de Gergovie (partie.)

1878. Rues Bervic, Boissieu, Belhomme, de Tanger (partie), Bargue, Régnier, Plumet (partie), Dutot (partie), Lacordaire, des Peupliers.

1879. Rues Vercingétorix (partie), Lacroix, Eugène-Flachat, Geoffroy-Château, place du Danube, rues David-d'Angers, du Général-Brunet, de Mouzaïa, de Moyencourt, Lakanal, Brignole, de Galliéra.

Parmi ces opérations, les plus importantes consistaient dans l'achèvement de l'*Avenue de l'Opéra*, du *Boulevard Saint-Germain* et dans l'ouverture du *Boulevard Henri IV*.

Ces trois opérations, comme idée et comme exécution partielle, remontaient à la précédente Administration. La nouvelle eut le bon esprit, en cette circonstance, de faire taire ses répugnances politiques, et de poursuivre l'exécution de l'*Avenue de l'Opéra* avec une telle activité, que les étrangers purent l'admirer lors de l'Exposition universelle de 1878. Cette voie publique n'a qu'un tort : c'est d'être une avenue sans arbres. On a cru devoir les écarter, pour ne pas nuire à la perspective du monument. Mais, en se plaçant au milieu de l'avenue elle-même, les regards ne sauraient embrasser toute l'ampleur du grand théâtre; la partie la plus élégante et la plus gracieuse se trouve dérobée; l'on n'aperçoit les deux charmants pavillons qui contournent, qu'au moment où l'on arrive sur la place de l'Opéra.

Le prolongement de la *rue des Pyramides* est une soudure faite à l'avenue de l'Opéra; mais sous le prétexte de continuer cette rue, il ne fallait pas meurtrir le jardin des Tuileries, et manquer de respect au Palais qu'on eût dû reconstruire, pour s'épargner la honte trop prolongée de ses ruines.

Le *Boulevard Saint-Germain*, en détruisant l'ancien quartier de l'École de Médecine, sillonné de ruelles étroites et sombres formant barrages à la circulation, était également précieux et d'utilité publique. La nouvelle Administration continuait sagement, en cette circonstance, ce que sa devancière avait si bien commencé.

Quant à l'ouverture du *Boulevard Henri IV*, elle était le complément indispensable de la grande voie qui contourne Paris. Le boulevard Henri IV, d'un côté sur la rive droite, vient se souder, par la place de la Bastille, au boulevard de Beaumarchais; de l'autre, sur la rive gauche, par les ponts de Sully, au boulevard Saint-Germain. Ce dernier, en se continuant par le pont et la place de la Concorde, en suivant ensuite la rue Royale, complète un rayonnement dont aucune grande Capitale de l'Europe ne saurait reproduire la merveilleuse beauté.

Arrêtons-nous un instant au boulevard Henri IV, pour affirmer, une dernière fois, combien la Ville de Paris a profité des savantes études que révèle le plan d'ensemble, dont nous sommes redevables à la précédente Administration. Nous démontrerons ensuite qu'il importe de respecter ce grand travail dans toutes ses parties, dont l'exécution s'est trouvée retardée par suite des événements qui nous ont frappés.

De la place de la Bastille, lorsqu'on aborde le boulevard Henri IV, les regards sont charmés par l'imposante et riche perspective du Panthéon qui se dresse si majestueusement. Cette admirable perspective fut singulièrement menacée, par suite d'une divergence d'opinions entre l'Empereur et le Préfet de la Seine, au sujet de l'établissement des deux ponts de Sully, qui forment aujourd'hui le prolongement de ce boulevard.

L'Empereur voulait qu'ils fussent établis *perpendiculairement* à la Seine; le Magistrat, au contraire, désirait qu'on les exécutât en *biais*. Si l'on avait construit ces deux ponts, ainsi que l'entendait le Souverain, qu'en serait-il résulté? D'abord, le Panthéon, au lieu de se trouver dans l'axe de la voie, se présenterait aujourd'hui de côté, en nuisant à la perspective du monument. Ensuite, le boulevard Henri IV se briserait contre la rue du Petit-Musc, qui n'est qu'une ruelle, et les deux ponts, loin de se raccorder avec le boulevard Saint-Germain, se buteraient contre la Halle-aux-Vins.

Mais l'Empereur tenait à son idée comme le Préfet à la sienne, et l'exécution de la voie, seulement amorcée sur la place de la Bastille, fut successivement ajournée. L'Administration actuelle a bien fait, lors de la réalisation du boulevard Henri IV, d'établir les deux ponts de Sully, tels que les avait compris l'ancien Préfet de la Seine.

L'éminent administrateur, tout en voulant compléter, par l'exécution de ce boulevard, le grand rayonnement dont nous venons de parler, avait probablement encore cette autre pensée. En se ménageant l'axe du Panthéon, il se réservait de poursuivre un jour le boulevard Henri IV jusqu'au monument. Ce prolongement aurait ce double avantage: de traverser et d'assainir des quartiers qui laissent tant à désirer, et de dégager la base de l'édifice qui se développerait complètement alors dans toute son imposante majesté.

Il est encore possible, lors de l'exécution de l'*Avenue des Gobelins*, d'où l'on découvre également le Panthéon, que l'idée soit venue au Magistrat de prolonger, dans l'avenir, cette voie publique jusqu'au grand monument, en effaçant de la carte de Paris cette étroite, sinueuse et malsaine rue Mouffetard, pour ventiler aussi les quartiers qui lui font suite jusqu'à la Seine.

Nous avons démontré combien il importait de respecter les tracés indiqués sur le plan d'ensemble de Paris, en ce qui concernait les voies qui, par suite des événements, n'avaient pu recevoir leur exécution.

Malheureusement, l'Administration actuelle, dérogeant à ce devoir, a commis, au préjudice d'un de nos arrondissements, une de ces fautes qui doivent en retarder pour longtemps la transformation.

Pour épargner de pareilles déceptions à d'autres parties de la Ville, il importe de faire connaître exactement tout le mal que cette faute a causé.

Il s'agit du XXe arrondissement, composé des anciennes Communes de Belleville et de Charonne, dont la partie intermédiaire, connue sous le nom de Ménilmontant, était une excroissance de Belleville.

Sur ce territoire, deux constructions s'élèvent; l'une est aujourd'hui la nouvelle Mairie du XXe, l'autre: l'église Notre-Dame-de-la-Croix. Il y avait grand intérêt à relier par une nouvelle voie l'établissement municipal à l'édifice religieux; leurs relations devant être pour ainsi dire incessantes. — On naît, on se marie et l'on meurt.

Mais pour aller de l'église à la Mairie, la montagne opposait un barrage à la formation d'une voie en ligne droite. Ne pouvant aborder de front la partie culminante de cette montagne, l'administrateur conçut le projet de la tourner, en faisant partir son tracé, de l'angle de la rue des Amandiers, vis-à-vis la porte orientale de l'église, pour atteindre d'abord la Mairie et se poursuivre ensuite jusqu'à la porte de Bagnolet.

Comme le parcours de cette voie devait dépasser 1,000 mètres, grâce à ce développement en ligne courbe, la pente se trouvait adoucie de telle façon, que les voitures, et même les chariots chargés de pierres de taille eussent atteint facilement la partie culminante du XXe arrondissement.

Le grand avantage de ce tracé était d'assurer, en bordure de la voie, des constructions apportant à ce territoire inanimé, le travail, le mouvement et la vie. — Telle était la création que voulait réaliser la précédente Administration.

Voyons ce que l'Administration actuelle a cru devoir lui substituer.

D'abord, elle a laissé l'église de côté, comme si elle n'existait pas. L'édifice religieux et l'établissement municipal désunis, la rue Sorbier a été reportée plus haut, à 70 mètres au delà de son ancien point de départ, au milieu de la montagne, avec une pente de 6 centimètres et demi par mètre. Aussi, pour atteindre la nouvelle voie, il faut atteler quatre chevaux de renfort aux charriots chargés de matériaux, ce qui explique pourquoi on ne bâtit pas dans la partie culminante du XXe arrondissement.

Comme on a préféré malheureusement aborder la montagne de front au lieu de la tourner, la rue Sorbier s'est trouvée en surélévation dans les trois quarts de son parcours, ce qui démontre l'impossibilité de construire en bordure de la voie, sur son côté droit. Quant au côté gauche, le chemin de fer de ceinture en tunnel dans une partie, à ciel ouvert dans l'autre, ne permet pas de bâtir.

Enfin, lorsque la voie contourne pour conduire à la nouvelle Mairie, elle se trouve encaissée dans des talus à pic qui repoussent toute espèce de constructions.

Au point de vue de l'art, cette difformité de la voie, cause l'impression la plus douloureuse.

En partant de la Mairie, lorsqu'on est arrivé au tiers du parcours de la rue Sorbier, l'église apparaît, et sa masse imposante captive tellement les regards, qu'on sent que cette voie a été créée avec la pensée d'y conduire.

Mais, tout à coup le tracé se brise, abandonne l'église comme on s'éloigne d'une réprouvée, pour aller niaisement s'égarer jusqu'à la rue de Ménilmontant, vis-à-vis la rue Henri-Chevreau qui n'est qu'une ruelle de 10 mètres de largeur.

Jamais mutilation pareille n'a compromis plus gravement l'avenir d'un arrondissement de Paris. C'est pour le XXe un aplatissement qui retardera pendant de longues années sa transformation, dans sa partie médiane (1).

Voilà ce que coûte à Paris l'inexpérience administrative dans ses improvisations.

Édifices religieux, hospitaliers et municipaux.

L'église du *Sacré-Cœur* s'élève sur les hauteurs de Montmartre; l'édifice religieux ne devra rien à l'État, pas plus qu'à l'Administration municipale; c'est la piété des fidèles qui saura léguer à la Ville de Paris un de ses plus beaux monuments. Les églises *Saint-Georges* et *Saint-François-de-Sales* ont été construites. L'ancienne église *Notre-Dame-d'Auteuil*, depuis longtemps insuffisante à contenir la population religieuse de cette partie du XVIe arrondissement, sera bientôt remplacée par un édifice plus vaste qui se construit d'après les plans et sous la direction de M. Vaudremer, l'un de nos architectes les plus habiles.

L'Administration actuelle a terminé la reconstruction de l'Hôtel-Dieu. Cette reconstruction a fait naître des discussions administratives très intéressantes, et qui rentrent utilement dans le cadre de ce *Précis historique*.

Voici d'abord ce que l'auteur du *Tableau de Paris* écrivait, en 1774, sur cet établissement hospitalier.

L'HÔTEL-DIEU.

« *J'irai à l'hôpital*, s'écrie le pauvre Parisien; *mon père y est mort, j'y mourrai aussi*; et le voilà à moitié consolé. Quelle abnégation! quelle profonde insensibilité!

» Cruelle charité que celle de nos hôpitaux! Fatal secours, appât trompeur et funeste. Mort cent fois plus triste et plus affreuse que celle que l'indigent recevrait sous son toit, abandonné à lui-même et à la nature! La Maison de Dieu! et on ose l'appeler ainsi! Le mépris de l'humanité semble ajouter aux maux qu'on y souffre. Le médecin, le chirurgien sont payés; d'accord : les remèdes ne coûtent rien; je le sais : mais on couchera le malade à côté d'un moribond et d'un cadavre; on lui mettra le spectacle de la mort sous les yeux, lorsque les angoisses de la terreur pénétreront déjà dans son âme épouvantée... La Maison de Dieu!... Elle a été fondée en 660 par saint Landry et le comte Archambaud, pour y recevoir les malades de l'un et de l'autre sexe, sans acception de personnes.

» Le Juif, le Turc, le Protestant, l'Idolâtre y entrent également. Il y a *douze cents lits*, et le nombre de malades se monte à *cinq* ou *six mille*.

» Comptez pour l'Hôpital Général (2) *dix à douze mille* personnes, pour Bicêtre *quatre à cinq mille;* vous aurez le dénombrement des infortunés qui ne savent où poser leur tête... On espérait que le dernier incendie tournerait à l'avantage des malades; qu'on bâtirait sur un nouvel emplacement un édifice spacieux, plus sain; mais on a laissé subsister presque tous les anciens abus.

» L'Hôtel-Dieu de Paris a tout ce qu'il faut pour être pestilentiel, à cause de son atmosphère humide et peu aérée; les plaies s'y gangrènent plus facilement, et le scorbut et la gale n'y font pas moins de ravages pour peu que les malades y séjournent.

» Les maladies les plus simples, dans leur principe, acquièrent des complications graves, par une suite inévitable de la contagion de l'air; c'est par la même raison que les plaies simples à la tête et aux jambes, sont mortelles dans cet hôpital. Rien ne confirme mieux ce que j'avance, que le dénombrement des misérables qui périssent tous les ans à l'Hôtel-Dieu de Paris et à Bicêtre : il meurt le cinquième des malades; calcul effrayant et qu'on envisage avec la plus parfaite indifférence!

» Il est prouvé, par l'expérience et par les observations des physiciens, qu'un hôpital qui contient plus de cent lits est une vraie peste : on peut ajouter que, toutes les fois que l'on traitera deux malades dans la même chambre, on les exposera évidemment à se nuire beaucoup, et que par conséquent l'on agira contre toutes les lois de l'humanité.

» MERCIER. »

(Tome III, p. 246).

Un des auteurs de ce Dictionnaire ajoutait à cette appréciation de Mercier, les réflexions suivantes, dans un article publié dans le *Courrier Municipal* du 15 janvier 1875.

« La situation de l'Hôtel-Dieu s'est très heureusement améliorée depuis l'apparition du Tableau de Paris. Chaque malade a son lit maintenant, tandis qu'en 1774 trois ou quatre malheureux, et parfois davantage, se trouvaient côte à côte dans la même couche.

» De graves abus ont été détruits, sans doute, mais il en est un qu'on n'aurait pas dû renouveler : c'est la construction d'un nouvel hôpital, dans des proportions et avec un luxe que ne réclamaient guère les quartiers limitrophes de l'Hôtel-Dieu.

» Lorsque cet hôpital fut fondé, vers l'an 660, par saint Landry, l'île de la Cité était tout Paris; cet établissement, auquel le pieux évêque consacra les richesses de l'église, répondait donc à une nécessité de premier ordre.

» Quand Paris se sentit trop à l'étroit dans son île, lorsque le vase trop plein déborda, de grandes agglomérations d'ouvriers et d'artisans se formèrent, vers le Nord, au delà du fleuve, — ces agglomérations étaient les pourvoyeuses du grand hôpital. En 1348, la contagion a fait à l'Hôtel-Dieu 500 victimes par jour.

» Mais tout en reconnaissant l'indispensable utilité d'un établissement hospitalier au centre de la Ville, sillonné de ruelles étroites dans lesquelles se trouvaient entassées nos classes laborieuses, nos Rois, d'accord avec nos Magistrats, sentirent également la nécessité de créer des hôpitaux hors de l'enceinte de la Ville, dans la campagne où la salubrité devait venir en aide à la guérison des malades. Ainsi Henri IV, par Édit du mois de mai 1607, fonde l'*Hôpital Saint-Louis*, au Faux-Bourg du Temple, c'est-à-dire à 850 mètres du rempart, sur un territoire couvert de jardins et de vignes, où l'on ne comptait que 22 habitations clairsemées dans la plaine. Quarante-neuf ans après, le Roi Louis XIV, par Édit du mois d'avril 1656, ordonne la création de l'*Hôpital Général des Pauvres*, au Faux-Bourg Saint-Victor, sur l'emplacement de la maison dite *de la Salpêtrière*, distante de 1,100 mètres de l'enceinte de la Ville.

» Ces deux hôpitaux et d'autres, tous improvisés par la religion et la charité, dégagent l'Hôtel-Dieu de son trop plein de malades ou plutôt de victimes.

» Dès le commencement du XVIIIe siècle, les écrivains et les administrateurs s'élèvent à l'envi contre la situation de l'Hôtel-Dieu dans l'île de la Cité, qu'ils qualifient d'homicide. Lors du second incendie de l'Hôtel-Dieu, en 1772, le peuple criait : *Sauvons les malades, mais laissons brûler l'hôpital!* Cette répulsion devient si générale que les lettres patentes de mai 1773, ordonnent la suppression de l'Hôtel-Dieu. — Ces lettres patentes restent sans exécution, pourquoi? Voici en quels termes s'exprime, à ce sujet, le Prévôt des Marchands,

(1) L'église Notre-Dame-de-la-Croix de Ménilmontant a été construite sous la direction et d'après les plans de M. *Héret* architecte. — La nouvelle Mairie du XXe arrondissement est due à M. *Salleron*. Malheureusement l'administration actuelle a cru devoir, par économie, amputer d'un étage, l'établissement municipal. — On lui a causé un grave préjudice, dont l'architecte est la victime innocente.

(2) Depuis la Salpêtrière, aujourd'hui Hospice de la Vieillesse femmes).

Le Febvre de Caumartin, dans la réunion générale du 12 janvier 1781.

« Quoique l'Hôtel-Dieu, sous le rapport de la salubrité » laisse singulièrement à désirer dans l'île de la Cité, par » le fait du voisinage immédiat du fleuve, dont les eaux entretiennent une humidité permanente, toujours funeste à la » plupart des maladies, néanmoins la conservation de cet » hôpital nous paraît encore indispensable sur son ancien » emplacement, par la raison qu'il se trouve à proximité d'une » agglomération considérable de population, laquelle est » composée en grande majorité d'ouvriers et d'artisans qui » fournissent à cet établissement la presque totalité des ma- » lades qu'il serait dangereux de transporter au loin. »

« Ainsi l'unique raison, à l'appui de la conservation de l'Hôtel-Dieu dans l'île de la Cité, s'affirmait alors par la situation centrale de l'établissement hospitalier à proximité des quartiers habités par nos ouvriers.

» Mais cette raison n'existait plus en 1865, alors que, le 24 mars de cette année, la Commission municipale votait la reconstruction de l'Hôtel-Dieu, toujours dans l'île de la Cité.

» En effet, plus de deux cents millions avaient été dépensés pour assainir et dégager les quartiers du centre de la Ville; de larges voies, de précieux ventilateurs remplaçaient les ruelles étroites et sombres dans lesquelles étaient parquées depuis des siècles nos classes ouvrières. A la place de ces maisons étroites et serrées, dont la hauteur interceptait l'air et la lumière, s'élevaient de belles habitations, lesquelles, construites à grands frais et sur des terrains chèrement payés, n'offraient plus de petits logements dont les prix fussent accessibles aux ouvriers. — De là leur émigration forcée vers les quartiers excentriques.

» Ainsi, la raison invoquée par le Prévôt des Marchands, Le Febvre de Caumartin, en 1781, n'existe plus en 1865; cependant, la reconstruction de l'Hôtel-Dieu est décidée, il va s'élever à côté de son ancien emplacement. — 21 millions 400 mille francs sont consacrés au nouvel hôpital, qui doit contenir 700 lits. Ce devis de 21 millions 400 mille francs a-t-il été dépassé?

» Voici ce que nous lisons dans le rapport présenté au Conseil municipal, le 5 avril 1878, par M. Charles Loiseau, au nom de la quatrième Commission, sur l'achèvement du nouvel Hôtel-Dieu :

... « C'est avec douleur qu'il faut constater qu'une dépense » de *trente-cinq millions* nous a donné *quatre cents lits* » d'hôpital seulement; mais est-ce à l'Administration nou- » velle, au Conseil municipal élu qu'il sera possible d'en » imputer la faute? Nous sommes sous la pression du fait » accompli. Rien ne sert de rechercher ce qui a été englouti » d'argent dans cette opération. L'affaire se présente à vous, » engagée au delà des cinq sixièmes; il s'agit de pourvoir à » des besoins pressants, de substituer à de vieux bâtiments » croulants et insalubres un nouvel hôpital dans de bonnes » conditions hygiéniques, de rendre à l'actif une non-valeur, » d'éviter qu'une opération déjà ruineuse ne devienne plus » désastreuse encore. En effet, aujourd'hui déjà, on estime à » plus de 200,000 francs les dégradations qu'ont subies par » l'injure du temps ces bâtiments inachevés; cette dépense » s'augmentera rapidement si nous ne prenons pas un parti » définitif. D'autre part, une somme de trois millions est ré- » clamée à titre d'indemnité par les entrepreneurs adjudica- » taires, auxquels on ne peut plus opposer le fait de guerre » et le cas de force majeure. Enfin, un contrat nous lie avec » l'Assistance publique, qui nous oblige à rembourser à celle- » ci, 17 millions 165,594 francs 84 centimes, avancés par elle, » si nous ne donnons pas suite aux travaux d'achèvement du » nouvel Hôtel-Dieu. » (Page 9 du Rapport.)

Il fallait donc terminer cette reconstruction engagée au delà des cinq sixièmes; toutefois, il est utile de répéter cette phrase, afin qu'elle serve d'enseignement : « C'est avec dou- » leur, ajoute l'honorable Conseiller, qu'il faut constater » qu'une dépense de trente-cinq millions nous a donné 400 lits » d'hôpital seulement. Ainsi, dans le nouvel Hôtel-Dieu, cha- » que lit revient à 8,750 francs!... »

La douleur et la misère comportent-elles une si grande dépense, un tel luxe de construction? A quoi bon, pour l'asile de la souffrance, d'un palais avec portiques. Cette prodigalité ne devient-elle pas l'exclusion d'un grand nombre de malades? Lorsque l'indigent, à moitié guéri, retombe dans sa mansarde, le contraste n'est-il pas affligeant pour lui? Il a fallu le renvoyer bien vite pour faire place à d'autres, car il importe de diminuer la dépense première de ce lit par une succession rapide de malades.

Puis, tous les quartiers environnant l'Hôtel-Dieu sont transformés; leur population est commerçante, riche ou aisée et ne va pas à l'hôpital. Avec les 35 millions dépensés pour la reconstruction de l'Hôtel-Dieu on eût doté nos quartiers excentriques, dans lesquels s'agglomèrent de plus en plus nos classes laborieuses, d'établissements hospitaliers qui leur sont indispensables. Pour construire des hôpitaux que faut-il? De la brique et du fer — rien de plus. L'existence de ces établissements ne doit pas être séculaire dans une Capitale comme Paris, où la population ouvrière et nécessiteuse change de quartier comme le flot se déplace; car, avec le temps, les murs de nos hôpitaux finissent par retenir des exhalaisons putrides qui forment ce qu'on appelle une pourriture d'hôpital.

On a prétendu que la science exigeait un hôpital central, et que l'Hôtel-Dieu de Paris était la grande école médicale de l'Europe. — Soit. Mais pour donner satisfaction à cette nécessité, une telle dépense était-elle nécessaire? L'Hôtel-Dieu peut-il revendiquer à lui seul, toutes nos grandes illustrations médicales. La Riboisière, la *Charité*, *Saint-Louis*, Beaujon et d'autres, ne comptent-ils pas d'éminents professeurs? Mieux vaut plusieurs écoles médicales, qu'une seule, par la raison que certaines maladies épidémiques se localisent et qu'il faut les combattre là où elles se révèlent instantanées, foudroyantes, afin d'éviter aux hôpitaux éloignés, l'ironie de recevoir des morts, au lieu d'avoir à soigner des vivants.

L'Administration actuelle a donc pris, en cette circonstance, le parti le plus sage : l'Hôtel-Dieu se trouvait dans un tel état d'avancement, qu'il imposait l'obligation de le terminer.

En ce qui concerne l'*Hôpital de Ménilmontant* (aujourd'hui hôpital Tenon), la précédente Administration s'était procuré l'emplacement nécessaire; il se trouve dans une situation excellente sur la partie culminante du XXe arrondissement, dans le voisinage des grandes agglomérations ouvrières du Nord-Est de Paris.

La reconstruction de l'Hôtel de Ville. — En cette circonstance, nous serons en désaccord avec l'Administration actuelle. On sait ce que la Commune de Paris a fait de l'ancien Palais municipal, en mai 1871. Au moment où nous écrivons, l'année 1879 va finir, et la grosse maçonnerie du nouveau monument n'est même pas encore achevée.

L'Administration municipale avait cependant un impérieux devoir à remplir : celui de cicatriser au plus tôt cette plaie saignante de l'honneur de Paris.

Jamais crime plus odieux n'avait offensé le sens moral de l'Europe. Une prompte reconstruction, qu'il fallait réaliser à tout prix, nous eût épargné la honte de subir, lors de notre Exposition universelle de 1878, de la part des étrangers, un reproche de lenteur dans la réparation d'un forfait, sans précédent aucun dans les annales des nations civilisées.

Jamais Hôtel de Ville n'avait mieux mérité l'affection d'une grande Cité. Les Magistrats qui l'administrèrent avaient fait, d'une pauvre et chétive bourgade, une Ville d'abord, une Capitale ensuite. C'était la *Maison commune*, la vraie Maison du peuple parisien, le siège d'une administration qui s'était concilié l'estime du monde entier; on lui faisait des emprunts de sagesse et de science édilitaire.

Nos dignes aïeux, les Parisiens, avaient l'habitude de dire: « Notre vieil Hôtel de Ville est un palais de verre dans lequel on peut voir tout ce qui s'y passe, » Ils nous avaient légué ce monument comme faisant partie d'un patrimoine d'honneur précieux à conserver. Ce palais, si dignement municipal, l'incendie l'a détruit.

Ce fut seulement dans la séance du 10 juin 1873, que le Conseil municipal arrêta le projet définitif de la reconstruction de l'Hôtel de Ville, dans la limite d'une dépense totale de 16,209,521 francs.

Pourquoi le monument a-t-il subi d'autres retards accusateurs? Parce que l'Administration s'est donné le tort de mettre en adjudication les travaux de l'Hôtel de Ville. Ce mode de procéder peut se comprendre, alors qu'il s'agit simplement d'une École ou d'une Mairie; mais lorsqu'il est question d'un monument par excellence, d'un palais municipal, c'est livrer sa construction aux hasards d'une concurrence fiévreuse et désordonnée.

Quelle a été la punition de cette faute? L'adjudicataire des travaux ayant trébuché, la reconstruction de l'Hôtel de Ville s'est subitement arrêtée, pour n'être reprise que longtemps après, et l'Administration, au lieu d'avoir un palais à sa dévotion, d'habiter sa vraie maison, s'est trouvée condamnée à promener ses pénates du Luxembourg au pavillon de Flore.

Si l'on ne pouvait effacer ce souvenir terrifiant de l'incendie de l'Hôtel de Ville, il fallait au moins qu'un nouveau monument protestât au plus tôt contre l'énormité du crime. — Après dix années, cette protestation n'est pas encore complète.

L'agrandissement de l'*Hôtel des Postes* était depuis longtemps reconnu indispensable. Dans sa séance du 25 octobre 1879, le Conseil Municipal a voté l'exécution des deux voies qui assureront à cet établissement un périmètre régulier et des abords faciles.

L'agrandissement de l'*École de Médecine* va se poursuivre. Les Mairies des XIIe, XIIIe, XIXe et XXe, commencées par la précédente Administration, ont été continuées et achevées par l'Administration actuelle.

Mais nous avons hâte d'aborder la question relative à l'*Instruction publique*. Les Écoles supérieures et municipales *Arago*, *Colbert*, *Lavoisier* et *J.-B. Say* ont été créées, ou entreprises par l'Administration actuelle. On lui doit également la fondation de l'*École d'Apprentis* du boulevard de la Villette, fondation des mieux méritantes.

Pourquoi faut-il que nous ayons à nous élever contre l'Administration, en ce qui concerne nos *Écoles primaires*. Le Conseil Municipal faisait acte de sagesse, en propageant dans Paris l'enseignement primaire, pour en faire bénéficier surtout les enfants de nos artisans et de nos ouvriers. Les millions consacrés, chaque année, à cette œuvre si manifestement humaine et généreuse, eussent été fructueusement utilisés; malheureusement d'injustes exceptions sont venues en troubler l'essence.

Le rapport présenté au Conseil Municipal par M. Hovelacque, un de ses Membres, sur les Écoles primaires congréganistes, se termine en ces termes qu'il importe de rappeler:

« Qu'en octobre prochain, aucune école municipale ne soit plus aux mains des Frères et des Sœurs. Ce premier point acquis, il nous restera à demander, plus énergiquement que jamais, la laïcité effective, le curé dépouillé de tout droit d'inspection, les emblèmes et l'enseignement religieux sévèrement écartés; le catéchisme et l'histoire sainte, faisant place à la parole de la science, du bon sens et de la raison.

» Nous vous prions, Messieurs, d'accepter le projet de délibération suivant:

» Paris, le 26 juillet 1879.

» *Le Rapporteur:* HOVELACQUE. »

« *Projet de délibération.* — Le Conseil invite M. le Préfet de la Seine à procéder, pour l'époque de la prochaine rentrée scolaire, à la substitution générale de maîtres et maîtresses laïques aux Frères et aux Sœurs, dans toutes les écoles primaires de la Commune. »

Ce projet de délibération a été malheureusement approuvé par le Conseil Municipal. Dans quel but et pour quel intérêt? L'enseignement primaire en doit-il profiter? — Il en sera compromis.

Le fonctionnement simultané des écoles laïques et congréganistes, entretenait une émulation qui tournait au profit de l'instruction primaire. Sans doute, les écoles congréganistes affirmaient une supériorité manifeste; mais les écoles laïques la disputaient, avec l'espoir de la conquérir à leur tour.

En supprimant les premières, plus d'émulation, plus de concurrence, et, partant, moins de progrès dans les études des enfants.

Il est une autre considération, d'un ordre encore plus élevé, que nous devons faire valoir.

La haute direction qu'il importe d'imprimer à l'enseignement primaire, peut-elle être dérobée, sans danger, à l'autorité supérieure? Un pareil empiètement, de la part du Conseil Municipal, en fait craindre beaucoup d'autres au détriment de l'État. Si des pères de famille ont une préférence pour l'enseignement congréganiste, le Conseil Municipal doit-il s'arroger le pouvoir, soit de priver les enfants des bienfaits de l'instruction primaire, soit de forcer les parents à subir les écoles laïques qu'ils estiment inférieures, sous plusieurs rapports.

Il est évident que cette délibération du Conseil Municipal a pris pour point de mire: la religion. La crainte de Dieu, disparue chez les enfants, cette perle détachée, tout le collier s'égraine. Le respect envers les parents s'évanouit, et quand ces enfants seront des hommes, comment traiteront-ils l'Autorité?

Nous venons de rappeler ce que sont les Frères comme instituteurs, nous allons dire maintenant de quelle manière ils se comportent comme français. — Voici l'hommage que le général *Ambert* rendait à leur conduite, pendant la dernière guerre:

« Je pourrais rappeler cent traits d'héroïsme qui ont fait l'admiration de l'armée. Je me tairai par respect pour la modestie des Frères. Je ne vous parlerai même pas du siége de Paris, où j'ai vu tomber, à la bataille, le frère Nethelme, comme tombent les bons soldats.

» Permettez-moi, cependant, de vous rappeler une parole prononcée en ce temps-là, sous le feu de l'ennemi.

» Un jour, les Frères marchaient en dehors des remparts de Paris, ayant à leur tête le vénérable frère Philippe, le supérieur général, âgé de soixante-dix-huit ans. Le célèbre docteur Ricord, qui était aux ambulances, voyant les Frères aller ainsi vers la mort, s'écria: « Ah! soyez bénis, pour tout
» le bien que vous faites, humbles serviteurs des enfants du
» peuple! je vous le jure! ô mes frères, vous avez la vraie
» science, la science de la vérité, de l'abnégation et du dé-
» vouement, la science qui fait les héros; et Paris et la France
» délivrés diront que vous avez bien mérité de la patrie! »

. . . .

« Le 8 décembre 1870, on enterrait les morts de Champigny, de Petit-Bry et de Croisy. La terre en était couverte. Les corps, répandus dans la plaine, et cachés sous la neige, semblaient enveloppés de linceuls blancs.

» Deux troupes nombreuses se rencontrèrent : d'un côté, les Frères des Écoles chrétiennes au nombre d'une soixantaine environ ; de l'autre, une centaine de soldats prussiens, commandés par deux capitaines.

» Les Frères creusèrent la grande fosse des Français ; les soldats prussiens creusèrent celle des Allemands. La nuit vint ; l'on alluma les torches. Les Frères apportaient sur des brancards les corps de nos pauvres soldats ; j'en comptais six cent quatre-vingt-cinq.

» Au fond de la fosse, les Frères recevaient les corps et les plaçaient les uns sur les autres. Les Frères étaient couverts de neige, de boue et de sang. Aucun d'eux n'avait pris la moindre nourriture depuis vingt heures.

» La nuit était froide et la terre dure comme la glace. Vers minuit, l'un des capitaines prussiens avertit que la suspension d'armes allait cesser. On se hâta, et notre fosse fut recouverte de terre. Alors je vis un Frère s'avancer, portant dans ses bras, une grande croix de bois noir. Il planta cette croix sur la grande tombe, puis, se mettant à genoux, il pria. Tous les Frères s'agenouillèrent et prièrent aussi.

» Le vent de la nuit agitait la flamme des torches. Nous étions par moment dans une profonde obscurité; puis, tout à coup, une lumière éclatante nous inondait.

» Pendant que les Frères priaient, une grande lueur se fit.

» Un silence solennel régnait. Tout à coup une voix se fit entendre. C'était l'un des capitaines prussiens qui disait à haute voix, en langue française : « Nous n'avons rien vu de » semblable en France! » L'autre capitaine répondit : « Ex- » cepté les Sœurs de Charité (1). »

Ainsi, nos ennemis qui dispersaient nos armées, incendiaient nos villes, foulaient aux pieds nos moissons, s'inclinaient respectueusement devant nos Frères ignorantins et devant nos Sœurs de Charité (2).

Ce que les cornettes blanches des sœurs de Saint-Vincent-de-Paul abrite de dévouement et d'abnégation, Dieu seul le sait. Rien ne les rebute; elles vont partout où l'on souffre, où l'on pleure.

Un jour, l'un de nous eut le bonheur d'assister à une de ces scènes qu'on n'oublie pas.

Il visitait un pauvre ouvrier, cloué par la maladie sur son grabat; près de lui sa femme et ses deux enfants pleuraient. Une sœur de *la Charité* entra tout à coup.

« Allons, dit-elle en souriant, la santé et la gaieté vont revenir ici. J'apporte des bas bien chauds et des petits sabots pour ces chers enfants, puis une robe pour la mère, et du bon vin pour donner des forces à notre malade, qui est en voie de guérison.

— Mais, ma sœur, vous n'y pensez pas. Vous savez cependant qui je suis.

— Je sais que vous êtes malade.

— Ma sœur, pendant la Commune, je faisais partie de la bande qui vous a chassée, ainsi que vos compagnes, de votre orphelinat que nous avons pillé. — J'étais un de vos ennemis les plus acharnés.

— Raison de plus pour nous réconcilier.

— Mais je suis un vrai bandit...

— Vous vous relèverez père de famille et vous élèverez honnêtement vos enfants.

— Vous le croyez?

— J'en suis sûre. »

La sœur de la Charité, comme elles s'appellent toutes, avait pressenti cette résurrection de l'honnêteté par le travail. Son malade est redevenu un brave et digne ouvrier. — Et ce sont de pareils dévouements que le Conseil Municipal de Paris veut proscrire.

Comme on le voit, les actes de l'Administration actuelle forment un assemblage de mal et de bien. Nous allons rappeler le bien pour avoir le courage de lui signaler le mal.

Elle a fait progresser la *distribution des eaux dans Paris;* on lui doit l'achèvement des réservoirs de la Dhuis et de la Vanne, ainsi que la création des nouveaux *Entrepôts de Bercy.*

Elle vient d'avoir le mérite d'agrandir le *Bois de Boulogne,* mais en se donnant le tort de diminuer le *Bois de Vincennes.*

Il faut lui savoir gré de la construction du *Marché de l'Ave Maria,* tout en protestant contre l'existence homicide de ces nombreux marchés en plein vent, qui, livrant vendeurs et acheteurs aux intempéries des saisons, donnent encore à certaines parties de la Ville, l'aspect le plus misérable et le plus repoussant.

Il nous reste à parler de l'*Exposition de 1878,* dont le mérite appartient à l'autorité supérieure. Un grand concours universel rapproche les nations, en leur apprenant à s'estimer par leurs manifestations éclatantes dans les arts, dans les sciences et dans les produits merveilleux de l'industrie.

Dieu n'accorde à aucune nation le privilège du génie; chacune d'elles doit apporter à la ruche commune le contingent de son intelligence et le tribut de son travail qui profitent à toutes.

Notre Exposition universelle a mis en lumière certains peuples dont les œuvres sont pour nous les heureuses révélations de leurs talents ignorés jusqu'alors, à notre détriment comme au leur.

Toutes les nations ont à gagner dans ces luttes qui ne laissent ni vainqueurs ni vaincus; car pas une d'entre elles ne peut revendiquer une supériorité universelle. Celle-ci possède ce qui manque à celle-là. En groupant tous les produits de l'intelligence humaine, aucun pays ne reste à l'écart, dans l'isolement ou dans l'ombre. — Tous projettent leur rayonnement sur le monde.

Mais, si l'on a fait plus grand en 1878 qu'en 1867, on a fait moins beau, moins expressif, moins élégant, moins parisien enfin. L'intelligence et les regards, après avoir tant admiré, sentaient le besoin d'aller se reposer sur les fleurs et la verdure. La part qu'on leur avait donnée, en 1878, était trop parcimonieuse et mesquine. On n'y retrouvait plus les élégantes et gracieuses dispositions de l'artiste éminent, dont le crayon avait dessiné la délicieuse oasis qui charmait les visiteurs de l'Exposition de 1867.

Nous complétons ce chapitre par la reproduction du projet de *Budget* pour l'exercice de 1880, projet présenté par le Sénateur, Préfet de la Seine, le 31 mai 1879. Depuis cette époque, un traité a été passé avec le Crédit Foncier; il doit modifier un des éléments de ce Budget, mais sans en diminuer le total.

(1) Allocution prononcée en août 1878, à Dreux, par le général Ambert, présidant la distribution des prix des Frères de la Doctrine chrétienne.

(2) Lorsque le Roi d'Angleterre, Jacques II perdit son trône et sa couronne, à la fin du XVIIe siècle, il se réfugia en France et fut suivi par de la noblesse irlandaise. De nombreux enfants étaient dans ces familles. On ne pouvait les laisser sans instruction et sans éducation. Le Roi Louis XIV se chargea de ce soin. Sa Majesté confia cette jeune noblesse aux Frères des écoles chrétiennes. Le vénérable abbé de La Salle vivait encore; il réunit les Irlandais dans un pensionnat situé à Saint-Yon (Rouen). Les professeurs de ce pensionnat furent désignés sous le nom de *Frères Yontains,* d'où, par corruption, on a fait : *Frères Ignorantins.*

TABLEAU DE COMPARAISON

Des Évaluations proposées pour 1880 avec les Recettes admises pour 1879.

CHAPITRES	NATURE DES RECETTES	RECETTES ADMISES en 1879	RECETTES PRÉVUES pour 1880	DIFFÉRENCES AU BUDGET de 1880 EN PLUS	DIFFÉRENCES AU BUDGET de 1880 EN MOINS
	Recettes Ordinaires.				
1	Centimes communaux; impositions spéciales, taxe sur les chiens	24.576.600 »	24.194.000 »	» »	382.600 »
2	Produit des amendes et des permis de chasse; intérêts de fonds placés, recouvrements de droits avancés pour le compte des porteurs d'obligations municipales	5.605.700 »	5.652.000 »	46.300 »	» »
3	Droits d'octroi	127.253.165 »	128.713.600 »	1.480.445 »	» »
4	Droits d'expédition d'actes et prix de vente d'objets mobiliers	264.000 »	264.000 »	» »	» »
5	Halles et Marchés	6.989.000 01	6.959.700 01	» »	25.300 »
6	Poids public	344.000 »	344.000 »	» »	» »
7	Abattoirs	2.940.000 »	2.940.000 »	» »	» »
8	Entrepôts	2.300.000 »	2.300.000 »	» »	» »
9	Produits de propriétés communales	1.304.468 66	1.288.704 23	» »	15.764 43
10	Taxes funéraires	857.145 »	873.145 »	16.000 »	» »
11	Concessions de terrains dans les cimetières	1.721.700 »	1.791.000 »	69.300 »	» »
12	Legs et donations pour des œuvres de bienfaisance	6.169 »	6.169 »	» »	» »
13	Locations sur la voie publique et dans les promenades	904.815 »	1.018.715 »	113.900 »	» »
14	Voitures publiques	4.330.500 »	4.708.600 »	378.100 »	» »
15	Droits de voirie	600.000 »	750.000 »	150.000 »	» »
16	Vente de matériaux provenant du service des travaux et cessions de parties de terrains retranchées de la voie publique	200.000 »	160.600 »	» »	40.000 »
17	Contributions des particuliers et des administrations dans les dépenses pour travaux de voirie, d'architecture, etc., et dans les frais d'éclairage	6.197.385 »	7.273.735 »	1.076.350 »	» »
18	Contribution de l'État et du Département dans les frais d'entretien et de nettoiement du pavé de Paris	3.400.000 »	3.400.000 »	» »	» »
19	Taxe du balayage	2.800.000 »	2.600.000 »	» »	200.000 »
20	Redevance payée par la Compagnie du Gaz en vertu du traité du 7 février 1870	8.500.000 »	9.500.000 »	1.000.000 »	» »
21	Abonnements aux eaux de la Ville et produit de divers immeubles dépendant des établissements hydrauliques	9.886 657 »	10.539.067 »	652.410 »	» »
22	Exploitation des voiries, vidanges, égouts	1.397.800 »	1.279.425 »	» »	118.375 »
23	Recettes et rétributions perçues dans divers Établissements scolaires, legs et donations concernant l'instruction publique	2.513.931 »	2.763.027 »	249.096 »	» »
24	Contribution de l'État dans les dépenses de la Police municipale	7.693.825 »	7.693.825 »	» »	» »
25	Recettes diverses et imprévues	1.157.067 30	1.098.267 30	» »	58.800 »
	TOTAL des Recettes ordinaires	223.724.547 97	228.115.579 54	5.231.871 »	840.839 43
	Les Recettes ordinaires prévues pour 1880, sont supérieures à celles de 1879 de			4.391.031 57	
	Recettes Extraordinaires				
	1° Fonds généraux	4.760.786 64	4.987.000 »	226.213 36	» »
	2° Fonds spéciaux	» »	» »	» »	» »
	TOTAL des Recettes extraordinaires	4.760.786 64	4.987.000 »	226.213 36	» »
	Les Recettes extraordinaires prévues pour 1880 sont supérieures à celles admises pour 1879 de			226.213 36	

TABLEAU DE COMPARAISON

Des Crédits demandés pour 1880 avec les Dépenses créditées en 1879.

CHAPITRES	NATURE DES DÉPENSES	DÉPENSES CRÉDITÉES en 1879		DÉPENSES PRÉVUES pour 1880		DIFFÉRENCES AU BUDGET de 1880 EN PLUS		DIFFÉRENCES AU BUDGET de 1880 EN MOINS	
	Dépenses Ordinaires								
1	Dette municipale	106.345.478	09	106.362.468	19	16.990	10	»	»
2	Charges de la Ville envers l'État. Frais de perception par les agents du Trésor. Restitution de droits indûment perçus	4.188.900	»	3.999.200	»	»	»	189.700	»
3	Octroi	6.839.740	»	6.938.903	»	99.163	»	»	»
4	Préfecture, Mairie centrale (personnel, matériel, frais divers)	5.142.690	»	5.318.150	»	175.460	»	»	»
5	Pensions et secours	646.341	66	646.989	99	648	33	»	»
6	Dépenses des Mairies d'arrondissement	730.500	»	730.375	»	»	»	125	»
7	Frais de régie et d'exploitation du Domaine de la Ville, des halles et marchés, etc.	1.271.115	»	1.295.450	»	24.335	»	»	»
8	Cultes	43.616	»	59.616	»	16.000	»	»	»
9	Inhumations	1.022.608	»	1.025.008	»	2.400	»	»	»
10	Affaires militaires, Sapeurs-Pompiers, Postes de sûreté, Corps de garde et Casernes	565.800	»	618.200	»	52.400	»	»	»
11	Contribution de la Ville de Paris dans les dépenses de la Garde républicaine	3.126.300	»	3.162.700	»	36.400	»	»	»
12	Travaux de Paris (personnel et matériel de la direction)	1.061.015	»	1.681.090	»	620.075	»	»	»
13	Architecture et Beaux-Arts	4.737.016	66	4.889.850	»	152.833	34	»	»
14	Voirie	4.254.800	»	4.361.500	»	106.700	»	»	»
15	Voie publique	16.350.750	»	17.206.850	»	856.100	»	»	»
16	Promenades et plantations, Eclairage, Voitures, etc.	8.354.550	»	8.941.850	»	587.300	»	»	»
17	Eaux et égouts, Vidanges, Exploitation des voiries	8.112.639	»	8.655.674	»	543.035	»	»	»
18	Collège Rollin. Bourses dans les lycées et dans divers établissements spéciaux	923.793	»	1.158.893	»	235.100	»	»	»
19	Instruction primaire et écoles supérieures	11.382.204	»	12.023.491	»	641.287	»	»	»
20	Assistance publique. Aliénés. Enfants assistés	14.304.700	»	15.121.700	»	817.000	»	»	»
21	Dépenses diverses	219.819	04	196.719	04	»	»	23.100	»
22	Préfecture de Police	21.854.632	14	21.853.852	53	»	»	779	61
23	Dépense concernant les exercices clos	100.000	»	100.000	»	»	»	»	»
24	Fonds de réserve	2.145.540	38	1.767.049	79	»	»	378.490	59
	TOTAL des Dépenses ordinaires	223.724.547	97	228.115.579	54	4.983.226	77	592.195	20
	Les Dépenses ordinaires prévues pour 1880 sont supérieures à celles de 1879, de					4.391.031	57		

NATURE DES DÉPENSES	DÉPENSES CRÉDITÉES en 1879		DÉPENSES PRÉVUES pour 1880		EN PLUS		EN MOINS	
Dépenses Extraordinaires								
1° Fonds généraux	4.760.786	64	4.987.000	»	226.213	36	»	»
2° Fonds spéciaux	»	»	»	»	»	»	»	»
TOTAL des Dépenses extraordinaires	4.760.786	64	4.987.000	»	226.213	36	»	»
Les Dépenses extraordinaires prévues pour 1880 sont supérieures à celles créditées en 1879, de					226.213	36		

Tels sont les documents principaux qui se rattachent à l'Administration actuelle.

Nous avons hâte d'aborder des considérations d'un ordre plus élevé, en donnant à ce *Précis historique* un complément indispensable.

ADMINISTRATION MUNICIPALE

ANCIENNE ET MODERNE

Il ne s'agit pas de chercher à reconstituer un passé désormais impossible; mais bien de remuer avec précaution la poussière des siècles éteints, avec la certitude d'y trouver des parcelles d'or.

Nos visées sont plus hautes encore. L'ancienne organisation municipale ayant duré sans altération pendant plus de six siècles, nous insisterons sur les principes dont l'application lui assurèrent une telle longévité. — L'on verra que le ciment d'autrefois peut encore servir aujourd'hui.

Nous avons dit comment Paris devint Capitale; sa prospérité date d'un *accord* entre le Roi Philippe Auguste et les Magistrats Parisiens. Cet accord devint, avec le temps, plus complet. C'était la stabilité du Pouvoir royal qui se fusionnait avec l'intérêt de la Ville de Paris.

Pour obtenir cette prééminence constatée par le séjour du Souverain, les Magistrats avaient dit au Roi:

« Votre pouvoir est toujours contesté par les grands vassaux qui se révoltent impunément. Adoptez Paris pour Capitale, vous en aurez raison, et votre couronne se tiendra ferme et solide sur votre tête. Nous vous donnerons des soldats, de l'or, tout ce qu'il faut pour commander et se faire obéir; notre Ville sera pour Vous la meilleure base de vos opérations, dans la lutte contre vos ennemis.

» Mais ce n'est pas tout de nous dire Capitale, il faut que notre Ville soit reconnue comme telle. Faites que nos franchises municipales se développent; augmentez nos privilèges; afin que la prééminence de Paris se maintienne sans conteste. Qu'il nous soit permis de percevoir aux portes de la Ville de nouvelles taxes sur les denrées et les objets fabriqués que nous apportent vos provinces. Du produit de ces taxes, nous ferons deux parts : l'une vous sera dévolue; l'autre nous servira toujours à faire prospérer Paris, que nous serons heureux d'embellir avec vous.

— Mais n'aurais-je pas à craindre, objecta le Souverain, que la Royauté ne soit mise en tutelle dans Paris devenu Capitale, et progressant toujours.

— Nous administrerons Paris sous votre contrôle, répondirent les Magistrats; tous nos actes n'auront d'application qu'après votre sanction royale, *sans qu'il nous soit permis de picoter sur les questions d'Estat.* Chaque Prévôt des Marchands, lors de son élection, vous en fera le serment.

— S'il en est ainsi, c'est pacte conclu, dit le Souverain en terminant. »

Voilà pourquoi Paris, d'accord avec le Roi, est devenu Capitale, et comment Paris Capitale a fait une France !

Tant que les bases de cet accord ont été respectées, Paris a été prospère, et ses franchises municipales se sont si grandement étendues, qu'elles enveloppèrent le commerce et l'industrie, en exerçant sur eux l'action la plus tutélaire. Par exception, lorsque la Prévôté des Marchands a dépassé ces limites purement municipales, pour aller s'égarer dans la politique, Paris a souffert cruellement dans son administration, dans son commerce et dans son industrie.

La règle principale, absolue, que devaient observer nos Magistrats, était donc d'opposer un barrage à la politique, pour l'empêcher d'envahir l'Hôtel de Ville.

Un discours d'adieu, prononcé par un de nos anciens Prévôts des Marchands, explique plus grandement que nous ne saurions le faire, les devoirs que nos anciens Magistrats avaient à remplir.

Avant d'être élu Prévôt des Marchands, Messire de *Castagnère* avait été Conseiller d'État, et comptait de longues années d'études administratives. Il était presque octogénaire en 1725. Aussi, se crut-il obligé de se démettre d'une fonction qu'il sentait, vu son grand âge, ne pouvoir plus remplir dans toute la sincérité du devoir.

Le 27 août, Messire de Castagnère convoquait en assemblée générale les Échevins, Conseillers, Quartiniers et Dizainiers de la Ville. Lorsque la réunion fut complète, le Prévôt des Marchands, soutenu par le colonel des gardes, traversa lentement la grande salle dite du Trône, pour aller s'asseoir sur le fauteuil le plus élevé, après celui qu'on réservait au Roi.

Alors l'Échevin le plus ancien réclama le silence, et le Prévôt prononça, d'une voix affaiblie par l'âge, ce discours qui fut le dernier :

« Messires et Messieurs, j'entre aujourd'hui dans ma soixante-dix-neuvième année, et j'ay pensé qu'il falloit, pour diriger les affaires de la Ville, sinon un dévouement plus grand que le mien, du moins une main plus ferme. »

(Après le compte rendu de sa gestion, le Magistrat continue) :

« Voilà plus de cinq siècles que la Prévôté existe, sans avoir subi de graves altérations. Comme à ses premiers jours, elle est encore aujourd'hui pleine de sève. — A quoi cette puissance de fécondation tient-elle ? A la stricte observance de nos devoirs.

» Nos plus illustres et nos plus sages devanciers ont tous compris, qu'ils devoient se renfermer dans leurs attributions, purement administratives. Chercher à les étendre, ce seroit nous affaiblir, compromettre l'institution municipale et nous perdre.

» Lorsque vous entrez dans ce Palais, n'oubliez pas, quand vous endossez vos costumes d'Échevins ou de Conseillers, de laisser au vestiaire, avec vos habits de ville, toutes vos opinions politiques et philosophiques. En mettant le pied dans ce Palais, vous devez vous dire : Nous sommes les Magistrats, les tuteurs de la Ville. Ces titres, bien portés, sont assez beaux, ma foy, pour contenter une honnête ambition.

» Aimons et respectons nos Souverains, sans être les courtisans des Rois. Faisons du bien aux pauvres, sans être les flatteurs du peuple.

» Comme dernière recommandation du plus grand intérêt, évitez, mes enfants, de choisir pour Magistrat des hommes ayant figuré dans nos discordes civiles. Les ambitieux, toujours enclins à la destruction, sont incapables de réédifier. — Vivez dans la crainte de Dieu et dans le respect du Roy. — J'ai dit. »

Tous nos Magistrats sont d'accord sur un autre principe que François Miron traduisit à peu près en ces termes, en parlant à son Souverain, le Roi Henri IV :

« Il faut faire de Paris, qui est Capitale, une ville de luxe, la mère-patrie des savants et des artistes, parce que la science est la perle fine de votre couronne, comme les arts en sont les diamants... Ensuite, le luxe et les plaisirs feront que vos gentilshommes quitteront leurs vieux donjons, où ils sont inutiles et parfois dangereux, pour venir à Paris, où ils resteront sous votre main puissante.

» Nos taxes, qui rendent la vie plus chère à Paris que partout ailleurs, sont des digues opposées aux flots avariés de nos provinces, qui sans elles envahiroient vostre Capitale. Ces taxes, si abondantes, sont mamelles toujours nourricières. Une partie est employée à remplacer les ruelles malsaines, par des voies où l'air circule plus librement, à construire des établissements utiles, à bastir des palais, à récompenser architectes, peintres et sculpteurs, qui font de Paris une Cité merveilleuse, dont raffole l'étranger, qui lui apporte volontiers son pécule. Si vous imposez le luxe, si vous abolissez nos taxes perçues aux portes de la Ville de Paris, vous dépouillez cette Reine de ses brillants atours pour la couvrir de haillons, et vous mettez vostre couronne, privée de ses perles, rubis, émeraudes et diamants, entre le marteau du manouvrier et l'enclume de l'artisan. »

Ces deux citations suffisent à montrer l'ancienne Édilité parisienne telle qu'elle était, c'est-à-dire savante, honnête, pure, et l'appui le plus solide de l'autorité souveraine.

N'oublions jamais, en lui témoignant nos respects et notre admiration, qu'elle a fait de nos provinces, tronçons divisés, une nation forte et unie.

Admirons surtout son honnêteté cristalline et son dévouement sans alliage, ainsi que la complimentaient nos dignes aïeux.

Souvenons-nous que plusieurs de nos anciens Magistrats, entrés riches dans l'Hôtel de Ville, ont laissé dans Paris, pour l'améliorer, une partie de leur patrimoine.

Redisons ce que fit Oudart le Ferron, Prévôt des Marchands de 1637 à 1640. Le lendemain de son élection : « Mathéus, dit-il à son intendant, vous vendrez au plus tôt les maisons que je possède dans Paris, afin que pas un de mes administrés puisse oser me reprocher d'améliorer telle ou telle partie de la Ville dans mon intérêt personnel. »

Ne soyons pas ingrats, non plus, envers nos anciens Souverains ; ce sont eux qui ont apporté en dot à la Ville de Paris la basilique de Notre-Dame, cette aïeule de nos églises ; la Sainte-Chapelle, chef-d'œuvre admirable où se sont rencontrés, fondus d'un seul jet, le génie d'un grand artiste et la piété d'un grand Roi, qui fut à la fois un législateur, un héros et un saint.

N'oublions pas que nous leur devons le vieux Louvre, puis sa belle colonnade, l'Hôtel des Invalides, le Panthéon et tant d'autres monuments qui ont fait de notre Capitale la Cité-Reine de l'Europe.

On vient de voir ce qu'était l'ancienne Édilité parisienne ; nous allons rappeler maintenant ce que fut l'Administration de la Ville de Paris, quand la politique vint l'envahir.

Après le meurtre du Prévôt des Marchands, quatre cents électeurs se réunirent à l'Hôtel de Ville pour administrer la Capitale. Ce nombre de quatre cents indique assez ce que pouvait être une pareille réunion. L'on pérora beaucoup, l'on discuta longuement, mais on n'administra pas, et la seule preuve de sagesse que donnèrent les membres de cette assemblée, fut de résigner leurs fonctions.

Le fait certain, c'est que Paris ambitionnait des réformes, les espérait du Souverain, mais ne désirait pas détruire la Royauté.

Nous avons rappelé, dans notre chapitre XI, les funestes effets de la loi du 21 mai 1790, établissant une force militaire, sous le nom de garde nationale, et donnant la direction et le commandement de cette milice au Conseil Municipal. La police passait également dans ses attributions. — Les conséquences de cette faute sont enseignantes.

La nouvelle Municipalité fut d'abord composée d'hommes affirmant des opinions modérées. Malheureusement, comme on avait exclu de cette assemblée tous les anciens Administrateurs, les différents services furent négligés, et Paris recula loin de progresser. Complètement insuffisante, au point de vue de l'Édilité parisienne proprement dite, cette Municipalité se fit politique, de par la loi. Ne pouvant rien faire de bien pour Paris, elle ne voulut pas cependant compromettre les intérêts de la Ville ; aussi la vit-on résister à la sédition et combattre l'émeute. On sait ce que cette résistance coûta plus tard à Bailly ; le premier Maire de Paris la paya de sa tête.

Au 10 août, les Magistrats qui déplaisaient aux émeutiers furent remplacés par des hommes dévoués à l'insurrection. Alors commença cet odieux régime de la Terreur, qui devait aboutir au renversement de la République.

L'histoire de cette funeste époque affirme un enseignement cruellement expressif.

Le rappeler au Pouvoir actuel, ainsi qu'au Conseil Municipal, c'est les servir utilement l'un et l'autre.

Si l'Administration de la Ville proprement dite incombe naturellement au Conseil Municipal, l'autorité supérieure gouverne la France tout entière.

Nous pouvons estimer nécessaires les développements de nos franchises municipales ; mais à cette condition, scrupuleusement observée : que ces franchises soient uniquement et sincèrement administratives.

Comme on l'a vu dans ce Précis historique, toutes les dérogations à ce sage principe ont été funestes à Paris et désastreuses pour la France.

Le Conseil Municipal de Paris a pour mission unique de s'occuper des différents services administratifs de la Ville, lesquels, dans leur essence, sont absolument étrangers à la politique.

Tout empiètement qu'il se permet, s'il n'est pas à l'instant réprimé, commence immanquablement la formation d'un État usurpateur dans l'État de droit et de fait, dans l'État légitime. Le Conseil Municipal actuel pourrait exercer par le travail la plus heureuse influence sur l'apaisement des esprits. Toutes les questions politiques qu'il aborderait indûment, deviendraient irritantes et dangereuses. Son devoir est de calmer les passions au lieu de les irriter, et de faire en sorte, par une sage administration, que toutes les opinions se confondent dans un seul et même sentiment : l'amour de la Patrie.

LOUIS et FÉLIX LAZARE.

DICTIONNAIRE

ADMINISTRATIF ET HISTORIQUE

DES

RUES ET MONUMENTS

DE PARIS

A

ABATTOIRS (Les).

Nous croyons devoir reproduire, dans cet article, les principaux documents administratifs et historiques se rattachant non seulement aux Abattoirs, mais encore au commerce de la Boucherie.

Une des causes de l'insalubrité de l'ancien Paris provenait de l'abatage des animaux de boucherie dans l'intérieur de la Ville.

Mercier, l'auteur du tableau de Paris, signale en ces termes les inconvénients de ces tueries (édition de 1783) :

« Le sang ruisselle dans les rues, il se caille sous vos pieds, et vos souliers en sont rougis.

» En passant, vous êtes tout à coup frappé de mugissements plaintifs, un jeune bœuf est terrassé, et la tête armée est liée avec des cordes contre la terre ; une lourde massue lui brise le crâne, un large couteau lui fait au gosier une plaie profonde ; son sang, qui fume, coule à gros bouillons avec sa vie. Mais ses douloureux gémissements, ses muscles qui tremblent et s'agitent par de terribles convulsions, ses abois, les derniers efforts qu'il fait pour s'arracher à une mort inévitable, tout annonce la violence de ses angoisses et les souffrances de son agonie. »

La situation déplorable des tueries fixa l'attention de l'Empereur Napoléon Ier qui, après une enquête sur l'approvisionnement de Paris, signa le décret ci-après :

— ABA —

« 9 février 1810 :

» Napoléon,... avons décrété et décrétons ce qui suit :

» ART. 1er. — Il sera fondé à Paris cinq tueries : trois sur la rive droite de la Seine, deux sur la rive gauche.

» ART. 2. — Les trois tueries sur la rive droite seront : deux, de vingt-cinq échaudoirs et une de douze.

» ART. 3. — La première pierre des quatre tueries qui sont à construire, sera posée le 25 mars par notre Ministre de l'Intérieur, qui ordonnera les dispositions nécessaires.

» ART. 4. — La corporation des bouchers de Paris sera maîtresse de faire construire les cinq tueries à ses frais, et elle en aura le privilège exclusif ; sinon les travaux seront faits sur les fonds de notre domaine extraordinaire et à son profit. »

Un second décret, à la date du 19 juillet 1810, approuve le plan de l'emplacement des quatre Abattoirs. — Un troisième décret du 24 février 1811 mentionne ce qui suit, au paragraphe des Abattoirs :

« ART. 39.—L'accroissement de 1.500.000 francs de revenu qui résulte pour la Ville de Paris du rétablissement de la caisse de Poissy, sera d'abord employé à terminer les Abattoirs. La construction du cinquième abattoir sera commencée cette année; celle des quatre autres sera continuée avec toute l'activité possible, et de manière qu'ils soient terminés en 1812.

» Après l'achèvement des abattoirs, les produits de la Caisse

8

de Poissy augmenteront dans la Caisse de la Ville les fonds destinés à de nouveaux travaux. »

Les cinq Abattoirs furent construits sous la direction des architectes Petit-Radel, Leloir, Gisors, Happe et Poitevin, puis livrés aux bouchers le 15 septembre 1818, en vertu d'une ordonnance de police du 11 du même mois, disposant que les bestiaux ne pourraient plus être conduits dans l'intérieur de la Ville aux étables et abattoirs particuliers.

Les cinq établissements nouveaux tirèrent leurs dénominations des quartiers où ils étaient situés. On leur donna les noms de *Grenelle, Ménilmontant* ou *Popincourt, Montmartre*, du *Roule* et de *Villejuif*. Ils occupaient ensemble une superficie de 160,673 mètres; les terrains et les constructions avaient coûté 17,598,611 francs 26 centimes.

Les droits de la Ville à la propriété des terrains originairement acquis par l'État, pour les cinq Abattoirs, ont été reconnus par lettre ministérielle du 28 octobre 1822. Nous indiquerons plus loin ce que sont devenus trois de ces établissements.

Le projet d'extension des limites de Paris devait entraîner le déplacement des Abattoirs, dont l'existence devenait nuisible à la salubrité dans des quartiers où la population se trouvait de jour en jour plus agglomérée.

Dès le commencement de l'année 1859, le Préfet de la Seine se préoccupa de cette question et la fit résoudre par l'autorité supérieure.

« Napoléon,... avons décrété et décrétons ce qui suit :

» Art. 1er. — Est déclarée d'utilité publique, l'acquisition par la Ville de Paris, soit à l'amiable, soit par voie d'expropriation, de tous les terrains et autres immeubles compris entre la rue militaire intérieure, la rue de Flandre à la Villette (route Impériale no 2), le canal Saint-Denis, le Dépotoir et la route d'Allemagne (route Impériale no 3), et désignés par une teinte jaune sur les plans ci-joints, ces terrains étant destinés à l'établissement d'un marché à bestiaux et d'abattoirs publics... — Fait au Palais des Tuileries le 6 avril 1859. *Signé* : Napoléon. — Par l'Empereur : Le ministre secrétaire d'État au département de l'agriculture, du commerce et des travaux publics. *Signé* : E. Rouher. »

Lors de l'annexion, en 1860, des Communes suburbaines à Paris, trois Abattoirs, ceux des Batignolles, de Belleville et de la Villette entrèrent dans l'enceinte de la Capitale agrandie.

Abattoirs à Porcs. — Longtemps l'abatage des porcs destinés à l'approvisionnement de Paris, se fit dans quatre établissements particuliers, situés : le 1er, rue du Faubourg-du-Roule (aujourd'hui rue du Faubourg-Saint-Honoré); le 2e, quai de Jemmapes; le 3e, rue du Cherche-Midi; le 4e, rue Saint-Jean-Baptiste (auj. rue Roy). En 1847, l'Administration municipale s'émut enfin des inconvénients qui résultaient de cet état de choses, au point de vue de la salubrité.

Elle adopta un projet de concession temporaire, qui fut sanctionné par une ordonnance royale du *21 mai 1847*, déclarant d'utilité publique la construction de deux Abattoirs à porcs : le 1er (rive droite) sur l'emplacement de l'ancienne voirie de Château-Landon; le 2e (rive gauche) sur l'ancienne voirie des Fourneaux. Un traité fut passé, le 18 août suivant, entre la Ville de Paris et MM. Heullant et Goulet pour la concession, pendant six années à partir de l'ouverture des deux Abattoirs, à titre de droit d'abat, de la perception de deux centimes par kilogramme de viande, panne, graisses, etc. entré dans chacun de ces établissements. Ces deux abattoirs furent construits sous la direction de M. Picard, architecte, et leur ouverture eut lieu le 31 octobre 1848; ils prirent les noms de Château-Landon et des Fourneaux. La dépense totale s'éleva au chiffre de 1,211,263 francs 83 centimes. On verra plus loin ce que devint le premier de ces établissements.

Au fur et à mesure de l'avancement des constructions dans le nouvel établissement de la Villette, l'Administration supprima : en 1863, l'Abattoir du Roule; en 1867 : l'Abattoir Montmartre; en 1868 : l'Abattoir de l'ancienne commune de la Villette et celui de Ménilmontant ou Popincourt. (Voyez, dans le corps du Dictionnaire, l'article Popincourt, square), — en 1873 : l'Abattoir des Batignolles; en 1874 : l'Abattoir de Château-Landon.

Il ne reste plus aujourd'hui des cinq anciens Abattoirs de boucherie, créés sous le premier Empire dans l'ancien Paris, que ceux de Villejuif et de Grenelle.

Des deux abattoirs à porcs, construits sous Louis-Philippe, un seul subsiste encore : celui des Fourneaux.

Les habitants des XIIIe, XIVe et XVe arrondissements, réclament avec instance la création, sur la rive gauche, d'un établissement dans le genre de celui de la Villette (ce dernier serait spécialement affecté aux bouchers de la rive droite).

L'exécution de ce projet permettrait de supprimer les trois Abattoirs que nous venons d'indiquer.

Les droits d'abatage et autres, perçus au profit de la Ville dans les Abattoirs généraux de la boucherie se sont élevés, pour 1878, à 2,767,716 francs 88 centimes. Les mêmes droits, dans les Abattoirs à porcs, ont été de 298,139 fr. 38 c.

BOUCHERIE PARISIENNE

Le nombre des étaux et des grandes boucheries à différentes époques.

L'une des plus anciennes Boucheries de Paris était située dans le voisinage de l'église Saint-Pierre aux Bœufs (Voir l'article de la rue d'Arcole, où se trouve l'historique de cet édifice religieux).

Sur la rive droite de la Seine, près du grand Châtelet, à l'*Apport-Paris*, fut établie une autre boucherie, lorsque la population, se trouvant trop à l'étroit dans l'île de la Cité, traversa le fleuve pour s'établir, au nord, sur le magnifique plateau, bien favorable au transport des marchandises.

Ces Boucheries avaient, pour la plupart, des succursales appelées *étaux*. Ces derniers étaient tenus d'ordinaire par des Compagnons, tandis que les boucheries se trouvaient desservies par les maîtres Bouchers.

Sous Philippe Auguste, en 1200, le nombre des étaux est de 70. Sous Charles V, en 1368, on en compte 96. En 1418, sous Charles VI, 198. Vers la fin de ce règne, Paris est au pouvoir des Anglais qui laissent entrer dans la Ville des viandes provenant d'animaux abattus dans nos provinces; ces animaux, pour la plupart morts de maladies, augmentent l'épidémie qui décime la population parisienne.

En 1555, sous Henri II, le nombre des étaux de boucherie redescend à 127. Il est de 132 sous Henri IV, en 1605; de 231 sous Louis XIV, en 1668, et de 255 sous Louis XV en 1760.

Il ne faut pas confondre le nombre des Étaux avec celui des grandes Boucheries; aussi, allons-nous reproduire un document officiel qui nous indique les emplacements desservis par les maîtres Bouchers, dans cette même année 1760.

BOUCHERIES DE LA VILLE ET DES FAUX BOURGS, DIVISÉES PAR QUARTIERS.

Ier. — *La Cité.*

Marché-Neuf. — Saint-Denis de la Châtre. — Rue des Deux-Ponts. — Pont-Marie (1).

IIe. — *Saint-Jacques de la Boucherie.*

A l'Apport-Paris.

(1) A cette époque, le Pont-Marie était encore bordé de maisons des deux côtés.

IIIe. — *Sainte-Opportune.*

Pas de Boucherie.

IVe. — *Louvre.*

Rue des Vieilles-Étuves.

V^e^. — *Palais-Royal.*

Aux Quinze-Vingts. — Rue Saint-Honoré, et dans l'enclos. — Marché Daguesseau, faubourg Saint-Honoré.

VIe. — *Montmartre.*

Rue Montmartre, au coin de la rue des Fossés.

VIIe. — *Saint-Eustache.*

Rue Montmartre, à la pointe Sainte-Eustache.

VIIIe. — *Les Halles.*

Rue Comtesse-d'Artois, Boucherie de Beauvais. — Rue de la Truanderie.

IXe. — *Saint-Denis.*

Rue Saint-Denis, proche la Trinité. — Rue Poissonnière. — Rue de Bourbon-Villeneuve (aux Petits Carreaux), fauxbourg Saint-Denis. — Rue aux Ours, au coin de la rue Bourg-l'Abbé.

X^e^. — *Saint-Martin.*

Rue Saint-Martin, près Saint-Nicolas-des-Champs. — Fauxbourg Saint-Martin. — Fauxbourg Saint-Laurent.

XIe. — *La Grève.*

Cimetière Saint-Jean.

XIIe. — *Saint-Paul.*

Rue Saint-Antoine, vis-à-vis l'église Saint-Paul.

XIIIe. — *Sainte-Avoye ou de la Verrerie.*

Boucherie Saint-Merry.

XIVe. — *Le Temple ou le Marais.*

Au petit Marché, près le Temple, rue de la Corderie.

XVe. — *Saint-Antoine.*

Rue du Fauxbourg Saint-Antoine, vis-à-vis l'Abbaye. — Porte Saint-Antoine, au coin de la rue de la Roquette.

XVIe. — *La place Maubert.*

Au petit Châtelet, rue de la Montagne Sainte-Geneviève. — Place Maubert. — Rue Saint-Victor, près la fontaine. — Rue Mouffetard, près le Pont-aux-Biches. — Fauxbourg Saint-Marcel. — Cloître Saint-Marcel. — Rue de Lourcine. — Fauxbourg Saint-Marcel.

XVIIe. — *Saint-Benoît.*

Porte Saint-Jacques, contre les Jacobins. — Fauxbourg Saint-Jacques, contre Saint-Benoît.

XVIIIe. — *Saint-André-des-Arts.*

Boucherie Saint-Séverin, rue Saint-Jacques.

XIXe. — *Luxembourg.*

Place Saint-Michel, près la rue d'Enfer. — Rue des Boucheries, fauxbourg Saint-Germain. — Marché de l'Abbaye Saint-Germain-des-Prés.

XXe. — *Saint-Germain.*

Porte de Bussy, à la Croix-Rouge. — Rue de Varenne. — Rue de Bourbon (1).

On comptait donc dans Paris et ses faubourgs, en 1760, *quarante-six grandes Boucheries, plus deux cent cinquante-cinq étaux*, formant ensemble *trois cent un établissements* dans lesquels on débitait de la viande.

L'apprentissage était de trois années, le compagnonnage de sept années, le brevet coûtait 200 livres et la maîtrise 1,500. Les compagnons, qui d'ordinaire tenaient les étaux, ne pouvaient quitter les maîtres sans l'exprès consentement de ces derniers, et il était défendu aux autres bouchers de les recevoir *sans écrit*. D'ordinaire le fils succédait au père et le neveu à l'oncle. Les contraventions étaient très rares. A la troisième, la boucherie était fermée et le titulaire chassé de la Corporation.

(1) Nous avons respecté l'orthographe des anciens noms. Plusieurs d'entre eux concernent des voies publiques ou des établissements qui n'existent plus. Nos lecteurs, en consultant, à la fin du volume, la nomenclature des voies et des établissements supprimés, pourront se rendre un compte exact de l'emplacement que ces établissements occupaient.

La loi du 2-17 mars 1791 ayant rendu libre le commerce de la Boucherie, le nombre de ces établissements s'élevait à 1.077, en 1794. Sous Napoléon III, en 1858, il redescend à 501 sous le régime de la limitation. Par decret du 24 avril de cette année, la boucherie redevient libre. En 1879, le nombre de ces établissements s'élève à 1548 et ceux de charcuterie à 814.

Sous l'ancienne Édilité parisienne, la Boucherie a toujours été placée sous le régime de la limitation. Il était expressément défendu de laisser entrer dans Paris, des viandes provenant d'animaux abattus dans nos provinces.

« Les Mires ou Chirurgiens commis à la vérification des bestiaux, disaient nos Magistrats, peuvent constater la maladie sur l'animal vivant. Mais s'il est mort, déchiqueté en morceaux, aucun signe certain ne révèle le poison qui a vicié l'animal. »

« L'approvisionnement de Paris, disait Napoléon 1er, doit être sous la direction absolue, dans la main du Pouvoir. C'est l'intérêt de l'État autant que celui de la Ville... l'intérêt de l'État, cela ne se discute pas, on le sent ; l'intérêt de la Ville est dans la limitation. En effet, si 500 bouchers et Boulangers, par exemple, suffisent aux consommateurs, la liberté, que j'appelle anarchie, en fera éclore au moins 300 de plus. Cet excédent est inutile et devient dangereux. Pour se soutenir, les nouveaux sont condamnés à tricher sur le poids, à frauder sur la qualité de la marchandise, toujours au détriment du public.

» On dit que la limitation donne de la valeur aux fonds de boulangerie et de Boucherie — tant mieux ; ces marchands se garderont bien de compromettre cette valeur par des contraventions. On ajoute : la liberté de ces deux commerces engendrerait une concurrence dont le public profiterait. — Utopie. Si 500 Boulangers et Bouchers s'entendent, 800 se concerteront aussi facilement. En ce qui concerne spécialement la Boucherie, cette prétendue liberté ferait que nos provinces enverraient des débris d'animaux morts de maladie. C'est pour éviter qu'on empoisonne les Parisiens, que j'ai fait construire les abattoirs. »

ABBAYE (Passage de l').

C. rue Gozlin, n°s 9 et 11 ; F. rue du Four, n°s 12 et 14. — Pas de numéros. — Long. 38 m. — 6e arrond. (anc. 10e).

Ouvert en 1844 par M. Mathias, sur sa propriété, il dut son nom à la proximité de la prison de l'*Abbaye*. Sa moindre largeur est de 3 m. 25 c. (V. pour la prison de l'Abbaye, la nomenclature des voies publiques et des établissements supprimés.)

ABBAYE (Rue de l').

C. rue de l'Échaudé, n°s 18 et 22 ; F. rue Saint-Benoît, n° 11. — D^er^ imp., 17 ; d^er^ pair, 22. — Long. 238 m. — 6e arrond. (anc. 10e).

1re *partie comprise entre la rue de l'Échaudé et les rues de Rennes et Bonaparte.* — L'Abbaye Saint-Germain-des-Prés, supprimée en 1790, devint propriété nationale. (V. Germain-des-Prés, église Saint-). Pour faciliter l'aliénation d'un aussi vaste domaine, la Commission des artistes, instituée en 1793, traça sur cet emplacement :

1° Un percement qui, prolongeant la première partie de la rue de Bussy, traversait les terrains de l'Abbaye et se continuait directement jusqu'à la rue des Saints-Pères en face de la rue Saint-Guillaume.

2° Un percement perpendiculaire au précédent, et qui, prenant naissance à la rue du Colombier (auj. Jacob), vis-à-vis la rue des Petits-Augustins (auj. Bonaparte), passait sur les terrains de l'Abbaye, se prolongeait par une légère déviation jusqu'à la rue du Four, et à cet endroit épousait la rue des Canettes pour aboutir à la place Saint-Sulpice.

Les terrains domaniaux provenant de l'Abbaye furent vendus les 18, 24 thermidor an V, 1er thermidor an VII et 18 prairial an VIII, avec l'obligation par les acquéreurs de livrer, sans indemnité, le sol des rues indiquées sur le plan de la Commission des artistes. La première, celle dont nous nous occupons, fut commencée, dans le courant de l'an VIII, en vertu d'une permission de construire du 25 prairial, qui la désigne sous le nom de *rue projetée*. (V. pour la deuxième rue, l'art. BONAPARTE, rue). Une autre permission du 11 brumaire an X l'appelle *rue de la Paix*.

En 1809, elle est dénommée rue *Neuve-de-l'Abbaye;* en 1815, rue de l'*Abbaye*.

Une décision ministérielle du 3 floréal an IX, signée Chaptal, fixa la largeur de cette voie publique à 9 m. 74 c. Cette largeur a été maintenue par une ordonnance royale du 29 avril 1839, qui approuvait le prolongement de la rue de l'Abbaye jusqu'à la rue Saint-Benoît.

2e partie comprise entre les rues de Rennes et Bonaparte, et la rue Saint-Benoît. — Le prolongement de la rue de l'Abbaye, prescrit par l'ordonnance précitée de 1839, a été confirmé et déclaré d'utilité publique par un décret impérial du 28 juillet 1866. Son exécution a eu lieu en 1867, sur une largeur de 9 m. 74 c.

Les propriétés riveraines de la rue de l'Abbaye sont alignées; mais celles nos 1 et 2 devront disparaître pour l'exécution de l'élargissement de la rue de l'Échaudé.

ABBÉ DE L'ÉPÉE (rue de l').
V. ÉPÉE (rue de l'Abbé de l').

ABBÉ GROULT (rue de l').
V. GROULT (rue de l'Abbé).

ABBESSES (Passage des).

C. rue des Abbesses, n° 20; F. rue des Trois-Frères, nos 57 et 59. — Dernier imp., 5; dernier pair, 10.—Long. 95 m.—18e arrond. (anc. Montmartre).

Ouvert en 1840 par les frères Dufour, sur l'emplacement d'une vaste carrière, dite « Carrière Muller, il prit le nom de *Passage de l'Arcade*, en raison d'une *arcade* qui lui servait d'entrée par la rue de l'Abbaye (auj. des Abbesses). En vertu d'un arrêté préfectoral du 10 novembre 1873, signé Ferdinand Duval, ce passage dont la largeur varie de 5 m. 50 à 11 m., a reçu sa dénomination actuelle qu'il doit à la rue où il est situé. (V. cet art.). Cet arrêté n'a été exécuté qu'en 1879.

ABBESSES (Place des).

Située rue des Abbesses.—Sa longueur se trouve comprise dans la rue du même nom. Les nos suivent la série de ceux de la rue. — 18e arrond. (anc. Montmartre).

Elle faisait partie d'une ancienne voie plantée qui prenant naissance à la rue des Martyrs (extra muros), au droit de l'abbaye de Montmartre, se dirigeait à gauche vers le sommet de la butte. Sur le plan de Verniquet (1791) la voie dont il s'agit ne porte aucune dénomination. Au commencement de ce siècle, la fraction la plus étendue prit le nom de rue de la Cure; vers 1860, la fraction qui était la plus large, celui de *place de l'Abbaye*.

Par une délibération du 12 juin 1846, le Conseil municipal de Montmartre avait adopté un alignement pour cette place, dont le classement au nombre des voies publiques a été confirmé par un décret impérial du 23 mai 1863. En vertu d'un arrêté préfectoral du 26 février 1867, signé Haussmann, elle a reçu le nom de Place des Abbesses. (V. l'art. suivant.)

ABBESSES (Rue des).

C. rue des Martyrs, nos 87 et 89; F. rues Lepic, nos 28, et Tholozé, n° 2.—Dernier imp., 61; dernier pair, 56.—Long. 418 m.—18e arrond. (anc. Montmartre).

Ainsi que nous l'avons dit à l'art. précédent, cette voie très ancienne, longeait les bâtiments et les dépendances de l'abbaye de Montmartre. Elle prit au commencement de ce siècle la dénomination de *rue de la Cure*, parce que le presbytère du curé de Montmartre y était situé.

Conformément à une délibération du Conseil municipal de Montmartre, en date du 12 juin 1846, sa largeur doit être fixée à 15 m.; vers 1860, elle fut appelée *rue de l'Abbaye*.

Un décret impérial du 23 mai 1863 a confirmé le classement de cette rue au nombre des voies publiques. En vertu d'un arrêté préfectoral du 26 février 1867, signé Haussmann, la rue de l'Abbaye a reçu le nom de rue des Abbesses.

ABBEVILLE (Rue d').

Se compose de deux parties: la 1re C. place de La Fayette, n° 109, et rue Fénelon, n° 1; F. rue de Rocroi, et se prolonge en impasse. — Long. 93 m. — 10e arrond. (anc. 3e); la 2e C. rue du Faubourg-Poissonnière, nos 139 et 141; F. rues Baudin, n° 38, et de Maubeuge, n° 82.—Dernier imp., 17; dernier pair, 16. —Long. 29 m. — 9e arrond. (anc. 2e).

1re partie entre la place de La Fayette et la rue Fénelon, et la rue de Rocroi, avec prolongement en impasse. — Une ordonnance royale du 31 janvier 1827 autorisa MM. André et Cottier à ouvrir sur leurs terrains, provenant de l'ancien clos Saint-Lazare, vendu par le Domaine de l'État, treize rues et une place indiquées au plan par des numéros. Cette autorisation fut accordée aux conditions suivantes:

« D'abandonner gratuitement le sol des nouvelles rues; de supporter les premiers frais de pavage et d'éclairage, ainsi que ceux des travaux à faire pour l'écoulement souterrain ou à ciel ouvert des eaux pluviales et ménagères; d'établir, de chaque côté, des trottoirs en pierre dure dont les dimensions seront indiquées par l'administration; de tenir fermées de portes, de grilles, ou de toute autre manière, les portions de rues qui ne pourraient, quant à présent, avoir de débouché, et ce jusqu'à ce que les propriétaires, sur les terrains desquels lesdites rues devraient se continuer, eussent librement consenti à livrer passage à ces rues suivant les directions arrêtées par le plan; enfin de se conformer aux lois et règlements sur la voirie de Paris. »

Ces divers percements furent immédiatement tracés; et pour les distinguer, MM. André et Cottier leur assignèrent provisoirement les dénominations suivantes: rues de l'*Abattoir*, du *Delta-Lafayette*, de la *Barrière Saint-Denis*, du *Chevet de l'Église*, du *Gazomètre*, des *Petits-Hôtels*, des *Jardins*, des *Magasins*, du *Nord*, du *Delta* et place du *Delta*. La rue en prolongement de celle de la Butte-Chaumont en a retenu le nom. Les deux rues latérales à l'église Saint-Vincent-de-Paul n'ont pas eu de dénomination jusqu'en 1844. La voie publique tracée dans la direction de la rue d'Hauteville, au delà de l'église, est restée sans nom jusqu'en 1847.

En 1844, les deux rues latérales à l'église et celle dite du Chevet de l'Église ont reçu les noms de *Bossuet*, de *Fénelon* et de *Belzunce*.

En 1845, les rue et place du Delta-La-Fayette ont été appelées définitivement rue et place de *Valenciennes*.

En 1847, les rues de l'Abattoir, de la Barrière Saint-Denis, du Gazomètre, des Jardins, des Magasins, et la voie ouverte dans la direction de la rue d'Hauteville, ont pris les dénominations de *Dunkerque*, de *Denain*, d'*Abbeville*, de *Rocroi*, de *Saint-Quentin* et de *Saint-Vincent-de-Paul*.

A l'égard de l'ancienne rue du Gazomètre, qui fait l'objet du présent article, elle avait été ainsi appelée parce que, étant prolongée, elle eût abouti en face du *Gazomètre* de la rue du Faubourg-Poissonnière. Sa largeur, fixée à 12 mètres par l'ordonnance de 1827, a été portée à 15 mètres 75 cent. depuis la place de La Fayette jusqu'à la rue de Rocroi, en vertu d'une ordonnance du 2 février 1839. Le surplus de la rue d'Abbeville, qui forme impasse dans une longueur de 32 mètres, a été maintenu à 12 mètres de largeur.

Un décret impérial du 3 août 1861

« Déclara d'utilité publique le prolongement direct de cette impasse, sur la même largeur de 12 mètres, jusqu'à la place en forme de parallélogramme à établir, rue du Faubourg-Poissonnière au débouché de la rue de Maubeuge. »

Ce prolongement n'a pas encore été exécuté, depuis le fond de l'impasse jusqu'à la rue du Faubourg-Poissonnière.

2e Partie comprise entre la rue du Faubourg-Poissonnière et les rues Baudin et de Maubeuge. — Comme on vient de le voir, la rue d'Abbeville devait, suivant le décret précité, être prolongée *directement* jusqu'à la rue de Maubeuge, mais un nouveau décret, du 7 août 1865, modifia le tracé approuvé entre la rue du Faubourg-Poissonnière et ladite rue de Maubeuge. Un troisième décret, en date du même jour, sanctionna le traité conclu, le 8 mars précédent, entre le Préfet de la Seine et les sieurs Leroi, F. Sourdis et Cie pour l'exécution de cette partie du prolongement, ainsi rectifiée, qui fut immédiatement ouverte.

Les propriétés riveraines de la rue d'Abbeville sont alignées.

Abbeville. — Sous-préfecture de la Somme, à 157 kilomètres de Paris. Sur le territoire d'Abbeville, s'élevait une forteresse romaine qui fut remplacée par une maison de plaisance appartenant au riche et puissant abbé de Saint-Riquier (Abbatia Villa). Bientôt la maison abbatiale se transformait en un château autour duquel s'élevèrent de nombreuses constructions qui formèrent un bourg très important. A la fin du xe siècle, Hugues-Capet, trouvant cette position excellente pour résister aux incursions des Normands, dont les barques remontaient alors tous les fleuves qui se jetaient dans l'Océan, fortifia ce bourg et le rendit imprenable. Au moyen âge, Abbeville devint une cité commerçante. Colbert favorisa beaucoup son industrie, en faisant venir de Courtrai, Josse Van Robais qui établit dans Abbeville des fabriques de draps fins, façon de Hollande et d'Angleterre. Ce fut le temps de la plus grande prospérité d'Abbeville qui renfermait près de 40,000 habitants, dont le nombre est réduit à 25,142 (recensement de 1876). Cette cité, qui n'offre de remarquable que son église gothique, est la patrie du poète Millevoye et du compositeur de musique Le Sueur.

ABOUKIR (Rue d').

C. rues Vide-Gousset, no 2, et Pagevin, no 48; F. rue Saint-Denis, nos 285 et 287. — Der imp., 147; der pair, 138. — Long. 870 m. — 2e arrond. (Des rues Vide-Gousset et Pagevin à la rue des Petits-Carreaux, anc. 3e; surplus, anc. 5e).

Un décret impérial du 2 octobre 1865 a réuni les rues des Fossés-Montmartre, Neuve-Saint-Eustache et de Bourbon-Villeneuve sous le seul nom de rue d'Aboukir. — Voici l'origine de chacune de ces trois voies publiques :

Rue des Fossés-Montmartre (entre les rues Vide-Gousset et Pagevin, et la rue Montmartre). — On la désigna d'abord sous le nom de *rue des Fossés*, puis des *Fossés-Montmartre*, parce qu'elle fut alignée en 1634 sur l'emplacement des *fossés*, qui longeaient le mur d'enceinte de Paris, construit sous les règnes de Charles V et de Charles VI. La porte Montmartre, alors fortifiée, défendait l'enceinte au nord; elle était située dans la rue Montmartre, entre les maisons portant aujourd'hui les nos 71 et 88.

Avant la construction de la place des Victoires, en 1685, par le duc de La Feuillade, la rue des Fossés-Montmartre s'étendait jusqu'à la rue de La Vrillière, en face de l'hôtel du même nom, depuis de Toulouse, aujourd'hui de la Banque de France. Vers la fin du règne de Louis XIII, la rue des Fossés-Montmartre était bordée de constructions. En vertu d'une Ordonnance royale du 28 juillet 1828, la largeur de cette voie publique a été fixée à 12 mètres.

Rue Neuve Saint-Eustache (de la rue Montmartre à la rue des Petits-Carreaux). — Comme on l'a vu par la description succincte que nous venons de faire de la rue des Fossés-Montmartre, la rue Neuve-Saint-Eustache se trouvait en dehors de l'enceinte de Paris, construite sous Charles V et Charles VI. Elle ne fut alignée qu'en vertu d'un arrêt du 23 novembre 1635. Elle tire son nom de sa situation voisine du *Petit Saint-Eustache* appelé depuis chapelle *Saint-Joseph*. Une Ordonnance royale du 4 mai 1826 a fixé la largeur de la rue Neuve-Saint-Eustache à 12 mètres.

Rue de Bourbon-Villeneuve (de la rue des Petits-Carreaux à la rue Saint-Denis). — Elle faisait partie d'un Faux-Bourg déjà considérable sous le règne du roi Jean. Sous Charles IX, on y creusa des fossés qu'on appela les *fossés jaunes*, de la couleur des terres qu'on en tira. Pendant la Ligue, lorsque Henri IV vint assiéger Paris, ce faux-bourg fut détruit et ses maisons renversées. Les démolitions, ainsi que les restes d'une ancienne voirie, formèrent cette espèce de monticule qu'on remarque encore aujourd'hui à la naissance du boulevard de Bonne-Nouvelle.

Dès l'entrée d'Henri IV à Paris, on commença la reconstruction de ce faux-bourg qu'on appela bientôt la *Ville-Neuve sur gravois*.

Le rempart construit de ce côté, sous Louis XIII, coupa bientôt en deux parties ce faux-bourg qui s'étendait au nord jusqu'au grand égout : l'une, enfermée dans Paris, s'appela *Haute Ville neuve*; celle qui s'inclinait vers la campagne, *Basse Ville neuve*.

Pour exciter la population à s'établir dans la Haute Ville neuve, le Roi exempta du paiement de la maîtrise les artisans qui vinrent l'habiter. Toutefois, ce ne fut que vers la fin du règne de Louis XIV, que la principale rue de ce territoire parisien se trouva complètement bordée de constructions, et atteignit la partie extrême de la rue Saint-Denis, près du nouveau *Cours*, appelé depuis dans cette partie : boulevard de Bonne-Nouvelle.

Au commencement du dix-huitième siècle, cette principale artère du nouveau quartier avait pris le nom de *rue de Bourbon*, en l'honneur de Jeanne de Bourbon, abbesse de Fontevrault, puis toute la voie fut qualifiée de *Bourbon-Villeneuve*. En 1793, c'était la *rue Neuve-Égalité*, puis, en 1807, *rue d'Aboukir*. Un arrêté préfectoral du 27 avril 1814 lui restituait son nom de *Bourbon-Villeneuve*, que 1830 lui dérobait encore. Une Ordonnance royale du 21 juin 1826 avait fixé la largeur de cette rue à 12 mètres. Une autre ordonnance du 2 juillet 1828 déclara d'utilité publique son élargissement au débouché sur la rue Saint-Denis. Cette prescription fut immédiatement exécutée.

Les maisons nos 37, 123, 143, 145 et 4, sont alignées. Celles qui portent les nos 55, 57, 59, 61, 63; 62, 64, 66, 68, 70, 72, 74, 76, et 78 seront démolies pour l'exécution du prolongement de la rue de Réaumur.

Comme nous l'avons indiqué plus haut, un décret impérial a réuni les rues des Fossés-Montmartre, Neuve-Saint-Eustache et de Bourbon-Villeneuve sous la seule dénomination de *rue d'Aboukir*.

Cette dernière appellation peut présenter certains avantages administratifs ; mais elle n'en est pas moins en contradiction flagrante avec l'histoire de Paris.

Il n'existe, en effet, aucun rapport historique entre le nom de rue des Fossés-Montmartre, indiquant, de ce côté, le tracé de l'enceinte de Paris sous Charles V et Charles VI, et la dénomination de *rue d'Aboukir*, qui malheureusement possède une double signification en ce qu'elle rappelle deux batailles : l'une sur mer, que la France eut la douleur de perdre le 1er août 1798 ; l'autre, que lui gagna, pour la consoler, sans doute, le général Bonaparte le 25 juillet 1799, lors de l'expédition d'Égypte.

ABREUVOIR (Rue de l').

C. rue des Saules, nº 7 ; F. rue Girardon. — Pas de nº impair ; dᵉʳ pair, 18. — Long. 133 m. — *18ᵉ arrond. (anc. Montmartre).*

Sur le plan de Verniquet (1791), c'était un sentier sans dénomination. Le nom de rue de l'Abreuvoir, qui lui a été donné depuis, lui vient d'un ancien *abreuvoir* aux bestiaux, de la commune de Montmartre (auj. à sec), auquel cette rue conduisait, et que l'on voit dans le haut de la rue Girardon. — Une délibération du Conseil municipal de Montmartre, en date du 12 juin 1846, a fixé sa largeur à 11 m. Un décret impérial du 23 mai 1863 a confirmé le classement de cette rue au nombre des voies publiques. En vertu d'un autre décret du 11 août 1867, elle doit être *supprimée* pour livrer passage à la rue Chasseloup-Laubat.

ACACIAS (Impasse des).

Située rue des Acacias, entre les nºˢ 21 et 23. — Dᵉʳ imp. 7 ; dᵉʳ pair, 8. — Long. 68 m. — 17ᵉ arrond. (anc. Neuilly).

Cette impasse, formée vers 1819 par plusieurs propriétaires, doit son nom à la rue des Acacias. Elle n'est pas classée parmi les voies publiques. Sa largeur est de 3 m.

ACACIAS (Passage des).

C. rue de Montenotte, nºˢ 12 et 14 ; F. rue des Acacias, nºˢ 56 et 58. — Dᵉʳ imp., 13 ; dᵉʳ pair, 4. — Long. 109 m. — 17ᵉ arrond. (anc. Neuilly).

Il a été ouvert en 1852, par M. Langlois, sur des terrains appartenant à M. Feuille, et tire son nom de la rue des Acacias. Sa largeur est de 3 m. 50 c. Ce passage *sera supprimé* par le percement de l'avenue de Mac-Mahon, entre la rue de Montenotte et l'avenue des Ternes.

ACACIAS (Rue des).

C. avenue de la Grande-Armée, nºˢ 36 et 38 ; F. avenue des Ternes, nºˢ 33 *ter* et 33 *quater*. — Dᵉʳ imp., 55 ; dᵉʳ pair, 64. — Long. 455 m. — 17ᵉ arrond. (anc. Neuilly).

En 1815, plusieurs propriétaires établirent sur leurs terrains une impasse ayant son entrée par l'avenue de Neuilly (auj. de la Grande-Armée). En 1820, cette impasse fut prolongée par M. Brey, architecte, jusqu'à l'avenue des Ternes, sur des terrains appartenant à divers. La voie de communication ainsi établie, prit le nom de *Chemin des Acacias*, en raison des arbres de cette essence qui y furent plantés, et dont un seul spécimen existait encore en 1877.

En 1824, vingt-six propriétaires riverains offrirent à la commune de Neuilly la cession gratuite du sol nécessaire à la transformation du chemin, en une rue de 10 m. de largeur. Cette proposition fut acceptée par le Conseil municipal dans sa séance du 15 septembre 1826, et sanctionnée par un arrêté préfectoral du 5 janvier 1827. Un décret impérial du 23 mai 1863 a confirmé le classement de la rue des Acacias au nombre des voies publiques de Paris.

Les propriétés riveraines sont alignées. — Celles qui portent les nºˢ 60, 62 et 64 seront démolies pour l'exécution du prolongement de l'avenue de Mac-Mahon.

ACCOUCHEMENT (Maison et École d').

Située boulevard de Port-Royal, nº 123. — 14ᵉ arrond. (anc. 12ᵉ).

Cet établissement, vulgairement connu sous le nom de *la Bourbe*, que portait la rue où il était situé (auj. boulevard de Port-Royal), occupe les bâtiments de l'ancienne abbaye de *Port-Royal*. Fondée en 1204 par Mathieu de Montmorency, seigneur de Marly, et par Mathilde de Garlande, sa femme, dans le fief de Porrois ou Port-Royal, près de Chevreuse, cette abbaye fut transférée à Paris en 1625, dans la maison de Clagny, située à l'extrémité du faubourg Saint-Jacques. L'église, commencée en 1646, fut terminée la même année. Le pape permit qu'on établît dans ce monastère l'adoration perpétuelle du Saint-Sacrement. L'abbaye de Port-Royal fut supprimée en 1790, comme toutes les autres communautés religieuses. Pendant le régime de la Terreur, cette maison fut convertie en prison, sous le nom de Port-Libre. Il est assez difficile de comprendre l'espèce de liberté dont jouissaient les détenus dans cet établissement. Peu de temps après, on y enferma les militaires. — En vertu d'un arrêté du Comité de Salut Public du 13 brumaire an IV (Convention nationale), la Commission des secours publics fut chargée de faire transférer dans la maison de Port-Royal, rue de la Bourbe, les nourrices et les enfants alors placés dans celle dite du Val-de-Grâce. La même Commission devait aussi établir les femmes en couches dans la maison du ci-devant Institut de l'Oratoire. Cet établissement porta plus tard, avec la maison de l'allaitement, le nom d'*hospice de la Maternité*. Les attributions de chaque maison furent réglées de la manière suivante : celle de *Port-Royal* fut appelée section de l'*allaitement*, celle de l'*Oratoire* section de l'*accouchement*. La section de l'allaitement (rue de la Bourbe) renfermait les enfants abandonnés, les nourrices sédentaires et les femmes enceintes qui attendaient le moment de leur délivrance. — La section de l'accouchement (rue d'Enfer, auj. rue Denfert-Rochereau) contint d'abord les femmes en couches et, quelques années plus tard, le 30 juin 1802, les élèves sages-femmes composant l'école d'accouchement créée par le ministre Chaptal. On y plaça dans la suite des enfants trouvés. Depuis 1814, cet état de choses a été modifié. Les deux établissements sont distincts et indépendants l'un de l'autre ; les femmes enceintes, les femmes en couches et les élèves sages-femmes sont réunies dans l'ancienne maison de Port-Royal, et les enfants nouveau-nés ont été transférés dans la maison de l'Oratoire, rue Denfert-Rochereau, nº 100. Les pauvres femmes accouchaient autrefois à l'Hôtel-Dieu. Il n'y avait pour elles que 106 lits. Les plus grands contenaient souvent quatre femmes en couches. — Occupées à des travaux en rapport avec leur position, ces femmes en reçoivent un salaire. On leur fournit du linge et même des vêtements. Le séjour n'est pas limité, il dépend du médecin et de l'état de la malade. Cet établissement occupe une superficie de 30,494 m. 75 c., savoir : terrains 26,065 m. 73 c., constructions 4,429 m. 02 c. On y compte 240 lits d'administrées et 46 berceaux.

L'*École d'accouchement* est comprise dans cet établissement. Elle est destinée à former des sages-femmes de 1ʳᵉ classe pour toute l'étendue de la France. Les préfets peuvent y envoyer chaque année une ou plusieurs élèves. Pour être admises, ces femmes doivent être âgées de dix-huit à trente-cinq ans au plus. Les élèves ne peuvent suivre les cours de l'école moins d'un an ni plus de deux ans. Le prix de la pension est de 1,000 fr. ; les livres nécessaires à leur instruction sont à leurs frais. Elles sont nourries, logées, éclairées. A la fin de l'année, les élèves subissent un examen devant un jury composé de médecins et de chirurgiens, qui décerne des prix aux plus habiles et leur délivre un certificat d'aptitude.

ACHILLE (Rue).

C. rue des Rondeaux, n° 12; F. rue Ramus, n°s 73 et 75. — D°s imp., 5; un seul pair, 2. — Long. 46 m. — 20e arrond. (anc. Charonne).

C'était un ancien sentier qu'on appelait *Traverse de la Cour des Noues*. Elle doit son nom actuel à un propriétaire, et n'est pas classée au nombre des voies publiques. Sa largeur est de 3 m. environ.

ADAM (Rue Adolphe).

C. quai de Gesvres, n°s 14 et 16; F. avenue Victoria, n°s 13 et 15. — Pas de n° imp. — Ce côté est bordé par le Théâtre des Nations; un seul pair, 2. — Long. 42 m. — 4e arrond. (anc. 7e).

Elle a été ouverte en 1860 pour l'isolement du Théâtre Lyrique (auj. des Nations), sur les terrains provenant, tant des expropriations faites en vertu du décret impérial du 29 juillet 1854, concernant l'avenue Victoria et ses abords, que sur une partie du sol des rues de la Vieille-Lanterne et de la Vieille-Place-aux-Veaux. Cette voie, dont la largeur est de 10 m., prit d'abord le nom de *rue Nicolas-Flamel prolongée*.

Un décret impérial du 2 mars 1864 porte :

« Art. 17.—La rue ouverte derrière le Théâtre Lyrique, entre le quai de Gèvres et l'avenue Victoria, recevra le nom de rue Adam. »

Conformément à un arrêté préfectoral du 16 août 1879, signé Herold, le prénom d'Adolphe a été ajouté à cette dénomination.

Adam (Adolphe-Charles). — Compositeur de musique, né à Paris le 24 juillet 1803. Son père, excellent professeur de piano, forma beaucoup d'élèves remarquables. Placé en 1814 dans l'institution Gersin, à Belleville, le jeune Adam se montrait si passionné pour la musique qu'il négligeait ses autres études. Il passait ensuite au collège Bourbon, depuis lycée Bonaparte, aujourd'hui Condorcet, qu'il quitta, après la classe de seconde, pour étudier l'harmonie. Ses relations avec Herold, filleul de son père, exercèrent sur lui la plus heureuse influence. En 1817, il entrait au Conservatoire, dans la classe d'orgue de Benoist ; ses progrès furent si rapides qu'il devint en état de suppléer les meilleurs organistes. Après avoir étudié le contre-point sous Reicha, il passait, en 1822, dans la classe de composition nouvellement ouverte et dont Boieldieu était le professeur. En 1825, il obtenait le second grand prix de l'Institut. Sa réputation date de la représentation du *Châlet* en 1833 ; le *Postillon de Longjumeau* en 1836 eut un immense succès de popularité qui n'est pas encore épuisé. Parmi les autres opéras comiques d'Adolphe Adam, on cite principalement le *Brasseur de Preston* (1838), *Giralda* (1850), *Si j'étais Roi* et le *Bijou perdu*. Adolphe Adam est également fondateur du *Théâtre Lyrique*. Le nom du compositeur de musique était heureusement placé aux angles d'une voie qui longe à l'est cet utile établissement, remplacé maintenant par un théâtre de drame. La musique d'Adam est vive, légère et facile; mais ses mélodies ne sont pas toujours empreintes d'un cachet de distinction. Ce défaut tenait à la rapidité avec laquelle il composait. Adolphe Adam est mort à Paris le 3 mai 1856.

ADOUR (Villa de l').

Située rue de la Villette, n° 13. — D°s imp., 11 *bis*; d°r pair, 20. Long. 104 m. — 19e arrond. (anc. Belleville).

Elle a été formée en 1847, à 3 m. 50 c. de largeur, par *M. Barthélemy*, dont elle prit le nom. En vertu d'un arrêté préfectoral du 1er février 1877, signé Ferdinand Duval, elle a reçu la dénomination de Villa de l'Adour.

L'Adour, rivière de France sort du mont Tourmalet (Hautes-Pyrénées), traverse la vallée de Campan, arrose Bagnères de Bigorre, Tarbes, Aire, Saint-Sever, Dax, Bayonne, et se jette dans le golfe de Gascogne, après un cours de 320 kilomètres.

AFFRE (Rue).

C. rue de Jessaint, n°s 18 et 20; F. rue Myrha, n°s 7 et 9. — D°s imp., 21; d°r pair, 32. — Long. 245 m. — 18e arrond. (anc. la Chapelle).

Ouverte en 1850, à 12 m. de largeur, par madame veuve Desforges, elle a été acceptée comme voie publique de la Chapelle par délibération du Conseil municipal de cette commune, en date du 29 mai 1850. Elle prit la dénomination de *rue d'Alger*, en souvenir de la prise de cette ville par l'armée française, le 5 juillet 1830. — Un décret impérial, en date du 23 mai 1863, a confirmé le classement de cette rue au nombre des voies publiques.

En vertu d'un décret impérial du 24 août 1864, la rue d'Alger, voisine de l'église Saint-Bernard, a reçu le nom de rue Affre.

Affre (Denis-Auguste), archevêque de Paris, naquit à Saint-Rome de Tarn le 27 septembre 1793, et succomba martyr de son dévouement lors de l'insurrection de juin 1848.

Le 28, lendemain de la mort de l'archevêque, fut rendu le décret suivant :

« L'Assemblée Nationale regarde comme un devoir de proclamer les sentiments de religieuse reconnaissance et de profonde douleur que tous les cœurs ont éprouvé pour la mort saintement héroïque de Monseigneur l'archevêque de Paris. »

AGUESSEAU (Marché d').

Situé cité Berryer. — 8e arrond. (anc. 1er).

« Louis, etc... Par nos lettres patentes du 6 février 1723, nous aurions accordé à notre amé et féal Joseph-Antoine d'Aguesseau, conseiller honoraire en notre cour du Parlement, à notre amé et féal Gilles Coste de Champeron, aussi conseiller en notre dite cour, et à notre amée Hélène-Geneviève de Noiel, sa femme, et à notre amée Élisabeth Billet, épouse séparée quant aux biens de Pierre Lavergne, notre conseiller au Châtelet, la permission d'établir un marché public dans un terrain, à eux appartenant au Faubourg Saint-Honoré il devait être placé à l'endroit qui depuis fut coupé par la rue du marché d'Aguesseau, auj. rue de Montalivet, pour l'avantage des habitants dudit quartier, et à la décoration et commodité de notre bonne ville de Paris. Mais le d. établissement n'ayant pu être conduit à sa perfection à cause des défenses de bâtir dans les faubourgs, survenues l'année dernière, qui empêchèrent que les environs du d. marché fussent remplis de bâtiments, soit parce que le terrain où il étoit placé se trouvoit trop éloigné de la partie la plus habitée du d. quartier : notre très-cher et féal le sieur d'Aguesseau, chevalier, chancelier de France, commandeur de nos ordres, donataire entre-vifs et héritier sous bénéfice d'inventaire du d. sieur Joseph-Antoine d'Aguesseau, son frère, et les autres propriétaires du d. marché dans le dessein d'achever un établissement si utile au public, se seroient déterminés à acquérir une place située à l'entrée du d. quartier et appartenant à André Mol de Quérieux, notre conseiller, secrétaire, maison et couronne de France et de nos finances, et avocat en nos conseils, et à Marie-Catherine Paulmier sa femme, lesquels la leur auroient cédée moyennant, entre autres choses, l'abandon que les d. propriétaires leur auroient fait du quart dans le privilège porté par les d. lettres patentes; au moyen de quoi ils nous ont, conjointement avec le d. sieur Mol et sa femme, très humblement supplié de transférer le d. privilège sur la d. nouvelle place...... Nous nous sommes déterminé d'autant plus volontiers à avoir égard à leur représentation, que nous sommes informé que la situation de lad. place est très avantageuse pour y établir un marché, étant située presque vis-à-vis la rue Saint-Honoré, sur le rempart et ouverte tant sur led. rempart que sur la rue de la Madeleine (auj. rue Boissy-d'Anglas)...... A ces causes avons permis et permettons de faire construire dans le d. terrain six étaux de boucherie et toutes échoppes, baraques ou étalages convenables pour les boulangers, poissonniers, fruitiers et autres, et en général pour le débit des denrées et autres marchandises qui pourront être portées dans le d. marché; pour en jouir par notre très féal chancelier de France, le sieur d'Aguesseau, notre amé et féal conseiller en notre Parlement, le sieur Coste de Champeron, et sa femme, notre amée Elisabeth-Billet, veuve de Pierre Lavergne, et notre amé sieur Mol de Qurieux et sa femme, chacun pour un quart, à l'instar des autres marchés et étaux de notre bonne ville de Paris, etc. Donné au camp d'Alost, le 16 août 1745. Signé Louis, » — (Archives nationales, section administrative, reg. E. n° 3431.)

Ces lettres patentes furent enregistrées en Parlement le 6 septembre suivant; le nouveau marché a été inauguré le 2 juillet 1746. — Cet établissement, à ciel ouvert et assez mal installé, est encore aujourd'hui une propriété particulière.

AGUESSEAU (Rue d').

C. rue du Faubourg-Saint-Honoré, n°s 60 et 62; F. rue de Surène, n°s 23 et 25. — D^{er} imp., 15; d^{er} pair 22. — Long. 175 m. — 8e arrond. (anc. 1er).

Elle a été ouverte en 1723, sur les terrains appartenant à Joseph-Antoine d'Aguesseau, conseiller honoraire au parlement. (V. l'article qui précède.) La largeur assignée à ce percement fut de 7 m. 80 c. Cette dimension a été maintenue par une décision ministérielle du 28 brumaire an VI, signée Letourneux. En vertu d'une ordonnance royale du 25 novembre 1836, la moindre largeur de cette voie publique est fixée à 10 m.

Les propriétés de 1 à 9 inclus sont alignées.

La chapelle de l'église royale épiscopale d'Angleterre est située au n° 5.

AGUTTES (Passage).

C. rue Saint-Nicolas, n° 20; F. rue Traversière, n° 85. — Pas de n°. — Long. 96 m. — 12e arrond. (anc. 8e).

Il a été ouvert en 1865, à 8 m. 50 c. de largeur, par *M. Aguttes*, propriétaire et fabricant de meubles.

AIMÉE (Villa).

Située rue de la Tour, n° 29. — D^{er} imp., 9; d^{er} pair, 10. — Long. 73 m. — 16e arrond. (anc. Passy).

Elle a été fondée en 1850 par M. Bar, propriétaire, qui lui a donné ce nom tout de fantaisie.

AISNE (Rue de l').

C. quai de l'Oise, n°s 13 et 15; F. rue de l'Ourcq, n°s 38 et 40. — Pas de n°. — Long. 62 m. — 19e arrond. (anc. la Villette).

Elle a été ouverte en 1842, à 12 m. de largeur, par M. Buchère, propriétaire, qui l'appela *rue d'Aumale*, en l'honneur du quatrième fils du roi Louis-Philippe. Un décret impérial du 23 mai 1863 a confirmé le classement de cette rue au nombre des voies publiques. La Ville de Paris, comptant plusieurs rues ainsi dénommées, un arrêté préfectoral du 3 septembre 1869, signé Haussmann, lui a donné le nom de rue de l'Aisne, justifié par le voisinage du canal de l'Ourcq.

L'Aisne (Axona des Romains), rivière navigable de France, a sa source dans l'Argonne (Meuse), traverse les départements de la Marne, des Ardennes et celui de l'Aisne qui prend son nom. Elle arrose Sainte-Menehould, Vouziers, Rhetel, Soissons, reçoit à droite l'Aire, la Vaux, à gauche la Vesle et se jette dans l'Oise à Compiègne. Son cours est de 180 kilomètres.

ALAIN CHARTIER (rue).

V. Chartier (rue Alain).

ALBERT (Rue Maître).

C. quai de la Tournelle, n°s 73 et rue des Grands-Degrés, n° 2; F. place Maubert, n°s 27 et 29. — D^{er} imp., 25; d^{er} pair, 24. — Long. 138 m. — 5e arrond. (anc. 12e).

Le poète Guillot et le rôle de 1313 l'indiquent sous le nom de rue *Perdue*. Cette voie forme retour d'équerre. — Une décision ministérielle du 3 pluviôse an IX, signée Chaptal, fixa la largeur de cette voie publique à 7 m. En vertu d'une ordonnance royale du 2 novembre 1817, cette largeur doit être portée à 8 m.

Les maisons n°s 11, 15 et 17 sont alignées. Celles n°s 9 et 13 n'auront à subir qu'un léger redressement.

Une ordonnance royale du 5 août 1844, a donné à la rue *Perdue* la dénomination de rue *Maître-Albert*.

Maître Albert, savant et philosophe scolastique, de la famille des comtes de Bollstædt, naquit à Lawingen (Souabe), en 1193. Après avoir fait ses études à Pavie, il entrait à trente ans chez les Dominicains dont il devint provincial en 1254. Il obtint de grands succès en professant la philosophie à Fribourg, à Cologne et surtout à Paris, où il excita bientôt un véritable enthousiasme. Le nombre de ses auditeurs devint si considérable qu'il fut obligé de donner ses leçons en plein air, sur une place publique, dans le voisinage de la rue décorée depuis du nom de cet illustre savant. Le pape Alexandre appelait en 1259 maître Albert à l'évêché de Ratisbonne. Ses contemporains le qualifiaient ainsi : *magnus in magia, major in philosophia, maximus in theologia*. Dégoûté du monde, il se confina dans une cellule et mourut à Cologne, le 14 novembre 1280.

Le *Collège de Saint-Michel*, nommé également collège de Chanac et de Pompadour, était situé dans cette rue. Fondé vers l'année 1324, par Guillaume de Chanac, évêque de Paris et patriarche d'Alexandrie, il fut placé sous le vocable de Saint-Michel. Ce collège, dans lequel le cardinal *Dubois* avait été boursier, fut réuni en 1763 à l'Université. Ses bâtiments et dépendances devinrent la propriété de l'État qui les vendit le 19 décembre 1807, avec une clause en faveur de la voie publique. Ils occupaient une superficie de 885 m. 19 c., et sont représentés aujourd'hui par les maisons qui portent sur la rue Maître-Albert les n°s 1, 3, 5; et sur la rue de Bièvre, les n°s 10 et 12.

ALBOUY (Rue).

C. rue du Château-d'Eau, n°s 32 et 34; F. rue des Vinaigriers, n°s 39 et 41. — D^{er} imp. 31; d^{er} pair, 32. — Long. 311 m. — 10e arrond. (anc. 5e).

Partie comprise entre le boulevard de Magenta (remplaçant en cet endroit une fraction de la rue de Marais) et la rue des Vinaigriers.

« Louis, par la grâce de Dieu, Roi de France et de Navarre..., nous avons ordonné et ordonnons ce qui suit :

» Art. 1er. — Le sieur Albouy est autorisé à ouvrir sur un terrain à lui appartenant, entre la rue des Marais et celle des Vinaigriers, une nouvelle rue de 10 m. de largeur.

» Art. 2. — Cette autorisation est accordée à la charge par l'impétrant de supporter les frais du premier pavage et du premier établissement de l'éclairage de la nouvelle rue, et en outre, de se soumettre aux lois et règlements sur la voirie de Paris... — Donné au château des Tuileries, le 31 mars de l'an de grâce 1824, et de notre règne le 29e. — *Signé* Louis. — Par le Roi, le Ministre de l'Intérieur, *signé* Corbière. »

Ce percement fut immédiatement exécuté.

Partie comprise entre la rue du Château-d'Eau et le boulevard de Magenta. — Elle a été ouverte, sans autorisation, en 1865, à 12 m. de largeur par plusieurs propriétaires, et a remplacé le *passage Saint-Nicolas*. (V. cet art. à l'état des voies supprimées.)

Un arrêté préfectoral du 26 février 1867, signé Haussmann, a donné le nom de rue Albouy à cette partie qui n'est pas encore classée au nombre des voies publiques.

ALEMBERT (Rue d').

C. rue Hallé, nos 23 et 25; F. rue Bezout, nos 2 et 6. — Der imp. 27; der pair, 22. — Long. 180 m. — 14e arrond. (anc. Montrouge)

Ouverte en 1830 à une moindre largeur de 9 m. 80 c. sur le lieu dit : *le Champ des Alouettes*, appartenant à M. Javal, elle prit le nom *d'Avenue de la Chapelle*, parce qu'elle se dirigeait vers *la chapelle* de l'hospice de La Rochefoucauld. Elle a été classée au nombre des voies publiques de Paris, en vertu d'un décret impérial du 23 mai 1863. Un autre décret du 24 août 1864 lui assigna le nom de rue d'Alembert. La moindre largeur de 9 m. 80 c. a été maintenue par un décret du Président de la République, signé Maréchal de Mac-Mahon, du 23 juillet 1877.

Les propriétés riveraines sont alignées.

Jean-le-Rond d'Alembert naquit à Paris le 16 novembre 1717. Enfant naturel du chevalier Destouches et de madame de Tencin, d'Alembert fut recueilli sur les marches de la petite église Saint-Jean-le-Rond, située à l'angle septentrional de la cathédrale. Porté chez le commissaire du quartier, le Magistrat, touché de la gentillesse de la pauvre petite créature, ne l'envoya pas au dépôt des Enfants-Trouvés, mais la confia aux soins de la femme d'un vitrier nommé Rousseau qui demeurait rue Michel-le-Comte.

Cette brave femme, dont l'ambition était de faire du jeune d'Alembert un vitrier, le regardait avec tristesse et compassion lorsqu'elle le voyait absorbé dans ses lectures. — « Tu ne deviendras jamais qu'un philosophe, lui disait un jour la vitrière. — Eh bien, faites-moi le plaisir de me dire ce que c'est qu'un philosophe, lui demanda le jeune homme en souriant. — Un philosophe, répondit la bonne mère, un philosophe, c'est un fou qui se tourmente pendant sa vie pour qu'on parle de lui après sa mort. »

D'Alembert fut tout à la fois un littérateur distingué, un grand géomètre et un philosophe profond.

Voici l'extrait d'une lettre que lui écrivit Catherine II :

« Monsieur d'Alembert, je viens de lire la réponse que vous avez écrite au sieur Odar, par laquelle vous refusez de vous transplanter pour contribuer à l'éducation de mon fils. Philosophe comme vous êtes, je comprends qu'il ne vous coûte rien de mépriser ce qu'on appelle grandeurs et honneurs dans ce monde. A vos yeux, tout cela est peu de chose, et aisément, je me range de votre avis. A envisager les choses sur ce pied, je regarderai comme très petite la conduite de la Reine Christine, qu'on a tant louée et souvent blâmée, à juste titre ; mais être né ou appelé pour contribuer au bonheur et même à l'instruction de tout un peuple, et y renoncer, c'est refuser, ce me semble, de faire le bien que vous avez à cœur.

» ... Vous ne vous prêtez pas aux instances du roi de Prusse, et à la reconnaissance que vous lui devez ; mais ce Prince n'a pas de fils. J'avoue que l'éducation de mon fils me tient si fort à cœur, et vous m'êtes si nécessaire, que peut-être je vous presse trop. Pardonnez à mon indiscrétion en faveur de la cause, et soyez assuré que c'est l'estime qui m'a rendue si intéressée.

» Catherine. »

Voici un document qui n'est pas moins curieux que la lettre qui précède.

« Camp Impérial d'Osterode, 17 mars 1807.

» Monsieur de Champagny voulant faire placer dans la salle des séances de l'Institut *la statue de d'Alembert*, celui des mathématiciens français qui, dans le siècle dernier, a le plus contribué à l'avancement de cette première des sciences, nous désirons que vous fassiez connaître cette résolution à la première classe de l'Institut qui y verra une preuve de notre estime et de la volonté constante où nous sommes d'accorder des récompenses et de l'encouragement aux travaux de cette Compagnie, qui importent tant à la prospérité et au bien de nos peuples.

» Napoléon. »

D'Alembert est mort à Paris le 29 octobre 1783.

ALÉSIA (Cité d').

C. rue d'Alésia; F. rue du Commandeur, nos 13 et 15. — Pas de nos. — Long. 66 m. — 14e arrond. (anc. Montrouge).

Fondée en 1869 par M. *Buffetrille*, propriétaire, qui lui donna son nom, elle commençait alors à la rue de la Tombe-Issoire. En 1876, lors du percement de la rue d'Alésia, une partie de la cité Buffetrille a été confondue dans le sol de la nouvelle voie, et le surplus a pris la dénomination de cité d'Alésia. (V. l'art. suivant.) Sa largeur est de 3 m. 50 c.

ALÉSIA (Rue d').

C. avenue Reille et rue de la Santé; F. chemin de fer de l'Ouest. — Der imp., 189; der pair, 166. — Long. 2,400 m. — 14e arrond. (les deux côtés entre l'avenue Reille et la rue de la Santé, et l'avenue de Montsouris, anc. Gentilly; côté imp. entre la rue de Montsouris et la rue des Plantes, et côté pair entre l'avenue de Montsouris et la rue de Vanves, anc. Montrouge; côté imp. entre la rue des Plantes et la rue de Vanves, anc. Vanves; surplus des deux côtés, anc. Vaugirard).

Partie comprise entre les avenues de Châtillon et du Maine, et le chemin de fer de l'Ouest. — Elle dépendait de la *rue du Transit*, qui se terminait au Chemin-des-Plantes (auj. *rue* du même nom). Cette rue du Transit, coupée depuis par le chemin de fer de l'Ouest, constituait une fraction de la route départementale de Montrouge à Neuilly, dont la moindre largeur fut fixée à 10 m. par un décret impérial du 3 octobre 1855. En vertu d'un autre décret du 23 mai 1863, le classement de la rue du Transit au nombre des voies publiques a été confirmé, et, en 1868, la partie dont il s'agit ici a reçu le nom d'Alésia. D'après un alignement projeté, déjà suivi d'exécution, sa largeur sera portée à 20 m.

Partie comprise entre l'avenue Reille et la rue de la Santé, et l'avenue d'Orléans. Un décret impérial du 23 mai 1863,

« Déclara d'utilité publique l'ouverture d'une voie nouvelle de 20 m. de largeur partant du Carrefour des quatre Chemins (route d'Orléans), pour aboutir sur la rue du Château des Rentiers, en franchissant la vallée de la Bièvre. »

La fraction de cette voie, entre l'avenue Reille et la rue des Artistes, a été ouverte lors de la construction de l'asile Sainte-Anne. Un décret impérial du 10 août 1868 porte ce qui suit :

« La voie dite rue du Transit, ouverte ou en cours d'exécution dans le XIVe arrondissement, recevra le nom de rue d'Alésia. »

La fraction qui s'étend de la rue des Artistes à l'avenue d'Orléans n'a été percée qu'en 1876.

Dans son parcours, la nouvelle voie a confondu la rue Sarrazin et une partie de la rue des Artistes.

Les propriétés riveraines de cette partie sont alignées. Quant au surplus du percement, dans le XIIIe arrondissement, il a reçu le nom de rue de Tolbiac, en vertu du décret précité du 10 août 1868. (V. cet art.)

Les archéologues pensent que le bourg d'Alise Sainte-Reine (Côte-d'Or) occupe à peu près l'emplacement de l'ancienne *Alésia*, où succombaient, après sept mois d'un duel héroïque entre Vercingétorix et César, les derniers défenseurs de la patrie gauloise, contre la politique absorbante de Rome.

ALEXANDRE (Passage).

C. boulevard de Vaugirard, n°s 71 et 73; F. rue du Château, n°s 9 et 11. — D^res imp., 13; d^re pair, 14. — Long. 70 m. — 15e arrond. (ancien Vaugirard).

Ce passage, qui forme équerre, a été ouvert en 1840, à 6 m. de largeur, par M. *Alexandre* Malpièce, architecte.

ALEXANDRINE (Passage).

C. rue des Boulets, n°s 88 et 90; F. rue Émile Lepeu. — D^res imp., 23; d^re pair, 18.—Long. 132 m.—11e arrond. (anc. 8e).

En 1865, M. Lepeu, entrepreneur de pavage, ouvrit sur ses terrains trois voies nouvelles, et leur donna les prénoms de sa fille et de ses deux fils. Ce sont les *passages Alexandrine*, *Gustave* et la *rue Émile-Lepeu*, non reconnues comme voies publiques.

La largeur du passage Alexandrine est de 6 mètres.

ALGER (passage — rue du Roi d').

V. Roi d'Alger (passage — rue du).

ALGER (Rue d').

C. rue de Rivoli, n°s 214 et 216; F. rue Saint-Honoré, n°s 219 et 221. — D^res imp., 13; d^re pair, 16.—Long. 128 m. — 1er arrond. (anc. 1er).

« Louis-Philippe,... nous avons ordonné et ordonnons ce qui suit :

» Art. 1er. — Les sieurs Périer frères et Chéronnet sont autorisés à ouvrir sur l'emplacement de l'*ancien hôtel de Noailles* et de ses dépendances à Paris, une rue de 10 m. de largeur qui communiquera de la rue Saint-Honoré à la rue de Rivoli, conformément au plan ci-annexé.

» Art. 2. — Cette autorisation est accordée à la charge par les impétrants de remplir les conditions exprimées dans la délibération du Conseil municipal du 14 mai 1830, et par eux acceptées... — Donné à Paris le 20 septembre 1830. *Signé* Louis-Philippe. — Par le Roi : le Ministre secrétaire d'État de l'intérieur, *signé* Guizot. »

Aux termes de la délibération précitée, les constructions en bordure ne devaient pas excéder 15 m. de hauteur, sauf les maisons aux encoignures des rues de Rivoli et Saint-Honoré, qui pourraient avoir 18 m. d'élévation dans une profondeur de 15 m. Ce percement fut immédiatement exécuté; il porta jusqu'en 1832 le nom de rue *Louis-Philippe Ier*. A cette époque, la rue de Lappe, située dans le faubourg Saint-Antoine, ayant pris le nom de ce roi, on donna à la voie publique faisant l'objet du présent article la dénomination de rue d'Alger.

Une ordonnance royale du 16 novembre 1834 porte que la hauteur des maisons de la rue d'Alger pourra être élevée à 16 m.

Les propriétés riveraines sont alignées.

Le nom d'Alger rappelle la prise de cette ville. Le 12 juin 1827, Hussein-Pacha frappait au visage, d'un coup d'éventail, le consul de France, M. Deval. La réparation de cette insulte n'ayant pas été obtenue, comme une grande nation avait le droit de l'exiger, le roi Charles X ordonnait au vice-amiral Duperré de commencer le blocus d'Alger. Le 14 juin 1830, une armée commandée par le lieutenant général Bourmont, débarquait à Sidi-Ferruch, et le Dey d'Alger capitulait le 5 juillet; — où Charles-Quint avait échoué, Charles X réussit.

ALIBERT (Rue).

C. quai de Jemmapes, n°s 66 et 68; F. rue Claude-Vellefaux, et avenue Parmentier, n°s 181. — D^res imp., 17; d^re pair, 34.—Long. 278 m. — 10e arrond. (anc. 5e).

1re partie comprise entre le quai de Jemmapes et les rues Marie et Louise et Bichat.—En 1740, c'était la ruelle *Dagouri*, peu de temps après la rue *Notre-Dame*, puis la ruelle des *Postes*, enfin l'impasse *Saint-Louis*, en raison de sa proximité de l'hôpital de ce nom. Elle avait son entrée dans la rue Carême-Prenant, qui a été presque entièrement supprimée lors de la construction du canal Saint-Martin. Le 28 vendémiaire an XI, une décision ministérielle, signée Chaptal, avait fixé à 10 m. la largeur de l'impasse Saint-Louis, qui devait être prolongée jusqu'à la rue Saint-Maur. Une ordonnance royale, à la date du 6 décembre 1827, confirma cette dernière disposition, et porta la largeur de cette voie publique à 13 m. La rue Bichat, dont l'ouverture eut lieu en 1821, convertit en rue l'impasse Saint-Louis. En vertu d'une décision du Roi Louis-Philippe du 19 janvier 1840, cette voie publique reçut la dénomination d'*Alibert*. (Il restait encore une fraction de l'impasse Saint-Louis au-delà de la rue Bichat. (V. ci-après.)

2e partie comprise entre la rue Bichat et la rue Claude-Vellefaux.

« Napoléon,... avons décrété et décrétons ce qui suit :

» Art. 1er. — L'Administration de l'Assistance publique est autorisée à ouvrir sur ses terrains situés aux abords de l'hôpital Saint-Louis, à Paris, trois rues nouvelles : la 1re de 15 m. de largeur, *empruntant et prolongeant l'impasse Alibert* jusqu'au pavillon Gabrielle; la 2e, de 22 m. de largeur, partant dud. pavillon et aboutissant à la rue de la Chopinette; la 3e, de 22 m., partant du point de jonction des précédentes et débouchant dans la rue Corbeau...... En conséquence les alignements fixés par l'Ordonnance du 6 décembre 1827, pour l'élargissement et le prolongement de l'impasse Alibert, sont déclarés nuls et comme non avenus.

» Art. 2. — Toutefois, il sera procédé par l'application des mesures ordinaires de voirie, conformément aux lois et règlements en vigueur, à l'exécution de l'alignement de la 1re rue, qui a pour objet l'élargissement de l'impasse Alibert, au droit des propriétés particulières. Cet élargissement sera à la charge de la Ville de Paris... — Fait au Palais des Tuileries, le 10 décembre 1855 : *Signé* Napoléon. — Par l'Empereur, le Ministre secrétaire d'État au département de l'intérieur, *signé* Billault. »

La 1re rue indiquée dans le décret a reçu le nom de la rue Alibert qu'elle prolonge; la 2e, celui de rue Claude Vellefaux dont elle forme la continuation ; la 3e, celui d'avenue Parmentier, avec laquelle elle est destinée à se rattacher.

Les propriétés riveraines de la rue Alibert sont alignées, à l'exception de celles des n°s 20 et 22.

Jean-Louis, baron Alibert, est né à Villefranche (Aveyron), le 12 mai 1766. D'abord élève de l'École Normale, il devint ensuite homme de lettres et s'adonna surtout à la poésie. Mais bientôt le jeune Alibert délaissait *la dispute des Fleurs*, poème assez ingénieux, pour étudier la médecine. En 1799, il était reçu docteur et soutenait, à cette occasion, une thèse qui devint plus tard la base de son *Traité des fièvres intermittentes pernicieuses.*

Nommé, en 1803, médecin de l'Hôpital Saint-Louis, il fit des maladies de la peau son étude spéciale, et consigna les résultats de ses observations dans un ouvrage considérable ayant pour titre : *Traité complet des maladies de la peau.*

Lors de sa rentrée en France, le roi Louis XVIII nomma le docteur Alibert son médecin ordinaire. A ce titre, qui fit beaucoup pour sa fortune, Alibert réunit celui de professeur de matière médicale à l'École de Médecine de Paris, et celui de médecin du Collège Henri IV.

Il fut un des hommes les plus bienfaisants de son époque, et tels étaient l'aménité de son accueil, le charme de son entretien, qu'il suffisait de l'avoir une seule fois entendu, pour rester à jamais sympathique à sa personne.

Alibert mourut, le 5 novembre 1837, d'une affection cancéreuse à l'estomac.

Comme on le voit, ce nom est bien placé près de l'hôpital Saint-Louis.

ALICE (Rue Sainte-).

C. rue Maison-Dieu, n°s 12 et 16; F. rues du Château, n° 133, et Couesnon, n° 25. — D°r imp., 29; d°r pair, 4. — Long. 130 m. — 14e arrond. (anc. Montrouge).

Elle a été ouverte, en 1850, à 8 mètres de largeur, sur l'emplacement d'une ancienne *ruelle du Château*, par M. Couesnon, architecte, qui l'appela *Villa Sainte-Alice*, en l'honneur d'une de ses filles, nommée Alice. Un décret impérial du 23 mai 1863 a classé cette villa au nombre des voies publiques. En vertu d'un arrêté préfectoral du 1er février 1877, signé Ferdinand Duval, elle a reçu la qualification de *rue*.

ALIGRE (Cour d').

C. rue Bailleul, n° 10; F. rue Saint-Honoré, n° 123. — Pas de n°s. — Long. 55 m. — 1er arrond. (anc. 4e).

C'est plutôt un passage qu'une cour. Aussi, jusqu'à ces dernières années, on le désigna sous le nom de passage de l'Hôtel d'Aligre, parce qu'en effet il traverse cet hôtel, où se tint pendant longtemps le *Grand Conseil*. — Sa moindre largeur est de 3 m. 75 c.

ALIGRE (Place d').

C. rue Cotte, n°s 10 et 12; F. rue de Beccaria, n°s 26 et 25. — D°r imp., 17; d°r pair, 12. — Long. 114 m. — 12e arrond. (anc. 8e).

Cette place a été formée en décembre 1778, sur les dépendances de l'abbaye Saint-Antoine-des-Champs. Les lettres d'autorisation datées de Versailles, le 17 février 1777, furent registrées en Parlement, le 27 août de la même année. — Une décision ministérielle du 17 brumaire an XII, signée Chaptal, et une ordonnance royale du 30 juillet 1844, ont maintenu les formes et dimensions prescrites par les lettres patentes précitées. La largeur de cette place, entre les propriétés particulières, est de 70 m.

Conformément aux lettres patentes précitées, elle prit le nom de *place Beauveau*, (V. l'art. *Beauveau*, marché.)

Un arrêté préfectoral du 26 février 1867, signé Haussmann, lui a donné la dénomination de place d'Aligre. (V. l'art. suivant.)

Les propriétés riveraines sont alignées.

ALIGRE (Rue d').

C. rue de Charenton, n°s 95 et 97. — F. rue du Faubourg-Saint-Antoine, n°s 128 et 138. — D°r imp., 27; d°r pair, 36. — Long. 345 m. — 12e arrond. (anc. 8e).

1re partie comprise entre la rue de Charenton et la place d'Aligre. — Ouverte en décembre 1778 sur les dépendances de l'abbaye Saint-Antoine-des-Champs, cette rue a été autorisée par lettres patentes du 17 février 1777, registrées en Parlement le 24 août de la même année. (V. Beauveau, marché.) En vertu d'un arrêt du Conseil du 8 janvier 1780, elle reçut le nom de rue d'Aligre. Fixée à 42 pieds de largeur, elle ne fut exécutée qu'à 13 m. 50 c. Cette largeur a été maintenue par une décision ministérielle du 17 brumaire an XII, signée Chaptal, et par une ordonnance royale du 30 juillet 1844.

2e partie comprise entre la place d'Aligre et la rue du Faubourg-Saint-Antoine. — Elle a été ouverte à la même époque, conformément aux mêmes lettres patentes et sur les dépendances de l'abbaye Saint-Antoine-des-Champs. Elle reçut alors le nom de *rue Lenoir*. Cette voie publique, dont la largeur avait été fixée à 44 pieds, ne fut exécutée que sur 12 m. 99 c. Cette dimension a été maintenue par la décision ministérielle précitée du 17 brumaire an XII, et par une ordonnance royale du 30 juillet 1844.

Lenoir (Nicolas), architecte né à Paris en 1726, fut élève de Blondel. Il remporta le grand prix d'architecture. En 1787, la salle de l'Opéra fut incendiée; il s'agissait de la remplacer promptement. En six semaines, Lenoir éleva une nouvelle salle à laquelle on donna plus tard le nom de Théâtre de la Porte-Saint-Martin, et qui fut incendiée lors des derniers jours de la Commune. Lenoir construisit également le marché Beauveau; c'est à cette occasion que la voie partant du faubourg Saint-Antoine pour aboutir à cet établissement fut décorée, en 1780, du nom de l'architecte. Lenoir mourut à Paris le 30 juin 1810.

Un arrêté préfectoral du 2 avril 1868, signé Haussmann, a réuni la rue Lenoir à la rue d'Aligre, sous cette dernière dénomination.

Etienne-François d'Aligre, d'une famille de grands Magistrats, naquit à Paris en 1726, et devint premier Président du Parlement de Paris. Lors de l'exil de cette Compagnie, en 1771, d'Aligre montra une grande sagesse. Il s'opposa en 1788, à la convocation des états généraux, et donna sa démission après la prise de la Bastille. Soustrait aux fureurs de la populace de Paris, par la fidélité et le courage d'un de ses domestiques, d'Aligre émigra et mourut à Brunswick en 1798.

Les propriétés riveraines de la rue d'Aligre sont alignées.

ALLEMAGNE (Passage d').

C. rue d'Allemagne, n°s 30 et 32; F. rue de Meaux, n°s 65 et 67. — D°r imp., 23 *bis*; d°r pair, 22. — Long. 163 m. — 19e arrond. (anc. la Villette).

Il a été ouvert en 1835, à 4 m. de largeur, par M. *Sauvage*, qui lui donna son nom. En vertu d'un arrêté préfectoral du 1er février 1877, signé Ferdinand Duval, il a reçu la dénomination de passage d'Allemagne. (V. l'art. suivant.)

ALLEMAGNE (Rue d').

C. boulevard de la Villette, n° 202; F. boulevard Sérurier. — D°r imp., 211; d°r pair, 216. — Long. 1,820 m. — 19e arrond. (sur une long. de 1,750 m. à partir du boulevard de la Villette, anc. la Villette; surplus, côté imp., anc. Pantin; côté pair, anc. Pré-Saint-Gervais).

Le plan des environs de Paris, publié par Roussel en 1700, désigne cette voie sous le nom de *Grande route d'Allemagne par Meaux*. Elle traversait, à droite, les terrains provenant du *Pré-Saint-Gervais*, de *la Seigneurie de Pantin* et de *Romainville*; à gauche, elle rencontrait les dépendances des *Fermes du Pressoir*, *du Rouvray* et la *Courte-Villette*. Plus tard, elle a été comprise dans la route royale, puis impériale, n° 3, et a porté aussi les noms de *Grande rue*, de *Route de Paris à Metz*.

Une ordonnance royale du 9 juin 1830, et un décret impérial du 14 janvier 1857, ont fixé la moindre largeur de la rue d'Allemagne à 34 m. Un autre décret impérial du 23 mai 1863 a confirmé le classement de cette rue, au nombre des voies publiques.

La propriété n° 183 est seule soumise à retranchement.

ALLENT (Rue).

C. rue de Lille, n°s 15 et 17; F. rue de Verneuil, n°s 22 et 24. — D°s imp., 3; d°s pair, 10. — Long. 83 m. — 7e arrond. (anc. 10e).

On voyait encore, en 1652, entre la rue de Bourbon (auj. rue de Lille) et celle de Verneuil, une chapelle en l'honneur de la Sainte-Vierge. Cet oratoire dépendait de l'église Saint-Sulpice. Il fut démoli et l'on perça sur son emplacement une rue qui prit le nom de *Sainte-Marie*, auquel on ajouta plus tard la qualification de *Saint-Germain*, pour la distinguer de ses homonymes. — Une décision ministérielle du 3 thermidor an IX, signé Chaptal, fixa la largeur de cette voie publique à 7 m. En vertu d'une ordonnance royale du 29 avril 1839, cette largeur devra être portée à 10 m. Un décret impérial du 24 août 1864 a substitué au nom de rue Sainte-Marie-Saint-Germain celui de rue Allent.

Les propriétés riveraines sont soumises à un retranchement de 3 m. 20 c.

ALLENT (Pierre-Alexandre-Joseph), général, né à Saint-Omer en 1772, débuta en 1792 lors du bombardement de Lille, comme simple canonnier; admis au corps du génie, il parvint en 1795 au grade de capitaine. Le gouvernement l'employait ensuite à des travaux importants, et le nommait chef d'état-major du génie aux armées de Mayence et du Danube. Promu, sous l'Empire, chef de bataillon, Allent fut placé à la tête du Comité des fortifications, et se distinguait en 1814 par les efforts qu'il fit pour la défense de Paris. Après le retour des Bourbons, nommé major général de la garde nationale, puis Conseiller d'État, il rendit les services les plus signalés. En 1832, il était nommé Pair de France. Comme écrivain, traitant spécialement de l'art militaire, Allent occupe un rang distingué. Voici ses principaux ouvrages: *Histoire du corps Impérial du génie*, *Précis de l'Histoire des Arts et des Institutions militaires en France, depuis les Romains*. Allent mourut à Paris, le 3 juillet 1837.

ALLERAY (Impasse d').

Située rue d'Alleray, n° 104. — Pas de n°. — Long. 70 m. — 15e arrond. (anc. Vaugirard).

Elle a été formée en 1859 par M. Poulonnet (*Georges*), qui l'appela *cité Saint-Georges*. En vertu d'un arrêté préfectoral du 1er février 1877, signé Ferdinand Duval, elle a reçu le nom d'impasse d'Alleray. Elle n'est pas classée parmi les voies publiques (V. rue d'Alleray). Sa largeur est de 3 m. 30 c.

ALLERAY (Place d').

Située à la rencontre des rues Dutot et d'Alleray. — Pas de n°. — Sa long. est comprise dans celle de la rue d'Alleray. — 15e arrond. (anc. Vaugirard).

Cette place qui est de forme circulaire et dont le rayon est de 25 m., s'appelait *Rond-Point des Tournelles*. Un arrêté préfectoral du 6 août 1845 a maintenu les dispositions exécutées pour ce rond-point qui a été classé au nombre des voies publiques de Vaugirard, en vertu d'un autre arrêté du 6 juillet 1855. Un décret impérial du 23 mai 1863 a confirmé le classement de ce rond-point au nombre des voies publiques de Paris. Conformément à un autre décret du 24 août 1864, il a reçu le nom de place d'Alleray. (V. l'art. ci-après.)

Les propriétés riveraines sont alignées.

ALLERAY (Rue d').

C. rue de Vaugirard, n°s 299 et 301; F. rond-point des Fourneaux. — D°s imp., 97; d°s pair, 104. — Long. 820 m. — 15e arrond. (anc. Vaugirard).

Sur un plan de 1737, on voit trois anciennes portes élevées qui pouvaient, au besoin, fermer le village de Vaugirard et lui servir de défense. Elles se composaient chacune de deux tourelles ou *tournelles* crénelées. Ces portes étaient situées: la première, non loin du débouché actuel de la rue Blomet sur la rue de Vaugirard; la deuxième au-delà de l'ancienne église Saint-Lambert; la troisième, dans la rue Saint-Lambert, elle s'adossait aux bâtiments du marquis de Feuquières. Sur les tournelles étaient placées des pièces de canon qui furent transportées à Paris en 1791 (22 juin, — Archives municipales de Vaugirard). L'existence de ces tournelles fit donner leur nom à un chemin et à une rue qui en étaient voisins. Quant au *chemin des Tournelles* dont il s'agit spécialement ici, la partie qui s'étend de la rue de Vaugirard à la rue de La Quintinie, est indiquée sur certains plans sous le nom de *rue Hérard* qui lui venait d'une ancienne et honorable famille de Vaugirard, dont plusieurs membres existent encore. Toutefois la dénomination primitive de chemin des Tournelles finit par prévaloir. Sa largeur fut fixée à 10 m. par deux arrêtés préfectoraux des 16 août 1845 et 6 août 1852. Il a été classé au nombre des voies publiques de Vaugirard par un arrêté préfectoral du 6 juillet 1855. Un décret impérial du 23 mai 1863 a confirmé son classement parmi les voies publiques de Paris. En vertu d'un décret impérial du 24 août 1864, le chemin des Tournelles a reçu le nom de rue d'Alleray.

Les propriétés riveraines sont alignées, sauf celles de 1 à 13 et parties des n°s 4 et 6.

L'ancienne rue des Tournelles est scindée aujourd'hui en deux parties qui portent les dénominations d'Olivier de Serres et de Vaugelas.

ANGRAN-D'ALLERAY (Denis-François), appartenait à une ancienne famille, dont les membres ont été successivement seigneurs de Vaugirard. Né en 1715, à Paris, Angran-d'Alleray devint Lieutenant-Civil au Châtelet et Conseiller d'État. Il joignait à la plus grande élévation dans les idées, l'éloquence la plus douce et la plus persuasive. C'est ce Magistrat que Chastenet-Puységur a voulu peindre dans sa comédie intitulée: *Le Juge bienfaisant*. Voici le trait si honorable qui en avait fourni le sujet: dans le cours de l'hiver de 1787, des gardes du commerce amenaient devant Angran-d'Alleray, un malheureux débiteur, père de cinq enfants. La loi était précise; le Magistrat dut ordonner de le conduire en prison. Mais aussitôt, Angran-d'Alleray quitte l'audience, court chez lui, prend la somme nécessaire, se rend à la prison, vers onze heures du soir par le froid le plus rigoureux, et fait élargir le père de famille, en acquittant sa dette. Pendant la Terreur, un Magistrat aussi digne d'estime, ne devait pas être épargné. Il fut traduit devant le Tribunal révolutionnaire pour avoir fait passer des secours à son gendre, M. de la Luzerne qui avait émigré. Fouquier-Tinville qui tenait en grande estime l'ancien lieutenant-civil, l'interrogeait avec l'intention de le sauver.

— Tu ne connaissais pas, sans doute, lui dit Fouquier-Tinville, la loi qui défend toute espèce de communications avec les ennemis de l'État, qui sont à l'étranger.

— Je la connaissais, répondit Angran-d'Alleray. Mais la loi de la nature parlait plus haut à mon cœur que la loi de la République. Cette fière et noble réponse fut son arrêt de mort. — Le 28 avril 1794, il montait sur l'échafaud.

ALMA (Avenue de l').

C. avenues du Trocadéro et de Montaigne; F. avenue des Champs-

Élysées, nos 99 et 101. — Der imp., 73; der pair, 70.—Long. 730 m. — 8e arrond. (anc. 1er).

« Napoléon..., avons décrété et décrétons ce qui suit :

» Art. 1er. — Sont déclarés d'utilité publique :

Dans la Ville de Paris,

l'ouverture 1° d'un boulevard de 40 mètres de largeur qui partira du quai de Billy, dans l'axe du pont de l'Alma, pour aboutir à l'avenue des Champs-Élysées ; 2° d'un boulevard de 40 m. de largeur commençant audit quai, presque en face dudit pont et devant aboutir à la place de l'Étoile ; 3° d'un boulevard de 40 m. de largeur, partant du même point et se dirigeant sur la barrière Sainte-Marie (démolie en 1860) ; 4° d'un boulevard de 40 m. de largeur partant de la place de l'Étoile pour aboutir au quinconce planté en face du pont d'Iéna ; 5° et des amorces des voies secondaires qui doivent traverser ces boulevards et y aboutir. Ces amorces seront ouvertes sur toute l'étendue en façade des propriétés situées à l'intersection des voies principales et des voies secondaires ;

Dans la Commune de Passy,

l'ouverture 1° d'un boulevard de 40 m. de largeur qui prolongera le boulevard no 3, ci-dessus décrit, de la Ville de Paris, jusqu'à la porte de la Muette, Bois de Boulogne ; 2° d'un boulevard formant rectification de celui de Passy et se prolongeant jusqu'à la rencontre du boulevard de Longchamp, et les amorces des voies secondaires qui doivent traverser ces deux nouveaux boulevards ou y aboutir, le tout suivant les alignements indiqués par des lignes noires avec liserés bleus sur trois plans ci-annexés..... — Fait au Palais des Tuileries le 6 mars 1858. *Signé* Napoléon. — Par l'Empereur : le Ministre secrétaire d'État au département de l'Intérieur et de la sûreté générale, *signé* Espinasse. »

Ces percements furent immédiatement commencés, mais ils n'étaient pas terminés en 1864. Deux décrets en date des 27 janvier et 24 septembre de ladite année, approuvèrent les traités conclus entre la Ville de Paris et la Société Thome et Cie, pour l'achèvement de ces voies. Entre-temps, un décret du 2 mars 1864 avait assigné les dénominations suivantes aux voies énoncées dans le décret de 1858 : Boulevard no 1, *avenue de l'Alma* ;—no 2, *avenue Joséphine* (auj. avenue Marceau) ; — no 3, *avenue de l'Empereur* (auj. avenue du Trocadéro) ; — no 4, *avenue d'Iéna* ; — boulevard de Passy rectifié, *avenue du Roi de Rome* (auj. avenue Kléber.)

Les propriétés riveraines de l'avenue de l'Alma sont alignées.

La dépense de ce percement s'est élevée à 13,269,711 f. 86 c., dont il faut déduire une somme de 1,124,947 fr. 02 c. pour revente de terrains et de matériaux.

L'ouverture de cette avenue a nécessité la suppression d'une partie de la rue Marbeuf, sur une longueur de 172 m., et la démolition d'un certain nombre de propriétés situées rue de Chaillot et avenue des Champs-Élysées.

Alma, fleuve de Crimée qui se jette dans la mer Noire, entre Eupatoria et Sébastopol. Près de ce fleuve, le maréchal de Saint-Arnaud et lord Raglan, à la tête des armées française et anglaise, remportèrent, le 20 septembre 1854, sur l'armée Russe, la victoire dite de l'Alma.

ALMA (Cité de l').

C. avenue Bosquet, près du no 12; F. avenue Rapp, no 15. — Der imp., 11; der pair, 8. — Long. 68 m. — 7e arrond. (anc. 10e).

Elle a été formée en 1856 par M. Renard sur des terrains qui provenaient de l'ancienne île des Cygnes, et doit son nom au voisinage du pont de l'Alma. Sa largeur est de 7 m.

ALMA (Place de l').

Située à la rencontre du quai de Billy, des avenues du Trocadéro, de l'Alma, de Montaigne et du Cours de la Reine. — Long. 60 m. — 16e arrond. entre le quai de Billy et l'avenue du Trocadéro; surplus, 8e arrond. (anc. 1er pour la totalité).

Elle a été formée en 1864, comme conséquence des alignements approuvés par le décret du 6 mars 1858, mais sans désignation de nom. En 1871, des plaques indiquant place de l'Alma ont été posées sur les dépendances de la Pompe à feu. (V. l'art. de l'avenue de l'Alma.)

ALMA (Pont de l').

Situé entre les quais de la Conférence et de Billy, et le quai d'Orsay. — Long. 150 m. — moitié du côté d'aval, 16e arrond.; moitié du côté d'amont, 8e arrond.; moitié des côtés d'aval et d'amont, 7e arrond. (anc. 1er et 10e).

Peu de temps après la première victoire remportée en Crimée (20 septembre 1854), l'Empereur prescrivit la construction, en face de l'avenue de Montaigne, d'un nouveau pont qui prendrait le nom de l'*Alma*. Les travaux furent confiés directement, et sans adjudication, à M. Gariel, déjà chargé du pont des Invalides. L'entrepreneur devait les livrer, l'un et l'autre, le jour de l'ouverture de la première Exposition universelle (1er mai 1855). La hauteur exceptionnelle des eaux, pendant l'hiver de 1854 à 1855, fut un obstacle insurmontable à l'achèvement du pont, dans le délai fixé. Le 15 août 1855, la circulation s'y établit provisoirement ; mais des mouvements survenus au décintrement, nécessitèrent des travaux qui retardèrent l'ouverture définitive du pont jusqu'au 2 avril 1856, jour où il livra passage au cortège impérial qui se rendait au Champ de Mars pour la remise des drapeaux aux régiments revenus de la campagne de Crimée. Toutefois, le pont de l'Alma ne fut entièrement achevé qu'en 1857. Il se compose de trois arches de forme elliptique ; celles de rive ont 38 m. 50 c. d'ouverture, et celle du milieu, 43 m. Sa largeur du pont est de 20 m. : chaussée 12 m., et deux trottoirs de 4 m. chaque. La dépense du pont, proprement dit, qui s'est élevée à 4,620,000 fr., a été partagée par moitié entre l'État et la Ville de Paris.

Les quatre statues qui décorent les avant et arrière-becs des piles, ont coûté 110,000 fr., compris la fourniture de la pierre dure. Celle des avant-becs, représentant un zouave et un soldat de la ligne, sont dues à M. Diebold ; les deux autres : un artilleur et un chasseur de Vincennes, sont de M. Arnaud.

ALOMBERT (Passage).

C. rue des Gravilliers, nos 24 et 26; F. rue au Maire, nos 7 et 9. — Pas de no. — Long. 70 m. — 3e arrond. (anc. 6e).

Il a été formé, en 1847, par M. *Alombert* (Antony-François), propriétaire. La moindre largeur de ce passage est de 2 mètres.

ALOUETTES (Rue des).

C. rue de la Villette, nos 45 et 47; F. rue de la Vera-Cruz. — Der imp. 53; der pair, 58. — Long. 384 m. — 19e arrond. (anc. Belleville).

C'était en 1734 *le chemin des Alouettes*, près le *moulin de la Tour-Chaumont*. Une ordonnance royale du 21 juillet 1843 a fixé à 8 m. la largeur de cette rue qui forme un équerre. Son classement au nombre des voies publiques a été confirmé par un décret impérial du 23 mai 1863.

ALPES (Place des).

Située boulevard de la Gare à la jonction des rues Godefroy, Fagon et de Villejuif.—Pas de nos spéciaux — 13e arrond. (anc. 12e).

C'est un simple carrefour dont les maisons dépendent des rues qui le forment, et auquel un arrêté préfectoral du 1er février 1877, signé Ferdinand Duval, a donné le nom de place des Alpes.

Les propriétés riveraines sont alignées.

Les Alpes (Alp en celtique, montagne), nom donné à la principale chaîne de montagnes de l'Europe. Elle commence au nord de Nice, tourne à partir du mont Blanc vers l'est, ferme l'Italie au nord, s'interrompt pour laisser couler l'Adige, puis se sépare en deux rameaux. L'un va former les monts de Dalmatie, l'autre les monts Balkan. On sait quels efforts coûtèrent au grand général carthaginois, ainsi qu'à François 1er, le passage des Alpes. Napoléon, après avoir franchi le grand Saint-Bernard, le 14 mai 1800, fit ouvrir les magnifiques routes du Simplon, de 1801 à 1806, et du Mont-Cenis, de 1803 à 1810.

ALPHAN (Passage).

C. rue des Cinq-Diamants, nos 54 et 58; F. rue Barrault, près du no 19. — Dor imp., 25; dor pair, 28. — Long. 65 m.—13e arrond. (anc. Gentilly).

Il a été ouvert en 1846, à 6 m. de largeur, par M. *Alphan*, maître carrier.

ALPHONSE (Rue).

C. rue Saint-Charles, nos 140 et 146; F. rue Lemoult et se prolonge en impasse. — Dor imp., 23; dor pair, 34. — Long. 390 m. — 15e arrond. (anc. Grenelle).

En 1832, M. *Alphonse* Letellier, ancien associé de M. Violet pour la fondation du village de Beau-Grenelle, fit l'acquisition des terrains dits : *les belles noix*, provenant de la plaine de Grenelle. Il ouvrit sur cet emplacement plusieurs voies qui sont devenues les rues *Alphonse*, — *des Bergers*, — *des Cévennes* (originairement rue des Marguerites), — *Vignon* (orig. rue Saint-Paul) et *Virginie*. Elles ont été classées au nombre des voies publiques, en vertu d'un décret impérial du 24 juin 1868.

La rue Alphonse a été exécutée à 9 m. de largeur. (V. pour la biographie, l'art. de la rue *Letellier*.)

ALSACE (Rue d').

C. rue de Strasbourg, no 8; F. rue de La-Fayette, no 161. — Dor imp., 43; pas de no pair : ce côté est bordé par la Gare du chemin de fer de l'Est. — Long. 363 m. — 10e arrond. (anc. 5e).

C'était originairement un passage qui, ouvert en 1857, prit le nom de *passage de La Fayette*, en raison de son débouché sur la voie ainsi appelée.

« Napoléon,... avons décrété et décrétons ce qui suit :

» Art. 1er. — Le passage La Fayette est classé au nombre des voies publiques de la Ville de Paris qui sera à l'avenir chargée de son entretien. Les alignements de cette voie publique sont arrêtés, conformément aux liserés bleus du plan ci-annexé... — Fait au Palais des Tuileries le 11 janvier 1865. *Signé* Napoléon. — Par l'Empereur : le Ministre secrétaire d'État au département de l'intérieur, *signé* Boudet. »

Un arrêté préfectoral du 20 juillet 1868, porte ce qui suit :

« La voie dite passage de La Fayette, située entre les rues de Strasbourg et de La Fayette prendra la dénomination de rue d'Alsace. — *Signé* Haussmann. »

D'après les alignements arrêtés, l'immeuble situé entre les nos 19 et 23 est seul soumis à retranchement.

Alsace, ancienne province de France. Elle se divisait en haute et basse Alsace, correspondant aux départements du Haut-Rhin et du Bas-Rhin ; Le chef-lieu du Haut-Rhin était Colmar : celui du Bas-Rhin, Strasbourg. De la domination des Celtes, l'Alsace passa sous celle des Romains, et fit partie de la première Germanie et de la grande Séquanie. Les Francs s'en emparèrent sous le règne de Clovis, puis elle fut incorporée au royaume d'Austrasie. Des comtes, ensuite des ducs la gouvernèrent. En 940, séparée de la France, elle passait sous la domination autrichienne. Le traité de Westphalie, en 1648, nous la rendit. Cette conquête de Louis XIV fut confirmée par les traités de Nimègue, en 1678, et de Ryswyck en 1697.

Les Allemands nous l'ont reprise en 1871. Sous la domination française, l'Alsace a joui, pendant deux cent vingt-deux ans, d'une grande prospérité. Sa séparation de la France est une de ses plaies saignantes.

AMANDIERS (Impasse des).

Située rue des Amandiers, nos 60 et 62.—Dor imp., 9; dor pair, 6. — Long. 100 m. — 20e arrond. (anc. Belleville).

Formée sur le vignoble appelé *Les Panoyaux*, elle tire son nom de la rue des Amandiers. (V. l'art. suivant.) Cette impasse n'est pas classée parmi les voies publiques. Elle a 3 m. environ de largeur.

AMANDIERS (Rue des).

C. boulevard de Ménilmontant, nos 40 et 42; F. rue de Ménilmontant, nos 52 et 54. — Dor imp., 119; dor pair, 110. — Long. 670 m. — 20e arrond. (côté pair entre le boulevard de Ménilmontant et la rue des Partants, anc. Charonne; surplus de ce côté, ainsi que tout le côté imp., anc. Belleville).

D'après le plan de Roussel de l'année 1734, cette voie n'était qu'un chemin tortueux et sans dénomination. Ce chemin continuait dans Belleville la rue des Amandiers, qui commençait au rempart. A peu près à l'endroit où fut établie, en 1784, la barrière des Amandiers, ce chemin s'inclinait à gauche, gagnait l'avenue de Ménilmontant, après avoir coupé en biais un vignoble appelé *Les Panoyaux*. Il se continuait ensuite jusqu'à la grande rue de Belleville, en suivant à peu près le tracé actuel de la rue de la Mare. Des amandiers qui bordaient ce chemin lui firent donner le nom que la rue a conservé.

Deux ordonnances royales, en date des 30 août 1837 et 27 août 1844, ont fixé la largeur de cette rue à 9 m. Son classement au nombre des voies publiques a été confirmé par un décret impérial du 23 mai 1863.

Les propriétés ci-après sont alignées : nos 3, 5, de 9 à 15 inclus, 27, 33, 35, 37, 41, 43, 45, de 53 à 59 inclus, partie de 61, 67, 69, 71, 87, de 95 à 109 inclus, 119, de 2 à 16 inclus, 22, de 40 à 60, de 64 à 80 inclus, de 84 à la fin.

AMBIGU (Rue de l').

C. rue de Bondy, nos 60 et 64; F. rue du Château-d'Eau, nos 21 et 27.—Pas encore de nos.—Long. 170 m.—10e arrond. (anc. 5e).

Elle a été ouverte en 1879 sur l'emplacement de l'hôtel de La Riboisière. Sa largeur n'est que de 6 m. 20 c. à l'entrée par la rue de Bondy : dans le surplus, la largeur atteint 10 m. On la désigne provisoirement dans le quartier sous le nom de rue de l'Ambigu, en raison de sa situation vis-à-vis le théâtre ainsi appelé. Elle n'est pas classée parmi les voies publiques.

AMBIGU-COMIQUE (Théâtre de l').

Situé boulevard Saint-Martin, à l'angle de la rue de Bondy. — 10e arrond. (anc. 5e).

Audinot, acteur de la Comédie italienne, est le fondateur de l'Ambigu-Comique. Il ouvrit, au mois de février 1759, un théâtre à la foire Saint-Germain, puis sur le Boulevard du Temple, un spectacle de marionnettes auxquelles il substitua des enfants. Grâce à la gentillesse et à l'intelligence précoce des jeunes artistes, ce spectacle fit fureur. Audinot donna à son théâtre cette devise, dans laquelle se trouvait son nom,

Sicut infantes audi nos. Un poète, l'abbé Delille, a peint l'empressement du public dans ce joli vers :

Chez Audinot, l'enfance attire la vieillesse.

Tout Paris courut à ce théâtre ; l'Opéra resta désert. Les administrateurs du Grand-Théâtre, jaloux des succès d'Audinot, obtinrent, à la fin de l'année 1771, un arrêt du Conseil qui réduisit l'Ambigu-Comique à l'état de spectacle de dernière classe. On lui ordonna de supprimer les danses ainsi qu'une grande partie de son orchestre. Cette mesure injuste causa une grande rumeur. Peu de temps après, le théâtre d'Audinot parvint à recouvrer son ancienne liberté, moyennant une contribution annuelle de 12,000 livres qu'il dut payer à l'Opéra. La comtesse Du Barry, pour égayer le Roi Louis XV, fit venir, au mois d'avril 1772, la troupe d'Audinot à Choisy. Un incendie qui éclata le 13 juillet 1827, dévora complètement les bâtiments de ce théâtre ; sa reconstruction ne put avoir lieu sur le boulevard du Temple ; l'isolement qui était imposé aurait trop restreint les proportions des bâtiments. Forcé de chercher un autre endroit, on fit choix de l'hôtel Murinais, dont l'emplacement offrait toute la sécurité désirable. Les divers planchers de ce théâtre sont construits en fer et maçonnés en poteries ; les combles sont également en fer et couverts en ardoises ; le mur au droit de l'avant-scène et séparant le théâtre de la salle, s'élève en gradins au-dessus des combles de ces deux parties ; enfin un rideau mobile en treillis de fer a été disposé en cet endroit. L'emplacement occupé par l'Ambigu a été acheté 385,515 fr. ; la démolition des anciennes constructions et l'exécution de la totalité des travaux ont eu lieu en moins de dix mois ; ils ont occasionné une dépense de 1,317,944 fr. Cette salle, construite de 1827 à 1828, par MM. Hittorff et Lecointe, architectes, peut contenir 2,000 personnes ; elle a été livrée au public le 8 juin 1828. La superficie de ce théâtre est de 1,032 m. Les pièces qu'on y joue sont principalement des drames.

AMBOISE (Rue d').

C. rue de Richelieu, nos 93 et 95 ; F. rue Favart, nos 14 et 16. — Der imp. 9 ; der pair, 10. — Long. 95 m. — 2e arrond. (anc. 2e).

Des lettres patentes, à la date du 14 octobre 1780, autorisèrent le percement de cette rue sur les terrains appartenant à M. le duc de *Choiseul-Amboise*. (V. OPÉRA-COMIQUE, théâtre de l'.) Ces lettres patentes portent que la rue nouvelle sera nommée rue d'*Amboise*, et qu'elle aura 25 pieds de largeur. Ce percement a été exécuté en 1781 sur une dimension de 8 m., qui a été maintenue par une décision ministérielle du 3 frimaire an X, signée Chaptal, et par une ordonnance royale du 27 octobre 1847.

Les propriétés riveraines sont alignées.

Étienne-François de Choiseul, duc de Choiseul-AMBOISE, marquis de Stainville et de la Bourdaisière, colonel général des Suisses, né le 28 juin 1719, entra au service sous le nom de comte de Stainville. Colonel en 1743, maréchal de camp en 1748, il était lieutenant général en 1759. Il débuta dans la carrière diplomatique par l'ambassade de Rome. Envoyé à Vienne en 1756, il y conclut un traité d'alliance avec l'Autriche contre la Prusse. A son retour, de Choiseul remplaça le cardinal de Bernis au Ministère des affaires étrangères, en 1758. Créé duc et pair, il prit le portefeuille de la guerre à la mort du maréchal de Belle-Isle, en 1761, laissant les relations extérieures à son cousin, le duc de Praslin. Il améliora l'organisation de l'armée, réforma le génie et l'artillerie. Malgré l'Angleterre, il réunit la Corse à la France. Une intrigue du duc d'Aiguillon, du chancelier Maupeou et de l'abbé Terray, renversa le duc de Choiseul qui ne voulait pas plier devant la Du Barry. Exilé à Chanteloup, il recouvra sa liberté à la mort de Louis XV. — Le duc de Choiseul est mort le 8 mai 1785.

AMBROISE (Église Saint-)

Située boulevard de Voltaire, entre les rues Saint-Ambroise, des Annonciades et de La Charrière. — XIe arrond. (ancien 8e).

Ancienne Église.

Les Annonciades du Saint-Esprit de l'Hôtel-Dieu Saint-Nicolas de Melun vinrent, en 1636, s'établir à Popincourt dans une maison acquise du sieur Euverte Angran par contrat du 12 juillet 1636. Leur église fut bâtie en 1659. Soit malheur du temps, soit défaut de gestion, ces religieuses furent obligées d'aliéner leurs biens. La première vente eut lieu en 1769. D'aliénation en aliénation, elles furent obligées, en 1781, de vendre leur maison et leur église à MM. Perrot de Chezelles, de Blosseville et Valentin. Pour tirer parti de l'emplacement autrefois occupé par cette communauté religieuse, ces acquéreurs firent tracer plusieurs rues, qui furent réduites à deux seulement. La première est la rue Saint-Ambroise ; la seconde, appelée de *Beauharnais*, fut seulement tracée ; elle a été supprimée par décision ministérielle du 9 octobre 1818. — La chapelle, devenue propriété nationale, fut vendue le 2 prairial an V, puis érigée vers 1802, sous le vocable de Saint-Ambroise, en seconde succursale de la paroisse Sainte-Marguerite. Rachetée par la Ville de Paris, le 31 août 1811, moyennant 67,500 francs, l'église Saint-Ambroise fut restaurée, agrandie par M. Godde, architecte, et bénite le 15 novembre 1818. Sa superficie était de 883 m. Elle a été démolie en 1868, et son remplacement a été confondu, partie dans le nouvel édifice dont nous parlerons ci-après, partie dans l'espace qui est au devant.

Nouvelle Église.

« Napoléon,... avons décrété et décrétons ce qui suit :

» ART. 1er. — Sont déclarés d'utilité publique dans la Ville de Paris (Seine) : 1° la reconstruction de l'*Église et du Presbytère de la Paroisse* de Saint-Ambroise ; 2° la formation, aux abords de ces deux édifices, d'une place et de deux rues, dont l'une empruntant et prolongeant l'impasse Parmentier, communiquera de l'avenue Parmentier à la nouvelle place, et l'autre prolongera l'impasse Saint-Ambroise, jusqu'à la rue de ce nom... — Fait au palais des Tuileries, le 24 janvier 1863. *Signé* NAPOLÉON. — Par l'Empereur : le Ministre secrétaire d'État au département de l'intérieur, *signé* F. DE PERSIGNY. »

Les expropriations furent immédiatement poursuivies et atteignirent les immeubles portant alors : sur la rue Saint-Ambroise, les nos 1-3 — de 2 à 16 ; sur l'avenue Parmentier, les nos 17-19-21-23 et sur l'impasse Saint-Ambroise, le no 3. — La place, située au-devant de l'église et dont deux côtés sont formés par les rues Saint-Ambroise et de La Charrière, n'a pas reçu de dénomination spéciale. La voie nouvelle en prolongement de l'impasse Parmentier, qui s'est appelée originairement rue Saint-Irénée, a pris le nom de la rue de La Charrière dont elle forme le prolongement. L'autre voie nouvelle porte l'appellation de rue des Annonciades.

Construite d'après les plans et sous la direction de M. Théodore Ballu, architecte, la nouvelle église qui couvre une superficie de 2,900 m., a coûté 2,247,534 fr. 58 c. Son style, léger, hardi, plein de grâce, est le style roman du XIIe siècle. Sa façade principale a vue sur une petite place qui s'ouvre sur le boulevard de Voltaire. Le monument religieux est précédé d'un porche grandement ouvert et flanqué de deux tours de 60 m. d'élévation et décoré au premier étage d'une imposante arcature surmontée d'une rosace richement ornée. A l'étage au-dessus est une seconde arcature de même caractère que la précédente, mais de dimensions plus larges. Au sommet, à la naissance de la flèche, les angles des tours sont accompagnés de campanilles élégants dont les lignes se marient heureusement avec l'ensemble de l'édifice.

Sur la façade principale, ainsi que sur les pignons du transept, s'ouvrent, à la hauteur du comble des basses nefs, de grandes rosaces enrichies de verrières.

Une galerie de pierre s'étend sur tout le développement de l'édifice qui comporte trois nefs voûtées et un transept.

Cette église a été inaugurée en 1869 par Mgr Darboy, archevêque de Paris. Le 27 avril de la même année, en présence de l'Empereur et de l'Impératrice, eut lieu la bénédiction des cloches.

L'église Saint-Ambroise ne fut pas épargnée, lors de la seconde Commune. Le 7 mai 1871, le *club des Prolétaires* s'y établit. Le prix d'entrée fut d'abord fixé à 10 centimes. Mais le lendemain l'arrêté suivant fut placardé sous le porche :

« Vu le décret Communal et l'arrêté du délégué à la sûreté générale, qui entend interdire tous les genres de mendicité, quels qu'ils soient, les citoyens du XIe arrondissement, démocrates du *club Ambroise*, ne voulant pas continuer la mise en pratique des coutumes préconisées par les charlatans en soutane, que la justice du peuple vient de chasser d'ici,

Arrêtent : Il ne sera perçu aucun droit pour l'entrée au club. »

Les femmes y abondaient ; une seule y avait acquis une influence : c'était une matelassière. A la séance du 15 mai, elle fit la motion de fusiller dans les vingt-quatre heures tous les gens d'Église, *depuis le donneur d'eau bénite jusqu'au curé*. A une autre séance, elle improvisa un discours contre le mariage et prononça ces paroles : *J'ai une fille qui a seize ans, et jamais, tant que je vivrai, elle ne se mariera.* Du reste, *elle vit maintenant avec quelqu'un*, et elle est très heureuse sans les sacrements de l'Église.

Cet édifice eut beaucoup à souffrir pendant la lutte ; les réparations ont coûté plus de 100,000 francs.

AMBROISE (Impasse Saint-).

Située rue Saint-Ambroise, n° 29. — Dr imp. 11 ; dr pair, 8. — Long. 158 m. — 11e arrond. (anc. 8e).

Elle a été formée en 1807, à 9 m. 60 c. de largeur, sur des terrains qui avaient été vendus en 1793 par le Domaine de l'État. Cette impasse n'est pas classée au nombre des voies publiques.

AMBROISE (rue Saint-).

C. rue de la Folie-Méricourt, n° 2, et boulevard de Voltaire ; F. rue Saint-Maur, nos 67 et 69. — Dr imp. 39 ; dr pair, 28. — Long. 365 m. — 11e arrond. (anc. 8e).

Elle a été ouverte en 1783, sur l'emplacement du couvent des religieuses Annonciades du Saint-Esprit ; sa largeur fut alors fixée à 9 m. 74 c. En 1802, elle reçut la dénomination de rue Saint-Ambroise, en raison de sa proximité de l'église des Annonciades, dédiée à saint Ambroise. Une décision ministérielle du 6 pluviôse an IX, signée Chaptal, et un décret du Président de la République, du 25 juin 1849, signé L.-N. Bonaparte, ont maintenu la largeur de 9 m. 74 c.

Les constructions riveraines ne sont pas soumises à retranchement. (V. AMBROISE, église SAINT-.)

AMÉLIE (Rue).

C. rue Saint-Dominique, nos 91 et 93 ; F. rue de Grenelle, nos 170 et 172. — Dr imp. 21 ; dr pair, 20. — Long. 180 m. — 7e arrond. (anc. 10e).

Les sieurs Wauthy et Fabus de Maisoncelle, propriétaires de terrains situés entre les rues Saint-Dominique et de Grenelle, au Gros-Caillou, obtinrent, le 6 septembre 1772, des lettres patentes qui autorisaient le percement d'une rue de 24 pieds de largeur. Ces deux propriétaires devaient concéder gratuitement, et chacun par moitié, l'emplacement nécessaire à l'exécution du percement. Ces lettres patentes furent registrées en Parlement le 22 août 1774. Un seul propriétaire remplit cette condition ; il en résulta que la rue ne fut ouverte que sur la moitié de la largeur fixée par les lettres patentes. Cet état de choses durait encore en 1823 ; à cette époque, M. Pihan de Laforest, propriétaire riverain, et un grand nombre d'habitants s'adressèrent à l'autorité supérieure, et demandèrent l'exécution complète des lettres patentes de 1772. Cette demande fut accueillie favorablement, et le Ministre de l'Intérieur décida, le 12 juin 1824, que la rue, qui jusqu'alors n'était connue sur les plans que sous le nom de *rue projetée*, s'appellerait désormais rue *Amélie* ; c'était le nom de baptême de la fille de M. Pihan de Laforest. Morte à l'âge de quinze ans, cette jeune personne réunissait toutes les vertus chrétiennes.

Cependant les clauses insérées dans les lettres patentes ne furent point exécutées ; des contestations s'élevèrent entre la Ville de Paris et les propriétaires du terrain qui devait être livré pour l'exécution complète du percement. Un jugement du tribunal de première instance débouta, en 1826, la Ville de ses prétentions ; et en 1832, un arrêté du Préfet de la Seine prescrivit l'établissement de clôtures, aux deux extrémités de la rue Amélie.

Une ordonnance de police du 13 octobre 1839, signée Boittelle, porte ce qui suit :

« Les sieurs Handus, Sink, Petitbled, Pihan de la Forest, Thibaud, et les sieur et dame Malden sont autorisés à ouvrir au public, à titre et sous le nom de *Passage*, la voie de communication appelée précédemment rue Amélie. »

Les conditions insérées dans cette ordonnance sont celles qui s'appliquent ordinairement aux passages livrés à la circulation du public. Malgré la prescription de l'ordonnance, la qualification de *rue* a été conservée. Depuis 1859, cette voie a été élargie, et atteint aujourd'hui 7 m. 75 c.

AMELOT (Impasse).

Située rue Amelot, n° 62. — Pas de nos. — Long. 133 m. — 11e arrond. (anc. 8e).

Dans ses *Recherches* sur Paris, Jaillot l'indique en 1772 sous la dénomination d'*impasse des Jardiniers*, qu'elle devait sans doute aux *jardiniers* qui cultivaient les terrains environnants. Cette impasse, qui n'est pas reconnue comme voie publique, a 3 m. 50 c. de largeur. En vertu d'un arrêté préfectoral du 1er février 1877, signé Ferdinand Duval, elle a reçu le nom d'impasse Amelot, en raison de sa situation dans la rue où elle prend naissance. (V. l'art. suivant.)

AMELOT (Rue).

C. boulevard Richard-Lenoir, nos 3 et 5 ; F. boulevard de Voltaire, nos 6 et 8. — Dr imp. 161 ; dr pair, 148. — Long. 1,259 m. — 11e arrond. (du boulevard Richard-Lenoir à la rue Oberkampf, anc. 8e ; surplus, anc. 6e).

Un arrêté préfectoral, en date du 2 avril 1868, signé Haussmann, ayant réuni à la rue Amelot les *rues Saint-Pierre-Popincourt* et *des Fossés-du-Temple*, le présent article est divisé en 3 parties.

1re partie comprise entre le boulevard Richard-Lenoir et la rue Saint-Sébastien.

Au mois de mai 1777, le Roi ordonna, par lettres patentes,

que les fossés de la Ville en toute leur étendue, depuis le pont Saint-Antoine jusqu'au grand égout, seraient remplis au moyen des gravois et des décharges publiques, jusqu'à la hauteur du chemin de la Contrescarpe, et à six pieds ou environ plus bas que le sol du rempart. Par ces mêmes lettres patentes, il fut arrêté que les terrains des fossés seraient divisés en plusieurs rues, dont l'une aurait son ouverture dans la demi-lune à l'entrée du faubourg Saint-Antoine, et aboutirait à la rue Saint-Sébastien, serait appelée rue *Amelot*, et aurait 36 pieds de largeur. Ce percement fut commencé en 1779. Une décision ministérielle du 25 messidor an X, signée Chaptal, et un décret du Président de la République du 25 juin 1849, signé L.-N. Bonaparte, ont maintenu sa largeur primitive, (11 m, 69 c.) Lors de l'exécution du canal Saint-Martin, la partie de la rue Amelot débouchant sur la place de la Bastille a été supprimée. — Jusqu'en 1846, le côté des numéros impairs, depuis la rue Daval jusqu'à la rue Saint-Sébastien, était formé par le mur de soutènement des contre-allées du boulevard de Beaumarchais. A partir de cette époque, on a construit les maisons que nous voyons aujourd'hui. (V. BEAUMARCHAIS, boulevard de.)

Toutes les propriétés riveraines de cette 1re partie sont alignées.

2e Partie comprise entre la rue Saint-Sébastien et la rue Oberkampf.

C'était une section de l'ancien chemin qui régnait le long du fossé, qui était appelé *chemin de la Contrescarpe*. On lui donna, vers 1770, le nom de rue *Saint-Pierre*, en raison d'une statue de *saint Pierre*, placée à l'une de ses extrémités. On ajouta plus tard au nom de Saint-Pierre la qualification de *Popincourt* pour distinguer cette rue de ses homonymes. Cette voie publique a été élargie en 1780, et portée à 11 m. 69 c., largeur qui a été maintenue par une décision ministérielle du 25 messidor an X, signée Chaptal, et par un arrêté du Président du Conseil des Ministres, chargé du pouvoir exécutif, signé Eª Cavaignac, du 2 octobre 1848. Jusqu'en 1847, le côté des numéros impairs était formé par le mur de soutènement des contre-allées du boulevard des Filles-du-Calvaire. (V. cet art.) A partir de cette époque, on a construit les maisons que nous voyons aujourd'hui.

Toutes les propriétés riveraines de cette 2e partie sont alignées.

3e Partie comprise entre la rue Oberkampf et le boulevard de Voltaire.

Ouverte sur les *fossés* du Temple qui bordaient le rempart, elle prit le nom de *rue des Fossés-du-Temple*. Une décision ministérielle du 25 messidor an X, signée Chaptal, fixa la moindre largeur de cette rue à 10 m. En vertu d'un décret du Président de la République, signé L.-N. Bonaparte, du 11 février 1850, sa largeur devra être portée à 12 m. Toutes les propriétés du côté des numéros impairs de cette troisième partie, sont alignées. — Sur le côté opposé les maisons nos 118 à 146 inclus sont soumises à retranchement. — Cette voie publique aboutissait à la rue du Faubourg-du-Temple et avait une longueur de 631 m. Lors du percement du boulevard du Prince-Eugène (auj. de Voltaire) et de la formation de la place du Château-d'Eau (auj. place de la République), cette longueur fut réduite de 254 m., et les maisons qui portaient les nos de 17 à 67, et de 40 à 82 ont été expropriées et démolies.

Lors du nouveau numérotage des voies réunies à la rue Amelot, l'Administration a confondu dans cette rue la *place d'Angoulême*, située à la jonction des rues des Fossés-du-Temple et d'Angoulême. Les maisons qui dépendaient de cette place portent aujourd'hui, sur la rue Amelot, les nos 134 et 136, et doivent être maintenues à leur alignement actuel, en vertu d'un décret du Président de la République, signé L.-N. Bonaparte, du 5 août 1852. (V. Angoulême, rue d'.)

AMELOT, Ministre de la maison du Roi Louis XVI, n'avait pas escaladé cette haute position, il était monté échelon par échelon, à force de travail et de mérite. A la révolution, il tomba aussi vite qu'il s'était élevé lentement, sous l'ancienne monarchie. Pendant la Terreur, il fut décrété d'accusation. On lui reprochait l'arrestation et la longue captivité de Latude. Amelot démontra facilement la fausseté de cette accusation en disant : « Je n'ai été ministre de la maison du roi que dix années après la mort de madame de Pompadour qui fit enfermer Latude. » Néanmoins, l'arrestation d'Amelot fut maintenue : il resta prisonnier au Luxembourg, par mesure de *sûreté générale*, et mourut en 1794 d'une maladie lente et douloureuse.

AMIRAUX (Rue des).

C. rue des Poissonniers, n° 121, traverse la rue Boinod, et F. en impasse. — Pas de nos imp.; der pair, 12. — Long. 140 m. — 18e arrond. (anc. Montmartre).

En 1848, plusieurs propriétaires ouvrirent une impasse de 10 m. de largeur, ayant son entrée dans la rue des Poissonniers, et lui donnèrent le nom d'*impasse des Vosges*. Lors du percement de la rue Boinod, cette impasse fut coupée en deux parties, dont l'une prit la qualification de rue, et l'autre conserva celle d'impasse. Un arrêté préfectoral du 10 novembre 1873, signé Ferdinand Duval, a réuni ces deux voies *particulières*, sous la seule dénomination de rue des Amiraux. C'est un hommage rendu à l'héroïque conduite des amiraux pendant le siège de Paris, en 1870-1871.

AMPÈRE (Rue).

C. rue Jouffroy, n° 54, et boulevard de Malesherbes, nos 155; F. boulevard Péreire, nos 119 et 121. — Der imp., 69; der pair, 62. — Long. 600 m. — 17e arrond. (anc. Batignolles).

Un décret impérial du 30 novembre 1862 a déclaré d'utilité publique l'ouverture de cette rue à 20 m. de largeur, sur les terrains de la plaine de Monceau, appartenant aux sieurs Émile Péreire et consorts. Ce percement a été immédiatement exécuté ; il a reçu le nom de rue Ampère, en vertu d'un autre décret du 2 mars 1864. (V. Rue Brémontier.)

Les propriétés riveraines sont alignées.

AMPÈRE (André-Marie) un des savants les plus illustres de l'Europe, naquit à Lyon, le 20 janvier 1775. Ses premières années s'écoulèrent au village de Polemieux, où son père, ancien négociant, l'éleva lui-même. De bonne heure, le goût des mathématiques se manifestait en lui. Dans la convalescence d'une maladie, on le surprit faisant des calculs avec les morceaux d'un biscuit qu'on lui avait donné. Son père, juge de paix à Lyon, périt sur l'échafaud, en novembre 1793. Ce coup fut terrible pour Ampère. En 1801, il était nommé professeur de chimie à l'école Centrale de l'Ain et s'installait à Bourg. Le premier ouvrage qu'il fit imprimer, est intitulé *Leçons élémentaires sur les séries et autres formules indéfinies*. Puis, désireux d'obtenir une place au lycée, il se mit à composer un *Essai sur la théorie mathématique du jeu*; cet ouvrage frappa Delambre. Un autre mémoire sur l'*Application à la mécanique des formules du calcul des variations* acheva de gagner Delambre, et selon son désir, Ampère fut nommé au lycée de Lyon. En mars 1806, il était secrétaire du bureau consultatif des Arts et Métiers ; en 1808, inspecteur général de l'Université ; en 1809, professeur d'analyse et de mécanique à l'École Polytechnique ; enfin, en 1814, l'Académie des sciences l'admettait dans son sein. En 1816, Ampère publiait dans les annales de chimie et de physique, une *Classification naturelle des Sciences*, dans laquelle il appliquait pour la première fois à la chimie les méthodes des sciences naturelles, liait ensemble des phénomènes jusqu'alors isolés, et devançait une foule d'expériences. Son dernier travail qui tient à la fois de la science et de la philosophie et qui couronne dignement sa vie, est un *Essai sur la classification des Sciences*. Dans le beau volume qu'il a a publié sous ce titre, les sciences sont groupées avec un merveilleux esprit de synthèse, suivant leurs affinités réelles et philosophiques. Cet illustre savant rappelait La Fontaine par la bonhomie et l'inexpérience du monde et des hommes. Comme le fabuliste, il passait pour le vrai type de la distraction. Mais chez le poète, comme chez le savant, c'était la préoccupation du génie. Ampère mourut à Marseille, durant sa tournée d'inspection générale, le 10 juin 1836, avec le calme d'une âme aussi belle par la vertu, que son esprit était resplendissant par sa merveilleuse intelligence.

AMSTERDAM (Impasse d').

Située rues d'Amsterdam, n° 21, et de Londres, n° 39. — Pas de n°. — Long. 35 m. — 8e arrond. (anc. 1er).

C'est une partie de la *rue de Stockholm* (v. cet art.) qui, réduite à l'état d'impasse, a reçu sa dénomination actuelle, en vertu d'un arrêté préfectoral du 1er février 1877, signé Ferdinand Duval. Sa largeur est de 12 m., conformément à l'ordonnance royale du 24 juin 1831, qui autorisa l'ouverture de la rue de Stockholm.

AMSTERDAM (Rue d').

C. rue Saint-Lazare, nos 106; F. boulevard des Batignolles, nos 1 et 3. — Der imp., 101; der pair, 108. — Long. 835 m. — côté imp. 8e arrond.; côté pair, 9e arrond. (anc. 1er pour la totalité).

Dans notre *Précis historique*, en tête de ce dictionnaire, nous avons rappelé, au chapitre XIV, pages 80 et suivantes, l'origine du *quartier d'Europe* dont la création est due au comte Chabrol de Volvic, Préfet de la Seine. Parmi les voies qui composent ce quartier, la rue d'Amsterdam est la première par ordre alphabétique; nous allons en reproduire l'état civil, et nos lecteurs trouveront les autres voies publiques aux noms qui leur sont assignés aujourd'hui.

En vertu d'une ordonnance royale du 2 février 1826, MM. Jonas Hagerman et Sylvain Mignon furent autorisés à former sur leurs terrains, les rues, portions de rues, de boulevard et place ci-après indiqués : *Amsterdam* (rue d'), *Berlin* (rue de), *Bruxelles* (rue de), *Constantinople* (rue de), *Europe* (place d'), *Florence* (rue de), *Fontaine* (rue), *Gênes* (rue de), *Hambourg* (rue de), *Lisbonne* (rue de), *Londres* (rue de), *Madrid* (rue de), *Malesherbes* (prolongement du boulevard de), *Messine* (rue de), *Miroménil* (prolongement de la rue de), *Munich* (rue de), *Naples* (rue de), *Pétersbourg* (rue de *Saint-*), *Plaisance* (rue de), *Rocher* (prolongement de la rue du), *Rome* (rue de), *Tivoli* (rue de), *Turin* (rue de), *Vienne* (rue de). Ces dénominations furent approuvées par une décision ministérielle du 5 août 1826. L'ordonnance précitée imposa aux impétrants, entr'autres conditions, celles ci-après :

« De faire établir à leurs frais, de chaque côté des nouvelles voies, des trottoirs en pierre dure, d'une largeur de 2 m. dans les rues de 15 m., et de 1 m. 60 c. dans celles de 12 m.; de supporter les frais d'établissement de pavage et d'éclairage; de fermer par des grilles en fer ou par des portes, l'entrée des rues qui ne pourraient, quant à présent, avoir de débouchés ; de se conformer aux lois et règlements sur la voirie de Paris. »

La rue d'Amsterdam, telle qu'elle avait été autorisée sur les terrains de MM. Hagerman et Mignon, formait deux impasses séparées par le carrefour où viennent aboutir aujourd'hui les rues de Londres, et de Tivoli. L'impasse qui prenait naissance à la rue de Tivoli, et dont la longueur était de 141 m., fut prolongée vers 1840 sur les terrains appartenant à divers particuliers, jusqu'au chemin de ronde de Clichy (auj. boulevard des Batignolles). L'autre impasse qui avait son entrée entre les rues de Londres et de Stockholm, fut débouchée en 1844 sur la rue Saint-Lazare, en vertu d'une ordonnance royale du 17 juillet 1843, déclarant d'utilité publique l'exécution immédiate de ce percement, et autorisant la Ville de Paris à accepter la souscription de 20,000 fr., fournie par les propriétaires intéressés à l'exécution du projet.

La largeur de la rue d'Amsterdam est fixée à 12 m. Les constructions riveraines sont alignées; mais il existe un projet qui consiste dans l'élargissement à 30 m. de la partie de cette voie publique comprise entre la rue Saint-Lazare et la rue de Londres.

La rue de Munich n'a pas été ouverte; celles de Florence, de Gênes, de Naples, de Rome et de Turin avaient été tracées seulement sur le terrain. Leur emplacement se trouve confondu dans la gare des chemins de fer de l'Ouest, mais la plupart de leurs dénominations ont été, soit données à différentes voies ouvertes récemment dans le même quartier, dit d'Europe, soit appliquées à des parties de rues autorisées par l'ordonnance de 1826. Ce quartier a subi, depuis sa création, d'importantes modifications, tant par suite de l'agrandissement de la gare des chemins de fer de l'Ouest et de l'ouverture du boulevard de Malesherbes, que par l'exécution du décret impérial du 30 juin 1859, relatif au percement de la nouvelle rue de Rome et à ses abords; enfin, par la construction du collège Chaptal.

Amsterdam, Ville de Hollande, Capitale du Royaume des Pays-Bas (bien que le siège du gouvernement soit à la Haye), port de mer sur le golfe de l'Y et à l'embouchure de l'Amstel. Amsterdam n'était au XIIe siècle qu'une bourgade habitée par des pêcheurs. Érigée en ville au XIIIe siècle, sa prospérité date de l'émancipation des provinces unies auxquelles s'adjoignit Amsterdam, en 1578. Le traité de Westphalie, en fermant les bouches de l'Escaut, anéantit le commerce d'Anvers, et rendit celui d'Amsterdam des plus florissants. Cette heureuse situation fut en partie la récompense aussi de sa politique éclairée. Moyennant une somme modique, cette grande ville accordait aux étrangers, qui désiraient s'y fixer, les droits de bourgeoisie et tous les privilèges qui s'y rattachaient. Les guerres de la fin du XVIIIe siècle, la conquête de la Hollande par la France et le blocus continental, anéantirent son commerce, tout maritime. Sa banque si célèbre qui prêtait de l'argent aux principaux États de l'Europe, et dont la fondation remontait à l'année 1609, cessa d'exister en 1796. Amsterdam devint en 1810 le chef-lieu du département français de Zuiderzée. La révolution de 1813 et les traités de 1815 lui rendirent une partie de son ancienne activité; son commerce est aujourd'hui très important avec tous les ports de l'Europe, avec l'Amérique, les Antilles, les Indes et la Chine. La population d'Amsterdam, d'après le recensement de 1878, s'élève à 302,266 habitants. Parmi ses monuments, le plus remarquable est le *Palais-Royal*, autrefois le palais des États, puis l'*Hôtel de Ville*, belle construction gothique. Dans l'*église Sainte-Catherine*, on voit le tombeau de Ruyter, le plus illustre des grands marins de la Hollande.

AMYOT (Rue).

C. rue Tournefort, nos 12 et 14; F. rue Lhomond, nos 23 et 25. — Der imp., 7; der pair, 12. — Long. 110 m. — 5e arrond. (anc. 12e).

Une grande partie du territoire compris de nos jours dans le Ve arrondissement, appartenait autrefois à l'abbaye Sainte-Geneviève, qui se trouvait en dehors de l'enceinte de Charles V et Charles VI. Parmi les chemins ou sentiers qui s'enchevêtraient sur ce territoire suburbain, il en était un que le censier de Sainte-Geneviève désignait, en 1588, sous le nom de *rue du Puits-qui-Parle*. D'après la légende, les jeunes filles demandées en mariage, allaient interroger le puits d'amour. —M'aime-t-il? demandait la fiancée; lorsque l'écho répondait: Il t'aime, la jeune fille s'en retournait heureuse et souriante. Mais hélas, quand l'écho restait muet, des pleurs tombaient sur la margelle du puits. La voie qui portait « ce joli » nom, fut comprise dans le Paris légal, sous le règne de Louis XIII. Le puits en question existait encore, il y a quelques années, à l'encoignure gauche de la rue des Poules (auj. rue Laromiguière). — Une décision ministérielle du 28 pluviôse an IX, signée Chaptal, fixa la largeur de la rue du Puits-qui-Parle à 6 m. En vertu d'une ordonnance royale du 15 juin 1845, cette largeur devra être portée à 10 m. Un décret impérial du 27 février 1867 a donné à la rue du Puits-qui-Parle le nom de *Rue Amyot*.

Jacques AMYOT, un de nos grands littérateurs, né à Melun, le 30 octobre 1513, fit ses études à Paris. Sa mère était si pauvre, qu'elle ne pouvait lui envoyer qu'un pain par semaine; aussi fut-il obligé de se faire le domestique de plusieurs écoliers. Mais tout en brossant leurs habits, le jeune Amyot leur donnait des leçons de grec et de latin. A force de travail, il devint maître ès-arts à Paris, puis docteur en droit civil, à Bourges, enfin, professeur, à l'Université. François Ier auquel il dédia quelques fragments de Plutarque, lui donna une abbaye pour l'encourager à continuer ce beau travail. Désirant aller à Rome étudier le texte même de Plutarque, Amyot accompagna dans ce voyage le cardinal de Tournon. Au concile de Trente, quelques propositions ayant été soulevées contre le roi de France, Amyot défendit son souverain avec une éloquence latine des plus entraînantes. Choisi par Henri II comme précepteur des Enfants de France, il fut nommé, dès l'avènement de Charles IX, grand aumônier, évêque d'Auxerre, puis commandeur du Saint-Esprit par Henri III. Amyot avait alors achevé la grande tâche qu'il s'était imposée: sa traduction de Plutarque qui réunit dans un style franc et naturel, toutes les richesses de la langue française. — Ce grand littérateur mourut le 6 février 1593.

ANASTASE (Rue Sainte-).

C. rue de Turenne, nos 69 et 71; F. rue de Thorigny, nos 12 et 14. — Der imp., 15; der pair, 20. — Long. 108 m. — 3e arrond. (anc. 8e).

Ce nom lui vient des religieuses hospitalières de *Sainte-Anastase*, dites depuis de Saint-Gervais. (V. l'art. *Blancs-Manteaux, marché des*). Un procès-verbal d'alignement constate qu'en 1620 des constructions commençaient à s'élever sur la culture Saint-Gervais. Dans cette pièce, datée du 4 juillet de la même année, il est dit :

Qu'on a jugé nécessaire d'ouvrir sur les terrains de cette culture, une rue de vingt pieds de large, qu'on appellera rue *Sainte-Anastase*.

Une décision ministérielle du 13 fructidor an VII, signée Quinette, fixa la largeur de cette voie publique à 8 m. En vertu d'une ordonnance royale du 31 mars 1835, cette largeur devra être portée à 10 m. Les maisons du côté des numéros pairs ne sont soumises qu'à un léger redressement; celles du côté des numéros impairs, auront à subir un retranchement qui varie de 2 m. 10 à 2 m. 30 c.

ANATOMIE (Amphithéâtre d').

Situé rue du Fer-à-Moulin, n° 17. — 5e arrond. (anc. 12e).

Il a été construit en 1833 sur une partie de l'ancien *cimetière Sainte-Catherine* dont voici l'origine.

Au milieu du XVIIe siècle, on voyait dans la rue des Fossés-Saint-Marcel, une riche habitation appelée l'*Hôtel de Clamart*. A côté de cette demeure, se trouvait un cimetière qui fut fermé en 1793, pour cause d'encombrement. Dans ce cimetière, on voyait un puits très profond dans lequel furent jetés les cadavres des victimes, lors des massacres de septembre 1792. Pour remplacer le cimetière de Clamart, il fallut en ouvrir un nouveau qui prit le nom de cimetière Sainte-Catherine. L'entrée en était par la rue des Francs-Bourgeois, n° 2 (cette voie publique a été confondue dans le sol du boulevard Saint-Marcel). Parmi les tombes que renfermait ce cimetière, on en distinguait une qui portait l'inscription suivante :

Ici reposent les cendres
de Charles Pichegru,
Général en chef des armées françaises,
né à Arbois, département du Jura,
le 14 février 1761
mort à Paris
le 5 avril 1804.

En 1863, les restes de Pichegru ont été exhumés et transportés, par les soins de sa famille, dans la ville d'Arbois.

Par contrat des 22, 23 et 27 novembre 1867, l'administration de l'Assistance publique a consenti, au profit de la société Mahieu et Pauchet, concessionnaires de la ville de Paris, pour l'ouverture du boulevard Saint-Marcel, l'abandon et cession de terrain d'une contenance de 573 mètres 40 c. prise sur une propriété connue sous le nom d'ancien cimetière Sainte-Catherine.

L'amphithéâtre d'anatomie a remplacé tous les amphithéâtres particuliers des hôpitaux et hospices de la Ville de Paris. Il procure l'instruction gratuite à 800 élèves. Cet établissement se compose de quatre grands pavillons pour l'étude spéciale de l'anatomie, des salles pour les professeurs qui veulent se livrer à des recherches anatomiques ou autres. On y voit des laboratoires pour les préparations, une bibliothèque, une salle des morts, enfin un musée destiné à la conservation des pièces riches anatomiques représentant les systèmes osseux, musculaires, artériel, veineux, lymphatique et nerveux. — Cette collection est des plus remarquables.

ANCRE (Passage de l').

C. rue Saint-Martin, n° 223; F. rue de Turbigo, n° 30. — Der imp., 19; der pair, 24. — Long. 68 m. — 3e arrond. (anc. 6e).

Ce passage doit son nom à une enseigne. De 1792 à 1805, on l'appela passage de l'*Ancre Nationale*. Une partie de ce passage (45 m. de longueur) qui aboutissait à la rue du Bourg-l'Abbé, a été supprimée en 1858, conformément au décret impérial du 29 septembre 1854, relatif au boulevard de Sébastopol. Le sol de cette partie se trouve confondu dans le boulevard et dans le périmètre des maisons nos 26, 28 et 30 de la rue de Turbigo. — La moindre largeur de ce passage est de 2 m. 30 c.

ANDRÉ (Boulevard Saint-).

C. place Saint-Michel, n° 6; F. place Saint-André-des-Arts, n° 3, et rue Saint-André-des-Arts, n° 22. — Der imp., 3; der pair, 4. — Long. 29 m. — 6e arrond. (anc. 11e).

Il a été ouvert par la Ville de Paris, lors du percement du boulevard Saint-Michel. Sa largeur est de 30 m.

Un arrêté préfectoral en date du 10 août 1864 porte ce qui suit :

« L'avenue ouverte entre la place Saint-Michel et la place Saint-André-des-Arts, prendra le nom de boulevard Saint-André... *Signé* HAUSSMANN. »

L'administration municipale a le projet de continuer ce boulevard par une rue qui déboucherait sur le boulevard Saint-Germain.

ANDRÉ-DES-ARTS (Place Saint-).

Située au débouché du boulevard Saint-André, des rues Saint-Séverin, Hautefeuille, Suger et Saint-André-des-Arts. — Dᵉˢ nᵒ 1 15. — Long. 52 m. — 6ᵉ arrond. (anc. 11ᵉ).

L'enceinte de Paris, dont Philippe Auguste avait ordonné la construction, morcelait les propriétés et les terres seigneuriales. Des contestations s'élevèrent entre l'évêque de Paris et l'abbé de Saint-Germain-des-Prés. Ces différends furent terminés par une sentence arbitrale, rendue au mois de janvier de l'an 1210, par laquelle il fut dit : que la juridiction spirituelle appartiendrait à l'évêque de Paris dans l'étendue du territoire qui venait d'être enfermé dans la nouvelle enceinte, mais que l'abbé de Saint-Germain, par compensation, y pourrait faire bâtir deux églises; l'une fut celle de Saint-André-des-Arts, l'autre de Saint-Côme et de Saint-Damien. On choisit, pour élever cette première église, un emplacement où, depuis le sixième siècle, existait un oratoire sous l'invocation de Saint-Andéol, dont on fit Saint-Andeu, Saint-Andri, enfin Saint-André. Cette chapelle se trouvait sur le territoire de Laas ou de Lias, dont le nom par corruption devint Ars, Arcs et en dernier lieu Arts. Au seizième siècle, une grande partie de cette église et la nef entière furent reconstruites; la façade principale était un ouvrage du dix-septième siècle. L'architecture de l'église Saint-André-des-Arts était remarquable, et les sculptures délicatement travaillées. On y voyait le mausolée de Jacques-Auguste de Thou, par Prieur; le monument en marbre du prince de Conti, par Coustou, et celui de la princesse son épouse, chef-d'œuvre de Girardon. Ce dernier mausolée consistait en une belle figure en marbre blanc, soutenue par la Foi, l'Espérance et la Charité, vertus caractéristiques de cette princesse, dont l'épitaphe suivante rappelle la bienfaisance : « A la gloire de Dieu et à l'éternelle mémoire d'Anne-Marie Martinozzi, princesse de Conti, qui, détrompée du monde dès l'âge de dix-neuf ans, vendit toutes ses pierreries pour nourrir, durant la famine de 1662, les pauvres du Berry, de la Champagne et de la Picardie. »

Le lundi, vingt-deuxième jour de novembre 1694, fut baptisé, dans l'église Saint-André-des-Arts, par Bouché, prêtre vicaire de ladite église, *François Marie*, né le jour précédent, fils de Mᵉ François *Arouet*, conseiller du roi, ancien notaire au Châtelet de Paris, et de demoiselle Marguerite Daumart, sa femme. — Devenue propriété nationale, cette église fut vendue le 4 fructidor an V (21 août 1797), et abattue quelque temps après. Par décision du 15 prairial an XIII, le ministre Champagny prescrivit la formation d'une place, dont la moindre largeur fut fixée à 36 m. par une autre décision du 20 fructidor suivant. Un arrêté préfectoral du 24 mars 1809 porte ce qui suit :

« Le terrain de l'ancienne église Saint-André-des-Arts appartenant à M. Parrein, général de brigade, et aux héritiers Bouret, est acquis par la Ville de Paris pour être réuni à la voie publique et former la place Saint-André-des-Arts. — *Signé* FROCHOT. »

Une ordonnance royale du 22 août 1840 a déterminé pour cette voie publique, un tracé, d'après lequel la maison nᵒ 3 est alignée et les autres propriétés ne sont soumises qu'à un faible retranchement.

ANDRÉ-DES-ARTS (Rue Saint).

C. place Saint-André-des-Arts, nᵒ 15, et boulevard-Saint-André, nᵒ 4; F. rues de l'Ancienne-Comédie, nᵒ 1 et Dauphine, nᵒ 63. — Dᵉʳ imp. 67, dᵉʳ pair, 72. — Long. 320 m. — 6ᵉ arrond. (anc 11ᵉ).

Le territoire de Laas, couvert de vignes, fut aliéné en 1179, par Hugues, abbé de Saint-Germain-des-Prés, à la charge d'y construire des maisons. Plusieurs rues furent promptement ouvertes. L'une d'elles, qui longeait l'oratoire de Saint-Andéol, prit le nom de *Saint-Andéol-de-Laas*, dont on fit bientôt *Saint-André-de-Laas*. — En 1332, cette voie publique s'appelait rue *Saint-Germain-des-Prés*. Depuis, on la nomma rue *Saint-André-des-Arts*. La partie de cette voie publique comprise entre les rues de la Harpe et de Mâcon fut appelée, au quinzième siècle, rue de la *Clef, en raison*, dit Sauval, *de Perrinet-le-Clerc, qui jeta la clef de la ville par dessus la porte Bucy, pour favoriser l'entrée des Bourguignons dans Paris*. — Une décision ministérielle du 19 pluviôse an VIII, signée Lucien Bonaparte, fixa la moindre largeur de cette voie publique à 10 m. — Cette largeur devra être portée à 12 m. en vertu d'une ordonnance royale du 6 mai 1836. — Une autre ordonnance royale du 21 novembre 1837, déclara d'utilité publique l'exécution immédiate de l'alignement de la partie de cette rue, comprise entre la place du pont Saint-Michel et la place Saint-André-des-Arts. Cette amélioration fut complètement exécutée en 1841.

« Napoléon,.. avons décrété et décrétons ce qui suit :

ART. 1ᵉʳ. — Les alignements arrêtés par l'ordonnance royale du 6 mai 1836, pour la rue Saint-André-des-Arts à Paris, sont modifiés, dans la partie de cette rue comprise entre la place Saint-André-des-Arts et les rues Pavée (auj. Séguier) et de l'Éperon suivant les lignes noires du plan ci-annexé et le procès-verbal des points de repère dudit plan qui porte de 12 à 15 m. la largeur de cette voie de communication.

ART. 2 — Il sera procédé par l'application des mesures ordinaires de voirie au droit des propriétés du côté droit.

ART. 3. — L'exécution immédiate des mêmes alignements au droit des propriétés du côté opposé, est déclarée d'utilité publique. — Fait au Palais de Saint-Cloud le 21 juillet 1853. — *Signé* NAPOLÉON. — Par l'Empereur : le Ministre secrétaire d'État au département de l'intérieur, *signé* F. de PERSIGNY. »

Cet élargissement si utile n'a pas encore été réalisé.

En 1857, la rue Saint-André-des-Arts commençait encore à la rue de la Harpe et à la place du Pont Saint-Michel : elle avait 422 m. de longueur. A cette époque les maisons de 1 à 19 et de 2 à 20 furent expropriées et démolies. Leur emplacement a servi à l'élargissement de la place du Pont Saint-Michel, devenue place Saint-Michel, et à l'ouverture des boulevards Saint-Michel et Saint-André.

Les propriétés nᵒˢ 59, 61, 63; côté pair : angle du boulevard Saint-André, 26, 28, 30, 32, 36, 40, 42, 44 et 46 ne sont pas soumises à retranchement.

La porte de *Bucy* était située dans la rue Saint-André-des-Arts, près celle de la Contrescarpe (auj. rue Mazet). Sa construction, commencée en 1209, n'était pas encore terminée, lorsque Philippe-Auguste la donna à l'abbaye Saint-Germain-des-Prés, en dédommagement des terrains qu'il avait fallu prendre à ces religieux pour la construction de la nouvelle enceinte de Paris. Elle fut appelée porte *Saint-Germain* jusqu'en 1352. A cette époque, Jean, abbé de Saint-Germain-des-Prés, la vendit à Simon de Bucy, premier président au Parlement. Elle acquit, au commencement du quinzième siècle, une triste célébrité par la trahison de Perrinet-le-Clerc. Quelques parisiens, excités par la faction de Bourgogne, allèrent secrètement, au nombre de sept ou huit, trouver à Pontoise le seigneur de l'Isle-Adam, gouverneur de cette ville pour le duc de Bourgogne, et convinrent avec lui du jour, de l'heure et du lieu où ce commandant se présenterait sous les murs de Paris, avec toutes les troupes qu'il pourrait réunir. Dans la nuit du 28 au 29 mai 1418, l'Isle-Adam, suivi de huit cents soldats, arrive sans être aperçu jusqu'à la porte de Bucy.

Perrinet-le-Clerc, qui a dérobé à son père la clef de cette porte, introduit les Bourguignons. Ces derniers, que l'obscurité favorise, s'avancent en silence jusqu'au Châtelet. Là, douze cents Parisiens les rejoignent; alors, de concert, ils s'écrient : Notre-Dame-la-Paix !... Vive le Roi !... Vive le Dauphin ! Les séditieux, dont le nombre s'accroît à chaque instant, se portent en fureur à l'hôtel Saint-Paul, en brisent les portes et pénètrent jusqu'au roi. Ce malheureux prince, dont les chagrins avaient augmenté la folie, les regarde d'un air insouciant, et ne sait que répondre aux questions qui lui sont adressées. Ne pouvant rien en tirer, les conjurés le jettent sur un cheval et vont le montrer au peuple. À la nouvelle de ce malheur, le connétable d'Armagnac se réfugie rue des Bons-Enfants, chez un maçon qui eut la lâcheté de le livrer. — Tanneguy-Duchâtel, Prévôt de Paris, parvient à sauver le Dauphin, le transporte à la Bastille Saint-Antoine, puis le conduit à Melun, où il fut en sûreté. Le 12 juin 1418, le connétable d'Armagnac, le chancelier de Marle, l'évêque de Coutances son fils, furent massacrés à la Conciergerie, et leurs corps dépouillés restèrent exposés plusieurs jours aux outrages d'une troupe furieuse. Le nombre des prisonniers qui, par suite de ces évènements, perdirent la vie par l'eau, par le fer et par le feu, se monta à quinze cent dix-huit. La porte de Bucy fut fermée quelque temps après cette catastrophe. François Ier la fit rouvrir; on l'abattit en 1672, en vertu d'un arrêt du 19 août de cette année.

Sur l'emplacement actuel de la maison n° 22, était situé le *collège d'Autun*. Il fut fondé, en 1341, par le cardinal Bertrand, évêque d'Autun. En 1764, on le réunit au collège Louis-le-Grand. Ses bâtiments, devenus propriété de l'État, ont été vendus le 28 mars 1807, et démolis en 1823.

L'Hôtel ou séjour d'*Orléans* occupait, sur le côté des nos impairs de la rue Saint-André-des-Arts l'emplacement qui s'étendait de la rue de l'Éperon à la porte de Bucy, près de la rue de la Contrescarpe (auj. rue Mazet). Cet hôtel avait été bâti par Philippe, duc d'*Orléans*, cinquième fils de Philippe de Valois. Après la mort de ce prince, l'hôtel passa à Louis de France, duc d'Orléans, qui le vendit en 1401 à Charles VI, son frère. Sur une partie de l'emplacement de ce séjour, Jacques Coytier, médecin de Louis XI, fit bâtir une maison sur la façade de laquelle on lisait cette inscription :

Jacobus Coytier miles et consiliarius ac vice-præses
cameræ computorum parisiensis,
aream emit, et in ea ædificavit hanc domum
anno 1490.

Sur le côté opposé, on voyait anciennement l'*Hôtel de Navarre* qui avait été bâti par Jeanne, reine de France et de Navarre. Le 25 mars 1304, elle légua cette propriété pour la fondation d'un collège; mais sa volonté ne fut pas exécutée.

L'Hôtel de Bucy, bâti sur cet emplacement forma depuis le grand et petit hôtels de Lyon « où sont aujourd'hui (dit Jaillot en 1774) les carrosses de voiture et les messageries d'Angoulême, Bordeaux, Orléans, etc. »

Au n° 32 de la rue Saint-André-des-Arts, demeurait, en 1793, Billaud-Varennes, député de Paris à la Convention Nationale, déporté à Cayenne en l'an III, mort au Port-au-Prince en décembre 1819.

ANDRIEUX (Rue).

C, rues de Constantinople, n° 22, et Bernouilli. F. boulevard des Batignolles, n° 51. — Der imp., 13; pas de nos pairs : ce côté est bordé par le bâtiment du Collège Chaptal. — Long. 132 m. — 8e arrond. (anc. 1er).

Un décret impérial du 2 mars 1867 porte ce qui suit :

« *La rue projetée*, à l'Ouest du nouveau collège Chaptal, prendra le nom de rue Andrieux. — *Signé* NAPOLÉON. »

Ce percement a été exécuté peu de temps après, à 12 m. de largeur, sur des terrains dont la Ville de Paris était propriétaire. Un décret du Président de la République, signé A. Thiers, en date du 3 février 1873, a classé la rue Andrieux au nombre des voies publiques, et approuvé son alignement à 12 m. de largeur.

Les propriétés riveraines sont alignées.

ANDRIEUX (François-Guillaume-Jean-Stanislas), littérateur français, né à Strasbourg le 6 mai 1759, fit d'excellentes études au collège du cardinal Lemoine, à Paris. Malheureusement, il perdit son père et se trouva l'unique soutien d'une famille peu fortunée. Il avait fait son droit et prêté le serment d'avocat, puis accepté un emploi de secrétaire chez le duc d'Uzès. Cette modeste position ne lui permettant pas encore d'être utile à ses parents, il rentrait au barreau et dirigeait en même temps comme maître-clerc, l'étude d'un procureur. Ce fut là qu'une jolie romance de François de Neufchâteau lui suggéra l'idée de sa première comédie : *Anaximandre*, qui fut applaudie. Ce n'était qu'une bluette spirituelle, écrite avec grâce.

L'auteur ne s'enivra pas de son premier succès : il resta chez son procureur, acheva son stage et obtint d'être admis dans le cabinet d'un avocat alors célèbre — c'était Hardouin. Cinq ans après *Anaximandre*, Andrieux faisait représenter sa comédie des *Étourdis*, pièce en trois actes et en vers. Dans cette œuvre, l'invention, le style, l'esprit, l'urbanité se combinent et brillent heureusement. Ce succès nouveau n'engagea pas encore son auteur dans la carrière dramatique, le jeune Andrieux resta dans le barreau; il allait être inscrit sur le tableau des avocats quand la révolution supprima leur ordre. Depuis, chef de division à la liquidation générale, juge au tribunal de cassation, membre du corps législatif et du tribunat, il se consacra tout entier à ces fonctions successives et la scène fut abandonnée. Mais le gouvernement Consulaire lui rendit des loisirs. Éliminé du tribunat en 1802 pour la liberté trop franche de ses opinions, il dut demander à sa plume des moyens d'existence. Il rentra dans la carrière dramatique par sa comédie d'*Helvétius*. Quelque soient le mérite et l'agrément du théâtre d'Andrieux, là n'est point, selon nous, son meilleur titre littéraire ; chez lui le conteur spirituel est encore supérieur à l'auteur comique. Les contes qu'il nous a laissés ne sont pas en bien grand nombre, mais plusieurs sont de petits chefs-d'œuvre. Citons parmi les meilleurs et les plus applaudis, l'*Alchimiste et ses enfants*, le *Doyen de Badajoz*, *une promenade de Fénelon*, *Cécile et Térence* et surtout *le meunier Sans-Souci* et le *Procès de Capoue*. Quelques vers de ce dernier ouvrage sont encore aujourd'hui pleins d'actualité ; — les voici :

Et vous jaloux esprits dont les cris détracteurs
D'un blâme intéressé chargeaient nos Sénateurs
Pourquoi vomir contr'eux les plaintes, les menaces?
Eh ! que ne disiez-vous que vous vouliez leurs places?
Ajournons, Citoyens, ce dangereux procès;
D'Annibal qui s'avance arrêtons le progrès.
Éteignons nos débats, que le passé s'oublie,
Et réunissons-nous pour sauver l'Italie.
On crut Pacuvius, mais non pas pour longtemps;
Les esprits à Capoue étaient fort inconstants.
Bientôt se ralluma la discorde civile;
Et bientôt l'étranger, s'emparant de la ville,
Mit sous le même joug et peuple et Sénateurs.
Français! ce trait s'appelle un avis aux lecteurs.

En 1804, Andrieux était nommé professeur de littérature à l'École Polytechnique, puis en 1814 au Collège de France où il sut pendant près de vingt années, par la grâce et l'esprit dont il embellit ses leçons, suppléer à la faiblesse de son organe et se faire entendre à force de se faire écouter, car sa devise était :

C'est trop peu d'instruire, il faut instruire et plaire.

Appelé, dès la fondation de l'Institut à faire partie de la

classe qui plus tard est devenue l'Académie Française. Andrieux en fut nommé en 1829 secrétaire perpétuel. Son dernier ouvrage est la tragédie de *Junius Brutus*. Andrieux mourut à Paris, le 10 mars 1833. Ses dépouilles mortelles reposent au cimetière du Père La Chaise. Ses filles ont fait élever un monument sur lequel sont gravés les quatre vers suivants tirés de l'*Alchimiste*.

> Que ne peut-on racheter à prix d'or
> Un bien si grand, une tête si chère!
> Que n'avons-nous à donner un trésor?
> Nous l'offririons pour revoir notre père.

ANDROUET (Rue).

C. rue des Trois-Frères, n°s 54 et 56; F. rue Berthe, n°s 57 et 59. — D^er imp., 7; d^er pair, 6. — Long. 40 m. — 18e arrond. (anc. Montmartre).

Elle a été ouverte, en 1840, à 8 m. 25 c. environ de largeur, par MM. Dufour frères, sur des terrains qui provenaient du jardin de l'abbaye de Montmartre. On lui donna le nom de *rue de l'Arcade*, parce que, lors du percement de cette rue, les ouvriers trouvèrent une *arcade* en terre, qui servait d'entrée à une ancienne carrière, dite « *Carrière Muller*, » et acquise par les frères Dufour.

Un décret impérial du 23 mai 1863 a classé cette rue au nombre des voies publiques. En vertu d'un autre décret du 24 août 1864, elle a reçu le nom de rue Androuet.

Quatre artistes distingués, un graveur et trois architectes, ont porté le nom d'ANDROUET du *Cerceau*. Malgré leur célébrité, on ignore la date de leur naissance et celle de leur mort. La Croix du Maine, contemporain du premier de ces artistes, nous apprend que « Jacques ANDROUET, surnommé le *Cerceau* qui est à dire cercle, lequel nom vient d'un cerceau pendant à sa maison pour la remarquer et lui servir d'enseigne, étoit parisien. » Jacques Androuet ne pouvait être considéré comme un architecte; c'était un graveur d'une grande réputation. Indépendamment des plans et gravures d'un certain nombre d'édifices, on lui doit plusieurs ouvrages, parmi lesquels il en est un qui a pour titre : *Les plus excellens bastimens de France*. Dans la dédicace qu'il fait à Catherine de Médicis du deuxième volume de cette publication (année 1579), il se plaint « de ce que son grand âge ne lui permet pas de faire telle diligence qu'il eût faite autrefois. » Il mourut peu d'années après, probablement à Genève, où il s'était retiré.

Baptiste ANDROUET, fils du précédent apparaît en 1575, et gagne la faveur d'Henri III, « parce qu'il étoit le plus actif, le plus diligent dans l'art de construire. » Nous lisons dans le journal du règne d'Henri III. « En ce mois de may, à la faveur des eaux qui lors commencèrent et jusques à la Sainct-Martin continuellement d'être fort basses, fut commencé le Pont-Neuf de pierre de taille qui conduit de Nesle à l'eschole Sainct-Germain, sous l'ordonnance du jeune Du Cerceau, architecte du Roy... » Baptiste Androuet avait eu l'honneur de remplacer Pierre Lescot au Louvre. Il devint également architecte de la chapelle des Valois à Saint-Denis, après Jean Bullant. Sa mort est antérieure au mois de mars 1602.

Jacques ANDROUET était le second fils du graveur. Il fut architecte d'Henri IV et de Louis XIII. On lui doit la construction de la seconde partie de la grande galerie du Louvre.

Jean ANDROUET, fils de Baptiste, a été le dernier architecte célèbre de la famille. Il entreprit la reconstruction du Pont-au-Change; on lui doit également l'édification d'un certain nombre d'hôtels importants, entre autres ceux de Sully, de Bretonvilliers et de Bellegarde.

ANGES (Impasse des Deux-).

Située rue Saint-Benoît, n°s 6 et 10. — Pas de n°s. — Long. 23 m. — 6e arrond. (anc. 10e).

C'était originairement une rue qui, prenant naissance à la rue Jacob, se terminait à la rue Saint-Benoît, et formait une équerre. Dès le commencement du XVIIIe siècle, elle portait le nom de rue des Deux-Anges, en raison de deux statues d'anges, placées aux encoignures de la rue Jacob.

« Louis-Philippe,... nous avons ordonné et ordonnons ce qui suit :

» ART. 1er. — La rue des Deux-Anges dans la Ville de Paris, est supprimée.

» ART. 2. — Le Préfet de la Seine, au nom de la Ville de Paris, est autorisé à céder le sol de ladite rue, tant aux propriétaires riverains qu'aux Hospices de cette Ville, aux clauses et conditions insérées dans les avis du Conseil municipal des 28 août et 3 novembre 1838, susvisés, et conformément au plan de division des terrains formant la rue dont il s'agit... — Donné au Palais de Saint-Cloud, le 5 août 1839, *Signé* LOUIS-PHILIPPE. — Par le Roi, le Ministre secrétaire d'État au département de l'intérieur, *signé* DUCHATEL. »

La plus grande partie de cette rue a été supprimée et réunie à l'hôpital de la Charité. La petite fraction restante du côté de la rue Saint-Benoît, forme une impasse de 5 m. 50 c. de largeur, qui conserve l'ancienne dénomination.

ANGLAIS (Passage des).

C. quai de Seine, n°s 69 et 71; F. rue de Flandre, n° 74. — Pas de n°s. — Long. 187 m. — 19e arrond. (anc. la Villette).

Il a été ouvert, en 1838, à une moindre largeur de 4 m., par une société *anglaise* (Phels et Cie), faisant le commerce des charbons.

ANGLAIS (Rue des).

C. rue Galande, n°s 19 et 21; F. boulevard Saint-Germain, n°s 68 et 70. — D^er imp., 15; d^er pair, 10. — Long. 74 m. — 5e arrond. (anc. 12e).

Son nom lui vient des *écoliers anglais* que la célébrité de l'Université de Paris attirait dans cette ville. La rue des Anglais était en partie construite sous Philippe Auguste. Une décision ministérielle du 8 brumaire an X, signée Chaptal, fixa la largeur de cette voie publique à 6 m. En vertu d'une ordonnance royale du 5 juin 1846, cette largeur devra être portée à 10 m. — La rue des Anglais débouchait dans la rue des Noyers. Lors du percement du boulevard Saint-Germain, une partie de la rue des Anglais (23 m. de longueur) a été supprimée et est entrée dans le sol du boulevard.

Les propriétés n°s 15 et 10 sont alignées.

ANGOULÊME (Cité d').

Située rue d'Angoulême, n° 68. — D^er imp., 7; d^er pair, 8. — Long. 73 m. — 11e arrond. (anc. 6e).

Elle a été formée en 1849, à 7 m. environ de largeur, par M. Pelletier, entrepreneur de bâtiments, et doit son nom à la rue d'Angoulême.

ANGOULÊME (Passage d').

C. avenue Parmentier et rue Oberkampf, n° 83; F. rue d'Angoulême, n°s 60 et 64. — D^er imp., 23; d^er pair, 22. — Long. 185 m. — 11e arrond. (anc. 6e).

Ce n'était, en 1842, qu'une impasse, ayant son ouverture dans la rue de Ménilmontant (auj. rue Oberkampf). Quelques années après elle fut prolongée jusqu'à la rue d'Angoulême. En 1848, elle portait le nom de *ruelle Sainte-Geneviève*. Sa largeur est de 6 m. 75 c. environ. En 1877, les immeubles portant les n°s de 1 à 15, ont été expropriés et démolis pour l'exécution du prolongement de l'avenue Parmentier.

ANGOULÊME (Rue d').

C. boulevard du Temple, n°s 20 et 22; F. rue des Trois-Couronnes, n° 32 et rue Meret, n° 37. — Dr imp., 77; dr pair, 96. — — Long. 957 m. — 11e arrond. (anc. 6e).

« Louis...., à nos amés et féaux conseillers, les gens tenant notre cour de parlement, à Paris, salut. Notre cher et bien-amé Alexandre-Emmanuel, chevalier de Crussol, brigadier de nos armées, chevalier non profès de l'ordre de Saint-Jean-de-Jérusalem, chevalier de l'ordre royal et militaire de Saint-Louis, capitaine des gardes de notre très cher et très amé frère, le comte d'Artois, et administrateur général du grand prieuré de France pour notre très cher et très amé neveu le duc d'Angoulême, grand prieur de France, nous a fait exposer que, depuis que nous avons bien voulu lui confier l'administration du grand prieuré de France, par nos lettres patentes du 13 mars 1777, il s'est occupé des différents moyens d'en améliorer les revenus, et qu'il a particulièrement porté ses vues sur les marais du Temple, qui lui ont paru susceptibles d'une amélioration considérable; que ces marais, qui contiennent en superficie plus de vingt-quatre mille toises, sont dans la position la plus avantageuse pour être bâtis; qu'ils sont situés au bas du boulevard du Temple, dans la partie la plus fréquentée, bordés, d'un côté, par la rue des Fossés-du-Temple, qui est aujourd'hui prolongée jusqu'à la porte Saint-Antoine par la rue Amelot, et de l'autre par la rue Folie-Moricourt qui, par de nouveaux percements, peut faire la communication la plus facile et la plus commode des faubourgs Saint-Martin et du Temple avec celui de Saint-Antoine : que d'un bout ils donnent sur la rue du Chemin-de-Ménilmontant, dont la partie opposée aux marais est déjà bâtie, et qu'enfin l'autre bout tient aux terres de différents particuliers ; qu'il a obtenu du grand maître de l'ordre de Malthe et de son conseil, un bref d'autorisation pour donner les terrains dont il s'agit à bail emphytéotique, à la charge d'y bâtir, et que pour parvenir à une bâtisse régulière et qui puisse en même temps contribuer à l'embellissement de la ville, il a fait dresser par le sieur Perard de Montreuil, architecte du grand prieuré, un plan de tous les terrains des marais du Temple, sur lequel sont tracées différentes places et rues qu'il se propose, sous notre bon plaisir, de faire ouvrir, etc.; autorisons, voulons et nous plaît ce qui suit :

» Art. 1er. — Il sera pratiqué et ouvert, aux frais du grand prieuré, sur les terrains et marais appartenant audit grand prieuré, appelés les Marais-du-Temple : 1° une place qui sera nommée place d'*Angoulême*, dont la dimension sera de trente-cinq toises sur vingt-cinq; 2° trois rues qui traverseront lesdits marais dans leur largeur, depuis la rue des Fossés-du-Temple jusqu'à celle de la Folie-Moricourt ; la première de ces rues sera nommée rue de *Latour*, celle du milieu, allant à la place, rue d'*Angoulême*, et la troisième, proche l'ancien réservoir de la ville, rue de *Crussol*; 3° deux autres rues transversalles, qui prendront de la rue du Chemin-de-Ménilmontant jusqu'au terrain des particuliers, et même pourront être prolonlongées au travers des terrains desdits particuliers jusqu'à la rue du Faubourg-du-Temple; lesquelles deux rues porteront la dénomination, savoir : la première, au-dessus du réservoir, de rue de *Malthe*, et la deuxième, celle de rue du *Grand-Prieuré*, le tout ainsi qu'il est tracé au plan ci-dessus énoncé. Lesdites cinq rues auront chacune, conformément à notre déclaration du 16 mai 1765, cinq toises de large, à l'exception de la rue d'Angoulême, qui en aura six, comme étant la principale.

» Art. 2. — Pour faciliter d'autant les issues et débouchés de ces différentes rues, permettons audit sieur chevalier de Crussol d'ouvrir une autre rue ou allée également aux frais du grand prieuré, laquelle descendra du boulevard sur la rue des Fossés-du-Temple, vis-à-vis et dans l'alignement de la nouvelle rue d'Angoulême; l'autorisons à cet effet à traiter à l'amiable avec les propriétaires du terrain sur lequel cette dernière rue ou allée sera ouverte, pour les dédommagements et indemnités qui leur sont dus.

» Art. 3. — Voulons et entendons que tous les maisons et bâtiments à construire sur ledit terrain des marais du Temple, soient exempts du logement des gardes françaises et suisses, et autres gens de guerre, jusqu'à la première vente, comme aussi que les acquéreurs des terrains soient dispensés de tous les droits de police et de grande et de petite voieries, pour les premières constructions qu'ils feront, et ce, pendant l'espace de six années seulement, à compter du 1er janvier prochain.

» Art. 4. — Le premier pavé, tant de la place que des différentes rues à ouvrir sur ledit terrain des marais du Temple, sera fait aux dépens dudit grand prieuré, conformément aux clauses du bail du pavé de Paris, et ledit pavé sera ensuite employé dans les états d'entretien et renouvellement à notre charge, etc. — Donné à Versailles, le 13e jour d'octobre, l'an de grâce 1781, et de notre règne le 8e : *Signé* Louis, et plus bas, par le Roy, Amelot, et scellé. — A côté est écrit : Registrées, ce consentant le procureur-général du Roy, pour jouir par l'impétrant de leur effet et contenu, et être exécutées selon leur forme et teneur aux charges et conditions y portées, suivant l'arrêt de ce jour. — A Paris, en parlement, le 26 février 1782, *signé* Isabeau. »

Procès-verbal d'alignement des rues nouvelles fut dressé par le Bureau de la Ville, le 28 février 1783.

La grande place, dont la formation était prescrite à la rencontre des rues d'Angoulême, de Malte et du Grand-Prieuré, fut seulement tracée en 1783, mais non construite. Peu de temps après, on vendit le terrain destiné à son établissement, et le Ministre Chaptal approuva cette suppression. Toutefois, le nom de *place d'Angoulême* fut donné aux deux pans coupés circulaires de 17 m. 54 c. de rayon, situés aux encoignures de la rue des Fossés-du-Temple et de la rue d'Angoulême. Lors de la réunion de la 1re de ces voies à la rue Amelot, la place d'Angoulême a été confondue dans ladite rue Amelot. — La rue de Latour (ou plutôt *Delatour*) a reçu, en 1864, le nom de *rue Rampon*. Les autres voies, désignées dans les lettres patentes, n'ont pas changé de dénomination, mais elles ont perdu un certain nombre de leurs maisons, lors du percement du boulevard du Prince Eugène (auj. de Voltaire) et de la formation de la place du Château-d'Eau (auj. place de la République.)

Quant à la rue d'Angoulême, les maisons nos de 11 à 19; 12 et 14 ont été expropriées et démolies : leur emplacement est entré dans le sol du boulevard de Voltaire. Une décision ministérielle du 1er brumaire an XII, signée Chaptal, maintint la largeur primitive (11 m. 70 c.). La partie comprise entre le boulevard et la rue des Fossés-du-Temple (auj. rue Amelot), n'a été percée qu'en 1790, ainsi que le constate un procès-verbal émané du Département des Travaux publics, à la date du 9 septembre de la même année. Depuis 1825, on avait prolongé la rue d'Angoulême à partir de la rue de la Folie-Méricourt. Ce prolongement ne formait encore en 1852 qu'une impasse dont la longueur était de 210 m.

Un décret du Président de la République, signé L.-N. Bonaparte, en date du 5 août 1852, déclara d'utilité publique la continuation de cette impasse jusqu'à la rue Saint-Maur, et fixa à 11 m. 70 c. la moindre largeur de la rue d'Angoulême dans tout son parcours. L'opération prescrite par ce décret, et à laquelle plusieurs propriétaires concoururent pour une somme de 14,650 fr., a été réalisée en 1853.

Enfin, un décret impérial du 6 août 1859, porte ce qui suit :

« Est déclarée d'utilité publique le prolongement de la rue d'Angoulême, depuis la rue Saint-Maur jusqu'à la propriété n° 22 inclusivement de la rue des Trois-Couronnes... »

Ce prolongement a été immédiatement exécuté à 11 m. 70 c. moindre largeur.

Les constructions riveraines de la rue d'Angoulême sont alignées, à l'exception de la propriété n° 31.

Louis-Antoine de Bourbon, duc d'Angoulême, né à Versailles, le 6 août 1775, était fils aîné du comte d'Artois (depuis

Charles X) et de Marie-Thérèse de Savoie. En 1799, il épousait à Mittau sa cousine, fille de Louis XVI et de Marie-Antoinette. Au commencement de 1814, il quittait Hartwell pour aller en Espagne. Le 11 février il adressait de Saint-Jean-de-Luz, une proclamation, entrait à Bordeaux le 12 mars et contribuait, par son langage conciliant au succès de la 1re Restauration. Nommé lieutenant-général du royaume, lors du débarquement de Napoléon à Cannes, il fut abandonné de ses troupes, fait prisonnier le 16 avril 1815, puis embarqué à Cette par ordre de l'Empereur. Généralissime de l'armée française qui envahit l'Espagne en 1823, il s'empara du fort du Trocadéro qui couvre Cadix, et signala sa modération par l'ordonnance d'Andujar. Il prit le titre de Dauphin à l'avènement de son père au trône. Le 2 août 1830, il signait après Charles X, une abdication en faveur du duc de Bordeaux, puis partait pour l'exil où il vécut sous le nom de comte de Marnes, en Angleterre et en Autriche. — Le duc d'Angoulême est mort à Goritz, le 3 juin 1844.

ANJOU (Quai d').

C. rue Saint-Louis-en-l'Ile, n° 2, et pont de Sully; F. rue des Deux-Ponts, n° 40, et Pont-Marie. — Der n° 43. — Long. 313 m. — 4e arrond. (anc. 9e).

Ce quai fut commencé, en 1614, par Christophe Marie, entrepreneur général des ponts de France, continué, en 1623, par Lagrange; repris par Marie et ses associés en 1627, il fut enfin achevé, en 1647, par Hébert et autres propriétaires de l'Ile. On donna alors à sa partie orientale le nom d'*Anjou*, à sa partie occidentale le nom d'*Alençon*; en 1780, la seule dénomination d'*Anjou* prévalut; en 1792, il prit le nom de quai de l'*Union*, qu'il changea en 1805, pour reprendre la dénomination de quai d'*Anjou*, qu'il conserve encore aujourd'hui. — Deux décisions ministérielles, l'une du 24 frimaire an XIII, signée Champagny, l'autre du 9 mai 1818, et une ordonnance royale du 9 décembre 1838, ont fixé la moindre largeur de cette voie publique à 7 m. D'après les alignements arrêtés, les maisons nos 19-21 et sont seules soumises à un faible retranchement. Les autres propriétés sont alignées.

Sur la façade de la propriété n° 17, on lit :

Hôtel de Lauzun
1657

La famille de Lavallée de *Pimodan* en fit ensuite son habitation. Cet hôtel appartient aujourd'hui à M. le baron Jérôme Pichon.

ANJOU (Rue d').

C. rue du Faubourg-Saint-Honoré, nos 42 et 44; F. rue de la Pépinière, nos 11 et 13. — Der imp., 75; der pair, 78. — Long. 680 m. — 8e arrond. (anc. 1er).

Dans sa partie comprise entre la rue du Faubourg-Saint-Honoré et celle de la Ville-l'Évêque, cette voie publique était bâtie et connue sous le nom de *rue d'Anjou*, en 1649. Sur un plan manuscrit de 1680, elle est appelée *rue des Morfondus dite d'Anjou*. — Un arrêt du Conseil, à la date du 4 décembre 1720, ordonna le prolongement de cette rue jusqu'au canal du grand égout; cette disposition, confirmée par un autre arrêt du 22 juillet 1721, qui fixait la largeur de ce prolongement à 4 toises, ne tarda pas à être exécutée. — En 1778, sur la demande de plusieurs propriétaires, le Roi prescrivit la continuation de la rue d'Anjou depuis le grand égout jusqu'à la rue *de la Roche* (auj. rue du Rocher). Il fut décidé que ce percement aurait 30 pieds de largeur et recevrait la dénomination de rue *Quatremère*, en l'honneur de François Bernard Quatremère de l'Épine, qui avait rempli les fonctions d'Échevin de la Ville de Paris en 1772. — Ce percement ne fut exécuté que jusqu'à la rue de la Pépinière. — En 1796, la rue qui nous occupe portait dans toute son étendue le nom de rue d'Anjou, auquel avait été ajoutée la qualification de : *Saint-Honoré*, pour la distinguer des rues d'Anjou au Marais et d'Anjou-Dauphine. — Une décision ministérielle du 22 prairial an V, signée Benezech, fixa, ainsi qu'il suit, la largeur de cette voie publique : pour la partie comprise entre les rues du Faubourg-Saint-Honoré et de la rue Ville-l'Évêque, à 8 m. moindre largeur; depuis la rue de la Ville-l'Évêque jusqu'à celle de la Pépinière, à 8 m. 44 c. — Conformément à une ordonnance royale du 23 septembre 1825, la rue d'Anjou devra être alignée d'après une largeur uniforme de 10 m.

Lors du percement du boulevard de Malesherbes, les immeubles ci-après de la rue d'Anjou, ont été atteints par les alignements de ce boulevard : nos de 33 à 51 inclus; de 28 à 38 inclus.

Les propriétés nos 3, 7, 9, 11 (partie), 15, 17, 19, 39, de 53 à 69 inclus, 73, 75; 4, 14, 16, 18, 20, 40, de 52 à 76 inclus, ne sont pas soumises à retranchement.

Dans l'hôtel portant le n° 6, est mort le général *La Fayette*, le 20 mai 1834, à l'âge de soixante-dix-sept ans.

Au n° 9 était l'hôtel de *Contade*.

Au n° 29 a demeuré *Benjamin Constant*.

Au n° 36 était l'hôtel du général *Moreau*.

« Paris, 11 nivôse an XIII (1er janvier 1805).

» A monsieur Fouché.

» Monsieur Fouché, Ministre de la Police, Ayant jugé à propos de faire racheter de la famille du général Moreau, Grosbois et la maison de la rue d'Anjou, et désirant reconnaître les bons services des maréchaux Berthier et Bernadotte, je vous fais cette lettre pour que vous ayez à leur faire passer la vente en bonne et due forme de ces propriétés: Grosbois au maréchal Berthier, et la maison de la rue d'Anjou au maréchal Bernadotte, afin qu'ils en jouissent sur le champ, dans l'état où elles sont. NAPOLÉON. »

(Correspondance, volume 10, page 122).

Cet hôtel a été démoli pour livrer passage au boulevard de Malesherbes.

Bernadotte, soldat en 1780, sergent en 1789, Prince de Ponte-Corvo et Maréchal d'Empire en 1804, Prince héréditaire de Suède en 1810, puis Roi !... Bernadotte avait été sergent à la caserne de la *Nouvelle-France*, dans la rue du Faubourg-Poissonnière.

ANNAM (Rue d').

C. rue des Partants, nos 65 et 67; F. rue du Retrait, nos 7 et 9. — Der imp., 19; der pair, 36. — Long. 320 m. — 20e arrond. (anc. Belleville).

C'était autrefois un sentier ou chemin qui, prenant naissance aux Amandiers, aboutissait, en contournant, au Retrait, (V. l'art. : *Retrait*, rue du).

On l'appelait *sentier des Partants*, parce qu'il commençait à la rue de ce nom.

Ce fut dans le champ dit des Partants que Fieschi, Pépin et Morey essayèrent leur machine infernale qui fit tant de victimes le 28 juillet 1835.

Un décret impérial du 23 mai 1863 confirma le classement du sentier des Partants, au nombre des voies publiques de Paris. Un arrêté préfectoral du 1er février 1877, signé Ferdinand Duval, assigne au sentier des Partants le nom de *rue d'Annam*. — Il n'existe pas d'alignement arrêté pour cette voie publique.

ANNAM, dit aussi empire Annamitique, est un grand état de l'Inde transgangétique, ayant pour bornes : la Chine, l'Inde anglaise, l'empire Birman et le royaume de Siam. *Hué* est la capitale de cet état, contre lequel une expédition hispano-française fut dirigée en 1858 pour tirer vengeance des persécutions dont un grand nombre de missionnaires avaient été victimes. Par un traité signé en 1860, la France a obtenu la cession de la Basse-Cochinchine.

ANNE (Asile Sainte-).

Situé rue Cabanis. — 14e arrond. (anc. Gentilly).

Dans sa session de l'année 1862, le Conseil général du département de la Seine approuvait la création de trois asiles d'aliénés, l'un à Paris, les deux autres en dehors, à Vaucluse et à Ville-Evrard (Seine-et-Oise).

L'asile de Paris devait être bâti sur l'emplacement de l'ancienne ferme Sainte-Anne (hôpital Sainte-Anne ou de la Santé, dont nous parlerons à la fin du présent article) et sur deux terrains adjacents : le tout d'une contenance de 130,250 mètres carrés. Cet établissement, projeté pour 600 lits, devait être circonscrit par la rue de la Santé et par trois voies nouvelles qui sont devenues les rues d'Alésia, Cabanis et Broussais.

Le projet du Conseil général fut sanctionné par un décret impérial dont voici le texte :

« Napoléon.... Vu la délibération prise par le Conseil général du département de la Seine, session de 1862, et tendant à la création d'Asiles publics d'aliénés ; la loi du 9 mai qui a affecté à cette entreprise le montant d'une créance de dix millions sur la caisse de la Boulangerie ; le plan indicatif des immeubles à acquérir, avons décrété et décrétons ce qui suit :

» Art. 1er. — Est déclarée d'utilité publique, la création à Paris d'un asile clinique pour le traitement des maladies mentales ; ledit asile devant être établi sur les terrains et dépendances de la ferme Sainte-Anne. En conséquence, le Préfet de la Seine est autorisé à acquérir, soit à l'amiable, soit, s'il y a lieu par voie d'expropriation : 1° la propriété de la ferme Sainte-Anne appartenant à l'administration générale de l'Assistance publique ; 2° les terrains enclavés dans ladite propriété, et teintés en jaune sur le plan ci-annexé.

Art. 2. — Il sera pourvu au payement de ces acquisitions au moyen des ressources déterminées par la loi du 9 mai dernier. — Fait à Vichy le 30 juillet 1863. *Signé* Napoléon. — Par l'Empereur, le Ministre secrétaire d'état au département de l'intérieur, *signé* Boudet. »

Après les expropriations nécessaires, les travaux de construction furent immédiatement commencés sous la direction de M. Questel, architecte, membre de l'Institut ; ils étaient achevés en 1867, et l'établissement commençait à fonctionner le 1er mai de la même année. La dépense montait à 5,480,041 fr. En 1869, des bâtiments devant être affectés à un pensionnat et à des bains résineux furent entrepris : ils ont été achevés en 1876. La dépense du pensionnat a été de 1,014,250 fr. ; celle des bains résineux, de 100,000 fr.

Aujourd'hui l'établissement contient un total de 900 lits ; il comprend 3 parties distinctes : 1° l'*admission* où entrent pour être répartis tous les malades (hommes et femmes) ; 2° l'*asile* proprement dit (division d'hommes, division de femmes) ; 3° la *clinique* où un professeur de la faculté de médecine fait des cours (pour les hommes seulement). — En 1878, la dépense s'est élevée à 785,000 fr. Dans le courant de l'année 1879, il est entré 2,685 malades : la mortalité a été de 230 hommes et 121 femmes.

L'*hôpital Sainte-Anne* ou de la Santé fut fondé en 1651, à Gentilly, par Anne d'Autriche, en remplacement d'un ancien hôpital qui était situé dans le faubourg Saint-Marcel, près de la rue de l'Arbalète. En 1772, Jaillot nous apprend que cet établissement « servait de secours pour certaines maladies contagieuses et pour des convalescents. » Plus tard, il devint une annexe de l'hospice de Bicêtre. Ce fut en 1833, et par les inspirations du docteur Ferrus, alors médecin de Bicêtre et inspecteur général du service des aliénés, que l'Administration des Hospices institua la *Ferme Sainte-Anne*, dans le but d'appliquer, pour la première fois, les aliénés à des travaux agricoles ; 200 aliénés étaient recueillis dans l'enclos de l'ancien hôpital et ses dépendances, qui occupaient une superficie de 5 hectares 13 ares. Ceux que les médecins de Bicêtre y envoyaient, étaient pris de préférence parmi les incurables, et l'on choisissait en général les plus tranquilles, les plus robustes, qui exigeaient le moins de surveillance et de soins de toute nature. On leur faisait cultiver à la bêche non seulement les terres de l'enclos, mais encore celles qui, dans le voisinage, appartenaient à l'Administration des hospices. On employait aussi ces aliénés à d'autres services, tels que la vacherie, la porcherie, etc. A la fin de l'année 1863, époque de son expropriation, la ferme Sainte-Anne comptait un millier d'animaux à l'engrais. Jusqu'en 1855, l'exploitation de cette ferme n'avait présenté, chaque année, que des excédants de dépense ; mais par suite d'innovations heureuses, les bénéfices suivirent constamment une progression.

ANNE (Passage Sainte-).

C. rue de Saint-Sabin, n° 42 ; F. boulevard Richard-Lenoir, n° 43. — Der imp. 9 ; der pair, 10. — Long. 146 m. — 11e arrond. (anc. 8e).

Il a été ouvert, en 1839, à 5 m. de largeur, par M. Rousseau, ingénieur, qui lui donna le prénom de sa femme.

ANNE (Passage Sainte-).

C. rue Sainte-Anne, n° 59 ; F. passage de Choiseul, n° 40. — Pas de nos. — Long. 47 m. — 2e arrond. (anc. 2e).

Ouvert en 1829, ce passage a été autorisé par une ordonnance de Police, signée Gabriel Delessert, en date du 11 février 1848, qui impose au propriétaire diverses conditions, savoir : Fermeture du passage par des grilles, éclairage, pavage, écoulement des eaux, hauteur des constructions en bordure par rapport à la largeur de la voie de communication. (V. l'art. suivant.)

ANNE (Rue Sainte-).

C. avenue de l'Opéra, nos 12 et 14 ; F. rue Neuve-Saint-Augustin, nos 13 et 15. — Der imp. 79 ; der pair, 68. — Long. 445 m. — entre l'avenue de l'Opéra et la rue Neuve-des-Petits-Champs, 1er arrond., surplus, 2e arrond. (anc. 2e pour la totalité).

Charles IX avait projeté, dès 1562, de renfermer les faubourgs Saint-Honoré et Montmartre dans la Ville de Paris. Ce projet n'eut pas alors d'exécution. En 1632, le cardinal de Richelieu, ayant fait abattre le mur d'enceinte de la Ville pour la régularisation de l'hôtel qu'il faisait bâtir, la Butte des Moulins fut réunie à Paris. Un des chemins qui sillonnaient cette butte et commençait à la rue d'Anglade, (supprimée en 1866), fut converti en une rue que l'on nomma rue Sainte-Anne, en l'honneur d'Anne d'Autriche, épouse de Louis XIII. En 1663, cette voie ne dépassait point la rue du Clos-Georgeau (supprimée récemment). Peu de temps après, on la prolongea jusqu'à la rue Neuve-des-Petits-Champs. En 1667, fut ouverte la partie qui s'étend de cette dernière voie à la rue Neuve-Saint-Augustin. On la nomma d'abord *rue Neuve-Sainte-Anne*, puis *rue de Lionne*, parce qu'elle bordait un des côtés de l'hôtel de M. de Lionne, Secrétaire d'État. — Vers le milieu du XVIIIe siècle, c'était la rue Sainte-Anne.

Séance du 20 septembre 1792.

« Le conseil général, le procureur de la Commune entendu, arrête : la rue Sainte-Anne, dans laquelle est né le philosophe Helvétius, portera dorénavant le nom d'*Helvétius*. »

Claude-Adrien Helvétius, fermier-général et philosophe, était né en 1715 ; il mourut le 26 décembre 1771. Son ouvrage intitulé *De l'Esprit* (1758), où il réduit toutes les facultés humaines à la sensibilité physique, avait été condamné en même temps, par la Sorbonne et le Pape, et fut brûlé par le bourreau (1759).

Une décision ministérielle du 13 pluviôse an X, signée Chaptal, fixa la moindre largeur de cette voie publique à 8 m. — Le 27 avril 1814, un arrêté préfectoral rendit à cette rue la dénomination de Sainte-Anne, à laquelle on ajouta la qualification de Saint-Honoré. (Cette qualification a disparu il y a quelques années.) — En vertu d'une ordonnance royale du 4 octobre 1826, la moindre largeur de cette rue est fixée à 10 m. — Conformément au décret impérial du 15 novembre 1855, relatif aux abords du Louvre et des Tuileries, les maisons n[os] de 1 à 7 et de 2 à 8, ont été expropriées et démolies en 1856. Leur emplacement se trouve, en grande partie, confondu dans le sol de la rue de l'Échelle et dans celui de l'avenue de l'Opéra. — Un décret du Président de la République, signé Maréchal de Mac-Mahon, en date du 27 juin 1876, a déclaré d'utilité publique :

« L'élargissement et le nivellement de la rue Sainte-Anne, aux abords de la place du Théâtre-Français. »

En conséquence de ce décret, les immeubles portant alors les n[os] de 9 à 27 inclus, et de 10 à 20 inclus, ont été expropriés et démolis à la fin de la même année. L'emplacement des n°s 9 à 19, 10 et 12 est entré pour la plus grande partie dans le sol de l'avenue de l'Opéra. Enfin, un décret du 27 février 1877, relatif au nivellement de la rue Sainte-Anne, a prescrit l'expropriation des maisons portant les n[os] de 29 à 35 et de 22 à 26. Ce décret a reçu son exécution dans le courant de la même année.

Les propriétés n[os] de 1 à 11 *bis*, inclus, 49, 49 *bis*, 51, 51 *bis*, 79, et toutes celles du côté des n[os] pairs sont alignées.

Les maisons n°s 14 et 16 qui ont disparu en 1876, composaient autrefois l'*hôtel d'Estaing*, où mourut Bossuet, le 12 avril 1704.

La communauté des *Nouvelles Catholiques* était située dans cette rue. Elle fut établie, pour la propagation de la religion catholique, par le père Hyacinthe, franciscain, la sœur Garnier et la demoiselle Gaspi. Autorisée en 1634 par l'archevêque de Paris, cette communauté fut placée rue des Fossoyeurs (auj. rue Servandoni). En 1647, cet établissement était situé dans la rue Pavée, au Marais. Peu de temps après, il fut transféré dans la rue Sainte-Avoie. En 1651, il se trouvait dans la rue Neuve-Saint-Eustache. Ces religieuses achetèrent, en 1672, un terrain dans la rue Sainte-Anne, où elles firent construire une maison et une chapelle sous le vocable de l'*Exaltation de la Sainte-Croix et de Sainte-Clotilde*. Cette communauté jouissait du privilège accordé aux maisons de fondation royale. Supprimée en 1790, elle devint propriété nationale et fut vendue le 28 floréal an V. Elle occupait une superficie de 540 m. 68 c. C'est aujourd'hui une maison particulière portant le n° 63, où se trouve l'établissement des *Bains Sainte-Anne*.

ANNELETS (Rue des).

C. rue des Solitaires, n°s 17 et 19; F. rue des Mignottes. — D[re] imp., 35; d[re] pair, 38. — Long. 340 m. — 19e arrond. (anc. Belleville).

C'était encore, au milieu du XVIIe siècle, un chemin qui traversait le territoire qu'on désignait ainsi : *lieu dit les Annelets*. Une partie de ce territoire, annexée au parc Saint-Fargeau, fut vendue en plusieurs lots, le 1er octobre 1763, à la charge par les adjudicataires de conserver divers chemins et routes tracés au plan de division de ladite propriété et d'entretenir en bon état les portes placées aux entrées dudit parc et les murs qui l'entouraient. Parmi ces chemins se trouvait celui des Annelets, ainsi appelé parce qu'on y menait paître, dans les champs voisins, les petits ânes dont la race était alors fort estimée.

La largeur de cette rue a été fixée à 8 m. par une ordonnance royale du 21 juillet 1843. Un décret impérial du 23 mai 1863 a confirmé son classement au nombre des voies publiques.

Les propriétés n°s 1 (partie), 3, 11, de 21 à 29 inclus, et toutes celles du côté pair sont alignées.

ANNIBAL (Cité).

Située rue de la Tombe-Issoire, n°s 85 et 87. — D[re] imp., 9; d[re] pair, 8 *bis*. — Long. 67 m. — 14e arrond. (anc. Montrouge).

Elle a été fondée en 1854, par M. Bonnetat, peintre, qui lui donna la dénomination de *cité Napoléon*, en l'honneur de Napoléon III. Conformément à un arrêté préfectoral du 1er février 1877, signé Ferdinand Duval, elle a reçu le nom de cité Annibal. Sa largeur est de 2 m. 90 c.

Annibal, le plus grand des généraux carthaginois, fils d'Amilcar, né l'an 247 avant J.-C. Dès son enfance, son père lui fit jurer une haine implacable contre les Romains. Pendant trois années, il servit en Espagne sous les ordres de son beau-frère Asdrubal. Il était proclamé général en chef, à l'âge de 25 ans, et rallumait la guerre en assiégeant Sagonte, alliée des Romains. À la tête de cent mille hommes, il quitte l'Espagne, traverse les Gaules, franchit le Rhône, en quinze jours les Alpes. Cinq mois après son départ de Carthagène, il descend en Italie, mais il ne lui reste que 26,000 soldats. Marchant de succès en succès, il défait complètement les Romains à la bataille de Cannes et leur tue près de 50,000 hommes. Malheureusement ses troupes s'amollissent dans les délices de Capoue, et Carthage ne lui envoie que des secours insuffisants. Scipion transportant la guerre en Afrique, Annibal se voit forcé d'aller défendre sa patrie. À peine arrivé, il livre bataille aux Romains dans les plaines de Zama : son armée est défaite. Il se réfugie alors chez Antiochus, roi de Syrie, puis chez Prusias, roi de Bithynie. Annibal, apprenant que ce dernier veut le livrer, s'empoisonne pour ne pas tomber au pouvoir des Romains. — Il avait alors 64 ans.

ANNONCIADES (Rue des).

C[re] rue de La Charrière; F[in] rue Saint-Ambroise. — Pas de n[os]. Elle sera bordée, d'un côté par le chevet de l'église Saint-Ambroise ; de l'autre par le presbytère de cette paroisse. — Long. 37 m. — 11e arrond. (anc. 8e).

Le décret impérial du 24 janvier 1863 que nous avons reproduit à l'article de l'église *Saint-Ambroise*, déclara d'utilité publique le percement de cette voie à 10 m. moindre largeur. Un arrêté préfectoral du 26 février 1867, signé Haussmann, lui assigna le nom de rue des Annonciades, parce qu'elle devait traverser des terrains qui provenaient originairement de la communauté religieuse des *Annonciades* du Saint-Esprit. Toutefois, la rue n'a pas encore été ouverte. Elle aura supprimé dans son parcours une partie de l'*impasse Saint-Ambroise*.

ANNONCIATION (Église de l').

Située rue de l'Annonciation entre les n°s 8 et 12. — 16e arrond. (anc. Passy).

Au milieu du XVIIe siècle, la population du village de Passy ne possédait pas encore d'église, et se trouvait obligée d'aller remplir ses devoirs religieux à la paroisse d'Auteuil. A cette époque, il y avait à Passy un seigneur pieux et bienfaisant, messire Claude de Chahu, Conseiller du Roi en ses conseils et trésorier général des finances. Il sollicita de l'archevêque de Paris la permission de construire, fonder et doter une chapelle à Passy. Sans attendre l'accomplissement des formalités nécessaires, il fit bâtir la chapelle, qui était fort avancée quand fut rendu le décret de l'archevêque, à la date du 28 décembre 1666, et dont voici un court extrait :

« Nous étant apparu par le rapport de notre vicaire général, que les habitants de Passy ne peuvent aller sans beaucoup d'incommodité en leur paroisse d'Authueil, pour y recevoir les sacrements et assister à l'office divin, à cause de la distance et de la difficulté des lieux, avons érigé et érigeons par ces présentes, *une Église succursale aud. Passy*, dépendante et aide de la paroisse d'Authueil et à cet effet, avons permis et permettons d'achever la *Chapelle* encommencée de bâtir, et sera lad. Eglise succursale sous l'invocation de Notre-Dame de Grâce, de laquelle la principale fête se fera chaque année le jour de l'*Annonciation* de la Vierge... qu'en considération des bienfaits et fondations du sieur Chahu, le vicaire de lad. Eglise de Passy dira à la fin de chaque messe un *Salve regina* pour lesd. sieur et dame Chahu et un *De Profundis* pour le repos de leurs âmes... »

Cette concession contribua beaucoup à l'augmentation de la population de Passy, et six années après, le 18 mai 1672, la succursale était érigée en église paroissiale, en vertu d'un décret de l'archevêque de Paris. La chapelle, bâtie par messire de Chahu, et qui se composait d'une nef et d'une aile gauche, ne tarda pas à devenir trop petite. Elle fut agrandie et augmentée d'une aile. En 1845, on commença des travaux d'extension et d'ornementation, qui n'ont été achevés qu'en 1856. L'édifice ne présente d'ailleurs rien de remarquable.

ANNONCIATION (Rue de l').

C. rue Raynouard, nos 46 et 48; F. place de Passy. — Dre imp. 45; dre pair, 44. — Long. 315 m. — 16e arrond. (anc. Passy).

Cette voie, l'une des plus anciennes de Passy, aboutissait originairement à la Chaise (depuis Beau-Séjour), et s'appelait *rue de l'Église*. Elle fut coupée par la place d'Armes, devenue place de la Mairie, enfin place de Passy. La partie extrême prit le nom de rue Bois-le-Vent (V. cet art.) La largeur de la rue de l'Église fut fixée à 8 m. par un arrêté préfectoral du 16 février 1856. Un décret impérial du 23 mai 1863, confirma le classement de cette rue au nombre des voies publiques. En vertu d'un arrêté préfectoral du 26 février 1867, signé Haussmann, elle a reçu le nom de rue de l'*Annonciation*, parce que l'ancienne église de Passy, placée sous ce vocable, est située dans cette rue.

Les propriétés ci-après ne sont pas soumises à retranchement : partie du no 1, 3, 5, 9, 19, 27, 37, 39, 41, 43; partie du no 2, et de 6 à la fin.

ANTIN (Avenue d').

C. rue François Ier, no 1 et cours de la Reine; F. rue de La Boëtie, nos 71 et 73. — Dre imp., 65; dre pair, 28. — Long. 920 m. — 8e arrond. (anc. 1er).

1re partie comprise entre le Cours de la Reine et le Rond-Point des Champs-Élysées. — Elle a été plantée, en 1723, par les ordres du duc d'*Antin*, et n'est bordée de constructions que sur le côté gauche. Le côté opposé longe les Champs-Élysées. L'alignement arrêté en vertu d'une décision ministérielle du 14 vendémiaire an XI, signée Chaptal, et consacré par une ordonnance royale du 5 avril 1846, passe sur le nu des constructions actuelles.

2e partie comprise entre le Rond-Point des Champs-Élysées et la rue de La Boëtie.

« Napoléon..., avons décrété et décrétons ce qui suit :

Art. 1er. — Sont déclarés d'utilité publique dans la Ville de Paris : 1o l'ouverture d'une voie de 36 m. de largeur, en prolongement direct de l'avenue d'Antin, depuis le Rond-Point des Champs-Elysées jusqu'à la rue du faubourg Saint-Honoré ; 2o la formation d'une petite place triangulaire au débouché de cette nouvelle voie sur la rue du faubourg Saint-Honoré, en face de l'entrée principale de l'église Saint-Philippe du Roule ; 3o le dégagement de ladite église, par la suppression de l'îlot de maisons situé entre elle et les rues du faubourg Saint-Honoré, de la Pépinière (auj. rue de La Boëtie), et de Courcelles ; 4o l'élargissement de la rue de la Pépinière à 20 m., depuis l'angle de la rue du faubourg Saint-Honoré jusqu'à la propriété no 99, exclusivement, le tout suivant les alignements indiqués par des lignes noires avec liserés bleus, sur le plan ci-annexé... — Fait au Palais des Tuileries, le 23 février 1861. *Signé* Napoléon. — Par l'Empereur : le Ministre secrétaire d'État au département de l'intérieur, *signé* F. de Persigny. »

Ce décret ne reçut qu'un commencement d'exécution.

« Le Président de la République Française... a décrété :

» Art. 1er. — La largeur du prolongement de l'avenue d'Antin, entre le Rond-Point des Champs-Élysées et la rue du faubourg Saint-Honoré, est fixée à 24 m. suivant les alignements indiqués par des liserés bleus sur le plan ci-annexé.

» Art. 2. — Les dispositions du décret du 23 février 1861 sont et demeurent rapportées, en ce qu'elles ont de contraire au présent décret... — Fait à Versailles, le 12 juillet 1873. *Signé* Maréchal de Mac-Mahon. — Le Ministre de l'intérieur, *signé* Beulé. »

Ce prolongement n'a été exécuté que jusqu'à la rue de La Boëtie, et a laissé en saillie, sur son alignement, deux immeubles portant, rue de Ponthieu, les nos 11 et 15.

Louis-Antoine de Pardaillan de Gondrin, duc d'Antin, né en 1665, se distingua, selon Voltaire, par un art singulier, non pas de dire des choses flatteuses, mais d'en faire. Il fut lieutenant-général, gouverneur de la province d'Alsace et surintendant des bâtiments du Roi, après la mort de Mansard. Le duc d'Antin était le seul enfant de madame de Montespan qui ne fût pas le produit de l'adultère.

Voici en quels termes le duc de Saint-Simon, dans ses Mémoires, s'exprime sur d'Antin :

« ... Né avec beaucoup d'esprit naturel, il tenait du langage charmant de sa mère et du gascon de son père, mais avec un tour et des grâces naturelles qui prévenaient toujours. Beau comme le jour étant jeune, il en conserva de grands restes jusqu'à la fin de sa vie, mais une beauté mâle et une physionomie d'esprit. Personne n'avait plus d'agréments de mémoire, de lumières, de connaissance des hommes et de chacun, d'art et de ménagements pour savoir les prendre, s'insinuer et parler toutes sortes de langage. »

Dans un des chapitres suivants, le duc de Saint-Simon nous rend compte de la visite que Louis XIV fit au duc d'Antin, à Petit-Bourg, le 13 septembre 1707.

« C'est un prodige, dit l'historien grand seigneur, que les détails jusqu'où d'Antin porta ses soins pour faire sa cour de ce passage, et pour la faire jusqu'aux derniers valets. Il gagna ceux de madame de Maintenon, pendant qu'elle était à Saint-Cyr, pour entrer chez elle. Il y prit un plan de la disposition de sa chambre, de ses meubles, jusqu'à ses livres, jusqu'à l'inégalité dans laquelle ils se trouvaient rangés, ou jetés sur sa table, jusqu'aux endroits des livres qui se trouvaient marqués. Tout se trouva chez elle, à Petit-Bourg, comme à Versailles, et ce raffinement fut fort remarqué.... Le Roi arriva de bonne heure, se promena fort et loua beaucoup. Il fit après entrer d'Antin chez madame de Maintenon avec lui, qui lui montra le plan de tout Petit-Bourg. Tout en fut approuvé, excepté une allée de marronniers qui faisait merveille au jardin et à tout le reste, mais qui ôtait la vue de la chambre du Roi. D'Antin ne dit mot, mais le lendemain matin, le Roi, à son réveil, ayant porté la vue sur ses fenêtres, trouva la plus belle vue du monde, et non plus d'allée et de traces qu'il y en eût jamais eu où elle était la veille, ni plus de traces de travail ou de passage dans toute cette longueur, ni nulle part auprès, que si elle n'eût jamais existé. Personne ne s'était aperçu d'aucun bruit, d'aucun embarras; les arbres étaient disparus, le terrain uni au point que ce ne pouvait être que l'opération de la baguette de quelque fée bienfaisante du château enchanté. Les applaudissements récompensèrent la galanterie. » — Le duc d'Antin est mort à Paris, le 2 décembre 1736.

ANTIN (Cité d').

Située rue de Provence, n°s 57 et 61.—Dern imp., 35; dern pair, 18. — Long. développée 204 m. — 9e arrond. (anc. 2e).

Par contrat passé devant Me Guéret et son collègue, notaires à Paris, le 30 mai 1769, les religieux Mathurins donnèrent à bail emphytéotique, pour 99 années, commençant le 11 octobre 1770, aux sieurs Letellier et Brongniart, quatre arpents environ de terrain, situé *aux Porcherons*, à la charge, entre autres clauses, de laisser à l'expiration dudit bail aux Mathurins, qui en deviendraient propriétaires, tous les bâtiments, murs et maisons qui seraient construits sur ce terrain, et en outre de payer la somme de 900 livres de rente annuelle par arpent ou une livre par toise.

Sur la plus grande partie de cet emplacement, furent construits l'*hôtel de Montesson* et l'*hôtel de Valence*, qui ne formèrent bientôt qu'une seule et même propriété. On sait que le duc d'Orléans, aïeul du Roi Louis-Philippe, avait épousé secrètement Mme de Montesson, le 24 août 1773. Ce magnifique hôtel passa successivement au fournisseur Ouvrard et au banquier Michel. En 1810, il était occupé par l'Ambassade d'Autriche. À l'occasion du mariage de Napoléon avec Marie-Louise, le prince de Schwartzemberg y donna une grande fête. Pendant le bal, un incendie éclata tout à coup et fit de nombreuses victimes, entr'autres la princesse, épouse de l'Ambassadeur.

En poursuivant la lecture des titres de propriété, nous voyons que le terrain qui comprenait la majeure partie de l'emplacement des anciens hôtels de Montesson et de Valence fut vendu par Pierre-François Paravey, banquier, les 9 septembre et 23 novembre 1825, à la Société Delaunay, moyennant 1,485,000 francs.

La Compagnie Delaunay avait fait cette acquisition *dans le but d'établir sur ce terrain un nouveau quartier fermé et tout à fait semblable à un square anglais.*

Mais l'Administration municipale ne trouvant pas suffisante la largeur de la rue qui devait entourer ce square, un arrêté du Préfet de la Seine, à la date du 27 juillet 1826, fit défense de continuer les travaux, à moins que la Compagnie Delaunay ne consentît aux conditions énoncées dans une lettre du Ministre de l'Intérieur, à la date du 1er de ce mois. Dans cette lettre, le Ministre considérant les cours intérieures du square comme des *rues publiques*, décidait que la Cie Delaunay serait tenue de laisser *ouverts* dans toute leur hauteur et sur une largeur de 10 m. au moins, les passages qu'elle avait l'intention de *fermer* par des grilles surmontées de constructions sur la rue de Provence, et de convertir en une rue *ouverte* également dans sa longueur, le terrain sur lequel elle avait l'intention de construire un passage *couvert* sur la rue de la Chaussée-d'Antin.

La Cie Delaunay s'étant pourvue contre cette décision, une ordonnance royale, rendue en Conseil d'État, le 26 novembre 1829, rejeta le pourvoi, en rendant exécutoire l'arrêté ministériel.

En conséquence, la Cie Delaunay ne pouvant réaliser son projet d'établissement d'un square public, comme elle l'entendait, en fit une propriété particulière sous le nom de *cité d'Antin*.

Lors de l'exécution du prolongement de la rue de La Fayette, les maisons de la cité d'Antin, n°s 11, 13, 15, 17, 19 et 21, ont été expropriées et démolies. Une partie de leur emplacement est restée vague, et la clôture en planches qui longe la rue de La Fayette, produit une disparate choquante avec les belles constructions bordant cette voie magistrale.

ANTIN (Impasse d').

Située avenue d'Antin, entre les n°s 27 et 29. — Dern imp., 7; dern pair, 26. — Long. 167 m. — 8e arrond. (anc. 1er).

Cette impasse, qui n'est pas reconnue voie publique, existe depuis le commencement de ce siècle. Elle forme un coude, et sa largeur est de 3 m. 75 c. environ. Son nom lui vient de l'avenue d'Antin où elle prend naissance.

ANTIN (Rue d').

Commence rue Neuve-des-Petits-Champs, n°s 66 et 68; F. rue de Port-Mahon, n°s 5 et 7. — Dern imp., 23; dern pair, 22. — Long. 213 m. — 2e arrond. (anc. 2e).

1re partie comprise entre les rues Neuve-des-Petits-Champs et Neuve-Saint-Augustin.

« Le Roi s'étant fait représenter en son conseil le plan du quartier de Gaillon, que les Prévôt des marchands et Échevins de Paris en ont fait lever de nouveau en conséquence des ordres de Sa Majesté; ouï le rapport du sieur Desmarets, conseiller ordinaire au Conseil royal ; Sa Majesté étant en son conseil, a ordonné et ordonne que le nouveau plan du quartier de Gaillon attaché à la minute du présent arrêt, sera exécuté, et que, suivant icelui, la rue Saint-Augustin sera continuée de ligne droite de 5 toises de large parallèle depuis le carrefour Gaillon, à prendre de l'encoignure de la basse-cour de l'ancien hôtel de Gaillon, à celle de face du portail dudit hôtel, et en retour de pareille largeur, jusqu'à la rencontre de la rue Louis-le-Grand, et *d'une autre rue qui sera formée aussi en ligne droite de 5 toises de large en face du portail du d. hôtel jusqu'à la rue Neuve-des-Petits-Champs, dont le point milieu sera à 15 pieds du devant du mur*, etc. — Fait au conseil d'état du Roi, Sa Majesté y étant, tenu à Versailles, le 14 mars 1713. »

Ce percement fut immédiatement exécuté; on lui donna le nom de rue d'Antin, parce qu'il aboutissait en face de l'hôtel d'Antin, depuis hôtel de Richelieu, dont nous parlerons à la fin de cet article. — Une décision ministérielle du 28 ventôse an IX, signée Chaptal, et une ordonnance royale du 4 octobre 1826, ont maintenu sa largeur primitive (9 m. 74 c.).

2e partie depuis la rue Neuve-Saint-Augustin jusqu'à celle de Port-Mahon.

« Louis-Philippe... nous avons ordonné et ordonnons ce qui suit :

» Art. 1er. — Le sieur Crapez est autorisé à ouvrir sur les terrains et l'emplacement de l'ancien hôtel Richelieu, une nouvelle rue en prolongement de la rue d'Antin et destinée à communiquer de la rue Neuve-Saint-Augustin à celle du Port-Mahon. Les alignements de cette nouvelle voie publique dont la largeur est fixée à 12 m. dans tout son parcours, sont arrêtés suivant le tracé des lignes noires sur le plan ci-joint.

» Art. 2. — L'autorisation ci-dessus accordée ne profitera au sieur Crapez, qu'à la charge par lui de remplir les clauses et conditions qui lui ont été imposées conformément à la délibération du Conseil municipal de Paris, en date du 11 février 1839... — Donné au Palais de Saint-Cloud, le 8 septembre 1839.

Signé Louis-Philippe. — Par le Roi : le Ministre secrétaire d'État au département de l'intérieur, *signé* Duchatel. »

Ce percement a été exécuté en 1840.

Conformément au décret du Président de la République, signé Maréchal de Mac-Mahon, du 27 juin 1876, concernant l'avenue de l'Opéra et ses abords, les maisons nos 11, 13, 15, 8, 10, 12, ont été expropriées et démolies à la fin de la même année. Leur emplacement se trouve confondu, en totalité ou en partie, dans le sol de cette avenue.

Les propriétés riveraines de la rue d'Antin sont alignées.

L'hôtel d'Antin avait été bâti, en 1707, avec plus de dépense que de goût, par un riche financier nommé de Lacour des Chiens.

« Le Roi, dit Jaillot, qui avait été obligé de prendre cet hôtel en déduction des sommes que le sieur des Chiens était redevable à sa mort, le céda, en 1712, au comte de Toulouse, qui le vendit l'année suivante au duc d'Antin. Il prit en 1757, le nom d'hôtel de Richelieu par l'acquisition qu'en a faite le duc de ce nom. »

Sur l'emplacement de l'hôtel de Richelieu, avaient encore été ouvertes la rue de Port-Mahon et une partie de la rue de Hanovre.

ANTIN (Rue de la Chaussée-d').

C. boulevards des Capucines, n° 2, et des Italiens, n° 38; F. rues Saint-Lazare, n° 73, et de Châteaudun, n° 59. — Der imp., 57; der pair, 70. — Long. 578 m. — 9e arrond. (côté imp., anc. 1er; côté pair, anc. 2e).

Cette rue, aujourd'hui l'une des plus importantes de Paris, n'était encore, à la fin du XVIIe siècle, qu'un chemin tortueux qui commençait à la porte Gaillon et conduisait aux Porcherons. On l'appelait alors *chemin de l'Égout de Gaillon*, *des Porcherons*, *de la Chaussée de Gaillon*. Le Pré des Porcherons était pour les roués de la régence, ce que le Pré aux Clercs avait été pour les raffinés de la ligue : un rendez-vous de débauches et de duels. Au commencement du XVIIIe siècle, le quartier Gaillon cherchait à s'étendre et brisait la digue que lui opposait le rempart. Un arrêt du Conseil du 31 juillet 1720, ordonna de redresser *le chemin de Gaillon jusqu'à la barrière des Porcherons* (située rue Saint-Lazare), dans la largeur de 10 toises, et de planter ledit chemin d'un rang d'arbres de chaque côté. Mais le Bureau de la Ville ayant représenté qu'il serait plus convenable et plus utile de faire une rue droite de 8 toises de large, et de redresser l'égout jusqu'à la barrière, une ordonnance du 4 décembre de la même année autorisa ce changement : l'égout fut revêtu de murs et voûté, et la rue percée et alignée d'après le plan présenté.

On la nomma rue de l'*Hôtel-Dieu*; elle conduisait à une ferme appartenant à cet hôpital; puis rue de la *Chaussée-d'Antin*, parce qu'elle commençait au rempart en face duquel avait été bâti l'hôtel d'Antin, depuis de Richelieu. — Mais cette voie publique n'était pas au bout de ses métamorphoses patronimiques.

Paris le 5 avril 1791.

« Messieurs, l'Assemblée nationale et la ville de Paris ont rendu à M. Mirabeau les honneurs funèbres. Sa cendre sera déposée dans la basilique destinée aux grands hommes, et elle y sera placée la première. Cette reconnaissance publique est un devoir de la patrie; elle est en même temps la politique d'un pays où l'on veut former les hommes. Une des destinations durables et publiques que l'on peut rendre à l'homme qui a si bien servi la constitution française, serait de donner son nom à la rue où il a habité et où nous l'avons perdu. On se rappellera toujours qu'il y a vécu. La tradition y conservera son nom. Il me paraît honorable pour la municipalité de l'y fixer. J'ai en conséquence l'honneur de proposer au Conseil général d'arrêter que la rue de la Chaussée-d'Antin sera désormais appelée la rue de *Mirabeau*, et qu'une inscription conforme y sera sur-le-champ apposée. — Je suis avec respect, Messieurs, votre très-humble et très obéissant serviteur, Bailly. »

Et plus bas, MM. du Conseil général de la Commune.

« Le conseil général, délibérant sur la proposition de M. le maire, y a généralement applaudi, et d'une voix unanime a arrêté que la rue de la Chaussée-d'Antin sera désormais appelée la rue de *Mirabeau*, et qu'il y sera sur-le-champ apposé une inscription conforme. Charge le corps municipal de tenir la main à l'exécution du présent arrêté qui sera imprimé, affiché et envoyé aux quarante-huit comités des sections. — Approuvé, Oudet-Dejoly, secrétaire-greffier. »

Peu de temps après, au-dessus de l'entrée de la maison, qui porte aujourd'hui le n° 42, et dont la reconstruction a eu lieu en 1836, fut scellée une table de marbre noir sur laquelle on grava en lettres d'or ces deux vers de Marie-Joseph Chénier :

L'âme de Mirabeau s'exhala dans ces lieux.
Hommes libres, pleurez! Tyrans, baissez les yeux.

Cette inscription fut enlevée en 1793, et la rue porta le nom du *Mont-Blanc*, en mémoire de la réunion de ce département à la France par décret du 27 novembre 1792. — En 1816, cette voie publique reprit sa monarchique appellation. — Une décision ministérielle, du 28 février 1807, signée Champagny, et une ordonnance royale du 27 octobre 1847, fixèrent la moindre largeur de la rue de la Chaussée-d'Antin à 13 m. 64 c. Un décret impérial du 27 décembre 1865, déclara d'utilité publique l'élargissement à 22 m. de la partie de la rue de la Chaussée-d'Antin, comprise entre le boulevard des Capucines et la rue Meyerbeer, au moyen d'un retranchement sur les propriétés du côté gauche. Cet élargissement a été immédiatement exécuté. Le percement des rues Meyerbeer, Halévy, du boulevard Haussmann, de la rue de La Fayette, l'élargissement de la rue Saint-Lazare et l'ouverture de la rue de Châteaudun, ont entraîné la démolition d'un grand nombre d'hôtels et de belles propriétés qui bordaient les deux côtés de la rue de la Chaussée-d'Antin.

La grande figure de Mirabeau n'est pas la seule illustration que rappelle à notre souvenir la rue de la Chaussée-d'Antin. Un ministre financier, une danseuse célèbre, une séduisante et douce créole, depuis Impératrice, un valeureux soldat de l'empire, qui devint sous la restauration l'orateur le plus brillant et le plus populaire, ont successivement habité cette rue. — Le financier s'appelait Necker; son hôtel portait le n° 7. Ce fut ensuite l'hôtel Récamier. — L'hôtel du n° 9, le palais de la danseuse, était plus somptueux que celui de l'ancien contrôleur-général des finances. Mlle Guimard sut gagner, à la pointe de ses pirouettes, sa réputation, sa fortune et le cœur de cet excellent prince de Soubise, qui était plus à son aise aux pieds d'une danseuse qu'à la bataille de Rosbach. Un jour, la jeune et belle damnée, en s'éveillant, se dégoûta de sa maison de Pantin, qui sentait la roture; elle voulut un hôtel dans cette rue que hantait le beau monde. Ledoux se mit à l'œuvre, et bientôt une fête merveilleuse inaugura le temple de la déesse. Cet hôtel renfermait un théâtre assez vaste pour contenir cinq cents personnes. Après le ballet, Mlle Guimard se donnait le délassement de la comédie jouée par l'élite des pensionnaires du Roi.

Ces deux hôtels, nos 7 et 9, ont été expropriés et démolis en 1866. Leur emplacement s'est trouvé confondu dans le sol de la rue Meyerbeer.

La maison n° 62 a été construite en 1826, sur l'emplacement d'un petit hôtel habité par Joséphine avant son mariage avec Bonaparte. Dans ce même hôtel mourut, le 26 novembre 1825, l'illustre général Foy, à l'âge de cinquante ans.

ANTOINE (Cour Saint-).

Située rue du Faubourg-Saint-Antoine, n° 234. — Pas de n°. — Long. 65 m. — 12e arrond. (anc. 8e).

Elle a été formée en 1837 par M. Krieger, propriétaire, ancien fabricant de meubles.

ANTOINE (Église Saint-).

Située rue de Charenton, n° 26 bis. — 12e arrond. (anc. 8e).

C'était autrefois la chapelle des Mousquetaires noirs. Elle avait été achevée en 1701. Cette église est la seule tenue par la Ville à location. Elle n'offre rien de remarquable; elle est aujourd'hui la seconde succursale de la paroisse Sainte-Marguerite. — On l'appelle aussi église des Quinze-Vingts, parce qu'elle fait partie de cet hospice.

ANTOINE (Hôpital Saint-).

Situé rue du Faubourg-Saint-Antoine, n° 184. — 12e arrond. (anc. 8e).

Cet hôpital occupe une partie de l'emplacement de l'ancienne abbaye Saint-Antoine-des-Champs, dont nous rappelons ici l'origine.

Un pauvre curé de Neuilly-sur-Marne, nommé Foulques, vint à Paris vers 1198. L'éloquence de ses prédications apostoliques étonna tous les habitants. Il prêchait avec tant de véhémence contre les usuriers et les femmes adonnées à la débauche, qu'il fit bientôt de nombreuses conversions. Les filles de mauvaise vie profitaient surtout de ses pieuses instructions; plusieurs abjurèrent la débauche et se coupèrent les cheveux en signe de pénitence. Foulques de Neuilly pourvut à l'entretien de celles qui voulaient se séparer entièrement de la vie mondaine. Pour ces dernières, fut construite l'abbaye Saint-Antoine. La première chapelle de ce monastère a été bâtie par Robert de Mauvoisin. La grande église était due à la pieuse munificence de saint Louis. Ce fut vers les fossés de cette abbaye que Louis XI conclut, en 1465, une trêve avec les princes qui s'étaient armés contre lui, pendant la guerre dite du *bien public*. Le Roi prétendit que la trêve avait été violée, et, pour perpétuer le souvenir de cette félonie, Louis XI fit élever en ce lieu une croix de pierre. En fouillant le sol, on trouva en 1562 cette inscription :

« L'an MCCCCLXV, fut ici tenu le landit des trahisons, et fut par une treves qui furent données ; maudit soit qui en fut cause. »

Ce monument n'avait été construit qu'en 1479, comme le prouve le compte du domaine de cette année. On y lit :

« A Jean Chevrin, maçon, pour avoir assis, par ordonnance du roi, une croix et épitaphe dans un lieu appelé le Fossé des Trahisons, derrière Saint-Antoine-des-Champs. »

Les bâtiments du monastère et le sanctuaire de son église furent reconstruits vers 1770, sur les dessins de Nicolas Lenoir, architecte, surnommé le Romain. L'église était richement décorée; on y voyait plusieurs tombeaux, entre autres ceux de Jeanne et de Bonne de France, filles de Charles V. La chapelle Saint-Pierre, supprimée en 1790, devint propriété nationale, et fut vendue le 3 vendémiaire an V. Elle a été démolie. Une partie de son emplacement forme aujourd'hui la petite place où se trouve l'entrée de l'hôpital. Tout le vaste terrain connu autrefois sous le nom de Clos-de-l'Abbaye fut aliéné en cinq lots, le 29 messidor an VI, avec la condition par les acquéreurs de livrer passage au percement d'une rue projetée. — Un décret de la Convention, du 17 janvier 1795, convertit les bâtiments de l'abbaye en hôpital assimilé à celui de l'Hôtel-Dieu, sous le nom d'Hospice de l'Est.

En 1854, l'Administration soumit à l'enquête un projet d'agrandissement de l'hôpital Saint-Antoine.

Il ne renfermait à cette époque que 250 lits. En 1860, on construisit deux ailes perpendiculaires au bâtiment principal et s'avançant vers le sud; le nombre des lits fut alors de 594. Enfin, en 1870, pendant le siège, on établit huit baraques en bois renfermant de 20 à 25 malades chacune, ce qui porta le nombre à plus de 700. Les services rendus par ces baraques en firent décider le maintien, et la population de l'hôpital se trouva donc portée régulièrement à plus de 700 malades, jusqu'à la fin de l'année 1878, époque à laquelle un sinistre déplorable vint diminuer le nombre des lits. Toutefois, le chiffre actuel des malades dépasse aujourd'hui 600.

L'Administration de l'Assistance publique a le projet d'agrandir l'hôpital Saint-Antoine, dont la superficie totale serait portée à 55,000 m. et le nombre des lits à 601. La dépense des travaux s'élèverait à 3,221,441 francs. Le million légué par M. Moïana, ancien joaillier, serait affecté à une partie des travaux.

ANTOINE (Passage Saint-).

C. rue de Charonne, n° 36; F. passage Josset, n°s 8 et 10. — Der imp., 7; pas de nos pairs. — Long. 80 m. — 11e arrond. (anc. 8e).

Il a été ouvert, en 1835, à 6 m. de largeur, par M. Josset, et doit son nom à sa proximité de la rue du Faubourg-Saint-Antoine.

ANTOINE (Place de l'Hôpital Saint-).

Située rue du Faubourg-Saint-Antoine, n° 184. — Pas de n°. — Long. 21 m. — 12e arrond. (anc. 8e).

Nous avons parlé, à l'article de l'hôpital Saint-Antoine, de l'ancienne chapelle Saint-Pierre, supprimée en 1790. Devenue propriété nationale, elle fut vendue le 3 vendémiaire an V. L'acquéreur était obligé par son contrat de livrer sans indemnité un passage de 48 pieds de large sur toute la profondeur de son terrain. Cette clause reçut son exécution peu de temps après. La grande place devant l'abbaye sert aujourd'hui de jardin à l'hôpital et est fermée par une grille. Le passage de 48 pieds de largeur prit le nom de place de l'Hôpital-Saint-Antoine. — Une ordonnance royale, en date du 30 avril 1838, a fixé la largeur de cette place à 16 m. 32 c. Le surplus de l'emplacement de la chapelle Saint-Pierre est occupé aujourd'hui par une maison qui porte le n° 186 sur la rue du Faubourg-Saint-Antoine.

ANTOINE (Rue du Faubourg-Saint-).

C. rues de la Roquette, n° 2, et de Charenton, n° 1; F. place du Trône. — Der imp., 317; der pair, 278. — Long. 1,810 m. — Côté imp., 11e arrond.; côté pair, 12 arrond. (pour la totalité anc. 8e).

Le mur d'enceinte de Paris, construit sous Charles V et Charles VI, s'arrêtait de ce côté, à la Porte Saint-Antoine. D'après des actes qui datent du règne de Louis XIII, on voyait à une certaine distance de l'angle droit de la rue de Picpus et de la Chaussée Saint-Antoine, un grand bâtiment qui porta d'abord cette inscription : *Rendez-vous des Chasses du Roy*, puis cette autre : *Répit Saint-Hubert*. Là s'arrêtait, sous Louis XIV, le Faux Bourg Saint-Antoine.

En cet endroit, trois chemins prenaient naissance; celui du milieu allait rejoindre, en serpentant, le chemin de la *Pissotte*, qui conduisait au village de Vincennes, alors dénommé village de la Pissotte. Ce chemin, coupé de nos jours par les fortifications, est représenté en partie par la *Rue de Lagny*. Le 2e chemin, celui de gauche, après avoir décrit une courbe, allait rejoindre celui de la Pissotte; enfin le 3e qui s'infléchissait brusquement à droite, suivait le tracé actuel des rues du Rendez-vous et Mongenot. Il est indiqué sur le plan de Jouvin de Rochefort, (1672) sous le nom de *Chemin du Bois de Vincennes et de Saint-Mandé*.

A l'endroit où se rencontrent aujourd'hui les rues du Rendez-vous et Mongenot, commençait un autre chemin désigné sous le nom de *Chemin de la Ménagerie*, parce qu'il aboutissait à une ménagerie que le roi Charles IX avait fait construire et dans laquelle étaient enfermés des lions, des tigres et des léopards pour *amuser le Roy*. Puis, ce chemin entrait dans le parc et se continuait jusqu'à la porte méridionale du château de Vincennes.

Le territoire qui se trouvait à l'extrémité du Faux Bourg Saint-Antoine appartenait au domaine du Roi.

Des lettres patentes du 17 mai 1658, prescrivirent la création de la place du Trône et des avenues qui devaient en former le rayonnement.

Sur le plan de Jouvin de Rochefort (1672), le *Cours* de Vincennes est indiqué.

Mais bien avant cette époque, le cardinal Mazarin qui avait une grande affection pour le château de Vincennes, dont il faisait son séjour préféré, où il voulut mourir, le cardinal Mazarin avait conçu le projet de transformer cette habitation pour en faire la plus belle des résidences royales. C'est à ce Ministre que revient l'honneur d'avoir eu l'idée de la création du Cours de Vincennes, que le Cardinal voulait continuer jusqu'à la Porte Saint-Antoine, en élargissant la grande rue du Faubourg.

Nous dirons, à l'article du bois de Vincennes, pourquoi ce prolongement du cours du même nom ne fût pas réalisé dans Paris.

Une Ordonnance royale du 30 avril 1838 fixa la moindre largeur de la rue du Faubourg Saint-Antoine à 17 mètres. Un Décret impérial du 29 août 1857 a modifié les alignements approuvés par l'ordonnance précitée, dans la partie de cette voie publique comprise entre les rues des Boulets et de Picpus, et la place du Trône. — La section de la rue du Faubourg Saint-Antoine qui s'étend de la rue de Reuilly à la place du Trône, avait été plantée d'arbres en 1844; ils ont été détruits en janvier 1871. Cette grande voie publique est la première dans laquelle l'empierrement a été employé, à l'exclusion du pavé (1850). Sur le plan d'ensemble de Paris, le Préfet de la Seine, M. Haussmann, rectifiait la courbe que décrit la rue du Faubourg Saint-Antoine qui devait aboutir à la place de la Bastille et dans l'axe de la colonne de Juillet.

Le 2 juillet 1652, le vicomte de Turenne, commandant les troupes royales, livra dans ce faubourg un combat sanglant qui faillit anéantir l'armée des princes. Le grand Condé ne dut son salut qu'à l'intervention de *Mademoiselle*, fille du duc d'Orléans, qui fit pointer le canon de la Bastille contre les troupes royales. Le cardinal Mazarin, apprenant l'entrée de Condé dans Paris, se tourna vers le groupe d'officiers généraux qui l'entouraient en disant: « *Mademoiselle* avait la prétention d'épouser le Roi; ce boulet de canon vient de lui enlever son mari. »

Une autre scène, également déplorable, eut lieu au faubourg Saint-Antoine dans la rue de Montreuil, le 27 avril 1789. Un riche fabricant de papiers peints, Réveillon, qui, par son habileté commerciale, fournissait du travail à plus de trois cents ouvriers, fut accusé d'avoir cherché à réduire leur salaire à moitié prix. La populace se porta avec fureur à sa maison et la détruisit de fond en comble.

Sur la façade de la maison n° 151, au 2e étage, a été placée récemment, une table en marbre noir, portant l'inscription suivante :

« Devant cette maison est tombé Claude-Jean-Baptiste-Pierre-Victor Baudin, représentant du peuple pour le département de l'Ain, tué le 3 décembre 1851, en défendant la Loi et la République. »

La maison n° 210 appartenait en 1791 à Santerre, qui s'élança d'une brasserie pour diriger les masses qui attaquèrent au 10 août, le palais des Tuileries. Santerre, général, se distingua dans la guerre de la Vendée. A sa mort on lui fit cette épitaphe qui rappelle son ancienne profession :

Ci-gît le général Santerre,
Qui n'eut de Mars que la bierre.

Au n° 303, à l'angle de la rue des Boulets, on voit une maison d'assez belle apparence, mais dont les fenêtres sont garnies de barreaux de fer. Une inscription qui a disparu, il y a plusieurs années, était placée au-dessus de la porte d'entrée; on y lisait ces mots : *Maison de Santé*. Dans cet établissement avait été transféré, en 1812, le général *Malet*, compromis dans un complot. Le général s'évada, le 22 octobre de cette maison, pour mettre à exécution une nouvelle tentative qui eut un commencement de succès. Arrêté, Malet fut condamné à mort et exécuté le 29 octobre.

ANTOINE (Rue Saint-).

— C. rues de Sévigné, n° 1, et Fourcy, n° 16; F. place de la Bastille, nos 3 et 5. — Ders imp., 211; der pair, 236 (les 1ers nos imp. et pairs, sont : 101 et 82). — Long. 603 m. — 4e arrond. (côté imp., anc. 8e; côté pair, anc. 9e).

Par suite du percement de la rue de Rivoli, et du changement de dénomination d'une de ses parties, la rue Saint-Antoine a subi d'importantes modifications. Elle dut son nom à l'abbaye Saint-Antoine, à laquelle elle conduisait. Aux treizième et quatorzième siècles, la partie qui s'étendait de la rue des Barres à celle de la Culture-Sainte-Catherine, (aujourd'hui rue de Sévigné) se nommait la rue de la *Porte Baudet*, parce qu'elle accédait à cette porte d'enceinte, située en face de la rue de la Culture-Sainte-Catherine. On l'appelait aussi rue de *l'Aigle*, d'une maison située au coin de la rue de Jouy. Au milieu du quatorzième siècle, de la porte Baudet à la porte Saint-Antoine, on la désignait sous le nom de rue du *Pont-Perrin*, dénomination qu'elle tirait d'un hôtel. Une ordonnance royale du 4 août 1838 fixa la moindre largeur de cette voie publique à 12 m. 50c. En vertu du décret impérial du 29 septembre 1854, concernant le prolongement de la rue de Rivoli, l'alignement de la rue Saint-Antoine a été modifié sur plusieurs points, entre la place Baudoyer et l'église Saint-Louis-Saint-Paul. Un décret impérial du 2 octobre 1865, a réuni à la rue François-Miron, sous ce nom, la partie comprise entre la nouvelle place Baudoyer et la rue des Barres, et les rues de Rivoli et Fourcy.

Un autre décret du 28 juillet 1866, a déterminé pour la partie de la rue Saint-Antoine comprise entre les rues des Tournelles et Castex, et la place de la Bastille, un nouvel alignement qui en fixe la largeur à 25 m. Dans cette partie, la rue Saint-Antoine formait un évasement considérable qui se confondait avec la place de la Bastille. Ce vaste espace a été rétréci par l'aliénation faite en 1868, d'après les dispositions du décret de 1866, des terrains compris aujourd'hui dans le périmètre circonscrit par la rue des Tournelles, la rue de la Bastille, la place du même nom et la rue Saint-Antoine.

D'après les alignements arrêtés par l'ordonnance et les décrets précités, les propriétés ci-après ne sont pas soumises à retranchement : 101, 113, 115, 117, 119, 129, 133, 135, 163, 165, de 173 à 183 inclus, de 203 à la fin ; de 104 à 118 inclus, de 132 à 140 inclus, 152, 154, 156, 168, 170, 172, 176 et de 182 à la fin.

Dans cette rue, près de la première porte ou bastille Saint-Antoine, fut massacré le fameux Étienne Marcel, Prévôt des Marchands, qui voulait livrer Paris à Charles le Mauvais, roi de Navarre.

La rue Saint-Antoine nous rappelle aussi que Henri II fut blessé à mort par le comte de Montgommery, dans un tournoi dont le spectacle était offert aux Parisiens le 29 juin 1559. Le roi, porté sans connaissance au palais des Tournelles, vécut encore quelques jours, mais dans une léthargie complète ; il mourut enfin le 10 juillet 1559, et laissa son royaume livré à toutes les horreurs de la guerre civile.

Au nº 143 est l'hôtel de Sully, construit par Jean Androuet du Cerceau ; il a porté successivement les noms d'hôtel de Boisgelin et de Turgot.

Aux nºs 62 et 64 se trouve l'hôtel de Beauvais. Il a été bâti sur les dessins de Le Pautre, pour Pierre de Beauvais et Catherine Bellier, première dame d'honneur de la reine Anne d'Autriche. C'était le rendez-vous ordinaire de la Cour, lorsque de brillants cortèges devaient passer par la rue Saint-Antoine. Le président à mortier, Jean Orry, devint propriétaire de cet hôtel en 1704. L'architecture dorique du pourtour de cette habitation est d'une belle ordonnance. Cet hôtel s'étendait jusqu'à la rue de Jouy et contenait 1,271 m. superficiels. Il devint propriété nationale pour les deux tiers seulement, et fut vendu par le domaine de l'État, le 19 fructidor an VII.

Au nº 212, à l'encoignure de la rue du Petit-Musc, est l'hôtel Dormesson qui fut d'abord la demeure du duc de Mayenne, lieutenant général du royaume pour la Ligue. — Le duc fit construire cette habitation sur les dessins de Baptiste Androuet du Cerceau. C'était la résidence du prince de Vaudemont en 1709. Il a été restauré par Germain Boffrand.

ANTOINETTE (Rue).

C. rue des Trois-Frères, nºs 7 et 9 ; F. place des Abbesses, nº 8, et rue de La Vieuville, nº 2. — Dᵉʳ imp., 25 ; dᵉʳ pair, 30. — Long. 189 m. — 18ᵉ arrond. (anc. Montmartre).

Elle a été ouverte en 1843 et 1844, à 10 m. de largeur, par MM. Dufour frères, M. Sergent (François) leur associé lui donna le prénom de sa femme Antoinette, (née Charpentier-Fonclère.)

En vertu d'un décret impérial du 23 mai 1863, la rue Antoinette a été classée au nombre des voies publiques. Néanmoins les inscriptions posées peu de temps après aux angles de cette rue, la désignèrent sous l'appellation de *Marie Antoinette*. Un arrêté préfectoral du 4 août 1879, signé Herold, a rétabli la dénomination primitive.

Les terrains sur lesquels cette rue a été percée, étaient occupés anciennement par les bâtiments et dépendances de l'abbaye de Montmartre.

ANVERS (Place d').

C. avenue Trudaine, nº 10 ; F. boulevard Rochechouart, et rue de Dunkerque, nº 33. — Pas de nºs imp., ce côté est bordé par le collège Rollin ; dᵉʳ pair, 12. — Long. 96 m. — 9ᵉ arrond. (anc. 2ᵉ).

Un arrêté préfectoral du 28 juillet 1868 porte :

« La place qui sera formée dans l'axe de la rue Turgot, sur les terrains de l'ancien abattoir Montmartre, recevra le nom de place Turgot. — *Signé* HAUSSMANN. »

Cette place a été exécutée peu de temps après.

En vertu d'un arrêté préfectoral du 1ᵉʳ février 1877, signé Ferdinand Duval, elle a reçu la dénomination de place d'Anvers pour rappeler la prise d'*Anvers* par les Français en 1832.

La largeur de cette place entre les propriétés particulières et le collège Rollin, est de 32 m.

En 1876, l'Administration a établi au milieu de cette place, un petit square ou jardin qui n'est pas public.

ANVILLE (Rue d').

C. rue Daguerre, nº 39 ; F. rue Liancourt, nº 16. — Dᵉʳ imp., 7 ; dᵉʳ pair, 18. — Long. 80 m. — 14ᵉ arrond. (anc. Montrouge).

Elle a été ouverte en 1851, à 10 mètres de largeur, par plusieurs propriétaires qui lui donnèrent la dénomination de *rue Saint-Pierre*.

Une délibération du Conseil Municipal de Montrouge, en date du 23 avril 1859, maintint la largeur de 10 m. Son classement parmi les voies publiques a été confirmé par un décret impérial du 23 mai 1863.

Un autre décret impérial, du 24 août 1864, lui a donné le nom de rue Danville. (Nous avons cependant suivi l'orthographe adoptée par tous les auteurs qui ont écrit la biographie de ce savant.) — Enfin un décret du Président de la République, signé Maréchal de Mac-Mahon, du 16 janvier 1877, a approuvé les alignements et le nivellement de cette rue en conservant la largeur de 10 m.

Les propriétés riveraines sont alignées.

Jean-Baptiste-Bourguignon d'ANVILLE naquit à Paris en 1697. Dès son enfance il montra pour la géographie un goût très vif qui, au collège devint une véritable passion. Il ne lisait les auteurs anciens et même les poëtes que dans le but d'y trouver des détails géographiques. A vingt-deux ans il était géographe du roi et déterminait les mesures itinéraires des anciens, comparées à celles des modernes. D'Anville montra la plus grande sagacité dans cette explication remplie de difficultés. L'ensemble de ses travaux comprend 211 cartes et plans, commentés par 78 mémoires fournissant les preuves nécessaires. D'Anville mourut en 1782.

APENNINS (Rue des).

C. avenue de Clichy, nºs 118 et 120 ; F. rue Davy, nºs 39 et 41. — Dᵉʳ imp., 47 ; dᵉʳ pair, 58. — Long. 210 m. — 17ᵉ arrond. (anc. Batignolles).

Elle a été ouverte en 1845, à 10 m. de largeur, par MM. Mabille, marchand de fourrages, et Cléry, syndic des marchands de bois. Ce dernier appela le nouveau percement *rue Saint-Georges*, parce qu'un de ses petits-fils, qui venait de naître, avait reçu le prénom de Georges.

Cette rue a été classée au nombre des voies publiques, en vertu d'un décret du Président de la République, signé Maréchal de Mac-Mahon, du 25 janvier 1875, qui a maintenu la largeur de 10 m. En vertu d'un arrêté préfectoral du 1ᵉʳ février 1877, signé Ferdinand Duval, elle a reçu le nom de rue des Apennins.

Les propriétés riveraines sont alignées.

APENNINS, chaîne de montagnes qui traverse l'Italie dans toute sa longueur, se détache des Alpes à Cassino, trace un demi cercle autour du golfe de Gênes, court à l'est jusqu'à la Bocchetta, se dirige vers le sud-est et va se terminer en Sicile.

Le Vésuve et tout le terrain volcanique environnant font partie de la région méridionale des Apennins. Les principaux sommets sont : le monte Cavallo (2.960 m.), le monte Amaro (2.840 m.), le monte Vittore (2.480 m.)

APOLLINE (Rue Sainte-).

C. rue Saint-Martin, nos 357 et 359; F. rue Saint-Denis, nos 248 et 250. — Ders imp., 31; ders pair, 18. — Long. 211 m. — De la rue Saint-Martin au boulevard de Sébastopol, 3e Arrond.; surplus, 2e arrond. (anc. 6e pour la totalité).

Le mur de l'enceinte de Paris, sous Charles V et Charles VI, suivait la direction de cette rue dont il occupait l'emplacement. Ce mur d'enceinte, réparé vers 1636, fut démoli sous Louis XIV pour faire place au cours depuis le grand boulevard. Le terrain qu'il laissa libre, devint une rue appelée rue *Sainte-Apolline* ou de *Bourbon*. La première dénomination prévalut, lorsqu'une autre rue, qui se trouvait dans le voisinage, prit le nom de Bourbon-Villeneuve (auj. rue d'Aboukir). Une décision ministérielle, du 23 brumaire an VIII, signée Quinette, fixa la moindre largeur de cette voie publique à 10 m. En vertu d'une ordonnance royale du 21 juin 1826, cette largeur devra être portée à 11 m. 40 c. Les maisons nos de 11 à 17 et de 8 à 14, ont été expropriées et démolies pour laisser passage au boulevard de Sébastopol. Celles qui portent aujourd'hui les nos de 11 à 29 inclus; 8, 10 et 12, sont alignées.

Sainte-Apolline, vierge chrétienne, subit le martyre dans Alexandrie, en 248, sous l'empereur Philippe l'arabe.

APPERT (Rue).

Située rue de la Faisanderie, entre les nos 34 et 36.—Dr imp., 3; dr pair, 6. — Long. 95 m. — 16e arrond. (anc. Neuilly).

Elle a été formée, en 1864, à 12 m. de largeur, sur les terrains appartenant à M. Philipps, ingénieur des Ponts et Chaussées, qui lui donna le nom de rue *Appert*, parce que le général *Appert* y fit construire la première maison. Cette rue encore à l'état d'impasse, n'a pas été reconnue comme voie publique.

AQUEDUC (Rue de l'.)

C. rue de La Fayette, nos 165 et 171; F. boulevard de la Villette, nos 149 et 149 *bis*.—Drs imp., 53; drs pair, 40.—Long. 800 m. — 10e arrond. (anc 5e).

Le sol de cette voie établie au-dessus de l'*aqueduc* de ceinture, est une propriété particulière de la Ville de Paris qui a fait la dépense de la viabilité.

« Napoléon.... avons décrété et décrétons ce qui suit :

» Art. 1er.—La Ville de Paris est autorisée à concéder aux propriétaires limitrophes de l'aqueduc de ceinture (partie comprise entre la barrière de la Villette et la rue du faubourg Saint-Denis), des droits de jours et d'issues sur la zone de terrain communal qui recouvre cet ouvrage hydraulique, moyennant un prix de trois cents francs par mètre de façade... — Fait en conseil des ministres, au palais de Saint-Cloud le 7 juin 1859.— Pour l'Empereur et en vertu des pouvoirs qu'Il nous a confiés. *Signé* Eugénie. — Par l'Impératrice régente : le Ministre secrétaire d'état au département de l'intérieur, *signé* duc de Padoue. »

Plusieurs propriétaires voisins ont profité du bénéfice de ce décret et construit en bordure de la rue. Lorsque tous auront agi de même, la rue sera classée au nombre des voies publiques, avec une largeur de 14 m. qui a déjà été fixée par l'Administration.

ARAGO (Boulevard).

C. avenue des Gobelins, no 24 et boulevard de Port-Royal; F. boulevard Saint-Jacques et rue Denfert-Rochereau, no 97. — Ders imp. 95; Ders pair, 88. — Long. 1,360 m. — Entre l'avenue des Gobelins et le boulevard de Port-Royal, et la rue de la Santé, 13e arrond; surplus, 14e arrond. (anc. 12e pour la totalité).

Un décret impérial du 30 juillet 1859 déclara d'utilité publique l'ouverture d'un boulevard de 40 m. de largeur, entre la rue Mouffetard (auj. avenue des Gobelins en cet endroit) et la barrière d'Enfer, en prolongement de la première section du boulevard Saint-Michel.

Un autre décret du 2 mars 1864 porte :

« Art. 12.—Le boulevard projeté entre la rue de *Lourcine* et la rue d'Enfer, prendra la dénomination de boulevard Arago. »

Cette dénomination a été étendue à la partie comprise entre l'avenue des Gobelins et la rue de Lourcine.

Ce boulevard n'était pas commencé en 1866. Un traité fut passé le 20 juin de ladite année, entre la Ville de Paris et MM. Hunebelle et Legrand, pour l'ouverture de la nouvelle voie et l'exécution de diverses autres opérations accessoires. Les concessionnaires procédèrent avec la plus grande rapidité : le 1er août 1867, ils livrèrent les terrains nécessaires au percement du boulevard, qui fut complètement achevé en 1868.

La dépense brute a été de.........	23,066,126 fr.	99 c.
dont il convient de déduire pour revente de terrain, de matériaux, etc.........	937,260	45
d'où il résulte une dépense nette de......	22,128,866	54

Les propriétés riveraines sont alignées.

Ce boulevard a supprimé dans son parcours : l'*impasse Longue-Avoine*, les *rues des 3 Couronnes*, *Pierre-Assis*, et parties des *rues Saint-Hippolyte* et des *Marmousets-Saint-Marcel*. Il a entraîné aussi la démolition du *théâtre Saint-Marcel*. (V. l'état des voies publiques et des établissements supprimés.)

Arago (Dominique-François), naquit le 26 février 1786, à Estagel, près de Perpignan. Il apprit à lire à l'école primaire de son village. Son père, trésorier de la Monnaie à Perpignan, lui fit faire de bonnes études au collége de cette ville. A l'âge de dix-sept ans, le jeune François fut admis, après un brillant examen, à l'école Polytechnique. Il en sortit sans avoir achevé ses deux années. Conseillé par Poisson, accueilli par Laplace, Biot et Méchain l'associèrent aux pénibles travaux de la mesure de la méridienne qui devait s'étendre jusqu'à l'île d'Iviça dans les Baléares. Il était en Espagne, lorsque les troupes françaises envahirent ce pays; saisi comme espion, il n'échappa que par miracle à une mort certaine. Revenu à Paris, il déposa son butin scientifique sur la table de l'Académie des sciences et du bureau des longitudes; on en fut émerveillé. A 23 ans, il était nommé membre de l'Institut. Malheureusement, dès 1830, Arago devint homme politique. Comme savant, il a rendu d'éminents services à la science, moins peut-être par ses découvertes que par l'admirable talent avec lequel il a su les populariser dans ses cours d'astronomie, au Conservatoire des Arts et Métiers, dans ses comptes rendus académiques et dans ses notices de l'annuaire du bureau des longitudes.

Arago fut aussi président du Conseil général de la Seine et du Conseil municipal de Paris. — Il mourut le 2 octobre 1853. La ville de Perpignan lui a érigé une statue inaugurée le 21 septembre 1879.

ARBALÈTE (Rue de l').

C. rue des Patriarches, nos 20 et 22; F. rue Berthollet, près du no 9. — Drs imp., 41; drs pair, 30. — Long. 376 m. — 5e arrond. (anc. 12e).

Première partie comprise entre la rue des Patriarches et celle Mouffetard. — Elle est indiquée sur le plan de Verniquet (1791), sous le nom de *cul-de-sac des Patriar-*

ches, et servait d'entrée à l'ancien marché des Patriarches. Elle a été convertie en rue, lors de la formation du nouveau marché. Deux ordonnances royales, des 20 septembre 1828 et 2 juin 1830, ont fixé à 12 m. la largeur de cette rue, qui a été réunie à celle de l'Arbalète, en vertu d'une décision ministérielle du 21 juin 1844.

Deuxième partie comprise entre la rue Mouffetard et la rue Berthollet (anc. rue des Charbonniers). — On la nommait, au XIVe siècle, rue des *Sept-Voies*. Au milieu du XVIe siècle, c'était la rue de l'*Arbalète*, dénomination qu'elle tirait d'une enseigne. Une décision ministérielle du 28 pluviôse an IX, signée Chaptal, fixa la largeur de cette voie publique à 8 m. En vertu d'une ordonnance royale du 11 décembre 1845, cette largeur devra être portée à 12 m.

Lors du percement des rues des Feuillantines et Berthollet, plusieurs maisons de la rue de l'Arbalète ont été expropriées et démolies. Le numérotage de cette voie publique n'étant pas régularisé, nous ne pouvons indiquer d'une manière précise les propriétés qui sont alignées.

Au n° 21 est l'*École de Pharmacie*, qui sera transférée prochainement sur des terrains retranchés du jardin du Luxembourg. (V. l'art. consacré à cet établissement.)

Les propriétés qui portaient autrefois les nos de 28 à 40, représentaient le *couvent des Filles de la Providence*. Sa fondation était due à Marie Lumagne, veuve de François de Pollalion, gentilhomme ordinaire du Roi et Conseiller d'État. Les lettres patentes autorisant cet établissement sont du mois de janvier 1643. Cette maison avait été créée dans le but de retirer du libertinage les jeunes filles qui n'avaient pu résister à la séduction ou à la misère. Cette communauté religieuse, supprimée en 1790, devint propriété nationale, et fut vendue le 1er prairial an V. La presque totalité des bâtiments qui la composaient, a été démolie lors du percement de la rue des Feuillantines en cet endroit.

ARBRE-SEC (Rue de l').

C. rue des Prêtres-Saint-Germain-l'Auxerrois, nos 16 et 18; F. rue Saint-Honoré, nos 109 et 111. — Der imp., 51; der pair, 66. — Long. 270 m. — 1er arrond. (anc. 4e).

Elle doit son nom à une enseigne qu'on voyait encore en 1600 sur une ancienne maison près de Saint-Germain-l'Auxerrois. Cette rue était en partie construite vers la fin du XIIIe siècle. Une décision ministérielle du 13 floréal an IX, signée Chaptal, fixa la moindre largeur de cette voie publique à 11 m. Une ordonnance royale du 23 juillet 1828 a porté cette moindre largeur à 12 m.

Les maisons nos 29, 31, 33, 38, 40 et 42 ont été démolies pour livrer passage à la rue de Rivoli.

Les maisons nos 23, 27, 33, 45, 49, partie du 51; 8, 36, 38, 40, de 48 à 54 inclus, et 60, ne sont pas soumises à retranchement.

A l'extrémité de la rue de l'Arbre-Sec, à l'angle de la rue Saint-Honoré, on remarque une fontaine. Elle se trouvait autrefois au milieu de la rue. Le Prévôt des Marchands, François Miron, la fit transporter, en 1606, à l'endroit où nous la voyons encore aujourd'hui. En 1776, elle tombait en ruine. L'architecte Soufflot fut chargé de sa reconstruction. En 1878, cette fontaine a été l'objet d'une restauration complète.

A côté, se dressait la *Croix du Trahoir*. Là, étaient mis à mort les condamnés de la juridiction de Saint-Germain-l'Auxerrois.

Lors de la journée des barricades, le 27 août 1648, dans la rue Saint-Honoré, à la Croix du Trahoir, un marchand de fer, nommé Baguenet, capitaine du quartier du Louvre, saisit par le bras le premier Président du Parlement de Paris, Mathieu Molé, puis, appuyant un pistolet sur le visage du magistrat : « Tourne, traître, lui crie-t-il ; si tu ne veux être massacré, toi et les tiens, ramène-nous Broussel, ou le Mazarin et le chancelier en otages. » Mathieu Molé, sans se déconcerter, écarte le pistolet, rallie les membres effrayés de sa compagnie, et retourne lentement au Palais-Royal, malgré les injures et les blasphèmes de la multitude.

Le Conseiller Broussel fut mis en liberté.

Dans la cour de la maison n° 46, à la hauteur du 2e étage, on voit un boulet de canon incrusté dans la muraille, avec cette inscription : *Mars 1814*. C'est une carte de visite qu'ont déposée les alliés, en envoyant des projectiles des hauteurs de Montmartre.

Au n° 52, on remarque la serrurerie et la sculpture du balcon de cette propriété. C'était l'hôtel Trudon. — Jean-François Trudon, écuyer, fut Échevin de la Ville de Paris, de 1774 à 1776.

ARC (Cité, place, rue Jeanne d'). — V. Darc.

ARCADE (Rue de l').

C. boulevard de Malesherbes, nos 4 et 6; F. rue de Rome, nos 9 et 11. — Der imp., 61; der pair, 62. — Long. 460 m. — 8e arrond. (anc. 1er).

Elle doit son nom à une *arcade* ou voûte qui servait de communication aux jardins des religieuses de la Ville-l'Évêque, longeant les deux côtés de cette rue. Jaillot l'indique ainsi : rue de l'*Arcade* ou de la *Pologne*. Le plan de Verniquet (1791) la désigne sous cette dernière dénomination, mais seulement dans la partie comprise entre les rues Neuve-des-Mathurins et Saint-Lazare. Une décision ministérielle du 21 prairial an X, signée Chaptal, et une ordonnance royale du 25 novembre 1836, fixèrent la moindre largeur de cette voie publique à 10 m. La même ordonnance approuva le prolongement de cette rue jusqu'au boulevard de Malesherbes. Une seconde ordonnance à la date du 11 février 1840, prescrivit la suppression de la partie de la rue de l'Arcade formant retour sur la rue de la Madeleine (aujourd. rue Boissy d'Anglas). Cette disposition et celle qui concernait le prolongement jusqu'au boulevard de Malesherbes ont été exécutées en 1841. — Un décret impérial du 16 juillet 1862, a déterminé de nouveaux alignements à réaliser par mesure ordinaire de voirie pour la partie comprise entre la rue Neuve-des-Mathurins et la rue de Rome. Une fraction de la rue de l'Arcade qui débouchait sur les rues de la Pépinière et Saint-Lazare (31 m. de longueur), et comprenant les immeubles nos de 61 à 67, et de 60 à 70, a été supprimée par le percement de la rue de Rome en cet endroit. Les propriétés qui portaient les nos 49, 51, 53; 50 et 52, ont été démolies pour livrer passage au boulevard Haussmann.

Les maisons nos de 1 à 31 inclus, de 45 à la fin; de 2 à 22 inclus, de 32 à la fin, sont alignées.

ARC-DE-TRIOMPHE.

Situé place de l'Étoile. — 16e arrond. (anc. Passy).

Au milieu de cette voie publique, s'élève un monument qui résume nos gloires les plus vives, nos gloires nationales.

Un décret impérial du 18 février 1806, ordonna la construction de cet édifice destiné à perpétuer le souvenir de nos victoires.

Dès le mois de mai de cette année, furent commencées les fouilles et les fondations du monument. Les architectes, Raymond et Chalgrin, avaient été chargés d'étudier chacun un projet; celui de Chalgrin fut approuvé par l'Empereur en mars 1809.

A cette époque, le Ministre de l'intérieur consulta l'Institut, au sujet des inscriptions qui devaient décorer l'arc triomphal et consacrer la mémoire de son illustre fondateur. L'Empereur était alors en Allemagne. Après avoir pris connaisance de la dépêche dans laquelle l'Institut exprimait ses vœux, Napoléon dicta la *note* suivante dont nous reproduisons la plus grande partie.

« Schœnbrunn, 3 octobre 1809.

L'Institut propose de donner à l'Empereur le titre d'*Auguste* et de *Germanicus*.

Auguste n'a eu que la bataille d'Actium. Germanicus a pu intéresser les Romains ; mais il n'a illustré sa vie que par des souvenirs très médiocres.

On ne voit rien dans le souvenir des Empereurs romains que l'on puisse envier. Un des plus grands soins de l'Institut et des hommes de lettres, doit être de s'attacher à mettre une grande différence entre eux et les faits de notre histoire. Quel horrible souvenir pour les générations que celui de Tibère, Caligula, Néron, Domitien et de tous ces princes qui régnèrent sans lois légitimes, sans transmission d'hérédité et par des raisons inutiles à définir, commirent tant de crimes et firent peser tant de maux sur Rome!

Le seul homme, et il n'était pas Empereur, qui s'illustra par caractère et par tant d'illustres actions — c'est *César*. S'il était un titre que l'Empereur pût désirer, ce serait celui de César...

Le titre de l'Empereur est celui d'*Empereur des Français*. Il ne veut donc aucune assimilation, ni le titre d'Auguste, ni celui de Germanicus, ni même celui de César.

Quant à la langue dans laquelle les inscriptions doivent être rédigées, c'est la langue française. Les Romains se servirent quelquefois de la langue grecque dans leurs inscriptions ; mais c'était un reste de l'influence des Grecs sur les arts et les sciences à Rome.

La langue française est la plus cultivée de toutes les langues modernes ; elle est plus définie, plus répandue que les langues mortes. On ne veut donc pas d'autres langues pour les inscriptions, que la langue française.

NAPOLÉON. »

(Correspondance, volume XIX, page 637.)

Revenons à la construction de l'Arc de Triomphe. L'architecte Chalgrin la dirigea jusques au-dessus de la corniche du piédestal.

Au milieu de janvier 1811, après la mort de Chalgrin, l'architecte Goust poursuivit l'exécution du projet jusqu'à la hauteur de l'imposte du grand arc. Les travaux interrompus en 1814 à la suite de nos revers, ne furent repris qu'en 1823, en exécution de l'ordonnance royale du 9 octobre de cette année. L'architecte Huyot était alors chargé de diriger les ouvrages, sous la surveillance d'une Commission composée de MM. Debret, Fontaine, de Gisors et Labarre. On eut alors l'idée de faire servir l'arc triomphal à la consécration de l'expédition du duc d'Angoulême en Espagne. Le roi Louis-Philippe voulut rendre ce monument à sa première destination, et M. Blouet fut chargé de le terminer.

En voici la description succinte.

Les faces principales et latérales, les piédestaux, les frises, l'entablement jusqu'à l'attique, sont décorés de bas-reliefs et de groupes allégoriques où respire l'enthousiasme qui conduisait nos soldats au combat. Les voûtes sont constellées par les titres de nos victoires qui ont déjà pris, dans les souvenirs de la nation, les grandioses proportions des luttes héroïques de l'antiquité. Le ciseau de l'artiste a sculpté un nom ou une gloire sur chacune de ces pierres qui concourrent à former un imposant et merveilleux assemblage.

De majestueux bas-reliefs se dressent aux côtés principaux de l'arc triomphal. Vers l'avenue des Champs-Élysées se trouvent le *Départ*, œuvre de Rude, le *Triomphe*, par Cortot, la *Résistance* et la *Paix*, qui regardent l'avenue de la Grande-Armée sont de M. Etex.

Les proportions de l'Arc de Triomphe sont colossales. La hauteur est de 49 m. y compris l'acrotère ; sa largeur : de 45 m. 65 c. L'arc principal a 29 m. 50 c. d'élévation, sur 14 m. 50 c. de largeur ; les petits arcs : 19 m., sur 8 m. 50 c. Les fondations ont 10 m. de profondeur.

Les dépenses se sont élevées à près de 10 millions.

Si ce monument, par la mâle beauté de son caractère, est déjà par lui-même digne de la splendeur d'une grande Capitale, son entourage est d'une magnificence qui n'a pas de rivale dans le monde. Son rayonnement de superbes avenues qui d'un côté, se développent jusqu'à la place de la Concorde par les Champs-Elysées si merveilleusement transformés, de l'autre jusqu'au bois de Boulogne, la plus agréable promenade de l'Europe, tout ce territoire enfin, forme une nouvelle et splendide Cité, justement appelée le Paris de Napoléon III.

ARC-DE-TRIOMPHE (Rue de l').

C. rue de Montenotte, n° 26 et 32 ; F. rue des Acacias, n° 48 et 50. — D^{rs} imp., 21 ; d^{rs} pair, 28. — Long. 153 m. — 17e arrond. (anc. Neuilly).

Ouverte en 1827, à 9 m. 70 c. environ de largeur, et complétée en 1846, par M. Brey, architecte, pour le compte de plusieurs propriétaires, elle se dirigeait sur *l'Arc de Triomphe* et commençait à la place de l'Etoile.

La partie de cette rue entre la dite place et la rue circulaire (auj. rue de Tilsitt) fut supprimée en exécution du décret impérial du 13 août 1854, relatif aux abords de la place de l'Etoile, pour l'amorce d'une avenue qui depuis a reçu le nom de Mac-Mahon.

Un autre décret du 23 mai 1863, confirma le classement de la rue de l'Arc de Triomphe au nombre des voies publiques.

Enfin, un troisième décret, en date du 31 juillet 1867, a déclaré d'utilité publique la suppression de la partie de cette rue qui s'étendait de la rue de Tilsitt à la rue de la Plaine (auj. rue de Montenotte). Cette disposition a été immédiatement exécutée.

Les deux parties supprimées de la rue de l'Arc de Triomphe sont entrées, tant dans le sol de l'avenue de Mac-Mahon, que dans le périmètre des propriétés situées sur le côté des n^{os} impairs de cette avenue.

ARCET (rue d'). — V. Darcet (rue).

ARCHEVÊCHÉ (Pont de l').

Situé entre les quais de l'Archevêché et de Montebello. — Long. 67 m. 20 c. — Côté sud, 5e arrond. (anc. 12e) ; côté nord, 4e arrond. (anc. 9e).

Une ordonnance royale du 6 décembre 1827, autorisa la construction de trois ponts à péage, savoir : ponts de l'Archevêché, de la Grève (auj. d'Arcole) et des Invalides. M. Desjardins en fut déclaré concessionnaire pour quarante-cinq années, à partir du 1er janvier 1831 jusqu'au 31 décembre 1875.

En vertu d'un traité passé le 10 mai 1850, et approuvé par un décret du Président de la République, signé L. N. Bonaparte, du 13 juillet suivant, la ville de Paris a racheté le péage sur ces trois ponts, moyennant 156 annuités de 500 fr. et 1,446 annuitées de 29 fr. qui ont été acquittées du 1er juillet 1851 au 1er janvier 1876.

Commencé le 1er avril 1828, le pont de l'Archevêché a été livré à la circulation le 4 novembre de la même année, jour de la fête du roi Charles X.

Ce pont, construit en maçonnerie, est composé de deux culées, de deux piles et trois arches en arc de cercle, ayant, celle du milieu 17 m. 40 c.; les deux autres: 15 m. d'ouverture. La largeur, entre le garde-corps en fer, est de 10 m. 80 c. partagée en 7 m. 20 c. pour la chaussée et 1 m. 80 c. pour chaque trottoir. Ce pont doit sa dénomination au quai où il prend naissance.

ARCHEVÊCHÉ (Quai de l').

C. pont Saint-Louis et rue du Cloître-Notre-Dame; F. Pont-au-Double et place du Parvis-Notre-Dame. — Pas de nos. — Est bordé par le Square de l'Archevêché et l'église Notre-Dame. — Long. 301 m. — 4e arrond. (anc. 9e).

Une partie de ce quai, à la pointe de l'île, se nommait en 1258 *la Motte aux Papelards*. Un siècle après, ce quai était réuni à l'emplacement dit le *Terrain* et en portait le nom. Il fut dans la suite enfermé dans le jardin des chanoines de Notre-Dame. Il a été nommé en l'an XII quai *Catinat*; quelque temps après quai de l'Archevêché, parce qu'il bordait le palais des archevêques de Paris, dont nous parlerons à l'article suivant.

« Au palais des Tuileries, le 29 mars 1809.

» Napoléon, Empereur des Français, sur le rapport de notre ministre de l'intérieur, nous avons décrété et décrétons :

» Art. 1er. — Les alignements du quai de l'Archevêché et de l'Hôtel-Dieu, entre le pont de la Cité et le Petit-Pont, seront exécutés tels qu'il sont tracés sur le plan proposé par l'ingénieur en chef du département de la Seine, le 21 septembre 1808, approuvé, le 17 janvier 1809, par le directeur-général des ponts et chaussées.

» Art. 2. — Notre ministre de l'intérieur est chargé de l'exécution du présent décret. — *Signé* Napoléon. »

Cette amélioration fut réalisée à la fin de 1813; mais seulement jusqu'au pont au Double. L'existence de l'Hôtel-Dieu sur le bord de la Seine, mettant alors obstacle à la continuation du quai jusqu'au Petit-Pont. Une ordonnance royale du 30 mai 1817 fixa la moindre largeur de ce quai à 20 mètres.

En vertu d'un décret du Président de la République, signé Jules Grévy, du 16 octobre 1879, le quai de l'archevêché sera prolongé jusqu'au Petit-Pont.

ARCHEVÊCHÉ (Square de l').

Situé à la pointe orientale de l'île Notre-Dame, entre la rue du Cloître Notre-Dame et le quai de l'Archevêché. — 4e arrond. (anc. 9e).

Les bâtiments de l'Archevêché, tels qu'on les voyait encore il y a moins d'un demi-siècle, avaient été construits, en 1697, par le cardinal de Noailles. Le grand escalier à deux rampes, bâti plus tard sur les dessins de Pierre Desmaisons, architecte du Roi, faisait l'admiration des artistes.

Durant la première révolution, le palais archiépiscopal servit aux séances de l'Assemblée Constituante. Puis, la Convention Nationale, par son décret du 25 novembre 1792, autorisa le Corps électoral du département de la Seine à se réunir dans les salles de l'Archevêché. Ensuite, les bâtiments furent affectés au service du grand hôpital de l'Humanité, dont le nom avait remplacé celui d'Hôtel-Dieu.

« *Extrait des registres des délibérations des Consuls de la République.* »

« Paris, le 18 germinal, l'an 10 de la République.

» Les Consuls de la République arrêtent ce qui suit :

» Art. 1er. — La maison ci-devant occupée par l'Archevêque de Paris et le jardin y attenant, sont mis à la disposition de l'Archevêque de Paris.

» Art. 2. — Les Ministres des finances et de l'intérieur sont chargés du présent arrêté. — Le premier Consul : *signé* Bonaparte. — Par le premier Consul, le secrétaire d'État, *signé* : Hugues B. Maret. »

Peu de temps après la Révolution de Juillet, le palais de l'Archevêché fut détruit par le plus odieux vandalisme.

Le 14 février 1831, le curé de Saint-Germain-l'Auxerrois célébra un service funèbre, en commémoration de la mort du duc de Berri. Le buste de ce prince fut, dit-on, promené dans l'église. Cette manifestation imprudente servit de prétexte aux agitateurs, pour se livrer aux excès les plus révoltants. L'église fut dévastée de fond en comble.

Lorsque les émeutiers n'eurent plus de croix à renverser, de sculptures à mutiler, de tableaux à lacérer, ils se portèrent en foule au palais Archiépiscopal, en criant : Mort à l'Archevêque. Alors recommencèrent les mêmes profanations; les statues, les meubles, les livres, tout est jeté dans le fleuve. Les appartements dépouillés, ils s'en prennent aux pierres, et la démolition du palais commence, se poursuit et s'achève avec un ensemble, un sang-froid effrayants.

Une loi du 8 juin 1837 sanctionna la cession faite par l'État à la Ville de Paris, des terrains autrefois occupés par les bâtiments, cours et jardins de l'ancien palais Archiépiscopal, sous les clauses et conditions ci-après, qui avaient été acceptées par le Conseil municipal, dans sa séance du 15 janvier 1836 :

« 1o De contribuer pour une somme de 50,000 francs à la dépense d'une nouvelle sacristie. — 2o D'établir et d'entretenir à ses frais, sur les terrains concédés, une promenade publique. — 3o De clore cette promenade d'une grille. »

Ce square a entraîné une dépense de 140,000 francs.

La fontaine, en style gothique, élevée sur les dessins de MM. Viollet-le-Duc et Lassus, au centre de cette promenade, a coûté 32,000 francs.

Dans sa séance du 21 août 1877, le Conseil municipal a voté un crédit de 22,000 francs, pour compléter le square de l'Archevêché. Les travaux ont été exécutés peu de temps après.

ARCHIVES (Rue des).

C. rues de Rambuteau, no 2, et des Francs-Bourgeois, no 60; F. rue du Petit-Thouars. — Dre imp., 43; dr pair, 42. — Long. 670 m. — 3e arrond. (des rues de Rambuteau et des Francs-Bourgeois à la rue de Bretagne, anc. 7e; surplus, (anc. 6e).

« Le Préfet de la Seine..., arrête :

» Art. 1er. — Les rues du Chaume (à partir de la rue de Rambuteau), du Grand Chantier, des Enfants-Rouges et Molay, ne formeront qu'une seule voie, qui prendra le nom de rue des Archives..... — Fait à Paris, le 25 juin 1874. *Signé* Ferdinand Duval. »

Rue du Chaume (partie comprise entre la rue de Rambuteau et les rues des Vieilles-Handriettes et des 4 Fils). Un décret impérial, du 29 juin 1863, a fixé sa largeur à 15 m. (V. l'art. de la voie qui a conservé le nom de rue du Chaume.)

Rue du Grand-Chantier (des rues des Vieilles-Handriettes et des 4 Fils, à la rue Pastourelle).

Un vaste *chantier* qui se trouvait dans cette rue, et qui appartenait aux chevaliers du Temple, lui fit donner le nom de rue du Grand-Chantier. — Une décision ministérielle du 23 frimaire an VIII, signée Laplace, fixa la largeur de cette voie publique à 8 m. 50 c. Cette largeur devait être portée à 11 m., en vertu d'une ordonnance royale du 31 mars 1835; mais conformément au décret précité du 29 juin 1863, elle sera de 15 m.

Rue des Enfants-Rouges (de la rue Pastourelle à la rue Portefoin). — Elle faisait anciennement partie de la rue du Chantier-du-Temple. En 1536, elle prit le nom de rue des *Enfants-Rouges*, en raison de la fondation de cet hôpital situé rue Portefoin. Cet établissement ayant été réuni en 1772 à l'hospice des Enfants-Trouvés, cette rue reprit sa première dénomination de rue du *Grand-Chantier*, sous laquelle le plan de Verniquet (1791), l'indique encore. Vers 1805, on la trouve désignée de nouveau sous le nom de rue des *Enfants-Rouges*. — Une décision ministérielle du 23 frimaire an VIII, signée Laplace, fixa la largeur de cette voie publique à 8 m. 50 c. Cette largeur devait être de 11 m., en vertu d'une ordonnance royale du 31 mars 1835; mais elle sera portée à 15 m., conformément au décret impérial du 29 juin 1863.

Rue Molay (de la rue Portefoin à la rue du Petit-Thouars). —*Section comprise entre la rue Portefoin et la rue de Bretagne.* — Elle a été ouverte sur une partie de l'ancien *hôpital des Enfants-Rouges*, dont nous rappelons l'origine. A la sollicitation de Marguerite de Valois, sa sœur, François Ier consentit à la fondation de cet établissement. Une somme de 3,600 livres fut remise, par le Roi, à Jean Briçonnet, président de la Chambre des comptes, qui chargea Robert de Beauvais d'acheter, dans les environs du Temple, une maison avec cour et jardin. Cette acquisition, qui date du 21 juillet 1534, coûta 1,200 livres. Dans les lettres patentes de janvier 1536, François Ier *se déclare fondateur de cet établissement, spécialement destiné aux orphelins originaires de Paris.* Il est dit aussi: *qu'on y recevra les pauvres petits enfants qui ont été et seront dores en avant trouvés dans l'Hôtel-Dieu, fors et excepté ceux qui sont orphelins natifs et baptisés à Paris et ès-faubourgs, que l'hôpital du Saint-Esprit doit prendre selon l'institution et fondation d'icelui et les bâtards que les doyens, chanoines et chapitres de Paris ont à coutume de recevoir et faire nourrir pour l'honneur de Dieu.* Il est ordonné, en outre, par les mêmes lettres patentes, que ces pauvres petites créatures, perpétuellement appelées *Enfants-Dieu*, seront vêtues d'*étoffe rouge*, pour marquer qu'elles doivent leur subsistance à la charité. Cet hôpital fut supprimé par lettres patentes du mois de mai 1772, enregistrées en Parlement le 5 juin suivant. Alors, on plaça les jeunes pensionnaires à l'hospice dit des Enfants-Trouvés, auquel furent donnés tous les biens de l'ancien établissement. Les prêtres de la Doctrine Chrétienne, autorisés par lettres patentes de mars 1777, achetèrent de l'hospice des Enfants-Trouvés, les anciens bâtiments de l'hôpital des Enfants-Rouges et s'y installèrent aussitôt. Leur communauté, supprimée en 1790, devint propriété nationale; la maison et ses dépendances furent vendues le 25 brumaire an V, avec la condition « de fournir le terrain nécessaire pour le prolongement de la rue du Grand-Chantier (depuis des Enfants-Rouges, auj. des Archives), jusqu'à celle de la Corderie (auj. de Bretagne). » — Une décision ministérielle du 23 frimaire an VIII, signée Laplace, fixa la largeur de cette rue à 8 m. 80 c. Ce percement, commencé en vertu d'un arrêté du département, du mois de brumaire de la même année, fut terminé en l'an IX, et reçut, en raison de sa proximité du Temple, le nom de *Molay*, en mémoire de Jacques de Molay, dernier grand maître de l'ordre des Templiers. Il fut brûlé vif le 11 mars 1314 à l'île aux Bureaux, où se trouve maintenant le terre-plein du Pont-Neuf actuel. — D'après une ordonnance royale du 31 mars 1835, la largeur de cette voie publique devait être de 11 m., mais en vertu d'un décret impérial du 29 juin 1863, elle sera portée à 15 m.

Section comprise entre la rue de Bretagne et la rue Perrée.—Elle a été percée, en juin 1848, sur les dépendances du couvent des religieuses Bénédictines de l'Adoration perpétuelle du Saint-Sacrement. (V. Temple, square du).

Section comprise entre la rue Perrée et la rue du

Petit-Thouars. — Le décret impérial du 11 août 1862, relatif à la reconstruction du Marché du Temple, déclare d'utilité publique :

« ... l'ouverture d'une rue de 15 m. de largeur, destinée à *séparer les deux grands quadrilatères* sur lesquels le nouveau marché sera construit, et conduisant de la rue du Petit-Thouars à la rue Perrée. »

Ce percement a été livré à la circulation en 1865. (V. *Temple*, marché et square du.)

Les maisons nos 5 et 24 de la rue des Archives sont seules alignées. Les bâtiments et le mur des Archives nationales sont maintenus sur leurs vestiges actuels.

Aux nos 3 et 5 (anc. 15 et 17 de la rue du Chaume), on voyait le couvent et l'église des *religieux de la Merci*, ou de Notre-Dame de la Rédemption des Captifs. A l'article de la rue de Braque, nous rappellerons qu'Arnould de Braque avait fondé, en cet endroit, une chapelle et un hôpital. On lit dans les registres de la Chambre des Comptes, que le 7 juillet 1384, Charles VI donna à Nicolas de Braque, fils du précédent, moyennant 12 deniers de cens annuel, les anciens murs avec les tours ou tourelles et les places vagues entre la porte du Chaume et celle du Temple. Nicolas de Braque y fit bâtir un hôtel, et augmenta la chapelle et l'hôpital. Ce dernier établissement était déjà détruit au commencement du XVIIe siècle, mais la chapelle, suffisamment dotée par cette famille, était encore à cette époque, desservie par quatre chapelains. Les historiens ne nous font pas connaître l'époque précise de l'introduction des religieux de la Merci en France; mais on sait d'une manière positive que, dès l'année 1515, ils avaient, à Paris, une maison et un collège, situés dans la rue des Sept-Voies. Ils durent leur second établissement, dans la rue du Chaume, à Marie de Médicis, qui leur fit donner les anciens bâtiments possédés par la famille de Braque. Le 4 novembre 1613, l'évêque de Paris approuva ce changement, qui fut autorisé par lettres patentes du 1er août 1618. A la place des anciennes constructions, on bâtit une église et un monastère. L'ordre de la Merci, qui prit naissance à Barcelone, en 1218, n'était, dans son origine, qu'une congrégation de gentilshommes qui, pour imiter la charité de saint Pierre Nolasque, leur fondateur, consacrèrent leurs personnes et leurs biens à la délivrance des captifs chrétiens. Cet ordre fut approuvé par Grégoire IX, qui leur fit suivre la règle de saint Augustin. Le couvent de la Merci fut supprimé en 1790, et devint propriété nationale. Les bâtiments de cette communauté furent aliénés le 15 brumaire an VI. L'église et ses dépendances ont été vendues le 9 ventôse de la même année. La longueur de la façade de cette maison religieuse était de 52 m. 10 c. sur la rue du Chaume, et de 24 m. sur la rue de Braque. L'église fut démolie quelques années après sa vente, et le terrain qu'elle occupait servit longtemps de chantier de charbon. En 1877, le propriétaire a fait construire, sur les nouveaux alignements, une vaste maison qui porte le no 5 de la rue des Archives, et le no 1 de la rue de Braque.

Les bâtiments de la communauté subsistent encore au no 3 de la rue des Archives. Sur la façade de cet immeuble, on lit l'inscription suivante :

« Ancien monastère des RR. Pères de la Merci reconstruit de 1727 à 1731. »

En 1792, demeurait dans la rue du Grand-Chantier, no 2, aujourd'hui no 4 de la rue des Archives, le Girondin *Adrien Duport*.

Au no 5, maintenant 17 de la rue des Archives, habitait l'auteur dramatique *Picard*.

Au n° 8, aujourd'hui n° 10 de la rue des Archives, était l'hôtel de *Machault*, chancelier sous Louis XV.

Au n° 11, aujourd'hui 23, hôtel d'*Argenson*.

Au n° 12, maintenant 14, demeurait le procureur général *Bellart*, en 1815; *Lamennais* est mort dans cet hôtel, le 27 février 1854.

Au n° 2 de la rue des Enfants-Rouges, aujourd'hui 22 de la rue des Archives, on voit l'hôtel *Tallard*, bâti par Bullet pour Amelot de Chaillou, ancien maître des requêtes. L'escalier est très remarquable.

ARCHIVES NATIONALES.

Situées rues des Francs-Bourgeois, n° 60, et des Archives, n° 2. 3e arrond. (anc. 7e).

1re Partie. — *Hôtel de Clisson. — Hôtel de Guise. Hôtel Soubise.*

L'emplacement occupé par les Archives nationales faisait anciennement partie d'une grande propriété appelée *Maison du grand Chantier du Temple*. Cette maison formait la limite, au sud, du vaste domaine des Templiers, situé en dehors du mur d'enceinte de Paris, construit sous Philippe-Auguste.

Après la suppression de l'ordre des Templiers, cette propriété fut comprise dans le séquestre des biens des chevaliers. Sur l'emplacement du Chantier du Temple, le connétable de Clisson fit construire un hôtel qui fut ensuite possédé par le comte de Penthièvre. Ce gentilhomme étant demeuré fidèle au Dauphin depuis Charles VII, les Anglais, pour le punir de sa loyauté, confisquèrent tous ses biens. A partir de cette confiscation, les documents certains font défaut jusqu'en 1529, qu'il est de nouveau question de ce domaine. Il appartenait alors à Philibert Babou, sieur de la Bourdaisière qui devint évêque d'Angoulême en 1533.

Voici les titres ou extraits des actes ci-après :

15 janvier 1553. Acquisition par Anne d'Est et François de Lorraine, son mari, de Philibert Babou, Evesque d'Angoulesme, au nom de Philibert Babou Chevalier, seigneur de la Bourdaisière, son père, « d'une grande maison contenant plusieurs corps d'hostelz, estables, courts et jardins... assis à Paris, rue du Chaulme appellée l'*Hostel de Clichon*, devant et à l'opposite de la chapelle de Braque. »

27 octobre 1556. Donation de ce domaine à Charles, cardinal de Lorraine.

14 novembre 1556. Acte de cession à charge de substitution à Henri de Lorraine, prince de Joinville, neveu du cardinal.

Mais l'ambitieuse maison de Guise ne pouvait se contenter du modeste manoir de Clisson.

Du côté de la rue de Paradis, (auj. rue des Francs-Bourgeois), s'élevait l'hôtel des rois de Navarre de la maison d'Évreux. Il devint la propriété du duc de Nemours, comte d'Armagnac. Convaincu du crime de haute trahison, ce seigneur eut la tête tranchée et l'on confisqua tous ses biens. Cet hôtel passait alors au comte de Laval, qui le vendit en 1545 au sieur Brinon, conseiller au Parlement de Paris. Il fut ensuite acquis par Charles de Lorraine. Ce cardinal en fit cession, le 11 juin 1556, à François, son frère. En 1557, le même cardinal acquit de Louis Doulcet, la moitié d'une maison attenant à la rue des Quatre-Fils et côtoyant l'ancien hôtel de Clisson. En 1561, il fit l'acquisition de l'autre moitié. François de Lorraine avait acheté, le 15 juin 1560, l'hôtel de la Roche-Guyon, qui appartenait alors à Louis de Rohan, comte de Montbazon. Cette propriété se trouvait dans la rue Vieille-du-Temple, en face de celle Barbette; elle communiquait à la maison de Guise. Les princes Lorrains ayant réuni tous ces bâtiments à la propriété de Louis Doulcet, composèrent une vaste habitation d'où le chef de cette orgueilleuse famille dictait ses volontés au faible Henri III! Le fameux duc de Guise était là pendant la Journée des Barricades.

La destinée de cet hôtel ne finit pas avec cette grande famille des Guise. Il appartint ensuite à Louis-Joseph de Lorraine et à Marie de Lorraine, duchesse de Joyeuse. Mis en vente par les héritiers de la duchesse, il fut acheté en 1700 par Madame de Soubise *à fort grand marché*, dit Saint-Simon, *que le roi aida fort à payer*. Riche par lui-même et par sa femme, M. de Soubise devenu prince, trouva que son hôtel ne répondait ni à sa fortune ni à sa nouvelle dignité. Il voulut l'embellir et fit venir près de lui, pour opérer cette transformation, les plus grands artistes de l'époque Couston, Le Lorrain, Carle Vanloo, Restout et Latrémolière.

Les travaux commencèrent sous la direction de Lemaire, architecte.

Une cour d'honneur, autour de laquelle fut construite une galerie couverte, conduisit à la nouvelle façade de l'hôtel, qui fut ornée au rez-de-chaussée de huit colonnes accouplées d'ordre composite, entre lesquelles on ouvrit trois vastes portes cintrées donnant sur un vestibule. Au-dessus, une même rangée de colonnes, seulement d'ordre corinthien, fut superposée sur la première décoration, terminée par un fronton dans le tympan duquel Le Lorrain sculpta les armes des Rohan-Soubise. Sur les rebords on posa deux figures à demi couchées, et dans les encoignures on groupa des génies. Enfin, pour raccorder la façade avec le portique de la cour, on plaçait sur les colonnes de l'arrière-corps, quatre figures de grandeur naturelle représentant les saisons et sorties du ciseau du Lorrain.

Un intérieur éblouissant devait répondre au luxe que réclamait une façade d'une architecture d'un caractère si grandiose.

Mais toutes ces merveilles étaient à peine achevées quand la princesse de Soubise mourut, le 3 février 1709; son mari la suivit peu de temps après.

Hercule Meriadec, duc de Rohan, et François Jules de Rohan, possédèrent ensuite par héritage cette somptueuse demeure, mais sans y laisser de traces de leur séjour. Ce ne fut qu'avec Charles de Rohan que l'hôtel Soubise reparut dans toute sa magnificence. Le prince y donna des fêtes splendides. Frappé d'apoplexie en juillet 1786, il mourut presque subitement dans sa petite maison de la rue de l'Arcade.

Au commencement de la Révolution, l'hôtel Soubise et l'hôtel Cardinal (depuis Imprimerie Nationale et qui était une dépendance du premier) appartenaient à Victoire-Armande-Josèphe de Rohan Soubise, épouse séparée de biens de Henri Louis Marie de Rohan Guemenée.

Suivant jugement du tribunal de première instance de la Seine, en date du 27 nivôse an XIII, un sieur Pin s'en rendit acquéreur sur l'expropriation qui en était poursuivie.

D'après un autre jugement du même tribunal, rendu le 13 août 1807, un sieur Robert Chandor s'en rendit adjudicataire sur la folle enchère poursuivie contre le sieur Pin et ses héritiers. Suivant contrat passé devant maître Trubert, notaire à Paris, le 14 mars 1808, l'hôtel Soubise et l'hôtel Cardinal ont été vendus à l'État par le mandataire spécial du sieur Robert Chandor.

2e Partie. — *Hôtel des Archives.*

Dans la solitude des cloîtres, qui furent longtemps les seuls foyers de lumières, les moines élaborèrent de vastes compositions historiques, pour lesquelles l'existence humaine se trouvait souvent insuffisante.

Il était difficile aussi, presque impossible aux hommes de lettres, de rassembler les matériaux nécessaires à composer notre histoire nationale ou administrative.

Notre admirable et précieuse collection de titres et de documents généraux était autrefois disséminée dans un grand nombre d'établissements religieux, et enfouie dans plusieurs édifices de nos grandes villes.

Les archives ne furent d'abord que le dépôt des papiers de l'Assemblée Constituante. Par un article de son règlement du 29 juillet 1789, cette assemblée, en créant cet établissement, ordonna qu'on y conserverait les pièces originales qui lui seraient adressées et l'une des deux minutes du procès-verbal de ses séances. Ce dépôt, était définitivement constitué sous le nom d'*Archives nationales*, par décret du 7 septembre 1789, sanctionné par le Roi le 12 du même mois.

Tant que la représentation nationale résida à Versailles, les archives ont été placées dans une salle voisine de cette assemblée. Lorsqu'elle revint à Paris, les archives furent immédiatement transportées dans la bibliothèque des Feuillants, puis aux Capucins de la rue Saint-Honoré. Le 1er juin 1790, la Constituante ordonna qu'on y déposerait les formes, planches et tout ce qui avait servi à la confection des assignats de la première émission ; enfin, le 27 février 1791, on y transporta les caractères de l'imprimerie du Louvre, les machines de l'Académie des Sciences, et les minutes des greffes des commissions extraordinaires du conseil d'État.

Les archives reçurent encore de nouvelles richesses par les offrandes de livres, de médailles, d'estampes et de bustes, qui furent faites à l'Assemblée. — Ce ne fut qu'à partir de l'année 1793, qu'on songea à faire des archives, le centre de tous les dépôts appartenant à l'État. Le décret dont nous transcrivons les principales dispositions, organisa les archives sur des bases toutes nouvelles.

« 7 messidor an II.

» La Convention nationale, après avoir entendu le rapport fait au nom de la commission des archives et des cinq comités du salut public des domaines et aliénations, de législation, d'instruction publique et des finances, décrète :

» Art. 1er. — Les archives établies auprès de la représentation nationale sont un dépôt central pour toute la république.

» Art. 2. — Ce dépôt renferme : 1° la collection des travaux préliminaires aux états généraux de 1789, depuis leur convocation jusqu'à leur ouverture. Le commissaire des administrations civiles, de police et des tribunaux, fera établir aux archives tout ce que le département de la justice avait retenu ou distrait de cette collection ; 2° les travaux des assemblées nationales et de leurs divers comités ; 3° les procès-verbaux des corps électoraux ; 4° les sceaux de la république ; 5° les types des monnaies ; 6° les étalons des poids et mesures ; 7° on y déposera les procès-verbaux des assemblées chargées d'élire les membres des corps législatifs et ceux du conseil exécutif ; 8° les traités avec les autres nations ; 9° le titre général, tant de la fortune que de la dette publique. »

(Extrait des procès-verbaux de la Convention.)

Un des articles de ce décret ordonnait aussi que les couvents seraient ouverts à une commission créée sous le nom d'*Agence temporaire du triage des titres*. Les archives, ainsi que nous l'avons dit plus haut, suivirent la Constituante, lorsque cette assemblée se rendit à Paris ; elles furent toujours placées dans les bâtiments occupés par les grands pouvoirs qui dirigeaient la république. On transporta les archives après le 10 août, dans une salle des Tuileries, lorsque l'Assemblée nationale se fut établie dans l'ancienne demeure de nos rois. Le premier consul et son collègue Lebrun étant venus habiter ce palais, la représentation nationale occupa le palais Bourbon qui reçut le nom de Palais du Corps-Législatif. Les archives y furent encore réunies.

« Napoléon,... nous avons décrété et décrétons ce qui suit.

» Art. 3. — L'hôtel Soubise et le palais Cardinal seront achetés par notre ministre des finances et réunis au domaine, moyennant le payement d'une somme de 690,000 fr. etc.

» Art. 5. — Toutes les archives existant à Paris, sous quelque dénomination que ce puisse être, seront placées dans celui de ses palais qui ne sera pas occupé par l'imprimerie impériale, etc. *Signé* Napoléon. »

(Extrait du décret du 6 mars 1808.)

Les archives furent considérablement augmentées pendant les années 1810, 1811, et 1812. On apporta à l'hôtel Soubise 102,435 liasses, registres ou volumes d'archives pontificales, 12,049 liasses des archives du Piémont, 35,239 d'archives germaniques, une portion des archives espagnoles et 5,000 cartons du ministère de l'intérieur. Pour classer tant de richesses, il fallut songer à l'agrandissement de l'hôtel Soubise. On commença d'adord par garnir de rayons les péristyles de la cour. On fut ensuite obligé de construire, au milieu de cette cour, deux pavillons provisoires. Ces augmentations furent encore insuffisantes. On créa une succursale de l'hôtel Soubise dans les bâtiments des Minimes de la place Royale, et l'on fut obligé de louer deux maisons dans la rue des Quatre-Fils, où l'on plaça quelques bureaux. Toutes ces demi-mesures ne pouvaient convenir à l'Empereur, dont tous les actes étaient empreints d'un caractère grandiose et surtout unitaire. Sa Majesté rendit le décret suivant :

« Au palais de l'Elysée, le 21 mars 1812.

» Napoléon, empereur des Français, etc., nous avons décrété et décrétons ce qui suit :

Titre 1er. — *Archives impériales.*

» Art. 1er. — Il sera construit entre le pont d'Iéna et le pont de la Concorde, sur le quai de la rive gauche de la Seine, un édifice destiné à recevoir toutes les archives de l'Empire, et devant contenir un emplacement de 100,000 mètres.

» Art. 2. — Les plans seront conçus de manière que le quart de cet établissement puisse être utilisé dès que la construction en sera achevée, et que l'on puisse successivement procéder ainsi à la construction des autres quarts. Des espaces seront même réservés en forme de jardins, afin que par la suite des temps on puisse doubler l'établissement, si cela devient nécessaire.

» Art. 3. — Ces bâtiments seront construits tout en pierre et en fer, sans qu'il entre aucun bois dans la construction.

» Art. 4. — Les plans nous seront soumis avant le 1er mai prochain, et le fonds de 200,000 francs que nous avons accordé par notre décret du 6 de ce mois sur les fonds spéciaux de Paris, sera affecté aux premiers travaux de cette construction, etc. *Signé* Napoléon. »

Les malheurs du premier Empire firent abandonner ce projet, dont la réalisation eût été si manifestement utile.

« Les archives, disait Napoléon Ier, sont mal placées où nous les voyons aujourd'hui, dans le centre d'un quartier perpétuellement encombré ; les causes d'incendie y sont permanentes. Pourquoi dérober ensuite aux regards et à l'admiration du public, un palais dont l'architecture si grandiose a besoin d'air et d'espace ? A quoi bon ces riches peintures et ces belles sculptures de l'hôtel Soubise, pour des papiers et des parchemins qui se trouveraient mieux placés et plus en sûreté dans des bâtiments construits exprès pour eux ? Il faut pour sauvegarder des archives, de la pierre et du fer—voilà tout. »

Après avoir exprimé le regret que le déplacement des Archives ne se soit pas effectué, conformément au désir manifesté par Napoléon Ier, il est juste de reconnaître que les gouvernements qui se sont succédé, grâce à de sages précautions comme à d'intelligentes additions, ont fait de l'ancien hôtel Soubise un établissement sans rival dans le monde.

Dernièrement ont été exécutés, d'après les plans et sous la direction de M. *Guillaume,* architecte, les bâtiments qui relient le pavillon d'angle des rues des Archives et des Quatre-Fils, avec les tours de Clisson et le grand appartement des Soubise, où se trouve le musée. Dans l'exécution de ces travaux, l'architecte, malgré de grandes difficultés, a respecté tout ce qui méritait d'être conservé. L'escalier des Guise, dernier vestige des constructions des ducs de Lorraine, a été conservé et restauré, avec sa rampe en fer, ornée de la double croix de Lorraine. Il en a été de même de la petite bibliothèque des Soubise, décorée de charmantes boiseries sculptées.

Les Archives nationales ont dû leur organisation aux lumières du savant Daunou, auquel appartient l'idée d'une classification qui a subi, depuis 1812, quelques modifications.

ÉCOLE NATIONALE DES CHARTES.

Instituée par ordonnance royale du 22 février 1821, et réorganisée par une autre ordonnance du 31 décembre 1846, cette école est destinée à fournir des archivistes pour tous les dépôts d'archives de la République à Paris et dans les départements, des employés dans les bibliothèques de l'État, des auxiliaires pour les travaux de l'Académie des Inscriptions, etc. Les cours sont publics et gratuits; ils ont pour objet : 1° La lecture et le déchiffrement des écritures des divers siècles, la diplomatique, l'archéologie, l'étude du latin du moyen âge, du provençal et de l'ancien français; 2° le classement des archives et des bibliothèques; 3° l'histoire et la géographie de la France antérieurement à 1789, et les éléments du droit civil, du droit canonique et du droit féodal. — Les anciens élèves de l'École ont fondé en 1839 une publication intitulée: *Bibliothèque de l'École des Chartes.* Ce recueil, dont un volume paraît tous les ans, est consacré à l'étude de l'histoire et de la littérature de la France au moyen âge, et contient un grand nombre de documents inédits et de savants mémoires sur tous les points de notre histoire nationale.

Il faudrait un volume pour énumérer les richesses historiques, administratives et judiciaires que renferme l'ancien hôtel Soubise. Tant de documents précieux qui augmentent chaque jour, amèneront immanquablement, dans un temps donné, la réalisation du projet de Napoléon Ier. Ce déplacement sauvegarderait deux intérêts : ceux de l'État et ceux de la Ville de Paris.

ARCOLE (Pont d').

Situé entre la place de l'Hôtel-de-Ville et le quai aux Fleurs. — Long. 90 m. — 4e arrond. (anc. 7e et 9e).

Une ordonnance royale du 6 décembre 1827, autorisa la construction d'une passerelle suspendue en chaîne de fer, composée de deux arches de 40 m. 80 c. d'ouverture, séparées par une pile de 5 m. 60 c. d'épaisseur. La concession en fut accordée à M. Desjardins, avec droit de péage, pour une durée de 45 ans, à partir du 1er janvier 1831. Cette passerelle, servant seulement aux piétons, fut livrée à la circulation le 21 décembre 1828. Elle prit le nom de *Passerelle de la Grève,* parce qu'elle servait de débouché à la place ainsi appelée (auj. place de l'Hôtel-de-Ville). Le 28 juillet 1830, un jeune homme, nommé d'*Arcole,* s'élançant sur cette passerelle à la tête de plusieurs combattants qui se dirigeaient sur l'Hôtel de Ville, tomba mort percé d'une balle. Pour perpétuer ce souvenir, on substitua bientôt à la dénomination de passerelle de la Grève, celle de *pont d'Arcole.* — Lors de la Révolution de 1848, le péage fut supprimé; il a été racheté par la Ville de Paris en 1850 (V. pont de l'*Archevêché.*)

En 1854, l'Administration ayant reconnu que le pont d'Arcole, d'une largeur de 3 m. 50 c., était insuffisant pour les besoins de la circulation, décida son remplacement par un pont fixe à voitures. Un projet présenté par M. Oudry, le 13 septembre 1854, fut approuvé par M. le Ministre des Travaux publics le 25 octobre suivant, ainsi que la soumission qui y était jointe, et par laquelle la Compagnie dite des Ponts du *système Cadiat* s'engageait à exécuter les travaux *à forfait,* et à les terminer le 1er mai 1855. Néanmoins, le pont n'a été livré à la circulation que le 12 mai 1856. L'arche unique dont se compose le pont d'Arcole, affecte la forme d'un arc de cercle surbaissé *au treizième;* la distance entre les culées est de 80 m. Cette arche est formée de 12 arcs en fer ayant 1 m. 33 c. de hauteur aux naissances, et 0,38 c. à la clef. Le tablier comporte une série de madriers en fer, posés perpendiculairement à la voie, à 0,15 c. environ les uns des autres et fixés sur les tympans. Le pont a une largeur de 20 m., partagée entre une chaussée de 12 m. et deux trottoirs de 4 m. chacun. La dépense totale s'est élevée à 1,143,000 fr., qui a été supportée par moitié entre l'État et la Ville de Paris.

ARCOLE (Rue d').

C. quai aux Fleurs, n° 23; F. rue du Cloître-Notre-Dame, n° 22, et place du Parvis-Notre-Dame. — Dernier imp., 23; pas de nos pairs : ce côté est bordé par l'Hôtel-Dieu. — Long. 168 m. — 4e arrond. (anc. 9e).

Une ordonnance royale du 4 mars 1834 fixa les alignements des rues du Chevet-Saint-Landry et Saint-Pierre-aux-Bœufs à 12 m. de largeur; d'après cette disposition, les deux rues étaient tracées sur une seule ligne droite. — En vertu d'une autre ordonnance royale du 13 mai 1836, l'exécution de ces alignements fut déclarée d'utilité publique. — Le Ministre de l'Intérieur (Gasparin) décida, le 13 février 1837, que les rues du Chevet-Saint-Landry et Saint-Pierre-aux-Bœufs prendraient la seule dénomination de rue d'Arcole. (V. l'art. qui précède.) Les travaux prescrits par l'ordonnance royale de 1836 furent conduits avec la plus grande activité; bientôt une voie publique propre, large et bordée de constructions modernes, remplaça deux ruelles étroites où la circulation était difficile et dangereuse.

Un décret impérial du 22 mai 1865, relatif à la construction du nouvel Hôtel-Dieu, déclara d'utilité publique le changement de direction de la rue d'Arcole, dont la largeur fut fixée à 20 m. Par suite, les maisons riveraines ont été expropriées et démolies, et remplacées, d'un côté, par des propriétés particulières, de l'autre, par les bâtiments de l'Hôtel-Dieu.

Les constructions bordant la rue d'Arcole sont alignées.

La rue du Chevet-Saint-Landry portait déjà ce nom au XIIIe siècle, parce que le fond ou le chevet de l'église Saint-Landry se trouvait dans cette rue. Elle est appelée rue de la *Couronne* dans un bail fait en 1451 par l'abbé de Saint-Victor. Une décision ministérielle du 26 prairial an XI, signée Chaptal, avait fixé la largeur de cette voie publique à 6 m.

La rue Saint-Pierre-aux-Bœufs est connue sous ce nom dès 1206; Guillot l'appelle rue *Saint-Pierre à Beus.* — Les prisons du chapitre de Notre-Dame étaient situées dans cette rue, dont la largeur avait été fixée à 6 m., en vertu d'une décision ministérielle du 13 ventôse an VII, signée François de Neufchâteau.

L'église qui avait donné son nom à la rue Saint-Pierre-aux-

Bœufs, était un de ces édifices religieux dont l'origine se perd dans la nuit des temps. Plusieurs historiens (Sainte-Foix notamment) ont pensé qu'elle avait été autrefois la paroisse des bouchers de la Cité, parce que deux têtes de bœufs étaient sculptées sur son portail. D'autres ont prétendu qu'on y marquait les bœufs avec une clef ardente, pour les préserver de certaines maladies. Une bulle d'Innocent II, de l'an 1136, l'appelle *Capella Sancti Petri de Bovibus*. Peu de temps après, elle fut érigée en paroisse. L'évêque de Paris avait droit de nommer à sa cure. — Cette église, supprimée en vertu de la loi du 15 février 1791, devint propriété nationale, et fut vendue le 8 fructidor an IV. Aucune clause n'imposa à l'acquéreur l'obligation de conserver le portail de cette église, chef-d'œuvre de goût et d'élégance. L'Administration municipale, jalouse de réparer cette omission, l'acheta en 1837, et le fit transporter à l'église Saint-Séverin, dont il est aujourd'hui un des ornements. La maison qui portait le nº 15 sur la rue d'Arcole avait remplacé l'ancienne église Saint-Pierre-aux-Bœufs. Cette maison a été expropriée et démolie en 1866. Son emplacement est entré, pour la plus grande partie, dans le sol de la nouvelle voie, et, pour le surplus, dans le périmètre de l'Hôtel-Dieu.

ARCUEIL (Rue d').

C. Rue de la Glacière, nºˢ 214 et 216; F. boulevard Jourdan. — Dᵉʳ imp., 15; dᵉʳ pair 18. — Long. 170 m. — 14ᵉ arrond. (anc. Gentilly).

C'est une partie de l'ancien chemin qui conduisait au village d'*Arcueil*. Un arrêté préfectoral du 5 octobre 1857 a fixé sa moindre largeur à 8 m.

Un décret impérial du 23 mai 1863, a confirmé le classement de ce chemin au nombre des voies publiques. En vertu d'un arrêté préfectoral du 1ᵉʳ février 1877, signé Ferdinand Duval, il a reçu la qualification de *rue*.

Les propriétés riveraines sont alignées.

Arcueil, commune de l'arrondissement de Sceaux (Seine), sur la Bièvre.

Le village d'Arcueil dont l'origine est très ancienne, doit son nom au bel aqueduc construit par Constance Chlore; il était destiné à conduire les eaux de Rungis aux thermes de Julien. Cet aqueduc fut dégradé par les Normands. La reine Marie de Médicis ayant pu l'utiliser, pour en amener les eaux dans son palais du Luxembourg, en fit construire un nouveau par son architecte, Jacques de Brosse, de 1613 à 1624. Ce second aqueduc avait 3,500 m. de longueur; il était souterrain, sauf sur 400 m. dans la vallée de la Bièvre où il comptait 24 arcades, dont 8 à jour, d'une hauteur de 24 m.

Le ministre Laplace et le chimiste Berthollet habitèrent Arcueil. L'ancienne demeure de Berthollet sert aujourd'hui de résidence aux dominicains.

D'après le recensement de 1876, la population de la commune d'Arcueil était de 5,299 habitants.

ARDENNES (Rue des).

C. quai de la Marne, nºˢ 24 et 26; F. rue d'Allemagne, nºˢ 159 et 161. — Dᵉʳ imp., 23; dᵉʳ pair, 14. — Long. 410 m. — 19ᵉ arrond. (anc. la Villette).

C'était un ancien chemin qui traversait des terrains appartenant en 1700 à la seigneurie de Pantin. Il porta successivement les noms de *Chemin de Saint-Jacques* et *Chemin de l'Église*.

Il a pris la dénomination de rue des Ardennes, lors de l'établissement du canal de l'Ourcq.

« Napoléon.... nous avons décrété et décrétons ce qui suit :

» Art. 1ᵉʳ. — La rue des Ardennes, située dans le 19ᵉ arrondissement de Paris, est classée au nombre des voies publiques de cette ville. Ce classement aura lieu aux conditions énoncées dans la délibération du 6 février 1863 sus-visée. Les alignements de la dite rue sont arrêtés suivant les tracés noirs avec liserés bleus du plan ci-annexé qui porte sa largeur à 12 m. et que nous approuvons à cet effet... Fait au palais de Saint-Cloud, le 19 juillet 1870. *Signé* Napoléon. — Par l'Empereur : le Ministre secrétaire d'État au département de l'intérieur, *signé* Chevandier de Valdrôme. »

Un décret du Président de la République, signé Maréchal de Mac-Mahon, en date du 30 avril 1877, a déclaré d'utilité publique, l'élargissement à 12 m. de la rue des Ardennes, entre le quai de la Marne et la rue de Thionville. Ce décret a été exécuté en 1878.

Ardennes (en celtique forêts), département situé dans la région nord-est de la France. Il a pour limites, au nord, la Belgique; au nord-est le grand duché de Luxembourg; au sud-est le département de la Meuse; au sud, celui de la Marne; et à l'ouest, celui de l'Aisne. Le département des Ardennes tire son nom de la forêt qui absorbe une partie de son territoire. Il est formé des anciennes provinces de la Haute-Champagne, de la Thiérache et du Hainaut français. Arrosé par la Meuse et ses affluents, le sol généralement boisé n'est fertile que dans les vallées voisines de l'Aisne, aussi les habitants ont-ils concentré tous leurs efforts sur l'industrie, et sous ce rapport, le département des Ardennes dont la superficie est de 5,235,087 kilomètres carrés occupe un rang distingué. La réputation des draps de Sedan est ancienne. A Fumay, Rimogne, et Deville, on exploite des ardoisières inépuisables, et dans les environs de Givet, prospèrent d'importantes exploitations de marbre. Mézières, est le chef-lieu du département des Ardennes. D'après le dénombrement de 1876, la population de ce département est de 326,782 habitants.

ARGENSON (Impasse de l'Hôtel d').

Située rue Vieille-du-Temple, nº 20. — Pas de nºˢ. — Long. 37 m. — 4ᵉ arrond. (anc. 7ᵉ).

Appelée originairement *impasse d'Argenson*, elle servait d'avenue à l'hôtel habité par cette belle famille des d'Argenson, qui a jeté un si vif éclat sur notre magistrature municipale.

Cette impasse, dont la largeur est de 3 m. 20 c. n'a pas été classée parmi les voies publiques.

Un arrêté préfectoral du 1ᵉʳ février 1877, signé Ferdinand Duval, lui a donné le nom d'impasse de l'Hôtel d'Argenson.

ARGENSON (Rue d').

C. Rue de La Boëtie, nºˢ 14 et 16; F. boulevard Haussmann, nºˢ 109 et 111. — Dᵉʳ imp., 15; dᵉʳ pair, 12. — Long. 106 m. — 8ᵉ arrond. (anc. 1ᵉʳ).

Un décret impérial du 16 juillet 1862, déclare d'utilité publique :

« L'ouverture d'une rue de 12 m. de largeur *destinée à prolonger la rue de la Ville l'Évêque depuis la rue de la Pépinière* (auj. de La Boëtie) jusqu'au carrefour qui sera formé par la rencontre du boulevard Beaujon (auj. boulevard Haussmann) et de la rue de Messine avec les rues de Miroménil et de Laborde. »

Un autre décret, daté du même jour, approuve le traité passé le 30 avril précédent entre la Ville de Paris et le sieur Petit pour l'exécution de ce percement. En vertu d'un 3ᵉ décret du 2 octobre 1865, la nouvelle voie a reçu le nom de rue d'Argenson.

Les propriétés riveraines sont alignées.

Marc-René Le Voyer de Paulmy, marquis d'Argenson, naquit à Venise le 4 novembre 1652. Son père représentait si dignement notre grande nation, que par une bienveillance sans précédent, la sérénissime République voulut être la marraine du fils de l'ambassadeur. Le Doge le fit chevalier de Malte, et le Procurateur Contarini tint sur les fonts de baptême, le nouveau né qui reçut le nom de l'évangéliste Saint-Marc, patron de la République.

Le 12 novembre 1669, d'Argenson est nommé avocat au Parlement. Le 8 janvier 1677, il est reçu chevalier de l'ordre de Saint-Lazare, puis Lieutenant général du baillage d'Angoulême le 9 août 1679. Il succède à La Reynie, en qualité de Lieutenant général de police, le 29 janvier 1695. Lorsqu'il alla faire sa visite d'installation au premier président du parlement de Paris, de Harlay, le Magistrat entr'ouvrit la porte de son cabinet et lui cria : *clarté ! propreté ! sûreté*. — Oui, répondit d'Argenson. Ainsi finit l'entretien, et le nouveau lieutenant général de Police ne tarda pas à tenir sa parole. Paris fut propre, sûr et bien éclairé.

En 1716, d'Argenson était élu membre de l'Académie des sciences, et membre de l'Académie française, dix-huit mois après. En 1718, on le retrouvait président du Conseil des finances et garde des Sceaux. D'Argenson mourut à Paris, le 9 mai 1721.

ARGENTEUIL (Rue d').

C. rue de l'Échelle, nos 7 et 9; F. rue Saint-Roch, nos 32 et 34. — Der imp., 61; der pair, 22. — Long. 295 m. — 1er arrond. (anc. 2e).

C'était un ancien chemin faisant partie de la *Butte aux Pourceaux*, depuis *Butte Saint-Roch*, enfin *Butte des Moulins*. Cette butte ne fut comprise dans la ville de Paris qu'en 1632. Le chemin qui se dirigeait vers le village d'*Argenteuil*, était déjà bordé de constructions à cette époque, sauf sur une partie du côté droit où l'on voyait un marché aux chevaux, dont la création remontait au milieu du 16e siècle. Ce marché fut supprimé en 1667. — Une décision ministérielle du 8 nivôse an X, signée Chaptal, et une ordonnance royale du 4 octobre 1826, fixèrent la moindre largeur de la rue d'Argenteuil à 10 m. — Les maisons nos 2 et 4, ont été démolies en 1866, conformément aux décrets impériaux des 15 novembre 1853 et 3 mai 1854, relatifs aux abords du Louvre et des Tuileries. — Un décret du Président de la République, signé Maréchal de Mac-Mahon, en date du 27 juin 1876, concernant l'avenue de l'Opéra et ses abords, a déclaré d'utilité publique « l'élargissement et le nivellement de la rue d'Argenteuil depuis la rue Saint-Roch jusqu'à la rue de l'Échelle et à l'angle de la rue Saint-Honoré. » En conséquence de ce décret, les maisons nos 1, 3, 5, 7 et toutes celles du côté des nos pairs, ont été expropriées et démolies à la fin de la même année. En vertu d'un autre décret du 27 février 1877, relatif au nivellement de la rue d'Argenteuil, les maisons qui portaient les nos de 9 à 51, ont été expropriées et démolies dans le courant de la même année : de sorte qu'il ne reste plus qu'un très petit nombre des anciennes maisons de la rue d'Argenteuil ; maisons qui portent les nos 53, 57, 59, 61, et sont seules soumises à retranchement.

L'emplacement qui était occupé par les nos pairs, se trouve confondu dans les nouvelles constructions qui séparent ce côté de celui des nos impairs de l'avenue de l'Opéra. Conformément au plan annexé au décret, la largeur de la rue d'Argenteuil devra être portée à 12 m.

Parmi les immeubles qui ont disparu en 1876, nous devons rappeler celui qui portait le no 18. En 1824, Louis-Philippe, alors duc d'Orléans, avait fait placer à ses frais sur la façade l'inscription suivante : *Le grand Corneille est mort dans cette maison le 1er octobre 1684* » Cette inscription était répétée dans la cour au-dessus d'un buste du célèbre poète, sous lequel on lisait encore : « *Né à Rouen en 1606. — Le Cid en 1636. — Je ne dois qu'à moi seul toute ma renommée.*

ARGONNE (Place de l').

Située rue de l'Argonne : les nos continuent la série de cette rue. — Long. 50 m. — 19e arrond. (anc. la Villette).

Le territoire sur lequel cette voie, la suivante et la rue de Dampierre, (anc. rue de Dunkerque) faisait partie en 1700 de la *Courte-Villette*, près de la ferme de Rouvray.

En 1825, MM. Schmitz et Samson, propriétaires d'un grand terrain situé entre la gare demi-circulaire du canal de l'Ourcq et la rue de Flandre, offrirent à la commune de la Villette, de lui céder le sol de deux rues nouvelles de 12 m. de largeur et d'une place en forme de carré long : ils demandaient que cette place portât le nom de *place Chabrol*, la voie principale, celui de *rue de Schenck*, et la rue transversale, celui de *rue du Commerce*. Dans sa séance du 14 mai de la dite année, le conseil municipal de la Villette accepta cette offre et adopta les dénominations proposées.

Après la révolution de 1830, la place Chabrol prit le nom de *place de Lille*; (on l'appela aussi *place du quartier neuf*) la rue de Schenck, celui de rue *de Lille*; la rue du Commerce, celui de *Dunkerque*. Cependant la cession primitive de ces trois voies ne fut régularisée qu'en 1838, ainsi que le constate le document ci-après.

« Louis-Philippe,... nous avons ordonné et ordonnons ce qui suit :

» Art. 1er. — Les alignements des rues de Lille, de Dunkerque et de la place du quartier neuf, ouvertes par les sieurs Schmitz, Coquereau et Samson, sur les terrains à eux appartenant dans la commune de la Villette, département de la Seine, sont arrêtés suivant le tracé des lignes noires sur le plan ci-annexé d'après lequel la largeur de ces rues nouvelles est fixée à 12 m.

» Art. 2. — Le maire de la Villette, agissant au nom de cette commune, est autorisé à accepter des sieurs Schmitz, Coquereau et Samson, propriétaires, conformément à l'acte passé le 15 mars 1835, devant Me Ferrière, notaire à la Villette, et aux conditions insérées dans les délibérations du Conseil municipal sus visées, la cession gratuite des terrains occupés par les dites rues et place... — Donné au palais de Neuilly, le 4 août 1838. *Signé* Louis-Philippe. — Par le Roi : le ministre secrétaire d'État au département de l'Intérieur, *signé* Montalivet. »

Un décret impérial du 23 mai 1863, a confirmé le classement de cette place qui est quadrangulaire, au nombre des voies publiques.

En vertu d'un autre décret du 24 août 1864, la place et la rue de Lille, ont reçu les noms de place et rue de l'Argonne. Quant à la rue de Dunkerque, un décret du 10 août 1868, lui a donné la dénomination de rue de Dampierre.

Les propriétés riveraines sont alignées.

Argonne, contrée du nord-est de la France, autrefois couverte de grandes forêts dont une partie subsiste encore, de Toul à Mézières. Elle forme un plateau dans les départements de la Meuse et des Ardennes, et sépare le bassin de l'Aisne de celui de la Meuse. Cette contrée est rendue célèbre par la campagne de 1792. Occupant les cinq issues de la forêt de l'Argonne, le général Dumouriez donna le temps à Kellermann de le rejoindre à Valmy, où les deux généraux français triomphèrent des armées prussienne et autrichienne, le 27 septembre de la même année.

ARGONNE (Rue de l').

C. quai de l'Oise, nos 39 et 41; F. rue de Flandre, nos 154 et 156. — Der imp. 31; der pair, 30. — Long. 325 m. — 19e arrond. (anc. la Villette).

Ouverte en 1825 à 12 m. de largeur, elle porta d'abord le nom de *rue de Schenck*, puis celui de *rue de Lille*. Une ordonnance royale du 4 août 1838, a régularisé la cession de cette *rue* à la commune de la Villette.

Son classement au nombre des voies publiques de Paris, a été confirmé par un décret impérial du 23 mai 1863.

En vertu d'un autre décret du 24 août 1864, elle a reçu le nom de rue de l'Argonne. (V. l'art. précédent).

Les propriétés riveraines sont alignées.

ARGOUT (Rue d').

C. rue Coquillière, nos 42 et 44; F. rue Montmartre, nos 63 et 65. — Der impair, 71; der pair, 80. — Long. 317 m. — De la rue Coquillière à la rue Pagevin, 1er arrond.; surplus, 2e arrond. (anc. 3e pour la totalité).

Quelques moines Augustins vinrent d'Italie en France, attirés dans notre pays par la protection que le roi saint Louis accordait à tous les religieux. Ils s'établirent d'abord à Paris, au delà de la porte Saint-Eustache, dans un lieu environné de bois, où se trouvait une chapelle dédiée à Sainte-Marie Égyptienne. Joinville parle ainsi de cet établissement :

« Le Roi pourvut les frères Augustins et leur acheta la granche à un bourjois de Paris et toutes les appartenauces et leur fit faire un moustier dehors la porte Montmartre. »

Vers l'année 1285, les religieux quittèrent cet endroit pour aller s'établir dans le clos du Chardonnet. Peu de temps après leur départ, une voie fut ouverte entre les rues Montmartre et Pagevin, sur l'emplacement abandonné par ces religieux; cette voie prit alors le nom des *Augustins*. En ce qui concerne la partie entre les rues Pagevin et Coquillière, elle a été formée sur l'emplacement de l'hôtel de Flandres aliéné en vertu des lettres patentes de François Ier à la date du 20 septembre 1543.

Cette rue prit alors le nom de Pagevin, d'un des acquéreurs de ce domaine. Ce ne fut qu'au dix-huitième siècle que la communication dont il s'agit, s'appela dans toute son étendue, rue des Vieux-Augustins. — Une décision ministérielle du 3 thermidor an IX, signée Chaptal, fixa la largeur de la rue des Vieux-Augustins à 9 m. En vertu d'une ordonnance royale du 23 juillet 1828, cette largeur devra être portée à 10 m. Un décret impérial du 27 février 1867, a substitué au nom de rue des Vieux-Augustins, celui de rue d'Argout, en raison du voisinage de la Banque de France.

Les propriétés nos 7, 9, de 39 à 47 inclus, 65, 71; 16, 18, sont alignées; celles nos de 29 à 37 inclus, de 49 à 63 inclus, 67; de 22 à 42 inclus, seront atteintes par les prolongements des rues aux Ours et du Louvre.

Sur la façade de la maison portant aujourd'hui le no 16, on voit une table de marbre noir, portant en lettres d'or, l'inscription suivante :

Dans cette maison est né,
Le 28 janvier 1791,
Louis-Joseph-Ferdinand Hérold,
auteur de Zampa et du Pré aux Clercs.

Ce fut dans la rue des Vieux-Augustins, à l'hôtel de la Providence, portant aujourd'hui le no 17, que descendit *Charlotte Corday*, arrivant de Caen.

Antoine-Maurice-Apollinaire, comte d'Argout, homme politique et financier, est né le 27 août 1782, au château de Veyssilieux, près la Tour du Pin (Isère). Entré à l'âge de 20 ans dans la carrière administrative, il était, en 1806, receveur principal des contributions à Anvers, auditeur au conseil d'État en 1810, inspecteur général en 1811 et directeur général de la navigation du Rhin, en 1812. Pendant la 1re Restauration, il se tint à l'écart. Durant les Cent Jours, il était préfet des Basses-Pyrénées, préfet du Gard en 1817, conseiller d'État en 1819, puis pair de France, le 5 mars suivant. Lors de la révolution de 1830, il s'interposa pour éviter l'effusion du sang ; le 28 juillet, il se rendit à Saint-Cloud et demandait à Charles X le retrait des ordonnances. Le Roi ne céda que le lendemain; il était trop tard. Rallié au gouvernement de Louis-Philippe, le comte d'Argout fut nommé successivement ministre de la marine en 1830, ministre du commerce et des travaux publics en 1831, ministre de l'intérieur et des cultes en 1833. Chargé de l'intérim de la guerre, la même année, il était nommé gouverneur de la Banque de France, en avril 1834. Ministre des Finances en 1836 il reprit ses fonctions à la Banque, en septembre de cette année. « D'Argout, disait Louis-Philippe, est un homme universel et capable de m'accorder tout ce que je lui demande, excepté sa démission. » En 1851, le prince Louis-Napoléon le nommait membre de la Commission consultative qui remplaçait le conseil d'État, membre de la Commission municipale de Paris et président de la Commission de surveillance de la caisse d'amortissement. Sénateur en 1852, membre de l'Académie des sciences morales et politiques depuis 1844, le comte d'Argout est mort le 15 janvier 1858.

ARMAILLÉ (Rue d').

C. rue des Acacias, nos 29 et 31; F. avenue des Ternes, no 67, et rue Saint-Ferdinand, no 1. — Der imp., 29; der pair, 34. — Long. 250 m. — 17e arrond. (anc. Neuilly).

Elle a été ouverte en 1840, à 10 m. de largeur, sur les propriétés de M. le marquis d'Armaillé. Un décret impérial du 23 mai 1863, a confirmé le classement de cette rue au nombre des voies publiques. En vertu d'un arrêté préfectoral du 31 août 1866, la largeur de la rue d'Armaillé devait être portée à 20 m., mais un décret du Président de la République, signé Maréchal de Mac-Mahon, du 20 août 1873, a définitivement maintenu la largeur primitive de 10 m.

Les propriétés riveraines sont alignées.

La famille d'Armaillé est une des plus anciennes de la Bretagne.

Le marquis d'Armaillé fut d'abord page du duc d'Orléans, puis en 1799, capitaine au régiment d'Orléans (dragons), ensuite gentilhomme de la chambre du roi Louis XVI. Emprisonné pendant la révolution, il se retira dans ses terres durant le premier Empire, et fut nommé plus tard colonel de la garde nationale. Il habita longtemps une grande propriété qu'il possédait aux Ternes.

A sa mort, la famille donna le terrain nécessaire à l'emplacement de l'église et de l'école des Ternes, en cédant également le sol pour la formation d'une voie qui fut décorée du nom d'Armaillé.

ARMÉE (avenue de la Grande). — V. Grande-Armée (avenue de la).

ARMORIQUE (Rue de l').

C. boulevard de Grenelle, no 77; F. rue du Cotentin, nos 20 et 26. — Der imp., 27; der pair, 24. — Long. 167 m. — 15e arrond. (anc. Vaugirard).

Elle a été ouverte en 1849, à 20 m. de largeur, par la Cie du chemin de fer de l'Ouest, et prit la dénomination d'*avenue du Chemin de fer*. Classée au nombre des voies publiques par un décret impérial du 23 mai 1863, elle a reçu le nom de rue de l'Armorique, en vertu d'un arrêté préfectoral du 26 février 1867, signé Haussmann.

Un décret impérial du 9 juillet 1870 a maintenu la largeur de 20 m. et sanctionné les alignements, d'après lesquels les propriétés riveraines ont été construites.

Armorique, en celtique; *rivage*. Les anciens géographes désignaient ainsi la côte nord-ouest de la Gaule, depuis l'embouchure de la Seine jusqu'à celle de la Loire, pays habité du temps des Romains par les cités dites *Armoricaines*, unies étroitement entre elles. Le nom d'Armorique s'étendait à toute la Bretagne actuelle; il fut appliqué même à une plus grande étendue du littoral. La *notitia imperii romani* attribue, en outre, au duc d'Armorique les provinces entre la Loire et les Pyrénées.

ARQUEBUSIERS (Rue des).

O. boulevard de Beaumarchais, n°s 89 et 91; F. rue Saint-Claude, n°s 3 et 5. — D°r imp., 15; d°r pair, 10. — Long. 153 m. — 3e arrond. (anc. 8e).

« Louis.... Nostre chère et bien amée Anne-Françoise-Marie-Louise Boucherat, *veuve de Nicolas-Auguste de Harlay, chevalier, comte de Cély et de Compans, seigneur de Bonneuil et autres lieux, nostre conseiller d'État ordinaire*, nous a fait remontrer que le jardin de son hostel Boucherat étant très spacieux, elle a cru devoir en retrancher une partie et écouter les offres qui lui ont esté faites par quelques particuliers d'en achepter une portion du costé des ramparts; pour rendre le quartier plus pratiquable aux acquéreurs du terrain, elle se seroit engagée d'abandonner gratuitement au public plus de 220 toises de places qui lui appartenoient pour faire une rue de la même largeur, et en continuation du cul-de-sac de la rue Saint-Claude, pour aboutir, par *un retour, sur le rampart*, cette rue ainsi ouverte faisant un débouchement pour tous ceux qui ont des maisons dans le d. quartier, de mesme pour le public, etc... A ces causes voulant favorablement traiter l'exposante, et procurer au public l'avantage qu'il retireroit de l'ouverture de la d. rue; de l'avis de nostre Conseil, nous avons autorisé, approuvé et confirmé par ces présentes les ordonnances et procès-verbaux attachez sous le contr'scel des présentes, ensemble les plans du d. terrain qu'ils ont fait dresser; en conséquence, avons permis et permettons à l'exposante, de faire ouvrir la nouvelle rue, en continuation du cul-de-sac de la rue Saint-Claude, laquelle sera dénommée la nouvelle rue de *Harlay*, etc. — Donné à Paris, le 8e jour du mois de may, l'an de grâce 1721 et de nostre règne le 6e. *Signé* : Louis. »

Ces lettres patentes furent registrées en Parlement, le 19 du même mois. Elles subirent une modification, sous le rapport de la direction de la rue nouvelle, du côté de la rue Saint-Claude. La moindre largeur de ce percement qui forme une équerre, était fixée à 6 m. 82 c. Il prit le nom de *rue Harlay*, auquel on ajouta plus tard la qualification de : *au Marais*, pour distinguer cette voie de celle qui est située près du Palais de Justice. — Une décision ministérielle du 7 fructidor an X, signée Chaptal, porta la largeur de cette voie publique à 8 m. Cette largeur devra être de 10 m., en vertu d'une ordonnance royale du 8 juin 1834. Conformément à un décret du Président de la République, signé Maréchal de Mac-Mahon, du 10 novembre 1877, la rue Harlay reçut le nom de *Diderot*. — Un arrêté préfectoral du 16 août 1879, signé Herold, a remplacé cette dénomination (attribuée par le même arrêté au boulevard Mazas) par celle de rue des Arquebusiers, sous prétexte sans doute du voisinage du jardin des Arquebusiers (500 m. de distance), qui a été absorbé par la place de la Bastille et par les propriétés bordant cette place, entre le boulevard Richard Lenoir et la rue de la Roquette.

Les propriétés n°s 1, 3, 5 sont alignées; les autres propriétés du même côté ne sont assujetties qu'à un redressement de 10 à 20 c. Les maisons du côté pair, devront subir un retranchement qui varie de 1 m. 30 c. à 3 m. 10 c.

ARRAS (Rue d').

O. rue des Écoles, n°s 7 et 9; F. rue Clopin, n°s 6 et 7. — D°r imp., 29; d°r pair, 8. — Long. 138 m. — 5e arrond. (anc. 12e).

Un des côtés de cette voie publique bordait les murs de l'enceinte de Philippe-Auguste; elle porta, en raison de cette situation, le nom de rue des *Murs*. Le collège d'Arras s'y étant établi en 1332, cette voie publique prit le nom du collège. — En 1515, on l'appelait indifféremment rue d'*Arras*, du *Puits* et du *Champ-Gaillard*. Un acte du parlement du 4 décembre 1555 cite la rue du Champ-Gaillard comme étant affectée à la prostitution. — Une décision ministérielle du 3 pluviôse an IX, signée Chaptal, fixa la largeur de cette voie publique à 6 m. En vertu d'une ordonnance royale du 5 juin 1846, cette largeur devra être portée à 10 m. Jusqu'en 1866, la rue d'Arras commençait à la rue Saint-Victor. A cette époque, les maisons qui portaient les n°s de 1 à 21, et toutes celles du côté pair, ont été expropriées et démolies pour le percement des rues des Écoles et Monge.

Les maisons riveraines sont alignées à l'exception de celles n°s de 23 à la fin, et des constructions de l'École Polytechnique.

Au n° 8 ancien, était situé le Collège d'*Arras*, fondé en 1330 par Nicolas le Canderlier, abbé de Saint-Vaast d'Arras, pour quelques pauvres écoliers de cette ville. — Il fut d'abord établi dans la rue Chartière, puis transféré dans la rue d'Arras en 1332. On le réunit au collège Louis-le-Grand en 1763. — Les bâtiments et dépendances du collège d'Arras devinrent, en 1790, propriétés nationales et furent vendus les 9 et 29 germinal an II. Ils occupaient une superficie de 858 m. et ont été démolis en 1866. Leur emplacement est représenté aujourd'hui par les maisons n°s 6 et 8.

ARRIVÉE (Rue de l').

C. boulevard du Mont-Parnasse, n° 64; F. boulevard Edgar-Quinet et place du Maine. — Pas de n°s imp.; ce côté est bordé par l'embarcadère du chemin de fer de l'Ouest; d°r pair, 22. — Long. 193 m. — 15e arrond. (anc. 11e).

Elle a été ouverte en 1849, à 15 m. de largeur, par la Cie du chemin de fer de l'Ouest (rive gauche) et admise à l'entretien de la Ville, conformément à un arrêté préfectoral du 14 août 1852. En vertu d'un arrêté préfectoral du 19 août 1864, signé Haussmann, elle a reçu le nom de rue de l'Arrivée, parce qu'elle borde la gare du chemin de fer, du côté de l'arrivée des voyageurs.

D'après un alignement projeté, presque entièrement exécuté, la largeur de cette rue sera de 20 m.

ARSENAL (Bibliothèque de l').

Située rue de Sully, n° 1. — 4e arrond. (anc. 9e).

Avant de parler de cette collection très intéressante en documents historiques et en littérature étrangère, il n'est pas inutile d'écrire ici quelques lignes sur l'ancien Arsenal.

La Ville de Paris possédait autrefois un arsenal particulier. On comptait anciennement outre son hôtel, plusieurs emplacements qui servaient de dépôts d'armes et de munitions de guerre. Son établissement le plus vaste était situé derrière le couvent des Célestins, sur une partie du terrain connu anciennement sous le nom de *Champ-au-Plâtre*. Le surplus de cet emplacement fut possédé par la Ville jusqu'en 1533.

A cette époque, François Ier, ayant résolu de faire fondre des canons, emprunta une des granges qu'on y avait élevées. Le Roi demanda quelque temps après une seconde grange. La Ville ne la céda cette fois qu'avec répugnance. En effet, François Ier n'accorda aucun dédommagement. — Henri II construisit sur ce terrain plusieurs logements pour les officiers de l'artillerie, sept moulins à poudre, deux grandes halles et plusieurs autres bâtiments. Toutes ces constructions furent ruinées le 28 janvier 1562, par l'explosion de vingt milliers de poudre.

Lorsque Sully fut nommé grand-Maître de l'artillerie, il réorganisa complètement le matériel de l'Arsenal, acheta, pour le compte du Roi, un vaste terrain appartenant aux religieux Célestins, à l'effet d'y placer des canons. On lui doit également l'établissement d'un mail qui fut détruit vers le milieu du siècle dernier.

On sait qu'Henri IV se rendait fréquemment à l'Arsenal pour s'entretenir avec Sully. L'accord entre le Roi et le Ministre était souvent traversé par des brouilleries qui ne duraient guère, ainsi qu'en témoigne Sully dans ses mémoires.

« Dès sept heures du matin, écrivait-il, on vit arriver Sa Majesté à l'*Arsenal*, avec cinq ou six personnes qu'elle avoit dans son carrosse. Ce prince monta à mon appartement sans vouloir qu'on m'avertit et frappa lui-même à la porte de mon cabinet. Je ne fus pas peu surpris, lorsqu'ayant demandé : qui est là ? j'entendis répondre : c'est le Roi, et que je connus, au son de sa voix, que c'étoit lui-même qui avoit répondu. « Eh bien ! que faisiez-vous là, » me dit-il, en entrant avec Roquelaure, de Vic, Zamet, la Varenne et l'ingénieur Erard ; car il avait à me parler des fortifications de Calais. Je lui répondis que j'écrivois des lettres, et apprêtois du travail à mes secrétaires. Ma table étoit effectivement toute couverte de lettres et d'états des matières que je devois traiter ce jour là au Conseil. « Et depuis quand êtes-vous là, » me dit encore Sa Majesté ? — Dès les trois heures du matin, repris-je. Eh quoi ! Roquelaure, dit ce prince, en se retournant vers lui, pour combien voudriez-vous mener cette vie-là ? Pardieu, Sire, pour tous vos trésors, répondit Roquelaure. » Henri ne répliqua pas, il fit sortir tout le monde, et il commença à m'entretenir de choses sur lesquelles il me fut impossible de me ranger à son avis, ce qu'il connut aisément. Lorsqu'il vit que je lui répondois froidement que je n'avois aucun conseil à lui donner, que Sa Majesté ayant pris sa résolution, après une mûre délibération, sans doute, il ne restoit rien à faire que de lui obéir, puisqu'aussi bien elle ne trouveit pas bon qu'on fût d'un avis contraire au sien.

« Oh ! oh ! vous faites le réservé, me dit Henri en souriant, et en me donnant un petit coup sur la joue, et vous êtes encore en colère d'hier ; je n'y suis plus, moi ; là, embrassez-moi, et vivez avec la même liberté que vous aviez accoutumé. Car je vous connois bien ; si vous faisiez autrement, ce seroit signe que vous ne vous soucierez plus de mes affaires. Quoique je me fâche quelquefois, ajouta-t-il avec cette candeur qui lui étoit naturelle, je veux que vous le souffriez, car je ne vous en aime pas moins, au contraire. Dès l'heure que vous ne me contredirez plus dans les choses que je sais bien qui ne sont pas de votre goût, je croirai que vous ne m'aimerez plus. »

(Mémoires de Sully, année 1607, livre XXIV, page 19.)

C'est dans une de ses visites à l'Arsenal, qu'Henri IV conçut la pensée de s'y faire disposer, pour son usage particulier, un petit appartement dont on vient de restaurer les restes.

Louis XIII et Louis XIV ajoutèrent quelques embellissements à l'Arsenal. En 1713, on détruisit une grande partie des anciens bâtiments. En 1718, on éleva de nouvelles constructions sous la direction de l'architecte Germain Boffrand.

Édit portant suppression de l'Arsenal, de son gouvernement et de sa juridiction.

« Louis, par la grâce de Dieu..... Le dessein de procurer du soulagement à nos peuples, en appliquant aux dépenses de l'État, les revenus et le produit d'anciens établissements devenus inutiles, nous a déterminé à supprimer l'Arsenal de Paris, près de notre château de la Bastille, ainsi que les offices militaires et de justice qui y sont attachés. Cet établissement, essentiel dans son origine, a cessé d'être nécessaire au moyen des fonderies, des forges et des manufactures d'armes et de poudre établies dans différentes provinces de notre royaume. — Par la réunion à notre personne de la charge de grand maître et capitaine général de l'artillerie, les fonctions des officiers militaires et de justice sont restées sans objet ou ne sont plus relatives à l'institution des offices..... — A ces causes..

» ART. 1er. — Nous avons supprimé et supprimons dès maintenant et à toujours, le gouverneur et grand maître de l'Arsenal, le gouvernement, la garde ordinaire, etc.....

» ART. 5. — Il sera incessamment et sans délai, à la diligence du procureur du Roi et de la Ville de Paris, fait un état des terrains, bâtiments et logements qui sont renfermés dans l'enclos dudit Arsenal, et tous les terrains et bâtiments et celui des fossés qui le bordent seront divisés par plusieurs rues de largeur suffisante, formées dans la direction la plus utile et la plus convenable, conformément aux plans qui nous seront présentés et qui seront pour nous agréés. — Donné à Versailles, l'an de grâce 1788 et de notre règne le 14e, *Signé* : LOUIS. »

Ces lettres patentes ne furent pas suivies immédiatement d'exécution. Plus tard et successivement ont été établies dans les bâtiments de l'Arsenal, la Bibliothèque de ce nom, une raffinerie de salpêtre et la direction de l'Artillerie.

Sur les dépendances : les greniers de réserve et les voies qui portent aujourd'hui les noms de rues de l'Arsenal, de Bassompierre, Brissac, de la Cerisaie, (partie) Jacques-Cœur, Mornay, Schomberg, Sully, les boulevards Bourdon et Henri IV.

Bibliothèque de l'Arsenal. — Ce magnifique établissement littéraire doit son origine à deux grands seigneurs qui firent un noble usage de leur fortune. Le Voyer de Paulmy, marquis d'Argenson, avait formé une bibliothèque composée de 100,000 volumes très curieux pour l'histoire et les lettres. En 1781, il augmenta sa précieuse collection de 26,537 articles des ouvrages provenant de la seconde partie de la bibliothèque du duc de La Vallière. Pour éviter que ses livres ne fussent disséminés après sa mort, d'Argenson vendit en 1785 au comte d'Artois, cette bibliothèque qui prit à cette occasion le nom de *Monsieur*.

Elle devint propriété nationale.

« La Bibliothèque, dite de l'Arsenal, que *Monsieur* avait achetée de feu M. le marquis de Paulmy en 1785, vient de lui être rendue par ordonnance du Roi du 25 avril 1816, et ouverte aux jours et heures accoutumées. »

(*Moniteur* du 4 mai 1816).

« Louis-Philippe......... Sur le compte qui nous a été rendu par notre ministre secrétaire d'État de l'intérieur, voulant favoriser les recherches scientifiques dans les quatre Bibliothèques de Paris ; nous avons ordonné et ordonnons ce qui suit : La Bibliothèque du Roi, la Bibliothèque Mazarine, celles de l'Arsenal et de Sainte-Geneviève seront ouvertes *tous les jours* au public (les fêtes exceptées), depuis 10 heures jusqu'à 3...

» Paris le 23 novembre 1830. — *Signé* : LOUIS-PHILIPPE. »

En 1856, la bibliothèque de l'Arsenal a été l'objet de réparations intéressantes. A l'est de l'ancien édifice, on a élevé une aile sur la rue de Sully et le boulevard Morland, et des constructions anciennes ont été démolies pour l'isolement de ce grand établissement.

La bibliothèque de l'Arsenal renferme aujourd'hui 350,000 volumes et 8,000 manuscrits.

ARSENAL (Gare ou bassin de l').

Située entre la place de la Bastille et la Seine, et bordée par les boulevards de la Contrescarpe et Bourdon. — 4e arrond. (anc. 9e).

Cette gare, fait partie du canal Saint-Martin, dont la concession a été rachetée par la Ville de Paris, en vertu d'un traité du 9 juillet 1861. En 1847, un bas-port a été établi sur la rive gauche de cette gare, et les terrains qui le composent sont loués par la Ville à plusieurs particuliers, pour des dépôts d'objets divers. (V. l'art. *Martin*, canal Saint.)

ARSENAL (Rue de l').

C. rue de Mornay ; F. rue de la Cerisaie. — Der imp., 11 ; der pair, 6. — Long. 260 m. — 4e arrond. (anc. 9e).

C'était, à l'origine, une avenue plantée d'*ormes*, qui servait de communication au petit arsenal : on l'avait nommée *chaussée de l'Arsenal*. Le côté droit de cette avenue longeait le jardin de l'Arsenal; celui des Célestins limitait le côté opposé. On lui donna la dénomination de *rue de l'Orme*. Jusqu'en 1841, le sol de cette rue appartint au domaine de l'État qui l'a cédé à la Ville de Paris. En vertu d'une ordonnance royale du 21 septembre de la même année, cette rue est devenue voie publique, et sa largeur a été fixée à 12 m. Jusqu'en 1867, elle s'étendait, sous le nom de rue de l'Orme, jusqu'à la rue Saint-Antoine. Conformément à un arrêté préfectoral du 26 février 1867, signé Haussmann, la partie dont il s'agit ici a reçu la dénomination de rue de l'Arsenal. (L'autre section de la rue de l'Orme a reçu le nom de rue *Jacques-Cœur*, en vertu d'un décret impérial du 27 février 1867.) — Un décret du Président de la République, signé Maréchal de Mac-Mahon, du 21 mars 1878, a modifié les alignements de la partie de la rue de l'Arsenal, comprise entre la rue Crillon et la rue de la Cerisaie. Cette modification a entraîné la suppression de la place de l'Arsenal. (V. cet art. aux voies supprimées.)

Les propriétés riveraines sont alignées.

ARTISTES (Rue des).

C. avenue de Montsouris et rue d'Alésia; F. rue Saint-Yves. — D[er] imp. 47; d[er] pair, 48. — Long. 170 m. — 14e arrond. (anc. Montrouge).

Cette rue, qui commençait à la rue Sarrazin (confondue dans la rue d'Alésia), a été ouverte en 1853, à 10 m. de largeur, par M. Sarrazin, propriétaire, qui lui donna le nom de rue des Artistes, parce que plusieurs artistes (sculpteurs) vinrent y habiter. Elle se prolongeait en impasse au delà de la rue Sarrazin ; cette partie a été supprimée lors du percement de la rue d'Alésia.

La rue des Artistes n'est pas classée au nombre des voies publiques.

ARTS (Impasse des).

Située rue du Pensionnat, n° 5. — D[er] imp. 3; d[er] pair, 12. — Long. 56 m. — 12e arrond. (anc. 8e).

Elle a été formée en 1868 sur les terrains vendus par la liquidation Milland (banquier). M. Piat, artiste sculpteur, étant venu s'y installer un des premiers, les propriétaires riverains lui donnèrent le nom d'impasse des Arts. Elle a 10 m. de largeur, et n'est pas classée au nombre des voies publiques.

ARTS (Passage des).

C. rue de Vanves, n°s 31 et 33; F. rue Cotesson, n°s 14 et 16. — D[er] imp. 3; d[er] pair, 10. — Long. 58 m. — 14e arrond. (anc. Montrouge).

Il a été ouvert en 1839, par plusieurs propriétaires qui lui donnèrent cette dénomination, en raison de quelques artistes qui vinrent s'y installer. Sa largeur est de 3 m. 70 c.

ARTS (Pont des).

Situé entre les quais du Louvre et ceux de Conti et Malaquais. — Long. 157 m. — Moitié, côté nord, 1er arrond. (anc. 4e); moitié, côté sud, 6e arrond. (anc. 10e).

« Au nom du peuple français, Bonaparte premier Consul, proclame loi de la République le décret suivant, rendu par le Corps Législatif, le 24 ventôse an IX (15 mars 1801), conformément à la proposition faite par le Gouvernement, le 18 du dit mois, communiquée au Tribunat le lendemain.

» Décrète :

» Art. 1er. — Il sera établi trois ponts à Paris : le premier entre le Jardin des Plantes et l'Arsenal (auj. pont d'Austerlitz) ; le second entre les îles de la Cité et de la Fraternité (auj. pont Saint-Louis); le troisième pour un passage à pied, entre le Louvre et le quai des Quatre Nations (auj. pont des Arts).

» Art. 2. — Ces ponts seront construits en bois ou en fer.

» Art. 3. — Le Gouvernement est autorisé à traiter avec les concessionnaires qui offriront de fournir les fonds nécessaires pour la construction des trois ponts, aux charges ci-après énoncées : 1° La construction de ces ponts s'exécutera sous la conduite et d'après les plans et devis des ingénieurs des Ponts et Chaussées, approuvés par le ministre de l'intérieur ; 2° Ils seront construits et livrés à l'usage du public dans le délai de 18 mois au plus tard.

» Art. 4. — Il sera perçu par les concessionnaires, et à leur profit, une taxe au passage sur les dits Ponts, conformément au tarif réglé par l'art. 8.

» Art. 7. — Les concessionnaires jouiront de la dite taxe jusqu'au 1er vendémiaire de l'an XXXVI (23 septembre 1827), époque à laquelle la remise des dits ponts, rétablis en bon état, sera faite au Gouvernement... — A Paris le 4 germinal an IX de la République. *Signé* Bonaparte. »

« Paris le 4 thermidor an X de la République une et indivisible (25 juillet 1802).

» Les Consuls de la République, sur le rapport du ministre de l'intérieur. Vu la loi du 24 ventôse an IX, relative à la construction de trois ponts sur la Seine, à Paris ; vu la délibération de l'association formée pour la construction de trois Ponts à Paris, en date du 5 thermidor an IX, contenant la demande d'une prorogation de la jouissance fixée par la loi du 24 ventôse an IX, à raison de l'augmentation de dépense, causée par la substitution d'un pont en pierre et fer coulé à construire vis-à-vis le Jardin des Plantes, au lieu du pont en bois qui avait été projeté. .. Le Conseil d'État entendu.

Arrêtent :

» Art. 1er. — La jouissance de la taxe à percevoir sur les trois ponts à construire sur la Seine à Paris, limitée au 1er vendémiaire an XXXVI, par la loi du 24 ventôse an IX, est prorogée conformément à l'art. suivant.

» Art. 2. — A compter du 1er vendémiaire an XXXVI, l'association formée pour la construction des trois ponts, jouira de la taxe pendant une année de plus, pour chaque somme de quarante mille francs qui aura été dépensée pour la construction des dits ponts, au delà de la somme de un million... — Le premier Consul. *Signé* Bonaparte. »

Le chiffre de la dépense totale, d'après les comptes dressés par les ingénieurs qui avaient surveillé les travaux, dépassa dans une proportion énorme, les prévisions primitives. De 1,629,032 fr. 76 c., elles s'étaient élevées à 3,790,997 fr. 84 c. total fixé par les ingénieurs en 1813. Une ordonnance royale du 25 août 1814, approuva le décompte arrêté par les ingénieurs, et prorogea la durée de la concession jusqu'au 30 juin 1897. En 1844, plusieurs particuliers attaquèrent, devant les tribunaux, la légalité de l'arrêté consulaire de l'an X. Ils avaient, en partie, obtenu gain de cause, lors de la révolution de 1848, qui amena la suppression violente du péage sur les ponts de Paris. Le rétablissement de ce péage pouvant produire des conséquences fâcheuses pour la tranquillité publique, la Ville de Paris résolut de prendre entièrement à sa charge le rachat des concessions, l'État ayant refusé d'y participer pour moitié. En ce qui touche les trois ponts ci-dessus, ce rachat, stipulé dans un traité intervenu le 3 février 1849, approuvé par un décret du Président de la République, signé L. N. Bonaparte, du 20 juin suivant, a été opéré moyennant la somme de 12,840,182 fr. 50, divisée en 3,485 annuités partielles, remboursables du 24 février 1850, au 30 juin 1897.

Revenons maintenant au pont qui fait l'objet du présent article, et qui fut commencé en 1802.

« Paris, 4 brumaire an X.

» Le nouveau pont servant de communication entre le palais du Louvre où sont les chefs-d'œuvre des beaux arts et celui des Beaux-Arts (collège Mazarin), où logeront ceux qui les professent et les étudient, prendra le nom de *Pont des Arts.* »

(*Moniteur* du 5 brumaire).

Ce pont était originairement composé de neuf arches d'une ouverture uniforme de 17 m.. Avant la suppression de la première arche (rive gauche) opérée lors de l'établissement de l'écluse de la Monnaie, la distance entre les culées était de 165 m. A cette même époque, (1852) on élargit le quai de Conti au détriment de la Seine; la deuxième arche fut transformée en arche marinière, avec une largeur de 22 m. et l'on plaça les marches qui servent à accéder du quai de Conti au pont. Celles du côté opposé ont été établies dans le courant de l'année suivante.— Le tablier du pont des Arts est composé de madriers non jointifs. On a fait en 1862, sur la travée attenant au quai de Conti, un essai de bitumage qui a réussi et a été étendu, en 1863, à toute la surface. La largeur de ce pont entre les têtes, est de 9 m. 80 c.

ARTS (Théâtre des).

Situé boulevard de Strasbourg, n° 14. — 10e arrond. (anc. 5e)

C'était originairement le *Café-Concert du XIXe siècle* qui a été transformé en salle de spectacle inaugurée en 1866, sous le titre de *Théâtre des Menus-Plaisirs*, par M. Gaspari, directeur. Fermé à diverses époques, sa réouverture eut lieu le 30 août 1878, sous le nom de théâtre des Arts; mais il ferma de nouveau après quelques représentations seulement. On y joue aujourd'hui des comédies et des vaudevilles. Il contient 900 places.

ARTS ET MANUFACTURES (École Centrale des).

Située rue de Thorigny, n° 5, et des Coutures-Saint-Gervais, n° 1. — 3e arrond. (anc. 8e).

Cet établissement occupe les bâtiments de l'ancien hôtel de Juigné. C'est une magnifique habitation, bâtie pour le traitant Aubert de Fontenay. Ce financier s'était enrichi en affermant les sels; aussi le peuple appelait-il *hôtel Salé*, cette splendide demeure. Plus tard, l'hôtel Salé fut possédé par Lecamus, secrétaire du Roi, ensuite par la maison de Juigné jusqu'en 1789. On y entre par une grande cour, dont les bâtiments sont ornés de pilastres corinthiens; l'escalier est d'une rare magnificence. Sur la porte de cet hôtel qui fut longtemps habité par le duc de Villeroi, on lit cette inscription :

École centrale des Arts et Manufactures.

Cette grande école du génie civil est née en 1829. Ses fondateurs sont MM. Lavallée, Th. Olivier, Péclet et J.-B. Dumas. Elle doit former surtout des directeurs d'usines, des chefs de manufactures, des ingénieurs civils, des constructeurs. La science industrielle est une, et tout industriel doit la connaître, sous peine d'être inférieur au concurrent mieux armé. Depuis sa fondation jusqu'en 1877, l'École centrale a gratifié l'industrie de 3,898 ingénieurs civils, dont 800 sont nés dans la Capitale, et 1,125 exercent à Paris et dans le département de la Seine. Cet établissement est placé dans les attributions du Ministre de l'Agriculture et du Commerce. En présence de l'augmentation considérable du nombre d'élèves, l'École centrale était devenue tout à fait insuffisante. Il fallait donc chercher un autre emplacement. Celui qui a paru le plus convenable est occupé par le marché Saint-Martin, qui depuis la transformation et l'agrandissement des Halles, a cessé d'avoir la même utilité.

— ART —

En présence du grand intérêt national et parisien qui s'attache à la construction d'un édifice complet et définitif, le Conseil municipal, dans sa séance du 9 novembre 1878, a pris une délibération dont une partie s'applique à l'École centrale.

« Art. 1er. — Il y a lieu de supprimer le marché à comestibles, dit marché Saint-Martin.

» Art. 2. — L'emplacement, d'une superficie d'environ 6,300 m., sur lequel le dit marché Saint-Martin est élevé, sera cédé à l'État pour y construire l'*École centrale des Arts et Manufactures.* Cette cession aura lieu au prix de 400 fr. le mètre, soit au total 2,520,000 francs.

» Art. 3. — Voulant participer au développement de l'École Centrale, la Ville fait remise à l'État d'une somme de 1,020,000 fr. sur le prix du terrain à lui cédé. Cette remise est subordonnée au maintien de l'autonomie financière, administrative et scolaire de l'École Centrale, telle qu'elle résulte de la loi du 19 juin 1857 et et de l'arrêté ministériel réglementaire du 24 mai 1862. »

Le bail consenti par l'École centrale expire en 1884. Pour que son déplacement et sa réinstallation s'effectuent, il est indispensable que le nouvel édifice soit construit au plus tôt et approprié à sa destination avant cette époque.

ARTS ET MÉTIERS (Conservatoire national des).

Situé rue Saint-Martin, n° 292. — 3e arrond. (anc. 6e).

Cet article doit être divisé en deux parties : l'une se rattachant au *Prieuré royal de Saint-Martin-des-Champs*; l'autre, au *Conservatoire des Arts et Métiers*, établi dans la plus grande partie des bâtiments de l'ancienne communauté religieuse.

PRIEURÉ DE SAINT-MARTIN-DES-CHAMPS.

Le culte de saint Martin fut en honneur dès les premiers temps de la monarchie. On portait sa chape à la tête des armées, et nos rois la regardaient comme l'étendard de la victoire. Vers 385, ce saint personnage guérit un lépreux dans la campagne, près de la ville. Un oratoire, construit avec quelques branches d'arbres, consacra le souvenir de ce miracle. L'oratoire en question, dont parle Grégoire de Tours en racontant l'incendie qui désola Paris en 586, fut sans doute l'origine du monastère de Saint-Martin-des-Champs. Dagobert, dans un diplôme de l'an 629, accorde une foire à l'abbaye de Saint-Denis, et en fixe l'emplacement dans un lieu nommé *le Pas* ou *le Pont-Saint-Martin*. Dans un autre diplôme de Childebert III, on lit que ce champ de foire se trouvait entre les basiliques de Saint-Martin et de Saint-Laurent.

La basilique, qui avait succédé à l'oratoire primitif, fut détruite par les Normands, ainsi que le prouve un diplôme de 1060, dans lequel Henri Ier, attestant sa ruine, promet de la réédifier. Ce prince tint sa promesse, et plaça des chanoines séculiers à Saint-Martin-des-Champs. La construction de l'église fut terminée en 1067. Cette année fut aussi l'époque de sa dédicace. Son nom de Saint-Martin-des-Champs indiquait sa situation dans la campagne. Les maisons des vassaux du monastère formèrent un village, autour de l'église et de la demeure des chanoines. Philippe Ier, en 1079, substituait aux chanoines, des religieux de Cluny. Ce changement fit perdre à la communauté son titre d'abbaye; elle devint un prieuré, le second de cet ordre. L'acte de 1079 relatif à ce changement, fut ratifié en 1097 par une bulle du pape Urbain II. Ces religieux étaient seigneurs dans leur enclos; ils y avaient un baillage et une geôle ou prison. Le baillage connaissait de toutes les causes civiles ou criminelles dans l'étendue de son ressort.

Lors de la destruction de l'ordre des Templiers, le roi Philippe-le-Bel abandonna le vaste territoire que ces moines guerriers possédaient au nord-est de Paris, soit à l'ordre de Malte, soit au prieuré de Saint-Martin-des-Champs.

Sur le territoire suburbain qui échut à Saint-Martin-des-Champs, furent établis le village de *Savie*, depuis Belleville et le *Mesnil-Montant*, lesquels forment aujourd'hui les deux tiers du XXe arrondissement de Paris.

Les religieux de Saint-Martin, appelés vulgairement les Martiniens *(Martinenses)*, n'étaient pas comme leurs prédécesseurs les Templiers, des moines guerriers, mais de véritables et très intelligents agriculteurs. Tout en remplissant leurs devoirs religieux, ils surent tirer un excellent parti des dons que leur avait octroyés le roi Philippe-le-Bel.

Leurs terrains, habilement divisés, furent successivement aliénés à des conditions si favorables aux cultivateurs, qu'elles amenèrent la transformation de ces campagnes, lesquelles, grâce aux bons conseils de ces moines, fournirent à Paris du vin, des fruits et des légumes.

Les Martiniens commencèrent aussi la construction des aqueducs, des conduits et des pierrées, qui amenèrent les eaux du Pré Saint-Gervais et de Belleville, notamment aux fontaines Maubuée et des Saints-Innocents. Il est donc juste de considérer les religieux de Saint-Martin-des-Champs, comme les véritables fondateurs de Belleville et de Ménilmontant.

Vers le milieu du siècle dernier, ces religieux saisirent l'occasion d'améliorer les abords de leur Prieuré. L'abbé de Breteuil, en vue de l'établissement d'un marché dans le quartier Saint-Martin-des-Champs, cédait à ces religieux la totalité de l'emplacement de son hôtel, moyennant 8,000 livres de rente perpétuelle. Outre les bâtiments et jardins dépendant de son hôtel, l'abbé de Breteuil abandonnait un grand terrain vague en forme de marais et contigu à son habitation.

Outre le marché en question, furent ouvertes en 1765 des rues, impasses ou places dont nous parlerons à l'article de la rue Bailly.

Les services qu'ils rendirent à ce territoire ainsi qu'à la Ville de Paris, n'empêchèrent pas la suppression de leur prieuré qui devint, en 1789, propriété nationale. Une partie des bâtiments et des terrains en bordure des voies créées par ces religieux, fut vendue les 3, 15 février 1791, 19 août 1796 et 14 mai 1798. Nous allons voir maintenant ce que sont devenues les constructions réservées.

CONSERVATOIRE DES ARTS ET MÉTIERS.

Cet établissement doit son nom à l'illustre Vaucanson, inspecteur général des manufactures. On sait qu'il avait formé à l'hôtel de Mortagne, situé rue de Charonne, une collection de machines, d'instruments et d'outils, destinés à l'instruction des ouvriers. Vaucanson, après avoir rendu publique cette collection, en fit don au gouvernement du Roi, sous la seule condition que son affectation lui serait conservée.

Louis XVI accepta cette donation par un acte qu'il annota de sa main, et Vandermonde fut nommé administrateur et conservateur de ce premier musée industriel.

La Convention, par décrets des 15 et 18 août 1793, créa une *Commission temporaire des Arts*, chargée de mettre un terme à la dispersion des objets d'art, de science et d'industrie. Cette Commission en réunit un grand nombre dans un dépôt qui fut établi bientôt à l'hôtel d'Aiguillon, situé rue de l'Université. Sur le rapport de Grégoire, ancien évêque de Blois, la Convention rendit, le 19 vendémiaire an III, un décret, ordonnant la création à Paris, sous le nom de *Conservatoire des Arts et Métiers*, d'un dépôt public de machines, modèles, outils, dessins, descriptions et livres de tous les genres d'arts et métiers, dont la construction et l'emploi seraient expliqués par trois démonstrateurs attachés à l'établissement.

Retardée par diverses circonstances, l'organisation du Conservatoire fut de nouveau réclamée au Conseil des Anciens, le 27 nivôse an VII, par Alquier.

Ce ne fut que le 12 germinal an VII, que les bâtiments du prieuré de Saint-Martin-des-Champs furent mis en la possession des membres du Conservatoire.

Une ordonnance royale du 29 novembre 1819, provoquée par le baron Charles Dupin, ajoutait à l'enseignement *de visu* fourni par les collections, l'instruction *orale* donnée dans des amphithéâtres, par des professeurs choisis parmi les sommités de la science. Le nombre des chaires, qui n'était à l'origine que de trois, s'est beaucoup augmenté.

Cet enseignement, qui n'a pas son pareil en Europe, est libre et gratuit; le nombre des auditeurs varie chaque année de 160,000 à 180,000. Nous ne pouvons analyser ici tous les objets qui composent ce grand musée industriel; bornons-nous à citer : le métier de Vaucanson pour la fabrication des étoffes façonnées, la célèbre machine arithmétique de Pascal, représentée par deux modèles; l'appareil qui a servi à Lavoisier pour établir la composition de l'eau, précieuse relique cédée par l'Académie des sciences; la première machine locomotive pour routes ordinaires, construite par Cugnot en 1770; le modèle de la fameuse machine de Marly; le tour de serrurerie de Louis XVI; les miroirs ardents de Buffon; etc.

Le gouvernement doit chercher à étendre le plus possible, le développement de cette instruction pratique, qui, commençant à l'école primaire, peut conduire l'enfant, l'adulte et l'homme fait, à conquérir par l'intelligence et l'amour de l'étude, les connaissances nécessaires pour monter, échelon par échelon, jusqu'aux positions les plus élevées et les plus estimées de la société.

Travaux de restauration ou de transformation des anciens bâtiments du Prieuré. — M. Léon Vaudoyer, M. Ancelet, architectes.

Lors de l'installation du Conservatoire dans les bâtiments de Saint-Martin-des-Champs, on s'était borné à quelques travaux d'appropriation absolument indispensables. On avait improvisé des galeries en démolissant les cellules des moines; on avait clos les portiques du cloître pour créer une salle de dessin et un laboratoire; l'église était devenue la salle des machines. Le réfectoire, charmante construction datant du XIIIe siècle, restait sans destination, sans vitres, sans dallage et dans un abandon complet qui contristait le cœur.

Heureusement, un grand artiste, M. Léon Vaudoyer, fut chargé des travaux de restauration. L'éminent architecte s'occupa d'abord de donner au Conservatoire une entrée convenable et digne de cet établissement en face du grand escalier qui conduisait autrefois au jardin et qui sert maintenant d'introduction aux galeries des modèles. L'escalier et l'entrée principale devinrent le pivot de la disposition générale, par la création d'une cour centrale, dont les éléments divers furent ainsi ramenés à une certaine unité d'ensemble. La façade, sur la rue se compose de bâtiments de la hauteur d'un rez-de-chaussée, dominés par la grande porte d'entrée. Cette porte qui sert de frontispice à l'édifice est empreinte d'un caractère sévère et magistral. Au milieu du fronton, une belle tête de femme, formant saillie sur un médaillon, représente l'industrie française. Dans la frise on lit en lettres de bronze :

Conservatoire National des Arts et Métiers.

L'entablement est soutenu par deux cariatides en bas-relief, l'Art et la Science, bases fondamentales de notre industrie nationale. Du côté de la cour, le fronton est occupé par une tête de Mercure, symbole du commerce, et aux clefs des portes des petites entrées, des têtes de femmes représentent l'*Agriculture* et l'*Industrie*. Dans la frise, on a buriné les quatre inscriptions qui suivent :

« L'an 1060, fondation et dotation de l'abbaye royale de Saint-Martin-des-Champs, par Henri Ier, roi de France. »

« L'an III (1794), institution du Conservatoire des Arts et Métiers, par décret de la Convention nationale du 19 vendémiaire (10 octobre). »

« L'an 1798, installation du Conservatoire dans les bâtiments de l'ancien prieuré royal de Saint-Martin-des-Champs. »

Et en lettres d'or, entre trois guirlandes de fruits :

Agriculture. — Commerce. — Industrie.

La partie la plus importante des travaux achevés est la *bibliothèque*, installée aujourd'hui dans l'ancien réfectoire, un des monuments les plus gracieux de l'architecture gothique de France. Il date, en effet, du milieu du treizième siècle, et Pierre de Montreuil passe pour l'architecte de ce petit chef-d'œuvre, digne à tous égards de l'auteur de la Sainte-Chapelle. Cette charmante salle, complétement restaurée dans son ancien style, y compris les peintures, dorures, vitraux, boiseries, carrelage varié et toiture en tuiles émaillées, est d'un aspect saisissant. La menuiserie et la serrurerie y sont traitées avec une grande connaissance de l'époque. Les sveltes colonnettes supportent seules la retombée des voûtes. Les peintures par M. Gérôme, représentent dans des médaillons, l'*Art* et la *Science*, et rappellent sous une autre forme, les cariatides décoratives de la porte d'entrée. Au-dessous de ces deux figures, et comme leur développement nécessaire, sont représentés la *Plastique* et l'*Art de colorer*, la *Physique* et la *Chimie*.

En 1875, a été commencé, sous la direction de M. Ancelet, architecte, un grand travail qui consiste dans la construction de l'aile gauche du Conservatoire sur la rue Saint-Martin.

Lorsqu'il sera complété, ce bâtiment s'étendra jusqu'à la rue du Vertbois et fera disparaître la fontaine et la tour; cette dernière est un reste de l'ancienne enceinte du Prieuré de Saint-Martin-des-Champs.

En 1876 et 1877, a été installé dans les bâtiments à l'angle de la rue Saint-Martin et de la rue de Réaumur, l'Institut des hautes études agronomiques.

Une des conséquences de cette installation devait être la restauration de l'abside de Saint-Martin-des-Champs, une des constructions religieuses les plus anciennes de Paris, et qui remonte au règne de Henri Ier.

D'après un projet arrêté en principe, l'isolement du Conservatoire doit être complet; il aurait pour limites, sur ses quatre côtés, les rues Saint-Martin, du Vertbois, Vaucanson et de Réaumur. La dépense est évaluée à 12 millions, y compris les expropriations.

Cet isolement sauvegarderait ce grand établissement national qui mérite tout l'intérêt du gouvernement, comme il est digne des sympathies du monde civilisé.

ARTS-ET-MÉTIERS (Square des).

Circonscrit par la rue Papin, le boulevard de Sébastopol, les rues Salomon-de-Caus, et Saint-Martin. — 3e arrond. (anc. 6e).

Le décret impérial du 29 septembre 1854, relatif au boulevard de Sébastopol et à ses abords, avait prescrit l'ouverture d'une rue de 16 m. de largeur en face de la nouvelle entrée du Conservatoire des Arts et Métiers.

Ce percement ne fut pas exécuté.

Un autre décret en date du 23 août 1858, déclara d'utilité publique :

« 1° La formation d'un square de 4,000 m. de superficie devant l'entrée principale du Conservatoire des Arts et Métiers entre la rue Saint-Martin et le boulevard de Sébastopol, au lieu et place de la rue précédemment projetée en face de cette entrée ;

» 2° L'ouverture de deux rues de 12 m. de largeur, limitant le square au nord et au sud. »

Ces dispositions reçurent leur exécution en 1863. On donna le nom des *Arts et Métiers* au square; celui de *Papin*, à la rue au Sud, et le nom de Salomon de Caus, à la rue au Nord.

Le square a été formé sur les propriétés portant rue Saint-Martin, les nos 295, 297, 301, 303, 305, 307, 309, 311 et 313; et rue du Ponceau, les nos 25, 27 et 29.

Les plantations principales se composent de 96 marronniers.

Au centre de l'allée médiane, on remarque une colonne triomphale érigée en 1866 sur un soubassement en pierre, dont les quatre faces portent les inscriptions suivantes :

1854. *Alma* 20 septembre.
1854. *Inkermann* 5 novembre.
1855. *Tchernaïa* 16 août.
1855. *Sébastopol* 8 septembre.

Cette colonne triomphale est l'œuvre de M. Crauck.

Deux bassins avec jets d'eau sont ornés chacun de deux figures allégoriques en bronze, représentant l'*Agriculture*, l'*Industrie*, le *Commerce* et les *Arts*.

Les deux premières ont été exécutées par M. Gumery, les deux autres par M. Ottin.

Le square des Arts et Métiers mesure 4,044 m. 69 c. — la dépense s'est élevée à 320,000 fr.

ASILE (Passage de l').

C. passage du Chemin-Vert, no 2; F. rue Popincourt, no 53. — Der imp., 3; der pair, 6. — Long. 70 m. — 11e arrond. (anc. 8e).

Il a été ouvert en 1842, à 4 m. 25 c. environ de largeur.

ASILE-POPINCOURT (Rue de l').

C. passage Mouffle, no 4; F. rue Popincourt, nos 57 et 59. — Der imp., 15; der pair, 18. — Long. 168 m. — 11e arrond. (anc. 8e).

Elle a été percée en 1834, sur des terrains appartenant à M. Mouffle, maire de l'ancien VIIIe arrondissement. Sa largeur est de 10 m. environ. Cette rue, qui n'est pas reconnue voie publique par l'administration, doit son nom à une *salle d'asile* construite en cet endroit.

ASSAS (Rue d').

C. rue du Cherche-Midi, nos 25 et 27; F. carrefour de l'Observatoire, no 2. — Der imp. 55; der pair, 138. — Long. 1,190 m. — 6e arrond. (anc. 11e).

1re partie comprise entre la rue du Cherche-Midi et la rue de Vaugirard. — Les couvents des Carmes et du Cherche-Midi, supprimés en 1790, devinrent propriétés nationales et furent vendus les 15 brumaire et 21 thermidor an V. (V. pour le premier de ces établissements religieux, la rue de Vaugirard, et pour le deuxième, la rue du Cherche-Midi.) Les contrats de vente imposèrent aux acquéreurs l'obligation de livrer gratuitement le terrain nécessaire à deux rues projetées. Une seule fut exécutée. Commencée en l'an VI, elle fut fixée à 12 m. de largeur, suivant des décisions ministérielles des 3 fructidor an X, 3 brumaire an XI et 12 juin 1806, qui modifièrent la direction primitivement indiquée sur le plan de la Commission des Artistes. On la trouve désignée pour la première fois sous le nom d'*Assas* le 1er nivôse an XII. — Une ordonnance royale du 20 mars 1846, maintint la largeur de 12 m.; mais lors du percement de la rue de Rennes, la fraction de la rue d'Assas qui s'étend de la nouvelle voie à la rue de Vaugirard, a été portée à 15 m. de largeur.

2e partie comprise entre la rue de Vaugirard et l'avenue de l'Observatoire.

Une loi du 27 germinal an VI, relative à l'emploi des terrains de l'enclos des ci-devant Chartreux, prescrivit l'ouverture de cette rue (et de celle dite de l'*Est* qui a été confondue depuis dans le sol du boulevard Saint-Michel). En 1803, elle n'aboutissait point encore à la rue de Vaugirard, et s'arrêtait à la rue Madame. Peu de temps après, ce débouché fut effectué sur des terrains provenant du jardin du Luxembourg. (V. Bart, rue Jean), et au moyen de l'acquisition de plusieurs propriétés particulières. La dénomination de rue de l'*Ouest* lui fut donnée en raison de sa situation, par rapport au jardin du Luxembourg. Cette voie publique a été exécutée sur une largeur de 14 m., qui a été maintenue par une décision ministérielle du 3 décembre 1817 et par une ordonnance royale du 12 février 1846. En vertu d'un arrêté préfectoral du 2 avril 1868, signé Haussmann, la rue de l'Ouest a été réunie à la rue d'Assas sous cette dernière dénomination.

Les propriétés riveraines sont alignées.

Le chevalier Nicolas d'Assas, natif du Vigan, capitaine au régiment français d'Auvergne, s'illustra par une mort héroïque. Dans la nuit du 15 au 16 octobre 1760, il commandait près de Klosterkamp, aux environs de Gueldre, une garde avancée. Enveloppé par une colonne ennemie qui allait surprendre l'armée française, d'Assas fut menacé de mort si un seul cri, un seul mot s'échappait de sa bouche. Le sort de l'armée dépendait de sa résolution. Il n'hésite pas. « — A moi, Auvergne, faites feu, ce sont les ennemis. » D'Assas tombe foudroyé et meurt immortel.

ASSELIN (Rue).

C. boulevard de la Villette, nos 92 et 94; F. rue de Puebla, près du no 97. — Der imp. 15; der pair, 20. — Long. 114 m. — 19e arond. (anc. Belleville).

La partie comprise entre le boulevard de la Villette et la rue Monjol a été ouverte, en 1840, par M. *Asselin*, propriétaire, qui lui donna son nom. — La partie entre la rue Monjol et la rue de Puebla a été exécutée par la Ville de Paris, lors du percement de cette dernière rue. La rue Asselin, qui a une moindre largeur de 6 m., n'est pas classée parmi les voies publiques.

ASSISTANCE PUBLIQUE (Administration générale de l').

Située avenue Victoria, no 3, place de l'Hôtel-de-Ville, no 3, et quai de Gesvres, no 4. — 4e arrond. (anc. 7e).

Cette Administration, placée sous l'autorité du Préfet de la Seine et du Ministre de l'Intérieur, est confiée à un Directeur, nommé par arrêté ministériel, et responsable sous la surveillance d'un Conseil. Elle comprend : un *Secrétariat général* formant la division du personnel, des adjudications et marchés, et des secours ; — et trois autres divisions, savoir : des hôpitaux et hospices ; — *du Domaine et de la Comptabilité* ; — *des Enfants assistés*.

I

Administration hospitalière de Paris, depuis son origine jusqu'à l'institution du Conseil général.

L'Administration intérieure de l'Hôtel-Dieu, placée d'abord sous la dépendance spirituelle et temporelle du chapitre de Notre-Dame, était confiée dans l'origine à des frères et à des sœurs qui, sous la surveillance d'un maître ou proviseur, se partageaient les soins à donner aux malades.

Vers la fin du xve siècle, il s'introduisit dans l'Hôtel-Dieu des abus tellement graves, que le Parlement fut obligé d'intervenir. L'arrêt du 2 mai 1505 confia à huit commissaires laïques l'administration de l'hôpital, et enjoignit au chapitre de Notre-Dame de prendre les mesures nécessaires pour faire cesser le désordre.

A partir de cette époque, le chapitre de Notre-Dame ne conserva plus qu'une autorité toute spirituelle sur les frères et les sœurs, comme sur les administrés.

La réunion des huit commissaires laïques chargés de l'administration, fut l'origine du bureau de l'Hôtel-Dieu. Leur nombre s'accrut avec l'étendue du ressort de l'Hôtel-Dieu, lorsqu'il comporta une grande partie des hôpitaux de Paris. Jusqu'à *Louis XIV*, la direction du bureau de l'Hôtel-Dieu avait été confiée seulement au premier Président au Parlement, à un Président de cette Cour, au premier Président de la Cour des Aides, et à un Conseiller au Parlement. Les lettres patentes de 1690 nomment chefs de la direction de l'Hôtel-Dieu : l'archevêque de Paris, les premiers Présidents du Parlement, de la Chambre des Comptes et de la Cour des Aides, le Procureur général au Parlement, le Lieutenant général de Police et le Prévôt des Marchands, ayant sous leur surveillance seize notables bourgeois qui portaient le titre d'Administrateurs.

Une loi du 16 vendémiaire an V, créa une Commission administrative composée de cinq membres. Mais en raison du nombre et de l'importance des établissements hospitaliers, on jugea nécessaire de créer pour Paris une organisation spéciale.

II

Deux arrêtés des Consuls des 27 nivôse et 29 germinal an IX instituèrent une Administration composée d'un Conseil général et d'une Commission administrative. Ce Conseil était composé de dix-huit membres à fonctions gratuites, choisis parmi les hauts fonctionnaires, les notabilités de la magistrature et de l'administration. Ce Conseil était présidé par le Préfet de la Seine ; le Préfet de Police était membre de droit. Le Conseil avait la direction ; la Commission administrative, composée de cinq membres rétribués, était chargée de l'exécution.

Lors de la Révolution de 1848, le Conseil général et la Commission administrative furent supprimés par les délégués du Gouvernement provisoire, auxquels fut confiée cette administration.

Enfin la loi du 10 janvier 1849 la réorganisa sous le titre d'Administration de l'*Assistance publique*, et la confia à un Directeur responsable, assisté d'un Conseil de surveillance, composé de quinze membres, choisis dans diverses catégories de fonctions et de professions. La présidence fut conférée au Préfet de la Seine, et le Préfet de Police en fut membre par ses fonctions.

Les asiles hospitaliers se divisent naturellement en deux grandes classes : les uns, les *hôpitaux* destinés au traitement des *malades* ; les autres, les *hospices* servant d'asile ou de refuge aux *vieillards*, aux *infirmes*, aux *enfants* et à diverses espèces d'indigents autres que les malades.

Les dénominations d'hôpital et d'hospice appliquées autrefois indifféremment à l'une et à l'autre classe, servent aujourd'hui à les distinguer.

L'Administration de l'Assistance publique réunit sous sa direction 10 hôpitaux généraux, — 11 hôpitaux spéciaux, — 3 grands hospices pour la vieillesse, — 3 hospices fondés avec admission gratuite, — 4 maisons de retraite avec prix de pension. — L'Hospice et le service départemental des Enfants assistés, et les secours à domicile dans les 20 bureaux de bienfaisance de la Capitale.

La population indigente est très nombreuse à Paris. Nous en donnons la triste nomenclature, d'après le dernier recensement opéré en 1877. (Ce recensement n'a lieu que tous les trois ans.)

ARRONDISSEMENTS	POPULATION INDIGENTE inscrite sur les contrôles des BUREAUX DE BIENFAISANCE au 30 avril 1877.		POPULATION INDIGENTE constatée par SUITE DU RECENSEMENT	
	NOMBRE de ménages.	NOMBRE d'individus.	NOMBRE de ménages.	NOMBRE d'individus.
1er	978	2.065	887	1.785
2e	986	2.108	892	1.861
3e	1.259	2.611	1.198	2.541
4e	2.344	6.328	1.951	4.375
5e	3.444	8.299	3.143	7.330
6e	2.017	4.719	1.924	3.499
7e	1.850	4.050	1.719	3.640
8e	1.047	2.462	947	1.938
9e	1.242	2.657	1.201	2.393
10e	2.778	7.228	2.378	5.294
11e	4.741	13.198	4.427	12.793
12e	2.529	7.792	2.085	6.062
13e	3.730	10.957	3.467	9.844
14e	2.361	6.556	2.230	6.088
15e	2.370	6.916	2.175	6.190
16e	1.093	3.004	1.055	2.880
17e	2.423	6.460	2.092	5.416
18e	4.037	11.907	3.553	10.417
19e	2.935	9.599	2.762	8.608
20e	4.018	10.838	3.581	10.508
	48.211	129.754	43.662	113.317

L'écart qui existe entre la population inscrite et celle qui a été constatée par le recensement, résulte des réductions opérées dans chaque arrondissement et consenties par MM. les Administrateurs réunis en commission à cet effet. Ces réductions portent sur 4,549 ménages et 16,437 individus.

Nous croyons qu'il est intéressant de terminer cet article par un aperçu sommaire des recettes et dépenses de l'Administration de l'Assistance publique. Nous en avons puisé les éléments dans le projet de budget dressé le 21 juillet 1879 par M. le Directeur de cette Administration, pour l'exercice 1880.

Recettes ordinaires	25.665.100 f.	28.282.100 f. »
Produit de vente d'objets par les Magasins généraux. (Compte d'ordre)	2.617.000	
Recettes extraordinaires		2.096.000 »
TOTAL		30.378.100 f. »

Résumé des Recettes ordinaires

1° RESSOURCES PROPRES A L'ADMINISTRATION

Revenus immobiliers et mobiliers	5.736.000 f.	14.535.700 f. »
Droits attribués	3.513.000	
Produits intérieurs et remboursements divers	2.669.700	
Produit de revente d'objets par les Magasins généraux	2.617.000	

2° RESSOURCES DES FONDATIONS

Recettes des Fondations : Montyon, Boulard, Brézin, Devillas, Chardon-Lagache, Lenoir-Jousseran et Lambrechts .... 927.700 »

3° SUBVENTION MUNICIPALE

Somme destinée à équilibrer le Budget hospitalier .... 12.818.700 »

TOTAL .... 28.282.100 f. »

En dehors de la subvention accordée par la Ville, voici les principaux éléments de recettes : Loyers de maisons et de terrains dans Paris, 1,107,300 fr. — Rentes sur l'État, 3,178,000 fr. — Spectacles, bals et concerts ; impôt sur les billets d'entrée, 2,728,000. — Mont-de-Piété (bonis prescrits et bénéfices de l'exploitation), 470,000 fr. — Cimetières ; perception sur le produit des concessions de terrains, 310,000 fr. — Recettes des fondations ayant un revenu distinct, 927,000 fr.

Résumé des Recettes extraordinaires

Produits d'aliénations, prix de vente d'immeubles, coupes extraordinaires de bois, remboursement de créances et de rentes	526.000 f. »
Capitalisations et consolidations diverses	506.400 »
Acquêts nouveaux (Dons et Legs, Capitaux d'admission et de rentes viagères)	942.000 »
Capitaux divers	121,600 »
TOTAL	2.096.000 f. »

DÉPENSES ORDINAIRES

Les dépenses spéciales au Service hospitalier, s'élèveront aux chiffres suivants, savoir :

Dépenses générales d'administration	2.179.000 f. »
Charges spéciales de revenus	775.100 »
Services de santé et Services économiques	16.826.000 »
Dépenses spéciales au Service des Secours et des Enfants assistés	4.873.300 »
Fonds commun de réserve	84.000 »
	24.737.400 f. »
Dépenses des grandes fondations	927.700 »
Dépenses par suite de revente d'objets par les Magasins généraux	2.617.000 »
TOTAL	28.282.100 f. »

Les principaux éléments de la dépense afférente aux services de santé et aux services économiques, sont : Personnel attaché au service des administrés, 1,731,900 fr. — Pharmacie, 912,600 f. — Boulangerie, 1,237, 300 fr. — Boucherie, 2,834,700. — Cave, 1,574,600 fr. — Comestibles, 2,554,100. — Chauffage et éclairage, 1,472,400 fr. — Blanchissage, 464,200 fr. — Bandages, coucher, linge et habillement, mobilier, 1,750,100.

LES DÉPENSES EXTRAORDINAIRES s'appliquent : aux grosses réparations et aux grands travaux dont l'exécution sera jugée utile ; à des acquisitions de terrains ; à l'emploi de dons et legs : à des placements en rentes, etc.

ASSOMPTION (Église de l').

Située rue Saint-Honoré, entre les nos 369 et 371. — 1er arrond. (anc. 1er).

C'était autrefois l'église d'une communauté religieuse établie, en 1632, par le cardinal François de La Rochefoucauld. Les religieuses n'eurent d'abord qu'une petite chapelle; mais bientôt elles achetèrent un hôtel voisin, sur l'emplacement duquel fut construite l'église que nous voyons aujourd'hui. L'architecte Charles Érard, directeur de l'Académie française à Rome, fournit les dessins. Cet édifice fut achevé en 1676. Le 14 août de la même année, la veille de l'Assomption, l'église fut bénite par l'archevêque de Bourges, qui, le lendemain, y officia pontificalement. Supprimée en 1790, cette maison religieuse devint propriété nationale. — Un arrêté des Consuls, du 1er floréal an X de la République, cité à l'article de la rue de Rivoli, prescrivit la vente de ce domaine, sur l'emplacement duquel une partie des rues de Luxembourg (auj. Cambon), du Mont-Thabor et toute la rue de Mondovi furent ouvertes.

« Saint-Cloud, le 25 germinal, l'an IX de la République.

» Le gouvernement, sur le rapport du ministre de l'intérieur, arrête :

» Art. 1er. — Le dôme de l'Assomption et ses dépendances seront distraits de la vente précédemment ordonnée des terrains et bâtiments nationaux situés entre la rue Saint-Honoré et le jardin des Tuileries.

» Art. 2. — Ce domaine sera affecté à l'établissement d'ateliers et de magasins de décorations pour les théâtres des Arts et de la République. Le premier Consul, *signé* : Bonaparte. »

Napoléon, qui avait placé son patron à la date du 15 août, jour de la fête de l'Assomption, décida que cette église serait, à l'avenir, la paroisse du Ier arrondissement, et qu'elle remplacerait l'église de la Madeleine de la Ville-l'Évêque, dont elle reçut officiellement la dénomination. L'usage a fait prévaloir le nom de l'*Assomption*.—A côté du maître-autel, sur une table de marbre noir, est gravée l'inscription suivante :

« Ici est déposé le cœur de monseigneur Jean-François-Hyacinthe Feutrier, évêque de Beauvais, pair de France, ministre des affaires ecclésiastiques, ancien curé de la Madeleine, décédé à Paris, le 26 juin 1830, à l'âge de quarante-cinq ans ; sa mémoire sera toujours en bénédiction. »

Sur une portion de terrain, autrefois dépendant de la maison de l'Assomption, on construisit une caserne dont les bâtiments sont occupés aujourd'hui par le Dépôt des Archives et du matériel des Finances. En 1822 a été construite une chapelle dédiée à saint Hyacinthe et destinée aux catéchismes. Depuis l'achèvement de la Madeleine, le culte a été transféré dans cette église. L'Assomption est aujourd'hui la troisième succursale de la Madeleine. Sa superficie est de 755 m.

ASSOMPTION (Rue de l').

C. rues La Fontaine, n° 2, et de Boulainvilliers, n° 19; F. boulevards de Montmorency, n° 1, et de Beauséjour, n° 33.—Dre imp. 93; dre pair, 66. — Long. 800 m.—16e arrond. (côté imp., anc. Auteuil; côté pair, anc. Passy).

C'était l'ancien *chemin des Tombereaux*, ainsi appelé parce qu'il servait de passage aux tombereaux ou charrettes que l'on déchargeait aux *Fortes terres*. Il se trouvait entre deux murs, celui du parc de Boulainvilliers et celui des jardins du château de la Tuilerie, surnommé l'*Invisible*. Placé dans un fond, il n'était aperçu d'aucun côté, bien qu'il jouît lui-même d'une vue fort étendue. Ce château, bâti par le marquis de Gouvernet, devint la résidence de la comtesse de Brienne, qui avait fait admettre Napoléon à l'École militaire. Le château de la Tuilerie fut occupé, sous le Consulat, par *Talleyrand*; sous Louis-Philippe, par le *docteur Véron* et par M. *Thiers*, alors président du Conseil des Ministres. Comme ce dernier n'était pas toujours d'accord avec le Roi, les journaux de l'époque avaient imaginé ce jeu de mots :

La Tuilerie dit oui, mais les Tuileries disent non.

Une partie de ce domaine fut aliénée vers 1850 : le château et la partie conservée (45,000 m. superficiels environ) ont été acquis, en 1855, de M. le comte Migeon, moyennant 430,000 fr., pour une communauté religieuse, dite de l'*Assomption*, qui vint s'y établir après avoir quitté sa maison de Chaillot, sur laquelle devaient être exécutés divers percements de voirie.

La propriété de la Tuilerie remontait à une époque très reculée. En effet, on voit figurer dans le compte des Prévôts et Baillis de France, en 1245, une recette de 50 sols provenant *de la terre des Tuilliers de Pacy*, (de terra tuillariorum de Pacy (Passiaci). En 1655, elle était grevée de 3 sols parisis de cens envers l'abbaye de Sainte-Geneviève. Dans un document de 1719, on la désigne ainsi :

« Maison et Jardin entre Passy et Auteuil, appelés vulgairement les Tuilleries de Passy, paroisse d'Auteuil. »

L'ancien chemin vicinal des Tombereaux, classé par un arrêté préfectoral du 2 août 1837, fut élargi et nivelé, de 1849 à 1851, et transformé en une rue de 10 m. de largeur, qui conserva la dénomination primitive. Cette largeur a été maintenue par délibération du Conseil municipal d'Auteuil, en date du 15 février 1851. Mais peu de temps après l'installation des Dames de l'*Assomption*, la rue des Tombereaux prit le nom qu'elle porte aujourd'hui. Un décret impérial du 23 mai 1863 a confirmé le classement de la rue de l'Assomption au nombre des voies publiques.

Les propriétés riveraines sont alignées.

ASTORG (Rue d').

C. rue de la Ville-l'Évêque, nos 24 et 26; F. rue de La Boëtie, nos 1 et 3. — Dre imp. 33; dre pair 30. — Long. 280 m. — 8e arrond. (anc. 1er).

Première partie comprise entre les rues de la Ville-l'Évêque et de Roquepine.

« Louis... Par arrêt rendu en notre Conseil d'État, cejourd'hui, nous y étant, sur la requête de nos chers et bien amés Louis d'Astorg d'Aubarède, marquis de Roquepine, lieutenant général de nos armées, comme ayant des droits considérables de propriété sur un grand terrain contigu aux rues Verte et de la Ville-l'Évêque, appartenant, pour la majeure partie, aux héritiers Belloy, et se portant fort pour eux, Louis-Charles Froment et Marie-Anne-Élisabeth Louvet, sa femme, Charles Lemaître, Jean Toray, François Drouet et Marie-Marthe Louvet, sa femme, et autres co-propriétaires de différents terrains contigus auxdites rues, et, ayant consenti d'abandonner gratuitement les portions nécessaires à la formation d'icelles, même de contribuer à la dépense du premier pavé et des terrasses, par acte passé devant notaire, à Paris, le 4 novembre 1773... ordonnons que la rue Verte sera prolongée. (V. rue de Roquepine.) Comme aussi, ordonnons qu'il sera ouvert, sur le terrain de la succession de Belloy, une nouvelle rue sous le nom d'*Astorg*, qui commencera par embranchement à la rue de la Ville-l'Évêque, et qui finira à la continuation de la rue Verte ; voulons que la largeur de ladite rue d'Astorg soit fixée à 30 pieds... Donné à Versailles, le 4 mars 1774. »

(Extrait des lettres patentes)

Elles furent enregistrées en cour de Parlement, le 6 septembre 1775, et la rue fut ouverte en mai 1776.

Deuxième partie comprise entre les rues de Roquepine et de La Boëtie.

« Louis... Nous étant fait représenter les plans du faubourg Saint-Honoré et des nouvelle rue d'Astorg et prolongation de la rue Verte, formées en conséquence des lettres patentes du 4 mars 1774, nous aurions reconnu que, pour rendre ce quartier plus commode, donner les accès et débouchés qui sont nécessaires, faciliter à nos gardes françaises, qui y sont casernées rue Neuve-Saint-Charles (depuis de la Pépinière, Abbatucci enfin de La Boëtie et rue Verte (auj. rue de Penthièvre) les moyens de se rendre aux exercices qui se font dans les Champs-Élysées et aux lieux où leur service peut les appeler, en évitant aux soldats l'occasion de passer et traverser les marais, où, malgré toutes leurs précautions, ils ne peuvent s'empêcher d'occasionner beaucoup de dégâts; il serait également utile, et dans l'intention desdites lettres patentes, que ces deux rues fussent prolongées, la première pour avoir son ouverture dans la rue Neuve-Saint-Charles, près de ladite caserne, et la deuxième... (V. rue de ROQUEPINE)...; ordonnons que la rue d'Astorg sera prolongée et ouverte à travers les terrains appartenant aux sieurs Louvet et Moreau, et sur celui appartenant à la compagnie des monnoyeurs et ajusteurs de la Monnaie de Paris... Donné à Versailles, le 24 juillet 1778. »

(Extrait des lettres patentes).

Ces lettres patentes, adressées aux trésoriers de France, donnèrent lieu à plusieurs observations consignées dans un rapport du 30 janvier 1779 mais qui ne furent point accueillies. — Cette seconde partie de la rue d'Astorg fut pavée en vertu d'un arrêt du Conseil d'État du 28 mars 1780. — Une décision ministérielle du 3 thermidor an IX, signée Chaptal, et une ordonnance royale du 27 septembre 1836, ont fixé à 10 m. la largeur des deux parties dont il vient d'être parlé.

Les propriétés riveraines sont alignées.

Il existait une *troisième partie, entre la rue appelée aujourd'hui de La Boëtie et celle de Laborde*. — Ouverte quelques années après la seconde partie, elle reçut le nom de rue *Maison-Neuve*. — Une décision ministérielle du 3 thermidor an IX, signée Chaptal, et une ordonnance royale du 30 décembre 1846, fixèrent sa largeur à 10 m. — En 1840 elle prit le nom de rue d'Astorg. Cette partie a été supprimée en 1863, et son emplacement se trouve confondu dans le sol du grand carrefour formé par la rencontre des boulevards Haussmann et de Malesherbes, de l'avenue Portalis, des rues de La Boëtie et de la Pépinière.

Les maisons qui portaient sur la rue d'Astorg les nos de 33 à 55, et de 36 à 52, ont été expropriées et démolies pour l'exécution de ce grand carrefour.

Louis D'ASTORG d'Aubarède, marquis de Roquepine, né vers 1712, connu d'abord sous le nom de comte de Barbasan, entra avec le grade de cornette dans le régiment de Toulouse (cavalerie) en 1735. Il obtint une compagnie dans le même régiment en 1738. Il prit le nom de marquis de Roquepine en 1744. Colonel du régiment de Nivernais, puis du Royal-Comtois, il fut nommé brigadier en 1747. En 1756, il était maréchal de camp, et lieutenant général en juillet 1762. Il mourut en septembre 1782.

ASTROLABE (Impasse de l').

Située rue de Vaugirard, n° 110. — Dre imp., 11; dre pair, 12. — Long. 100 m. — 15e arrond. (anc. 11e).

Elle a été formée en 1824, à 7 m. de largeur, par M. Charlot, propriétaire, qui l'appela *impasse Béranger* en l'honneur du célèbre chansonnier. Un arrêté préfectoral du 1er février 1877, signé Ferdinand Duval, lui a donné le nom d'impasse de l'Astrolabe, en raison du chemin de fer de l'Ouest, ligne de Versailles (rive gauche) sur laquelle Dumont d'Urville périt dans la catastrophe du 8 mai 1842. Dumont d'Urville avait fait le tour du monde sur le vaisseau l'*Astrolabe*. — Cette impasse n'est pas classée au nombre des voies publiques.

ATHÉNÉE-COMIQUE (Théâtre de l').

Situé rue Scribe, n° 17. — 9e arrond. (anc. 2e).

Ce théâtre est l'unique à Paris, qui ait été construit dans un sous-sol. Il fut inauguré le 13 décembre 1867, sous le titre d'*Athénée*. On y donna des conférences et des concerts. En 1869, le théâtre des Fantaisies Parisiennes (boulevard des Italiens, où s'exploite aujourd'hui le théâtre des Nouveautés) fut transféré à la salle de l'Athénée, avec un répertoire lyrique. Fermé pendant un certain temps, ce théâtre a rouvert ses portes il y a quelques années; il obtient du succès, avec des pièces et des revues d'un genre comique.

ATHÈNES (Passage d').

C. rue Saint-Honoré, n° 178; F. cloître Saint-Honoré, n° 16. — Pas de nos. — Long. 32 m. — 1er arrond. (anc. 4e).

Ouvert en 1793, ce passage, dont la moindre largeur est de 4 m. 75 c., a pris sa dénomination d'un hôtel meublé ayant pour enseigne : *Hôtel d'Athènes*.

ATLAS (Passage de l').

C. rue de l'Atlas; F. rue de l'Atlas. — Dre imp. 3; dre pair, 8. — Long. 90 m. — 19e arrond. (anc. Belleville).

C'est une fraction de l'ancienne *impasse Saint-Laurent*, dont la moindre largeur avait été fixée à 8 m. par une ordonnance royale du 21 juillet 1843. Le classement de cette impasse qui formait plusieurs retours d'équerre, fut confirmé par un décret impérial du 23 mai 1863. Un autre décret du 21 août 1864, lui assigna la dénomination d'impasse Rebéval. La plus grande partie de l'impasse, a été réunie en 1877, à la rue Richer, par un percement qui forme une seule voie à laquelle un arrêté préfectoral du 1er février de la dite année, signé Ferdinand Duval, a donné le nom de rue de l'Atlas (V. l'art. suivant). La fraction restante de la même impasse, qui eut alors deux débouchés, a reçu, en vertu de l'arrêté précité l'appellation de passage de l'Atlas.

Les propriétés riveraines sont alignées.

ATLAS (Rue de l').

C. rue de Rebéval, n° 2; F. rue de Puébla, nos 67 et 69. — Dre imp., 23; dre pair, 10. — Long. 258 m. — 19e arrond. (anc. Belleville).

Cette rue se compose : 1° d'une fraction de l'ancienne impasse Saint-Laurent qui avait pris, en 1864, le nom d'impasse de Rebéval, (V. l'art. précédent); 2° de la *rue Richer*, dont l'ouverture, à 8 m. de largeur, avait été exécutée vers 1850, par M. Richer, propriétaire; 3° d'un percement nouveau qui a réuni ces deux voies, pour ne former qu'une seule et même rue. Le document ci-après constate cette situation :

« Le Président de la République française... Décrète :

» ART. 1er. — Est classée au nombre des voies publiques du 19e arrondissement de Paris, suivant une largeur de 12 m., la rue Richer située entre la rue de Puébla et l'impasse Rebéval; les alignements de la rue Richer sont fixés conformément aux liserés bleus, et les cotes de nivellement sont approuvées suivant les chiffres rouges du plan ci-annexé.

» ART. 2. — Est déclarée d'utilité publique la réunion de la rue Richer à l'impasse Rebéval suivant les alignements indiqués par des liserés bleus et conformément aux cotes de nivellement portées en chiffres rouges sur le dit plan.

» ART. 3. — Les alignements de l'impasse Rebéval sont arrêtés conformément aux liserés bleus, modifiés par deux liserés vermillon, et les cotes de nivellement suivant les chiffres rouges du plan ci-annexé. — Les dispositions de l'Ordonnance du 21 juillet 1843 sont et demeurent rapportées, en ce qu'elles ont de contraire au présent décret... — Fait à Versailles le 8 juillet 1875. *Signé* Maréchal de MAC-MAHON. — Par le Président de la République : le vice-président du Conseil, Ministre de l'Intérieur, *signé* L. BUFFET. »

Les expropriations eurent lieu à la fin de l'année 1876, et la voie ainsi constituée, a reçu le nom de rue de l'Atlas en vertu d'un arrêté préfectoral du 1er février 1877, signé Ferdinand Duval.

Les propriétés nos 15 et 17, sont seules soumises à retranchement.

Atlas, célèbre chaîne de montagnes d'Afrique, dont la ligne principale court du cap Noun, sur l'Atlantique, jusqu'à la grande Syrte, longeant la Méditerranée, traversant le Maroc, l'Algérie, les états de Tunis et de Tripoli. On divise l'Atlas en deux branches, appelées le grand et le petit Atlas, unies entre elles par plusieurs chaînons transversaux, parmi lesquelles se trouve le Jurjura à l'est d'Alger, dont la hauteur est d'environ 2,400 m.

AUBÉ (Rue).

C. quai de la Cité; F. avenue de Constantine, n° 2. — Pas de nos, le côté gauche est bordé par le Marché aux fleurs, le côté droit, par le Tribunal de Commerce. — Long. 70 m. — 4e arrond. (anc. 9e).

Un décret impérial du 22 mai 1865, a déclaré d'utilité publique » la fixation des alignements définitifs de la *voie d'isolement* du nouveau tribunal de commerce, entre l'avenue de Constantine et le quai Desaix (auj. de la Cité). » Cette voie dont la largeur devait être de 30 m., n'a été exécutée qu'à 20 m. En vertu d'un décret du Président de la République, du 10 février 1875, signé Maréchal de Mac-Mahon, elle a reçu le nom de rue Aubé.

Cette voie a confondu dans son parcours, la totalité de la rue Saint-Pierre des Arcis, parties des rues du Marché aux Fleurs, Gervais-Laurent et de la Pelleterie, ainsi qu'une fraction de l'ancien marché aux fleurs.

Aubé (Ambroise-Guillaume), né à Paris le 15 janvier 1773, fils d'un ancien marchand mercier de la rue Saint-Denis qui lui-même avait été juge consul, fit d'excellentes et solides études au collège Mazarin. Ses goûts et ses aptitudes le destinaient au barreau; mais les troubles de la révolution le déterminèrent à prendre la suite du commerce de son père.

C'est dans cette position que les notables commerçants de Paris allèrent le chercher, pour l'appeler aux fonctions de juge suppléant au tribunal de Commerce. Il ne tarda pas à se faire remarquer par une connaissance approfondie du droit commercial, autant que par son intelligence pleine de rectitude. Ces heureuses qualités furent bientôt appréciées, et après plusieurs années de suppléance, de judicature et de présidence de section (de 1822 à 1831), il fut deux fois élu président du tribunal de Commerce les 19 juillet 1831 et 24 juillet 1835, et il déclina l'honneur d'une troisième présidence qui lui avait été offerte.

Jamais magistrat ne sut montrer à la fois plus de sagacité et plus de dignité dans cette haute et laborieuse position. Rien n'était plus remarquable que la précision et la clarté avec lesquelles Aubé improvisait fréquemment le libellé des jugements qu'il prononçait dans les affaires obscures et difficiles. Il prit une part très importante aux travaux qui précédèrent la loi du 28 mai 1838 sur les faillites. Aubé, élu plusieurs fois membre de la Chambre de commerce, fut nommé cinq fois de suite président de cette Chambre d'où il sortit en mai 1846. Il avait été aussi élu en 1831, membre du Conseil général de l'agriculture et du commerce.

Aubé, nommé par le Roi, le 17 septembre 1830, membre du Conseil général de la Seine et du Conseil municipal de Paris, fut deux fois désigné à ces mêmes fonctions par les électeurs du sixième arrondissement en 1834 et 1837. Trois fois élu président, il se retira en décembre 1846, emportant les vifs regrets de ses collègues qui avaient apprécié sa haute raison, son coup d'œil sûr et rapide, sa parole grave et souvent éloquente.

En 1834 Aubé avait été nommé membre du Conseil académique de Paris; en 1838, conseiller d'État en service extraordinaire.

Aubé, qui pendant trente-trois ans avait fait partie des bureaux de bienfaisance, fut nommé membre du Conseil général des hôpitaux et hospices de Paris en 1834 et 1839. Ce fut là qu'il trouva peut-être le travail le plus attachant et le plus en harmonie avec ses sentiments de bienfaisance. Pendant quatorze années (de 1834 à 1848), il exerça une grande influence dans ce conseil où siégeaient des hommes éminents par leur position, comme par leurs lumières, et les améliorations considérables apportées pendant cette période à l'administration hospitalière furent proposées ou appuyées par lui.

Nommé chevalier de la Légion d'honneur le 29 avril 1831, Aubé avait été promu officier en 1836. Le gouvernement qui avait apprécié ses hautes capacités ainsi que les nombreux services qu'il avait rendus, songea en 1837 à l'appeler à la pairie, mais l'homme modeste déclina cette suprême distinction. Aubé avait déjà reçu de ses collègues du tribunal de Commerce, un double témoignage d'estime dont il avait été très touché: après lui avoir, en 1833, offert son portrait lithographié par Maurin, ils firent peindre en 1837, par Paul Delaroche, et après sa seconde présidence, un magnifique portrait d'Aubé en costume d'audience qu'ils placèrent dans la salle des délibérations du tribunal. Après sa mort le tribunal obtint que son buste en marbre, par Emile Thomas, fût placé au musée de Versailles. — Aubé est mort à Paris le 21 mai 1849.

Peu disposé par caractère à se mettre en évidence, mais toujours prêt à remplir les obligations que lui imposaient les circonstances, il était avant tout l'homme *du devoir*. Sa vie a été l'une des plus pures, des plus honorables, des plus utilement remplies dont puisse s'honorer la Capitale.

En faisant inscrire son nom aux angles d'une de nos rues et près du tribunal de commerce, le gouvernement s'est noblement associé aux témoignages de reconnaissance de la population parisienne.

AUBER (Rue).

C. place de l'Opéra, n° 5; F. rue Tronchet, n° 36, et boulevard Haussmann, n° 53. — Ders imp., 23; ders pair, 18. — Long. 396 m. — 9e arrond. (anc. 1er).

Un décret impérial du 14 novembre 1858, porte :

« Sont déclarés d'utilité publique dans la Ville de Paris :

» 1° L'ouverture d'une rue de 22 m. de largeur, dite de *Rouen*, devant communiquer du boulevard des Capucines à la rue du Hâvre,.. »

Un autre décret du 29 septembre 1860, relatif à la construction d'une nouvelle salle d'Opéra et au dégagement de ses abords, dispose que les bâtiments à édifier sur les terrains en bordure des voies nouvelles, seront assujettis à des *façades obligatoires* conformes au dessin coté soumis à l'enquête. Cette prescription s'applique aux maisons portant aujourd'hui les nos 1, 3, 5, et 2.

Un 3e décret, en date du 23 mai 1863, approuva le traité conclu le 13 mars précédent, entre le Préfet de la Seine et la société Pierre Petit et Ce, pour l'achèvement de la rue de Rouen entre la rue de Caumartin, d'une part, et les rues du Hâvre et de la Ferme des Mathurins d'autre part. Cette opération fut immédiatement exécutée.

Enfin, la voie qui nous occupe, désignée originairement sous l'appellation de *rue de Rouen*, et séparée du boulevard des Capucines par la place de l'Opéra, a reçu le nom de rue Auber, en vertu d'un décret impérial du 2 mars 1864.

Un arrêté préfectoral du 18 novembre 1872, a modifié le numérotage primitif, du côté des nos impairs de cette voie publique.

Les propriétés riveraines sont alignées.

Auber (Daniel-François-Esprit), est né le 29 janvier 1784, à Caen (Calvados), pendant un voyage que ses parents firent dans cette ville. Son père, marchand d'estampes à Paris, désirait que son fils lui succédât, et dans cette intention, il l'envoyait à Londres apprendre le commerce. Heureusement les idées du père n'étaient pas dans les goûts du fils, et le jeune Auber revenait à Paris après la rupture du traité d'Amiens. Au lieu de poursuivre de nouvelles opérations commerciales, Auber se mit à composer des romances qui obtinrent une vogue de salons.

Encouragé par ses amis à travailler pour la scène lyrique, il fit, en1813, son début devant le vrai public par un opéra-comique en un acte, intitulé *le Séjour militaire*. Le froid accueil que reçut cet ouvrage découragea pour quelque temps le jeune compositeur. Mais il tenta de nouveau et résolument, en 1819, les chances du théâtre, et de son riche écrin artistique, sont tombés successivement les perles et les diamants qu'on appelle *la Neige, le Concert à la Cour, le Maçon, Fiorella, la Muette de Portici, la Fiancée, Fra-Diavolo, Lestocq, le Cheval de Bronze, l'Ambassadrice, le Domino noir, les Diamants de la Couronne, la Syrène, Haydée*, etc.

Dans le genre élevé, sérieux et dramatique, Auber n'a produit réellement que la *Muette de Portici*; plusieurs de ses ouvrages contiennent, il est vrai, des morceaux d'une mâle beauté; mais le genre léger, l'opéra-comique, l'opéra parisien par excellence, est bien l'émanation de cette nature gracieuse, élégante et spirituelle. — Auber est mort à Paris le 12 mai 1871.

AUBERVILLIERS (Impasse d').

Située rue d'Aubervilliers, n°s 48 et 50. — Pas de n°s. — Long. 87 m. — 19e arrond. (anc. la Villette).

Elle a été formée en 1846, par M. Trappe, à 8 m. de largeur et prit la dénomination d'*impasse de l'Entrepôt*, en raison de sa proximité de l'entrepôt ou gare aux marchandises du chemin de fer de l'Est. Un arrêté préfectoral du 1er février 1877, signé Ferdinand Duval, lui a donné le nom d'impasse d'Aubervilliers. Elle n'est pas classée au nombre des voies publiques (V. l'art. suivant.)

AUBERVILLIERS (Rue d').

C. boulevards de la Chapelle, n° 2, et de la Villette, n° 241; F. boulevards Ney et Macdonald. — Der imp., 17 (ce côté est bordé presqu'entièrement par la gare des Marchandises et les ateliers des Chemins de fer de l'Est); der pair, 160. — Long. 1,700 m. — Côté imp., 18e arrond. (anc. la Chapelle); côté pair, 19e arrond. (anc. la Villette).

Avant l'année 1863, la partie comprise entre l'ancien boulevard extérieur et la rue Riquet s'appelait *rue des Vertus*; le surplus, jusqu'aux fortifications, portait le nom de *chemin d'Aubervilliers*.

Vers cette époque, ces deux parties, qui faisaient suite l'une à l'autre et se dirigent sur le village d'Aubervilliers, ont pris la seule et même dénomination de rue d'Aubervilliers.

Une ordonnance royale du 11 septembre 1842 a fixé à 15 m. la largeur de la rue des Vertus. Son classement au nombre des voies publiques a été confirmé par un décret impérial du 23 mai 1863.

Quant au chemin d'Aubervilliers, un arrêté préfectoral du 6 juillet 1853 en prononça le classement parmi les voies publiques, et un autre arrêté du 7 juillet 1858 en fixa la largeur à 12 m. Le décret précité du 23 mai 1863 a confirmé son classement au nombre des voies publiques. Peu de temps après, ce chemin a été dévié pour l'agrandissement des dépendances des chemins de fer de l'Est.

Les propriétés n°s de 3 la fin; 14, 18, 20, 22, 24, de 32 à 160 inclus, sont alignées.

L'origine d'Aubervilliers date du XIe siècle. Dans une charte de 1060, Henri Ier fait don à l'abbaye de Saint-Martin-des-Champs d'un bien que ce roi possédait *in villa quæ dicitur Alberti-Villare*. Cet ancien village s'appelait également *Notre-Dame-des-Vertus*, parce que sa chapelle qu'on voyait déjà vers 1242, fut dans le siècle suivant, le théâtre de miracles éclatants qui s'opérèrent devant l'image de la Sainte-Vierge. Cette chapelle, d'abord dédiée à Saint-Christophe, était érigée en paroisse au commencement du XIIIe siècle et placée sous l'invocation de Notre-Dame-des-Vertus. Le mot *vertus*, à cette époque, avait la signification de *miracles*. L'émotion causée par le premier de ces miracles attira dans Aubervilliers une foule de pèlerins; puis

En ce lieu vint le Roy, Philippe de Valois
Et la Royne sa femme, oingts du ciel sur tous Roys.

Aubervilliers eut beaucoup à souffrir en 1370 et 1411, des guerres civiles. En 1815, les combats qui s'y livrèrent et le séjour des Prussiens et des Anglais, le ruinèrent presque de fond en comble. C'est aujourd'hui une des communes de la zone suburbaine, où la culture maraîchère s'est le plus développée. D'après le recensement de 1876, sa population est de 14,340 habitants.

AUBIGNÉ (Rue d').

C. quai Henri IV, n° 40; F. boulevard Morland, n°s 17 et 19. — Pas de n°s imp.; un seul pair, 2. — Long. 108 m. — 4e arrond. (anc. 9e).

Elle a été ouverte en 1865, à 26 m. de largeur, par la Ville de Paris, sur des terrains provenant de l'ancienne Ile Louviers.

Un décret impérial du 2 mars 1867 lui a donné le nom d'Aubigné, en raison de sa proximité de l'ancien Arsenal; les rues dans le voisinage rappellent, par leurs noms, les principales illustrations qui se rattachent au règne d'Henri IV.

Aubigné (Théodore-Agrippa d'), fils de Jean d'Aubigné, seigneur de Brie, en Saintonge, et de damoiselle C. de Lestang, est né en l'hôtel de Saint-Maury, près de Pons (Saintonge), le 8 février 1550. Dès l'âge de huit ans, il savait le grec, le latin et l'hébreu. Quelques mois après, il passait par Amboise; son père, protestant zélé, lui montra une vingtaine de ses coreligionnaires dont les corps étaient accrochés au gibet. « Souviens-toi, dit-il à son fils; ton devoir est de les venger. » A treize ans, il se distingue au siège d'Orléans; son père meurt, il court à Genève étudier sous Théodore de Bèze, qu'il quitte pour aller combattre sous les ordres du prince de Condé et du roi de Navarre. La paix lui laisse des loisirs, il les met à profit, compose des vers, et fait représenter la tragédie de *Circé*, à la suite des noces de Joyeuse. Ami de Henri IV il ne l'épargne guère par ses sarcasmes, aussi, deux disgrâces le punissent de sa rude franchise et le forcent à se retirer dans son gouvernement de Maillezais. Là, il compose des ouvrages, dont le plus curieux est l'*Histoire universelle, depuis l'an 1550 jusqu'à l'an 1601*. La hardiesse de ce livre le fait condamner au feu, par arrêt du 4 janvier 1620. L'auteur s'était retiré à Genève où il commit l'imprudence de réparer les bastions de la ville avec les matériaux d'une église; il est condamné à mort, c'était pour la troisième fois, *pour son honneur et plaisir*, disait-il. On distingue parmi les œuvres de d'Aubigné : *les Tragiques*, satires au nombre de sept et la *Confession catholique du sieur de Sancy*. « Juvénal du XVIe siècle (dit Sainte-Beuve), âpre, austère, inexorable, hérissé d'hyperboles, étincelant de beautés, rachetant une rudesse grossière par une sublime énergie, esprit vigoureux, admirable caractère, grand citoyen. » D'Aubigné mourut à Genève le 29 avril 1630. L'un de ses fils, Constant d'Aubigné, fut le père de madame de Maintenon.

AUBLET (Villa).

Située rue Laugier, n° 44. — Pas de n°s. — Long. 108 m. — 17e arrond. (anc. Neuilly).

Elle a été fondée, en 1862, à 8 m. de largeur, par M. Aublet, propriétaire.

AUBRIOT (Rue).

C. rue Sainte-Croix-de-la-Bretonnerie, n°s 16 [illegible] 118; F. rue des

Blancs-Manteaux. nos 15 et 17. — Der imp., 9; der pair, 16.—Long. 94 m. — 4e arrond. (anc. 7e).

Elle était construite en 1230; on l'appelait en 1267 *rue du Puits*, parce qu'on y avait établi un puits public pour l'usage des habitants de ce quartier. On ajouta plus tard au nom de cette rue la qualification : *au Marais*, pour la distinguer de ses homonymes. Une décision ministérielle du 13 ventôse an VII, signée François de Neufchâteau, fixa la largeur de cette voie publique à 7 m. Cette largeur devra être portée à 10 m., en vertu d'une ordonnance royale du 28 octobre 1838. Un décret impérial du 27 février 1867 lui a donné le nom de rue Aubriot, en raison de son voisinage de l'Hôtel de Ville.

La maison n° 4 est alignée.

Aubriot (Hugues), né à Dijon en 1320 ou 1322, vint à Paris où il exerça la profession de lombard ou banquier. Devenu puissamment riche, il rendait des services aux gens de la Cour qui parlèrent de ce financier au Roi Charles V. Ce Souverain le nomma Prévôt de Paris, puis capitaine principal de la Ville, enfin intendant des finances. Il continua la nouvelle enceinte de la Ville commencée sous le règne du roi Jean, par Étienne Marcel, fit construire le pont Saint-Michel, le petit Châtelet et la Bastille. Accusé d'hérésie, il fut enfermé, non à la Bastille, comme l'ont écrit plusieurs historiens, mais au For-l'Évêque qui était la prison ecclésiastique. Il gémissait dans les fers, lorsque les *Maillotins* le délivrèrent en 1381, pour mettre l'ancien Magistrat à leur tête. Aubriot, déclinant cet honneur dangereux, se sauvait à Dijon où il mourut en 1382.

AUBRY (Cité).

C. rue de Bagnolet, nos 13 et 15; F. même rue, nos 35 et 39. — Pas de nos. — Long. 190 m.— 20e arrond. (anc. Charonne).

Elle a été fondée, en 1857, à 3 m. 70 c. de largeur, sur des terrains appartenant à M. *Aubry*, ancien négociant en vins, et à plusieurs autres propriétaires.

AUBRY-LE-BOUCHER (Rue).

C. rue Saint-Martin, nos 101 et 103; F. boulevard de Sébastopol, nos 22 et 24. — Der imp., 31; der pair, 24. — Long. 100 m. — 4e arrond. (anc. 6e).

Elle était comprise dans la Ville par l'enceinte construite sous Philippe-Auguste.

Dans un acte passé en 1273 entre Philippe le Hardi et le chapitre Saint-Merri, elle est appelée *Vicus Alberici carnificis*. Elle s'étendait jusqu'à la rue Saint-Denis. Le syndic de la corporation des Bouchers de Paris, *Aubry*, demeurait dans cette rue en 1270, — de là son nom.

« 4 juin 1679.

» Arrêt du Conseil. — Sa Majesté, estant en son Conseil, a ordonné et ordonne que la rue Aubry-le-Boucher sera incessamment eslargie... *Signé* Le Tellier et Colbert. »

Une décision ministérielle du 28 brumaire an VI, signée Letourneux, fixa la largeur de cette voie *publique* à 10 m. En vertu d'une ordonnance royale du 19 juillet 1840, cette largeur devait être portée à 12 m. Mais conformément à un décret impérial du 29 septembre 1854, relatif au boulevard de Sébastopol et à ses abords, la largeur de la rue Aubry-le-Boucher est définitivement fixée à 16 m. En exécution de ce décret, un grand nombre de maisons furent démolies pour l'exécution, tant du boulevard de Sébastopol que du nouvel alignement arrêté pour la rue Aubry-le-Boucher. Un autre décret, [illegible] date du 2 mars 1864, a donné le nom de rue Berger à la en[illegible]e de la rue Aubry-le-Boucher, comprise entre le boulevard d[illegible] Sébastopol et la rue Saint-Denis.

Les ma[illegible]isons nos de 19 à 31 inclus; 2, 4 et 24, ne sont pas soumises à [illegible]etranchement.

A l'angle des rues Aubry-le-Boucher et Quincampoix était située l'*Église Saint-Josse*. Chapelle au xe siècle, elle devint église paroissiale en 1260, fut reconstruite en 1679, supprimée en 1790, et vendue comme propriété nationale le 18 octobre 1791, sa superficie était de 194 m. 47 c. C'est aujourd'hui la maison n° 18.

D'après une tradition, lorsque *Jean Bart* venait à Paris, l'illustre marin descendait dans un ancien hôtel appelé l'*Hôtel des Monnaies*, situé dans la rue Aubry-le-Boucher à l'angle droit de la rue Saint-Martin.

AUDE (Impasse de l').

Située rue de l'Aude, nos 16 et 18. —Pas de nos.—Long. 40 m. — 14e arrond. (anc. Montrouge).

Cette impasse a été formée, en 1860, à 12 m. de largeur, par M. *Charles*, propriétaire, qui lui donna la dénomination d'*impasse Saint-Charles*.

En vertu d'un arrêté préfectoral du 1er février 1877, signé Ferdinand Duval, elle a reçu le nom d'impasse de l'Aude. Elle n'est pas classée parmi les voies publiques. (V. l'art. suivant.)

AUDE (Rue de l').

C. avenue de Montsouris; F. rue de la Tombe-Issoire, nos 93 et 95. — Der imp., 39; der pair, 34.— Long. 215 m. — 14e arrond. (anc. Montrouge).

Cette rue a été ouverte, en 1859, à 10 m. environ de largeur, par M. Sarrazin, propriétaire, qui lui donna le nom de *rue de Gentilly*, en raison de sa direction vers cette commune. Elle a reçu la dénomination de rue de l'Aude, en vertu d'un arrêté préfectoral du 1er février 1877, signé Ferdinand Duval, et n'est pas classée parmi les voies publiques. Cette rue se terminait originairement au chemin des Prêtres, qui, sur ce point, a été confondu dans l'avenue de Montsouris.

L'Aude, rivière de France, prend naissance près de Mont-Louis (Pyrénées-Orientales), baigne Quillan, Aleth, Limoux, Carcassonne, forme la limite de l'Hérault et de l'Aude, et se jette dans la Méditerranée, par les étangs de Sijean et de Vendres, après un cours de 215 kilomètres.

AUDRAN (Rue).

C. rue Véron, nos 26 et 28; F. rue des Abbesses, nos 47 et 49.— Der imp., 7; der pair, 10. — Long. 69 m. — 18e arrond. (anc. Montmartre).

Elle a été ouverte, en 1839, à 8 m. de largeur, et prit le nom de *rue Neuve-Véron*, pour la distinguer de la rue Véron, plus ancienne. — Un décret impérial du 23 mai 1863 a confirmé le classement de cette rue au nombre des voies publiques. Elle a reçu sa dénomination actuelle, en vertu d'un décret impérial du 24 août 1864.

Le nom d'Audran rappelle une ancienne famille de graveurs célèbres qui tous descendent de Louis Audran, officier de louveterie sous Henri IV.

Celui dont les œuvres ont révélé le mérite le plus éclatant, est Gérard Audran, graveur à l'eau forte et au burin, né à Lyon en 1640.

Ses premières productions néanmoins accusèrent de la sécheresse et de la raideur. De 1660 à 1664, il était à Rome pour assouplir son talent. Colbert le rappela et le fit nommer graveur et pensionnaire du Roi. Grâce aux conseils de Charles Lebrun, il acquit cette perfection originale, énergique et pittoresque qui devait le placer au premier rang des meilleurs graveurs de l'Europe.

On doit à Gérard Audran *les batailles d'Alexandre*, *le martyr de Saint-Laurent* d'après Lesueur, *la Femme adultère*, *l'enlèvement de la Vérité* d'après le Poussin.

Gérard Audran est mort en 1734.

AUGER (Rue).

C. boulevard de Charonne, nos 44 et 46; F. rue d'Avron, nos 14 et 16. — Ders imp., 15; ders pair, 10. — Long. 105 m. — 20e arrond. (anc. Charonne).

L'avenue qui porte aujourd'hui le nom de Taillebourg (v. cet art.), fut une de celles dont Louis XIV ordonna la création par lettres patentes du 17 mai 1658. Elle s'étendait originairement jusqu'au chemin de Montreuil, qui devint rue plus tard. Lors de la formation de l'enceinte de Paris, sous Louis XVI, enceinte dite des Fermiers généraux, cette avenue fut coupée par le boulevard extérieur (auj. de Charonne). La partie située en dehors de Paris fut supprimée, en 1793, par l'État, qui vendit à divers particuliers le sol de l'avenue. (Procès-verbal du 4 mai 1793.) Toutefois, de chaque côté de cette avenue, on ménagea une voie de communication : celle de gauche, dont il s'agit ici, tracée à 24 pieds de largeur, prit le nom de *rue des Ormes*; celle de droite, tracée à 6 pieds de largeur, fut appelée rue des Ormeaux. (V. cet art.)

Une ordonnance royale du 27 août 1844 a fixé la largeur de la rue des Ormes à 8 m. Un décret impérial du 23 mai 1863 a confirmé son classement au nombre des voies publiques. En vertu d'un autre décret du 24 août 1864, elle a reçu le nom de rue Auger.

Les propriétés du côté impair ne sont soumises qu'à redressement; celles du côté pair sont alignées.

AUGER (Charles), général d'artillerie, est né à la Charité sur Loire (Nièvre), le 2 juillet 1809. Admis à l'école Polytechnique en 1830, il en sort le premier de sa promotion, le 16 août 1831, et passe à l'école d'Application de Metz. Nommé lieutenant en second au 10me d'artillerie, le 1er janvier 1834, il fait toutes les campagnes d'Afrique, est nommé capitaine en second le 23 août 1839. Auger est cité à l'ordre de l'armée, en récompense de sa belle conduite à l'affaire du bois des Oliviers, en octobre 1841. Il est de toutes les expéditions et prend part à tous les combats; sa brillante valeur aux affaires des 11 et 13 juin 1842, contre les Beni-Nouss, lui valut une seconde fois, d'être cité à l'ordre de l'armée, par le général Cavaignac. On retrouve Auger capitaine en premier au 11e d'artillerie, en novembre 1843. Il rentre en France en 1848, est nommé chef d'escadron au 6e d'artillerie. En 1854, il passe au 2e d'artillerie, avec le grade de colonel, se couvre de gloire à la prise du mamelon Vert, le 7 juin 1855, et à la Tchernaïa, le 16 août de la même année. En juillet 1856, il est nommé général de brigade en récompense de sa belle conduite à l'assaut et à la prise de Sébastopol. Appelé, le 12 janvier 1859, au commandement de l'artillerie de Vincennes et de l'armée de Paris, Auger reçoit, le 23 avril, le commandement de l'artillerie du 2e corps de l'armée d'Italie. A Solférino à l'attaque de la *Casa Morino*, après avoir fait reculer l'artillerie ennemie, Auger eut le bras gauche emporté par un boulet de canon. L'Empereur, détachant une de ses épaulettes, la mit dans la main qui restait au brave Auger, voulant lui apprendre par là que Sa Majesté le nommait général de division. Malheureusement, Auger ne put jouir longtemps de cette récompense si méritée; sa blessure était mortelle : Auger expira le 30 juin 1859.

AUGUSTIN (Église Saint-).

Située à l'angle du boulevard de Malesherbes et de l'avenue Portalis. — 8e arrond. (anc. 1er).

Cette église, construite d'après les plans et sous la direction de Victor Baltard, architecte, a été inaugurée le 28 mai 1868.

La façade se compose d'une grande arcade, immense *porta cœli*, percée en haut d'une large rosace, en bas de trois longues arcades s'ouvrant sur le porche et précédées de degrés occupant la largeur totale. Les pilastres de ces arcades sont surmontés par quatre figures de l'Apocalypse; au-dessus, se développe une large frise représentant en bas-relief le Christ, au milieu de ses douze apôtres. Le fond du porche est percé de trois baies; au-dessus sont représentées, en peinture émaillée sur lave, les trois Vertus théologales : la Foi, — l'Espérance, — la Charité. Ces trois médaillons, surmontant les belles portes en bronze, complètent l'ensemble du portail.

La nef, dégagée de tous points d'appuis intermédiaires, peut contenir à l'aise une nombreuse assistance. Le maître-autel, qui se dresse sur la plate-forme centrale du sanctuaire, est heureusement disposé. Les artistes ayant coopéré à la décoration de l'église Saint-Augustin, sont, pour la peinture : MM. Bézard, Signol, Bouguereau, Brinet et Paul Balze; pour la sculpture : MM. Jouffroy, Bonnassieux et Lequesne. Les verrières à sujets sont de M. Lavergne; les vitraux sans figures, de MM. Lusson, Oudinot et Nicod. Les orgues à transmission électrique sont de l'invention et de la fabrique de M. Barker.

La superficie construite de l'église Saint-Augustin est de 2,800 mètres; la dépense totale s'est élevée à 5,500,000 fr.

AUGUSTIN (Rue Neuve-Saint-).

C. rue de Richelieu, nos 75 et 77; F. boulevard des Capucines, nos 29 et 31. — Ders imp., 73; ders pair, 64. — Long. 646 m. — 2e arrond. (de la rue de Richelieu à l'avenue de l'Opéra, anc. 2e; surplus, anc. 1er).

Première partie comprise entre la rue de Richelieu et celle Gaillon. — Elle fut percée vers 1650, et reçut la dénomination de rue *Neuve-Saint-Augustin*, parce qu'elle avoisinait le couvent des religieux *Augustins* dits Petits-Pères. — Une décision ministérielle du 21 prairial an X, signée Chaptal, fixa la moindre largeur de cette partie de rue à 8 m. — En vertu d'une ordonnance royale du 4 octobre 1826, cette largeur devra être portée à 10 m.

Deuxième partie comprise entre la rue Gaillon et l'avenue de l'Opéra (qui a coupé en cet endroit la rue Louis-le-Grand). — L'ouverture en fut prescrite par un arrêt du Conseil, du 22 mars 1701, qui ordonnait aussi le percement de la rue Louis-le-Grand. Cet arrêt fut renouvelé par d'autres arrêts des 3 juillet 1703, 4 octobre 1704, 19 avril 1707, 29 avril 1710 et 14 mars 1713. Cette partie de rue fut complètement ouverte en 1714, sur une largeur de 19 m. 71 c., qui a été maintenue par une ordonnance royale du 26 décembre 1847.

Troisième partie comprise entre la rue Louis-le-Grand et l'avenue de l'Opéra, et le boulevard des Capucines. — Un décret impérial du 19 février 1806 contient la disposition suivante :

« Il sera ouvert, de la rue Louis-le-Grand au boulevard du Nord, une rue transversale coupant, à angle droit la nouvelle rue à ouvrir de la rue Neuve-des-Capucines au boulevard, sur l'emplacement de l'ancien couvent des Capucines; en conséquence, la maison située rue Louis-le-Grand, et indiquée au plan général no 1 annexé au présent décret, sera achetée au compte du gouvernement, et payée sur le produit de la vente des terrains et bâtiments des Capucines. » — (V. l'art. rue de la PAIX, où nous donnons l'historique de cet établissement religieux.)

Une décision ministérielle du 30 juin suivant a fixé à 10 m. la largeur de cette partie de rue dont l'exécution a été commencée en 1807. En vertu d'une ordonnance royale du 26 décembre 1847, la largeur de 10 m. est maintenue.

Plusieurs maisons de la rue Neuve-Saint-Augustin ont été démolies pour le percement de la rue de Saint-Arnaud (auj. rue Volney) et le prolongement de la rue Monsigny. Conformément au décret du Président de la République, signé Maréchal de Mac-Mahon, du 27 juin 1876, concernant l'avenue de l'Opéra, les maisons nos 45, 47, 49; 36, 38, 40, ont été expropriées et démolies à la fin de la même année. Leur emplacement se trouve confondu, en totalité ou en partie, dans le sol de cette avenue.

Les propriétés nos 5, 9, 11, de 15 à la fin; 6, 14, et de 18 à la fin, sont alignées.

Au no 1 demeurait, en 1808, le célèbre chanteur *Garat*, mort le 1er mars 1823. Il a été inhumé au cimetière de l'Est, près de Grétry et de Méhul.

Au no 65, est mort le 9 décembre 1824, le peintre *Girodet*. David, qui avait été le maître de Girodet, l'appelait son plus bel ouvrage.

Mlle *Mars*, puis l'architecte *Visconti*, ont habité le no 24.

AUGUSTINS (Quai des Grands-).

C. place Saint-Michel, no 2, et pont Saint-Michel; F. rue Dauphine, no 1, et Pont-Neuf.—Der no, 61.—Long. 354 m.—6e arrond. (anc. 11e).

Ce quai doit son nom aux religieux *Augustins*, qui vinrent s'y fixer : (voir, aux établissements supprimés, l'article : *Volaille*, marché à la). Avant le règne de Philippe-le-Bel, ce n'était qu'un terrain planté de saules et qui servait de promenade aux habitants du voisinage. Les inondations en rendaient l'accès difficile et ruinaient les maisons riveraines. Voulant mettre un terme à cette situation, Philippe-le-Bel ordonna par lettres du 9 juin 1281, au Prévôt des Marchands, d'y faire construire un quai. On voit également par d'autres lettres du 20 mai de l'année suivante que le Roi reproche au magistrat sa lenteur à exécuter les ordres qu'il lui avait donnés. Ce quai ne fut achevé que vers l'année 1389; on le nomma alors rue de *Seine par où l'on va aux Augustins*, ensuite rue du *Pont-Neuf* qui va aux Augustins (le pont Saint-Michel se nommait alors le *Pont-Neuf*). La rue du Hurepoix s'étendait autrefois du pont Saint-Michel à la rue Gît-le-Cœur. Le côté droit de cette rue ayant été démoli en 1806, alors le quai commença au pont Saint-Michel. — Une décision ministérielle du 29 nivôse an VIII, signée Lucien Bonaparte, fixa la moindre largeur de ce quai à 9 m. 40 c., et sa plus plus grande à 26 m. Cet alignement a été modifié par une ordonnance royale du 21 octobre 1846. En 1848 et 1849, ce quai a été redressé et élargi aux dépens des berges de la rivière. Sa moindre largeur a été ainsi portée à 16 m.. Lors de l'agrandissement de l'ancienne place du pont Saint-Michel (auj. place Saint-Michel), les propriétés nos de 1 à 11 du quai des Grands-Augustins ont été expropriées et démolies.

La maison à l'encoignure de la place Saint-Michel, celles nos 25, 27, de 33 à 39 inclus, 47, encoignure droite de la rue des Grands-Augustins, et 55, sont alignées.

Les dépendances de l'hôtel d'*Étampes*, dont nous parlerons à l'article de la rue *Gît-le-Cœur*, longeaient le quai des Grands-Augustins.

Un autre hôtel, dont il est souvent question dans nos annales parisiennes, s'élevait à l'angle de ce quai et de la rue des Grands-Augustins. On l'appelait hôtel d'*Hercule*, parce que des peintures et des tapisseries qui en décoraient l'intérieur, représentaient les exploits d'Hercule. Charles VIII en fit l'acquisition, et François Ier le donna, en 1515, au chancelier Duprat. Avant et depuis cette époque, de grands personnages l'ont habité, entre autres l'archiduc Philippe d'Autriche en 1499, Jacques V, roi d'Écosse en 1536, lorsqu'il vint épouser Madeleine, fille de François Ier.

L'historien *Jaillot*, géographe du Roi, auteur d'un ouvrage très remarquable, ayant pour titre : *Recherches critiques, historiques et topographiques sur la Ville de Paris*, habita une maison de ce quai, dans le voisinage du couvent des Grands-Augustins.

AUGUSTINS (Rue des Grands-).

C. quai des Grands-Augustins, nos 51 et 53; F. rue Saint-André-des-Arts, nos 52 et 54. — Der imp., 27; der pair, 30. — Long. 213 m. — 6e arrond. (anc. 11e).

On nommait cette voie publique, en 1269, rue à l'*Abbé de Saint-Denis*, des *Écoles* et des *Écoliers Saint-Denis*, parce que le collège de ces religieux était en partie situé dans cette rue. Au commencement du XIVe siècle, elle prit du couvent des Grands-Augustins la dénomination qu'elle conserve encore aujourd'hui. — Une décision ministérielle du 13 fructidor an VII, signée Quinette, avait fixé à 8 m. la moindre largeur de la rue des Grands-Augustins. Cette largeur devra être portée à 10 m. en vertu d'une ordonnance royale du 22 août 1840.

Sur le côté pair, le bâtiment à l'encoignure du quai, et les constructions scolaires à l'angle de la rue du Pont de Lodi, sont à l'alignement.

AUMALE (Rue d').

C. rue Saint-Georges, nos 45 et 47; F. rue de La Rochefoucauld, nos 24 et 26. — Der imp., 27; der pair, 28. — Long. 220 m. — 9e arrond. (anc. 2e).

« Louis-Philippe... avons ordonné et ordonnons ce qui suit : » Art. 1er. — Les sieurs Etienne, Chevreu et le sieur Marcel représentant le sieur de Pazzy, sont autorisés à ouvrir sur des terrains dont ils sont propriétaires à Paris (Seine) une rue devant communiquer de la rue Neuve-Saint-Georges à la rue de La Rochefoucauld, à la charge par eux de livrer gratuitement à ladite Ville, le sol de la voie nouvelle et de se conformer en outre à toutes les conditions exprimées dans la délibération du conseil municipal du 23 juin 1846. Les alignements de ladite voie nouvelle sont arrêtés ainsi qu'ils sont tracés sur le plan ci-joint et suivant le procès-verbal de points de repère, inscrit sur ledit plan. Sa largeur est fixée à 12 m.... — Au palais de Neuilly le 14 septembre 1846. Signé Louis-Philippe. — Par le Roi : le Ministre secrétaire d'État au département de l'intérieur, signé Duchatel. »

Parmi les conditions résultant de cette ordonnance et de la délibération du 23 juin 1846, figurait celle de ménager sur la propriété de M. de Pazzy, l'emplacement nécessaire au prolongement de la rue des Trois Frères (auj. rue Taitbout, v. cet art.).

La même délibération portait : « Art. 2. Le Conseil émet le vœu que le nom de *Rue d'Aumale* soit assigné à la nouvelle communication dont il s'agit. »

L'ordonnance précitée reçut immédiatement son exécution. Les propriétés riveraines sont alignées.

Aumale (Henri-Eugène-Philippe-Louis d'Orléans duc d'), né à Paris le 16 janvier 1822, est le quatrième fils du roi Louis-Philippe et de la reine Marie-Amélie. Ainsi que ses frères, il reçut au collège Henri IV une éducation publique. Il obtint de véritables succès universitaires, en remportant deux prix en rhétorique. A dix-sept ans, il entrait dans les rangs de l'armée. En 1839, il était promu capitaine au 4e de ligne. L'année suivante, il accompagnait son frère le duc d'Orléans, en qualité d'officier d'ordonnance, et se distinguait aux combats de l'Affroun, du col de Mouzaïa et du bois des Oliviers. Général de division, il a commandé le corps d'armée dont le siège est à Besançon (Doubs), et a été nommé inspecteur général des corps d'armée. — Le duc d'Aumale est considéré comme un de nos archéologues les plus distingués.

AUNAY (Impasse d').

Située rue de la Folie-Regnault, no 40.—Der imp., 9; der pair, 10. — Long. 90 m. — 11e arrond. (anc. 8e).

Formée en 1858, à 7 m. environ de largeur, par MM. Hérant et Sabourin qui lui donnèrent le nom d'impasse d'Aunay en raison de sa proximité de la barrière d'Aunay (supprimée en 1860), elle n'est pas reconnue voie publique.

AUSTERLITZ (Passage d').

C. rue de Bercy, n°s 232 et 234; F. rue de Lyon, n°s 23 et 25. — D[er] imp., 21; d[er] pair, 22. — Long. 150 m. — 12e arrond. (anc. 8e).

2 septembre 1858.

« Le Préfet de Police, vu : 1° l'Ordonnance de Police en date du 10 mars dernier par laquelle notre prédécesseur a rapporté pour inexécution des conditions imposées, l'autorisation qu'il avait accordée précédemment aux sieurs Toucas et Crémier, d'ouvrir entre les rues de Lyon et de Bercy, un passage public portant le nom de *passage d'Orient*.

» 2° La pétition dans laquelle les sieurs Bonhomme, de Carfort et Cie annoncent que les sieurs Toucas et Crémier dont ils sont créanciers antichrésistes, étant tombés en état de faillite, ils ont fait exécuter à leurs frais, sous la surveillance d'un expert désigné par les tribunaux, tous les travaux qui faisaient l'objet des conditions imposées aux sieurs Toucas et Crémier et demandent l'autorisation d'ouvrir led. passage au public;

» 3° Le rapport du Commissaire de police de la section des Quinze-Vingts, constatant que le passage d'Orient est aujourd'hui en bon état de viabilité, et qu'il peut être livré à la circulation sans inconvénient;

» Considérant que les motifs qui avaient porté notre prédécesseur à revenir sur sa première décision, n'existent plus et que dès lors, il y a lieu de permettre l'ouverture du passage dont il s'agit..... Ordonnons ce qui suit :

» Art. 1er. — L'Ordonnance sus-visée du 10 mars dernier est rapportée.

» Art. 2. — Les sieurs Bonhomme, de Carfort et Cie sont autorisés à ouvrir au public, la voie de communication ouverte sous le nom de passage d'Orient.

» Cette autorisation ne leur est accordée que sous la réserve des droits des tiers, s'il y a lieu. *Signé* Boittelle. »

En 1867, les propriétaires riverains lui *ont donné le nom* de passage d'Austerlitz, en raison du voisinage du pont ainsi appelé. — Sa largeur est de 7 m. environ.

AUSTERLITZ (Pont d').

Situé entre le quai de la Rapée et la place Valhubert. — Long. 170 m. — Moitié côté nord, 12e arrond. (anc. 8e); moitié côté sud; amont, 13e arrond. (anc. 12e), aval, 5e arrond. (anc. 12e).

Dans le courant du siècle dernier, les communications d'une rive à l'autre de la Seine, se faisaient encore à l'aide de *simples batelets* entre le faubourg Saint-Antoine et le quartier du Jardin des Plantes. L'accroissement de la population rendait nécessaire l'adoption d'un système plus commode et plus expéditif pour la traversée du fleuve. Le célèbre Perronet dressa, en 1773, un projet de pont en bois qui devait se composer de deux culées en maçonnerie, de 6 palées en charpente et de 7 travées de 30 m. de largeur chacune. La dépense était évaluée à 340,000 livres. Ce projet resta sans exécution.

En 1783, M. de Buffon, alors directeur du Jardin des Plantes, proposa de substituer deux bacs aux simples batelets. En 1788, un sieur Guerne, maître charpentier, présenta un projet de pont dont la dépense montant à 1,477,456 livres, aurait été couverte par une concession de péage. La Révolution mit à néant tous ces projets, et le XVIIIe siècle prit fin sans avoir apporté aucun changement sur cette partie du fleuve.

Une loi du 24 ventôse an IX (15 mars 1801) que nous avons reproduite à l'art. du pont des Arts, prescrivit la construction d'un pont en bois entre le Jardin des Plantes et l'Arsenal; mais le Gouvernement ayant résolu de lui substituer un pont en pierre et fer coulé, un arrêté des Consuls du 4 thermidor an X (23 juillet 1802) approuva ces nouvelles dispositions, et le pont fut immédiatement commencé. Le 1er juin 1806, il était ouvert aux piétons, et le 5 mars 1807, les voitures purent le traverser. On lui donna alors la dénomination d'*Austerlitz*, en mémoire de la célèbre bataille gagnée, le 2 décembre 1805, par les Français sur les Russes et les Autrichiens. Son nom fut changé en 1815 : on l'appela *pont du Jardin du Roi*. En 1830, il reprit le nom d'*Austerlitz*. — Ce pont avait été construit sous la direction de M. Becquey de Beaupré, ingénieur en chef du département de la Seine, et de M. Lamandé ingénieur ordinaire, aux frais d'une association qui avait obtenu la concession d'un péage pour une durée dont le terme, d'abord fixé au 23 septembre 1827, fut prorogé au 30 juin 1897. Cette concession a été rachetée par la Ville de Paris, en vertu d'un traité du 3 février 1849, approuvé par décret du 20 juin suivant. Le pont avait cinq arches en fer fondu, de 32 m. 36 c. d'ouverture. La largeur du pont était de 12 m. 74 c. entre les garde-corps. Le mode de construction adopté pour le pont d'Austerlitz, ne présentait point de garantie de longue durée. A peine était-il livré à la circulation, que des ruptures se manifestèrent dans les pièces de fonte et que l'on dut maintenir la liaison par la pose successive de différents systèmes d'armatures en fer. Depuis 1848 surtout, le mal augmenta rapidement. Un examen qui eut lieu à la fin de l'année 1853 fit reconnaître que les ruptures dans les pièces de fonte ne s'élevaient pas à moins de 2,500; que les arches ne pouvaient être réparées que d'une manière précaire et insuffisante. La reconstruction du pont fut donc résolue avec l'approbation donnée par l'Empereur aux conclusions d'un rapport du ministre des travaux publics (*Moniteur* du 30 avril 1854.)

Les ingénieurs avaient proposé de remplacer les arcs métalliques par des voûtes en maçonnerie, en utilisant les culées, et en augmentant la largeur entre les têtes. Leur projet montant à 1,135,000 fr., fut approuvé le 13 juillet 1854, et l'exécution confiée à M. Gariel qui, par une soumission en date du 14 juin précédent, s'était engagé à terminer les travaux dans un délai de 6 mois, et à subir un rabais de 5 % sur le prix du bordereau. Les travaux furent menés avec une telle rapidité, que les voûtes commencées le 27 septembre, étaient fermées le 28 octobre, et la chaussée achevée le 8 novembre.

Les nouvelles arches en arc de cercle, ont 32 m. de corde. Les têtes sont couronnées par une corniche en pierre surmontée de parapets en fonte qui laissent entre eux une largeur de 18 m. dont 11 m. pour la chaussée et 7 m. pour les trottoirs. La dépense totale n'a été que de 951,204 fr. 08 c. Elle a été partagée par moitié entre l'État et la Ville de Paris.

AUSTERLITZ (Quai d').

C. boulevard de la Gare, n° 2, et pont de Bercy; F. place Valhubert, n° 1, et pont d'Austerlitz. — D[er] n°, 57. — Long. 901 m. — 13e arrond. (anc. 12e).

Il portait originairement le nom de quai de l'*Hôpital*, en raison de sa proximité de l'hôpital dit la Salpêtrière. Après l'achèvement du pont d'Austerlitz, il en prit la dénomination (V. l'art. qui précède.) En 1815, on lui rendit son premier nom. Un alignement fut fixé pour ce quai par une décision ministérielle du 30 avril 1819. Il a repris sa dénomination de quai d'Austerlitz en vertu d'une autorisation du ministre du commerce et des travaux publics, à la date du 6 avril 1832. Avant la réunion du petit hameau d'Austerlitz à la ville de Paris, la barrière de la Gare était placée près de l'ancienne pompe à feu que l'on voit encore aujourd'hui entre les rues Fulton et Sauvage. De 1844 à 1847 l'administration fit exécuter de grands travaux pour l'amélioration du quai d'Austerlitz et l'établissement d'un bas port. Cette opération entraîna une dépense totale de 447,000 fr. qui fut répartie par moitié entre la ville de Paris et l'État. Un décret impérial du 12 août 1863 déclara d'utilité publique, dans un délai de deux années, l'agrandissement de la Gare du chemin de fer d'Orléans, pour la placer en bordure du quai d'Austerlitz. Cet agrandissement qui fut réalisé peu de temps après, entraîna la suppression de la plus grande partie de la rue de la Gare, et de la totalité des *Rues Jouffroy, Papin* et *Watt*. Comme conséquence de ces suppressions, intervint, à la date du 8 septembre 1865, entre la Ville de Paris et la Compagnie du chemin de fer d'Orléans, un acte notarié qui porte échange de terrains.

En 1868, d'importants travaux de nivellement ont été exécutés. Le quai a été pourvu de larges trottoirs et de belles plantations. Une balustrade en fer, montée sur bahut en pierre, borde le côté de la Seine.

Un décret du Président de la République, signé *A. Thiers*, du 14 décembre 1872, porte ce qui suit :

« La largeur du quai d'Austerlitz est fixée à 20 m. suivant l'alignement indiqué par un liseré bleu sur le plan ci-annexé. Toutefois les immeubles désignés audit plan par les n°s 11, 13, 15, 17, 19 et 21, ne pourront être incorporés à la voie publique qu'après que la Ville de Paris aura été autorisée à les acquérir soit à l'amiable, soit s'il y a lieu par la voie de l'expropriation, conformément à la loi du 3 mai 1841. Jusque là, ces immeubles seront affranchis des servitudes de voirie résultant des règlements en vigueur... »

En exécution de ce décret, la Ville de Paris a traité, en 1877 avec les propriétaires des immeubles n°s 15, 17, 19, 21 pour leur mise à l'alignement, qui a été effectuée en 1878, et il ne reste plus aujourd'hui que les propriétés n°s 11 et 13 qui soient soumises à retranchement.

AUTANCOURT (Rue d').

C. avenue de Clichy, n°s 90 et 92; F. rue Davy, n° 5. — D^er^ imp. 37; d^er^ pair, 32. — Long. 273 m. — 17e arrond. (anc. Batignolles).

Ouverte en 1835, à 10 m. de largeur, par M. Lemarié, entrepreneur de bâtiments, sur des terrains qui lui appartenaient, elle prit le nom de *rue Moncey*. Cette voie s'arrêtait originairement au passage Moncey. Un décret impérial du 10 avril 1867 a déclaré d'utilité publique son prolongement à 10 m. de largeur, jusqu'à la rue Davy. Avant que ce percement fût complètement exécuté, (il ne l'a été qu'en 1871) la rue Moncey et son prolongement ont reçu le nom de rue *Dautancourt*, en vertu d'un autre décret du 10 août 1868. (Nous avons adopté pour ce nom, l'orthographe qui résulte des documents déposés aux archives du Ministère de la guerre). Enfin un décret du Président de la République, signé Maréchal de Mac-Mahon, du 9 novembre 1874, a classé au nombre des voies publiques la partie ouverte par M. Lemarié, et maintenu la largeur de 10 m.

Les propriétés riveraines sont alignées.

AUTANCOURT (Pierre, baron d'), né le 28 février 1771 à Montigny-sous-Marle (Aisne), commença par être simple soldat au 2e bataillon de Vervins, le 15 septembre 1793. Il conquit chaque grade par son courage et son intelligence. Nommé général de brigade le 28 novembre 1813, il se signala lors de la défense de Paris, en 1814; il commandait les troupes postées sur les hauteurs de Montmartre qu'il n'abandonna qu'après la capitulation. Le général baron d'Autancourt est mort à Nevers, le 2 janvier 1832.

AUTEUIL (Marché d').

Situé entre les rues d'Auteuil, Isabey, Poussin et Girodet. — 16e arrond. (anc. Auteuil).

Il a été construit en 1866 et 1867 par la Compagnie générale des marchés, en vertu d'un traité passé entre cette Compagnie et la Ville de Paris à la date du 12 décembre 1865. La durée de la concession est de 50 années, à partir du jour de l'ouverture du marché, qui a eu lieu le 16 octobre 1867. Il contient 111 places.

Par actes des 18 septembre et 27 octobre 1866, la Ville de Paris avait acquis de la Cie du chemin de fer de l'Ouest, des terrains d'une contenance totale de 5,361 m. 30 c. Sur ces terrains qui provenaient originairement du parc de Montmorency, on a construit le marché d'Auteuil, ouvert les deux voies qui longent les côtés latéraux du marché (rues Girodet et Isabey), élargi la rue d'Auteuil, et rectifié le débouché de la rue La Fontaine sur la rue d'Auteuil.

AUTEUIL (Place d').

Située rue d'Auteuil en face de l'église. — Pas de n^os^. — Long. 40 m. — 16e arrond. (anc. Auteuil).

En 1753, Louis XV ordonna l'érection, en face de la porte de l'église d'Auteuil, et dans l'enceinte du cimetière de cette paroisse, d'un monument destiné à recevoir les corps du chancelier d'Aguesseau et de son épouse. Ce monument consistait en une pyramide, à base de marbre, couronnée d'un globe d'or surmonté d'une croix. Profané en 1793, le tombeau de d'Aguesseau fut restauré en l'an IX, par les soins du gouvernement. Après l'achèvement des travaux, une cérémonie eut lieu en présence du petit-fils de d'Aguesseau le 30 frimaire an IX, et M. Benoît, maire de la commune d'Auteuil, prononça un discours, dans lequel il déclara que l'espace entourant le monument et provenant de l'ancien cimetière, prendrait le nom de *place d'Aguesseau*.

Henri-François d'AGUESSEAU né à Limoges le 1er novembre 1668, est mort à Paris le 9 février 1751.

Un décret impérial du 23 mai 1863 a confirmé le classement de la place d'Aguesseau au nombre des voies publiques. En vertu d'un arrêté préfectoral du 26 février 1867, signé Haussmann, elle a reçu la dénomination de place d'Auteuil.

Les tombeaux des époux d'Aguesseau subsistent encore au milieu de cette place.

AUTEUIL (Quai d').

C. pont de Grenelle; F. porte de Billancourt et boulevard Murat. — D^er^ n° 168. — Long. 1,635 m. — 16e arrond. (anc. Auteuil).

C'est plutôt un chemin ou bas port longeant la Seine et qui n'est bordé que d'un petit nombre de constructions.

Un décret impérial du 23 mai 1863 a confirmé son classement au nombre des voies publiques. Un autre décret en date du 22 juillet suivant, déclara d'utilité publique l'établissement, entre le pont de Grenelle et les fortifications d'aval, d'un *quai* sur l'une et l'autre rives de la Seine. L'art. 3 de ce document est ainsi conçu :

« Le présent décret sera considéré comme non avenu, si les travaux n'ont pas été adjugés dans un délai de 3 ans à partir de sa promulgation. »

Ce délai étant expiré sans qu'il y ait eu adjudication, la voie qui nous occupe n'a pas encore obtenu l'amélioration que le décret avait en vue de lui procurer.

AUTEUIL (Rue d').

C. rue du Point-du-Jour; F. boulevards Murat et Suchet. — D^er^ imp., 83; d^er^ pair, 76. — Long. 732 m. — 16e arrond. (anc. Auteuil).

Avant de reproduire les documents administratifs qui se rattachent à cette voie publique, une des grandes artères du 16e arrondissement, il n'est pas sans intérêt de rappeler l'origine d'Auteuil.

Sur le riant côteau qui longeait les bords de la Seine, depuis Paris jusqu'à Saint-Cloud, on voyait au VIIe siècle un seul village appelé *Nijon*. Dans un testament de Bertrand, évêque du Mans, qui mourut en 623, ce saint homme lègue à l'évêque de Paris ce village de Nijon qu'il possédait, tant par acquisition que par donation de Clotaire II. Ce territoire était en partie couvert de vignes et sillonné de petites sources; de là ce nom de *Fontanitum* que portait une fraction importante de Nijon. Les ducs de Bretagne y possédèrent ensuite un manoir dont les dépendances, en se développant, forcèrent la population à s'écarter des deux côtés. Les uns allèrent s'établir près des sources dont nous venons de parler et formèrent un nouveau village appelé *Auteuil*, du mot latin *Altare* (autel) parce que les habitants avaient groupé leurs maisons autour d'une chapelle remplaçant un petit monument élevé par les druides. Les autres se fixèrent plus près de la grande ville, sur la partie orientale de la côte dans un endroit où l'on venait d'abattre une partie de la forêt de Rouvray (*quercus robur*, chêne vert), depuis le bois de Boulogne. Ce second village prit le nom de *Chail*, qui voulait dire abatis d'arbres (*destructio arborum*); de *Chail* on a fait *Chaillot*.

Telle est l'origine de Nijon qui donna naissance à Auteuil ainsi qu'à Passy et à Chaillot.

La commune d'Auteuil dont la superficie, en terrain, était de 4,885,650 mètres carrés, ne comptait, en 1800, que 1,077 habitants. D'après le recensement de 1856, sa population s'élevait à 6,270 habitants.

Quant à la voie dont nous nous occupons, elle commençait originairement sous le nom de *Grande Rue*, à la route, aujourd'hui avenue de Versailles, et se terminait à une porte du bois de Boulogne. En 1704, les habitants d'Auteuil avaient décidé la construction d'une chaussée d'environ 30 toises de long sur 4 m. de large, à prendre d'un bout sur la chaussée de Versailles, *pour monter et descendre plus facilement*. En attendant que le Roi voulût bien y contribuer, les bourgeois offraient de payer une part, et les habitants s'engageaient à y concourir *en travail* et *en matériaux*. Cette amélioration fut exécutée peu de temps après.

« Le Préfet du département de la Seine, arrête :

» La Grande Rue sera divisée en deux parties : la première portant le nom de *rue Molière*, commencera à l'entrée du village, et finira à la rue Boileau ; la deuxième, continuera à porter le nom de Grande Rue, depuis la rue Boileau jusqu'à la porte du bois de Boulogne. — Fait à Paris le 17 fructidor an IX. *Signé* FROCHOT. »

Un arrêté préfectoral du 16 juillet 1859, fixa la moindre largeur de la rue Molière à 12 m. Pour la Grande Rue, sa moindre largeur avait été fixée à 10 m., par une ordonnance royale du 12 mai 1830. Un décret impérial du 23 mai 1863 confirma le classement de ces deux rues au nombre des voies publiques de Paris.

Un arrêté préfectoral du 20 juillet 1868, porte ce qui suit :

« La rue Molière et la Grande Rue d'Auteuil seront réunies sous le nom de rue d'Auteuil. *Signé* G. E. HAUSSMANN. »

Enfin, un décret du Président de la République, signé Maréchal de Mac-Mahon, du 10 novembre 1877, a donné le nom de Rémusat à la partie de la rue d'Auteuil comprise entre l'avenue de Versailles et la rue de la Municipalité (auj. rue du Point-du-Jour).

Au n° 59, on voyait encore, il y a quelques années, une maison habitée par le prince Pierre Bonaparte. Une altercation ayant eu lieu le 10 janvier 1870 entre le Prince et deux journalistes, Ulric de Fonvielle et Victor Noir, ce dernier fut tué d'un coup de pistolet que lui tira Pierre Bonaparte.

Cette propriété démolie vers 1872, avait appartenu à Mme Helvétius; elle y recevait toute la société philosophique de la fin du XVIIIe siècle.

L'illustre Franklin y vint souvent professer dans d'agréables causeries, ses sentiments philantropiques. Le premier Consul y rendit aussi quelques visites à madame Helvétius; il reçut d'elle, un jour, cette gracieuse et indirecte leçon. — Général, lui dit-elle, en se promenant dans le jardin, si l'on savait ce qui peut tenir de bonheur dans trois arpents de terre, on songerait moins à conquérir le monde.

AUVRY (Passage).

C. rue de Flandre, n° 171; F. rue de Cambrai, n° 22. — Pas de n°s. — Long. 215 m. — 19e arrond. (anc. la Villette).

Il a été ouvert en 1864, à 4 m. environ de largeur, par *M. Auvry*, propriétaire.

AVE-MARIA (Marché de l').

Situé quai des Célestins, rues du Fauconnier et de l'Ave-Maria. — 4e arrond. (anc. 9e).

« Le Président de la République Française... décrète :

» ART. 1er. — Sont déclarés d'utilité publique : 1° la création d'un nouveau marché dans le 4e arrondissement de la Ville de de Paris (Seine); 2° le dégagement des abords de ce marché au moyen de l'élargissement des rues du Fauconnier et de l'Ave-Maria, suivant les alignements indiqués par des liserés verts sur le plan parcellaire ci annexé... — Fait à Paris le 15 février 1876. *Signé* MARÉCHAL DE MAC-MAHON. — Par le Président de la République : le Vice-Président du Conseil, Ministre de l'Intérieur, *signé* BUFFET. »

L'adjudication des travaux fut prononcée le 23 décembre 1876; mais les terrains n'ayant pas été déblayés avant le mois d'avril 1877, la construction ne commença qu'à cette époque, sous l'habile direction de M. Magne, architecte. Le Marché qui reçut le nom de l'Ave-Maria, a été inauguré le 21 avril 1879. Il se compose d'une seule grande nef de 30 m. d'ouverture, terminée par des pignons biais suivant les alignements du quai des Célestins et de la rue de l'Ave-Maria. Les façades au nord et au sud sont surmontées par de grands pignons vitrés donnant des jours verticaux très favorables à la conservation des denrées. Les fermes de 30 m. de portée, sont à 6 bielles avec des assemblages spéciaux qui ont été étudiés, de façon à éviter l'inégalité des tensions résultant des plaques d'assemblage. La superficie totale du Marché est de 1,290 m. Il contient 120 places. La dépense des constructions n'a été que de 225,000 fr. (v. aux établissements supprimés l'art. *Marché neuf*).

AVE-MARIA (Rue de l').

C. rue Saint-Paul, n°s 3 et 5; F. rue du Fauconnier. — D[ers] imp. 17; d[er] pair, 20. — Long. 116 m. — 4e arrond. (anc. 9e).

Cette rue qui se trouvait à proximité mais en dehors de l'enceinte de Paris, construite sous Philippe-Auguste, prit le nom de *rue des Barrés* parce que les Carmes qui furent établis à l'endroit occupé depuis par les religieux Célestins, portaient des manteaux de différentes couleurs et qui formaient des *barres*. On donna quelque temps à la rue des Barrés le nom de rue des *Béguines*; le couvent de ces religieuses, depuis caserne de l'*Ave-Maria*, y était situé. (V. l'art. concernant cette caserne aux établissements supprimés). Elle reprit sous François Ier son ancienne dénomination de rue des *Barrés*. — Une décision ministérielle du 8 prairial an VII, signée François de Neufchâteau, fixa sa moindre largeur à 8 m. En vertu d'une ordonnance royale du 4 août 1838, cette largeur devra être portée à 12 m.

Un arrêté préfectoral du 26 février 1867, signé Haussmann, a donné à la rue des Barrés le nom de rue de l'Ave-Maria. Le décret du 15 février 1876, concernant le Marché de l'Ave-Maria, a rectifié l'alignement du côté impair, au droit des maisons portant alors les n^{os} de 19 à 27 et qui ont été démolies pour l'établissement de ce marché.

Les propriétés de 9 à 13 inclus, le marché et les terrains provenant de l'ancienne caserne de l'Ave-Maria, sont à l'alignement.

AVENIR (Cité de l').

Située boulevard de Ménilmontant, n° 121. — D^{er} imp., 9; d^{er} pair, 8. — Long. 96 m. — 11e arrond. (anc. 8e).

Elle a été fondée, en 1864, par plusieurs propriétaires, sur des terrains qui avaient appartenu à madame veuve Leaclas. Cette cité, qui forme plusieurs coudes, a 3 m. environ de largeur.

AVENIR (Impasse de l').

Située rue des Pyrénées, n° 65. — Pas de n^{os}. — Long. 27 m. — 20e arrond. (anc. Charonne).

Elle a été formée, en 1875, à 8 m. de largeur, par M. Dagorno (Nicolas Jacques), propriétaire, ancien cultivateur et ancien conseiller municipal de Charonne, qui lui a donné ce nom dans l'espoir que l'*avenir* lui serait profitable. Cette impasse n'est pas classée parmi les voies publiques.

AVENIR (Impasse de l').

Située rue du Château-des-Rentiers, n°s 176 et 178. — D^{er} imp., 7; d^{er} pair, 16. — Long. 142 m. — 13e arrond. (anc. Ivry).

Elle a été formée, en 1862, à 2 m. 90 c. moindre largeur, par M. Tierce et madame Boin. Cette impasse n'est pas classée parmi les voies publiques.

AVEUGLES (Institution des Jeunes-).

Située boulevard des Invalides, n° 56. — 7e arrond. (anc. 10e).

Le fils d'un pauvre paysan de la Picardie, Valentin Haüy, rendit aux aveugles, par d'ingénieux procédés, les mêmes services que les Sourds-Muets avaient reçus de l'abbé de l'Épée. Ainsi que ce bienfaiteur de l'humanité nous l'apprend lui-même, un hasard assez singulier amena la fondation de l'établissement des Jeunes-Aveugles.

En 1783, Mlle Paradis, aveugle, célèbre pianiste de Vienne, vint donner des concerts à Paris. Avec des épingles placées en forme de lettres sur de grandes pelotes, elle lisait rapidement, de même qu'elle expliquait la géographie par le moyen de cartes en relief, dont l'invention appartient à un aveugle, Weissembourg de Manheim. Ayant eu l'occasion d'entendre plusieurs fois Mlle Paradis, Valentin Haüy comprit tout le parti que l'on pouvait tirer de cette ingénieuse méthode pour l'enseignement des infortunés qui sont privés de la vue. Pénétré de la sainte mission qu'il avait à remplir, il y consacra tous ses instants. En 1786, Haüy publia une brochure *sur les moyens d'instruire les aveugles*. Un jour, à la porte de l'église Saint-Germain-des-Prés, il rencontre un enfant, un pauvre petit aveugle qui demandait l'aumône pour sa vieille mère infirme; Haüy donne du pain à la femme et emmena le fils. Tout entier à son œuvre, s'appliquant à réveiller tous les instincts, toutes les sensations si vives dans une nature incomplète, il chercha les moyens d'éclairer cette jeune intelligence, il y parvint!... Fier de son élève, Haüy le présenta bientôt à la société Philanthropique, qui, satisfaite de ce premier essai, donna des fonds à l'instituteur et une maison située dans la rue Notre-Dame-des-Victoires, où furent admis douze élèves. Le succès dépassa toutes les espérances. Haüy et ses écoliers furent présentés au Roi et à la Cour. Les résultats vraiment étonnants de leurs exercices excitèrent un intérêt général. Haüy reçut de nouveaux encouragements, qui lui permirent d'augmenter le nombre de ses élèves. L'institution des Jeunes-Aveugles fut soutenue par l'Assemblée Constituante, qui la réunit à l'établissement des Sourds-Muets. Placés aux Célestins, les Jeunes-Aveugles furent ensuite transférés à l'hôpital Sainte-Catherine, situé au coin des rues Saint-Denis et des Lombards, qu'une loi du 10 thermidor an III affecta définitivement à cette institution. Un arrêté des Consuls, du 26 pluviôse an IX, prescrivit leur réunion à l'hospice des Quinze-Vingts. Ils en furent séparés en vertu d'une ordonnance royale du 8 février 1815, disposant que cette institution resterait dans les attributions spéciales du Ministre de l'Intérieur. Peu de temps après, on transféra les Jeunes-Aveugles dans l'ancien collège Saint-Firmin (rue Saint-Victor).

Une ordonnance royale du 24 décembre 1847 autorisa l'Administration de l'Institut royal des Jeunes-Aveugles à aliéner aux enchères publiques, sur la mise à prix de 220,000 fr., l'hôpital Sainte-Catherine. La même ordonnance permettait d'affecter le produit de cette vente à l'acquisition des bâtiments de l'ancien collège Saint-Firmin. Une seconde ordonnance du 20 mai 1818 modifia celle qui précède, seulement en ce qui concernait l'obligation de vendre aux enchères publiques l'ancienne maison Sainte-Catherine. — En vertu d'une ordonnance royale du 11 août 1838, l'État se rendit acquéreur le 25 septembre suivant, d'un terrain situé rue Masseran, et qui contenait en superficie 11,805 m. Des constructions ont été élevées, et l'institution des Jeunes-Aveugles y a été transférée en 1843. Les bâtiments, qui occupent 2,860 m. carrés, ont été exécutés sous la direction et d'après les dessins de M. Philippon, architecte. La façade principale donne sur le boulevard des Invalides, celle qui lui est opposée regarde la rue Masseran, et les deux côtés sont sur la rue de Sèvres et la rue Duroc. Le développement des bâtiments est de 160 m. Le fronton de l'édifice est dû au ciseau de M. Jouffroy. Le sujet choisi par l'artiste est en parfaite harmonie avec l'établissement: d'un côté, on voit Valentin Haüy qui instruit ses élèves; de l'autre, une femme donne des leçons aux jeunes filles aveugles. Au milieu apparaît la Religion, qui les encourage et les protège.

Depuis Valentin Haüy, de notables progrès ont été réalisés; ils sont dûs principalement à un élève, aveugle-né. C'est à l'aide de points saillants sur papier, inventés par Louis Braille, que se font toutes les études: l'histoire sainte, la grammaire, la géographie, l'arithmétique, tous les éléments d'histoire, la musique, même la plus compliquée. Les points sont aux doigts des aveugles, ce que la main est aux sourds-muets. Rien n'est plus intéressant que cette lecture rapide faite avec les doigts, et cette écriture accélérée, à l'aide d'un poinçon. Dans ce système, rien n'est sacrifié; l'orthographe peut être suivie avec rigueur. Toutes les lettres de l'alphabet, les accents et ponctuations de notre langue sont représentés par des signes conventionnels d'une grande simplicité.

Cette tâche de l'instruction des aveugles semble de prime abord au-dessus de la puissance humaine; mais l'aveugle, par la privation de la vue, acquiert dans ses autres sens, un développement digne de remarque: la délicatesse du toucher, la sensibilité de l'ouïe, la finesse de l'odorat, le rayonnement de son intelligence deviennent merveilleux. Louis Braille, auquel l'institution des Jeunes-Aveugles dut des progrès si remarquables, est mort le 6 janvier 1852. Son buste décore la grande salle des concerts ; il est l'œuvre de M. Jouffroy.

AVOIE (Impasse Sainte-).

Située rue du Temple, n° 168. — Pas de nos. — Long. 6 m. 50 c. 3e arrond. (anc. 7e).

Des titres constatent son existence dès 1305. On l'appela *cul-de-sac de l'Échiquier*, en raison d'une enseigne placée sur une des maisons à l'angle de la rue du Temple. Sa longueur, qui était de 42 m., a été successivement réduite.

Un arrêté préfectoral du 1er février 1877, signé Ferdinand Duval, lui a donné le nom de Sainte-Avoie, qui est celui du quartier où elle est située. Cette impasse a 5 m. 70 c. de largeur, et n'est pas classée parmi les voies publiques.

AVOIE (Passage Sainte-).

C. rue de Rambuteau, nos 6 et 8; F. rue du Temple, nos 60 et 62. — Der impr, 11; der pair, 8. — Long. 80 m. — 3e arrond. (anc. 7e).

Il a été ouvert, en 1828, à 8 m. 70 c. de largeur, sur l'emplacement des hôtels de Mesmes et Angran-d'Alleray, vendus par le domaine de l'État, le 7 mars 1826. Ce passage dut son nom à la rue Sainte-Avoie, réunie depuis à la rue du Temple sous cette dernière appellation.

L'hôtel de Mesmes avait originairement servi de demeure au connétable de Montmorency. Henri II y venait assez souvent et l'habita même quelque temps, ce qui lui fit donner le nom de *logis du Roi*. Le connétable de Montmorency mourut dans cet hôtel, avec toute la dignité d'un héros chrétien, le 12 novembre 1567, des blessures qu'il avait reçues, deux jours avant, à la bataille de Saint-Denis. Ce vieillard, couvert de sang, ayant son épée brisée, en donna un si furieux coup de pommeau dans le visage de Robert Stuart, qui lui disait de se rendre, qu'il lui cassa deux dents et le renversa de cheval. Au même instant, un des soldats de Stuart lui tira dans les reins un coup de pistolet chargé de trois balles. — Anne de Montmorency avait servi sous cinq rois, s'était trouvé à près de deux cents combats, à huit batailles rangées et avait été employé à dix traités de paix.

AVRON (Rue d').

O. boulevard de Charonne, nos 52 et 54; F. boulevard Davout. — Der imp. 139; der pair, 140. — Long. 925 m. — 20e arrond. (anc. Charonne).

C'était, à l'origine *le grand chemin de Montreuil*. On l'appela depuis *route de Montreuil, grande rue de Montreuil*. — (Nous donnerons l'historique de l'ancien village de Montreuil à la rue qui en a conservé le nom dans l'ancien Paris.) La grande rue de Montreuil faisait partie de la route départementale n° 41. Un décret impérial du 23 mai 1863 a confirmé son classement parmi les voies publiques du Paris actuel. Sa largeur est de 17 m. 65 c. Un arrêté préfectoral du 1er février 1877, signé Ferdinand Duval, a donné à la grande rue de Montreuil le nom de *rue d'Avron*, en mémoire de la glorieuse défense du plateau d'Avron du 1er au 29 décembre 1870. — Le 29 décembre 1879 a été inauguré un monument à la mémoire des soldats et marins morts pour la patrie pendant la guerre de 1870. Ce monument se dresse à l'endroit même où se trouvait la batterie française qui défendait la vallée de la Marne.

AYMÈS (avenue). — V. Heymès (avenue).

AZAÏS (Rue).

Cra. rue Saint-Eleuthère; Fra. rues Lepic et de Ravignan. — Long. 175 m. — 18e arrond. (anc. Montmartre).

Un décret impérial du 11 août 1867 a déclaré d'utilité publique l'ouverture de cette rue à 22 m. de largeur, sous le titre provisoire de *rue G*. En vertu d'un décret du Président de la République, signé Maréchal de Mac-Mahon, du 10 février 1875, elle reçevra le nom de rue Azaïs, mais elle n'est pas encore exécutée.

Azaïs (Pierre-Hyacinthe) né à Sorrèze en 1766, est auteur d'un double système philosophique et physique qui fit grand bruit au commencement de notre siècle.

Il débuta par être organiste comme son père, puis entra dans la congrégation de la Doctrine Chrétienne. Il en sortit pour venir à Paris où il prit part aux événements de la Révolution. Proscrit après le 18 fructidor, il se cacha pendant trois ans dans un hospice de sœurs de charité.

Sous l'Empire, il fut nommé professeur d'histoire au Prytanée de Saint-Cyr, puis inspecteur de la librairie. Destitué en 1815, il devint publiciste. Ses principaux ouvrages sont : *des Compensations dans les Destinées humaines, du sort de l'Homme dans toutes les conditions, Cours de Philosophie générale*.

Azaïs prétendait expliquer son système par la loi des *compensations*, dans toutes les vicissitudes des destinées humaines, et par la loi de *l'équilibre*, tous les phénomènes de la nature et du monde. — Azaïs mourut en 1845.

B

BABILLE (Rue).

O. rue des Deux-Écus, nos 30 et 32; F. rue de Viarme, nos 3 et 5. — Der imp., 3; der pair, 6. — Long. 29 m. — 1er arrond. (anc. 4e).

Cette rue a été ouverte en avril 1765, sur l'emplacement de l'hôtel de Soissons. Les lettres patentes autorisant ce percement sont à la date du 25 novembre 1762, et furent enregistrées en Parlement le 22 décembre suivant. La largeur assignée à cette voie publique fut de 24 pieds (V. Blé, halle au). — *D'après les contrats primitifs, les bâtiments en bordure doivent conserver leur décoration symétrique.* — Une décision ministérielle du 9 germinal an XIII, signée Champagny, et un décret du Président de la République signé L. N. Bonaparte, du 16 juillet 1849, ont maintenu la largeur prescrite par les lettres patentes ; mais la *suppression* de cette rue a été déclarée d'utilité publique par le décret impérial du 9 juin 1860 concernant le prolongement de la rue du Louvre et ses abords.

Laurent-Jean Babille, écuyer, avocat au Parlement, fut échevin de la Ville de Paris, en 1762 et 1763, sous la prévôté de Camus de Pontcarré, seigneur de Viarme.

BABYLONE (Rue de).

C. boulevard d'Enfer, prolongé (près de la rue de la Chaise); F. boulevard des Invalides, nos 33 et 35. — Dre imp., 71; dr pair, 76. — Long. 860 m. — 7e arrond. (anc. 10e).

Partie comprise entre la rue du Bac et le boulevard des Invalides.

Elle s'appela d'abord rue de la *Fresnaie*, ensuite *petite rue de Grenelle* ou de la *Maladrerie*. Un acte de 1660, l'indique sous cette double dénomination. En 1672, on la trouve pour la première fois désignée sous le nom de rue de *Babylone*. Elle doit cette dernière appellation à Bernard de Sainte-Thérèse, *évêque de Babylone*, qui possédait plusieurs maisons et jardins sur l'emplacement desquels fut construit le séminaire des Missions-Étrangères. A cette époque, (1672) la rue de Babylone n'atteignait pas encore l'emplacement où fut prolongée la rue des Brodeurs (auj. rue Vaneau). Des lettres patentes du 18 février 1720, registrées le 13 mars suivant, ordonnèrent que cette rue serait continuée de ligne droite et de 5 toises de large jusqu'au nouveau rempart. Cette prescription renouvelée en 1764 et 1765, ne fut qu'incomplètement exécutée, car on lit ce qui suit dans les lettres patentes, à la date du 7 novembre 1778 :

« ART. 2. — La rue de Babylone sera, quand il y aura lieu, mise en ligne droite sur 30 pieds de largeur jusqu'au rempart, en formant sur le terrain acquis par M. le comte de Provence (depuis Louis XVIII), les retranchements nécessaires. »

Une décision ministérielle du 3 pluviôse an IX, signée Chaptal, et une ordonnance royale du 12 décembre 1845, ont fixé la largeur de cette voie publique à 10 m.

Partie comprise entre le boulevard d'Enfer prolongé et la rue du Bac. — Elle a été ouverte en 1870, à 12 m. de largeur, sur des terrains provenant de l'*Hospice des Ménages* et cédés par l'Assistance publique à la Ville de Paris. (Arrêté préfectoral du 26 août 1868). Un autre arrêté préfectoral du 3 septembre 1869, signé Haussmann, lui avait donné, avant son percement, le nom de la rue de Babylone dont elle devait former la continuation.

Les propriétés ci-après, ne sont pas soumises à retranchement : nos de 1 à 9 inclus, 17, 19, de 33 à 45 inclus, 47, 55, 57, encoignure du boulevard des Invalides; de 2 à 20 inclus, de 20 à 70 inclus, et une partie du mur du couvent du Sacré-Cœur.

Au no 49, est la caserne de *Babylone*, bâtie vers 1780 pour les gardes-françaises, et qui fut en 1830 le théâtre d'un combat sanglant. Les Suisses défendirent héroïquement ce poste militaire, et ne cédèrent qu'au moment où l'incendie allait les atteindre. C'est à l'attaque de cette caserne que fut tué le jeune *Vaneau*, élève de l'École polytechnique.

BAC (Rue du).

C. quais de Voltaire, no 35, et d'Orsay, no 1; F. rue de Sèvres, nos 24 et 26. — Dre imp., 157; dr pair, 150. — Long. 1,150 m. — 7e arrond. (anc. 10e).

On la trouve indiquée dès le commencement du XVIe siècle. Son nom lui vient d'un *bac* qui fut établi pour traverser le fleuve, en vertu de lettres patentes du 5 novembre 1550. Il fut remplacé en 1632 par un pont en bois qu'on appelait Pont-Barbier, du nom de son constructeur. Le Pont-Royal que nous voyons aujourd'hui a été commencé en 1685.

Une décision du Ministre de l'Intérieur, signée Benezech, en date du 2 thermidor an V, fixa la moindre largeur de la rue du Bac à 10 m. Cette largeur devra être portée à 13 m., conformément à une ordonnance royale du 17 juin 1829.

En 1877, les immeubles nos de 19 à 61 inclus; 56, 58, 60 et 62 ont été expropriés et démolis, tant pour livrer passage au boulevard Saint-Germain, que pour former une amorce du prolongement du boulevard d'Enfer.

Les propriétés ci-après, sont alignées : nos 3, de 7 à 15 inclus, 45 partie, encoignure droite de l'amorce du boulevard d'Enfer, 71, de 75 à 83 inclus, 85 partie, 87, 93, de 109 à 113 inclus, de 117 à 127 inclus, de 133 à la fin; 6, 18, de 28 à 42 inclus, encoignure gauche du boulevard Saint-Germain, de 62 à 86 inclus, 90, 92, 96, de 106 à 114 inclus, 118, 120, de 124 à 128 inclus, 134, 138, 140, 146 partie.

La rue du Bac accuse de nombreuses sinuosités; elle est encore très étroite sur plusieurs points de son parcours. Afin de remédier aux difficultés que rencontre la circulation, la précédente administration avait projeté divers percements destinés à favoriser cette circulation, un entre autres qui, partant du pont du Carrousel, aurait coupé la rue du Bac à la hauteur de la rue Saint-Dominique, pour aller rejoindre l'avenue de Tourville.

Au no 1 était l'ancien *hôtel de Mailly*.

Sur le même côté de la rue du Bac, dans l'îlot qu'elle circonscrit avec les rues de Lille, de Beaune et de Verneuil, avait été construit, vers 1780, le *Marché Boulainvilliers*, sur l'emplacement de l'hôtel des *Mousquetaires-Gris*. Ce marché a cessé d'exister en 1834. L'hôtel des Mousquetaires-Gris avait lui-même remplacé la Halle du Pré-aux-Clercs, appelée aussi *Halle Barbier*.

Au no 53 est morte *Élisa Mercœur*, le 6 janvier 1835. Cette maison a été démolie en 1877.

Sur la façade de la propriété no 85, on lit ces mots : *Salle du Pré-aux-Clercs, Bal*. Cet établissement a remplacé la Chapelle de l'ancien *Monastère Royal* de l'*Immaculée-Conception*, dit aussi *des Récollettes*. En vertu de lettres patentes données à Versailles au mois de mai 1626, des religieuses placées sous la direction des *Récollets*, vinrent s'établir en 1637 dans la rue du Bac. Leur maison fut déclarée de fondation Royale en 1664. Supprimé en 1790, ce couvent devint propriété nationale et fut vendu les 9 floréal an V, 21 pluviôse, 25 germinal an VI et 23 nivôse an VIII. Les bâtiments et dépendances de cette communauté s'étendaient aussi sur la rue de Varenne (autrefois rue de la Planche dans cette partie); ils occupaient une superficie totale de 10,049 m. 60 c. — La ci-devant chapelle du pieux établissement fut transformée en théâtre vers 1810. C'est là que *Potier* l'inimitable comédien, fit ses débuts. Quinze ans après, le théâtre devenait une salle de bal, sous le nom de *Salon de Mars*. Bien que la dénomination ait changé dans ces derniers temps, l'affectation de ce local est, comme on l'a vu plus haut, restée la même.

Au no 36 était l'*Hôtel Valbelle* qui, sous le premier empire, appartenait à *Fouché*, duc d'Otrante. Cet hôtel a été, en partie, démoli.

Au no 84, on voyait l'ancien *Hôtel de Berwick*, depuis *Hôtel de Galiffet*, qui fut occupé, en 1815, par le *duc de Richelieu*, alors ministre des relations extérieures. — M. *de Lavalette*, en s'échappant de la Conciergerie, se cacha pendant quelques jours dans cette propriété, où demeurèrent *Lanjuinais* et *Chateaubriand*. Cet hôtel a été démoli en partie.

En 1815, *Laplace* habitait au no 100.

Au no 106, était situé l'*Hospice des Convalescents*. Il avait été fondé en vertu de lettres patentes de l'année 1626. Les religieux de la Charité eurent, en 1635, la direction de cet hospice qui fut supprimé en 1792. Les bâtiments et dépendances qui contenaient une superficie de 2,415 m., ont été vendus par l'Administration des hospices, le 25 septembre 1812. La façade sur la rue du Bac a été reconstruite en 1825.

Au-dessus de la grande porte du no 128, on voit une statue de la Vierge avec l'Enfant Jésus et l'inscription suivante : *Monstra te esse Matrem*. Cette porte donne accès au *Séminaire des Missions-Étrangères*. — Bernard de Sainte-Thérèse, évêque

www.ingramcontent.com/pod-product-compliance
Ingram Content Group UK Ltd.
Pitfield, Milton Keynes, MK11 3LW, UK
UKHW020330230726
13925UKWH00002B/724

9 782014 048018